U0900996

广东经济普查年鉴

Guangdong Economic Census Yearbook 2008

综合卷

广东省第二次全国经济普查
领 导 小 组 办 公 室 编
广 东 省 统 计 局

中国统计出版社
China Statistics Press

（京）新登字041号

图书在版编目（CIP）数据

广东经济普查年鉴. 2008/广东省第二次全国经济普查领导小组办公室，广东省统计局编
—北京：中国统计出版社，2010.10

ISBN 978-7-5037-6076-1

Ⅰ.①广… Ⅱ.①广… ②广… Ⅲ.①经济-普查-广东省-2008-年鉴 Ⅳ.①127.65-54

中国版本图书馆CIP数据核字（2010）第176754号

广东经济普查年鉴—2008（综合卷）

作　　者/广东省第二次全国经济普查领导小组办公室
　　　　　广东省统计局
责任编辑/马　平
装帧设计/黄俊杰　李雪燕
出版发行/中国统计出版社
通信地址/北京市西城区月坛南街57号
邮政编码/100826
办公地址/北京市丰台区西三环南路甲6号
网　　址/www.stats.gov.cn/tjshujia
电　　话/邮购（010）63376907　书店（010）68783172
印　　刷/广州市恒远彩印有限公司
经　　销/新华书店
开　　本/880×1230毫米　1/16
字　　数/2850千字
印　　张/92.5
版　　别/2010年12月第1版
版　　次/2010年12月第1次印刷
书　　号/ISBN 978-7-5037-6076-1/F·2938
定　　价/880.00元　（全四册　附光盘）

本书附同版光盘一张，内容以纸质图书为准。

《广东经济普查年鉴—2008》编辑机构名单

编者说明

根据国务院决定，2008年进行了第二次全国经济普查。为满足政府管理部门制定宏观经济政策和编制社会经济发展规划的需要以及社会各界的相关信息需求，我们按现行国家统计分类标准对广东省第二次全国经济普查基础数据进行加工整理，汇编而成《广东经济普查年鉴——2008》一书。

本年鉴通过大量数据，详尽诠释了广东省第二产业和第三产业发展的基本情况。内容系统全面，资料丰富。不仅涵盖了第二产业和第三产业各类单位的数量、就业人员、财务状况、生产经营活动、生产能力、能源消耗、信息化和科技活动等情况，以及个体经营户的分类数据；还全面反映了广东省各类单位的组织形式、规模、结构，以及地区分布、行业分布和生产要素配置等情况。本年鉴共分三卷四册出版，即综合卷、第二产业卷（上、下册）和第三产业卷，并随书配送同版本电子光盘一张。《综合卷》为单位基本情况资料，卷中分综合篇、企业篇、机关事业单位社团民办非企业篇、信息化状况以及附录五个部分，其中附录部分包含了通过经济普查资料核算的全省及分市的GDP情况。《第二产业卷》分为四篇（按内容分为上、下两册）。上册为：第一篇“工业企业生产经营及财务状况”，第二篇“能源”；下册为：第三篇“规模以上工业企业科技情况”，第四篇“建筑业企业生产经营及财务状况”。《第三产业卷》分为六篇：第一篇“交通运输、仓储和邮政业生产经营及财务状况”，第二篇“批发和零售业商品销售和财务状况”，第三篇“住宿和餐饮业生产经营及财务状况”，第四篇“房地产业生产经营及财务状况”，第五篇“其他服务业企业生产经营及财务状况”，第六篇“行政事业单位财务状况”。

为使读者能够更好地阅读和使用本年鉴，特对有关问题说明如下：

一、《广东经济普查年鉴—2008》的调查年度为2008年。第二次全国经济普查的标准时点为2008年12月31日，时期资料为2008年度。

二、经济普查的对象是广东省辖区内从事第二、第三产业活动的全部法人单位、产业活动单位和个体经营户。

三、经济普查的行业范围包括：采矿业，制造业，电力、燃气及水的生产和供应业，建筑业，交通运输、仓储和邮政业，信息传输、计算机服务和软件业，批发和零售业，住宿和餐饮业，金融业，房地产业，租赁和商务服务业，科学研究、技术服务和地质勘查业，水利、环境和公共设施管理业，居民服务和其他服务业，教育，卫生、社会保障和社会福利业，文化、体育和娱乐业，以及公共管理与社会组织等行业。

四、经济普查的主要内容包括：单位基本属性、就业人员、财务状况、生产经营活动、生产能力、能源消耗、信息化和科技活动情况等。

五、经济普查对法人单位、产业活动单位采用全面调查的方法，对个体经营户采用全面清查登记的方法。

六、本《年鉴》综合篇所有单位按单位实际所在地进行汇总。批发零售业、住宿餐饮业企业按法人在地原则统计。

七、综合卷的单位数和人数是按法人单位和产业活动单位普查表汇总而成，第二产业卷和第三产业卷的单位数是按有填报财务表的单位汇总，故综合卷与各卷相关的数据存在一定差异。

八、建筑业产业活动单位按行业和按地区分组的各分项之和不等于总计数，原因是建筑业的产业活动单位有一部分为外地或外省的单位，也存在跨行业的现象。

九、综合篇中的单位数包括银行业及其他金融活动、证券、保险三个行业数据。根据《第二次全国经济普查部门实施普查的办法》规定，银行及其他金融业、证券业、保险业的财务状况普查分别由中国人民银行、中国银行业监督管理委员会、中国证券监督管理委员会、中国保险监督管理委员会组织实施。因此，其他服务业财务状况表中则没有包括银行业及其他金融活动、证券业、保险业的财务指标数据。

十、根据铁路运输业《第二次全国经济普查部门实施普查的办法》规定，铁路运输业普查由铁道部统一组织实施。广东省铁路运输业使用铁道部反馈数据（个别指标缺的用年报数据代替）。因反馈资料缺乏铁路运输企业基本单位情况，故综合卷中单位基本情况资料不含铁路运输业，行政事业和社团财务状况表中也不包括铁路运输业数据。铁路系统的非铁路运输业单位已汇总在相应行业之中。

十一、因个别交通运输辅助业和仓储业单位执行行政事业单位会计制度，故这部分单位数据相应归入第三卷第六篇“行政事业单位财务状况”汇总。

十二、规模以上工业增加值按生产法计算。

十三、能源平衡表中，电力折算标准煤系数按平均发电煤耗计算。

十四、能源加工转换表中的电力折算标准煤系数采用当量值计算，每千瓦小时电力折0.1229千克标准煤。

十五、个体经营户资料按专业汇总统计，不单独成篇。

十六、每篇（卷）后附有该篇的指标解释，使用时请仔细阅读。

十七、由于计量单位小数位取舍原因，统计表中个别分项数据相加之和与总数不完全相等。

十八、本年鉴中，“…”表示数据少于本表最小计量单位，空格表示该项统计指标无普查数据，“#”表示其中的主要项。

十九、为使版面整齐、美观，我们将韶关市的乳源瑶族自治县和清远市的连山壮族瑶族自治县、连南瑶族自治县分别简称为乳源县、连山县、连南县。

《广东经济普查年鉴——2008》是全省普查工作者共同辛勤工作的成果，也是广大普查对象积极支持配合的结果。在此，我们谨向全省普查工作者、普查对象和所有参与和支持经济普查工作的人员表示衷心的感谢!

由于时间仓促及汇总程序原因，差错和纰漏在所难免，如有不妥之处，恳请提出宝贵意见，敬请指正。

编　者

二〇一〇年十月

综合卷 目录

第1篇 综合

第2篇　企业

第3篇　事业、机关、社团和民办非企业

第4篇　信息化

附　录

第 1 篇

综　合

1-1　按地区、行业(门类)分组的法人单位数

地　区	法　人单位数（个）	农、林、牧、渔业	采矿业	制造业	电力、燃气及水的生产和供应业	建筑业	交通运输、仓储和邮政业
总　计	**617653**	**52**	**2330**	**191810**	**7182**	**14457**	**14804**
广州市	149881		37	29764	222	3808	4456
深圳市	103747	4	10	29680	62	1675	4431
珠海市	22464	3	7	4565	32	1087	586
汕头市	22705		29	8702	53	371	537
佛山市	61552		23	30702	120	1147	701
韶关市	11532	1	240	1494	1018	217	200
河源市	7679	5	168	997	427	195	116
梅州市	13214	3	270	2356	1140	298	185
惠州市	23588	5	158	7983	320	1143	435
汕尾市	5477		25	970	148	91	93
东莞市	52802		3	25547	109	1654	882
中山市	26586		9	13425	82	896	316
江门市	21785	1	83	9116	148	521	298
阳江市	9150	2	71	3473	463	148	97
湛江市	15666	9	212	3202	109	194	353
茂名市	15440	6	267	3392	506	187	168
肇庆市	13674		256	3584	561	264	251
清远市	10041	11	340	1780	980	220	257
潮州市	11022		17	5130	205	148	174
揭阳市	14077		28	5033	280	132	152
云浮市	5571	2	77	915	197	61	116

1-1 续表 1

地 区	信息传输、计算机服务和软件业	批发和零售业	住宿和餐饮业	金融业	房地产业	租赁和商务服务业	科学研究、技术服务和地质勘查业
总 计	**14467**	**141359**	**13309**	**1969**	**28526**	**55996**	**16717**
广州市	5567	46031	4804	277	9870	19669	5275
深圳市	3479	32897	1999	392	4991	9855	5460
珠海市	711	6994	484	85	1731	2295	653
汕头市	226	5312	388	68	524	1017	224
佛山市	630	12805	1047	158	1618	5367	933
韶关市	157	1742	562	53	408	729	240
河源市	174	725	138	35	296	316	175
梅州市	82	1674	247	54	264	507	366
惠州市	614	3396	416	112	2306	1474	463
汕尾市	78	694	112	53	82	169	78
东莞市	1113	8825	849	131	1782	6364	623
中山市	297	3544	293	85	1302	3388	305
江门市	239	3213	342	64	782	1369	305
阳江市	77	1362	182	38	284	206	127
湛江市	294	2843	457	57	502	510	285
茂名市	147	3536	304	48	270	234	240
肇庆市	174	1478	235	58	469	1188	299
清远市	151	930	134	66	565	430	233
潮州市	105	967	100	32	238	314	143
揭阳市	102	1746	151	51	125	388	157
云浮市	50	645	65	52	117	207	133

1-1　续表 2

地　　区	水利、环境和公共设施管理业	居民服务和其他服务业	教育	卫生、社会保障和社会福利业	文化、体育和娱乐业	公共管理和社会组织
总　计	**3979**	**12140**	**29205**	**8323**	**5764**	**55264**
广州市	909	4722	4081	1988	1866	6535
深圳市	391	2242	2078	656	638	2807
珠海市	140	558	697	342	264	1230
汕头市	139	353	1653	274	202	2633
佛山市	267	1221	1666	387	513	2247
韶关市	139	134	720	462	118	2898
河源市	110	65	1043	217	82	2395
梅州市	162	82	740	703	202	3879
惠州市	261	264	1144	272	170	2652
汕尾市	49	43	910	119	84	1679
东莞市	269	1012	1370	456	256	1557
中山市	106	336	893	167	169	973
江门市	149	259	1185	401	195	3115
阳江市	91	71	698	123	67	1570
湛江市	126	200	2565	350	262	3136
茂名市	142	130	2159	320	108	3276
肇庆市	144	135	1248	267	162	2901
清远市	132	106	888	247	114	2457
潮州市	105	69	975	183	131	1986
揭阳市	73	63	1900	218	96	3382
云浮市	75	75	592	171	65	1956

1-2 按机构类型、人员组距、开业(成立)时间分组的法人单位数及就业人数

项目	法人单位 单位数(个)	单产业法人	多产业法人	就业人数(人)	女性	产业活动单位 单位数(个)	多产业法人所属的产业活动单位数	就业人数(人)
总计	**617653**	**587439**	**30214**	**30996016**	**12890334**	**763426**	**175987**	**32451874**
按机构类型分组								
企业法人	509178	490321	18857	27308441	11355885	606600	116279	28605635
事业法人	39340	36274	3066	2041932	999432	66258	29984	2172474
机关法人	11509	8808	2701	874843	223626	21875	13067	857729
社会法人	9321	9096	225	101819	35510	10663	1567	110440
民办非企业单位	9288	9228	60	250704	154180	9243	15	246520
基金会	70	70		409	124	70		409
居委会	6217	5777	440	78641	31950	6415	638	70914
村委会	21003	16282	4721	196746	37605	21855	5573	191567
其他组织机构	11727	11583	144	142481	52022	20447	8864	196186
按就业人员分组								
7人及以下	243653	237942	5711	982412	339499	332971	95029	1279735
8-19人	161009	154366	6643	1939148	681217	194303	39937	2328848
20-49人	113388	107198	6190	3424504	1299551	127862	20664	3854781
50-99人	46305	42330	3975	3176331	1274590	51395	9065	3516915
100-299人	37088	32674	4414	6153052	2602226	40012	7338	6602353
300-499人	7523	6352	1171	2834342	1248843	8134	1782	3054524
500-999人	5118	4070	1048	3482141	1540805	5333	1263	3621459
1000-4999人	3309	2352	957	6223632	2683738	3200	848	5875003
5000-9999人	193	114	79	1307478	621429	156	42	1042713
10000人及以上	67	41	26	1472976	598436	60	19	1275543
按开业(成立)年份分组								
1949年以前	4379	3721	658	412472	182198	6529	2808	361972
1950-1977年	23759	19603	4156	1674005	575380	36059	16456	1527197
1978-1991年	41580	37270	4310	3815799	1500048	62377	25107	3826220
1992-1995年	43238	40523	2715	4564158	2029190	54183	13660	4767109
1996年	11081	10224	857	763247	332799	14095	3871	811541
1997年	12623	11777	846	929314	396881	15532	3755	974850
1998年	19340	17673	1667	1339142	530771	24483	6810	1385928
1999年	29517	26622	2895	1280632	501808	34152	7530	1358427
2000年	25344	24147	1197	1627524	685159	30344	6197	1634334
2001年	30820	29379	1441	1880247	800323	37129	7750	1967139
2002年	36334	34741	1593	2049626	885956	43800	9059	2199462
2003年	44435	42686	1749	2138055	916150	53219	10533	2255005
2004年	48552	46916	1636	2113786	901997	56892	9976	2249760
2005年	54628	53137	1491	1996209	853905	65445	12308	2168657
2006年	66661	65267	1394	1841692	767593	77958	12691	2026154
2007年	69179	68123	1056	1615779	657381	82560	14437	1802191
2008年	52136	51630	506	914122	362074	64355	12725	1089581
年份不详	4047	4000	47	40207	10721	4314	314	46347

1-3　按地区分组的法人单位数、产业活动单位数及就业人数

地　区	法人单位					产业活动单位				
	单位数（个）	单产业法人	多产业法人	就业人数（人）	女性	单位数（个）	多产业法人所属的产业活动单位数	就业人数（人）	单产业法人所属的就业人数	多产业法人所属的就业人数
总　计	**617653**	**587439**	**30214**	**30996016**	**12890334**	**763426**	**175987**	**32451874**	**25285038**	**7166836**
广州市	149881	143178	6703	5395705	2097650	174978	31800	5739922	3978719	1761203
深圳市	103747	99438	4309	6672623	2864249	128845	29407	7395757	5143702	2252055
珠海市	22464	21199	1265	867767	384576	26525	5326	891106	689492	201614
汕头市	22705	21915	790	961636	384028	26545	4630	997514	845894	151620
佛山市	61552	59420	2132	2861190	1136549	70107	10687	2886214	2343812	542402
韶关市	11532	9805	1727	463849	169259	17801	7996	488841	298175	190666
河源市	7679	7178	501	313090	133555	12028	4850	317657	258335	59322
梅州市	13214	11252	1962	483523	168576	21944	10692	495859	327906	167953
惠州市	23588	22292	1296	1204568	541206	29409	7117	1231418	1047893	183525
汕尾市	5477	5283	194	276002	118898	7022	1739	280687	246081	34606
东莞市	52802	51333	1469	4517476	2078906	61236	9903	4578681	4279079	299602
中山市	26586	25802	784	1717707	790748	31065	5263	1822316	1539798	282518
江门市	21785	21175	610	1145139	453335	26133	4958	1164774	980819	183955
阳江市	9150	8722	428	400203	161693	11709	2987	416060	355511	60549
湛江市	15666	13746	1920	710198	256867	23818	10072	702681	484344	218337
茂名市	15440	14845	595	636653	234566	20258	5413	637677	496790	140887
肇庆市	13674	12743	931	572500	225847	19250	6507	587656	456565	131091
清远市	10041	9237	804	484202	198816	14720	5483	505966	383492	122474
潮州市	11022	10726	296	419266	160136	12790	2064	422269	371808	50461
揭阳市	14077	13727	350	641399	223000	17360	3633	641879	571596	70283
云浮市	5571	4423	1148	251320	107874	9883	5460	246940	185227	61713

1-4 按行业(门类、大类、中类、小类)分组的法人单位数、产业活动单位数及就业人数

行业	代码	法人单位					产业活动单位		
		单位数(个)	单产业法人	多产业法人	就业人数(人)	女性	单位数(个)	多产业法人所属的产业活动单位数	就业人数(人)
总计		**617653**	**587439**	**30214**	**30996016**	**12890334**	**763426**	**175987**	**32451874**
农、林、牧、渔业	A	**52**	**2**	**50**	**18193**	**6612**	**1189**	**1187**	**17606**
农业	01	15		15	9605	4140	34	34	8046
谷物及其他作物的种植	011	7		7	9135	3997	12	12	7584
谷物的种植	0111						2	2	14
薯类的种植	0112						1	1	2
油料的种植	0113								
豆类的种植	0114								
棉花的种植	0115								
麻类的种植	0116	2		2	3222	1381			
糖料的种植	0117	4		4	5875	2601	8	8	7567
烟草的种植	0118								
其他作物的种植	0119	1		1	38	15	1	1	1
蔬菜、园艺作物的种植	012	3		3	87	39	9	9	107
蔬菜的种植	0121	2		2	83	38	4	4	11
花卉的种植	0122	1		1	4	1	4	4	90
其他园艺作物的种植	0123						1	1	6
水果、坚果、饮料和香料作物的种植	013	4		4	203	104	12	12	308
水果、坚果的种植	0131	3		3	183	98	9	9	296
茶及其他饮料作物的种植	0132	1		1	20	6	1	1	2
香料作物的种植	0133						2	2	10
中药材的种植	014	1		1	180		1	1	47
中药材的种植	0140	1		1	180		1	1	47
林业	02	17		17	4184	1490	138	138	3302
林木的培育和种植	021	14		14	1413	515	125	125	1577
育种和育苗	0211	1		1	71	17	14	14	169
造林	0212	3		3	176	54	9	9	112
林木的抚育和管理	0213	10		10	1166	444	102	102	1296
木材和竹材的采运	022	1		1	280	103	5	5	92
木材的采运	0221	1		1	280	103	5	5	92
竹材的采运	0222								
林产品的采集	023	2		2	2491	872	8	8	1633
林产品的采集	0230	2		2	2491	872	8	8	1633
畜牧业	03	8		8	3980	858	21	21	527
牲畜的饲养	031	1		1	19	8	3	3	15
牲畜的饲养	0310	1		1	19	8	3	3	15
猪的饲养	032	2		2	107	28	11	11	447
猪的饲养	0320	2		2	107	28	11	11	447
家禽的饲养	033	4		4	3852	822	3	3	42
家禽的饲养	0330	4		4	3852	822	3	3	42
狩猎和捕捉动物	034	1		1	2				
狩猎和捕捉动物	0340	1		1	2				
其他畜牧业	039						4	4	23
其他畜牧业	0390						4	4	23

1-4　续表 1

行　业	代码	法人单位					产业活动单位		
		单位数(个)	单产业法人	多产业法人	就业人数(人)	女性	单位数(个)	多产业法人所属的产业活动单位数	就业人数(人)
渔业	04	4		4	159	62	17	17	214
海洋渔业	041	3		3	149	61	10	10	179
海水养殖	0411	3		3	149	61	10	10	179
海洋捕捞	0412								
内陆渔业	042	1		1	10	1	7	7	35
内陆养殖	0421	1		1	10	1	7	7	35
内陆捕捞	0422								
农、林、牧、渔服务业	05	8	2	6	265	62	979	977	5517
农业服务业	051	1		1	9		267	267	1020
灌溉服务	0511						10	10	84
农产品初加工服务	0512								
其他农业服务	0519	1		1	9		257	257	936
林业服务业	052	5	1	4	226	62	275	274	1950
林业服务业	0520	5	1	4	226	62	275	274	1950
畜牧服务业	053	2	1	1	30		405	404	2395
兽医服务	0531	2	1	1	30		392	391	2317
其他畜牧服务	0539						13	13	78
渔业服务业	054						32	32	152
渔业服务业	0540						32	32	152
采矿业	**B**	**2330**	**2301**	**29**	**96356**	**17031**	**2390**	**89**	**92717**
煤炭开采和洗选业	06	3	3		76	16	3		76
烟煤和无烟煤的开采洗选	061								
烟煤和无烟煤的开采洗选	0610								
褐煤的开采洗选	062								
褐煤的开采洗选	0620								
其他煤炭采选	069	3	3		76	16	3		76
其他煤炭采选	0690	3	3		76	16	3		76
石油和天然气开采业	07	18	18		3331	408	26	8	5593
天然原油和天然气开采	071	8	8		1134	267	10	2	1328
天然原油和天然气开采	0710	8	8		1134	267	10	2	1328
与石油和天然气开采有关的服务活动	079	10	10		2197	141	16	6	4265
与石油和天然气开采有关的服务活动	0790	10	10		2197	141	16	6	4265
黑色金属矿采选业	08	315	307	8	15699	2334	320	13	14800
铁矿采选	081	299	291	8	15124	2216	304	13	14225
铁矿采选	0810	299	291	8	15124	2216	304	13	14225
其他黑色金属矿采选	089	16	16		575	118	16		575
其他黑色金属矿采选	0890	16	16		575	118	16		575
有色金属矿采选业	09	213	206	7	16641	3382	218	12	16398
常用有色金属矿采选	091	148	144	4	10346	2327	151	7	10162
铜矿采选	0911	16	15	1	1040	241	18	3	1035
铅锌矿采选	0912	94	91	3	6300	1605	95	4	6121
镍钴矿采选	0913	1	1		40	5	1		40
锡矿采选	0914	4	4		674	97	4		674
锑矿采选	0915	3	3		84	4	3		84
铝矿采选	0916								
镁矿采选	0917	1	1		43	8	1		43
其他常用有色金属矿采选	0919	29	29		2165	367	29		2165

1-4 续表 2

行　业	代码	法人单位					产业活动单位		
		单位数(个)	单产业法人	多产业法人	就业人数(人)	女性	单位数(个)	多产业法人所属的产业活动单位数	就业人数(人)
贵金属矿采选	092	17	17		1300	279	17		1300
金矿采选	0921	11	11		1045	254	11		1045
银矿采选	0922	3	3		242	24	3		242
其他贵金属矿采选	0929	3	3		13	1	3		13
稀有稀土金属矿采选	093	48	45	3	4995	776	50	5	4936
钨钼矿采选	0931	15	13	2	2274	388	16	3	2239
稀土金属矿采选	0932	14	14		412	75	15	1	415
放射性金属矿采选	0933	3	2	1	1439	129	3	1	1412
其他稀有金属矿采选	0939	16	16		870	184	16		870
非金属矿采选业	10	1748	1734	14	59997	10773	1789	55	55230
土砂石开采	101	1542	1535	7	47893	7950	1566	31	48390
石灰石、石膏开采	1011	264	260	4	7937	847	275	15	8004
建筑装饰用石开采	1012	447	446	1	12633	1725	452	6	12835
耐火土石开采	1013	34	34		599	81	35	1	609
粘土及其他土砂石开采	1019	797	795	2	26724	5297	804	9	26942
化学矿采选	102	5	4	1	4331	1452	6	2	47
化学矿采选	1020	5	4	1	4331	1452	6	2	47
采盐	103	44	39	5	4147	791	53	14	2957
采盐	1030	44	39	5	4147	791	53	14	2957
石棉及其他非金属矿采选	109	157	156	1	3626	580	164	8	3836
石棉、云母矿采选	1091	1	1		35	3	1		35
石墨、滑石采选	1092	5	5		107	34	6	1	117
宝石、玉石开采	1093								
其他非金属矿采选	1099	151	150	1	3484	543	157	7	3684
其他采矿业	11	33	33		612	118	34	1	620
其他采矿业	110	33	33		612	118	34	1	620
其他采矿业	1100	33	33		612	118	34	1	620
制造业	**C**	**191810**	**188715**	**3095**	**17711072**	**8214349**	**200183**	**11468**	**18698233**
农副食品加工业	13	3412	3314	98	205296	84821	3878	564	208056
谷物磨制	131	389	384	5	7791	2096	401	17	7826
谷物磨制	1310	389	384	5	7791	2096	401	17	7826
饲料加工	132	530	515	15	33799	8843	548	33	33954
饲料加工	1320	530	515	15	33799	8843	548	33	33954
植物油加工	133	279	272	7	9989	2822	303	31	10450
食用植物油加工	1331	238	231	7	9580	2743	260	29	10036
非食用植物油加工	1332	41	41		409	79	43	2	414
制糖	134	80	75	5	29074	10807	81	6	24494
制糖	1340	80	75	5	29074	10807	81	6	24494
屠宰及肉类加工	135	689	639	50	27882	8833	1071	432	31073
畜禽屠宰	1351	434	398	36	13249	2697	796	398	16314
肉制品及副产品加工	1352	255	241	14	14633	6136	275	34	14759
水产品加工	136	646	637	9	59274	33354	658	21	59828
水产品冷冻加工	1361	347	340	7	43218	25866	352	12	43155

1-4　续表 3

行　业	代码	法人单位					产业活动单位		
		单位数(个)	单产业法人	多产业法人	就业人数(人)	女性	单位数(个)	多产业法人所属的产业活动单位数	就业人数(人)
鱼糜制品及水产品干腌制加工	1362	148	148		8223	4155	148		8223
水产饲料制造	1363	81	80	1	4476	1424	85	5	4723
鱼油提取及制品的制造	1364	1	1		4		1		4
其他水产品加工	1369	69	68	1	3353	1909	72	4	3723
蔬菜、水果和坚果加工	137	409	405	4	21738	11593	417	12	22592
蔬菜、水果和坚果加工	1370	409	405	4	21738	11593	417	12	22592
其他农副食品加工	139	390	387	3	15749	6473	399	12	17839
淀粉及淀粉制品的制造	1391	92	91	1	3954	1301	93	2	4296
豆制品制造	1392	133	133		7834	3479	139	6	9599
蛋品加工	1393	22	21	1	886	557	23	2	859
其他未列明的农副食品加工	1399	143	142	1	3075	1136	144	2	3085
食品制造业	14	3470	3349	121	207172	92705	3612	263	206773
焙烤食品制造	141	833	790	43	41441	21184	903	113	41546
糕点、面包制造	1411	374	337	37	15239	7513	438	101	15053
饼干及其他焙烤食品制造	1419	459	453	6	26202	13671	465	12	26493
糖果、巧克力及蜜饯制造	142	928	913	15	55351	25751	943	30	50492
糖果、巧克力制造	1421	503	495	8	37294	17597	511	16	32617
蜜饯制作	1422	425	418	7	18057	8154	432	14	17875
方便食品制造	143	337	326	11	30139	14205	346	20	31180
米、面制品制造	1431	208	204	4	9815	4063	214	10	10783
速冻食品制造	1432	72	69	3	8152	4247	75	6	8265
方便面及其他方便食品制造	1439	57	53	4	12172	5895	57	4	12132
液体乳及乳制品制造	144	53	46	7	9436	2773	56	10	10204
液体乳及乳制品制造	1440	53	46	7	9436	2773	56	10	10204
罐头制造	145	142	137	5	12315	5639	142	5	12639
肉、禽类罐头制造	1451	31	29	2	1179	450	30	1	1043
水产品罐头制造	1452	22	21	1	3022	1361	22	1	3022
蔬菜、水果罐头制造	1453	58	56	2	6473	3046	59	3	6933
其他罐头食品制造	1459	31	31		1641	782	31		1641
调味品、发酵制品制造	146	457	445	12	26994	10698	473	28	29779
味精制造	1461	37	36	1	2338	697	40	4	2543
酱油、食醋及类似制品的制造	1462	230	224	6	16903	6943	237	13	19233
其他调味品、发酵制品制造	1469	190	185	5	7753	3058	196	11	8003
其他食品制造	149	720	692	28	31496	12455	749	57	30933
营养、保健食品制造	1491	194	180	14	14556	6649	199	19	13822
冷冻饮品及食用冰制造	1492	124	121	3	4428	1591	126	5	3853
盐加工	1493	9	8	1	315	130	16	8	515
食品及饲料添加剂制造	1494	207	201	6	6410	1910	216	15	6713
其他未列明的食品制造	1499	186	182	4	5787	2175	192	10	6030
饮料制造业	15	1402	1339	63	90205	29751	1448	109	96044
酒精制造	151	22	22		986	334	22		986
酒精制造	1510	22	22		986	334	22		986
酒的制造	152	434	419	15	23372	7632	443	24	27356
白酒制造	1521	299	291	8	7453	2615	305	14	7594
啤酒制造	1522	31	27	4	12590	3789	34	7	16475

1-4 续表 4

行业	代码	法人单位					产业活动单位		
		单位数(个)	单产业法人	多产业法人	就业人数(人)	女性	单位数(个)	多产业法人所属的产业活动单位数	就业人数(人)
黄酒制造	1523	23	21	2	667	312	22	1	606
葡萄酒制造	1524	13	12	1	451	170	13	1	467
其他酒制造	1529	68	68		2211	746	69	1	2214
软饮料制造	153	795	751	44	61018	19478	824	73	62614
碳酸饮料制造	1531	64	56	8	12566	2888	69	13	12471
瓶(罐)装饮用水制造	1532	458	437	21	21499	7181	471	34	22095
果菜汁及果菜汁饮料制造	1533	67	62	5	4486	1569	69	7	4761
含乳饮料和植物蛋白饮料制造	1534	51	46	5	8292	2658	53	7	8145
固体饮料制造	1535	66	66		2983	1081	69	3	3947
茶饮料及其他软饮料制造	1539	89	84	5	11192	4101	93	9	11195
精制茶加工	154	151	147	4	4829	2307	159	12	5088
精制茶加工	1540	151	147	4	4829	2307	159	12	5088
烟草制品业	16	30	28	2	8249	3015	35	7	8257
烟叶复烤	161	6	6		518	173	7	1	526
烟叶复烤	1610	6	6		518	173	7	1	526
卷烟制造	162	5	3	2	6712	2444	9	6	6712
卷烟制造	1620	5	3	2	6712	2444	9	6	6712
其他烟草制品加工	169	19	19		1019	398	19		1019
其他烟草制品加工	1690	19	19		1019	398	19		1019
纺织业	17	8625	8522	103	870053	466413	8963	441	902169
棉、化纤纺织及印染精加工	171	2406	2371	35	247129	114510	2459	88	248566
棉、化纤纺织加工	1711	1458	1434	24	129971	67948	1494	60	131065
棉、化纤印染精加工	1712	948	937	11	117158	46562	965	28	117501
毛纺织和染整精加工	172	558	556	2	68612	34740	567	11	69388
毛条加工	1721	50	50		4548	2228	51	1	4568
毛纺织	1722	364	362	2	37764	21620	372	10	38520
毛染整精加工	1723	144	144		26300	10892	144		26300
麻纺织	173	21	21		603	233	22	1	663
麻纺织	1730	21	21		603	233	22	1	663
丝绢纺织及精加工	174	164	160	4	11220	5631	172	12	13096
缫丝加工	1741	26	23	3	3341	2374	28	5	3307
绢纺和丝织加工	1742	30	30		1644	972	30		1644
丝印染精加工	1743	108	107	1	6235	2285	114	7	8145
纺织制成品制造	175	1916	1893	23	117327	61906	1991	98	123676
棉及化纤制品制造	1751	547	536	11	38586	21441	573	37	39941
毛制品制造	1752	55	55		4467	2276	56	1	4487
麻制品制造	1753	35	35		2789	1507	40	5	3446
丝制品制造	1754	50	49	1	2909	1910	51	2	2950
绳、索、缆的制造	1755	224	224		9419	5412	232	8	9681
纺织带和帘子布制造	1756	390	385	5	19534	8894	408	23	21598
无纺布制造	1757	210	208	2	12307	5449	215	7	12545
其他纺织制成品制造	1759	405	401	4	27316	15017	416	15	29028
针织品、编织品及其制品制造	176	3560	3521	39	425162	249393	3752	231	446780
棉、化纤针织品及编织品制造	1761	1494	1473	21	157975	92386	1537	64	171349
毛针织品及编织品制造	1762	1152	1141	11	189246	112332	1279	138	192787
丝针织品及编织品制造	1763	327	324	3	31808	18541	335	11	34965
其他针织品及编织品制造	1769	587	583	4	46133	26134	601	18	47679

1-4　续表 5

行　业	代码	法人单位					产业活动单位		
		单位数(个)	单产业法人	多产业法人	就业人数(人)	女性	单位数(个)	多产业法人所属的产业活动单位数	就业人数(人)
纺织服装、鞋、帽制造业	18	13962	13787	175	1455037	894737	14344	557	1549318
纺织服装制造	181	13299	13129	170	1361046	838163	13667	538	1452730
纺织服装制造	1810	13299	13129	170	1361046	838163	13667	538	1452730
纺织面料鞋的制造	182	448	444	4	64778	35457	457	13	66205
纺织面料鞋的制造	1820	448	444	4	64778	35457	457	13	66205
制帽	183	215	214	1	29213	21117	220	6	30383
制帽	1830	215	214	1	29213	21117	220	6	30383
皮革、毛皮、羽毛(绒)及其制品业	19	7357	7292	65	1181268	696188	7605	313	1233251
皮革鞣制加工	191	413	410	3	76373	42002	429	19	76862
皮革鞣制加工	1910	413	410	3	76373	42002	429	19	76862
皮革制品制造	192	6702	6644	58	1087535	645662	6920	276	1138132
皮鞋制造	1921	2692	2666	26	688244	417759	2739	73	700327
皮革服装制造	1922	139	138	1	13363	7772	146	8	14041
皮箱、包(袋)制造	1923	2813	2790	23	291324	167163	2940	150	321470
皮手套及皮装饰制品制造	1924	402	401	1	38236	22528	418	17	40366
其他皮革制品制造	1929	656	649	7	56368	30440	677	28	61928
毛皮鞣制及制品加工	193	129	127	2	7859	4138	139	12	8573
毛皮鞣制加工	1931	21	20	1	1234	498	24	4	1350
毛皮服装加工	1932	58	57	1	4346	2742	63	6	4704
其他毛皮制品加工	1939	50	50		2279	898	52	2	2519
羽毛(绒)加工及制品制造	194	113	111	2	9501	4386	117	6	9684
羽毛(绒)加工	1941	52	50	2	3676	2037	52	2	3656
羽毛(绒)制品加工	1942	61	61		5825	2349	65	4	6028
木材加工及木、竹、藤、棕、草制品业	20	3092	3067	25	158594	54134	3227	160	169890
锯材、木片加工	201	872	869	3	26049	7973	926	57	26827
锯材加工	2011	443	442	1	11058	2663	481	39	11484
木片加工	2012	429	427	2	14991	5310	445	18	15343
人造板制造	202	852	845	7	63911	19927	869	24	64781
胶合板制造	2021	288	285	3	19702	7684	296	11	19967
纤维板制造	2022	89	88	1	13890	2973	89	1	13890
刨花板制造	2023	95	95		4735	1326	96	1	4815
其他人造板、材制造	2029	380	377	3	25584	7944	388	11	26109
木制品制造	203	1026	1016	10	49813	16605	1063	47	53616
建筑用木料及木材组件加工	2031	363	357	6	15976	4529	376	19	16344
木容器制造	2032	162	161	1	7655	2759	169	8	10082
软木制品及其他木制品制造	2039	501	498	3	26182	9317	518	20	27190
竹、藤、棕、草制品制造	204	342	337	5	18821	9629	369	32	24666
竹、藤、棕、草制品制造	2040	342	337	5	18821	9629	369	32	24666
家具制造业	21	5886	5706	180	465165	134445	6167	461	487578
木质家具制造	211	3453	3362	91	286441	75495	3617	255	304665
木质家具制造	2110	3453	3362	91	286441	75495	3617	255	304665
竹、藤家具制造	212	114	110	4	9989	4135	117	7	9709
竹、藤家具制造	2120	114	110	4	9989	4135	117	7	9709

1-4 续表 6

行业	代码	法人单位					产业活动单位		
		单位数(个)	单产业法人	多产业法人	就业人数(人)	女性	单位数(个)	多产业法人所属的产业活动单位数	就业人数(人)
金属家具制造	213	907	879	28	79993	25192	949	70	81931
金属家具制造	2130	907	879	28	79993	25192	949	70	81931
塑料家具制造	214	135	131	4	10000	4334	141	10	9991
塑料家具制造	2140	135	131	4	10000	4334	141	10	9991
其他家具制造	219	1277	1224	53	78742	25289	1343	119	81282
其他家具制造	2190	1277	1224	53	78742	25289	1343	119	81282
造纸及纸制品业	22	7581	7528	53	410407	150597	7888	360	439119
纸浆制造	221	148	148		15182	3900	152	4	18450
纸浆制造	2210	148	148		15182	3900	152	4	18450
造纸	222	1675	1662	13	103537	32941	1728	66	109599
机制纸及纸板制造	2221	582	574	8	63581	18269	597	23	66657
手工纸制造	2222	37	36	1	889	304	37	1	886
加工纸制造	2223	1056	1052	4	39067	14368	1094	42	42056
纸制品制造	223	5758	5718	40	291688	113756	6008	290	311070
纸和纸板容器的制造	2231	3393	3366	27	181022	69195	3564	198	193428
其他纸制品制造	2239	2365	2352	13	110666	44561	2444	92	117642
印刷业和记录媒介的复制	23	8512	8421	91	382741	161073	8746	325	407840
印刷	231	7924	7836	88	356505	149468	8148	312	380850
书、报、刊印刷	2311	967	953	14	72421	33671	993	40	74578
本册印制	2312	455	450	5	22651	10402	466	16	22899
包装装潢及其他印刷	2319	6502	6433	69	261433	105395	6689	256	283373
装订及其他印刷服务活动	232	530	527	3	21282	9636	540	13	22036
装订及其他印刷服务活动	2320	530	527	3	21282	9636	540	13	22036
记录媒介的复制	233	58	58		4954	1969	58		4954
记录媒介的复制	2330	58	58		4954	1969	58		4954
文教体育用品制造业	24	3901	3820	81	749807	415624	4323	503	859829
文化用品制造	241	617	603	14	60726	27814	665	62	69349
文具制造	2411	424	418	6	48401	21536	462	44	56297
笔的制造	2412	64	63	1	5071	2968	67	4	5654
教学用模型及教具制造	2413	29	27	2	1871	756	30	3	1687
墨水、墨汁制造	2414	20	18	2	565	205	19	1	555
其他文化用品制造	2419	80	77	3	4818	2349	87	10	5156
体育用品制造	242	716	703	13	147003	64643	764	61	155775
球类制造	2421	79	79		16842	8280	84	5	18113
体育器材及配件制造	2422	256	251	5	54748	19816	274	23	57271
训练健身器材制造	2423	88	87	1	10369	3011	95	8	14189
运动防护用具制造	2424	121	118	3	31761	17382	128	10	32913
其他体育用品制造	2429	172	168	4	33283	16154	183	15	33289
乐器制造	243	203	196	7	26234	13228	210	14	27824
中乐器制造	2431	17	15	2	444	161	17	2	454
西乐器制造	2432	75	73	2	14211	6738	76	3	14266
电子乐器制造	2433	34	33	1	6402	4450	35	2	6813
其他乐器及零件制造	2439	77	75	2	5177	1879	82	7	6291
玩具制造	244	2187	2169	18	501804	303766	2462	293	589718
玩具制造	2440	2187	2169	18	501804	303766	2462	293	589718

1-4 续表 7

行业	代码	法人单位					产业活动单位		
		单位数(个)	单产业法人	多产业法人	就业人数(人)	女性	单位数(个)	多产业法人所属的产业活动单位数	就业人数(人)
游艺器材及娱乐用品制造	245	178	149	29	14040	6173	222	73	17163
露天游乐场所游乐设备制造	2451	33	30	3	2642	317	36	6	5182
游艺用品及室内游艺器材制造	2452	145	119	26	11398	5856	186	67	11981
石油加工、炼焦及核燃料加工业	25	328	322	6	28226	7638	339	17	27868
精炼石油产品的制造	251	308	302	6	27469	7514	319	17	27111
原油加工及石油制品制造	2511	303	297	6	27217	7475	314	17	26859
人造原油生产	2512	5	5		252	39	5		252
炼焦	252	16	16		714	114	16		714
炼焦	2520	16	16		714	114	16		714
核燃料加工	253	4	4		43	10	4		43
核燃料加工	2530	4	4		43	10	4		43
化学原料及化学制品制造业	26	8158	7989	169	386013	131142	8383	394	396368
基础化学原料制造	261	489	472	17	29871	7242	511	39	28539
无机酸制造	2611	49	49		3341	1001	52	3	3590
无机碱制造	2612	15	13	2	4192	877	16	3	3878
无机盐制造	2613	92	90	2	6090	1421	95	5	6299
有机化学原料制造	2614	125	121	4	8184	2195	132	11	6548
其他基础化学原料制造	2619	208	199	9	8064	1748	216	17	8224
肥料制造	262	255	250	5	14086	3229	265	15	14400
氮肥制造	2621	13	13		1652	381	16	3	1925
磷肥制造	2622	16	15	1	1954	614	17	2	1701
钾肥制造	2623	5	4	1	416	69	4		199
复混肥料制造	2624	123	122	1	7286	1354	127	5	7595
有机肥料及微生物肥料制造	2625	74	73	1	2372	693	75	2	2510
其他肥料制造	2629	24	23	1	406	118	26	3	470
农药制造	263	82	76	6	5179	1723	84	8	3994
化学农药制造	2631	56	51	5	3789	1235	57	6	2618
生物化学农药及微生物农药制造	2632	26	25	1	1390	488	27	2	1376
涂料、油墨、颜料及类似产品制造	264	2555	2516	39	105341	27735	2620	104	110026
涂料制造	2641	1633	1608	25	68351	17028	1675	67	71002
油墨及类似产品制造	2642	409	403	6	16870	5677	419	16	18578
颜料制造	2643	230	228	2	10144	2167	242	14	10622
染料制造	2644	69	68	1	2714	826	71	3	2734
密封用填料及类似品制造	2645	214	209	5	7262	2037	213	4	7090
合成材料制造	265	638	629	9	37864	11410	655	26	38618
初级形态的塑料及合成树脂制造	2651	345	341	4	24479	6537	352	11	24922
合成橡胶制造	2652	171	167	4	6935	2397	174	7	6756
合成纤维单(聚合)体的制造	2653	37	37		2179	756	38	1	2488
其他合成材料制造	2659	85	84	1	4271	1720	91	7	4452
专用化学产品制造	266	1876	1847	29	78341	25601	1940	93	82897
化学试剂和助剂制造	2661	578	573	5	18979	5072	592	19	19319
专项化学用品制造	2662	478	466	12	15770	4116	508	42	18369
林产化学产品制造	2663	144	142	2	5033	1102	146	4	5063
炸药及火工产品制造	2664	21	20	1	3445	975	23	3	4703
信息化学品制造	2665	95	93	2	14132	7722	97	4	13815

1-4 续表 8

行业	代码	法人单位					产业活动单位		
		单位数(个)	单产业法人	多产业法人	就业人数(人)	女性	单位数(个)	多产业法人所属的产业活动单位数	就业人数(人)
环境污染处理专用药剂材料制造	2666	89	88	1	1997	468	89	1	1997
动物胶制造	2667	21	21		377	80	21		377
其他专用化学产品制造	2669	450	444	6	18608	6066	464	20	19254
日用化学产品制造	267	2263	2199	64	115331	54202	2308	109	117894
肥皂及合成洗涤剂制造	2671	495	480	15	38375	17571	512	32	38885
化妆品制造	2672	1130	1096	34	47618	25027	1140	44	48551
口腔清洁用品制造	2673	39	36	3	5645	2237	41	5	6556
香料、香精制造	2674	220	213	7	9248	3628	231	18	9340
其他日用化学产品制造	2679	379	374	5	14445	5739	384	10	14562
医药制造业	27	915	875	40	96673	44911	952	77	99090
化学药品原药制造	271	59	56	3	8423	3072	62	6	8273
化学药品原药制造	2710	59	56	3	8423	3072	62	6	8273
化学药品制剂制造	272	152	138	14	32237	14764	162	24	33342
化学药品制剂制造	2720	152	138	14	32237	14764	162	24	33342
中药饮片加工	273	134	131	3	7832	3683	139	8	9458
中药饮片加工	2730	134	131	3	7832	3683	139	8	9458
中成药制造	274	194	182	12	25556	12598	199	17	25535
中成药制造	2740	194	182	12	25556	12598	199	17	25535
兽用药品制造	275	83	82	1	4085	1724	84	2	3601
兽用药品制造	2750	83	82	1	4085	1724	84	2	3601
生物、生化制品的制造	276	164	158	6	7744	3140	173	15	7688
生物、生化制品的制造	2760	164	158	6	7744	3140	173	15	7688
卫生材料及医药用品制造	277	129	128	1	10796	5930	133	5	11193
卫生材料及医药用品制造	2770	129	128	1	10796	5930	133	5	11193
化学纤维制造业	28	257	255	2	22540	8431	268	13	21574
纤维素纤维原料及纤维制造	281	69	69		3734	1365	70	1	3808
化纤浆粕制造	2811	27	27		790	251	27		790
人造纤维(纤维素纤维)制造	2812	42	42		2944	1114	43	1	3018
合成纤维制造	282	188	186	2	18806	7066	198	12	17766
锦纶纤维制造	2821	29	28	1	4829	1923	31	3	3243
涤纶纤维制造	2822	60	59	1	7508	3513	65	6	7807
腈纶纤维制造	2823	1	1		30	12	1		30
维纶纤维制造	2824	4	4		262	40	4		262
其他合成纤维制造	2829	94	94		6177	1578	97	3	6424
橡胶制品业	29	2389	2372	17	209971	89747	2465	93	222730
轮胎制造	291	84	82	2	18069	4826	86	4	19737
车辆、飞机及工程机械轮胎制造	2911	42	41	1	13590	3073	43	2	15158
力车胎制造	2912	18	17	1	3691	1554	18	1	3691
轮胎翻新加工	2913	24	24		788	199	25	1	888
橡胶板、管、带的制造	292	283	280	3	12425	4607	290	10	16722
橡胶板、管、带的制造	2920	283	280	3	12425	4607	290	10	16722
橡胶零件制造	293	496	490	6	34037	15496	511	21	34844
橡胶零件制造	2930	496	490	6	34037	15496	511	21	34844
再生橡胶制造	294	107	107		2523	815	107		2523
再生橡胶制造	2940	107	107		2523	815	107		2523

1-4 续表 9

行业	代码	法人单位					产业活动单位		
		单位数(个)	单产业法人	多产业法人	就业人数(人)	女性	单位数(个)	多产业法人所属的产业活动单位数	就业人数(人)
日用及医用橡胶制品制造	295	135	133	2	11113	6094	139	6	12096
日用及医用橡胶制品制造	2950	135	133	2	11113	6094	139	6	12096
橡胶靴鞋制造	296	400	400		76208	32927	411	11	76951
橡胶靴鞋制造	2960	400	400		76208	32927	411	11	76951
其他橡胶制品制造	299	884	880	4	55596	24982	921	41	59857
其他橡胶制品制造	2990	884	880	4	55596	24982	921	41	59857
塑料制品业	30	17035	16880	155	1211026	553874	17888	1008	1319771
塑料薄膜制造	301	1630	1611	19	96620	40594	1680	69	97716
塑料薄膜制造	3010	1630	1611	19	96620	40594	1680	69	97716
塑料板、管、型材的制造	302	1265	1255	10	107122	41440	1304	49	111009
塑料板、管、型材的制造	3020	1265	1255	10	107122	41440	1304	49	111009
塑料丝、绳及编织品的制造	303	462	459	3	26803	12794	487	28	30058
塑料丝、绳及编织品的制造	3030	462	459	3	26803	12794	487	28	30058
泡沫塑料制造	304	741	726	15	38887	13907	775	49	40834
泡沫塑料制造	3040	741	726	15	38887	13907	775	49	40834
塑料人造革、合成革制造	305	185	184	1	27792	10398	185	1	28056
塑料人造革、合成革制造	3050	185	184	1	27792	10398	185	1	28056
塑料包装箱及容器制造	306	1690	1671	19	88147	39517	1774	103	93534
塑料包装箱及容器制造	3060	1690	1671	19	88147	39517	1774	103	93534
塑料零件制造	307	2572	2546	26	193062	92840	2703	157	216158
塑料零件制造	3070	2572	2546	26	193062	92840	2703	157	216158
日用塑料制造	308	2925	2896	29	270600	137802	3054	158	289135
塑料鞋制造	3081	816	804	12	132644	70983	840	36	133706
日用塑料杂品制造	3082	2109	2092	17	137956	66819	2214	122	155429
其他塑料制品制造	309	5565	5532	33	361993	164582	5926	394	413271
其他塑料制品制造	3090	5565	5532	33	361993	164582	5926	394	413271
非金属矿物制品业	31	9610	9471	139	716378	229834	9853	382	735004
水泥、石灰和石膏的制造	311	681	672	9	83085	20867	696	24	83014
水泥制造	3111	506	498	8	78862	19990	520	22	78787
石灰和石膏制造	3112	175	174	1	4223	877	176	2	4227
水泥及石膏制品制造	312	967	943	24	57213	9745	1007	64	58307
水泥制品制造	3121	629	612	17	40766	6641	654	42	41225
砼结构构件制造	3122	90	87	3	5347	992	97	10	6233
石棉水泥制品制造	3123	14	14		305	81	14		305
轻质建筑材料制造	3124	134	133	1	6135	1174	140	7	6389
其他水泥制品制造	3129	100	97	3	4660	857	102	5	4155
砖瓦、石材及其他建筑材料制造	313	3334	3299	35	239114	70271	3401	102	236353
粘土砖瓦及建筑砌块制造	3131	1450	1448	2	45721	11839	1473	25	46247
建筑陶瓷制品制造	3132	632	611	21	151729	50517	660	49	149222
建筑用石加工	3133	851	846	5	28860	5122	858	12	28604
防水建筑材料制造	3134	57	55	2	2040	332	60	5	1998
隔热和隔音材料制造	3135	83	81	2	3745	808	86	5	2981
其他建筑材料制造	3139	261	258	3	7019	1653	264	6	7301
玻璃及玻璃制品制造	314	1474	1448	26	127110	43891	1511	63	130035
平板玻璃制造	3141	145	141	4	11877	3096	151	10	12487

1-4 续表 10

行业	代码	法人单位					产业活动单位		
		单位数(个)	单产业法人	多产业法人	就业人数(人)	女性	单位数(个)	多产业法人所属的产业活动单位数	就业人数(人)
技术玻璃制品制造	3142	241	236	5	24853	5948	243	7	24912
光学玻璃制造	3143	75	74	1	17801	10018	81	7	18862
玻璃仪器制造	3144	21	21		418	118	21		418
日用玻璃制品及玻璃包装容器制造	3145	467	461	6	36214	13089	474	13	36371
玻璃保温容器制造	3146	29	29		1534	567	29		1534
玻璃纤维及制品制造	3147	78	75	3	5238	1648	82	7	5550
玻璃纤维增强塑料制品制造	3148	118	116	2	11648	4176	119	3	11696
其他玻璃制品制造	3149	300	295	5	17527	5231	311	16	18205
陶瓷制品制造	315	2388	2361	27	181005	76304	2435	74	183245
卫生陶瓷制品制造	3151	633	626	7	43331	13384	644	18	43201
特种陶瓷制品制造	3152	82	81	1	8229	4488	84	3	8303
日用陶瓷制品制造	3153	1165	1151	14	98526	45579	1193	42	100325
园林、陈设艺术及其他陶瓷制品制造	3159	508	503	5	30919	12853	514	11	31416
耐火材料制品制造	316	134	134		6201	1474	137	3	6383
石棉制品制造	3161	12	12		313	92	12		313
云母制品制造	3162	12	12		1326	412	12		1326
耐火陶瓷制品及其他耐火材料制造	3169	110	110		4562	970	113	3	4744
石墨及其他非金属矿物制品制造	319	632	614	18	22650	7282	666	52	37667
石墨及碳素制品制造	3191	41	39	2	3040	1167	46	7	18204
其他非金属矿物制品制造	3199	591	575	16	19610	6115	620	45	19463
黑色金属冶炼及压延加工业	32	886	874	12	87962	16809	904	30	74309
炼铁	321	55	55		2448	470	55		2448
炼铁	3210	55	55		2448	470	55		2448
炼钢	322	50	50		14241	2351	51	1	14242
炼钢	3220	50	50		14241	2351	51	1	14242
钢压延加工	323	749	739	10	69381	13605	765	26	55726
钢压延加工	3230	749	739	10	69381	13605	765	26	55726
铁合金冶炼	324	32	30	2	1892	383	33	3	1893
铁合金冶炼	3240	32	30	2	1892	383	33	3	1893
有色金属冶炼及压延加工业	33	1983	1955	28	159770	41473	2045	90	162975
常用有色金属冶炼	331	248	245	3	17697	4371	268	23	18103
铜冶炼	3311	64	63	1	4309	818	63		4304
铅锌冶炼	3312	28	27	1	6003	1517	31	4	6094
镍钴冶炼	3313	10	10		488	112	10		488
锡冶炼	3314	30	29	1	1397	312	48	19	1717
锑冶炼	3315	6	6		193	60	6		193
铝冶炼	3316	74	74		3017	648	74		3017
镁冶炼	3317	1	1		1000	400	1		1000
其他常用有色金属冶炼	3319	35	35		1290	504	35		1290
贵金属冶炼	332	20	19	1	1603	630	21	2	1603
金冶炼	3321	5	5		694	419	5		694
银冶炼	3322	7	6	1	636	111	8	2	636
其他贵金属冶炼	3329	8	8		273	100	8		273
稀有稀土金属冶炼	333	44	43	1	3814	1069	44	1	3811
钨钼冶炼	3331	8	8		558	89	8		558
稀土金属冶炼	3332	19	18	1	1731	555	19	1	1728
其他稀有金属冶炼	3339	17	17		1525	425	17		1525

1-4 续表 11

行业	代码	法人单位					产业活动单位		
		单位数(个)	单产业法人	多产业法人	就业人数(人)	女性	单位数(个)	多产业法人所属的产业活动单位数	就业人数(人)
有色金属合金制造	334	169	168	1	8430	2444	173	5	8719
有色金属合金制造	3340	169	168	1	8430	2444	173	5	8719
有色金属压延加工	335	1502	1480	22	128226	32959	1539	59	130739
常用有色金属压延加工	3351	1456	1434	22	124983	32420	1493	59	127496
贵金属压延加工	3352	23	23		2574	296	23		2574
稀有稀土金属压延加工	3353	23	23		669	243	23		669
金属制品业	34	20771	20526	245	1213787	442814	21546	1020	1288888
结构性金属制品制造	341	4625	4573	52	222441	66748	4799	226	241137
金属结构制造	3411	3766	3728	38	189576	57888	3909	181	206433
金属门窗制造	3412	859	845	14	32865	8860	890	45	34704
金属工具制造	342	2671	2655	16	135763	59798	2719	64	143091
切削工具制造	3421	187	183	4	12437	3814	193	10	12504
手工具制造	3422	192	191	1	9179	3254	198	7	9959
农用及园林用金属工具制造	3423	68	68		3679	1407	70	2	3859
刀剪及类似日用金属工具制造	3424	920	913	7	57590	30098	930	17	61152
其他金属工具制造	3429	1304	1300	4	52878	21225	1328	28	55617
集装箱及金属包装容器制造	343	649	637	12	62671	19285	675	38	65305
集装箱制造	3431	61	60	1	19067	3009	63	3	19137
金属压力容器制造	3432	91	90	1	5238	1253	95	5	5493
金属包装容器制造	3433	497	487	10	38366	15023	517	30	40675
金属丝绳及其制品的制造	344	445	443	2	21789	7511	464	21	22444
金属丝绳及其制品的制造	3440	445	443	2	21789	7511	464	21	22444
建筑、安全用金属制品制造	345	2394	2340	54	173242	67084	2493	153	183884
建筑、家具用金属配件制造	3451	1635	1603	32	126101	50717	1708	105	134790
建筑装饰及水暖管道零件制造	3452	550	539	11	39328	14291	565	26	40508
安全、消防用金属制品制造	3453	112	104	8	3500	1084	120	16	4126
其他建筑、安全用金属制品制造	3459	97	94	3	4313	992	100	6	4460
金属表面处理及热处理加工	346	1585	1570	15	97831	36491	1730	160	109497
金属表面处理及热处理加工	3460	1585	1570	15	97831	36491	1730	160	109497
搪瓷制品制造	347	160	157	3	12291	4938	163	6	12633
工业生产配套用搪瓷制品制造	3471	13	13		505	188	14	1	705
搪瓷卫生洁具制造	3472	84	81	3	5079	1681	86	5	5221
搪瓷日用品及其他搪瓷制品制造	3479	63	63		6707	3069	63		6707
不锈钢及类似日用金属制品制造	348	4590	4538	52	318160	120474	4704	166	329503
金属制厨房调理及卫生器具制造	3481	577	563	14	43375	15278	590	27	46315
金属制厨用器皿及餐具制造	3482	1238	1227	11	125007	48312	1274	47	128527
其他日用金属制品制造	3489	2775	2748	27	149778	56884	2840	92	154661
其他金属制品制造	349	3652	3613	39	169599	60485	3799	186	181394
铸币及贵金属制实验室用品制造	3491	15	15		644	192	15		644
其他未列明的金属制品制造	3499	3637	3598	39	168955	60293	3784	186	180750
通用设备制造业	35	8348	8177	171	443093	138856	8635	458	470380
锅炉及原动机制造	351	170	164	6	9687	2120	177	13	9444
锅炉及辅助设备制造	3511	97	93	4	4441	919	100	7	4468

1-4 续表 12

行业	代码	法人单位					产业活动单位		
		单位数(个)	单产业法人	多产业法人	就业人数(人)	女性	单位数(个)	多产业法人所属的产业活动单位数	就业人数(人)
内燃机及配件制造	3512	34	33	1	3064	734	38	5	2798
汽轮机及辅机制造	3513	6	5	1	247	38	6	1	243
水轮机及辅机制造	3514	10	10		629	185	10		629
其他原动机制造	3519	23	23		1306	244	23		1306
金属加工机械制造	352	1657	1628	29	65262	17059	1688	60	63771
金属切削机床制造	3521	191	189	2	8541	1891	193	4	8609
金属成形机床制造	3522	203	193	10	8271	1676	219	26	9290
铸造机械制造	3523	169	167	2	7280	1344	176	9	7391
金属切割及焊接设备制造	3524	232	227	5	8156	2094	236	9	8012
机床附件制造	3525	90	89	1	3680	628	90	1	3675
其他金属加工机械制造	3529	772	763	9	29334	9426	774	11	26794
起重运输设备制造	353	258	245	13	24208	4515	278	33	23212
起重运输设备制造	3530	258	245	13	24208	4515	278	33	23212
泵、阀门、压缩机及类似机械的制造	354	639	626	13	54348	18512	676	50	62553
泵及真空设备制造	3541	194	188	6	14440	4996	205	17	15821
气体压缩机械制造	3542	60	59	1	12065	2747	70	11	17905
阀门和旋塞的制造	3543	145	142	3	14074	5741	155	13	14600
液压和气压动力机械及元件制造	3544	240	237	3	13769	5028	246	9	14227
轴承、齿轮、传动和驱动部件的制造	355	335	326	9	30755	10459	348	22	30616
轴承制造	3551	194	189	5	22324	7856	200	11	22814
齿轮、传动和驱动部件制造	3552	141	137	4	8431	2603	148	11	7802
烘炉、熔炉及电炉制造	356	89	88	1	4188	1312	91	3	4244
烘炉、熔炉及电炉制造	3560	89	88	1	4188	1312	91	3	4244
风机、衡器、包装设备等通用设备制造	357	1577	1534	43	104219	36136	1639	105	118540
风机、风扇制造	3571	311	304	7	29002	13118	323	19	29502
气体、液体分离及纯净设备制造	3572	143	139	4	4754	1359	149	10	5199
制冷、空调设备制造	3573	385	373	12	31566	9411	405	32	37738
风动和电动工具制造	3574	64	61	3	6721	3143	73	12	13179
喷枪及类似器具制造	3575	50	48	2	1740	408	52	4	1790
包装专用设备制造	3576	222	216	6	9817	2036	224	8	9424
衡器制造	3577	67	66	1	7633	3733	69	3	8388
其他通用设备制造	3579	335	327	8	12986	2928	344	17	13320
通用零部件制造及机械修理	358	2691	2653	38	99925	34657	2786	133	109724
金属密封件制造	3581	75	74	1	3417	1345	76	2	4171
紧固件、弹簧制造	3582	1135	1112	23	43992	15790	1175	63	46155
机械零部件加工及设备修理	3583	1002	991	11	26659	7523	1026	35	27412
其他通用零部件制造	3589	479	476	3	25857	9999	509	33	31986
金属铸、锻加工	359	932	913	19	50501	14086	952	39	48276
钢铁铸件制造	3591	688	678	10	37552	9273	701	23	37514
锻件及粉末冶金制品制造	3592	244	235	9	12949	4813	251	16	10762
专用设备制造业	36	8892	8717	175	549380	187710	9238	521	575508
矿山、冶金、建筑专用设备制造	361	306	295	11	17077	3489	325	30	17270
采矿、采石设备制造	3611	44	43	1	2860	871	50	7	2928
石油钻采专用设备制造	3612	16	15	1	3276	515	18	3	3134
建筑工程用机械制造	3613	113	106	7	5338	1126	123	17	5576
建筑材料生产专用机械制造	3614	101	99	2	4784	775	101	2	4783
冶金专用设备制造	3615	32	32		819	202	33	1	849

1-4　续表 13

行　业	代码	法人单位 单位数(个)	单产业法人	多产业法人	就业人数(人)	女性	产业活动单位 单位数(个)	多产业法人所属的产业活动单位数	就业人数(人)
化工、木材、非金属加工专用设备制造	362	4615	4529	86	265067	86114	4806	277	289458
炼油、化工生产专用设备制造	3621	67	66	1	3798	740	67	1	3786
橡胶加工专用设备制造	3622	72	69	3	3595	1172	74	5	3749
塑料加工专用设备制造	3623	385	377	8	21637	5414	407	30	23350
木材加工机械制造	3624	149	105	44	5607	1218	157	52	5456
模具制造	3625	3869	3841	28	224956	75660	4023	182	247561
其他非金属加工专用设备制造	3629	73	71	2	5474	1910	78	7	5556
食品、饮料、烟草及饲料生产专用设备制造	363	250	248	2	11914	2769	254	6	11953
食品、饮料、烟草工业专用设备制造	3631	184	182	2	9516	2260	187	5	9517
农副食品加工专用设备制造	3632	46	46		1575	417	47	1	1613
饲料生产专用设备制造	3633	20	20		823	92	20		823
印刷、制药、日化生产专用设备制造	364	743	726	17	34385	9952	768	42	35127
制浆和造纸专用设备制造	3641	60	59	1	2696	764	61	2	2743
印刷专用设备制造	3642	226	219	7	10151	2530	229	10	10214
日用化工专用设备制造	3643	67	66	1	2084	600	70	4	2198
制药专用设备制造	3644	15	15		504	188	15		504
照明器具生产专用设备制造	3645	137	134	3	9096	3717	143	9	9296
玻璃、陶瓷和搪瓷制品生产专用设备制造	3646	149	144	5	7190	1221	154	10	7183
其他日用品生产专用设备制造	3649	89	89		2664	932	96	7	2989
纺织、服装和皮革工业专用设备制造	365	382	378	4	21760	7464	390	12	22453
纺织专用设备制造	3651	155	154	1	8548	1893	158	4	8708
皮革、毛皮及其制品加工专用设备制造	3652	54	53	1	2395	756	55	2	2448
缝纫机械制造	3653	99	98	1	7561	3977	102	4	7943
其他服装加工专用设备制造	3659	74	73	1	3256	838	75	2	3354
电子和电工机械专用设备制造	366	1020	1005	15	100215	41086	1057	52	101788
电工机械专用设备制造	3661	276	269	7	16757	5453	286	17	16736
电子工业专用设备制造	3662	729	721	8	80456	34135	756	35	82050
武器弹药制造	3663	1	1		26	6	1		26
航空、航天及其他专用设备制造	3669	14	14		2976	1492	14		2976
农、林、牧、渔专用机械制造	367	153	148	5	9437	2536	160	12	6671
拖拉机制造	3671	11	10	1	993	219	12	2	1043
机械化农业及园艺机具制造	3672	39	37	2	4952	1265	42	5	2295
营林及木竹采伐机械制造	3673	1	1		61	23	1		61
畜牧机械制造	3674	9	9		119	38	9		119
渔业机械制造	3675	31	29	2	1557	601	31	2	1381
农林牧渔机械配件制造	3676	19	19		732	128	22	3	749
其他农林牧渔业机械制造及机械修理	3679	43	43		1023	262	43		1023
医疗仪器设备及器械制造	368	566	550	16	52442	23788	584	34	53517
医疗诊断、监护及治疗设备制造	3681	171	164	7	14843	5502	173	9	14514
口腔科用设备及器具制造	3682	38	38		3454	1833	38		3454
实验室及医用消毒设备和器具的制造	3683	21	20	1	651	164	22	2	717
医疗、外科及兽医用器械制造	3684	86	85	1	9219	5455	91	6	9448
机械治疗及病房护理设备制造	3685	60	57	3	4673	2140	62	5	4738
假肢、人工器官及植(介)入器械制造	3686	79	78	1	7451	3328	83	5	7562
其他医疗设备及器械制造	3689	111	108	3	12151	5366	115	7	13084

1-4 续表 14

行业	代码	法人单位					产业活动单位		
		单位数(个)	单产业法人	多产业法人	就业人数(人)	女性	单位数(个)	多产业法人所属的产业活动单位数	就业人数(人)
环保、社会公共安全及其他专用设备制造	369	857	838	19	37083	10512	894	56	37271
环境污染防治专用设备制造	3691	225	218	7	6487	1343	235	17	6156
地质勘查专用设备制造	3692	2	2		225	32	2		225
邮政专用机械及器材制造	3693	2	2		70	12	2		70
商业、饮食、服务业专用设备制造	3694	31	30	1	1192	530	33	3	1283
社会公共安全设备及器材制造	3695	130	124	6	10798	4218	137	13	10260
交通安全及管制专用设备制造	3696	30	30		804	167	34	4	1013
水资源专用机械制造	3697	44	42	2	855	209	47	5	920
其他专用设备制造	3699	393	390	3	16652	4001	404	14	17344
交通运输设备制造业	37	4157	4048	109	456056	141254	4441	393	488048
铁路运输设备制造	371	21	19	2	3541	923	20	1	3419
铁路机车车辆及动车组制造	3711	1	1		108	42	1		108
工矿有轨专用车辆制造	3712	2	2		41	13	2		41
铁路机车车辆配件制造	3713	2	1	1	126	24	1		4
铁路专用设备及器材、配件制造	3714	10	10		472	156	10		472
其他铁路设备制造及设备修理	3719	6	5	1	2794	688	6	1	2794
汽车制造	372	2617	2547	70	243934	88279	2803	256	256263
汽车整车制造	3721	32	30	2	26862	3114	37	7	29378
改装汽车制造	3722	18	17	1	19208	4967	22	5	19760
电车制造	3723	7	7		639	107	7		639
汽车车身、挂车的制造	3724	17	16	1	2099	174	20	4	2229
汽车零部件及配件制造	3725	1234	1202	32	170055	75428	1265	63	174421
汽车修理	3726	1309	1275	34	25071	4489	1452	177	29836
摩托车制造	373	483	470	13	78568	22455	499	29	80752
摩托车整车制造	3731	69	62	7	29512	6339	71	9	30970
摩托车零部件及配件制造	3732	414	408	6	49056	16116	428	20	49782
自行车制造	374	354	349	5	61205	18107	380	31	70425
脚踏自行车及残疾人座车制造	3741	266	261	5	55071	16372	289	28	63786
助动自行车制造	3742	88	88		6134	1735	91	3	6639
船舶及浮动装置制造	375	593	575	18	55012	8266	646	71	63202
金属船舶制造	3751	106	101	5	22573	3737	112	11	25707
非金属船舶制造	3752	50	49	1	2714	658	52	3	2726
娱乐船和运动船的建造和修理	3753	39	38	1	2729	638	40	2	2778
船用配套设备制造	3754	63	62	1	3372	608	68	6	4176
船舶修理及拆船	3755	325	315	10	23408	2544	364	49	27599
航标器材及其他浮动装置的制造	3759	10	10		216	81	10		216
航空航天器制造	376	12	12		9009	895	12		9009
飞机制造及修理	3761	8	8		8950	883	8		8950
航天器制造	3762	1	1		26	6	1		26
其他飞行器制造	3769	3	3		33	6	3		33
交通器材及其他交通运输设备制造	379	77	76	1	4787	2329	81	5	4978
潜水及水下救捞装备制造	3791	7	7		2117	1403	7		2117
交通管理用金属标志及设施制造	3792	41	40	1	1988	711	43	3	2154
其他交通运输设备制造	3799	29	29		682	215	31	2	707

1-4 续表 15

行业	代码	法人单位					产业活动单位		
		单位数(个)	单产业法人	多产业法人	就业人数(人)	女性	单位数(个)	多产业法人所属的产业活动单位数	就业人数(人)
电气机械及器材制造业	39	16383	16023	360	1961545	917820	17099	1076	2051550
电机制造	391	864	849	15	98513	49361	903	54	118566
发电机及发电机组制造	3911	166	161	5	9252	2644	178	17	11107
电动机制造	3912	263	258	5	18939	7161	270	12	29219
微电机及其他电机制造	3919	435	430	5	70322	39556	455	25	78240
输配电及控制设备制造	392	3945	3884	61	427460	222839	4159	275	471266
变压器、整流器和电感器制造	3921	1030	1011	19	160414	88404	1100	89	174208
电容器及其配套设备制造	3922	228	225	3	20963	9868	242	17	21452
配电开关控制设备制造	3923	757	733	24	81015	36516	809	76	84940
电力电子元器件制造	3924	1576	1565	11	135902	75329	1633	68	155411
其他输配电及控制设备制造	3929	354	350	4	29166	12722	375	25	35255
电线、电缆、光缆及电工器材制造	393	2662	2617	45	247301	115941	2772	155	283223
电线电缆制造	3931	2111	2073	38	196802	91030	2202	129	229713
光纤、光缆制造	3932	68	66	2	5888	2195	72	6	6172
绝缘制品制造	3933	267	266	1	25245	14350	273	7	26938
其他电工器材制造	3939	216	212	4	19366	8366	225	13	20400
电池制造	394	831	812	19	171496	92142	855	43	175265
电池制造	3940	831	812	19	171496	92142	855	43	175265
家用电力器具制造	395	3809	3696	113	628396	251104	3996	300	594112
家用制冷电器具制造	3951	148	146	2	31547	12084	156	10	35887
家用空气调节器制造	3952	148	143	5	145045	39379	154	11	71781
家用通风电器具制造	3953	379	360	19	71343	32341	399	39	83555
家用厨房电器具制造	3954	1497	1447	50	208759	81449	1575	128	208599
家用清洁卫生电器具制造	3955	144	139	5	21502	11327	149	10	22263
家用美容、保健电器具制造	3956	171	168	3	32493	20577	186	18	40867
家用电力器具专用配件制造	3957	546	534	12	32568	15022	563	29	32668
其他家用电力器具制造	3959	776	759	17	85139	38925	814	55	98492
非电力家用器具制造	396	526	508	18	34929	13745	548	40	39920
燃气、太阳能及类似能源的器具制造	3961	439	423	16	29553	11614	453	30	32208
其他非电力家用器具制造	3969	87	85	2	5376	2131	95	10	7712
照明器具制造	397	3319	3238	81	323702	157089	3425	187	336931
电光源制造	3971	334	325	9	49736	28695	339	14	46497
照明灯具制造	3972	2037	1987	50	192383	86939	2108	121	204721
灯用电器附件及其他照明器具制造	3979	948	926	22	81583	41455	978	52	85713
其他电气机械及器材制造	399	427	419	8	29748	15599	441	22	32267
车辆专用照明及电气信号设备装置制造	3991	121	121		12363	6625	127	6	12900
其他未列明的电气机械制造	3999	306	298	8	17385	8974	314	16	19367
通信设备、计算机及其他电子设备制造业	40	14346	14115	231	3011835	1573041	14968	853	3133472
通信设备制造	401	1152	1109	43	434325	191035	1246	137	449648
通信传输设备制造	4011	196	186	10	30339	13538	214	28	33672
通信交换设备制造	4012	82	76	6	128880	30247	84	8	128972
通信终端设备制造	4013	254	247	7	77987	46940	269	22	81868
移动通信及终端设备制造	4014	363	352	11	157444	80977	402	50	162056
其他通信设备制造	4019	257	248	9	39675	19333	277	29	43080

1-4 续表 16

行业	代码	法人单位					产业活动单位		
		单位数(个)	单产业法人	多产业法人	就业人数(人)	女性	单位数(个)	多产业法人所属的产业活动单位数	就业人数(人)
雷达及配套设备制造	402	16	16		638	334	16		638
雷达及配套设备制造	4020	16	16		638	334	16		638
广播电视设备制造	403	399	388	11	53693	28917	416	28	56432
广播电视节目制作及发射设备制造	4031	15	15		1229	565	16	1	1232
广播电视接收设备及器材制造	4032	307	297	10	44512	24112	320	23	46023
应用电视设备及其他广播电视设备制造	4039	77	76	1	7952	4240	80	4	9177
电子计算机制造	404	1618	1586	32	641401	291534	1709	123	668396
电子计算机整机制造	4041	122	116	6	231491	79942	136	20	237050
计算机网络设备制造	4042	141	136	5	18950	10591	149	13	19173
电子计算机外部设备制造	4043	1355	1334	21	390960	201001	1424	90	412173
电子器件制造	405	1735	1705	30	354262	205262	1785	80	358101
电子真空器件制造	4051	86	85	1	14209	8226	86	1	14209
半导体分立器件制造	4052	124	120	4	22357	11598	126	6	20597
集成电路制造	4053	287	284	3	112251	62866	297	13	112781
光电子器件及其他电子器件制造	4059	1238	1216	22	205445	122572	1276	60	210514
电子元件制造	406	5799	5734	65	975907	542597	6027	293	1017612
电子元件及组件制造	4061	4890	4842	48	742984	435755	5044	202	766446
印制电路板制造	4062	909	892	17	232923	106842	983	91	251166
家用视听设备制造	407	2041	2006	35	377539	214256	2124	118	392326
家用影视设备制造	4071	615	596	19	132610	65722	639	43	134493
家用音响设备制造	4072	1426	1410	16	244929	148534	1485	75	257833
其他电子设备制造	409	1586	1571	15	174070	99106	1645	74	190319
其他电子设备制造	4090	1586	1571	15	174070	99106	1645	74	190319
仪器仪表及文化、办公用机械制造业	41	2776	2730	46	426288	226117	3092	362	474833
通用仪器仪表制造	411	562	550	12	31019	11928	587	37	30784
工业自动控制系统装置制造	4111	213	210	3	9859	2817	221	11	8544
电工仪器仪表制造	4112	157	153	4	9502	3947	165	12	10182
绘图、计算及测量仪器制造	4113	37	37		2887	1412	39	2	2987
实验分析仪器制造	4114	57	55	2	3169	1342	63	8	4036
试验机制造	4115	31	30	1	1275	357	31	1	993
供应用仪表及其他通用仪器制造	4119	67	65	2	4327	2053	68	3	4042
专用仪器仪表制造	412	307	302	5	20451	9927	322	20	21536
环境监测专用仪器仪表制造	4121	35	35		1198	469	37	2	1543
汽车及其他用计数仪表制造	4122	37	37		4217	2875	38	1	4317
导航、气象及海洋专用仪器制造	4123	31	31		2171	1144	32	1	2241
农林牧渔专用仪器仪表制造	4124	4	4		451	112	5	1	467
地质勘探和地震专用仪器制造	4125	1	1		27	4	2	1	35
教学专用仪器制造	4126	27	27		1212	514	27		1212
核子及核辐射测量仪器制造	4127	1	1		76	29	3	2	230
电子测量仪器制造	4128	103	98	5	7877	3531	106	8	8194
其他专用仪器制造	4129	68	68		3222	1249	72	4	3297
钟表与计时仪器制造	413	945	937	8	114168	60919	1142	205	148222
钟表与计时仪器制造	4130	945	937	8	114168	60919	1142	205	148222

1-4 续表 17

行业	代码	法人单位					产业活动单位		
		单位数(个)	单产业法人	多产业法人	就业人数(人)	女性	单位数(个)	多产业法人所属的产业活动单位数	就业人数(人)
光学仪器及眼镜制造	414	468	461	7	102726	55560	497	36	110001
光学仪器制造	4141	116	112	4	39003	26383	122	10	37963
眼镜制造	4142	352	349	3	63723	29177	375	26	72038
文化、办公用机械制造	415	430	416	14	154763	86618	475	59	160742
电影机械制造	4151	16	16		966	198	17	1	979
幻灯及投影设备制造	4152	22	21	1	2356	840	21		2183
照相机及器材制造	4153	144	141	3	75795	49540	155	14	76622
复印和胶印设备制造	4154	78	75	3	43543	18988	97	22	48017
计算器及货币专用设备制造	4155	91	86	5	22378	12782	96	10	21466
其他文化、办公用机械制造	4159	79	77	2	9725	4270	89	12	11475
其他仪器仪表的制造及修理	419	64	64		3161	1165	69	5	3548
其他仪器仪表的制造及修理	4190	64	64		3161	1165	69	5	3548
工艺品及其他制造业	42	6350	6229	121	513111	267813	6809	580	553804
工艺美术品制造	421	4738	4636	102	392618	208138	5105	469	422650
雕塑工艺品制造	4211	481	474	7	27480	11218	506	32	28423
金属工艺品制造	4212	643	640	3	41000	18268	662	22	43196
漆器工艺品制造	4213	72	72		3440	1196	73	1	3570
花画工艺品制造	4214	430	425	5	34860	21068	452	27	36642
天然植物纤维编织工艺品制造	4215	340	338	2	39176	23683	344	6	39535
抽纱刺绣工艺品制造	4216	574	566	8	22534	12936	588	22	23535
地毯、挂毯制造	4217	82	80	2	8402	4205	83	3	8419
珠宝首饰及有关物品的制造	4218	957	903	54	133210	71705	1177	274	148230
其他工艺美术品制造	4219	1159	1138	21	82516	43859	1220	82	91100
日用杂品制造	422	964	952	12	76126	38241	1043	91	86549
制镜及类似品加工	4221	95	93	2	5096	2005	97	4	5161
鬃毛加工、制刷及清扫工具的制造	4222	101	98	3	6875	3985	103	5	8369
其他日用杂品制造	4229	768	761	7	64155	32251	843	82	73019
煤制品制造	423	35	35		813	234	36	1	814
煤制品制造	4230	35	35		813	234	36	1	814
核辐射加工	424						2	2	56
核辐射加工	4240						2	2	56
其他未列明的制造业	429	613	606	7	43554	21200	623	17	43735
其他未列明的制造业	4290	613	606	7	43554	21200	623	17	43735
废弃资源和废旧材料回收加工业	43	996	984	12	33424	11562	1022	38	33937
金属废料和碎屑的加工处理	431	483	477	6	21799	7544	500	23	21938
金属废料和碎屑的加工处理	4310	483	477	6	21799	7544	500	23	21938
非金属废料和碎屑的加工处理	432	513	507	6	11625	4018	522	15	11999
非金属废料和碎屑的加工处理	4320	513	507	6	11625	4018	522	15	11999
电力、燃气及水的生产和供应业	**D**	**7182**	**6937**	**245**	**314895**	**75150**	**9412**	**2475**	**374106**
电力、热力的生产和供应业	44	5811	5643	168	239488	51192	7739	2096	291809
电力生产	441	5644	5526	118	115272	24312	6360	834	117026
火力发电	4411	148	141	7	34557	7782	159	18	34368
水力发电	4412	5443	5333	110	78182	16078	6143	810	80088
核力发电	4413	3	3		546	68	3		546
其他能源发电	4419	50	49	1	1987	384	55	6	2024

1-4 续表 18

行　　业	代码	法人单位					产业活动单位		
		单位数(个)	单产业法人	多产业法人	就业人数(人)	女性	单位数(个)	多产业法人所属的产业活动单位数	就业人数(人)
电力供应	442	142	92	50	122205	26399	1351	1259	169274
电力供应	4420	142	92	50	122205	26399	1351	1259	169274
热力生产和供应	443	25	25		2011	481	28	3	5509
热力生产和供应	4430	25	25		2011	481	28	3	5509
燃气生产和供应业	45	182	161	21	11343	3278	246	85	13655
燃气生产和供应业	450	182	161	21	11343	3278	246	85	13655
燃气生产和供应业	4500	182	161	21	11343	3278	246	85	13655
水的生产和供应业	46	1189	1133	56	64064	20680	1427	294	68642
自来水的生产和供应	461	989	935	54	58823	19277	1202	267	62550
自来水的生产和供应	4610	989	935	54	58823	19277	1202	267	62550
污水处理及其再生利用	462	174	172	2	4441	1203	195	23	5190
污水处理及其再生利用	4620	174	172	2	4441	1203	195	23	5190
其他水的处理、利用与分配	469	26	26		800	200	30	4	902
其他水的处理、利用与分配	4690	26	26		800	200	30	4	902
建筑业	**E**	**14457**	**13822**	**635**	**1920243**	**201380**	**16709**	**2887**	**1960934**
房屋和土木工程建筑业	47	4114	3760	354	1469598	141216	5527	1767	1480896
房屋工程建筑	471	2579	2322	257	1208554	109924	3653	1331	1199695
房屋工程建筑	4710	2579	2322	257	1208554	109924	3653	1331	1199695
土木工程建筑	472	1535	1438	97	261044	31292	1874	436	281201
铁路、道路、隧道和桥梁工程建筑	4721	549	512	37	128395	14409	698	186	135812
水利和港口工程建筑	4722	174	153	21	50121	5738	243	90	52467
工矿工程建筑	4723	96	88	8	18387	2349	111	23	19093
架线和管道工程建筑	4724	293	275	18	31349	3802	350	75	36916
其他土木工程建筑	4729	423	410	13	32792	4994	472	62	36913
建筑安装业	48	3579	3430	149	217751	28696	3989	559	229613
建筑安装业	480	3579	3430	149	217751	28696	3989	559	229613
建筑安装业	4800	3579	3430	149	217751	28696	3989	559	229613
建筑装饰业	49	5439	5328	111	178122	26015	5751	423	186662
建筑装饰业	490	5439	5328	111	178122	26015	5751	423	186662
建筑装饰业	4900	5439	5328	111	178122	26015	5751	423	186662
其他建筑业	50	1325	1304	21	54772	5453	1442	138	63763
工程准备	501	528	521	7	17711	2013	561	40	22698
工程准备	5010	528	521	7	17711	2013	561	40	22698
提供施工设备服务	502	127	125	2	8869	455	146	21	9542
提供施工设备服务	5020	127	125	2	8869	455	146	21	9542
其他未列明的建筑活动	509	670	658	12	28192	2985	735	77	31523
其他未列明的建筑活动	5090	670	658	12	28192	2985	735	77	31523
交通运输、仓储和邮政业	**F**	**14804**	**13630**	**1174**	**930828**	**229965**	**21855**	**8225**	**1009517**
铁路运输业	51	13	13		543	202	17	4	1335
铁路旅客运输	511	1	1		250	100	1		250
铁路旅客运输	5110	1	1		250	100	1		250
铁路货物运输	512	9	9		178	61	12	3	792
铁路货物运输	5120	9	9		178	61	12	3	792

1-4　续表 19

行　　业	代码	法人单位					产业活动单位		
		单位数(个)	单产业法人	多产业法人	就业人数(人)	女性	单位数(个)	多产业法人所属的产业活动单位数	就业人数(人)
铁路运输辅助活动	513	3	3		115	41	4	1	293
客运火车站	5131								
货运火车站	5132						1	1	178
其他铁路运输辅助活动	5139	3	3		115	41	3		115
道路运输业	52	5320	4923	397	302836	70912	7922	2999	325096
公路旅客运输	521	552	468	84	83148	23232	697	229	75336
公路旅客运输	5210	552	468	84	83148	23232	697	229	75336
道路货物运输	522	3930	3737	193	145564	21680	4386	649	145558
道路货物运输	5220	3930	3737	193	145564	21680	4386	649	145558
道路运输辅助活动	523	838	718	120	74124	26000	2839	2121	104202
客运汽车站	5231	198	180	18	20140	6492	315	135	29927
公路管理与养护	5232	373	287	86	46586	17091	1442	1155	57552
其他道路运输辅助活动	5239	267	251	16	7398	2417	1082	831	16723
城市公共交通业	53	478	423	55	187513	35236	592	169	201783
公共电汽车客运	531	143	118	25	90532	22397	202	84	104402
公共电汽车客运	5310	143	118	25	90532	22397	202	84	104402
轨道交通	532	7	5	2	12762	3173	10	5	12875
轨道交通	5320	7	5	2	12762	3173	10	5	12875
出租车客运	533	304	277	27	77162	7297	354	77	77136
出租车客运	5330	304	277	27	77162	7297	354	77	77136
城市轮渡	534	7	7		786	151	8	1	1029
城市轮渡	5340	7	7		786	151	8	1	1029
其他城市公共交通	539	17	16	1	6271	2218	18	2	6341
其他城市公共交通	5390	17	16	1	6271	2218	18	2	6341
水上运输业	54	924	854	70	121101	19661	1107	253	112461
水上旅客运输	541	92	85	7	8938	1215	119	34	9253
远洋旅客运输	5411	5	4	1	3961	301	5	1	3927
沿海旅客运输	5412	38	37	1	2355	461	48	11	2495
内河旅客运输	5413	49	44	5	2622	453	66	22	2831
水上货物运输	542	539	501	38	50163	6217	620	119	51453
远洋货物运输	5421	79	70	9	20354	1238	105	35	22325
沿海货物运输	5422	194	181	13	19438	2724	220	39	17120
内河货物运输	5423	266	250	16	10371	2255	295	45	12008
水上运输辅助活动	543	293	268	25	62000	12229	368	100	51755
客运港口	5431	15	13	2	482	134	21	8	738
货运港口	5432	149	134	15	55797	11293	172	38	44534
其他水上运输辅助活动	5439	129	121	8	5721	802	175	54	6483
航空运输业	55	91	74	17	65638	23905	138	64	64076
航空客货运输	551	57	46	11	57054	20820	92	46	59253
航空旅客运输	5511	12	8	4	40931	15808	20	12	42900
航空货物运输	5512	45	38	7	16123	5012	72	34	16353
通用航空服务	552	12	11	1	735	104	15	4	777
通用航空服务	5520	12	11	1	735	104	15	4	777

1-4 续表 20

行　业	代码	法人单位					产业活动单位		
		单位数(个)	单产业法人	多产业法人	就业人数(人)	女性	单位数(个)	多产业法人所属的产业活动单位数	就业人数(人)
航空运输辅助活动	553	22	17	5	7849	2981	31	14	4046
机场	5531	7	5	2	6297	2651	6	1	2390
空中交通管理	5532	4	3	1	562	107	7	4	567
其他航空运输辅助活动	5539	11	9	2	990	223	18	9	1089
管道运输业	56	3	3		256	65	6	3	1354
管道运输业	560	3	3		256	65	6	3	1354
管道运输业	5600	3	3		256	65	6	3	1354
装卸搬运和其他运输服务业	57	6125	5641	484	122589	40849	7351	1710	158127
装卸搬运	571	478	465	13	23864	3201	524	59	30781
装卸搬运	5710	478	465	13	23864	3201	524	59	30781
运输代理服务	572	5647	5176	471	98725	37648	6827	1651	127346
运输代理服务	5720	5647	5176	471	98725	37648	6827	1651	127346
仓储业	58	1244	1160	84	42236	11613	1519	359	45681
谷物、棉花等农产品仓储	581	233	211	22	5741	1360	355	144	6890
谷物、棉花等农产品仓储	5810	233	211	22	5741	1360	355	144	6890
其他仓储	589	1011	949	62	36495	10253	1164	215	38791
其他仓储	5890	1011	949	62	36495	10253	1164	215	38791
邮政业	59	606	539	67	88116	27522	3203	2664	99604
国家邮政	591	41	15	26	65355	23253	2391	2376	73641
国家邮政	5910	41	15	26	65355	23253	2391	2376	73641
其他寄递服务	599	565	524	41	22761	4269	812	288	25963
其他寄递服务	5990	565	524	41	22761	4269	812	288	25963
信息传输、计算机服务和软件业	**G**	**14467**	**13913**	**554**	**381433**	**135680**	**19590**	**5677**	**409630**
电信和其他信息传输服务业	60	2391	2187	204	147727	57880	6908	4721	169701
电信	601	593	456	137	115059	46863	4583	4127	133049
固定电信服务	6011	93	46	47	49025	14949	1869	1823	54901
移动电信服务	6012	122	64	58	40551	20544	2209	2145	54306
其他电信服务	6019	378	346	32	25483	11370	505	159	23842
互联网信息服务	602	1546	1505	41	19545	7214	1660	155	21623
互联网信息服务	6020	1546	1505	41	19545	7214	1660	155	21623
广播电视传输服务	603	234	208	26	12732	3704	632	424	14484
有线广播电视传输服务	6031	207	181	26	12327	3629	600	419	14003
无线广播电视传输服务	6032	27	27		405	75	32	5	481
卫星传输服务	604	18	18		391	99	33	15	545
卫星传输服务	6040	18	18		391	99	33	15	545
计算机服务业	61	6094	5916	178	88128	32699	6519	603	94935
计算机系统服务	611	1670	1618	52	29671	9165	1745	127	34442
计算机系统服务	6110	1670	1618	52	29671	9165	1745	127	34442
数据处理	612	103	97	6	11620	6384	119	22	12240
数据处理	6120	103	97	6	11620	6384	119	22	12240
计算机维修	613	296	283	13	3637	1152	321	38	3828
计算机维修	6130	296	283	13	3637	1152	321	38	3828
其他计算机服务	619	4025	3918	107	43200	15998	4334	416	44425
其他计算机服务	6190	4025	3918	107	43200	15998	4334	416	44425

1-4 续表 21

行业	代码	法人单位					产业活动单位		
		单位数(个)	单产业法人	多产业法人	就业人数(人)	女性	单位数(个)	多产业法人所属的产业活动单位数	就业人数(人)
软件业	62	5982	5810	172	145578	45101	6163	353	144994
公共软件服务	621	4927	4779	148	128964	39677	5066	287	128106
基础软件服务	6211	1822	1767	55	35384	10666	1877	110	36671
应用软件服务	6212	3105	3012	93	93580	29011	3189	177	91435
其他软件服务	629	1055	1031	24	16614	5424	1097	66	16888
其他软件服务	6290	1055	1031	24	16614	5424	1097	66	16888
批发和零售业	**H**	**141359**	**135161**	**6198**	**1947885**	**792382**	**175453**	**40292**	**2020193**
批发业	63	93602	90331	3271	1185611	453215	102606	12275	1205092
农畜产品批发	631	1586	1523	63	21955	6441	1852	329	22146
谷物、豆及薯类批发	6311	196	181	15	3611	1016	240	59	3297
种子、饲料批发	6312	559	539	20	5642	1753	692	153	5866
棉、麻批发	6313	29	29		320	112	32	3	328
牲畜批发	6314	128	119	9	3451	896	140	21	3393
其他农畜产品批发	6319	674	655	19	8931	2664	748	93	9262
食品、饮料及烟草制品批发	632	6572	6130	442	143040	50497	7581	1451	145015
米、面制品及食用油批发	6321	914	868	46	15324	5499	1025	157	15602
糕点、糖果及糖批发	6322	368	345	23	6988	3049	415	70	8082
果品、蔬菜批发	6323	466	451	15	11541	3567	498	47	11970
肉、禽、蛋及水产品批发	6324	1056	910	146	32625	8821	1428	518	31281
盐及调味品批发	6325	245	214	31	6663	2767	360	146	6126
饮料及茶叶批发	6326	1612	1549	63	29513	11382	1762	213	31990
烟草制品批发	6327	195	163	32	17952	5717	274	111	17335
其他食品批发	6329	1716	1630	86	22434	9695	1819	189	22629
纺织、服装及日用品批发	633	14234	13801	433	175702	87824	14787	986	178531
纺织品、针织品及原料批发	6331	3569	3513	56	35941	16345	3638	125	35659
服装批发	6332	3302	3164	138	49682	28074	3452	288	49735
鞋帽批发	6333	882	840	42	14298	7561	947	107	15756
厨房、卫生间用具及日用杂货批发	6334	1265	1234	31	15595	6291	1319	85	15804
化妆品及卫生用品批发	6335	1542	1494	48	19827	11199	1620	126	20167
其他日用品批发	6339	3674	3556	118	40359	18354	3811	255	41410
文化、体育用品及器材批发	634	4234	4055	179	54958	24429	4471	416	58319
文具用品批发	6341	1337	1300	37	13153	5208	1381	81	12717
体育用品批发	6342	377	359	18	5681	2798	392	33	5682
图书批发	6343	336	296	40	6331	3039	400	104	7000
报刊批发	6344	43	37	6	2636	531	68	31	4483
音像制品及电子出版物批发	6345	243	233	10	2978	1344	250	17	2993
首饰、工艺品及收藏品批发	6346	1043	1003	40	15187	7525	1095	92	16377
其他文化用品批发	6349	855	827	28	8992	3984	885	58	9067
医药及医疗器材批发	635	3095	2919	176	69351	29598	3258	339	68695
西药批发	6351	818	764	54	30091	12959	896	132	30287
中药材及中成药批发	6352	765	696	69	23612	10317	818	122	22910
医疗用品及器材批发	6353	1512	1459	53	15648	6322	1544	85	15498
矿产品、建材及化工产品批发	636	22210	21263	947	254020	83097	25638	4375	256795
煤炭及制品批发	6361	505	492	13	9597	2538	517	25	9326
石油及制品批发	6362	1658	1548	110	39784	12451	1974	426	41241

1-4 续表 22

行业	代码	法人单位					产业活动单位		
		单位数(个)	单产业法人	多产业法人	就业人数(人)	女性	单位数(个)	多产业法人所属的产业活动单位数	就业人数(人)
非金属矿及制品批发	6363	406	397	9	3861	1278	413	16	3856
金属及金属矿批发	6364	4985	4818	167	52989	17647	5181	363	53441
建材批发	6365	4852	4743	109	48849	15819	5008	265	50025
化肥批发	6366	1272	963	309	19249	5680	3527	2564	18990
农药批发	6367	286	266	20	2465	702	558	292	2934
农用薄膜批发	6368	27	27		249	89	38	11	270
其他化工产品批发	6369	8219	8009	210	76977	26893	8422	413	76712
机械设备、五金交电及电子产品批发	637	30536	29778	758	355128	132507	31579	1801	358156
农业机械批发	6371	240	228	12	3203	931	277	49	3404
汽车、摩托车及零配件批发	6372	1741	1676	65	21829	6725	1824	148	22014
五金、交电批发	6373	5646	5500	146	54760	20672	5851	351	56011
家用电器批发	6374	2075	1991	84	38494	15847	2147	156	39100
计算机、软件及辅助设备批发	6375	2735	2632	103	36974	14018	2896	264	34746
通讯及广播电视设备批发	6376	1382	1346	36	28715	11838	1438	92	31177
其他机械设备及电子产品批发	6379	16717	16405	312	171153	62476	17146	741	171704
贸易经纪与代理	638	4237	4170	67	39672	15287	4381	211	40797
贸易经纪与代理	6380	4237	4170	67	39672	15287	4381	211	40797
其他批发	639	6898	6692	206	71785	23535	9059	2367	76638
再生物资回收与批发	6391	2273	2178	95	26494	7055	4217	2039	31519
其他未列明的批发	6399	4625	4514	111	45291	16480	4842	328	45119
零售业	65	47757	44830	2927	762274	339167	72847	28017	815101
综合零售	651	3628	3150	478	200488	106322	7109	3959	207076
百货零售	6511	1562	1384	178	92386	48228	2416	1032	88874
超级市场零售	6512	699	566	133	88298	49109	1860	1294	95901
其他综合零售	6519	1367	1200	167	19804	8985	2833	1633	22301
食品、饮料及烟草制品专门零售	652	3447	3159	288	34569	15311	5504	2345	39262
粮油零售	6521	326	309	17	3280	1168	560	251	4098
糕点、面包零售	6522	326	265	61	6034	3557	959	694	7727
果品、蔬菜零售	6523	174	170	4	2230	850	214	44	2264
肉、禽、蛋及水产品零售	6524	320	300	20	4234	1293	468	168	4475
饮料及茶叶零售	6525	964	894	70	6632	3115	1350	456	7320
烟草制品零售	6526	351	310	41	3408	1639	571	261	3862
其他食品零售	6529	986	911	75	8751	3689	1382	471	9516
纺织、服装及日用品专门零售	653	5242	4861	381	69777	40391	7193	2332	73477
纺织品及针织品零售	6531	558	511	47	5442	2502	828	317	6304
服装零售	6532	1749	1607	142	31894	20375	2451	844	32489
鞋帽零售	6533	326	295	31	6231	3272	432	137	6545
钟表、眼镜零售	6534	330	270	60	5412	3466	638	368	6401
化妆品及卫生用品零售	6535	795	775	20	7287	4396	930	155	7622
其他日用品零售	6539	1484	1403	81	13511	6380	1914	511	14116
文化、体育用品及器材专门零售	654	3203	2956	247	37627	18884	4529	1573	40972
文具用品零售	6541	835	793	42	5784	2469	1010	217	6234
体育用品零售	6542	337	322	15	2932	1508	389	67	2773
图书零售	6543	365	306	59	13439	6638	676	370	13732

1-4　续表 23

行　　业	代码	法人单位					产业活动单位		
		单位数(个)	单产业法人	多产业法人	就业人数(人)	女性	单位数(个)	多产业法人所属的产业活动单位数	就业人数(人)
报刊零售	6544	48	44	4	609	302	397	353	1322
音像制品及电子出版物零售	6545	126	115	11	773	322	218	103	1455
珠宝首饰零售	6546	605	536	69	7026	4454	821	285	7779
工艺美术品及收藏品零售	6547	453	431	22	3373	1693	523	92	3856
照相器材零售	6548	83	81	2	632	295	89	8	650
其他文化用品零售	6549	351	328	23	3059	1203	406	78	3171
医药及医疗器材专门零售	655	3604	3289	315	54366	29693	11936	8647	71322
药品零售	6551	2902	2621	281	47744	26848	11103	8482	64580
医疗用品及器材零售	6552	702	668	34	6622	2845	833	165	6742
汽车、摩托车、燃料及零配件专门零售	656	6461	6081	380	144806	49972	9589	3508	147595
汽车零售	6561	1874	1719	155	75809	23527	2074	355	75977
汽车零配件零售	6562	1726	1678	48	12248	3836	1817	139	13114
摩托车及零配件零售	6563	582	508	74	6509	1639	830	322	6714
机动车燃料零售	6564	2279	2176	103	50240	20970	4868	2692	51790
家用电器及电子产品专门零售	657	9989	9564	425	115762	43469	11650	2086	122410
家用电器零售	6571	2155	2029	126	43395	16589	2671	642	46471
计算机、软件及辅助设备零售	6572	2805	2684	121	26318	8993	3048	364	26846
通信设备零售	6573	1182	1060	122	17900	8038	1892	832	19894
其他电子产品零售	6579	3847	3791	56	28149	9849	4039	248	29199
五金、家具及室内装修材料专门零售	658	7005	6807	198	55003	19268	7778	971	57472
五金零售	6581	3424	3336	88	22521	7609	3821	485	23767
家具零售	6582	1050	1007	43	12071	4776	1254	247	12609
涂料零售	6583	349	344	5	3175	973	362	18	3223
其他室内装修材料零售	6589	2182	2120	62	17236	5910	2341	221	17873
无店铺及其他零售	659	5178	4963	215	49876	15857	7559	2596	55515
流动货摊零售	6591	11	11		54	22	14	3	65
邮购及电子销售	6592	72	68	4	864	366	78	10	885
生活用燃料零售	6593	591	474	117	14029	4144	2382	1908	17779
花卉零售	6594	160	155	5	1991	880	174	19	2077
旧货零售	6595	44	43	1	352	101	49	6	364
其他未列明的零售	6599	4300	4212	88	32586	10344	4862	650	34345
住宿和餐饮业	**I**	**13309**	**12587**	**722**	**808251**	**436321**	**16470**	**3883**	**824323**
住宿业	66	5228	4910	318	374577	201417	5789	879	362359
旅游饭店	661	1821	1604	217	289886	152829	1930	326	272638
旅游饭店	6610	1821	1604	217	289886	152829	1930	326	272638
一般旅馆	662	3091	3001	90	74849	43038	3489	488	78036
一般旅馆	6620	3091	3001	90	74849	43038	3489	488	78036
其他住宿服务	669	316	305	11	9842	5550	370	65	11685
其他住宿服务	6690	316	305	11	9842	5550	370	65	11685
餐饮业	67	8081	7677	404	433674	234904	10681	3004	461964
正餐服务	671	6292	6021	271	330576	180161	7118	1097	360017
正餐服务	6710	6292	6021	271	330576	180161	7118	1097	360017
快餐服务	672	823	741	82	81261	43547	2058	1317	76423
快餐服务	6720	823	741	82	81261	43547	2058	1317	76423

1-4 续表 24

行业	代码	法人单位					产业活动单位		
		单位数（个）	单产业法人	多产业法人	就业人数（人）	女性	单位数（个）	多产业法人所属的产业活动单位数	就业人数（人）
饮料及冷饮服务	673	364	342	22	7067	4083	696	354	8258
饮料及冷饮服务	6730	364	342	22	7067	4083	696	354	8258
其他餐饮服务	679	602	573	29	14770	7113	809	236	17266
其他餐饮服务	6790	602	573	29	14770	7113	809	236	17266
金融业	**J**	**1969**	**1145**	**824**	**501388**	**258014**	**19861**	**18716**	**562367**
银行业	68	477	130	347	248911	121747	13703	13573	289043
中央银行	681	34	19	15	6249	1986	107	88	7218
中央银行	6810	34	19	15	6249	1986	107	88	7218
商业银行	682	410	97	313	238293	118135	13357	13260	276543
商业银行	6820	410	97	313	238293	118135	13357	13260	276543
其他银行	689	33	14	19	4369	1626	239	225	5282
其他银行	6890	33	14	19	4369	1626	239	225	5282
证券业	69	140	87	53	38564	15617	463	376	26536
证券市场管理	691	7	7		502	175	13	6	760
证券市场管理	6910	7	7		502	175	13	6	760
证券经纪与交易	692	97	44	53	37462	15236	410	366	24781
证券经纪与交易	6920	97	44	53	37462	15236	410	366	24781
证券投资	693	19	19		395	147	23	4	790
证券投资	6930	19	19		395	147	23	4	790
证券分析与咨询	694	17	17		205	59	17		205
证券分析与咨询	6940	17	17		205	59	17		205
保险业	70	807	424	383	196868	111943	4413	3989	227131
人寿保险	701	185	55	130	142947	86648	1774	1719	160083
人寿保险	7010	185	55	130	142947	86648	1774	1719	160083
非人寿保险	702	287	67	220	41866	20477	2146	2079	47570
非人寿保险	7020	287	67	220	41866	20477	2146	2079	47570
保险辅助服务	703	335	302	33	12055	4818	493	191	19478
保险辅助服务	7030	335	302	33	12055	4818	493	191	19478
其他金融活动	71	545	504	41	17045	8707	1282	778	19657
金融信托与管理	711	67	66	1	1686	771	92	26	2290
金融信托与管理	7110	67	66	1	1686	771	92	26	2290
金融租赁	712	7	6	1	209	77	10	4	213
金融租赁	7120	7	6	1	209	77	10	4	213
财务公司	713	33	32	1	541	211	35	3	554
财务公司	7130	33	32	1	541	211	35	3	554
邮政储蓄	714	15		15	6986	4258	661	661	8610
邮政储蓄	7140	15		15	6986	4258	661	661	8610
典当	715	166	154	12	1711	584	182	28	1711
典当	7150	166	154	12	1711	584	182	28	1711
其他未列明的金融活动	719	257	246	11	5912	2806	302	56	6279
其他未列明的金融活动	7190	257	246	11	5912	2806	302	56	6279
房地产业	**K**	**28526**	**26334**	**2192**	**782132**	**235905**	**35362**	**9028**	**842850**
房地产业	72	28526	26334	2192	782132	235905	35362	9028	842850
房地产开发经营	721	6821	6673	148	184004	58086	6990	317	180525
房地产开发经营	7210	6821	6673	148	184004	58086	6990	317	180525

1-4　续表 25

行　　业	代码	法人单位					产业活动单位		
		单位数(个)	单产业法人	多产业法人	就业人数(人)	女性	单位数(个)	多产业法人所属的产业活动单位数	就业人数(人)
物业管理	722	8507	7339	1168	412960	113956	12239	4900	470883
物业管理	7220	8507	7339	1168	412960	113956	12239	4900	470883
房地产中介服务	723	4289	3763	526	63068	25532	6888	3125	69294
房地产中介服务	7230	4289	3763	526	63068	25532	6888	3125	69294
其他房地产活动	729	8909	8559	350	122100	38331	9245	686	122148
其他房地产活动	7290	8909	8559	350	122100	38331	9245	686	122148
租赁和商务服务业	**L**	**55996**	**53833**	**2163**	**1238643**	**458014**	**68888**	**15055**	**1140294**
租赁业	73	916	883	33	17374	3622	984	101	18649
机械设备租赁	731	847	815	32	15994	3096	901	86	17230
汽车租赁	7311	417	399	18	8677	1456	453	54	9548
农业机械租赁	7312	6	6		108	26	6		108
建筑工程机械与设备租赁	7313	170	169	1	1903	384	177	8	2172
计算机及通讯设备租赁	7314	49	47	2	1156	292	50	3	1131
其他机械与设备租赁	7319	205	194	11	4150	938	215	21	4271
文化及日用品出租	732	69	68	1	1380	526	83	15	1419
图书及音像制品出租	7321	8	8		80	18	10	2	97
其他文化及日用品出租	7329	61	60	1	1300	508	73	13	1322
商务服务业	74	55080	52950	2130	1221269	454392	67904	14954	1121645
企业管理服务	741	22930	22130	800	615866	251057	30055	7925	491626
企业管理机构	7411	1751	1526	225	102900	31593	2643	1117	137600
投资与资产管理	7412	4262	4099	163	85045	31414	4447	348	77752
其他企业管理服务	7419	16917	16505	412	427921	188050	22965	6460	276274
法律服务	742	1300	1283	17	22734	8256	1594	311	24446
律师及相关的法律服务	7421	1145	1130	15	20775	7348	1353	223	21446
公证服务	7422	60	59	1	1150	592	99	40	2071
其他法律服务	7429	95	94	1	809	316	142	48	929
咨询与调查	743	13057	12658	399	151052	70311	14036	1378	152618
会计、审计及税务服务	7431	2733	2596	137	36108	19142	3051	455	37644
市场调查	7432	429	407	22	8070	4173	464	57	7478
社会经济咨询	7433	6358	6204	154	67473	30838	6654	450	66558
其他专业咨询	7439	3537	3451	86	39401	16158	3867	416	40938
广告业	744	7386	7239	147	71071	26743	7578	339	73189
广告业	7440	7386	7239	147	71071	26743	7578	339	73189
知识产权服务	745	446	434	12	4992	2056	470	36	5110
知识产权服务	7450	446	434	12	4992	2056	470	36	5110
职业中介服务	746	1226	1160	66	71205	31765	2076	916	75951
职业中介服务	7460	1226	1160	66	71205	31765	2076	916	75951
市场管理	747	1592	1461	131	40337	12417	2593	1132	44174
市场管理	7470	1592	1461	131	40337	12417	2593	1132	44174
旅行社	748	1229	972	257	31454	17661	2692	1720	34543
旅行社	7480	1229	972	257	31454	17661	2692	1720	34543
其他商务服务	749	5914	5613	301	212558	34126	6810	1197	219988
会议及展览服务	7491	810	794	16	10379	4340	853	59	10694

1-4 续表 26

行业	代码	法人单位 单位数(个)	单产业法人	多产业法人	就业人数(人)	女性	产业活动单位 单位数(个)	多产业法人所属的产业活动单位数	就业人数(人)
包装服务	7492	163	158	5	1673	674	180	22	1878
保安服务	7493	181	159	22	125577	7836	296	137	128175
办公服务	7494	602	564	38	5398	2263	712	148	6043
其他未列明的商务服务	7499	4158	3938	220	69531	19013	4769	831	73198
科学研究、技术服务和地质勘查业	**M**	**16717**	**16102**	**615**	**370640**	**113731**	**19042**	**2940**	**388002**
研究与试验发展	75	3781	3672	109	83621	27830	3995	323	87248
自然科学研究与试验发展	751	259	249	10	5747	1989	271	22	5789
自然科学研究与试验发展	7510	259	249	10	5747	1989	271	22	5789
工程和技术研究与试验发展	752	2747	2677	70	59867	18584	2816	139	62375
工程和技术研究与试验发展	7520	2747	2677	70	59867	18584	2816	139	62375
农业科学研究与试验发展	753	394	377	17	9892	3207	483	106	10525
农业科学研究与试验发展	7530	394	377	17	9892	3207	483	106	10525
医学研究与试验发展	754	318	307	11	6813	3540	337	30	5977
医学研究与试验发展	7540	318	307	11	6813	3540	337	30	5977
社会人文科学研究与试验发展	755	63	62	1	1302	510	88	26	2582
社会人文科学研究与试验发展	7550	63	62	1	1302	510	88	26	2582
专业技术服务业	76	9894	9522	372	237266	70506	11032	1510	247406
气象服务	761	197	172	25	3178	947	229	57	3163
气象服务	7610	197	172	25	3178	947	229	57	3163
地震服务	762	36	34	2	332	128	44	10	358
地震服务	7620	36	34	2	332	128	44	10	358
海洋服务	763	25	24	1	2871	503	48	24	3089
海洋服务	7630	25	24	1	2871	503	48	24	3089
测绘服务	764	237	232	5	5695	1419	291	59	6372
测绘服务	7640	237	232	5	5695	1419	291	59	6372
技术检测	765	1006	960	46	35533	13081	1222	262	38067
技术检测	7650	1006	960	46	35533	13081	1222	262	38067
环境监测	766	168	163	5	3766	1630	230	67	4284
环境监测	7660	168	163	5	3766	1630	230	67	4284
工程技术与规划管理	767	4482	4255	227	128022	33149	5043	788	131923
工程管理服务	7671	1596	1497	99	52116	11082	1781	284	53080
工程勘察设计	7672	2657	2547	110	68309	19964	2873	326	69618
规划管理	7673	229	211	18	7597	2103	389	178	9225
其他专业技术服务	769	3743	3682	61	57869	19649	3925	243	60150
其他专业技术服务	7690	3743	3682	61	57869	19649	3925	243	60150
科技交流和推广服务业	77	2919	2806	113	41293	13623	3872	1066	45127
技术推广服务	771	2216	2121	95	31593	10278	3077	956	35198
技术推广服务	7710	2216	2121	95	31593	10278	3077	956	35198
科技中介服务	772	359	351	8	5143	1819	394	43	5024
科技中介服务	7720	359	351	8	5143	1819	394	43	5024
其他科技服务	779	344	334	10	4557	1526	401	67	4905
其他科技服务	7790	344	334	10	4557	1526	401	67	4905
地质勘查业	78	123	102	21	8460	1772	143	41	8221
矿产地质勘查	781	45	37	8	3902	813	47	10	3543

1-4 续表 27

行业	代码	法人单位					产业活动单位		
		单位数(个)	单产业法人	多产业法人	就业人数(人)	女性	单位数(个)	多产业法人所属的产业活动单位数	就业人数(人)
能源矿产地质勘查	7811	18	15	3	1432	302	16	1	1117
固体矿产地质勘查	7812	19	15	4	1833	383	21	6	1748
其他矿产地质勘查	7819	8	7	1	637	128	10	3	678
基础地质勘查	782	38	29	9	2929	624	47	18	2578
基础地质勘查	7820	38	29	9	2929	624	47	18	2578
地质勘查技术服务	783	40	36	4	1629	335	49	13	2100
地质勘查技术服务	7830	40	36	4	1629	335	49	13	2100
水利、环境和公共设施管理业	**N**	**3979**	**3799**	**180**	**178409**	**68311**	**5063**	**1264**	**194296**
水利管理业	79	1059	1008	51	29439	5783	1649	641	33080
防洪管理	791	189	179	10	5691	1002	294	115	6353
防洪管理	7910	189	179	10	5691	1002	294	115	6353
水资源管理	792	557	526	31	18422	3791	732	206	19083
水库管理	7921	307	284	23	12372	2481	377	93	12037
调水、引水管理	7922	179	173	6	5183	1134	238	65	5896
其他水资源管理	7929	71	69	2	867	176	117	48	1150
其他水利管理	799	313	303	10	5326	990	623	320	7644
其他水利管理	7990	313	303	10	5326	990	623	320	7644
环境管理业	80	1135	1090	45	69690	32953	1406	316	79300
自然保护	801	161	149	12	4246	1364	192	43	4349
自然保护区管理	8011	74	68	6	1344	367	90	22	1517
野生动植物保护	8012	33	29	4	1368	548	41	12	1230
其他自然保护	8019	54	52	2	1534	449	61	9	1602
环境治理	802	974	941	33	65444	31589	1214	273	74951
城市市容管理	8021	68	62	6	4662	1707	109	47	5382
城市环境卫生管理	8022	485	469	16	52674	27984	630	161	60732
水污染治理	8023	150	147	3	3279	825	162	15	3545
危险废物治理	8024	35	33	2	1619	259	39	6	1596
其他环境治理	8029	236	230	6	3210	814	274	44	3696
公共设施管理业	81	1785	1701	84	79280	29575	2008	307	81916
市政公共设施管理	811	449	426	23	21306	7148	558	132	22601
市政公共设施管理	8110	449	426	23	21306	7148	558	132	22601
城市绿化管理	812	832	796	36	30698	11394	889	93	31078
城市绿化管理	8120	832	796	36	30698	11394	889	93	31078
游览景区管理	813	504	479	25	27276	11033	561	82	28237
风景名胜区管理	8131	145	133	12	8605	3140	165	32	8615
公园管理	8132	179	169	10	12784	5696	201	32	13308
其他游览景区管理	8139	180	177	3	5887	2197	195	18	6314
居民服务和其他服务业	**O**	**12140**	**11672**	**468**	**270823**	**127117**	**14116**	**2444**	**297126**
居民服务业	82	5757	5495	262	125002	70088	7006	1511	138757
家庭服务	821	464	440	24	6206	3439	517	77	6784
家庭服务	8210	464	440	24	6206	3439	517	77	6784
托儿所	822	279	277	2	2794	2261	285	8	2773
托儿所	8220	279	277	2	2794	2261	285	8	2773

1-4 续表 28

行业	代码	法人单位					产业活动单位		
		单位数(个)	单产业法人	多产业法人	就业人数(人)	女性	单位数(个)	多产业法人所属的产业活动单位数	就业人数(人)
洗染服务	823	156	128	28	4251	1885	416	288	5667
洗染服务	8230	156	128	28	4251	1885	416	288	5667
理发及美容保健服务	824	1870	1790	80	34286	22109	2292	502	36997
理发及美容保健服务	8240	1870	1790	80	34286	22109	2292	502	36997
洗浴服务	825	642	624	18	29543	18945	737	113	34527
洗浴服务	8250	642	624	18	29543	18945	737	113	34527
婚姻服务	826	133	128	5	801	566	140	12	814
婚姻服务	8260	133	128	5	801	566	140	12	814
殡葬服务	827	274	261	13	7076	1683	336	75	7617
殡葬服务	8270	274	261	13	7076	1683	336	75	7617
摄影扩印服务	828	578	522	56	5938	3061	684	162	6384
摄影扩印服务	8280	578	522	56	5938	3061	684	162	6384
其他居民服务	829	1361	1325	36	34107	16139	1599	274	37194
其他居民服务	8290	1361	1325	36	34107	16139	1599	274	37194
其他服务业	83	6383	6177	206	145821	57029	7110	933	158369
修理与维护	831	3320	3204	116	46896	10277	3766	562	54700
汽车、摩托车维护与保养	8311	2211	2134	77	33170	6470	2485	351	40421
办公设备维修	8312	220	213	7	2801	635	247	34	2934
家用电器修理	8313	607	590	17	6470	1479	660	70	6994
其他日用品修理	8319	282	267	15	4455	1693	374	107	4351
清洁服务	832	1619	1582	37	72266	38726	1717	135	75600
建筑物清洁服务	8321	265	253	12	18656	10044	281	28	19230
其他清洁服务	8329	1354	1329	25	53610	28682	1436	107	56370
其他未列明的服务	839	1444	1391	53	26659	8026	1627	236	28069
其他未列明的服务	8390	1444	1391	53	26659	8026	1627	236	28069
教育	**P**	**29205**	**27847**	**1358**	**1362443**	**738986**	**38495**	**10648**	**1398637**
教育	84	29205	27847	1358	1362443	738986	38495	10648	1398637
学前教育	841	7016	6973	43	153348	127607	7465	492	159316
学前教育	8410	7016	6973	43	153348	127607	7465	492	159316
初等教育	842	13544	12718	826	511872	292554	20653	7935	529444
初等教育	8420	13544	12718	826	511872	292554	20653	7935	529444
中等教育	843	4529	4352	177	496965	230448	4675	323	499632
初中教育	8431	2960	2869	91	269291	126017	3038	169	269793
高中教育	8432	789	747	42	154907	73453	800	53	154540
中等专业教育	8433	189	178	11	20743	9595	196	18	20528
职业中学教育	8434	259	245	14	24794	10887	279	34	25105
技工学校教育	8435	212	200	12	22935	8634	231	31	25273
其他中等教育	8439	120	113	7	4295	1862	131	18	4393
高等教育	844	449	397	52	124075	54130	512	115	130545
普通高等教育	8441	193	161	32	109690	47967	220	59	116595
成人高等教育	8442	256	236	20	14385	6163	292	56	13950
其他教育	849	3667	3407	260	76183	34247	5190	1783	79700
职业技能培训	8491	2607	2404	203	51812	21746	3966	1562	56125
特殊教育	8492	74	71	3	4870	3386	82	11	4903
其他未列明的教育	8499	986	932	54	19501	9115	1142	210	18672

1-4　续表 29

行　　业	代码	法人单位					产业活动单位		
		单位数（个）	单产业法人	多产业法人	就业人数（人）	女性	单位数（个）	多产业法人所属的产业活动单位数	就业人数（人）
卫生、社会保障和社会福利业	**Q**	**8323**	**7453**	**870**	**514032**	**305989**	**19201**	**11748**	**548684**
卫生	85	6953	6122	831	490882	293745	17262	11140	523035
医院	851	1138	831	307	321411	202805	1414	583	315829
综合医院	8511	649	437	212	247917	156887	804	367	243195
中医医院	8512	108	73	35	32630	20765	136	63	31342
中西医结合医院	8513	66	44	22	12482	7814	100	56	11596
民族医院	8514	3	3		21	9	4	1	51
专科医院	8515	242	209	33	24313	15098	288	79	25832
疗养院	8516	70	65	5	4048	2232	82	17	3813
卫生院及社区医疗活动	852	1773	1379	394	90967	45846	4590	3211	102622
卫生院及社区医疗活动	8520	1773	1379	394	90967	45846	4590	3211	102622
门诊部医疗活动	853	2620	2580	40	24954	12782	9051	6471	46666
门诊部医疗活动	8530	2620	2580	40	24954	12782	9051	6471	46666
计划生育技术服务活动	854	673	661	12	7982	4626	1283	622	12765
计划生育技术服务活动	8540	673	661	12	7982	4626	1283	622	12765
妇幼保健活动	855	109	94	15	18066	14021	131	37	17991
妇幼保健活动	8550	109	94	15	18066	14021	131	37	17991
专科疾病防治活动	856	154	120	34	8981	5103	192	72	7782
专科疾病防治活动	8560	154	120	34	8981	5103	192	72	7782
疾病预防控制及防疫活动	857	218	195	23	12351	5630	264	69	12829
疾病预防控制及防疫活动	8570	218	195	23	12351	5630	264	69	12829
其他卫生活动	859	268	262	6	6170	2932	337	75	6551
其他卫生活动	8590	268	262	6	6170	2932	337	75	6551
社会保障业	86	285	274	11	5722	2516	511	237	6542
社会保障业	860	285	274	11	5722	2516	511	237	6542
社会保障业	8600	285	274	11	5722	2516	511	237	6542
社会福利业	87	1085	1057	28	17428	9728	1428	371	19107
提供住宿的社会福利	871	732	716	16	13478	8052	1010	294	14792
干部休养所	8711	99	97	2	1746	948	111	14	1862
收养收容服务	8712	633	619	14	11732	7104	899	280	12930
不提供住宿的社会福利	872	353	341	12	3950	1676	418	77	4315
不提供住宿的社会福利	8720	353	341	12	3950	1676	418	77	4315
文化、体育和娱乐业	**R**	**5764**	**5511**	**253**	**199868**	**86230**	**7491**	**1980**	**212596**
新闻出版业	88	396	367	29	31967	10755	459	92	30017
新闻业	881	55	52	3	2653	974	68	16	2752
新闻业	8810	55	52	3	2653	974	68	16	2752
出版业	882	341	315	26	29314	9781	391	76	27265
图书出版	8821	36	30	6	1232	614	42	12	1255
报纸出版	8822	108	94	14	25090	7791	139	45	22788
期刊出版	8823	136	134	2	2102	944	148	14	2346
音像制品出版	8824	22	21	1	436	202	22	1	416
电子出版物出版	8825	3	3		10	2	3		10
其他出版	8829	36	33	3	444	228	37	4	450

1-4 续表 30

行业	代码	法人单位					产业活动单位		
		单位数(个)	单产业法人	多产业法人	就业人数(人)	女性	单位数(个)	多产业法人所属的产业活动单位数	就业人数(人)
广播、电视、电影和音像业	89	797	714	83	39696	14605	1361	647	40895
广播	891	87	77	10	7386	2458	203	126	7832
广播	8910	87	77	10	7386	2458	203	126	7832
电视	892	248	208	40	23473	8451	628	420	23488
电视	8920	248	208	40	23473	8451	628	420	23488
电影	893	332	301	31	7619	3073	395	94	8233
电影制作与发行	8931	80	74	6	1835	744	87	13	2028
电影放映	8932	252	227	25	5784	2329	308	81	6205
音像制作	894	130	128	2	1218	623	135	7	1342
音像制作	8940	130	128	2	1218	623	135	7	1342
文化艺术业	90	1758	1705	53	33560	14625	2451	746	37738
文艺创作与表演	901	409	398	11	12848	4751	434	36	14021
文艺创作与表演	9010	409	398	11	12848	4751	434	36	14021
艺术表演场馆	902	48	46	2	1033	431	58	12	1734
艺术表演场馆	9020	48	46	2	1033	431	58	12	1734
图书馆与档案馆	903	241	232	9	5433	3252	283	51	5785
图书馆	9031	130	123	7	3994	2527	159	36	4256
档案馆	9032	111	109	2	1439	725	124	15	1529
文物及文化保护	904	82	81	1	1277	577	117	36	1528
文物及文化保护	9040	82	81	1	1277	577	117	36	1528
博物馆	905	156	149	7	3175	1475	167	18	3127
博物馆	9050	156	149	7	3175	1475	167	18	3127
烈士陵园、纪念馆	906	26	24	2	691	259	34	10	807
烈士陵园、纪念馆	9060	26	24	2	691	259	34	10	807
群众文化活动	907	511	498	13	6310	2762	1049	551	7931
群众文化活动	9070	511	498	13	6310	2762	1049	551	7931
文化艺术经纪代理	908	123	120	3	1216	482	127	7	1185
文化艺术经纪代理	9080	123	120	3	1216	482	127	7	1185
其他文化艺术	909	162	157	5	1577	636	182	25	1620
其他文化艺术	9090	162	157	5	1577	636	182	25	1620
体育	91	728	703	25	18876	8841	813	110	19265
体育组织	911	386	373	13	9862	4813	421	48	9926
体育组织	9110	386	373	13	9862	4813	421	48	9926
体育场馆	912	220	214	6	6383	2870	253	39	6630
体育场馆	9120	220	214	6	6383	2870	253	39	6630
其他体育	919	122	116	6	2631	1158	139	23	2709
其他体育	9190	122	116	6	2631	1158	139	23	2709
娱乐业	92	2085	2022	63	75769	37404	2407	385	84681
室内娱乐活动	921	1258	1225	33	34919	17262	1450	225	41246
室内娱乐活动	9210	1258	1225	33	34919	17262	1450	225	41246
游乐园	922	66	61	5	4978	2401	76	15	4828
游乐园	9220	66	61	5	4978	2401	76	15	4828
休闲健身娱乐活动	923	570	547	23	30552	15293	649	102	32203
休闲健身娱乐活动	9230	570	547	23	30552	15293	649	102	32203

1-4 续表 31

行业	代码	法人单位					产业活动单位		
		单位数(个)	单产业法人	多产业法人	就业人数(人)	女性	单位数(个)	多产业法人所属的产业活动单位数	就业人数(人)
其他娱乐活动	929	191	189	2	5320	2448	232	43	6404
其他娱乐活动	9290	191	189	2	5320	2448	232	43	6404
公共管理和社会组织	**S**	**55264**	**46675**	**8589**	**1448482**	**389167**	**72656**	**25981**	**1459763**
中国共产党机关	93	1375	1278	97	26901	5921	1534	256	26885
中国共产党机关	930	1375	1278	97	26901	5921	1534	256	26885
中国共产党机关	9300	1375	1278	97	26901	5921	1534	256	26885
国家机构	94	17110	13999	3111	1058636	286583	32738	18739	1068902
国家权力机构	941	476	389	87	24744	6647	589	200	25326
国家权力机构	9410	476	389	87	24744	6647	589	200	25326
国家行政机构	942	15993	13082	2911	982037	263940	31109	18027	990738
综合事务管理机构	9421	4326	3247	1079	300390	91318	6958	3711	284880
对外事务管理机构	9422	174	168	6	5793	1276	193	25	5918
公共安全管理机构	9423	854	619	235	233500	36763	4042	3423	259010
社会事务管理机构	9424	2958	2528	430	96307	32110	5379	2851	89305
经济事务管理机构	9425	4157	3408	749	189128	56361	8808	5400	183292
政府事务管理机构	9426	1613	1429	184	62745	18334	2199	770	61707
行政监督检查机构	9427	1911	1683	228	94174	27778	3530	1847	106626
人民法院和人民检察院	943	320	231	89	37328	11099	625	394	37739
人民法院	9431	161	81	80	23397	7157	454	373	23576
人民检察院	9432	159	150	9	13931	3942	171	21	14163
其他国家机构	949	321	297	24	14527	4897	415	118	15099
其他国家机构	9490	321	297	24	14527	4897	415	118	15099
人民政协和民主党派	95	330	326	4	3836	1001	332	6	3834
人民政协	951	140	137	3	3009	684	141	4	3005
人民政协	9510	140	137	3	3009	684	141	4	3005
民主党派	952	190	189	1	827	317	191	2	829
民主党派	9520	190	189	1	827	317	191	2	829
群众团体、社会团体和宗教组织	96	9931	9701	230	109679	37787	11461	1760	119087
群众团体	961	2061	1988	73	38137	16838	2259	271	42021
工会	9611	1052	1025	27	29567	13319	1145	120	33402
妇联	9612	179	172	7	1467	1201	202	30	1501
共青团	9613	183	176	7	1225	414	204	28	1281
其他群众团体	9619	647	615	32	5878	1904	708	93	5837
社会团体	962	6736	6606	130	57958	16433	7717	1111	62870
专业性团体	9621	2661	2620	41	25385	7219	3036	416	28882
行业性团体	9622	2623	2555	68	19586	5965	3132	577	20377
其他社会团体	9629	1452	1431	21	12987	3249	1549	118	13611
宗教组织	963	1134	1107	27	13584	4516	1485	378	14196
宗教组织	9630	1134	1107	27	13584	4516	1485	378	14196
基层群众自治组织	97	26518	21371	5147	249430	57875	26591	5220	241055
社区自治组织	971	5969	5540	429	63749	24827	6011	471	63591
社区自治组织	9710	5969	5540	429	63749	24827	6011	471	63591
村民自治组织	972	20549	15831	4718	185681	33048	20580	4749	177464
村民自治组织	9720	20549	15831	4718	185681	33048	20580	4749	177464

1-5 按登记注册类型分组的法人单位数、产业活动单位数及就业人数

登记注册类型	法人单位					产业活动单位				
	单位数(个)	单产业法人	多产业法人	就业人数(人)	女性	单位数(个)	多产业法人所属的产业活动单位数	就业人数(人)	单产业法人所属的就业人数	多产业法人所属的就业人数
总　计	**617653**	**587439**	**30214**	**30996016**	**12890334**	**763426**	**175987**	**32451874**	**25285038**	**7166836**
内资企业	**569771**	**541420**	**28351**	**20555651**	**7685893**	**703171**	**161751**	**21602580**	**16055118**	**5547462**
国有企业	61470	54169	7301	4210541	1547551	110116	55947	4318644	2434210	1884434
集体企业	25951	24364	1587	1250312	474549	40447	16083	1404699	1011281	393418
股份合作企业	5638	5150	488	356359	166606	9826	4676	237456	101502	135954
联营企业	1453	1360	93	83999	32161	2104	744	86890	71088	15802
国有联营企业	324	287	37	23087	7658	572	285	25964	17320	8644
集体联营企业	449	430	19	25515	12361	576	146	25102	23464	1638
国有与集体联营企业	147	139	8	9711	3345	227	88	8978	7491	1487
其他联营企业	533	504	29	25686	8797	729	225	26846	22813	4033
有限责任公司	70186	66631	3555	3747927	1221269	85422	18791	3913300	2898409	1014891
国有独资公司	939	773	166	214058	55831	1658	885	292644	99688	192956
其他有限责任公司	69247	65858	3389	3533869	1165438	83764	17906	3620656	2798721	821935
股份有限公司	6607	5730	877	1126843	423858	19093	13363	1084613	484515	600098
私营企业	335167	326383	8784	8810355	3441046	358358	31975	9040934	8186306	854628
私营独资企业	107684	106529	1155	2398161	1001819	111334	4805	2438109	2341142	96967
私营合伙企业	17319	17043	276	377617	147209	17906	863	384908	357319	27589
私营有限责任公司	202686	195646	7040	5819493	2211083	220855	25209	5989479	5300338	689141
私营股份有限公司	7478	7165	313	215084	80935	8263	1098	228438	187507	40931
其他企业	63299	57633	5666	969315	378853	77805	20172	1516044	867807	648237
港、澳、台商投资企业	**33538**	**32389**	**1149**	**6796733**	**3435199**	**40628**	**8239**	**6993485**	**6237130**	**756355**
合资经营企业(港或澳、台资)	4326	4060	266	965418	410850	5795	1735	1004555	803511	201044
合作经营企业(港或澳、台资)	2332	2246	86	363602	184396	2866	620	391683	330318	61365
港、澳、台商独资经营企业	26149	25383	766	5338046	2785863	30726	5343	5458725	5005446	453279
港、澳、台商投资股份有限公司	731	700	31	129667	54090	1241	541	138522	97855	40667
外商投资企业	**14344**	**13630**	**714**	**3643632**	**1769242**	**19627**	**5997**	**3855809**	**2992790**	**863019**
中外合资经营企业	2972	2739	233	684803	293047	4051	1312	807613	565632	241981
中外合作经营企业	1014	959	55	187010	89161	1210	251	194620	168456	26164
外资企业	9950	9551	399	2636667	1323263	13677	4126	2710098	2187600	522498
外商投资股份有限公司	408	381	27	135152	63771	689	308	143478	71102	72376

1-5-1 珠江三角洲地区按登记注册类型分组的法人单位数、产业活动单位数及就业人数

登记注册类型	法人单位					产业活动单位				
	单位数（个）	单产业法人	多产业法人	就业人数（人）	女性	单位数（个）	多产业法人所属的产业活动单位数	就业人数（人）	单产业法人所属的就业人数	多产业法人所属的就业人数
总　计	**476079**	**456580**	**19499**	**24954675**	**10573066**	**567548**	**110968**	**26297844**	**20459879**	**5837965**
内资企业	**432084**	**414326**	**17758**	**15383349**	**5843051**	**512275**	**97949**	**16339226**	**12039098**	**4300128**
国有企业	27270	24265	3005	2432602	900754	46398	22133	2490551	1321354	1169197
集体企业	18961	18142	819	897997	391856	25157	7015	1044161	765311	278850
股份合作企业	4477	4034	443	312973	149528	8131	4097	183210	70337	112873
联营企业	1132	1052	80	70440	27373	1666	614	73441	59294	14147
国有联营企业	267	233	34	18577	5861	482	249	21140	12942	8198
集体联营企业	303	290	13	21593	11295	402	112	21803	20317	1486
国有与集体联营企业	119	112	7	7479	2747	174	62	6545	6009	536
其他联营企业	443	417	26	22791	7470	608	191	23953	20026	3927
有限责任公司	56124	53117	3007	3026981	998841	69391	16274	3199447	2322307	877140
国有独资公司	776	642	134	174721	44741	1357	715	258189	87224	170965
其他有限责任公司	55348	52475	2873	2852260	954100	68034	15559	2941258	2235083	706175
股份有限公司	4825	4243	582	911382	343489	13140	8897	860511	391239	469272
私营企业	282139	273950	8189	7057518	2736295	303444	29494	7281317	6484222	797095
私营独资企业	76621	75620	1001	1620614	687372	79528	3908	1654750	1570599	84151
私营合伙企业	13186	12940	246	281837	110215	13661	721	287678	263072	24606
私营有限责任公司	185876	179210	6666	4981280	1874729	203160	23950	5152124	4500783	651341
私营股份有限公司	6456	6180	276	173787	63979	7095	915	186765	149768	36997
其他企业	37156	35523	1633	673456	294915	44948	9425	1206588	625034	581554
港、澳、台商投资企业	**30740**	**29667**	**1073**	**6148938**	**3083124**	**37156**	**7489**	**6336685**	**5630669**	**706016**
合资经营企业(港或澳、台资)	3894	3638	256	865398	360820	5288	1650	899493	707422	192071
合作经营企业(港或澳、台资)	1836	1767	69	285400	146615	2336	569	311975	257651	54324
港、澳、台商独资经营企业	24375	23647	728	4889086	2528154	28580	4933	5006907	4573161	433746
港、澳、台商投资股份有限公司	635	615	20	109054	47535	952	337	118310	92435	25875
外商投资企业	**13255**	**12587**	**668**	**3422388**	**1646891**	**18117**	**5530**	**3621933**	**2790112**	**831821**
中外合资经营企业	2674	2463	211	632227	268371	3640	1177	753387	516232	237155
中外合作经营企业	748	703	45	147577	71295	915	212	153902	131252	22650
外资企业	9481	9092	389	2526354	1255366	13031	3939	2593430	2080559	512871
外商投资股份有限公司	352	329	23	116230	51859	531	202	121214	62069	59145

1-5-2 东翼按登记注册类型分组的法人单位数、产业活动单位数及就业人数

登记注册类型	法人单位					产业活动单位				
	单位数(个)	单产业法人	多产业法人	就业人数(人)	女性	单位数(个)	多产业法人所属的产业活动单位数	就业人数(人)	单产业法人所属的就业人数	多产业法人所属的就业人数
总　计	**53281**	**51651**	**1630**	**2298303**	**886062**	**63717**	**12066**	**2342349**	**2035379**	**306970**
内资企业	**51548**	**49970**	**1578**	**1972405**	**712555**	**61662**	**11692**	**2008127**	**1734322**	**273805**
国有企业	11074	10389	685	538141	182713	16651	6262	547836	397096	150740
集体企业	3054	2876	178	128089	35394	4869	1993	125073	103491	21582
股份合作企业	807	789	18	20145	7613	1000	211	23960	18008	5952
联营企业	95	92	3	4752	1961	119	27	4814	4654	160
国有联营企业	29	28	1	2757	1383	35	7	2841	2749	92
集体联营企业	36	35	1	853	267	38	3	854	825	29
国有与集体联营企业	10	10		632	222	21	11	657	632	25
其他联营企业	20	19	1	510	89	25	6	462	448	14
有限责任公司	5546	5388	158	258289	85472	6056	668	263764	238696	25068
国有独资公司	33	30	3	4565	1241	42	12	4724	4084	640
其他有限责任公司	5513	5358	155	253724	84231	6014	656	259040	234612	24428
股份有限公司	655	563	92	70574	30911	1528	965	74420	36102	38318
私营企业	21406	21237	169	830336	338158	21857	620	840496	820979	19517
私营独资企业	12280	12232	48	364038	141851	12433	201	366245	362669	3576
私营合伙企业	799	792	7	25286	10796	816	24	26535	24473	2062
私营有限责任公司	7992	7886	106	427051	179684	8251	365	433222	420537	12685
私营股份有限公司	335	327	8	13961	5827	357	30	14494	13300	1194
其他企业	8911	8636	275	122079	30333	9582	946	127764	115296	12468
港、澳、台商投资企业	**1213**	**1179**	**34**	**216345**	**112862**	**1385**	**206**	**217541**	**205436**	**12105**
合资经营企业(港或澳、台资)	163	159	4	23411	10601	176	17	24301	21574	2727
合作经营企业(港或澳、台资)	258	244	14	37157	17500	277	33	36668	33106	3562
港、澳、台商独资经营企业	772	760	12	152374	83139	898	138	153461	149107	4354
港、澳、台商投资股份有限公司	20	16	4	3403	1622	34	18	3111	1649	1462
外商投资企业	**520**	**502**	**18**	**109553**	**60645**	**670**	**168**	**116681**	**95621**	**21060**
中外合资经营企业	123	118	5	21469	10013	147	29	22105	21005	1100
中外合作经营企业	164	159	5	27154	12058	182	23	28015	25619	2396
外资企业	214	208	6	45820	28785	275	67	48828	43706	5122
外商投资股份有限公司	19	17	2	15110	9789	66	49	17733	5291	12442

1-5-3 西翼按登记注册类型分组的法人单位数、产业活动单位数及就业人数

登记注册类型	法人单位					产业活动单位				
	单位数(个)	单产业法人	多产业法人	就业人数(人)	女性	单位数(个)	多产业法人所属的产业活动单位数	就业人数(人)	单产业法人所属的就业人数	多产业法人所属的就业人数
总　计	**40256**	**37313**	**2943**	**1747054**	**653126**	**55785**	**18472**	**1756418**	**1336645**	**419773**
内资企业	**39702**	**36783**	**2919**	**1623344**	**590956**	**54871**	**18088**	**1622689**	**1233028**	**389661**
国有企业	10556	9318	1238	622528	227647	18761	9443	628094	387148	240946
集体企业	1621	1353	268	119358	23296	4221	2868	118370	77867	40503
股份合作企业	106	101	5	9546	5030	163	62	9583	5515	4068
联营企业	66	63	3	3082	1013	98	35	3309	2942	367
国有联营企业	14	12	2	1312	267	36	24	1478	1188	290
集体联营企业	29	29		864	249	33	4	889	864	25
国有与集体联营企业	6	6		93	35	12	6	137	93	44
其他联营企业	17	16	1	813	462	17	1	805	797	8
有限责任公司	3902	3759	143	188891	58925	4482	723	180595	144329	36266
国有独资公司	51	41	10	8061	3031	93	52	8666	3378	5288
其他有限责任公司	3851	3718	133	180830	55894	4389	671	171929	140951	30978
股份有限公司	430	357	73	70511	20859	1891	1534	68746	29644	39102
私营企业	16444	16309	135	529913	227775	17010	701	532088	518951	13137
私营独资企业	9821	9785	36	259830	111057	10077	292	262799	257363	5436
私营合伙企业	1534	1525	9	43804	17804	1580	55	43901	43516	385
私营有限责任公司	4797	4719	78	213593	93337	5035	316	212606	205829	6777
私营股份有限公司	292	280	12	12686	5577	318	38	12782	12243	539
其他企业	6577	5523	1054	79515	26411	8245	2722	81904	66632	15272
港、澳、台商投资企业	**374**	**359**	**15**	**93350**	**45704**	**612**	**253**	**100355**	**74766**	**25589**
合资经营企业(港或澳、台资)	110	107	3	26404	13839	143	36	29751	26234	3517
合作经营企业(港或澳、台资)	83	82	1	21667	11667	92	10	23554	21063	2491
港、澳、台商独资经营企业	173	164	9	33373	18031	301	137	34737	26845	7892
港、澳、台商投资股份有限公司	8	6	2	11906	2167	76	70	12313	624	11689
外商投资企业	**180**	**171**	**9**	**30360**	**16466**	**302**	**131**	**33374**	**28851**	**4523**
中外合资经营企业	85	77	8	16689	9138	137	60	17252	15246	2006
中外合作经营企业	28	28		3398	2057	31	3	3471	3398	73
外资企业	58	57	1	10084	5212	103	46	12108	10018	2090
外商投资股份有限公司	9	9		189	59	31	22	543	189	354

1-5-4 山区五市按登记注册类型分组的法人单位数、产业活动单位数及就业人数

登记注册类型	法人单位					产业活动单位				
	单位数（个）	单产业法人	多产业法人	就业人数（人）	女性	单位数（个）	多产业法人所属的产业活动单位数	就业人数（人）	单产业法人所属的就业人数	多产业法人所属的就业人数
总　计	**48037**	**41895**	**6142**	**1995984**	**778080**	**76376**	**34481**	**2055263**	**1453135**	**602128**
内资企业	**46437**	**40341**	**6096**	**1576553**	**539331**	**74363**	**34022**	**1632538**	**1048670**	**583868**
国有企业	12570	10197	2373	617270	236437	28306	18109	652163	328612	323551
集体企业	2315	1993	322	104868	24003	6200	4207	117095	64612	52483
股份合作企业	248	226	22	13695	4435	532	306	20703	7642	13061
联营企业	160	153	7	5725	1814	221	68	5326	4198	1128
国有联营企业	14	14		441	147	19	5	505	441	64
集体联营企业	81	76	5	2205	550	103	27	1556	1458	98
国有与集体联营企业	12	11	1	1507	341	20	9	1639	757	882
其他联营企业	53	52	1	1572	776	79	27	1626	1542	84
有限责任公司	4614	4367	247	273766	78031	5493	1126	269494	193077	76417
国有独资公司	79	60	19	26711	6818	166	106	21065	5002	16063
其他有限责任公司	4535	4307	228	247055	71213	5327	1020	248429	188075	60354
股份有限公司	697	567	130	74376	28599	2534	1967	80936	27530	53406
私营企业	15178	14887	291	392588	138818	16047	1160	387033	362154	24879
私营独资企业	8962	8892	70	153679	61539	9296	404	154315	150511	3804
私营合伙企业	1800	1786	14	26690	8394	1849	63	26794	26258	536
私营有限责任公司	4021	3831	190	197569	63333	4409	578	191527	173189	18338
私营股份有限公司	395	378	17	14650	5552	493	115	14397	12196	2201
其他企业	10655	7951	2704	94265	27194	15030	7079	99788	60845	38943
港、澳、台商投资企业	**1211**	**1184**	**27**	**338100**	**193509**	**1475**	**291**	**338904**	**326259**	**12645**
合资经营企业(港或澳、台资)	159	156	3	50205	25590	188	32	51010	48281	2729
合作经营企业(港或澳、台资)	155	153	2	19378	8614	161	8	19486	18498	988
港、澳、台商独资经营企业	829	812	17	263213	156539	947	135	263620	256333	7287
港、澳、台商投资股份有限公司	68	63	5	5304	2766	179	116	4788	3147	1641
外商投资企业	**389**	**370**	**19**	**81331**	**45240**	**538**	**168**	**83821**	**78206**	**5615**
中外合资经营企业	90	81	9	14418	5525	127	46	14869	13149	1720
中外合作经营企业	74	69	5	8881	3751	82	13	9232	8187	1045
外资企业	197	194	3	54409	33900	268	74	55732	53317	2415
外商投资股份有限公司	28	26	2	3623	2064	61	35	3988	3553	435

1-5-5 50山区县按登记注册类型分组的法人单位数、产业活动单位数及就业人数

登记注册类型	法人单位					产业活动单位				
	单位数(个)	单产业法人	多产业法人	就业人数(人)	女性	单位数(个)	多产业法人所属的产业活动单位数	就业人数(人)	单产业法人所属的就业人数	多产业法人所属的就业人数
总　计	**75488**	**68249**	**7239**	**3075837**	**1184250**	**115217**	**46968**	**3196408**	**2476656**	**719752**
内资企业	**72998**	**65809**	**7189**	**2540217**	**892870**	**112120**	**46311**	**2651644**	**1957014**	**694630**
国有企业	19097	15935	3162	871154	329047	42590	26655	923790	498627	425163
集体企业	3550	3088	462	173192	38785	8806	5718	177788	119414	58374
股份合作企业	277	246	31	18554	5484	752	506	26918	10608	16310
联营企业	201	192	9	8254	2545	269	77	7897	6683	1214
国有联营企业	21	21		1677	542	27	6	1760	1677	83
集体联营企业	101	95	6	2640	649	128	33	2031	1865	166
国有与集体联营企业	19	18	1	2209	530	27	9	2327	1459	868
其他联营企业	60	58	2	1728	824	87	29	1779	1682	97
有限责任公司	3827	3633	194	262671	74290	4859	1226	267182	212982	54200
国有独资公司	74	61	13	11878	2975	143	82	11794	8833	2961
其他有限责任公司	3753	3572	181	250793	71315	4716	1144	255388	204149	51239
股份有限公司	685	601	84	65318	24330	3309	2708	95561	36144	59417
私营企业	28801	28412	389	977030	373989	30187	1775	981929	944047	37882
私营独资企业	18745	18633	112	467937	181217	19288	655	471452	463068	8384
私营合伙企业	2718	2699	19	55579	19053	2797	98	56217	54972	1245
私营有限责任公司	6780	6544	236	431674	166246	7433	889	431940	407929	24011
私营股份有限公司	558	536	22	21840	7473	669	133	22320	18078	4242
其他企业	16560	13702	2858	164044	44400	21348	7646	170579	128509	42070
港、澳、台商投资企业	**1925**	**1895**	**30**	**421288**	**234095**	**2297**	**402**	**426684**	**410111**	**16573**
合资经营企业(港或澳、台资)	224	218	6	54819	29132	264	46	55906	52549	3357
合作经营企业(港或澳、台资)	378	373	5	54867	25340	394	21	55395	53373	2022
港、澳、台商独资经营企业	1253	1235	18	306185	177078	1449	214	308953	299115	9838
港、澳、台商投资股份有限公司	70	69	1	5417	2545	190	121	6430	5074	1356
外商投资企业	**565**	**545**	**20**	**114332**	**57285**	**800**	**255**	**118080**	**109531**	**8549**
中外合资经营企业	134	125	9	23174	9448	189	64	23869	21800	2069
中外合作经营企业	148	142	6	24348	11413	164	22	24744	22788	1956
外资企业	253	249	4	60637	34425	360	111	62740	58812	3928
外商投资股份有限公司	30	29	1	6173	1999	87	58	6727	6131	596

1-6 按地区、机构类型分组的法人单位数

地 区	法 人单位数(个)	企业法人	事业法人	机关法人	社会团体	民办非企业单位	基金会	居委会	村委会	其他组织结构
总 计	**617653**	**509178**	**39340**	**11509**	**9321**	**9288**	**70**	**6217**	**21003**	**11727**
广州市	149881	138171	4987	1221	1515	890	30	1414	1091	562
深圳市	103747	97854	1676	605	1004	1294	8	718	45	543
珠海市	22464	20012	752	355	329	449	1	202	133	231
汕头市	22705	17290	2015	543	528	471	4	549	619	686
佛山市	61552	54157	2064	447	824	888	3	295	574	2300
韶关市	11532	6693	1365	767	420	373		216	1208	490
河源市	7679	3597	1641	492	231	191		153	1256	118
梅州市	13214	6917	1994	745	445	508		191	2054	360
惠州市	23588	18798	1807	568	408	388	2	194	1058	365
汕尾市	5477	2517	1180	457	187	174	1	136	738	87
东莞市	52802	48349	1363	271	316	885	8	226	464	920
中山市	26586	22500	804	182	262	592	2	141	188	1915
江门市	21785	15952	1912	584	483	305	2	286	1392	869
阳江市	9150	6484	1071	367	105	110		112	833	68
湛江市	15666	8863	3269	793	233	319	1	283	1526	379
茂名市	15440	9177	2824	610	473	271	1	242	1634	208
肇庆市	13674	7945	1962	680	349	344	2	276	1394	722
清远市	10041	6039	1495	566	345	276		176	1033	111
潮州市	11022	7393	1727	330	260	100	1	121	905	185
揭阳市	14077	7980	2287	488	368	342	1	172	2002	437
云浮市	5571	2490	1145	438	236	118	3	114	856	171

1-7　按地区、机构类型分组的法人单位就业人数

地　区	法　人单位数（人）	企业法人	事业法人	机关法人	社会团体	民办非企业单位	基金会	居委会	村委会	其他组织结构
总　计	**30996016**	**27308441**	**2041932**	**874843**	**101819**	**250704**	**409**	**78641**	**196746**	**142481**
广州市	5395705	4811939	385152	125604	17158	28788	148	7820	12695	6401
深圳市	6672623	6316568	152944	103192	15324	48073	24	25171	947	10380
珠海市	867767	780879	40635	29276	1717	10110	29	1888	1615	1618
汕头市	961636	789636	95661	35823	9415	7971	12	7892	7760	7466
佛山市	2861190	2600627	127605	54242	6448	22549	7	5674	19513	24525
韶关市	463849	321522	75100	37427	3002	4470		1536	17815	2977
河源市	313090	210073	62943	26642	1331	3495		804	6605	1197
梅州市	483523	324718	96547	35532	3975	3517		995	12435	5804
惠州市	1204568	1047564	85913	43040	3459	12347	12	1566	6857	3810
汕尾市	276002	187855	48890	23639	2172	5521	15	1309	4998	1603
东莞市	4517476	4308008	85604	48727	8329	38313	21	4004	4550	19920
中山市	1717707	1588659	48940	30904	2804	17152	8	5874	6893	16473
江门市	1145139	1004253	78059	35037	2723	6326	12	2527	10330	5872
阳江市	400203	316279	50319	23142	928	2153		779	5480	1123
湛江市	710198	473143	152574	48731	2420	7810	3	2276	13377	9864
茂名市	636653	434352	129557	42868	6743	9704	33	1584	9207	2605
肇庆市	572500	434985	79054	35564	2569	6279	54	1723	7437	4835
清远市	484202	368545	67805	31260	3153	5194		1065	5747	1433
潮州市	419266	344930	46669	13582	1862	1625	3	1122	7915	1558
揭阳市	641399	469039	86021	33127	4296	7512	5	2303	27478	11618
云浮市	251320	174867	45940	17484	1991	1795	23	729	7092	1399

1-8 按行业(大类)、

行业	代码	法人单位数(个)	广州市	深圳市	珠海市	汕头市	佛山市	韶关市	河源市
总　计		**617653**	**149881**	**103747**	**22464**	**22705**	**61552**	**11532**	**7679**
农、林、牧、渔业	A	**52**		**4**	**3**			**1**	**5**
农业	01	15			1				
林业	02	17						1	3
畜牧业	03	8		1	1				1
渔业	04	4		3	1				
农、林、牧、渔服务业	05	8							1
采矿业	B	**2330**	**37**	**10**	**7**	**29**	**23**	**240**	**168**
煤炭开采和洗选业	06	3	2						
石油和天然气开采业	07	18	2	7					
黑色金属矿采选业	08	315						23	29
有色金属矿采选业	09	213	1					44	17
非金属矿采选业	10	1748	31	3	7	25	23	172	121
其他采矿业	11	33	1			4		1	1
制造业	C	**191810**	**29764**	**29680**	**4565**	**8702**	**30702**	**1494**	**997**
农副食品加工业	13	3412	411	134	45	232	265	72	48
食品制造业	14	3470	576	179	96	282	235	24	24
饮料制造业	15	1402	172	89	46	88	88	32	43
烟草制品业	16	30	2	1		3		4	
纺织业	17	8625	1181	534	154	1010	1621	66	52
纺织服装、鞋、帽制造业	18	13962	4376	1502	343	1340	1350	46	35
皮革、毛皮、羽毛(绒)及其制品业	19	7357	2480	534	56	95	784	16	24
木材加工及木、竹、藤、棕、草制品业	20	3092	360	172	34	45	381	114	45
家具制造业	21	5886	722	647	73	85	2121	54	16
造纸及纸制品业	22	7581	1096	1350	180	375	1017	35	19
印刷业和记录媒介的复制	23	8512	1160	1108	199	701	1284	54	45
文教体育用品制造业	24	3901	464	608	76	654	298	24	30
石油加工、炼焦及核燃料加工业	25	328	69	18	6	5	55	3	
化学原料及化学制品制造业	26	8158	1884	751	337	458	1257	87	22
医药制造业	27	915	239	96	70	49	74	11	14
化学纤维制造业	28	257	28	21	7	18	41		1
橡胶制品业	29	2389	374	383	29	47	388	6	7
塑料制品业	30	17035	1643	2795	341	1105	2822	52	39
非金属矿物制品业	31	9610	924	510	174	138	1538	197	203
黑色金属冶炼及压延加工业	32	886	99	33	8	9	318	32	22
有色金属冶炼及压延加工业	33	1983	187	156	29	19	761	43	10
金属制品业	34	20771	2399	2417	264	325	5039	58	43
通用设备制造业	35	8348	1395	1241	220	210	2036	172	18

地区分组的法人单位数

梅州市	惠州市	汕尾市	东莞市	中山市	江门市	阳江市	湛江市	茂名市	肇庆市	清远市	潮州市	揭阳市	云浮市
13214	**23588**	**5477**	**52802**	**26586**	**21785**	**9150**	**15666**	**15440**	**13674**	**10041**	**11022**	**14077**	**5571**
3	5				1	2	9	6		11			2
3							7	1		3			
	2							5		6			
					1					2			2
	3					2	2						
270	**158**	**25**	**3**	**9**	**83**	**71**	**212**	**267**	**256**	**340**	**17**	**28**	**77**
												1	
						1	3	5					
50	8					8	4	13	53	117			10
18	6					9	8	23	9	71		4	3
199	141	25	3	9	81	52	194	221	192	146	17	22	64
3	3				2	1	3	5	2	6		1	
2356	**7983**	**970**	**25547**	**13425**	**9116**	**3473**	**3202**	**3392**	**3584**	**1780**	**5130**	**5033**	**915**
196	133	49	140	90	172	162	342	251	111	86	135	302	36
46	82	43	208	134	190	67	120	127	67	25	495	418	32
131	66	34	61	74	52	26	94	47	60	33	66	66	34
1					3	2	7	5	1			1	
90	402	86	1296	722	412	72	81	167	122	97	52	378	30
62	392	125	1350	1116	601	161	39	53	121	93	338	460	59
28	753	31	1144	348	330	79	42	358	113	37	63	34	8
156	89	9	246	84	120	206	419	182	218	118	16	48	30
72	211	11	849	366	218	80	49	101	76	36	29	60	10
80	363	44	1372	546	374	82	98	99	123	52	158	95	23
54	284	19	930	857	413	140	137	70	116	41	663	217	20
22	205	16	905	272	97	19	8	17	33	28	30	91	4
1	5		18	9	12	1	10	106	6	1		3	
52	446	38	621	536	576	47	114	241	276	150	97	90	78
19	27	5	38	45	26	16	37	36	33	17	21	31	11
2	13	1	42	19	35	1	6	3	7	2		10	
11	76	4	544	111	146	24	50	84	42	20	9	30	4
83	786	135	3241	1158	730	203	360	210	254	94	273	661	50
459	306	27	475	277	375	131	377	445	309	318	1773	368	286
34	16		72	25	80	21	1	16	18	22	5	54	1
20	48	2	244	69	76	27	18	6	114	57	14	73	10
74	681	55	2654	1502	1776	1618	121	134	497	92	461	501	60
84	238	12	1208	634	291	83	68	55	195	72	32	63	21

1-8 续表 1

行　业	代码	法　人单位数(个)	广州市	深圳市	珠海市	汕头市	佛山市	韶关市	河源市
专用设备制造业	36	8892	1266	2311	378	292	1529	71	25
交通运输设备制造业	37	4157	1384	495	149	125	586	75	25
电气机械及器材制造业	39	16383	1684	3538	407	221	3121	56	61
通信设备、计算机及其他电子设备制造业	40	14346	1686	5750	573	184	661	24	66
仪器仪表及文化、办公用机械制造业	41	2776	447	1144	120	41	162	13	24
工艺品及其他制造业	42	6350	969	1152	144	502	583	21	27
废弃资源和废旧材料回收加工业	43	996	87	11	7	44	287	32	9
电力、燃气及水的生产和供应业	**D**	**7182**	**222**	**62**	**32**	**53**	**120**	**1018**	**427**
电力、热力的生产和供应业	44	5811	83	21	16	17	30	967	364
燃气生产和供应业	45	182	28	4	5	6	12	9	6
水的生产和供应业	46	1189	111	37	11	30	78	42	57
建筑业	**E**	**14457**	**3808**	**1675**	**1087**	**371**	**1147**	**217**	**195**
房屋和土木工程建筑业	47	4114	851	469	180	158	392	86	100
建筑安装业	48	3579	1084	489	237	69	307	30	27
建筑装饰业	49	5439	1553	607	612	119	352	77	50
其他建筑业	50	1325	320	110	58	25	96	24	18
交通运输、仓储和邮政业	**F**	**14804**	**4456**	**4431**	**586**	**537**	**701**	**200**	**116**
铁路运输业	51	13	10						
道路运输业	52	5320	1328	1422	150	243	249	126	77
城市公共交通业	53	478	103	68	12	18	25	12	8
水上运输业	54	924	218	100	91	46	79	10	8
航空运输业	55	91	9	38	12	6	4		
管道运输业	56	3							
装卸搬运和其他运输服务业	57	6125	2291	2274	193	168	244	31	8
仓储业	58	1244	440	272	78	38	60	18	11
邮政业	59	606	57	257	50	18	40	3	4
信息传输、计算机服务和软件业	**G**	**14467**	**5567**	**3479**	**711**	**226**	**630**	**157**	**174**
电信和其他信息传输服务业	60	2391	759	391	98	77	137	28	21
计算机服务业	61	6094	2142	905	288	84	340	120	149
软件业	62	5982	2666	2183	325	65	153	9	4
批发和零售业	**H**	**141359**	**46031**	**32897**	**6994**	**5312**	**12805**	**1742**	**725**
批发业	63	93602	32944	23685	4379	2555	9485	1093	211
零售业	65	47757	13087	9212	2615	2757	3320	649	514
住宿和餐饮业	**I**	**13309**	**4804**	**1999**	**484**	**388**	**1047**	**562**	**138**
住宿业	66	5228	1327	870	268	163	432	110	80
餐饮业	67	8081	3477	1129	216	225	615	452	58
金融业	**J**	**1969**	**277**	**392**	**85**	**68**	**158**	**53**	**35**
银行业	68	477	52	55	16	27	21	17	15

梅州市	惠州市	汕尾市	东莞市	中山市	江门市	阳江市	湛江市	茂名市	肇庆市	清远市	潮州市	揭阳市	云浮市
40	183	14	1603	528	212	30	111	41	94	34	45	78	7
62	82	24	199	120	302	60	96	110	59	40	42	107	15
69	520	18	1949	2750	719	29	235	121	148	56	111	536	34
266	916	22	2892	571	355	20	13	21	125	47	60	73	21
7	117	6	442	110	37	8	2	9	27	3	10	44	3
116	489	129	791	321	359	54	52	248	119	30	117	104	23
19	54	11	13	31	27	4	95	29	100	79	15	37	5
1140	**320**	**148**	**109**	**82**	**148**	**463**	**109**	**506**	**561**	**980**	**205**	**280**	**197**
1060	206	115	21	12	75	431	16	437	476	933	135	247	149
7	2	1	13	9	5	3	13	4	7	1	42		5
73	112	32	75	61	68	29	80	65	78	46	28	33	43
298	**1143**	**91**	**1654**	**896**	**521**	**148**	**194**	**187**	**264**	**220**	**148**	**132**	**61**
165	217	56	279	192	199	84	122	132	104	93	85	102	48
38	250	14	472	227	114	15	23	26	45	62	29	15	6
80	464	12	696	384	155	32	31	25	89	51	29	14	7
15	212	9	207	93	53	17	18	4	26	14	5	1	
185	**435**	**93**	**882**	**316**	**298**	**97**	**353**	**168**	**251**	**257**	**174**	**152**	**116**
	1				1								1
138	215	44	308	104	109	31	152	98	137	153	100	79	57
10	19	12	70	8	19	11	16	6	18	14	8	15	6
8	36	3	40	23	49	16	44	14	40	53	13	16	17
1	1	1	7	1	2	1	6					1	1
	2							1					
12	98	8	314	124	70	25	101	36	33	18	28	24	25
12	41	23	91	25	31	8	28	11	14	13	8	14	8
4	22	2	52	31	17	5	6	2	9	6	17	3	1
82	**614**	**78**	**1113**	**297**	**239**	**77**	**294**	**147**	**174**	**151**	**105**	**102**	**50**
44	99	47	198	45	84	32	85	15	69	82	33	20	27
26	402	28	728	158	96	42	174	114	78	57	67	75	21
12	113	3	187	94	59	3	35	18	27	12	5	7	2
1674	**3396**	**694**	**8825**	**3544**	**3213**	**1362**	**2843**	**3536**	**1478**	**930**	**967**	**1746**	**645**
551	1801	410	4246	2696	2199	609	1656	2065	868	485	422	949	293
1123	1595	284	4579	848	1014	753	1187	1471	610	445	545	797	352
247	**416**	**112**	**849**	**293**	**342**	**182**	**457**	**304**	**235**	**134**	**100**	**151**	**65**
129	232	67	477	173	151	78	193	117	132	91	43	65	30
118	184	45	372	120	191	104	264	187	103	43	57	86	35
54	**112**	**53**	**131**	**85**	**64**	**38**	**57**	**48**	**58**	**66**	**32**	**51**	**52**
22	14	27	18	12	13	14	28	16	25	19	11	22	33

1-8 续表 2

行业	代码	法人单位数（个）	广州市	深圳市	珠海市	汕头市	佛山市	韶关市	河源市
证券业	69	140	23	71	7	3	2		1
保险业	70	807	186	174	30	22	62	22	12
其他金融活动	71	545	16	92	32	16	73	14	7
房地产业	**K**	**28526**	**9870**	**4991**	**1731**	**524**	**1618**	**408**	**296**
房地产业	72	28526	9870	4991	1731	524	1618	408	296
租赁和商务服务业	L	55996	19669	9855	2295	1017	5367	729	316
租赁业	73	916	346	234	105	8	52	9	1
商务服务业	74	55080	19323	9621	2190	1009	5315	720	315
科学研究、技术服务和地质勘查业	**M**	**16717**	**5275**	**5460**	**653**	**224**	**933**	**240**	**175**
研究与试验发展	75	3781	1119	1855	189	33	66	34	8
专业技术服务业	76	9894	3329	2869	394	144	728	139	129
科技交流和推广服务业	77	2919	781	732	69	43	132	54	37
地质勘查业	78	123	46	4	1	4	7	13	1
水利、环境和公共设施管理业	**N**	**3979**	**909**	**391**	**140**	**139**	**267**	**139**	**110**
水利管理业	79	1059	113	30	23	43	41	36	37
环境管理业	80	1135	371	123	50	38	65	49	24
公共设施管理业	81	1785	425	238	67	58	161	54	49
居民服务和其他服务业	**O**	**12140**	**4722**	**2242**	**558**	**353**	**1221**	**134**	**65**
居民服务业	82	5757	2479	1052	183	169	543	67	25
其他服务业	83	6383	2243	1190	375	184	678	67	40
教育	**P**	**29205**	**4081**	**2078**	**697**	**1653**	**1666**	**720**	**1043**
教育	84	29205	4081	2078	697	1653	1666	720	1043
卫生、社会保障和社会福利业	**Q**	**8323**	**1988**	**656**	**342**	**274**	**387**	**462**	**217**
卫生	85	6953	1725	583	286	186	282	391	165
社会保障业	86	285	73	3	8	31	6	24	11
社会福利业	87	1085	190	70	48	57	99	47	41
文化、体育和娱乐业	**R**	**5764**	**1866**	**638**	**264**	**202**	**513**	**118**	**82**
新闻出版业	88	396	223	39	11	9	12	5	6
广播、电视、电影和音像业	89	797	269	65	23	23	42	20	13
文化艺术业	90	1758	399	172	67	69	116	53	42
体育	91	728	211	109	61	21	66	20	8
娱乐业	92	2085	764	253	102	80	277	20	13
公共管理和社会组织	**S**	**55264**	**6535**	**2807**	**1230**	**2633**	**2247**	**2898**	**2395**
中国共产党机关	93	1375	104	40	27	47	47	82	52
国家机构	94	17110	2347	1078	567	785	632	932	651
人民政协和民主党派	95	330	24	15	12	18	20	21	9
群众团体、社会团体和宗教组织	96	9931	1555	976	318	695	813	441	274
基层群众自治组织	97	26518	2505	698	306	1088	735	1422	1409

梅州市	惠州市	汕尾市	东莞市	中山市	江门市	阳江市	湛江市	茂名市	肇庆市	清远市	潮州市	揭阳市	云浮市
3	1	1	11	1	3	1	2	3		3	2		2
21	26	9	47	29	31	15	19	22	16	19	12	22	11
8	71	16	55	43	17	8	8	7	17	25	7	7	6
264	**2306**	**82**	**1782**	**1302**	**782**	**284**	**502**	**270**	**469**	**565**	**238**	**125**	**117**
264	2306	82	1782	1302	782	284	502	270	469	565	238	125	117
507	1474	169	6364	3388	1369	206	510	234	1188	430	314	388	207
7	44	2	45	13	17	7	13	3	4	3	1		2
500	1430	167	6319	3375	1352	199	497	231	1184	427	313	388	205
366	**463**	**78**	**623**	**305**	**305**	**127**	**285**	**240**	**299**	**233**	**143**	**157**	**133**
33	36	6	145	39	51	9	38	36	25	26	11	11	11
157	298	49	404	208	195	71	142	108	148	137	81	81	83
166	125	23	70	57	55	46	100	96	118	66	51	60	38
10	4		4	1	4	1	5		8	4		5	1
162	**261**	**49**	**269**	**106**	**149**	**91**	**126**	**142**	**144**	**132**	**105**	**73**	**75**
95	67	31	52	19	54	43	52	95	60	37	58	42	31
19	68	6	73	28	34	24	32	16	37	24	23	17	14
48	126	12	144	59	61	24	42	31	47	71	24	14	30
82	**264**	**43**	**1012**	**336**	**259**	**71**	**200**	**130**	**135**	**106**	**69**	**63**	**75**
38	83	32	329	205	126	35	116	73	67	38	36	40	21
44	181	11	683	131	133	36	84	57	68	68	33	23	54
740	**1144**	**910**	**1370**	**893**	**1185**	**698**	**2565**	**2159**	**1248**	**888**	**975**	**1900**	**592**
740	1144	910	1370	893	1185	698	2565	2159	1248	888	975	1900	592
703	**272**	**119**	**456**	**167**	**401**	**123**	**350**	**320**	**267**	**247**	**183**	**218**	**171**
607	210	99	413	140	369	109	308	242	219	203	138	151	127
22	7	5	2	1	12	5	4	2	15	15	13	19	7
74	55	15	41	26	20	9	38	76	33	29	32	48	37
202	**170**	**84**	**256**	**169**	**195**	**67**	**262**	**108**	**162**	**114**	**131**	**96**	**65**
5	5	5	12	1	14	7	13	3	9	10	2	1	4
37	30	10	47	21	32	12	32	17	31	18	12	32	11
120	69	33	69	26	64	25	134	46	59	42	80	42	31
18	15	4	27	55	20	2	20	8	22	14	13	10	4
22	51	32	101	66	65	21	63	34	41	30	24	11	15
3879	**2652**	**1679**	**1557**	**973**	**3115**	**1570**	**3136**	**3276**	**2901**	**2457**	**1986**	**3382**	**1956**
169	76	60	54	17	57	49	107	120	79	53	32	54	49
900	809	523	571	430	906	466	952	787	894	837	562	793	688
26	12	14	11	8	30	5	20	16	16	17	20	9	7
541	505	211	332	239	487	106	272	488	348	350	350	384	246
2243	1250	871	589	279	1635	944	1785	1865	1564	1200	1022	2142	966

1-9 按行业(大类)、地区分组

行业	代码	就业人数(人)	广州市	深圳市	珠海市	汕头市	佛山市	韶关市	河源市
总计		**30996016**	**5395705**	**6672623**	**867767**	**961636**	**2861190**	**463849**	**313090**
农、林、牧、渔业	A	**18193**		**168**	**70**			**67**	**324**
农业	01	9605			3				
林业	02	4184						67	207
畜牧业	03	3980		19	57				50
渔业	04	159		149	10				
农、林、牧、渔服务业	05	265							67
采矿业	B	**96356**	**1279**	**1034**	**227**	**980**	**876**	**14039**	**6948**
煤炭开采和洗选业	06	76	34						
石油和天然气开采业	07	3331	15	976					
黑色金属矿采选业	08	15699						2643	2418
有色金属矿采选业	09	16641	270					7442	2105
非金属矿采选业	10	59997	930	58	227	916	876	3951	2405
其他采矿业	11	612	30			64		3	20
制造业	C	**17711072**	**2050135**	**3677501**	**498002**	**493072**	**2030196**	**141269**	**130082**
农副食品加工业	13	205296	16467	12403	3839	11662	16079	1805	2089
食品制造业	14	207172	43454	18245	6477	11529	14672	737	1475
饮料制造业	15	90205	18695	14219	3195	2928	8663	1607	1021
烟草制品业	16	8249	5423	527		404		1215	
纺织业	17	870053	95280	49809	14656	66972	109749	10838	10385
纺织服装、鞋、帽制造业	18	1455037	268228	184453	40802	82401	128035	5376	14178
皮革、毛皮、羽毛(绒)及其制品业	19	1181268	205777	95896	21402	7036	106252	3398	12129
木材加工及木、竹、藤、棕、草制品业	20	158594	13540	11376	2252	7441	19549	4413	1869
家具制造业	21	465165	42774	69125	3576	2924	90025	2162	1021
造纸及纸制品业	22	410407	45576	76533	7130	17302	40154	2744	685
印刷业和记录媒介的复制	23	382741	45876	71559	7438	24204	36905	2367	2546
文教体育用品制造业	24	749807	74715	120716	10324	52214	42832	22514	12208
石油加工、炼焦及核燃料加工业	25	28226	7481	617	122	429	2437	23	
化学原料及化学制品制造业	26	386013	100316	42716	12918	24188	46208	4282	551
医药制造业	27	96673	26111	12512	7995	4089	6530	1269	1391
化学纤维制造业	28	22540	1169	1400	922	488	1672		91
橡胶制品业	29	209971	40890	35053	1232	1800	16465	106	1757
塑料制品业	30	1211026	81368	250058	29146	52601	109771	1476	4412
非金属矿物制品业	31	716378	48129	58180	11026	5614	179632	9527	10514
黑色金属冶炼及压延加工业	32	87962	15282	1310	3678	380	18132	17691	2710
有色金属冶炼及压延加工业	33	159770	14143	7204	1654	1291	65050	6899	744
金属制品业	34	1213787	106464	180142	17910	12380	208827	3532	1784
通用设备制造业	35	443093	66724	75724	14979	6884	80980	9822	954

的法人单位就业人数

梅州市	惠州市	汕尾市	东莞市	中山市	江门市	阳江市	湛江市	茂名市	肇庆市	清远市	潮州市	揭阳市	云浮市
483523	**1204568**	**276002**	**4517476**	**1717707**	**1145139**	**400203**	**710198**	**636653**	**572500**	**484202**	**419266**	**641399**	**251320**
175	**330**				**2**	**25**	**9160**	**3275**		**778**			**3819**
175							9135	180		112			
	182							3095		633			
					2					33			3819
	148					25	25						
9871	**3348**	**1511**	**50**	**439**	**4386**	**2080**	**9303**	**13756**	**9330**	**9542**	**342**	**982**	**6033**
												42	
						6	2231	103					
3453	179					287	397	725	2105	3226			266
1809	225					228	359	1351	985	1682		162	23
4555	2877	1511	50	439	4375	1547	6255	11459	6204	4535	342	741	5744
54	67				11	12	61	118	36	99		37	
143700	**812197**	**132125**	**3743075**	**1310013**	**760234**	**195742**	**192152**	**183906**	**276707**	**233711**	**273210**	**329576**	**104467**
2242	5129	4283	7070	5973	9989	12463	50822	10777	5025	6915	5741	11867	2656
1416	2924	2570	20366	11473	15204	2910	6583	3603	2131	1352	18341	20012	1698
2806	2352	1955	9195	5264	1539	994	4170	2014	2485	888	2405	3240	570
177					59	104	141	186	8			5	
5291	52182	31995	182822	83154	48576	5133	5817	13378	17290	11988	4233	43771	6734
4985	46756	17167	258770	173435	84758	10486	1744	3714	18527	18364	24631	52183	16044
5846	88105	3903	357153	126435	32000	3659	3053	25499	31631	44697	3840	3238	319
5852	3092	529	20484	5715	9370	14332	16724	7518	8346	3383	252	1781	776
8205	20377	360	134634	39537	19514	7980	6601	3804	5487	3205	664	2652	538
2210	13302	1280	105371	36262	23959	3824	5079	3987	5833	7083	5584	4997	1512
1143	10089	435	70443	28807	35214	5359	3365	2001	4205	3100	17955	9434	296
3206	29362	7104	262427	68553	9993	1139	194	3466	6573	8781	1891	10629	966
18	1864		898	791	246	32	1014	11729	160	299		66	
2263	18891	1321	33184	27736	24748	1421	4328	11376	11094	5820	3133	6167	3352
1493	3333	166	3818	6367	3456	822	3002	1467	4080	1386	1475	4516	1395
38	592	32	3587	1072	7546	38	134	66	852	325		2516	
1329	7248	139	69669	10428	7591	1689	1592	2553	1839	6158	309	2092	32
2343	51082	12357	394352	66450	38584	7325	11393	7445	9533	10910	22840	44566	3014
30609	17709	1550	45556	21741	29660	5389	20700	20076	28064	35923	107977	12878	15924
1377	1149		4230	1534	5842	5119	36	1060	748	2541	373	4516	254
2200	2297	52	15365	9743	8638	1716	608	103	9696	7559	1288	2729	791
2686	39104	2532	196718	94319	131569	87230	4567	5012	38862	5681	21993	31856	20619
4459	11626	321	84598	35793	18237	4801	3069	2823	10198	3979	2357	3165	1600

1-9 续表 1

行　　业	代码	就业人数(人)	广州市	深圳市	珠海市	汕头市	佛山市	韶关市	河源市
专用设备制造业	36	549380	48493	170168	20975	10851	59058	4143	7121
交通运输设备制造业	37	456056	153456	79411	13922	19412	52709	2016	1501
电气机械及器材制造业	39	1961545	130499	474509	79327	21398	403101	7943	15180
通信设备、计算机及其他电子设备制造业	40	3011835	215934	1E+06	134934	13445	78762	7766	15326
仪器仪表及文化、办公用机械制造业	41	426288	37710	146699	18789	2737	40212	2748	3152
工艺品及其他制造业	42	513111	78342	92663	7044	27140	36497	1741	3211
废弃资源和废旧材料回收加工业	43	33424	1819	192	338	928	11238	1109	77
电力、燃气及水的生产和供应业	**D**	**314895**	**104335**	**10080**	**2376**	**10204**	**10215**	**21467**	**9226**
电力、热力的生产和供应业	44	239488	90916	2997	1062	6724	3502	19651	7785
燃气生产和供应业	45	11343	4070	395	239	240	1567	288	142
水的生产和供应业	46	64064	9349	6688	1075	3240	5146	1528	1299
建筑业	**E**	**1920243**	**407551**	**364776**	**53789**	**128708**	**130166**	**47770**	**19463**
房屋和土木工程建筑业	47	1469598	291201	215269	29522	116135	99515	43058	16949
建筑安装业	48	217751	61026	59801	7881	6434	17888	3012	1515
建筑装饰业	49	178122	35082	79349	14935	5261	8774	1200	729
其他建筑业	50	54772	20242	10357	1451	878	3989	500	270
交通运输、仓储和邮政业	**F**	**930828**	**349197**	**244842**	**24125**	**19769**	**39334**	**12836**	**9966**
铁路运输业	51	543	280						
道路运输业	52	302836	85712	65571	6217	7293	13287	6976	8522
城市公共交通业	53	187513	81634	57679	5194	1596	6604	1590	385
水上运输业	54	121101	60794	14074	3757	4395	5986	557	113
航空运输业	55	65638	40824	21083	1709	1087	20		
管道运输业	56	256							
装卸搬运和其他运输服务业	57	122589	42311	49410	3402	2302	5019	1564	75
仓储业	58	42236	11275	16092	1527	842	2774	633	273
邮政业	59	88116	26367	20933	2319	2254	5644	1516	598
信息传输、计算机服务和软件业	**G**	**381433**	**131903**	**118934**	**14329**	**7124**	**16286**	**3660**	**3255**
电信和其他信息传输服务业	60	147727	42155	23731	3804	5908	10076	2763	2588
计算机服务业	61	88128	38755	19453	2653	762	4251	807	643
软件业	62	145578	50993	75750	7872	454	1959	90	24
批发和零售业	**H**	**1947885**	**551249**	**552347**	**65092**	**69849**	**131681**	**28407**	**10986**
批发业	63	1185611	370194	346828	36745	38300	81864	16500	4365
零售业	65	762274	181055	205519	28347	31549	49817	11907	6621
住宿和餐饮业	**I**	**808251**	**248529**	**165602**	**28556**	**15848**	**54473**	**17259**	**7201**
住宿业	66	374577	82506	65682	18211	10412	25210	6585	4346
餐饮业	67	433674	166023	99920	10345	5436	29263	10674	2855
金融业	**J**	**501388**	**107519**	**139371**	**13670**	**16831**	**39524**	**10589**	**5727**
银行业	68	248911	51687	45050	7511	9742	23104	5337	3578
证券业	69	38564	2911	33673	89	47	45		50
保险业	70	196868	52214	54466	5627	6451	14610	4743	1688
其他金融活动	71	17045	707	6182	443	591	1765	509	411

梅州市	惠州市	汕尾市	东莞市	中山市	江门市	阳江市	湛江市	茂名市	肇庆市	清远市	潮州市	揭阳市	云浮市
1047	11407	928	146453	36554	11256	1049	5545	1804	3355	2245	1173	5480	275
4283	23901	839	23623	11399	47969	1555	5840	1706	5461	2374	607	3827	245
5167	65126	1724	355255	244374	68860	4105	21526	7537	10947	10076	7885	23002	4004
29881	237780	16361	727565	91493	43361	1596	1108	1997	20769	18792	6384	5630	18869
494	11490	762	121398	30676	2543	359	128	308	1125	440	1479	2999	40
10377	31137	21245	87708	34290	19422	3019	1877	26325	8732	4540	8197	7686	1918
257	2791	215	363	645	531	94	1392	572	3651	4907	203	2076	26
20503	**8875**	**6651**	**10221**	**5734**	**6978**	**7385**	**7704**	**17097**	**10730**	**13882**	**8275**	**17607**	**5350**
17582	4546	4483	5014	1921	3502	5793	4482	13742	8634	12569	5748	14467	4368
407	401	15	455	473	153	164	736	322	145	5	1060		66
2514	3928	2153	4752	3340	3323	1428	2486	3033	1951	1308	1467	3140	916
83903	**44602**	**12491**	**76955**	**54381**	**79740**	**53734**	**91612**	**90086**	**54140**	**36610**	**19275**	**50197**	**20294**
80517	32506	11144	45764	36432	66941	49293	88497	86439	47967	30412	17062	45171	19804
1751	6442	409	15602	9379	5694	2035	1515	2911	3649	5018	1803	3644	342
1258	4127	737	9955	6934	2701	1038	983	679	1767	735	398	1332	148
377	1527	201	5634	1636	4404	1368	617	57	757	445	12	50	
10175	**21754**	**5883**	**42414**	**18946**	**19865**	**6189**	**38740**	**14859**	**12807**	**13183**	**10308**	**9565**	**6071**
	11				2								250
6396	12224	3188	14965	6516	8593	2892	13651	9900	6854	8897	7032	4583	3567
786	3683	1039	12620	4412	2680	854	2310	759	469	1014	1084	876	245
278	1448	21	2037	1997	2502	399	16447	1003	2616	1328	491	476	382
163	11	18	47	4	53	15	471					108	25
	168							88					
144	1025	385	3973	4331	1232	528	1889	1891	679	289	442	1288	410
381	1103	260	3002	588	1134	188	774	213	319	129	139	500	90
2027	2081	972	5770	1098	3669	1313	3198	1005	1870	1526	1120	1734	1102
3895	**8864**	**3712**	**20537**	**8444**	**8062**	**2875**	**7844**	**4387**	**4382**	**3918**	**3573**	**3764**	**1685**
3656	4984	3451	8713	3909	6780	2600	5511	2828	3567	3536	2716	2894	1557
148	2870	225	8554	2041	792	254	1970	1408	599	256	802	772	113
91	1010	36	3270	2494	490	21	363	151	216	126	55	98	15
24222	**44411**	**11565**	**126187**	**68784**	**39201**	**21005**	**43150**	**64505**	**23526**	**13848**	**12476**	**32686**	**12708**
10286	19398	6609	56292	45025	21690	10981	25814	40579	12102	8302	5941	19489	8307
13936	25013	4956	69895	23759	17511	10024	17336	23926	11424	5546	6535	13197	4401
8580	**24748**	**5147**	**88533**	**26507**	**25492**	**10621**	**23654**	**13608**	**13965**	**13788**	**4000**	**8117**	**4023**
5817	15750	2462	58830	15881	14460	2719	11425	6729	8683	10434	2009	4180	2246
2763	8998	2685	29703	10626	11032	7902	12229	6879	5282	3354	1991	3937	1777
13687	**15940**	**4324**	**32759**	**16646**	**15292**	**6151**	**15606**	**11080**	**8683**	**8693**	**5538**	**8334**	**5424**
6419	8046	2641	18871	8600	10920	3693	10114	7554	6576	5399	4216	6630	3223
109	414	8	917	24	84	8	45	14		80	27		19
6607	7079	1254	11428	7798	4086	2125	4552	3011	1567	3010	1031	1626	1895
552	401	421	1543	224	202	325	895	501	540	204	264	78	287

1-9 续表 2

行　业	代码	就业人数(人)	广州市	深圳市	珠海市	汕头市	佛山市	韶关市	河源市
房地产业	K	**782132**	**236378**	**254123**	**33533**	**12916**	**51551**	**11025**	**6838**
房地产业	72	782132	236378	254123	33533	12916	51551	11025	6838
租赁和商务服务业	L	**1238643**	**332571**	**538479**	**22050**	**13000**	**72877**	**9716**	**3953**
租赁业	73	17374	5903	5084	974	61	1471	115	20
商务服务业	74	1221269	326668	533395	21076	12939	71406	9601	3933
科学研究、技术服务和地质勘查业	M	**370640**	**125762**	**135954**	**9456**	**5757**	**17738**	**5610**	**2634**
研究与试验发展	75	83621	27810	40456	1392	1750	1020	735	138
专业技术服务业	76	237266	82458	81422	7485	2975	14872	2625	1860
科技交流和推广服务业	77	41293	12160	14017	577	645	1442	847	326
地质勘查业	78	8460	3334	59	2	387	404	1403	310
水利、环境和公共设施管理业	N	**178409**	**43674**	**27188**	**6394**	**5801**	**13955**	**4798**	**2866**
水利管理业	79	29439	3060	1017	625	1201	1994	754	601
环境管理业	80	69690	21531	10698	3145	2395	3648	2186	919
公共设施管理业	81	79280	19083	15473	2624	2205	8313	1858	1346
居民服务和其他服务业	O	**270823**	**84308**	**76422**	**7538**	**3305**	**23112**	**2782**	**816**
居民服务业	82	125002	36776	24967	2983	1607	13841	1885	369
其他服务业	83	145821	47532	51455	4555	1698	9271	897	447
教育	P	**1362443**	**235908**	**116209**	**27587**	**66520**	**85862**	**43128**	**39025**
教育	84	1362443	235908	116209	27587	66520	85862	43128	39025
卫生、社会保障和社会福利业	Q	**514032**	**114868**	**59018**	**13140**	**16647**	**39802**	**15757**	**11242**
卫生	85	490882	108569	56839	12444	15548	37445	14851	10763
社会保障业	86	5722	1619	27	253	395	84	432	277
社会福利业	87	17428	4680	2152	443	704	2273	474	202
文化、体育和娱乐业	R	**199868**	**67083**	**30668**	**7182**	**5417**	**15618**	**5087**	**2137**
新闻出版业	88	31967	20279	3128	739	654	1175	301	207
广播、电视、电影和音像业	89	39696	9719	3973	801	1397	4459	1552	1006
文化艺术业	90	33560	8441	4093	581	1282	1963	685	515
体育	91	18876	9188	3660	581	446	1244	168	72
娱乐业	92	75769	19456	15814	4480	1638	6777	2381	337
公共管理和社会组织	S	**1448482**	**203456**	**159907**	**40651**	**69888**	**87924**	**68583**	**40401**
中国共产党机关	93	26901	2945	1456	502	1111	1050	1308	809
国家机构	94	1058636	162338	130031	34960	42366	61824	43404	30419
人民政协和民主党派	95	3836	373	153	100	249	239	352	156
群众团体、社会团体和宗教组织	96	109679	17285	14949	1718	11286	6524	4174	1608
基层群众自治组织	97	249430	20515	13318	3371	14876	18287	19345	7409

梅州市	惠州市	汕尾市	东莞市	中山市	江门市	阳江市	湛江市	茂名市	肇庆市	清远市	潮州市	揭阳市	云浮市
4895	**30502**	**1601**	**42449**	**29042**	**13767**	**6124**	**11331**	**5607**	**9663**	**10905**	**3942**	**3689**	**2251**
4895	30502	1601	42449	29042	13767	6124	11331	5607	9663	10905	3942	3689	2251
5607	**21697**	**3081**	**90582**	**43720**	**19445**	**3609**	**20713**	**7861**	**9765**	**5074**	**4884**	**6296**	**3663**
155	452	21	1622	186	477	41	589	104	53	33	4		9
5452	21245	3060	88960	43534	18968	3568	20124	7757	9712	5041	4880	6296	3654
4799	**9605**	**1258**	**13435**	**6116**	**6744**	**1754**	**5994**	**3929**	**4816**	**3484**	**2044**	**2439**	**1312**
604	613	217	4854	249	325	122	1347	350	675	383	179	320	82
2506	6973	799	7524	5208	5474	1150	2899	2433	2571	2272	1333	1573	854
1305	1457	242	1014	609	659	476	1289	1146	1199	513	532	474	364
384	562		43	50	286	6	459		371	316		72	12
6135	**6663**	**2393**	**9419**	**5359**	**7712**	**3139**	**7859**	**7579**	**4607**	**5556**	**3074**	**3207**	**1031**
2074	1539	1702	1096	825	1248	905	2439	2559	1113	1015	1523	1804	345
2156	2754	290	1679	2050	3488	1330	3049	3152	1741	1788	643	653	395
1905	2370	401	6644	2484	2976	904	2371	1868	1753	2753	908	750	291
983	**6865**	**1061**	**22271**	**6857**	**7476**	**1064**	**6079**	**7616**	**3597**	**2501**	**1379**	**2998**	**1793**
591	4039	916	10055	4986	3673	545	4583	6318	2370	1389	655	1785	669
392	2826	145	12216	1871	3803	519	1496	1298	1227	1112	724	1213	1124
57573	**51778**	**34913**	**74251**	**42665**	**48823**	**28969**	**101692**	**85849**	**49789**	**44611**	**27267**	**69822**	**30202**
57573	51778	34913	74251	42665	48823	28969	101692	85849	49789	44611	27267	69822	30202
18151	**19929**	**8247**	**35884**	**15263**	**20666**	**9984**	**29560**	**22674**	**18486**	**12865**	**8076**	**15243**	**8530**
17318	18873	8027	35200	14607	20199	9634	28553	21767	17944	12094	7698	14336	8173
275	305	50	12	5	166	131	466	109	242	343	63	297	171
558	751	170	672	651	301	219	541	798	300	428	315	610	186
3373	**6130**	**2721**	**13115**	**5584**	**3942**	**2518**	**11215**	**4130**	**3911**	**2855**	**2960**	**3141**	**1081**
178	398	71	1388	619	400	196	994	421	163	165	176	170	145
1323	2319	979	1013	933	946	883	1868	1168	1172	899	1181	1579	526
1193	1022	699	1658	812	645	328	5694	827	700	375	879	881	287
245	115	61	556	747	200	17	357	146	327	455	194	51	46
434	2276	911	8500	2473	1751	1094	2302	1568	1549	961	530	460	77
63296	**66330**	**37318**	**75339**	**53207**	**57312**	**37235**	**76830**	**74849**	**53596**	**48398**	**28643**	**73736**	**31583**
2908	1306	902	1094	606	1477	686	2123	2289	1060	840	755	1081	593
41399	51929	27275	58545	38210	40851	29275	55978	55111	41032	37371	16432	38865	21021
225	144	129	60	61	243	88	240	198	262	193	103	131	137
5339	4557	2744	8420	2673	2801	936	3243	6828	2611	3255	2351	4310	2067
13425	8394	6268	7220	11657	11940	6250	15246	10423	8631	6739	9002	29349	7765

1-10 按行业(大类)、开业(成立)

行业	代码	法人单位数(个)	1949年以前	1950–1977年	1978–1991年	1992–1995年	1996年	1997年
总计		**617653**	**4379**	**23759**	**41580**	**43238**	**11081**	**12623**
农、林、牧、渔业	A	**52**		**25**	**8**	**3**		**2**
农业	01	15		7	2	1		
林业	02	17		14	2			
畜牧业	03	8				1		
渔业	04	4			2			2
农、林、牧、渔服务业	05	8		4	2	1		
采矿业	B	**2330**	**2**	**21**	**137**	**148**	**49**	**23**
煤炭开采和洗选业	06	3			1			
石油和天然气开采业	07	18			2	3		
黑色金属矿采选业	08	315			7	8	5	3
有色金属矿采选业	09	213		2	9	4	5	1
非金属矿采选业	10	1748	2	18	116	133	39	19
其他采矿业	11	33		1	2			
制造业	C	**191810**	**41**	**1010**	**7719**	**14632**	**3512**	**4288**
农副食品加工业	13	3412	1	109	309	312	100	130
食品制造业	14	3470	1	45	246	409	107	134
饮料制造业	15	1402	5	34	125	147	35	32
烟草制品业	16	30		1	5	6	1	1
纺织业	17	8625	3	45	488	865	165	191
纺织服装、鞋、帽制造业	18	13962	2	22	512	991	207	280
皮革、毛皮、羽毛(绒)及其制品业	19	7357		9	276	519	104	127
木材加工及木、竹、藤、棕、草制品业	20	3092		17	116	174	52	66
家具制造业	21	5886		16	126	326	112	185
造纸及纸制品业	22	7581		23	307	553	158	163
印刷业和记录媒介的复制	23	8512	3	49	597	850	199	266
文教体育用品制造业	24	3901	1	12	264	510	93	107
石油加工、炼焦及核燃料加工业	25	328		1	13	25	11	11
化学原料及化学制品制造业	26	8158	1	56	271	626	177	244
医药制造业	27	915	7	22	87	100	16	34
化学纤维制造业	28	257	1	1	10	38	3	14
橡胶制品业	29	2389		11	85	160	40	42
塑料制品业	30	17035		35	668	1340	281	365
非金属矿物制品业	31	9610	1	82	544	882	226	217
黑色金属冶炼及压延加工业	32	886		6	26	54	9	24
有色金属冶炼及压延加工业	33	1983	2	5	65	152	40	33
金属制品业	34	20771		81	636	1361	353	419
通用设备制造业	35	8348	3	66	307	603	137	177

时间分组的法人单位数

1998年	1999年	2000年	2001年	2002年	2003年	2004年	2005年	2006年	2007年	2008年	年份不详
19340	**29517**	**25344**	**30820**	**36334**	**44435**	**48552**	**54628**	**66661**	**69179**	**52136**	**4047**
1		**2**	**1**	**3**	**3**			**2**	**2**		
1				2				1	1		
								1			
		2		1	3				1		
			1								
79	**77**	**111**	**129**	**141**	**195**	**152**	**244**	**347**	**256**	**188**	**31**
			1		1						
2	1	2		4	1		1	1	1		
2	6	13	15	14	33	27	46	53	34	42	7
6	5	16	6	15	17	18	25	25	31	22	6
69	64	74	101	107	141	106	169	265	186	121	18
	1	6	6	1	2	1	3	3	4	3	
5563	**6288**	**8770**	**11472**	**13116**	**15790**	**17832**	**18478**	**21992**	**22861**	**16926**	**1520**
173	207	209	270	250	289	231	214	247	205	149	7
199	187	215	272	243	266	259	232	226	234	179	16
63	78	79	101	98	124	98	90	112	100	73	8
2	3			2	2	2	1	1	1	2	
221	246	390	574	703	725	885	813	904	787	563	57
288	346	527	738	985	1106	1269	1362	1740	2044	1480	63
160	199	256	324	438	481	641	773	1005	1175	834	36
104	79	152	182	186	265	245	289	415	434	295	21
215	162	279	246	331	433	554	632	803	818	572	76
226	238	338	474	591	683	693	715	844	922	615	38
289	338	398	534	601	941	818	694	822	680	414	19
118	134	159	218	212	283	358	358	370	376	291	37
11	12	24	31	25	33	35	23	28	29	15	1
328	376	426	584	644	753	791	730	837	713	475	126
28	32	42	55	52	81	80	90	76	57	46	10
5	10	8	20	13	21	26	39	17	17	13	1
63	70	107	142	164	178	231	253	308	312	205	18
487	568	806	1012	1252	1372	1609	1654	2000	2014	1443	129
409	374	506	666	632	779	827	887	921	928	635	94
23	27	23	55	55	87	111	107	103	105	66	5
53	59	72	159	142	158	201	191	231	233	162	25
544	710	1130	1338	1443	1679	1849	2012	2471	2523	2035	187
205	229	377	472	588	702	797	808	943	1105	794	35

1-10 续表 1

行　业	代码	法人单位数(个)	1949年以前	1950-1977年	1978-1991年	1992-1995年	1996年	1997年
专用设备制造业	36	8892	3	60	215	481	139	158
交通运输设备制造业	37	4157	1	70	246	356	81	96
电气机械及器材制造业	39	16383	3	56	431	1069	281	313
通信设备、计算机及其他电子设备制造业	40	14346		22	260	800	222	265
仪器仪表及文化、办公用机械制造业	41	2776	3	9	136	306	54	62
工艺品及其他制造业	42	6350		45	320	587	102	122
废弃资源和废旧材料回收加工业	43	996			28	30	7	10
电力、燃气及水的生产和供应业	**D**	**7182**	**7**	**340**	**1122**	**664**	**208**	**202**
电力、热力的生产和供应业	44	5811	4	283	889	462	165	160
燃气生产和供应业	45	182		1	5	21	8	6
水的生产和供应业	46	1189	3	56	228	181	35	36
建筑业	**E**	**14457**	**4**	**310**	**1092**	**1580**	**364**	**369**
房屋和土木工程建筑业	47	4114	2	286	636	630	108	105
建筑安装业	48	3579	1	16	205	401	123	119
建筑装饰业	49	5439	1	4	192	441	113	124
其他建筑业	50	1325		4	59	108	20	21
交通运输、仓储和邮政业	**F**	**14804**	**3**	**282**	**853**	**892**	**263**	**283**
铁路运输业	51	13			2	2	1	1
道路运输业	52	5320	2	107	404	395	118	109
城市公共交通业	53	478		13	60	59	20	20
水上运输业	54	924		65	152	116	14	14
航空运输业	55	91		1	9	15	1	2
管道运输业	56	3				2		
装卸搬运和其他运输服务业	57	6125	1	35	117	185	80	87
仓储业	58	1244		59	103	113	28	43
邮政业	59	606		2	6	5	1	7
信息传输、计算机服务和软件业	**G**	**14467**		**17**	**78**	**266**	**101**	**145**
电信和其他信息传输服务业	60	2391		15	42	85	19	21
计算机服务业	61	6094		1	21	79	30	42
软件业	62	5982		1	15	102	52	82
批发和零售业	**H**	**141359**	**24**	**1726**	**4427**	**5944**	**2159**	**2542**
批发业	63	93602	13	1053	2636	3568	1310	1593
零售业	65	47757	11	673	1791	2376	849	949
住宿和餐饮业	**I**	**13309**	**3**	**87**	**764**	**848**	**258**	**306**
住宿业	66	5228	3	47	547	471	107	141
餐饮业	67	8081		40	217	377	151	165
金融业	**J**	**1969**	**5**	**37**	**224**	**169**	**60**	**56**
银行业	68	477	5	37	183	64	30	21
证券业	69	140			7	32	7	7
保险业	70	807			11	19	12	22
其他金融活动	71	545			23	54	11	6

1998年	1999年	2000年	2001年	2002年	2003年	2004年	2005年	2006年	2007年	2008年	年份不详
186	235	347	470	519	657	877	990	1181	1310	1024	40
147	168	194	270	294	335	380	436	406	375	278	24
449	500	744	918	1126	1393	1600	1570	1957	2148	1705	120
331	358	553	769	915	1145	1479	1557	1905	1960	1657	148
74	102	101	160	141	216	225	244	284	363	267	29
144	218	270	356	417	491	573	606	709	747	533	110
18	23	38	62	54	112	88	108	126	146	106	40
353	**316**	**357**	**434**	**543**	**612**	**555**	**455**	**472**	**301**	**202**	**39**
289	268	297	374	472	521	471	372	386	231	147	20
8	10	11	9	13	18	15	13	19	11	12	2
56	38	49	51	58	73	69	70	67	59	43	17
475	**605**	**725**	**661**	**749**	**935**	**965**	**1132**	**1560**	**1614**	**1157**	**160**
147	199	201	189	202	220	199	197	306	264	184	39
163	174	225	206	228	250	259	260	344	339	253	13
129	187	246	224	260	349	420	544	728	828	584	65
36	45	53	42	59	116	87	131	182	183	136	43
390	**431**	**527**	**638**	**776**	**1125**	**1499**	**1720**	**1965**	**1806**	**1318**	**33**
1		2	2	1		1					
155	174	196	305	320	488	519	477	625	541	376	9
29	29	26	27	33	27	27	22	21	46	18	1
27	34	38	39	60	65	62	79	68	57	32	2
3	10	3	4	3	4	9	2	11	8	5	1
						1					
120	134	181	173	267	400	699	933	1037	951	712	13
31	42	57	68	68	106	117	118	111	105	72	3
24	8	24	20	24	35	64	89	92	98	103	4
215	**304**	**613**	**736**	**890**	**1522**	**1372**	**1442**	**2587**	**2726**	**1431**	**22**
36	61	110	133	111	260	211	219	420	442	202	4
73	90	206	250	360	768	556	559	1220	1327	504	8
106	153	297	353	419	494	605	664	947	957	725	10
3543	**4500**	**6064**	**7398**	**8330**	**10934**	**12354**	**14610**	**19109**	**21157**	**16302**	**236**
2195	2885	3900	4976	5660	7590	8462	9956	12813	14379	10475	138
1348	1615	2164	2422	2670	3344	3892	4654	6296	6778	5827	98
407	**438**	**661**	**618**	**669**	**894**	**1112**	**1365**	**1645**	**1700**	**1494**	**40**
161	154	220	205	234	293	396	498	556	625	543	27
246	284	441	413	435	601	716	867	1089	1075	951	13
32	**35**	**43**	**50**	**97**	**155**	**166**	**151**	**199**	**234**	**251**	**5**
13	9	8	1	2	2	11	7	15	34	35	
4	10	7	17	3	13	3	5	7	8	10	
9	5	5	20	68	94	120	89	110	102	121	
6	11	23	12	24	46	32	50	67	90	85	5

1-10 续表 2

行业	代码	法人单位数（个）						
			1949年以前	1950-1977年	1978-1991年	1992-1995年	1996年	1997年
房地产业	K	**28526**	**11**	**292**	**2418**	**3745**	**556**	**705**
房地产业	72	28526	11	292	2418	3745	556	705
租赁和商务服务业	L	**55996**	**107**	**707**	**4215**	**4052**	**827**	**1290**
租赁业	73	916		4	39	40	13	14
商务服务业	74	55080	107	703	4176	4012	814	1276
科学研究、技术服务和地质勘查业	M	**16717**	**5**	**541**	**1148**	**966**	**264**	**267**
研究与试验发展	75	3781	2	153	154	105	27	41
专业技术服务业	76	9894	2	188	591	676	199	188
科技交流和推广服务业	77	2919	1	171	383	163	36	37
地质勘查业	78	123		29	20	22	2	1
水利、环境和公共设施管理业	N	**3979**	**15**	**524**	**636**	**363**	**101**	**87**
水利管理业	79	1059	7	396	287	81	24	22
环境管理业	80	1135	5	73	155	115	24	21
公共设施管理业	81	1785	3	55	194	167	53	44
居民服务和其他服务业	O	**12140**	**7**	**114**	**402**	**695**	**212**	**291**
居民服务业	82	5757	1	64	163	299	101	158
其他服务业	83	6383	6	50	239	396	111	133
教育	P	**29205**	**3138**	**8247**	**3486**	**2298**	**622**	**619**
教育	84	29205	3138	8247	3486	2298	622	619
卫生、社会保障和社会福利业	Q	**8323**	**79**	**2350**	**1275**	**616**	**197**	**130**
卫生	85	6953	73	2275	916	450	142	103
社会保障业	86	285		12	53	36	6	3
社会福利业	87	1085	6	63	306	130	49	24
文化、体育和娱乐业	R	**5764**	**27**	**434**	**814**	**478**	**98**	**122**
新闻出版业	88	396	3	11	113	63	14	8
广播、电视、电影和音像业	89	797	4	86	159	73	12	9
文化艺术业	90	1758	18	280	410	148	20	39
体育	91	728	2	52	79	44	13	10
娱乐业	92	2085		5	53	150	39	56
公共管理和社会组织	S	**55264**	**901**	**6695**	**10762**	**4879**	**1230**	**896**
中国共产党机关	93	1375	105	285	576	115	23	6
国家机构	94	17110	375	2227	4807	1860	432	267
人民政协和民主党派	95	330	8	56	155	27	8	12
群众团体、社会团体和宗教组织	96	9931	162	556	2125	972	311	193
基层群众自治组织	97	26518	251	3571	3099	1905	456	418

1998年	1999年	2000年	2001年	2002年	2003年	2004年	2005年	2006年	2007年	2008年	年份不详
1145	**1082**	**1322**	**1367**	**1679**	**1933**	**2279**	**2214**	**2709**	**2909**	**1559**	**601**
1145	1082	1322	1367	1679	1933	2279	2214	2709	2909	1559	601
1814	**2910**	**2014**	**2437**	**2974**	**3794**	**4403**	**5746**	**6725**	**6411**	**5431**	**139**
19	20	28	48	47	64	86	117	122	141	110	4
1795	2890	1986	2389	2927	3730	4317	5629	6603	6270	5321	135
330	**439**	**639**	**848**	**966**	**1299**	**1366**	**1680**	**2023**	**2155**	**1734**	**47**
43	61	120	176	196	280	302	392	552	627	534	16
236	289	409	505	608	801	848	1056	1180	1167	930	21
49	86	106	162	157	214	209	227	287	355	266	10
2	3	4	5	5	4	7	5	4	6	4	
107	**147**	**162**	**157**	**213**	**243**	**247**	**252**	**261**	**252**	**199**	**13**
13	34	18	14	23	22	25	23	23	25	22	
34	40	67	55	77	85	87	78	76	80	59	4
60	73	77	88	113	136	135	151	162	147	118	9
382	**450**	**602**	**656**	**721**	**992**	**983**	**1318**	**1470**	**1529**	**1302**	**14**
209	235	310	315	329	450	436	614	669	722	678	4
173	215	292	341	392	542	547	704	801	807	624	10
782	**863**	**1001**	**893**	**953**	**1167**	**974**	**1213**	**1201**	**978**	**766**	**4**
782	863	1001	893	953	1167	974	1213	1201	978	766	4
211	**198**	**221**	**226**	**269**	**447**	**348**	**381**	**531**	**462**	**380**	**2**
164	145	155	175	206	327	282	336	481	395	326	2
5	7	11	24	25	45	19	14	10	7	8	
42	46	55	27	38	75	47	31	40	60	46	
148	**170**	**204**	**217**	**271**	**372**	**374**	**438**	**532**	**579**	**479**	**7**
7	13	14	14	20	22	22	25	22	10	15	
14	19	35	37	27	36	51	77	55	60	42	1
45	32	39	62	76	89	93	77	114	113	103	
18	16	30	25	45	65	61	62	64	79	62	1
64	90	86	79	103	160	147	197	277	317	257	5
3363	**10264**	**1306**	**1882**	**2974**	**2023**	**1571**	**1789**	**1331**	**1247**	**1017**	**1134**
10	13	15	34	33	50	30	20	14	6	4	36
344	468	413	984	1184	867	666	775	512	327	217	385
6	11	4	5	7	11	5	2	4	3		6
291	369	555	355	495	530	511	575	641	778	506	6
2712	9403	319	504	1255	565	359	417	160	133	290	701

1-11 按地区、开业(成立)

地区	法人单位数(个)	1949年以前	1950-1977年	1978-1991年	1992-1995年	1996年	1997年	1998年	1999年
总计	**617653**	**4379**	**23759**	**41580**	**43238**	**11081**	**12623**	**19340**	**29517**
广州市	149881	582	2735	9042	9184	2499	2807	4142	5205
深圳市	103747	79	142	3150	5243	1368	1880	1987	2572
珠海市	22464	25	257	1418	1897	426	486	613	917
汕头市	22705	299	1461	2758	2937	715	801	1063	1162
佛山市	61552	142	629	2337	3751	1191	1413	1678	2677
韶关市	11532	172	1255	1455	580	161	160	958	588
河源市	7679	203	1136	1104	441	166	180	230	941
梅州市	13214	257	1136	2218	1098	309	315	715	1914
惠州市	23588	230	1073	1740	1731	294	360	603	1268
汕尾市	5477	102	958	856	498	127	117	202	593
东莞市	52802	99	375	2115	3975	775	1311	1160	1546
中山市	26586	72	222	1195	1552	383	410	821	803
江门市	21785	255	1341	1699	1680	365	338	670	1553
阳江市	9150	90	628	1003	806	145	324	385	1019
湛江市	15666	530	2977	2343	1181	312	314	507	699
茂名市	15440	485	2393	1662	1075	378	310	636	1512
肇庆市	13674	161	1429	1572	779	200	218	1210	667
清远市	10041	240	888	1069	557	160	132	451	635
潮州市	11022	66	904	1085	1401	340	333	482	1171
揭阳市	14077	174	1181	1270	2448	348	308	631	1384
云浮市	5571	116	639	489	424	419	106	196	691

时间分组的法人单位数

2000年	2001年	2002年	2003年	2004年	2005年	2006年	2007年	2008年	年份不详
25344	**30820**	**36334**	**44435**	**48552**	**54628**	**66661**	**69179**	**52136**	**4047**
6448	7293	9111	11297	12247	14130	18464	20631	13802	262
3052	4732	5810	7738	10621	12687	15166	15255	12189	76
1150	1201	1482	1807	1916	2148	2612	2621	1457	31
1089	1310	1283	1566	1274	1119	1393	1321	950	204
3545	3714	4348	5315	5837	5718	6867	7019	4979	392
404	508	658	695	669	776	882	782	738	91
212	293	328	363	364	417	483	419	328	71
583	601	586	675	551	570	624	546	486	30
750	862	1095	1431	1690	1933	2429	2620	1983	1496
245	273	231	267	202	228	173	172	170	63
1414	2034	2861	3591	4330	5073	7018	7732	7201	192
1197	1620	1839	2105	2445	2742	3047	3260	2762	111
959	1256	1555	1687	1582	1660	1813	1687	1391	294
720	673	471	605	465	570	509	459	246	32
584	769	737	876	695	808	840	848	624	22
846	933	797	939	760	794	811	674	376	59
413	576	732	781	725	1022	1039	925	865	360
338	397	576	703	644	738	919	821	584	189
507	667	680	842	515	558	614	496	330	31
717	914	911	776	777	620	625	570	404	19
171	194	243	376	243	317	333	321	271	22

1-12 按地区、学历分组的法人单位就业人数

地　区	法人单位数(个)	就业人数(人)	具有研究生及以上学历人员	具有大学本科学历人员	具有大专学历人员	具有高中学历人员	具有初中及以下学历人员
总　计	**617653**	**30996016**	**364728**	**2844057**	**4649576**	**10549787**	**12587868**
广州市	149881	5395705	111092	743379	1001842	1713532	1825860
深圳市	103747	6672623	138436	784990	1022767	2388744	2337686
珠海市	22464	867767	12346	98034	129460	314864	313063
汕头市	22705	961636	4785	69035	145777	317584	424455
佛山市	61552	2861190	17371	225321	378646	978094	1261758
韶关市	11532	463849	2242	43042	87570	168910	162085
河源市	7679	313090	926	24111	60412	108935	118706
梅州市	13214	483523	3458	46176	99203	179109	155577
惠州市	23588	1204568	6246	82813	160563	370711	584235
汕尾市	5477	276002	885	17436	47242	79819	130620
东莞市	52802	4517476	16569	211078	439578	1567505	2282746
中山市	26586	1717707	8994	101538	193703	550299	863173
江门市	21785	1145139	4538	78659	146186	415044	500712
阳江市	9150	400203	1369	27604	65359	145883	159988
湛江市	15666	710198	5253	67189	151149	255858	230749
茂名市	15440	636653	3578	60153	137482	240313	195127
肇庆市	13674	572500	20542	43721	101642	184269	222326
清远市	10041	484202	1595	42672	80257	138798	220880
潮州市	11022	419266	1105	24107	57470	139319	197265
揭阳市	14077	641399	2355	33569	97647	217481	290347
云浮市	5571	251320	1043	19430	45621	74716	110510

1-13 按行业(大类)、学历分组的法人单位就业人数

行业	代码	法人单位数(个)	就业人数(人)	具有研究生及以上学历人员	具有大学本科学历人员	具有大专学历人员	具有高中学历人员	具有初中及以下学历人员
总计		**617653**	**30996016**	**364728**	**2844057**	**4649576**	**10549787**	**12587868**
农、林、牧、渔业	A	**52**	**18193**	**130**	**591**	**1837**	**6051**	**9584**
农业	01	15	9605		114	797	2878	5816
林业	02	17	4184	28	134	562	1558	1902
畜牧业	03	8	3980	102	334	407	1430	1707
渔业	04	4	159		4	14	78	63
农、林、牧、渔服务业	05	8	265		5	57	107	96
采矿业	B	**2330**	**96356**	**308**	**2947**	**6503**	**33075**	**53523**
煤炭开采和洗选业	06	3	76	1	17	10	24	24
石油和天然气开采业	07	18	3331	189	1001	335	1629	177
黑色金属矿采选业	08	315	15699	17	412	1315	5352	8603
有色金属矿采选业	09	213	16641	49	689	1259	5610	9034
非金属矿采选业	10	1748	59997	52	818	3544	20186	35397
其他采矿业	11	33	612		10	40	274	288
制造业	C	**191810**	**17711072**	**115399**	**725752**	**1520783**	**6125169**	**9223969**
农副食品加工业	13	3412	205296	766	7137	17330	69963	110100
食品制造业	14	3470	207172	1124	9840	22183	73190	100835
饮料制造业	15	1402	90205	357	6147	13007	39698	30996
烟草制品业	16	30	8249	151	902	1332	3966	1898
纺织业	17	8625	870053	1557	18730	59063	259643	531060
纺织服装、鞋、帽制造业	18	13962	1455037	2305	24748	83924	430647	913413
皮革、毛皮、羽毛(绒)及其制品业	19	7357	1181268	9927	17147	66889	330181	757124
木材加工及木、竹、藤、棕、草制品业	20	3092	158594	296	2846	9767	49553	96132
家具制造业	21	5886	465165	899	10463	32989	136992	283822
造纸及纸制品业	22	7581	410407	958	12364	32445	134875	229765
印刷业和记录媒介的复制	23	8512	382741	1073	10137	31984	135765	203782
文教体育用品制造业	24	3901	749807	3121	15900	42294	209896	478596
石油加工、炼焦及核燃料加工业	25	328	28226	424	4494	5951	11240	6117
化学原料及化学制品制造业	26	8158	386013	4382	29926	54018	139870	157817
医药制造业	27	915	96673	1843	13420	17293	34321	29796
化学纤维制造业	28	257	22540	74	989	1925	9126	10426
橡胶制品业	29	2389	209971	829	4089	12825	64201	128027
塑料制品业	30	17035	1211026	2569	29385	87482	407654	683936
非金属矿物制品业	31	9610	716378	3693	21597	57636	236918	396534
黑色金属冶炼及压延加工业	32	886	87962	384	5809	11039	36213	34517
有色金属冶炼及压延加工业	33	1983	159770	678	6179	14757	56109	82047
金属制品业	34	20771	1213787	4887	32524	100166	414142	662068
通用设备制造业	35	8348	443093	1705	21360	47092	171421	201515

1-13 续表 1

行 业	代码	法人单位数(个)	就业人数(人)	具有研究生及以上学历人员	具有大学本科学历人员	具有大专学历人员	具有高中学历人员	具有初中及以下学历人员
专用设备制造业	36	8892	549380	5652	31904	65597	218223	228004
交通运输设备制造业	37	4157	456056	3395	28598	50137	182126	191800
电气机械及器材制造业	39	16383	1961545	9093	100022	188981	713215	950234
通信设备、计算机及其他电子设备制造业	40	14346	3011835	49735	225983	317114	1224048	1194955
仪器仪表及文化、办公用机械制造业	41	2776	426288	2049	20484	36033	164995	202727
工艺品及其他制造业	42	6350	513111	1024	11942	36988	156854	306303
废弃资源和废旧材料回收加工业	43	996	33424	449	686	2542	10124	19623
电力、燃气及水的生产和供应业	**D**	**7182**	**314895**	**3481**	**28377**	**49854**	**129072**	**104111**
电力、热力的生产和供应业	44	5811	239488	2819	21746	36071	98199	80653
燃气生产和供应业	45	182	11343	145	1547	2196	4688	2767
水的生产和供应业	46	1189	64064	517	5084	11587	26185	20691
建筑业	**E**	**14457**	**1920243**	**8163**	**115690**	**237516**	**598172**	**960702**
房屋和土木工程建筑业	47	4114	1469598	5183	76341	163376	457753	766945
建筑安装业	48	3579	217751	1438	21077	37402	69920	87914
建筑装饰业	49	5439	178122	1074	14046	29640	55257	78105
其他建筑业	50	1325	54772	468	4226	7098	15242	27738
交通运输、仓储和邮政业	**F**	**14804**	**930828**	**5874**	**81716**	**167572**	**414269**	**261397**
铁路运输业	51	13	543	21	128	185	149	60
道路运输业	52	5320	302836	1226	14637	40163	147154	99656
城市公共交通业	53	478	187513	539	5238	13060	96187	72489
水上运输业	54	924	121101	1053	14782	25962	47899	31405
航空运输业	55	91	65638	1256	19495	24684	12748	7455
管道运输业	56	3	256	2	47	56	143	8
装卸搬运和其他运输服务业	57	6125	122589	925	16328	36821	42137	26378
仓储业	58	1244	42236	415	4858	9446	17172	10345
邮政业	59	606	88116	437	6203	17195	50680	13601
信息传输、计算机服务和软件业	**G**	**14467**	**381433**	**19120**	**131289**	**123897**	**83656**	**23471**
电信和其他信息传输服务业	60	2391	147727	5191	40154	49706	42515	10161
计算机服务业	61	6094	88128	2739	22410	27697	24554	10728
软件业	62	5982	145578	11190	68725	46494	16587	2582
批发和零售业	**H**	**141359**	**1947885**	**21836**	**228983**	**477005**	**822929**	**397132**
批发业	63	93602	1185611	16595	167957	314772	462720	223567
零售业	65	47757	762274	5241	61026	162233	360209	173565
住宿和餐饮业	**I**	**13309**	**808251**	**1579**	**23733**	**86671**	**344147**	**352121**
住宿业	66	5228	374577	897	13988	45794	162137	151761
餐饮业	67	8081	433674	682	9745	40877	182010	200360
金融业	**J**	**1969**	**501388**	**20038**	**136448**	**188093**	**129464**	**27345**
银行业	68	477	248911	8759	82806	105902	42409	9035
证券业	69	140	38564	7396	16612	11602	2756	198
保险业	70	807	196868	3033	32466	64129	79840	17400
其他金融活动	71	545	17045	850	4564	6460	4459	712

1-13　续表 2

行　业	代码	法人单位数(个)	就业人数(人)	具有研究生及以上学历人员	具有大学本科学历人员	具有大专学历人员	具有高中学历人员	具有初中及以下学历人员
房地产业	K	**28526**	**782132**	**8392**	**77340**	**158304**	**312769**	**225327**
房地产业	72	28526	782132	8392	77340	158304	312769	225327
租赁和商务服务业	L	**55996**	**1238643**	**23666**	**184693**	**273795**	**405324**	**351165**
租赁业	73	916	17374	194	1618	3716	7979	3867
商务服务业	74	55080	1221269	23472	183075	270079	397345	347298
科学研究、技术服务和地质勘查业	M	**16717**	**370640**	**22687**	**121079**	**112394**	**81014**	**33466**
研究与试验发展	75	3781	83621	8306	28178	23640	16993	6504
专业技术服务业	76	9894	237266	12424	80851	74383	49694	19914
科技交流和推广服务业	77	2919	41293	1747	9973	12619	11550	5404
地质勘查业	78	123	8460	210	2077	1752	2777	1644
水利、环境和公共设施管理业	N	**3979**	**178409**	**1707**	**14510**	**25691**	**59237**	**77264**
水利管理业	79	1059	29439	489	2269	5500	12055	9126
环境管理业	80	1135	69690	633	5091	7399	19470	37097
公共设施管理业	81	1785	79280	585	7150	12792	27712	31041
居民服务和其他服务业	O	**12140**	**270823**	**907**	**12627**	**36835**	**103022**	**117432**
居民服务业	82	5757	125002	317	5031	17393	51741	50520
其他服务业	83	6383	145821	590	7596	19442	51281	66912
教育	P	**29205**	**1362443**	**53813**	**449293**	**518119**	**262241**	**78977**
教育	84	29205	1362443	53813	449293	518119	262241	78977
卫生、社会保障和社会福利业	Q	**8323**	**514032**	**17420**	**102585**	**153538**	**185719**	**54770**
卫生	85	6953	490882	17234	99535	147316	178219	48578
社会保障业	86	285	5722	88	1338	2615	1329	352
社会福利业	87	1085	17428	98	1712	3607	6171	5840
文化、体育和娱乐业	R	**5764**	**199868**	**4022**	**34657**	**44342**	**70143**	**46704**
新闻出版业	88	396	31967	1825	9822	8151	8817	3352
广播、电视、电影和音像业	89	797	39696	890	10967	12633	11502	3704
文化艺术业	90	1758	33560	837	6428	8753	12128	5414
体育	91	728	18876	272	4610	5528	4841	3625
娱乐业	92	2085	75769	198	2830	9277	32855	30609
公共管理和社会组织	S	**55264**	**1448482**	**36186**	**371747**	**466827**	**384314**	**189408**
中国共产党机关	93	1375	26901	2071	11341	9678	3014	797
国家机构	94	17110	1058636	29973	328824	393922	229015	76902
人民政协和民主党派	95	330	3836	227	1266	1711	504	128
群众团体、社会团体和宗教组织	96	9931	109679	3694	23917	31237	30445	20386
基层群众自治组织	97	26518	249430	221	6399	30279	121336	91195

1-14 按登记注册类型、学历分组的法人单位就业人数

登记注册类型	法人单位数(个)	就业人数(人)	具有研究生及以上学历人员	具有大学本科学历人员	具有大专学历人员	具有高中学历人员	具有初中及以下学历人员
总 计	**617653**	**30996016**	**364728**	**2844057**	**4649576**	**10549787**	**12587868**
内资企业	**569771**	**20555651**	**298551**	**2290805**	**3667460**	**6855084**	**7443751**
国有企业	61470	4210541	123390	1016761	1259635	1131774	678981
集体企业	25951	1250312	3063	54025	137866	416565	638793
股份合作企业	5638	356359	1792	21979	49683	114756	168149
联营企业	1453	83999	1016	7387	12556	31376	31664
国有联营企业	324	23087	467	2674	3857	9831	6258
集体联营企业	449	25515	91	891	2227	8885	13421
国有与集体联营企业	147	9711	44	1347	1996	3581	2743
其他联营企业	533	25686	414	2475	4476	9079	9242
有限责任公司	70186	3747927	54197	321126	569225	1340969	1462410
国有独资公司	939	214058	3672	25115	34365	79293	71613
其他有限责任公司	69247	3533869	50525	296011	534860	1261676	1390797
股份有限公司	6607	1126843	32333	191836	231494	415687	255493
私营企业	335167	8810355	68652	561065	1222696	3057815	3900127
私营独资企业	107684	2398161	15747	63304	216924	851545	1250641
私营合伙企业	17319	377617	4365	27044	48464	129902	167842
私营有限责任公司	202686	5819493	46341	450851	923558	2000615	2398128
私营股份有限公司	7478	215084	2199	19866	33750	75753	83516
其他企业	63299	969315	14108	116626	184305	346142	308134
港、澳、台商投资企业	**33538**	**6796733**	**35424**	**286232**	**584964**	**2248057**	**3642056**
合资经营企业(港或澳、台资)	4326	965418	6032	65062	106227	349851	438246
合作经营企业(港或澳、台资)	2332	363602	678	10892	32559	117310	202163
港、澳、台商独资经营企业	26149	5338046	27513	200062	429294	1738919	2942258
港、澳、台商投资股份有限公司	731	129667	1201	10216	16884	41977	59389
外商投资企业	**14344**	**3643632**	**30753**	**267020**	**397152**	**1446646**	**1502061**
中外合资经营企业	2972	684803	8025	62535	92047	265668	256528
中外合作经营企业	1014	187010	1105	9977	20773	69870	85285
外资企业	9950	2636667	19771	175311	257436	1075302	1108847
外商投资股份有限公司	408	135152	1852	19197	26896	35806	51401

1-15 按地区、专业技术职称分组的法人单位就业人数

地区	法人单位数(个)	就业人数(人)	#具有高级技术职称人员	#具有中级技术职称人员	#具有初级技术职称人员
总计	**617653**	**30996016**	**364267**	**1313109**	**1846368**
广州市	149881	5395705	85109	248544	354933
深圳市	103747	6672623	88374	252669	329420
珠海市	22464	867767	12934	37925	49018
汕头市	22705	961636	10725	44218	67069
佛山市	61552	2861190	29291	91295	161297
韶关市	11532	463849	7543	38898	42254
河源市	7679	313090	3859	24299	28973
梅州市	13214	483523	7909	46697	57689
惠州市	23588	1204568	11404	49139	69580
汕尾市	5477	276002	2834	19902	22592
东莞市	52802	4517476	33520	98299	191608
中山市	26586	1717707	12668	42047	67029
江门市	21785	1145139	9093	42599	65747
阳江市	9150	400203	3950	21820	26206
湛江市	15666	710198	12920	55479	75338
茂名市	15440	636653	9983	52547	60856
肇庆市	13674	572500	5950	36218	48788
清远市	10041	484202	5623	34097	35960
潮州市	11022	419266	3544	20097	26900
揭阳市	14077	641399	4465	37068	42934
云浮市	5571	251320	2569	19252	22177

1-16 按行业(大类)、专业技术职称分组的法人单位就业人数

行 业	代码	法人单位数(个)	就业人数(人)	#具有高级技术职称人员	#具有中级技术职称人员	#具有初级技术职称人员
总 计		**617653**	**30996016**	**364267**	**1313109**	**1846368**
农、林、牧、渔业	A	**52**	**18193**	**71**	**298**	**1259**
农业	01	15	9605	20	143	913
林业	02	17	4184	37	124	211
畜牧业	03	8	3980	9	19	106
渔业	04	4	159	5	10	15
农、林、牧、渔服务业	05	8	265		2	14
采矿业	B	**2330**	**96356**	**791**	**2803**	**4336**
煤炭开采和洗选业	06	3	76	10	12	15
石油和天然气开采业	07	18	3331	325	523	357
黑色金属矿采选业	08	315	15699	93	460	787
有色金属矿采选业	09	213	16641	197	883	1234
非金属矿采选业	10	1748	59997	163	912	1935
其他采矿业	11	33	612	3	13	8
制造业	C	**191810**	**17711072**	**95996**	**297110**	**576719**
农副食品加工业	13	3412	205296	772	3730	7256
食品制造业	14	3470	207172	1098	3489	7251
饮料制造业	15	1402	90205	385	1759	3985
烟草制品业	16	30	8249	26	545	827
纺织业	17	8625	870053	2165	6790	18203
纺织服装、鞋、帽制造业	18	13962	1455037	3279	11471	25668
皮革、毛皮、羽毛(绒)及其制品业	19	7357	1181268	2295	8303	20737
木材加工及木、竹、藤、棕、草制品业	20	3092	158594	387	1599	3904
家具制造业	21	5886	465165	2141	5388	12304
造纸及纸制品业	22	7581	410407	1689	5783	13488
印刷业和记录媒介的复制	23	8512	382741	1724	5699	10892
文教体育用品制造业	24	3901	749807	2231	7536	16868
石油加工、炼焦及核燃料加工业	25	328	28226	1059	3048	2916
化学原料及化学制品制造业	26	8158	386013	3790	9709	14851
医药制造业	27	915	96673	1459	4344	8751
化学纤维制造业	28	257	22540	100	473	840
橡胶制品业	29	2389	209971	1136	2357	4408
塑料制品业	30	17035	1211026	4276	14264	31672
非金属矿物制品业	31	9610	716378	3229	9443	20078
黑色金属冶炼及压延加工业	32	886	87962	763	2873	6465
有色金属冶炼及压延加工业	33	1983	159770	880	3116	6136
金属制品业	34	20771	1213787	5815	18014	35015
通用设备制造业	35	8348	443093	3836	11579	23152

1-16　续表 1

行　　业	代码	法人单位数（个）	就业人数（人）	#具有高级技术职称人员	#具有中级技术职称人员	#具有初级技术职称人员
专用设备制造业	36	8892	549380	6092	16333	23996
交通运输设备制造业	37	4157	456056	4052	14673	21685
电气机械及器材制造业	39	16383	1961545	13417	36990	77397
通信设备、计算机及其他电子设备制造业	40	14346	3011835	23990	74132	133244
仪器仪表及文化、办公用机械制造业	41	2776	426288	2056	7224	13537
工艺品及其他制造业	42	6350	513111	1699	6017	10413
废弃资源和废旧材料回收加工业	43	996	33424	155	429	780
电力、燃气及水的生产和供应业	D	**7182**	**314895**	**4528**	**17032**	**35015**
电力、热力的生产和供应业	44	5811	239488	3822	13634	28964
燃气生产和供应业	45	182	11343	141	655	1033
水的生产和供应业	46	1189	64064	565	2743	5018
建筑业	E	**14457**	**1920243**	**23757**	**96079**	**168911**
房屋和土木工程建筑业	47	4114	1469598	16169	68909	130685
建筑安装业	48	3579	217751	4001	15067	22512
建筑装饰业	49	5439	178122	2669	8670	11624
其他建筑业	50	1325	54772	918	3433	4090
交通运输、仓储和邮政业	F	**14804**	**930828**	**5638**	**26924**	**48975**
铁路运输业	51	13	543	6	46	88
道路运输业	52	5320	302836	1689	6252	11720
城市公共交通业	53	478	187513	715	2328	4069
水上运输业	54	924	121101	1189	7465	15261
航空运输业	55	91	65638	584	5253	7017
管道运输业	56	3	256	5	11	37
装卸搬运和其他运输服务业	57	6125	122589	733	2980	5086
仓储业	58	1244	42236	266	1186	2005
邮政业	59	606	88116	451	1403	3692
信息传输、计算机服务和软件业	G	**14467**	**381433**	**8487**	**27696**	**34615**
电信和其他信息传输服务业	60	2391	147727	2929	11300	17718
计算机服务业	61	6094	88128	1639	4576	5037
软件业	62	5982	145578	3919	11820	11860
批发和零售业	H	**141359**	**1947885**	**18588**	**60630**	**88373**
批发业	63	93602	1185611	11258	39360	54789
零售业	65	47757	762274	7330	21270	33584
住宿和餐饮业	I	**13309**	**808251**	**3618**	**11737**	**22400**
住宿业	66	5228	374577	2060	6652	12954
餐饮业	67	8081	433674	1558	5085	9446
金融业	J	**1969**	**501388**	**3628**	**42067**	**84010**
银行业	68	477	248911	2063	33363	74349
证券业	69	140	38564	410	3430	3475
保险业	70	807	196868	803	4053	4929
其他金融活动	71	545	17045	352	1221	1257

1-16 续表 2

行　业	代码	法人单位数(个)	就业人数(人)	#具有高级技术职称人员	#具有中级技术职称人员	#具有初级技术职称人员
房地产业	K	**28526**	**782132**	**8923**	**38804**	**45579**
房地产业	72	28526	782132	8923	38804	45579
租赁和商务服务业	L	**55996**	**1238643**	**13714**	**43251**	**56366**
租赁业	73	916	17374	225	444	771
商务服务业	74	55080	1221269	13489	42807	55595
科学研究、技术服务和地质勘查业	M	**16717**	**370640**	**24798**	**51396**	**52515**
研究与试验发展	75	3781	83621	5729	8122	8018
专业技术服务业	76	9894	237266	16881	38103	38262
科技交流和推广服务业	77	2919	41293	1481	3693	4339
地质勘查业	78	123	8460	707	1478	1896
水利、环境和公共设施管理业	N	**3979**	**178409**	**2518**	**6048**	**9697**
水利管理业	79	1059	29439	654	1614	3338
环境管理业	80	1135	69690	954	1332	1851
公共设施管理业	81	1785	79280	910	3102	4508
居民服务和其他服务业	O	**12140**	**270823**	**2787**	**7788**	**10184**
居民服务业	82	5757	125002	748	2288	3921
其他服务业	83	6383	145821	2039	5500	6263
教育	P	**29205**	**1362443**	**91920**	**442130**	**300264**
教育	84	29205	1362443	91920	442130	300264
卫生、社会保障和社会福利业	Q	**8323**	**514032**	**36472**	**76079**	**222725**
卫生	85	6953	490882	36375	75512	221205
社会保障业	86	285	5722	15	155	340
社会福利业	87	1085	17428	82	412	1180
文化、体育和娱乐业	R	**5764**	**199868**	**4094**	**12087**	**18675**
新闻出版业	88	396	31967	1334	3130	3373
广播、电视、电影和音像业	89	797	39696	905	4208	7988
文化艺术业	90	1758	33560	1227	3169	4825
体育	91	728	18876	293	775	801
娱乐业	92	2085	75769	335	805	1688
公共管理和社会组织	S	**55264**	**1448482**	**13939**	**53150**	**65750**
中国共产党机关	93	1375	26901	197	669	634
国家机构	94	17110	1058636	9719	44334	56013
人民政协和民主党派	95	330	3836	61	139	69
群众团体、社会团体和宗教组织	96	9931	109679	3676	6524	5889
基层群众自治组织	97	26518	249430	286	1484	3145

1-17 按登记注册类型、专业技术职称分组的法人单位就业人数

登记注册类型	法人单位数(个)	就业人数(人)	#具有高级技术职称人员	#具有中级技术职称人员	#具有初级技术职称人员
总　计	**617653**	**30996016**	**364267**	**1313109**	**1846368**
内资企业	**569771**	**20555651**	**307376**	**1141408**	**1507675**
国有企业	61470	4210541	150048	607523	670651
集体企业	25951	1250312	8138	34597	72502
股份合作企业	5638	356359	1684	9213	24201
联营企业	1453	83999	1355	3668	6249
国有联营企业	324	23087	646	1398	1926
集体联营企业	449	25515	167	683	1562
国有与集体联营企业	147	9711	75	588	1284
其他联营企业	533	25686	467	999	1477
有限责任公司	70186	3747927	40239	136237	215302
国有独资公司	939	214058	4103	13240	21545
其他有限责任公司	69247	3533869	36136	122997	193757
股份有限公司	6607	1126843	12024	71144	113734
私营企业	335167	8810355	75406	227373	337950
私营独资企业	107684	2398161	12307	34968	63452
私营合伙企业	17319	377617	3535	9666	13242
私营有限责任公司	202686	5819493	57121	174907	249507
私营股份有限公司	7478	215084	2443	7832	11749
其他企业	63299	969315	18482	51653	67086
港、澳、台商投资企业	**33538**	**6796733**	**33023**	**99253**	**204469**
合资经营企业(港或澳、台资)	4326	965418	6922	21481	40190
合作经营企业(港或澳、台资)	2332	363602	1278	4757	8307
港、澳、台商独资经营企业	26149	5338046	23520	68087	144138
港、澳、台商投资股份有限公司	731	129667	1303	4928	11834
外商投资企业	**14344**	**3643632**	**23868**	**72448**	**134224**
中外合资经营企业	2972	684803	6090	18898	29181
中外合作经营企业	1014	187010	852	2575	4567
外资企业	9950	2636667	15617	44114	91260
外商投资股份有限公司	408	135152	1309	6861	9216

1-18 按地区、技术等级分组的法人单位就业人数

地　区	法人单位数（个）	就业人数（人）				
			#高级技师	#技师	#高级工	#中级工
总　计	**617653**	**30996016**	**91987**	**241682**	**420638**	**808262**
广州市	149881	5395705	14200	38818	82641	159074
深圳市	103747	6672623	22258	61900	88402	156468
珠海市	22464	867767	3014	6909	9198	18026
汕头市	22705	961636	2343	5465	12918	25954
佛山市	61552	2861190	9557	22742	32063	77556
韶关市	11532	463849	1511	4306	17617	19010
河源市	7679	313090	450	1170	2723	5808
梅州市	13214	483523	2338	5924	14466	26324
惠州市	23588	1204568	3399	10177	14644	30460
汕尾市	5477	276002	479	1792	3442	9968
东莞市	52802	4517476	15356	41901	53414	109251
中山市	26586	1717707	5449	13159	15046	30456
江门市	21785	1145139	2531	5874	12423	24573
阳江市	9150	400203	898	1492	2273	6758
湛江市	15666	710198	2016	4674	18181	30689
茂名市	15440	636653	1694	3474	12813	19501
肇庆市	13674	572500	1371	3705	8541	16365
清远市	10041	484202	816	2619	5614	11522
潮州市	11022	419266	492	1346	3480	11685
揭阳市	14077	641399	1104	2855	7103	13184
云浮市	5571	251320	711	1380	3636	5630

1-19　按行业(大类)、技术等级分组的法人单位就业人数

行　业	代码	法人单位数(个)	就业人数(人)				
				#高级技师	#技师	#高级工	#中级工
总　计		**617653**	**30996016**	**91987**	**241682**	**420638**	**808262**
农、林、牧、渔业	A	**52**	**18193**	**15**	**43**	**355**	**780**
农业	01	15	9605		9	143	508
林业	02	17	4184	13	27	199	255
畜牧业	03	8	3980	1	3		
渔业	04	4	159	1	4	12	17
农、林、牧、渔服务业	05	8	265			1	
采矿业	B	**2330**	**96356**	**132**	**832**	**2722**	**2679**
煤炭开采和洗选业	06	3	76	1	5	1	4
石油和天然气开采业	07	18	3331	3	9	13	27
黑色金属矿采选业	08	315	15699	20	215	458	390
有色金属矿采选业	09	213	16641	53	342	1422	943
非金属矿采选业	10	1748	59997	55	261	828	1314
其他采矿业	11	33	612				1
制造业	C	**191810**	**17711072**	**50983**	**140692**	**206548**	**432026**
农副食品加工业	13	3412	205296	370	1273	1898	5082
食品制造业	14	3470	207172	498	1125	1640	3501
饮料制造业	15	1402	90205	230	822	1018	1702
烟草制品业	16	30	8249	22	213	1552	1709
纺织业	17	8625	870053	1338	3737	4905	13130
纺织服装、鞋、帽制造业	18	13962	1455037	1616	4968	8228	19836
皮革、毛皮、羽毛(绒)及其制品业	19	7357	1181268	1629	3986	7118	19007
木材加工及木、竹、藤、棕、草制品业	20	3092	158594	338	899	935	3278
家具制造业	21	5886	465165	988	2935	4907	10047
造纸及纸制品业	22	7581	410407	790	2457	4369	9955
印刷业和记录媒介的复制	23	8512	382741	1130	3347	4770	9369
文教体育用品制造业	24	3901	749807	1223	4326	5630	13017
石油加工、炼焦及核燃料加工业	25	328	28226	313	740	4727	3075
化学原料及化学制品制造业	26	8158	386013	1605	3656	4678	8323
医药制造业	27	915	96673	387	1097	1393	4298
化学纤维制造业	28	257	22540	32	115	271	818
橡胶制品业	29	2389	209971	751	1238	1396	4014
塑料制品业	30	17035	1211026	2901	8698	10170	23842
非金属矿物制品业	31	9610	716378	1461	4223	6225	14923
黑色金属冶炼及压延加工业	32	886	87962	528	1734	6753	6288
有色金属冶炼及压延加工业	33	1983	159770	425	1275	4189	5821
金属制品业	34	20771	1213787	3147	9326	12800	25290
通用设备制造业	35	8348	443093	2148	6080	10613	20068

1-19 续表 1

行　业	代码	法人单位数(个)	就业人数(人)	#高级技师	#技师	#高级工	#中级工
专用设备制造业	36	8892	549380	3701	10084	11963	21464
交通运输设备制造业	37	4157	456056	1688	5833	12391	36799
电气机械及器材制造业	39	16383	1961545	6714	18051	23160	56550
通信设备、计算机及其他电子设备制造业	40	14346	3011835	12823	32297	39800	73913
仪器仪表及文化、办公用机械制造业	41	2776	426288	1252	3287	4659	8014
工艺品及其他制造业	42	6350	513111	895	2766	4134	8274
废弃资源和废旧材料回收加工业	43	996	33424	40	104	256	619
电力、燃气及水的生产和供应业	D	**7182**	**314895**	**804**	**4450**	**19061**	**27627**
电力、热力的生产和供应业	44	5811	239488	679	3807	16051	24087
燃气生产和供应业	45	182	11343	36	165	249	391
水的生产和供应业	46	1189	64064	89	478	2761	3149
建筑业	E	**14457**	**1920243**	**10008**	**28241**	**57638**	**134735**
房屋和土木工程建筑业	47	4114	1469598	7080	20805	46595	111538
建筑安装业	48	3579	217751	1560	3917	6083	11988
建筑装饰业	49	5439	178122	1039	2697	3423	7570
其他建筑业	50	1325	54772	329	822	1537	3639
交通运输、仓储和邮政业	F	**14804**	**930828**	**2063**	**6409**	**22324**	**41516**
铁路运输业	51	13	543	10	101	51	
道路运输业	52	5320	302836	819	1837	7924	13325
城市公共交通业	53	478	187513	141	1523	6264	10433
水上运输业	54	924	121101	231	707	3550	6031
航空运输业	55	91	65638	219	1045	2065	1367
管道运输业	56	3	256			27	36
装卸搬运和其他运输服务业	57	6125	122589	407	594	663	1542
仓储业	58	1244	42236	75	186	370	938
邮政业	59	606	88116	161	416	1410	7844
信息传输、计算机服务和软件业	G	**14467**	**381433**	**2051**	**3531**	**4229**	**9427**
电信和其他信息传输服务业	60	2391	147727	289	719	1825	5892
计算机服务业	61	6094	88128	428	655	627	1142
软件业	62	5982	145578	1334	2157	1777	2393
批发和零售业	H	**141359**	**1947885**	**6668**	**12965**	**18198**	**33179**
批发业	63	93602	1185611	3493	6029	9523	15760
零售业	65	47757	762274	3175	6936	8675	17419
住宿和餐饮业	I	**13309**	**808251**	**1741**	**5959**	**6412**	**14563**
住宿业	66	5228	374577	1052	3761	4121	9080
餐饮业	67	8081	433674	689	2198	2291	5483
金融业	J	**1969**	**501388**	**479**	**460**	**948**	**2466**
银行业	68	477	248911	217	139	349	812
证券业	69	140	38564	91	44	16	16
保险业	70	807	196868	132	234	346	709
其他金融活动	71	545	17045	39	43	237	929

1-19 续表 2

行业	代码	法人单位数(个)	就业人数(人)	#高级技师	#技师	#高级工	#中级工
房地产业	K	**28526**	**782132**	**2268**	**5279**	**8638**	**16211**
房地产业	72	28526	782132	2268	5279	8638	16211
租赁和商务服务业	L	**55996**	**1238643**	**3416**	**10545**	**16167**	**23361**
租赁业	73	916	17374	24	126	190	444
商务服务业	74	55080	1221269	3392	10419	15977	22917
科学研究、技术服务和地质勘查业	M	**16717**	**370640**	**2285**	**4562**	**7880**	**10235**
研究与试验发展	75	3781	83621	536	893	2107	2952
专业技术服务业	76	9894	237266	1391	2806	3863	5097
科技交流和推广服务业	77	2919	41293	337	801	1048	1271
地质勘查业	78	123	8460	21	62	862	915
水利、环境和公共设施管理业	N	**3979**	**178409**	**304**	**843**	**7153**	**8081**
水利管理业	79	1059	29439	57	220	2880	2775
环境管理业	80	1135	69690	48	133	1132	1876
公共设施管理业	81	1785	79280	199	490	3141	3430
居民服务和其他服务业	O	**12140**	**270823**	**1406**	**6409**	**3474**	**7775**
居民服务业	82	5757	125002	567	4474	881	2160
其他服务业	83	6383	145821	839	1935	2593	5615
教育	P	**29205**	**1362443**	**3532**	**5274**	**10617**	**11341**
教育	84	29205	1362443	3532	5274	10617	11341
卫生、社会保障和社会福利业	Q	**8323**	**514032**	**1670**	**2426**	**6241**	**9287**
卫生	85	6953	490882	1660	2385	5811	8608
社会保障业	86	285	5722	5	7	131	217
社会福利业	87	1085	17428	5	34	299	462
文化、体育和娱乐业	R	**5764**	**199868**	**452**	**954**	**2547**	**3924**
新闻出版业	88	396	31967	118	37	339	529
广播、电视、电影和音像业	89	797	39696	115	146	1061	1822
文化艺术业	90	1758	33560	86	109	444	465
体育	91	728	18876	27	68	211	240
娱乐业	92	2085	75769	106	594	492	868
公共管理和社会组织	S	**55264**	**1448482**	**1710**	**1808**	**19486**	**19049**
中国共产党机关	93	1375	26901	59	3	568	493
国家机构	94	17110	1058636	1227	1026	17053	16796
人民政协和民主党派	95	330	3836	12	7	140	108
群众团体、社会团体和宗教组织	96	9931	109679	350	633	1552	1252
基层群众自治组织	97	26518	249430	62	139	173	400

1-20 按登记注册类型分组、技术等级分组的法人单位就业人数

登记注册类型	法人单位数(个)	就业人数(人)				
			#高级技师	#技师	#高级工	#中级工
总　计	**617653**	**30996016**	**91987**	**241682**	**420638**	**808262**
内资企业	**569771**	**20555651**	**62511**	**161729**	**306958**	**565963**
国有企业	61470	4210541	9016	20327	95964	141327
集体企业	25951	1250312	3036	9574	15714	37899
股份合作企业	5638	356359	1287	6318	5592	6308
联营企业	1453	83999	226	664	1031	2274
国有联营企业	324	23087	65	203	378	700
集体联营企业	449	25515	83	293	168	618
国有与集体联营企业	147	9711	6	13	252	446
其他联营企业	533	25686	72	155	233	510
有限责任公司	70186	3747927	13892	36604	70089	138687
国有独资公司	939	214058	812	3446	13258	16800
其他有限责任公司	69247	3533869	13080	33158	56831	121887
股份有限公司	6607	1126843	3048	8165	24001	39826
私营企业	335167	8810355	29664	75365	88629	190283
私营独资企业	107684	2398161	5035	15285	16851	40179
私营合伙企业	17319	377617	915	2721	2780	7336
私营有限责任公司	202686	5819493	22630	55044	66262	137474
私营股份有限公司	7478	215084	1084	2315	2736	5294
其他企业	63299	969315	2342	4712	5938	9359
港、澳、台商投资企业	**33538**	**6796733**	**16840**	**47353**	**64572**	**147324**
合资经营企业(港或澳、台资)	4326	965418	3054	8556	13591	35827
合作经营企业(港或澳、台资)	2332	363602	760	2782	2922	7516
港、澳、台商独资经营企业	26149	5338046	12718	34555	45370	99598
港、澳、台商投资股份有限公司	731	129667	308	1460	2689	4383
外商投资企业	**14344**	**3643632**	**12636**	**32600**	**49108**	**94975**
中外合资经营企业	2972	684803	3513	7972	14039	30744
中外合作经营企业	1014	187010	269	882	1513	2802
外资企业	9950	2636667	8403	21918	29503	55575
外商投资股份有限公司	408	135152	451	1828	4053	5854

1-21　按行业(大类)、经营性质分组的产业活动单位数及就业人数

行　业	代码	产业活动单位数(个)	经营性单位	非经营性单位	就业人数(人)	经营性单位	非经营性单位
总　计		**763426**	**612173**	**151253**	**32451874**	**28709714**	**3742160**
农、林、牧、渔业	**A**	**1189**	**108**	**1081**	**17606**	**11106**	**6500**
农业	01	34	23	11	8046	7866	180
林业	02	138	43	95	3302	2415	887
畜牧业	03	21	14	7	527	498	29
渔业	04	17	12	5	214	197	17
农、林、牧、渔服务业	05	979	16	963	5517	130	5387
采矿业	**B**	**2390**	**2388**	**2**	**92717**	**92644**	**73**
煤炭开采和洗选业	06	3	3		76	76	
石油和天然气开采业	07	26	26		5593	5593	
黑色金属矿采选业	08	320	320		14800	14800	
有色金属矿采选业	09	218	218		16398	16398	
非金属矿采选业	10	1789	1787	2	55230	55157	73
其他采矿业	11	34	34		620	620	
制造业	**C**	**200183**	**200153**	**30**	**18698233**	**18697101**	**1132**
农副食品加工业	13	3878	3877	1	208056	208034	22
食品制造业	14	3612	3611	1	206773	206761	12
饮料制造业	15	1448	1448		96044	96044	
烟草制品业	16	35	35		8257	8257	
纺织业	17	8963	8962	1	902169	902038	131
纺织服装、鞋、帽制造业	18	14344	14342	2	1549318	1549058	260
皮革、毛皮、羽毛(绒)及其制品业	19	7605	7605		1233251	1233251	
木材加工及木、竹、藤、棕、草制品业	20	3227	3227		169890	169890	
家具制造业	21	6167	6167		487578	487578	
造纸及纸制品业	22	7888	7888		439119	439119	
印刷业和记录媒介的复制	23	8746	8744	2	407840	407803	37
文教体育用品制造业	24	4323	4323		859829	859829	
石油加工、炼焦及核燃料加工业	25	339	339		27868	27868	
化学原料及化学制品制造业	26	8383	8381	2	396368	396348	20
医药制造业	27	952	952		99090	99090	
化学纤维制造业	28	268	268		21574	21574	
橡胶制品业	29	2465	2465		222730	222730	
塑料制品业	30	17888	17887	1	1319771	1319759	12
非金属矿物制品业	31	9853	9851	2	735004	734964	40
黑色金属冶炼及压延加工业	32	904	904		74309	74309	
有色金属冶炼及压延加工业	33	2045	2044	1	162975	162933	42
金属制品业	34	21546	21536	10	1288888	1288755	133
通用设备制造业	35	8635	8634	1	470380	470378	2

1-21 续表 1

行业	代码	产业活动单位数(个)	经营性单位	非经营性单位	就业人数(人)	经营性单位	非经营性单位
专用设备制造业	36	9238	9238		575508	575508	
交通运输设备制造业	37	4441	4441		488048	488048	
电气机械及器材制造业	39	17099	17096	3	2051550	2051282	268
通信设备、计算机及其他电子设备制造业	40	14968	14968		3133472	3133472	
仪器仪表及文化、办公用机械制造业	41	3092	3092		474833	474833	
工艺品及其他制造业	42	6809	6807	2	553804	553681	123
废弃资源和废旧材料回收加工业	43	1022	1021	1	33937	33907	30
电力、燃气及水的生产和供应业	**D**	**9412**	**9199**	**213**	**374106**	**368372**	**5734**
电力、热力的生产和供应业	44	7739	7585	154	291809	287455	4354
燃气生产和供应业	45	246	241	5	13655	13619	36
水的生产和供应业	46	1427	1373	54	68642	67298	1344
建筑业	**E**	**16709**	**16670**	**39**	**1960934**	**1958940**	**1994**
房屋和土木工程建筑业	47	5527	5506	21	1480896	1479296	1600
建筑安装业	48	3989	3981	8	229613	229481	132
建筑装饰业	49	5751	5742	9	186662	186406	256
其他建筑业	50	1442	1441	1	63763	63757	6
交通运输、仓储和邮政业	**F**	**21855**	**20231**	**1624**	**1009517**	**972881**	**36636**
铁路运输业	51	17	15	2	1335	1074	261
道路运输业	52	7922	6567	1355	325096	294872	30224
城市公共交通业	53	592	585	7	201783	201223	560
水上运输业	54	1107	1041	66	112461	110584	1877
航空运输业	55	138	131	7	64076	63737	339
管道运输业	56	6	6		1354	1354	
装卸搬运和其他运输服务业	57	7351	7292	59	158127	157392	735
仓储业	58	1519	1441	78	45681	44485	1196
邮政业	59	3203	3153	50	99604	98160	1444
信息传输、计算机服务和软件业	**G**	**19590**	**18961**	**629**	**409630**	**400781**	**8849**
电信和其他信息传输服务业	60	6908	6377	531	169701	162103	7598
计算机服务业	61	6519	6437	82	94935	93941	994
软件业	62	6163	6147	16	144994	144737	257
批发和零售业	**H**	**175453**	**175348**	**105**	**2020193**	**2017867**	**2326**
批发业	63	102606	102583	23	1205092	1203846	1246
零售业	65	72847	72765	82	815101	814021	1080
住宿和餐饮业	**I**	**16470**	**16155**	**315**	**824323**	**815847**	**8476**
住宿业	66	5789	5643	146	362359	358415	3944
餐饮业	67	10681	10512	169	461964	457432	4532
金融业	**J**	**19861**	**19484**	**377**	**562367**	**547081**	**15286**
银行业	68	13703	13426	277	289043	279292	9751
证券业	69	463	458	5	26536	26355	181
保险业	70	4413	4366	47	227131	222902	4229
其他金融活动	71	1282	1234	48	19657	18532	1125

1-21 续表 2

行　业	代码	产业活动单位数(个)	经营性单位	非经营性单位	就业人数(人)	经营性单位	非经营性单位
房地产业	K	**35362**	**34512**	**850**	**842850**	**828722**	**14128**
房地产业	72	35362	34512	850	842850	828722	14128
租赁和商务服务业	L	**68888**	**57745**	**11143**	**1140294**	**1034997**	**105297**
租赁业	73	984	976	8	18649	18614	35
商务服务业	74	67904	56769	11135	1121645	1016383	105262
科学研究、技术服务和地质勘查业	M	**19042**	**14566**	**4476**	**388002**	**307250**	**80752**
研究与试验发展	75	3995	3440	555	87248	67306	19942
专业技术服务业	76	11032	9040	1992	247406	206460	40946
科技交流和推广服务业	77	3872	2005	1867	45127	30555	14572
地质勘查业	78	143	81	62	8221	2929	5292
水利、环境和公共设施管理业	N	**5063**	**2001**	**3062**	**194296**	**74020**	**120276**
水利管理业	79	1649	122	1527	33080	3187	29893
环境管理业	80	1406	583	823	79300	22695	56605
公共设施管理业	81	2008	1296	712	81916	48138	33778
居民服务和其他服务业	O	**14116**	**12978**	**1138**	**297126**	**275562**	**21564**
居民服务业	82	7006	6121	885	138757	121891	16866
其他服务业	83	7110	6857	253	158369	153671	4698
教育	P	**38495**	**5379**	**33116**	**1398637**	**111762**	**1286875**
教育	84	38495	5379	33116	1398637	111762	1286875
卫生、社会保障和社会福利业	Q	**19201**	**2340**	**16861**	**548684**	**61740**	**486944**
卫生	85	17262	2250	15012	523035	59996	463039
社会保障业	86	511	14	497	6542	203	6339
社会福利业	87	1428	76	1352	19107	1541	17566
文化、体育和娱乐业	R	**7491**	**3894**	**3597**	**212596**	**132242**	**80354**
新闻出版业	88	459	287	172	30017	22432	7585
广播、电视、电影和音像业	89	1361	581	780	40895	15219	25676
文化艺术业	90	2451	514	1937	37738	7378	30360
体育	91	813	311	502	19265	6357	12908
娱乐业	92	2407	2201	206	84681	80856	3825
公共管理和社会组织	S	**72656**	**61**	**72595**	**1459763**	**799**	**1458964**
中国共产党机关	93	1534		1534	26885		26885
国家机构	94	32738		32738	1068902		1068902
人民政协和民主党派	95	332		332	3834		3834
群众团体、社会团体和宗教组织	96	11461	61	11400	119087	799	118288
基层群众自治组织	97	26591		26591	241055		241055

1-22 按地区、经营性质分组的产业活动单位数及就业人数

地 区	产业活动单位					
	单位数（个）	经营性单位	非经营性单位	就业人数（人）	经营性单位	非经营性单位
总 计	**763426**	**612173**	**151253**	**32451874**	**28709714**	**3742160**
广州市	174978	161460	13518	5739922	5132686	607236
深圳市	128845	121316	7529	7395757	7026692	369065
珠海市	26525	23505	3020	891106	800468	90638
汕头市	26545	20085	6460	997514	825165	172349
佛山市	70107	62076	8031	2886214	2631060	255154
韶关市	17801	9249	8552	488841	343769	145072
河源市	12028	5299	6729	317657	213769	103888
梅州市	21944	9482	12462	495859	334113	161746
惠州市	29409	21806	7603	1231418	1068367	163051
汕尾市	7022	3101	3921	280687	190404	90283
东莞市	61236	55568	5668	4578681	4376356	202325
中山市	31065	27942	3123	1822316	1699124	123192
江门市	26133	19144	6989	1164774	1018776	145998
阳江市	11709	7717	3992	416060	328642	87418
湛江市	23818	13182	10636	702681	463736	238945
茂名市	20258	11349	8909	637677	433860	203817
肇庆市	19250	10304	8946	587656	446815	140841
清远市	14720	8057	6663	505966	380548	125418
潮州市	12790	8531	4259	422269	349086	73183
揭阳市	17360	9474	7886	641879	478208	163671
云浮市	9883	3526	6357	246940	168070	78870

1-22　续表 1

地　区	多产业法人所属产业活动单位					
	产业活动单位数（个）	经营性单位	非经营性单位	产业活动单位就业人数（人）	经营性单位	非经营性单位
总　计	**175987**	**116279**	**59708**	**7166836**	**5885787**	**1281049**
广州市	31800	28967	2833	1761203	1545620	215583
深圳市	29407	26853	2554	2252055	2095947	156108
珠海市	5326	4503	823	201614	162921	38693
汕头市	4630	2957	1673	151620	116190	35430
佛山市	10687	9454	1233	542402	493059	49343
韶关市	7996	2864	5132	190666	119782	70884
河源市	4850	1865	2985	59322	24252	35070
梅州市	10692	2798	7894	167953	85480	82473
惠州市	7117	3526	3591	183525	112234	71291
汕尾市	1739	642	1097	34606	15653	18953
东莞市	9903	7141	2762	299602	223083	76519
中山市	5263	4147	1116	282518	236808	45710
江门市	4958	3484	1474	183955	149192	34763
阳江市	2987	1358	1629	60549	35224	25325
湛江市	10072	4622	5450	218337	145665	72672
茂名市	5413	2361	3052	140887	81019	59868
肇庆市	6507	2445	4062	131091	73075	58016
清远市	5483	2251	3232	122474	63213	59261
潮州市	2064	1346	718	50461	41698	8763
揭阳市	3633	1548	2085	70283	37658	32625
云浮市	5460	1147	4313	61713	28014	33699

1-22 续表 2

地 区	单产业法人单位					
	单位数（个）			就业人数（人）		
		经营性单位	非经营性单位		经营性单位	非经营性单位
总 计	**587439**	**495894**	**91545**	**25285038**	**22823927**	**2461111**
广州市	143178	132493	10685	3978719	3587066	391653
深圳市	99438	94463	4975	5143702	4930745	212957
珠海市	21199	19002	2197	689492	637547	51945
汕头市	21915	17128	4787	845894	708975	136919
佛山市	59420	52622	6798	2343812	2138001	205811
韶关市	9805	6385	3420	298175	223987	74188
河源市	7178	3434	3744	258335	189517	68818
梅州市	11252	6684	4568	327906	248633	79273
惠州市	22292	18280	4012	1047893	956133	91760
汕尾市	5283	2459	2824	246081	174751	71330
东莞市	51333	48427	2906	4279079	4153273	125806
中山市	25802	23795	2007	1539798	1462316	77482
江门市	21175	15660	5515	980819	869584	111235
阳江市	8722	6359	2363	355511	293418	62093
湛江市	13746	8560	5186	484344	318071	166273
茂名市	14845	8988	5857	496790	352841	143949
肇庆市	12743	7859	4884	456565	373740	82825
清远市	9237	5806	3431	383492	317335	66157
潮州市	10726	7185	3541	371808	307388	64420
揭阳市	13727	7926	5801	571596	440550	131046
云浮市	4423	2379	2044	185227	140056	45171

1-23 按行业(大类)分组的个体经营户经营情况

行　业	个体经营户数(个)	有证照	从业人数(人)	有证照
总　计	**3878496**	**2301523**	**13645359**	**8957540**
采矿业	**2904**	**1267**	**26047**	**13497**
煤炭开采和洗选业	24	6	127	24
黑色金属矿采选业	395	83	4143	1306
有色金属矿采选业	57	30	454	274
非金属矿采选业	2205	1039	19284	10570
其他采矿业	223	109	2039	1323
制造业	**379135**	**202848**	**4062554**	**2660101**
农副食品加工业	41811	12706	147850	59299
食品制造业	11590	6447	73407	44256
饮料制造业	4018	1380	15829	7979
烟草制品业	195	47	611	271
纺织业	23583	10918	347260	190993
纺织服装、鞋、帽制造业	42777	23161	852657	535809
皮革、毛皮、羽毛(绒)及其制品业	18088	10211	379820	267003
木材加工及木、竹、藤、棕、草制品业	22740	10156	154381	88450
家具制造业	10099	6652	115370	90934
造纸及纸制品业	7748	4152	77039	48610
印刷业和记录媒介的复制	4628	3287	39352	29335
文教体育用品制造业	4105	2016	78748	46324
化学原料及化学制品制造业	2032	1495	18029	13615
化学纤维制造业	221	171	2096	1703
橡胶制品业	1392	1030	17935	14315
塑料制品业	20054	12827	256461	184021
非金属矿物制品业	20741	12980	228195	160716
黑色金属冶炼及压延加工业	1083	638	7749	5324
有色金属冶炼及压延加工业	2789	1804	24824	19730
金属制品业	60751	39615	513659	388333
通用设备制造业	7714	5500	57758	46598
专用设备制造业	10777	7118	93440	73004
交通运输设备制造业	4173	3071	28280	22824
电气机械及器材制造业	7486	5621	92449	76102
通信设备、计算机及其他电子设备制造业	4384	2714	87709	63874
仪器仪表及文化、办公用机械制造业	1087	730	23568	18549
工艺品及其他制造业	27348	10259	251167	135795
废弃资源和废旧材料回收加工业	15721	6142	76911	26335

1-23 续表

行业	个体经营户数(个)	有证照	从业人数(人)	有证照
电力、燃气及水的生产和供应业	**2150**	**1983**	**12106**	**11239**
电力、热力的生产和供应业	2150	1983	12106	11239
建筑业	**45634**	**7241**	**284066**	**52348**
房屋和土木工程建筑业	28862	1633	212561	26628
建筑安装业	3283	800	16845	4476
建筑装饰业	9117	4052	37644	16943
其他建筑业	4372	756	17016	4301
交通运输、仓储和邮政业	**389207**	**209856**	**701078**	**358471**
道路运输业	314167	176769	557378	291619
城市公共交通业	51052	22757	64206	28351
水上运输业	3355	2027	9892	6015
装卸搬运和其他运输服务业	13948	6462	41139	23858
仓储业	5071	735	21079	3875
邮政业	1614	1106	7384	4753
批发和零售业	**2203927**	**1462651**	**5485772**	**3907537**
批发业	187145	135701	617743	459710
零售业	2016782	1326950	4868029	3447827
住宿和餐饮业	**256507**	**151516**	**1317972**	**969408**
住宿业	13104	8478	83298	64250
餐饮业	243403	143038	1234674	905158
房地产业	**48654**	**3299**	**64218**	**9832**
房地产业	48654	3299	64218	9832
租赁和商务服务业	**16364**	**10434**	**55029**	**38432**
租赁业	2508	1109	6638	3551
商务服务业	13856	9325	48391	34881
居民服务和其他服务业	**474414**	**215882**	**1425368**	**797414**
居民服务业	261085	108415	819199	460887
其他服务业	213329	107467	606169	336527
教育	**7963**	**4177**	**48264**	**29173**
教育	7963	4177	48264	29173
卫生、社会保障和社会福利业	**30718**	**21151**	**81870**	**58198**
卫生	30718	21151	81870	58198
文化、体育和娱乐业	**20919**	**9218**	**81015**	**51890**
广播、电视、电影和音像业	783	382	2213	1214
文化艺术业	621	393	3368	1981
体育	707	394	2628	1658
娱乐业	18808	8049	72806	47037

1-24 按地区分组的个体经营户经营情况

地　区	个体经营户数(个)		从业人数(人)	
		有证照		有证照
总　计	**3878496**	**2301523**	**13645359**	**8957540**
广州市	631983	408961	2131667	1410080
深圳市	404611	216651	1449031	925393
珠海市	74264	52747	248403	200848
汕头市	146732	73927	726602	365147
佛山市	481002	190042	1571404	881613
韶关市	117388	71854	306424	203689
河源市	69343	45496	160089	111428
梅州市	127221	74473	324210	203618
惠州市	186735	128624	812797	636281
汕尾市	77136	43544	347481	222736
东莞市	306060	184174	1113520	807197
中山市	156426	116916	570953	488044
江门市	131289	109151	434238	383159
阳江市	77692	53678	357192	265545
湛江市	204736	109835	656057	379947
茂名市	162277	113597	509063	351895
肇庆市	123125	87606	402063	297906
清远市	126031	76017	315646	204887
潮州市	88163	45177	385232	212937
揭阳市	135557	58031	640453	250322
云浮市	50725	41022	182834	154868

第2篇

企业

2-1 按行业(大类)、地区

行 业	代码	企业法人单位数(个)	广州市	深圳市	珠海市	汕头市	佛山市	韶关市	河源市
总 计		**509178**	**138171**	**97854**	**20012**	**17290**	**54157**	**6693**	**3597**
农、林、牧、渔业	A	**37**		**4**	**2**			**1**	**1**
农业	01	13							
林业	02	9						1	
畜牧业	03	8		1	1				1
渔业	04	4		3	1				
农、林、牧、渔服务业	05	3							
采矿业	B	**2329**	**37**	**10**	**7**	**29**	**23**	**240**	**168**
煤炭开采和洗选业	06	3	2						
石油和天然气开采业	07	18	2	7					
黑色金属矿采选业	08	315						23	29
有色金属矿采选业	09	213	1					44	17
非金属矿采选业	10	1747	31	3	7	25	23	172	121
其他采矿业	11	33	1			4		1	1
制造业	C	**191806**	**29764**	**29679**	**4565**	**8701**	**30702**	**1494**	**997**
农副食品加工业	13	3412	411	134	45	232	265	72	48
食品制造业	14	3470	576	179	96	282	235	24	24
饮料制造业	15	1402	172	89	46	88	88	32	43
烟草制品业	16	30	2	1		3		4	
纺织业	17	8625	1181	534	154	1010	1621	66	52
纺织服装、鞋、帽制造业	18	13962	4376	1502	343	1340	1350	46	35
皮革、毛皮、羽毛(绒)及其制品业	19	7357	2480	534	56	95	784	16	24
木材加工及木、竹、藤、棕、草制品业	20	3092	360	172	34	45	381	114	45
家具制造业	21	5886	722	647	73	85	2121	54	16
造纸及纸制品业	22	7581	1096	1350	180	375	1017	35	19
印刷业和记录媒介的复制	23	8512	1160	1108	199	701	1284	54	45
文教体育用品制造业	24	3901	464	608	76	654	298	24	30
石油加工、炼焦及核燃料加工业	25	328	69	18	6	5	55	3	
化学原料及化学制品制造业	26	8157	1884	750	337	458	1257	87	22
医药制造业	27	915	239	96	70	49	74	11	14
化学纤维制造业	28	257	28	21	7	18	41		1
橡胶制品业	29	2388	374	383	29	47	388	6	7
塑料制品业	30	17035	1643	2795	341	1105	2822	52	39
非金属矿物制品业	31	9610	924	510	174	138	1538	197	203
黑色金属冶炼及压延加工业	32	886	99	33	8	9	318	32	22
有色金属冶炼及压延加工业	33	1983	187	156	29	19	761	43	10
金属制品业	34	20771	2399	2417	264	325	5039	58	43
通用设备制造业	35	8346	1395	1241	220	209	2036	172	18
专用设备制造业	36	8892	1266	2311	378	292	1529	71	25
交通运输设备制造业	37	4157	1384	495	149	125	586	75	25
电气机械及器材制造业	39	16383	1684	3538	407	221	3121	56	61
通信设备、计算机及其他电子设备制造业	40	14346	1686	5750	573	184	661	24	66
仪器仪表及文化、办公用机械制造业	41	2776	447	1144	120	41	162	13	24
工艺品及其他制造业	42	6350	969	1152	144	502	583	21	27
废弃资源和废旧材料回收加工业	43	996	87	11	7	44	287	32	9
电力、燃气及水的生产和供应业	D	**7074**	**222**	**61**	**32**	**53**	**117**	**1014**	**423**
电力、热力的生产和供应业	44	5731	83	21	16	17	30	964	362
燃气生产和供应业	45	178	28	4	5	6	12	9	6
水的生产和供应业	46	1165	111	36	11	30	75	41	55
建筑业	E	**14457**	**3808**	**1675**	**1087**	**371**	**1147**	**217**	**195**
房屋和土木工程建筑业	47	4114	851	469	180	158	392	86	100
建筑安装业	48	3579	1084	489	237	69	307	30	27
建筑装饰业	49	5439	1553	607	612	119	352	77	50
其他建筑业	50	1325	320	110	58	25	96	24	18

分组的企业法人单位数

梅州市	惠州市	汕尾市	东莞市	中山市	江门市	阳江市	湛江市	茂名市	肇庆市	清远市	潮州市	揭阳市	云浮市
6917	**18798**	**2517**	**48349**	**22500**	**15952**	**6484**	**8863**	**9177**	**7945**	**6039**	**7393**	**7980**	**2490**
3	**2**				**1**		**8**	**4**		**9**			**2**
3							7	1		2			
								3		5			
					1					2			2
	2						1						
270	**157**	**25**	**3**	**9**	**83**	**71**	**212**	**267**	**256**	**340**	**17**	**28**	**77**
												1	
						1	3	5					
50	8					8	4	13	53	117			10
18	6					9	8	23	9	71		4	3
199	140	25	3	9	81	52	194	221	192	146	17	22	64
3	3				2	1	3	5	2	6		1	
2356	**7982**	**970**	**25547**	**13425**	**9116**	**3473**	**3202**	**3392**	**3583**	**1780**	**5130**	**5033**	**915**
196	133	49	140	90	172	162	342	251	111	86	135	302	36
46	82	43	208	134	190	67	120	127	67	25	495	418	32
131	66	34	61	74	52	26	94	47	60	33	66	66	34
1					3	2	7	5	1			1	
90	402	86	1296	722	412	72	81	167	122	97	52	378	30
62	392	125	1350	1116	601	161	39	53	121	93	338	460	59
28	753	31	1144	348	330	79	42	358	113	37	63	34	8
156	89	9	246	84	120	206	419	182	218	118	16	48	30
72	211	11	849	366	218	80	49	101	76	36	29	60	10
80	363	44	1372	546	374	82	98	99	123	52	158	95	23
54	284	19	930	857	413	140	137	70	116	41	663	217	20
22	205	16	905	272	97	19	8	17	33	28	30	91	4
1	5		18	9	12	1	10	106	6	1		3	
52	446	38	621	536	576	47	114	241	276	150	97	90	78
19	27	5	38	45	26	16	37	36	33	17	21	31	11
2	13	1	42	19	35	1	6	3	7	2		10	
11	75	4	544	111	146	24	50	84	42	20	9	30	4
83	786	135	3241	1158	730	203	360	210	254	94	273	661	50
459	306	27	475	277	375	131	377	445	309	318	1773	368	286
34	16		72	25	80	21	1	16	18	22	5	54	1
20	48	2	244	69	76	27	18	6	114	57	14	73	10
74	681	55	2654	1502	1776	1618	121	134	497	92	461	501	60
84	238	12	1208	634	291	83	68	55	194	72	32	63	21
40	183	14	1603	528	212	30	111	41	94	34	45	78	7
62	82	24	199	120	302	60	96	110	59	40	42	107	15
69	520	18	1949	2750	719	29	235	121	148	56	111	536	34
266	916	22	2892	571	355	20	13	21	125	47	60	73	21
7	117	6	442	110	37	8	2	9	27	3	10	44	3
116	489	129	791	321	359	54	52	248	119	30	117	104	23
19	54	11	13	31	27	4	95	29	100	79	15	37	5
1137	**313**	**143**	**106**	**81**	**145**	**463**	**109**	**500**	**548**	**965**	**204**	**248**	**190**
1058	199	112	21	12	73	431	16	436	465	919	134	215	147
7	2	1	13	9	5	3	13	4	6	1	42		2
72	112	30	72	60	67	29	80	60	77	45	28	33	41
298	**1143**	**91**	**1654**	**896**	**521**	**148**	**194**	**187**	**264**	**220**	**148**	**132**	**61**
165	217	56	279	192	199	84	122	132	104	93	85	102	48
38	250	14	472	227	114	15	23	26	45	62	29	15	6
80	464	12	696	384	155	32	31	25	89	51	29	14	7
15	212	9	207	93	53	17	18	4	26	14	5	1	

2-1 续表

行业	代码	企业法人单位数(个)	广州市	深圳市	珠海市	汕头市	佛山市	韶关市	河源市
交通运输、仓储和邮政业	F	**14244**	**4455**	**4398**	**577**	**507**	**657**	**186**	**92**
铁路运输业	51	12	10						
道路运输业	52	4988	1328	1408	147	231	227	120	55
城市公共交通业	53	466	103	68	12	17	25	12	8
水上运输业	54	884	218	100	87	44	72	10	8
航空运输业	55	87	9	38	10	6	4		
管道运输业	56	3							
装卸搬运和其他运输服务业	57	6053	2291	2269	193	156	232	30	8
仓储业	58	1163	439	268	78	35	58	11	9
邮政业	59	588	57	247	50	18	39	3	4
信息传输、计算机服务和软件业	G	**13981**	**5545**	**3436**	**698**	**196**	**607**	**149**	**150**
电信和其他信息传输服务业	60	2192	746	381	92	61	133	22	14
计算机服务业	61	5855	2133	886	284	75	328	118	132
软件业	62	5934	2666	2169	322	60	146	9	4
批发和零售业	H	**141318**	**46031**	**32897**	**6994**	**5311**	**12802**	**1742**	**725**
批发业	63	93587	32944	23685	4379	2554	9482	1093	211
零售业	65	47731	13087	9212	2615	2757	3320	649	514
住宿和餐饮业	I	**13012**	**4804**	**1947**	**484**	**362**	**1017**	**559**	**132**
住宿业	66	5053	1327	838	268	144	415	107	77
餐饮业	67	7959	3477	1109	216	218	602	452	55
金融业	J	**1885**	**277**	**386**	**85**	**55**	**154**	**51**	**33**
银行业	68	439	52	52	16	23	19	16	13
证券业	69	137	23	70	7	2	2		1
保险业	70	796	186	173	30	22	61	22	12
其他金融活动	71	513	16	91	32	8	72	13	7
房地产业	K	**27964**	**9825**	**4881**	**1731**	**490**	**1556**	**393**	**269**
房地产业	72	27964	9825	4881	1731	490	1556	393	269
租赁和商务服务业	L	**46529**	**19267**	**9587**	**2195**	**619**	**2810**	**351**	**241**
租赁业	73	905	346	232	105	8	51	8	1
商务服务业	74	45624	18921	9355	2090	611	2759	343	240
科学研究、技术服务和地质勘查业	M	**13713**	**4860**	**5333**	**598**	**109**	**754**	**99**	**65**
研究与试验发展	75	3313	1016	1817	181	15	49	1	2
专业技术服务业	76	8473	3128	2805	376	80	621	76	54
科技交流和推广服务业	77	1854	685	707	40	14	79	16	9
地质勘查业	78	73	31	4	1		5	6	
水利、环境和公共设施管理业	N	**1813**	**533**	**284**	**92**	**26**	**177**	**43**	**29**
水利管理业	79	103	27	4	9	2	4	2	1
环境管理业	80	524	198	91	36	10	43	6	1
公共设施管理业	81	1186	308	189	47	14	130	35	27
居民服务和其他服务业	O	**10965**	**4474**	**2128**	**499**	**296**	**1107**	**116**	**46**
居民服务业	82	4884	2282	968	130	122	457	55	16
其他服务业	83	6081	2192	1160	369	174	650	61	30
教育	P	**2971**	**1720**	**433**	**112**	**64**	**139**	**11**	**11**
教育	84	2971	1720	433	112	64	139	11	11
卫生、社会保障和社会福利业	Q	**1717**	**1027**	**256**	**70**	**9**	**63**	**2**	
卫生	85	1648	975	248	70	9	61	2	
社会保障业	86	5	4						
社会福利业	87	64	48	8			2		
文化、体育和娱乐业	R	**3363**	**1522**	**459**	**184**	**92**	**325**	**25**	**20**
新闻出版业	88	252	178	37	8	4	8	1	
广播、电视、电影和音像业	89	495	234	59	21	10	27	5	5
文化艺术业	90	453	225	79	30	7	19	1	4
体育	91	277	127	45	29	6	24		
娱乐业	92	1886	758	239	96	65	247	18	11

梅州市	惠州市	汕尾市	东莞市	中山市	江门市	阳江市	湛江市	茂名市	肇庆市	清远市	潮州市	揭阳市	云浮市
150	**404**	**84**	**801**	**304**	**275**	**79**	**326**	**132**	**208**	**234**	**157**	**140**	**78**
					1								1
117	195	39	271	99	94	23	140	67	106	132	87	71	31
7	19	12	66	7	17	11	16	6	17	14	8	15	6
7	35	3	39	23	47	13	41	12	34	52	11	13	15
1	1	1	6	1	2	1	5					1	1
	2							1					
8	94	8	306	120	68	19	96	33	32	18	28	24	20
6	38	19	64	24	29	7	23	11	10	12	6	13	3
4	20	2	49	30	17	5	5	2	9	6	17	3	1
70	**587**	**69**	**1035**	**276**	**213**	**68**	**255**	**136**	**133**	**139**	**87**	**88**	**44**
41	93	39	185	39	60	28	66	11	50	74	17	17	23
18	383	27	668	146	94	37	155	109	60	54	65	64	19
11	111	3	182	91	59	3	34	16	23	11	5	7	2
1674	**3391**	**691**	**8807**	**3544**	**3213**	**1362**	**2842**	**3536**	**1477**	**929**	**967**	**1740**	**643**
551	1799	410	4239	2696	2199	609	1656	2065	868	485	422	947	293
1123	1592	281	4568	848	1014	753	1186	1471	609	444	545	793	350
224	**410**	**104**	**803**	**289**	**332**	**171**	**433**	**287**	**223**	**126**	**100**	**144**	**61**
118	228	60	455	170	147	72	180	108	122	86	43	61	27
106	182	44	348	119	185	99	253	179	101	40	57	83	34
50	**111**	**50**	**126**	**82**	**59**	**34**	**52**	**44**	**52**	**62**	**29**	**46**	**47**
20	13	25	16	11	13	12	26	13	21	18	9	20	31
3	1	1	11	1	3	1	2	3		3	2		1
20	26	8	46	29	30	13	18	21	16	19	12	21	11
7	71	16	53	41	13	8	6	7	15	22	6	5	4
244	**2264**	**75**	**1730**	**1241**	**753**	**270**	**489**	**264**	**465**	**552**	**234**	**122**	**116**
244	2264	75	1730	1241	753	270	489	264	465	552	234	122	116
235	**1237**	**117**	**5766**	**1623**	**673**	**177**	**308**	**149**	**417**	**336**	**185**	**132**	**104**
5	44	2	41	13	17	7	13	3	4	3	1		1
230	1193	115	5725	1610	656	170	295	146	413	333	184	132	103
75	**272**	**28**	**491**	**263**	**195**	**43**	**128**	**68**	**107**	**108**	**42**	**30**	**45**
2	8	1	120	34	37	4	12	4	4	3	1	2	
58	199	19	319	183	132	35	86	54	76	90	29	22	31
10	63	8	49	45	23	4	28	10	22	13	12	4	13
5	2		3	1	3		2		5	2		2	1
27	**125**	**8**	**150**	**69**	**54**	**14**	**15**	**33**	**40**	**55**	**10**	**6**	**23**
	2	4	12	1	6	1	1	16	5	1		1	4
2	23		51	15	12	3	3	2	8	9	4	1	6
25	100	4	87	53	36	10	11	15	27	45	6	4	13
57	**241**	**31**	**906**	**191**	**201**	**58**	**167**	**113**	**92**	**90**	**50**	**38**	**64**
20	70	22	287	67	87	27	90	62	36	28	23	21	14
37	171	9	619	124	114	31	77	51	56	62	27	17	50
12	**64**	**10**	**139**	**78**	**22**	**14**	**27**	**13**	**17**	**32**	**5**	**42**	**6**
12	64	10	139	78	22	14	27	13	17	32	5	42	6
4	**22**	**3**	**119**	**36**	**21**	**7**	**30**	**13**	**9**	**22**	**1**	**1**	**2**
4	21	3	119	33	20	7	30	12	9	22		1	2
											1		
	1			3	1			1					
31	**73**	**18**	**166**	**93**	**75**	**32**	**66**	**39**	**54**	**40**	**27**	**10**	**12**
1	2	1	4		3	2	1	1		1			
19	10	2	31	11	13	5	11	4	8	10	5	3	2
2	9	3	30	9	7	5	3	6	7	3	3	1	
	6		10	13	6	1	3		3	4			
9	46	12	91	60	46	19	48	28	36	22	19	6	10

2-2 按行业(大类)、地区分组的

行业	代码	企业法人单位数(个)	广州市	深圳市	珠海市	汕头市	佛山市	韶关市	河源市
总计		**16696**	**4777**	**2330**	**714**	**1075**	**585**	**554**	**407**
农、林、牧、渔业	A	**19**		**1**				**1**	
农业	01	8							
林业	02	8						1	
畜牧业	03	1		1					
渔业	04								
农、林、牧、渔服务业	05	2							
采矿业	B	**62**	**4**	**4**		**1**	**2**	**10**	**4**
煤炭开采和洗选业	06	1	1						
石油和天然气开采业	07	5		3					
黑色金属矿采选业	08	8						1	2
有色金属矿采选业	09	13						8	1
非金属矿采选业	10	34	2	1		1	2	1	1
其他采矿业	11	1	1						
制造业	C	**2301**	**571**	**338**	**61**	**161**	**112**	**75**	**34**
农副食品加工业	13	263	22	5	2	15	7	6	5
食品制造业	14	74	24	4	1	9	3		3
饮料制造业	15	77	15	3	3	4	5	2	1
烟草制品业	16	8	1	1				3	
纺织业	17	85	15	4		8	14	6	1
纺织服装、鞋、帽制造业	18	55	7	14		10	5	1	
皮革、毛皮、羽毛(绒)及其制品业	19	25	9	1		5	3		
木材加工及木、竹、藤、棕、草制品业	20	30	4		1	5	3	2	2
家具制造业	21	18	4	2		4	1		
造纸及纸制品业	22	55	11	6	3	2	2	3	2
印刷业和记录媒介的复制	23	135	46	16	4	4	4	4	4
文教体育用品制造业	24	29	10	3		6		1	1
石油加工、炼焦及核燃料加工业	25	14	4	2					
化学原料及化学制品制造业	26	134	40	9	2	7	7	4	
医药制造业	27	60	34	10		3			
化学纤维制造业	28	2	1		1				
橡胶制品业	29	28	12		1	1	1		
塑料制品业	30	83	16	18	2	10	4	1	
非金属矿物制品业	31	157	27	16	5	4	11	3	5
黑色金属冶炼及压延加工业	32	20	13	1				2	1
有色金属冶炼及压延加工业	33	29	10	1	1		3	6	
金属制品业	34	123	24	30	2	6	10	1	
通用设备制造业	35	121	42	12	2	4	3	15	
专用设备制造业	36	103	22	21	4	13	9	3	1
交通运输设备制造业	37	159	62	17	3	9	4	9	2
电气机械及器材制造业	39	156	41	41	12	8	8	3	1
通信设备、计算机及其他电子设备制造业	40	174	29	89	9	12	2		2
仪器仪表及文化、办公用机械制造业	41	35	17	9	1	3			3
工艺品及其他制造业	42	45	9	2	2	9	3		
废弃资源和废旧材料回收加工业	43	4		1					
电力、燃气及水的生产和供应业	D	**573**	**49**	**24**	**13**	**19**	**18**	**71**	**42**
电力、热力的生产和供应业	44	397	26	10	8	12	5	64	34
燃气生产和供应业	45	25	6	3	2		4		
水的生产和供应业	46	151	17	11	3	7	9	7	8
建筑业	E	**804**	**276**	**125**	**37**	**55**	**19**	**25**	**13**
房屋和土木工程建筑业	47	518	158	75	28	35	12	17	10
建筑安装业	48	145	59	32	4	11	3	1	1
建筑装饰业	49	74	35	10	2	7	2	4	2
其他建筑业	50	67	24	8	3	2	2	3	

国有控股企业法人单位数

梅州市	惠州市	汕尾市	东莞市	中山市	江门市	阳江市	湛江市	茂名市	肇庆市	清远市	潮州市	揭阳市	云浮市
413	**882**	**299**	**333**	**210**	**517**	**254**	**966**	**521**	**490**	**354**	**376**	**414**	**225**
1	**2**						**6**	**3**		**5**			
1							6			1			
								3		4			
	2												
5	**2**	**1**				**1**	**9**	**6**	**3**	**1**	**1**	**1**	**7**
							2						
2	2						1						
1								2	1				
2		1				1	6	4	2	1	1	1	7
63	**99**	**12**	**75**	**40**	**154**	**37**	**141**	**91**	**66**	**31**	**54**	**47**	**39**
6	31		14		3	21	37	54	7	5	13	6	4
2	2	2	2		3		8	2	4		1	3	1
10	3	3	2		1	1	6		3	1	3	6	5
1								1				1	
5	3		3	1	6	2	6	2	2	2	1	3	1
	1		3		2					1	3	7	1
					1	1		2	1		1	1	
1					1		7	1	1				2
			3		2			1				1	
2	2	1	1	2	10		2		2	1	2		
8	5		3	4	8	3	8	4	3	2	1	3	1
1			2	1	2	1							
	2						2	3	1				
3	13		1	3	22		3	2	8	2	4	1	3
			2	2		1	3	1	2		2		
1			1		1	2	5	1		1	1		
2	2	1	7	1	11		2	1		2	2	1	
9	10		1	2	9		11	6	9	6	8	3	12
1								2					
1					2		1	1	1	1			1
1	1	1	9	2	18	1	3	1	4	2	1	2	4
1			3	5	16	3	6		5	1	1	1	1
			8	2	5		7	1	3	1	1	2	
4	7	4	2	1	10		15	4	2	2	1		1
2	5		2	11	10		5		3		2	2	
	11		4	3	6				5		1		1
			1		1								
1	1		1		4	1	4	1			5	2	
1										1			1
47	**32**	**15**	**9**	**5**	**13**	**7**	**25**	**29**	**24**	**51**	**31**	**26**	**23**
39	16	11	5		8	2	11	19	17	45	28	18	19
1	1		1	2	1	1	2				1		
7	15	4	3	3	4	4	12	10	7	6	2	8	4
14	**55**	**4**	**8**	**7**	**16**	**16**	**49**	**22**	**31**	**10**	**8**	**10**	**4**
10	33	4	3	3	10	14	42	19	20	8	6	8	3
1	10		3	2	2	1	2	2	6	1	1	2	1
1	2		2	2	1		2		1	1			
2	10				3	1	3	1	4		1		

2-2 续表

行业	代码	企业法人单位数（个）	广州市	深圳市	珠海市	汕头市	佛山市	韶关市	河源市
交通运输、仓储和邮政业	**F**	**1146**	**303**	**203**	**53**	**69**	**39**	**27**	**30**
铁路运输业	51	6	6						
道路运输业	52	391	81	73	9	26	12	14	14
城市公共交通业	53	95	31	16	5	7	1	4	2
水上运输业	54	149	42	21	15	6	5		3
航空运输业	55	24	4	5	3	4	1		
管道运输业	56								
装卸搬运和其他运输服务业	57	208	84	43	8	14	8	2	1
仓储业	58	231	49	40	12	9	10	6	7
邮政业	59	42	6	5	1	3	2	1	3
信息传输、计算机服务和软件业	**G**	**355**	**125**	**63**	**15**	**8**	**11**	**6**	**9**
电信和其他信息传输服务业	60	199	41	20	9	5	8	5	7
计算机服务业	61	74	46	9	4	1	2	1	2
软件业	62	82	38	34	2	2	1		
批发和零售业	**H**	**4349**	**977**	**401**	**139**	**481**	**97**	**111**	**121**
批发业	63	3042	757	293	102	303	60	71	76
零售业	65	1307	220	108	37	178	37	40	45
住宿和餐饮业	**I**	**744**	**300**	**100**	**38**	**38**	**19**	**31**	**14**
住宿业	66	607	252	77	37	36	10	14	9
餐饮业	67	137	48	23	1	2	9	17	5
金融业	**J**	**576**	**78**	**113**	**25**	**24**	**30**	**22**	**15**
银行业	68	195	23	18	9	8	13	6	7
证券业	69	65	12	36		1	1		1
保险业	70	242	32	39	11	11	12	14	6
其他金融活动	71	74	11	20	5	4	4	2	1
房地产业	**K**	**1819**	**597**	**371**	**130**	**85**	**45**	**50**	**25**
房地产业	72	1819	597	371	130	85	45	50	25
租赁和商务服务业	**L**	**2065**	**666**	**288**	**128**	**64**	**120**	**83**	**72**
租赁业	73	40	15	5	2	1	2		
商务服务业	74	2025	651	283	126	63	118	83	72
科学研究、技术服务和地质勘查业	**M**	**806**	**382**	**136**	**35**	**19**	**21**	**19**	**16**
研究与试验发展	75	107	60	30		3	2	1	1
专业技术服务业	76	573	261	91	33	12	16	14	13
科技交流和推广服务业	77	87	40	15	2	4			2
地质勘查业	78	39	21				3	4	
水利、环境和公共设施管理业	**N**	**214**	**56**	**29**	**11**	**6**	**20**	**10**	**5**
水利管理业	79	44	7	1	3	1		1	1
环境管理业	80	37	15	8	3	3		1	
公共设施管理业	81	133	34	20	5	2	20	8	4
居民服务和其他服务业	**O**	**243**	**102**	**38**	**7**	**18**	**9**	**7**	**4**
居民服务业	82	106	46	13	4	11	4	3	2
其他服务业	83	137	56	25	3	7	5	4	2
教育	**P**	**144**	**88**	**26**	**2**	**9**	**6**	**1**	
教育	84	144	88	26	2	9	6	1	
卫生、社会保障和社会福利业	**Q**	**110**	**39**	**8**	**1**	**3**	**2**		
卫生	85	104	35	7	1	3	2		
社会保障业	86	1	1						
社会福利业	87	5	3	1					
文化、体育和娱乐业	**R**	**366**	**164**	**62**	**19**	**15**	**15**	**5**	**3**
新闻出版业	88	129	90	24	5	2	2	1	
广播、电视、电影和音像业	89	128	33	15	6	7	7	2	3
文化艺术业	90	47	17	8	2	3	2	1	
体育	91	23	12	6	1	1	1		
娱乐业	92	39	12	9	5	2	3	1	

梅州市	惠州市	汕尾市	东莞市	中山市	江门市	阳江市	湛江市	茂名市	肇庆市	清远市	潮州市	揭阳市	云浮市
24	**51**	**32**	**20**	**18**	**42**	**15**	**75**	**15**	**32**	**39**	**22**	**26**	**11**
17	21	7	5	4	14	3	31	5	12	19	7	13	4
	3	1	2	2	3	2	6	1	5	1	1	2	
1	7		1	3	12	1	10	2	4	5	5	3	3
1						1	3					1	1
	8	5	3	3	5	2	12	3	5	2			
4	11	18	8	5	6	5	12	3	4	10	5	5	2
1	1	1	1	1	2	1	1	1	2	2	4	2	1
29	**8**	**5**	**15**	**6**	**11**	**3**	**9**	**4**	**8**	**11**	**2**	**6**	**1**
29	6	4	12	6	10	3	7	3	8	8	2	5	1
	2	1	2		1			1		1		1	
			1				2			2			
110	**243**	**160**	**69**	**25**	**94**	**94**	**386**	**236**	**124**	**71**	**128**	**214**	**68**
66	169	110	31	19	67	66	287	158	69	54	93	152	39
44	74	50	38	6	27	28	99	78	55	17	35	62	29
17	**18**	**13**	**2**	**3**	**15**	**7**	**44**	**18**	**29**	**13**	**6**	**14**	**5**
13	16	9	2	3	13	6	37	13	27	13	5	11	4
4	2	4			2	1	7	5	2		1	3	1
15	**20**	**12**	**37**	**25**	**19**	**15**	**18**	**23**	**16**	**18**	**15**	**24**	**12**
6	8	4	10	9	8	8	8	7	6	7	6	17	7
			7		1		2	1		2	1		
7	11	5	16	15	8	6	7	12	7	8	5	7	3
2	1	3	4	1	2	1	1	3	3	1	3		2
18	**165**	**4**	**20**	**23**	**29**	**17**	**75**	**22**	**39**	**18**	**54**	**17**	**15**
18	165	4	20	23	29	17	75	22	39	18	54	17	15
44	**133**	**28**	**45**	**36**	**59**	**25**	**59**	**18**	**79**	**34**	**42**	**17**	**25**
2			1		7		4			1			
42	133	28	44	36	52	25	55	18	79	33	42	17	25
10	**24**	**3**	**14**	**5**	**20**	**7**	**31**	**5**	**21**	**18**	**5**	**6**	**9**
	1		3		1	1	3					1	
8	20	3	10	4	15	6	21	5	14	16	4	4	3
	3		1	1	2		5		4	1	1	1	5
2					2		2		3	1			1
2	**11**	**5**	**2**	**4**	**14**	**2**	**3**	**17**	**6**	**5**	**1**	**1**	**4**
	1	4			2	1		15	4			1	2
	1			2	2						1		1
2	9	1	2	2	10	1	3	2	2	5			1
3	**6**	**1**	**7**	**2**	**5**	**4**	**11**	**3**	**5**	**8**	**3**		
	1	1	3	2	2	1	4	1	2	4	2		
3	5		4		3	3	7	2	3	4	1		
				3	**1**		**3**		**1**		**1**	**3**	
				3	1		3		1		1	3	
1			**4**	**5**	**14**	**1**	**13**	**2**	**1**	**14**		**1**	**1**
1			4	4	14	1	13	2	1	14		1	1
				1									
10	**13**	**4**	**6**	**3**	**11**	**3**	**9**	**7**	**5**	**7**	**3**	**1**	**1**
	2				1			1		1			
10	6	2	5	1	7	3	6	4	3	4	2	1	1
	2	2	1	2	1		2	2		1	1		
	1						1						
	2				2				2	1			

2-3 按行业(大类)、地区

行　业	代码	就业人数(人)	广州市	深圳市	珠海市	汕头市	佛山市	韶关市	河源市
总　计		**27308441**	**4811939**	**6316568**	**780879**	**789636**	**2600627**	**321522**	**210073**
农、林、牧、渔业	A	**15792**		**168**	**67**			**67**	**50**
农业	01	9582							
林业	02	1984						67	
畜牧业	03	3980		19	57				50
渔业	04	159		149	10				
农、林、牧、渔服务业	05	87							
采矿业	B	**96246**	**1279**	**1034**	**227**	**980**	**876**	**14039**	**6948**
煤炭开采和洗选业	06	76	34						
石油和天然气开采业	07	3331	15	976					
黑色金属矿采选业	08	15699						2643	2418
有色金属矿采选业	09	16641	270					7442	2105
非金属矿采选业	10	59887	930	58	227	916	876	3951	2405
其他采矿业	11	612	30			64		3	20
制造业	C	**17710758**	**2050135**	**3677363**	**498002**	**492978**	**2030196**	**141269**	**130082**
农副食品加工业	13	205296	16467	12403	3839	11662	16079	1805	2089
食品制造业	14	207172	43454	18245	6477	11529	14672	737	1475
饮料制造业	15	90205	18695	14219	3195	2928	8663	1607	1021
烟草制品业	16	8249	5423	527		404		1215	
纺织业	17	870053	95280	49809	14656	66972	109749	10838	10385
纺织服装、鞋、帽制造业	18	1455037	268228	184453	40802	82401	128035	5376	14178
皮革、毛皮、羽毛(绒)及其制品业	19	1181268	205777	95896	21402	7036	106252	3398	12129
木材加工及木、竹、藤、棕、草制品业	20	158594	13540	11376	2252	7441	19549	4413	1869
家具制造业	21	465165	42774	69125	3576	2924	90025	2162	1021
造纸及纸制品业	22	410407	45576	76533	7130	17302	40154	2744	685
印刷业和记录媒介的复制	23	382741	45876	71559	7438	24204	36905	2367	2546
文教体育用品制造业	24	749807	74715	120716	10324	52214	42832	22514	12208
石油加工、炼焦及核燃料加工业	25	28226	7481	617	122	429	2437	23	
化学原料及化学制品制造业	26	385875	100316	42578	12918	24188	46208	4282	551
医药制造业	27	96673	26111	12512	7995	4089	6530	1269	1391
化学纤维制造业	28	22540	1169	1400	922	488	1672		91
橡胶制品业	29	209970	40890	35053	1232	1800	16465	106	1757
塑料制品业	30	1211026	81368	250058	29146	52601	109771	1476	4412
非金属矿物制品业	31	716378	48129	58180	11026	5614	179632	9527	10514
黑色金属冶炼及压延加工业	32	87962	15282	1310	3678	380	18132	17691	2710
有色金属冶炼及压延加工业	33	159770	14143	7204	1654	1291	65050	6899	744
金属制品业	34	1213787	106464	180142	17910	12380	208827	3532	1784
通用设备制造业	35	442918	66724	75724	14979	6790	80980	9822	954
专用设备制造业	36	549380	48493	170168	20975	10851	59058	4143	7121
交通运输设备制造业	37	456056	153456	79411	13922	19412	52709	2016	1501
电气机械及器材制造业	39	1961545	130499	474509	79327	21398	403101	7943	15180
通信设备、计算机及其他电子设备制造业	40	3011835	215934	1324082	134934	13445	78762	7766	15326
仪器仪表及文化、办公用机械制造业	41	426288	37710	146699	18789	2737	40212	2748	3152
工艺品及其他制造业	42	513111	78342	92663	7044	27140	36497	1741	3211
废弃资源和废旧材料回收加工业	43	33424	1819	192	338	928	11238	1109	77
电力、燃气及水的生产和供应业	D	**311229**	**104335**	**10055**	**2376**	**10204**	**9557**	**21423**	**9204**
电力、热力的生产和供应业	44	237377	90916	2997	1062	6724	3502	19624	7771
燃气生产和供应业	45	11309	4070	395	239	240	1567	288	142
水的生产和供应业	46	62543	9349	6663	1075	3240	4488	1511	1291
建筑业	E	**1920243**	**407551**	**364776**	**53789**	**128708**	**130166**	**47770**	**19463**
房屋和土木工程建筑业	47	1469598	291201	215269	29522	116135	99515	43058	16949
建筑安装业	48	217751	61026	59801	7881	6434	17888	3012	1515
建筑装饰业	49	178122	35082	79349	14935	5261	8774	1200	729
其他建筑业	50	54772	20242	10357	1451	878	3989	500	270

分组的企业法人单位就业人数

梅州市	惠州市	汕尾市	东莞市	中山市	江门市	阳江市	湛江市	茂名市	肇庆市	清远市	潮州市	揭阳市	云浮市
324718	**1047564**	**187855**	**4308008**	**1588659**	**1004253**	**316279**	**473143**	**434352**	**434985**	**368545**	**344930**	**469039**	**174867**
175	**71**				**2**		**9151**	**1600**		**622**			**3819**
175							9135	180		92			
								1420		497			
					2					33			3819
	71						16						
9871	**3238**	**1511**	**50**	**439**	**4386**	**2080**	**9303**	**13756**	**9330**	**9542**	**342**	**982**	**6033**
												42	
						6	2231	103					
3453	179					287	397	725	2105	3226			266
1809	225					228	359	1351	985	1682		162	23
4555	2767	1511	50	439	4375	1547	6255	11459	6204	4535	342	741	5744
54	67				11	12	61	118	36	99		37	
143700	**812196**	**132125**	**3743075**	**1310013**	**760234**	**195742**	**192152**	**183906**	**276626**	**233711**	**273210**	**329576**	**104467**
2242	5129	4283	7070	5973	9989	12463	50822	10777	5025	6915	5741	11867	2656
1416	2924	2570	20366	11473	15204	2910	6583	3603	2131	1352	18341	20012	1698
2806	2352	1955	9195	5264	1539	994	4170	2014	2485	888	2405	3240	570
177					59	104	141	186	8			5	
5291	52182	31995	182822	83154	48576	5133	5817	13378	17290	11988	4233	43771	6734
4985	46756	17167	258770	173435	84758	10486	1744	3714	18527	18364	24631	52183	16044
5846	88105	3903	357153	126435	32000	3659	3053	25499	31631	44697	3840	3238	319
5852	3092	529	20484	5715	9370	14332	16724	7518	8346	3383	252	1781	776
8205	20377	360	134634	39537	19514	7980	6601	3804	5487	3205	664	2652	538
2210	13302	1280	105371	36262	23959	3824	5079	3987	5833	7083	5584	4997	1512
1143	10089	435	70443	28807	35214	5359	3365	2001	4205	3100	17955	9434	296
3206	29362	7104	262427	68553	9993	1139	194	3466	6573	8781	1891	10629	966
18	1864		898	791	246	32	1014	11729	160	299		66	
2263	18891	1321	33184	27736	24748	1421	4328	11376	11094	5820	3133	6167	3352
1493	3333	166	3818	6367	3456	822	3002	1467	4080	1386	1475	4516	1395
38	592	32	3587	1072	7546	38	134	66	852	325		2516	
1329	7247	139	69669	10428	7591	1689	1592	2553	1839	6158	309	2092	32
2343	51082	12357	394352	66450	38584	7325	11393	7445	9533	10910	22840	44566	3014
30609	17709	1550	45556	21741	29660	5389	20700	20076	28064	35923	107977	12878	15924
1377	1149		4230	1534	5842	5119	36	1060	748	2541	373	4516	254
2200	2297	52	15365	9743	8638	1716	608	103	9696	7559	1288	2729	791
2686	39104	2532	196718	94319	131569	87230	4567	5012	38862	5681	21993	31856	20619
4459	11626	321	84598	35793	18237	4801	3069	2823	10117	3979	2357	3165	1600
1047	11407	928	146453	36554	11256	1049	5545	1804	3355	2245	1173	5480	275
4283	23901	839	23623	11399	47969	1555	5840	1706	5461	2374	607	3827	245
5167	65126	1724	355255	244374	68860	4105	21526	7537	10947	10076	7885	23002	4004
29881	237780	16361	727565	91493	43361	1596	1108	1997	20769	18792	6384	5630	18869
494	11490	762	121398	30676	2543	359	128	308	1125	440	1479	2999	40
10377	31137	21245	87708	34290	19422	3019	1877	26325	8732	4540	8197	7686	1918
257	2791	215	363	645	531	94	1392	572	3651	4907	203	2076	26
20398	**8363**	**6304**	**10207**	**5717**	**6930**	**7385**	**7704**	**16925**	**10594**	**13762**	**7972**	**16745**	**5069**
17574	4034	4450	5014	1921	3457	5793	4482	13735	8541	12472	5445	13605	4258
407	401	15	455	473	153	164	736	322	129	5	1060		48
2417	3928	1839	4738	3323	3320	1428	2486	2868	1924	1285	1467	3140	763
83903	**44602**	**12491**	**76955**	**54381**	**79740**	**53734**	**91612**	**90086**	**54140**	**36610**	**19275**	**50197**	**20294**
80517	32506	11144	45764	36432	66941	49293	88497	86439	47967	30412	17062	45171	19804
1751	6442	409	15602	9379	5694	2035	1515	2911	3649	5018	1803	3644	342
1258	4127	737	9955	6934	2701	1038	983	679	1767	735	398	1332	148
377	1527	201	5634	1636	4404	1368	617	57	757	445	12	50	

2-3 续表

行业	代码	就业人数(人)	广州市	深圳市	珠海市	汕头市	佛山市	韶关市	河源市
交通运输、仓储和邮政业	F	**905956**	**349181**	**243743**	**23773**	**18630**	**38234**	**12011**	**6519**
铁路运输业	51	532	280						
道路运输业	52	282695	85712	64663	6121	6621	12684	6465	5096
城市公共交通业	53	186833	81634	57679	5194	1388	6604	1590	385
水上运输业	54	120085	60794	14074	3714	4370	5674	557	113
航空运输业	55	65310	40824	21083	1496	1087	20		
管道运输业	56	256							
装卸搬运和其他运输服务业	57	121740	42311	49387	3402	2113	4890	1526	75
仓储业	58	40791	11259	16054	1527	797	2737	357	252
邮政业	59	87714	26367	20803	2319	2254	5625	1516	598
信息传输、计算机服务和软件业	G	**371428**	**131400**	**117144**	**14100**	**6690**	**16021**	**3607**	**2981**
电信和其他信息传输服务业	60	141850	41964	23381	3680	5597	10056	2720	2417
计算机服务业	61	85783	38443	19144	2625	673	4134	797	540
软件业	62	143795	50993	74619	7795	420	1831	90	24
批发和零售业	H	**1944926**	**551249**	**552347**	**65092**	**69779**	**131656**	**28407**	**10986**
批发业	63	1184433	370194	346828	36745	38230	81839	16500	4365
零售业	65	760493	181055	205519	28347	31549	49817	11907	6621
住宿和餐饮业	I	**795943**	**248529**	**164182**	**28556**	**15139**	**53300**	**17124**	**6836**
住宿业	66	366607	82506	64710	18211	9795	24454	6450	4205
餐饮业	67	429336	166023	99472	10345	5344	28846	10674	2631
金融业	J	**490148**	**107519**	**138228**	**13670**	**16349**	**36764**	**10164**	**5471**
银行业	68	240606	51687	44212	7511	9395	20405	4915	3322
证券业	69	38435	2911	33555	89	39	45		50
保险业	70	194533	52214	54410	5627	6451	14555	4743	1688
其他金融活动	71	16574	707	6051	443	464	1759	506	411
房地产业	K	**771830**	**235885**	**251573**	**33533**	**12521**	**50552**	**10583**	**6040**
房地产业	72	771830	235885	251573	33533	12521	50552	10583	6040
租赁和商务服务业	L	**1121931**	**325715**	**521252**	**21684**	**8541**	**43537**	**7625**	**2779**
租赁业	73	17105	5903	5066	974	61	1296	103	20
商务服务业	74	1104826	319812	516186	20710	8480	42241	7522	2759
科学研究、技术服务和地质勘查业	M	**293470**	**97030**	**130406**	**8631**	**2078**	**14197**	**1910**	**849**
研究与试验发展	75	62201	16432	38660	1239	229	734	15	7
专业技术服务业	76	199627	68827	78448	6937	1666	12463	1456	761
科技交流和推广服务业	77	28870	10387	13239	453	183	886	122	81
地质勘查业	78	2772	1384	59	2		114	317	
水利、环境和公共设施管理业	N	**69935**	**18530**	**20058**	**2278**	**314**	**7551**	**1070**	**812**
水利管理业	79	2382	563	52	301	20	284	14	10
环境管理业	80	21887	6484	8241	602	133	2077	214	39
公共设施管理业	81	45666	11483	11765	1375	161	5190	842	763
居民服务和其他服务业	O	**245203**	**78357**	**74715**	**7083**	**2762**	**21349**	**2507**	**591**
居民服务业	82	105883	31820	24272	2548	1144	12436	1656	225
其他服务业	83	139320	46537	50443	4535	1618	8913	851	366
教育	P	**73279**	**43122**	**14194**	**1420**	**1157**	**3880**	**293**	**91**
教育	84	73279	43122	14194	1420	1157	3880	293	91
卫生、社会保障和社会福利业	Q	**49283**	**15710**	**9741**	**1353**	**905**	**1597**	**20**	
卫生	85	47916	14639	9637	1353	905	1560	20	
社会保障业	86	79	77						
社会福利业	87	1288	994	104			37		
文化、体育和娱乐业	R	**120841**	**46412**	**25589**	**5245**	**1901**	**11194**	**1633**	**371**
新闻出版业	88	23578	19473	3048	79	43	375	16	
广播、电视、电影和音像业	89	14091	3634	3321	367	200	3534	137	29
文化艺术业	90	5342	2233	1172	189	149	218	14	28
体育	91	6098	1820	2594	200	94	581		
娱乐业	92	71732	19252	15454	4410	1415	6486	1466	314

梅州市	惠州市	汕尾市	东莞市	中山市	江门市	阳江市	湛江市	茂名市	肇庆市	清远市	潮州市	揭阳市	云浮市
8480	**19903**	**5335**	**40036**	**18717**	**19199**	**5551**	**37141**	**13926**	**10648**	**11704**	**9389**	**8917**	**4919**
					2								250
5175	10661	2676	13438	6427	7993	2424	12391	9039	4922	7456	6184	3999	2548
520	3683	1039	12539	4315	2658	854	2310	759	463	1014	1084	876	245
271	1237	21	2033	1997	2484	340	16377	972	2513	1319	432	432	361
163	11	18	43	4	53	15	360					108	25
	168							88					
121	1004	385	3808	4320	1225	448	1836	1850	675	289	442	1288	345
203	1066	224	2637	559	1115	157	679	213	205	100	127	480	43
2027	2073	972	5538	1095	3669	1313	3188	1005	1870	1526	1120	1734	1102
3715	**8708**	**3362**	**18502**	**8161**	**7373**	**2657**	**7177**	**3807**	**3753**	**3581**	**3350**	**3677**	**1662**
3523	4918	3109	7690	3742	6108	2403	4984	2338	3098	3216	2510	2855	1541
104	2788	217	7874	1953	775	233	1840	1328	460	240	785	724	106
88	1002	36	2938	2466	490	21	353	141	195	125	55	98	15
24222	**44269**	**11533**	**123944**	**68784**	**39201**	**21005**	**43131**	**64505**	**23500**	**13846**	**12476**	**32393**	**12601**
10286	19361	6609	55379	45025	21690	10981	25814	40579	12102	8302	5941	19356	8307
13936	24908	4924	68565	23759	17511	10024	17317	23926	11398	5544	6535	13037	4294
7725	**24635**	**4746**	**85079**	**26438**	**25323**	**10227**	**22678**	**13029**	**13351**	**13299**	**4000**	**7877**	**3870**
5364	15693	2111	56510	15855	14437	2633	10897	6365	8154	10098	2009	3999	2151
2361	8942	2635	28569	10583	10886	7594	11781	6664	5197	3201	1991	3878	1719
11522	**15635**	**4138**	**32451**	**16467**	**15258**	**5809**	**14941**	**10609**	**8393**	**8306**	**5246**	**8041**	**5167**
6355	7741	2456	18663	8428	10920	3381	9501	7099	6297	5035	3925	6370	2988
109	414	8	917	24	84	8	45	14		80	27		16
4515	7079	1253	11396	7798	4083	2095	4525	2995	1567	3010	1031	1603	1895
543	401	421	1475	217	171	325	870	501	529	181	263	68	268
4443	**30143**	**1291**	**41849**	**27789**	**13412**	**5833**	**11048**	**5401**	**9616**	**10685**	**3884**	**3593**	**2156**
4443	30143	1291	41849	27789	13412	5833	11048	5401	9616	10685	3884	3593	2156
2914	**17260**	**2131**	**83040**	**29386**	**14806**	**3005**	**14656**	**5053**	**4915**	**4196**	**3582**	**3359**	**2495**
107	452	21	1612	186	477	41	589	104	53	33	4		3
2807	16808	2110	81428	29200	14329	2964	14067	4949	4862	4163	3578	3359	2492
1506	**5786**	**427**	**10107**	**5186**	**5179**	**584**	**2365**	**1585**	**2054**	**1705**	**715**	**665**	**505**
38	61	17	4087	192	140	45	115	32	36	29	45	48	
1174	5016	346	5384	4490	4599	458	1660	1430	1464	1606	552	506	384
69	695	64	615	454	351	81	338	123	374	54	118	74	109
225	14		21	50	89		252		180	16		37	12
898	**1836**	**331**	**4339**	**3478**	**2887**	**405**	**255**	**499**	**1760**	**1946**	**144**	**315**	**229**
	43	263	145	72	54	8	8	170	268	9		6	92
9	380		540	1052	1181	24	18	13	616	115	45	60	44
889	1413	68	3654	2354	1652	373	229	316	876	1822	99	249	93
658	**6081**	**866**	**19942**	**3192**	**5545**	**744**	**5335**	**7377**	**2922**	**2307**	**701**	**776**	**1393**
302	3329	740	9341	1378	1952	341	3923	6119	1772	1230	341	521	493
356	2752	126	10601	1814	3593	403	1412	1258	1150	1077	360	255	900
152	**533**	**150**	**2174**	**1290**	**277**	**201**	**535**	**395**	**1376**	**470**	**59**	**1432**	**78**
152	533	150	2174	1290	277	201	535	395	1376	470	59	1432	78
143	**757**	**56**	**6776**	**6171**	**2734**	**129**	**1567**	**206**	**279**	**1019**	**2**	**70**	**48**
143	756	56	6776	6049	2721	129	1567	189	279	1019		70	48
											2		
	1			122	13			17					
293	**3548**	**1058**	**9482**	**3050**	**1767**	**1188**	**2392**	**1687**	**1728**	**1234**	**583**	**424**	**62**
33	341	8	30		58	12	4	53		5			
150	821	129	599	187	223	71	258	106	106	66	94	48	11
14	85	110	425	286	90	54	71	46	39	45	24	50	
	49		119	173	50	6	18		52	342			
96	2252	811	8309	2404	1346	1045	2041	1482	1531	776	465	326	51

2-4 按行业(大类)、地区分组的

行业	代码	就业人数(人)							
			广州市	深圳市	珠海市	汕头市	佛山市	韶关市	河源市
总计		**2750328**	**970785**	**620875**	**93058**	**128976**	**86591**	**96199**	**29476**
农、林、牧、渔业	A	**11230**		**19**				**67**	
农业	01	9212							
林业	02	1928						67	
畜牧业	03	19		19					
渔业	04								
农、林、牧、渔服务业	05	71							
采矿业	B	**22291**	**151**	**756**		**51**	**283**	**7953**	**1184**
煤炭开采和洗选业	06	9	9						
石油和天然气开采业	07	2489		736					
黑色金属矿采选业	08	3594						2127	1074
有色金属矿采选业	09	7330						5812	2
非金属矿采选业	10	8839	112	20		51	283	14	108
其他采矿业	11	30	30						
制造业	C	**582137**	**169703**	**165109**	**37460**	**11873**	**20125**	**38130**	**4147**
农副食品加工业	13	20196	1575	299	566	846	356	94	122
食品制造业	14	10105	6071	770	191	362	644		53
饮料制造业	15	10243	3486	693	1294	477	1470	185	8
烟草制品业	16	7128	5409	527				1000	
纺织业	17	20647	3518	238		255	3164	4520	787
纺织服装、鞋、帽制造业	18	5282	1143	2134		343	79	8	
皮革、毛皮、羽毛(绒)及其制品业	19	1901	851	120		165	195		
木材加工及木、竹、藤、棕、草制品业	20	2989	427		310	150	848	64	35
家具制造业	21	1316	366	104		123	299		
造纸及纸制品业	22	16633	3352	890	919	58	1457	1257	200
印刷业和记录媒介的复制	23	13293	5529	2865	444	145	300	144	84
文教体育用品制造业	24	7929	3407	459		1002		300	1619
石油加工、炼焦及核燃料加工业	25	15848	5875	96					
化学原料及化学制品制造业	26	18987	6324	462	445	130	1190	1602	
医药制造业	27	21513	14389	3758		73			
化学纤维制造业	28	364	36		328				
橡胶制品业	29	11742	9958		80	27	23		
塑料制品业	30	15115	2001	4301	55	496	5439	75	
非金属矿物制品业	31	17903	2683	2653	551	297	1215	574	174
黑色金属冶炼及压延加工业	32	23533	7364	49				15987	75
有色金属冶炼及压延加工业	33	8724	2227	115	28		720	5019	
金属制品业	34	19261	4841	6503	67	157	233	71	
通用设备制造业	35	18468	7848	858	2294	109	206	4284	
专用设备制造业	36	14650	2054	6231	46	402	729	202	102
交通运输设备制造业	37	61974	46966	2496	195	1207	753	193	27
电气机械及器材制造业	39	53713	8896	7612	26053	329	324	2551	140
通信设备、计算机及其他电子设备制造业	40	152276	7565	119907	3426	3878	277		695
仪器仪表及文化、办公用机械制造业	41	6351	4927	822	54	476			26
工艺品及其他制造业	42	3956	615	109	114	366	204		
废弃资源和废旧材料回收加工业	43	97		38					
电力、燃气及水的生产和供应业	D	**201445**	**98059**	**6559**	**895**	**7796**	**4353**	**12537**	**5690**
电力、热力的生产和供应业	44	165403	88812	1582	673	6154	1339	11730	5298
燃气生产和供应业	45	5612	2611	387	159		1437		
水的生产和供应业	46	30430	6636	4590	63	1642	1577	807	392
建筑业	E	**465603**	**162402**	**94133**	**12621**	**57901**	**3274**	**11352**	**2081**
房屋和土木工程建筑业	47	389828	131059	60662	11956	54705	3049	10813	1864
建筑安装业	48	53863	18486	28474	127	1700	207	18	2
建筑装饰业	49	10769	3817	4467	8	1156	5	452	215
其他建筑业	50	11143	9040	530	530	340	13	69	

国有控股企业法人单位就业人数

	梅州市	惠州市	汕尾市	东莞市	中山市	江门市	阳江市	湛江市	茂名市	肇庆市	清远市	潮州市	揭阳市	云浮市
	39988	**72310**	**20726**	**59585**	**39034**	**70135**	**28614**	**152738**	**70149**	**62299**	**34163**	**20825**	**34317**	**19485**
	103	**71**						**9097**	**1420**		**453**			
	103							9097			12			
									1420		441			
		71												
	723	**26**	**1139**				**329**	**3399**	**361**	**1378**	**92**	**33**	**35**	**4398**
								1753						
	52	26						315						
	607								194	715				
	64		1139				329	1331	167	663	92	33	35	4398
	4438	**14338**	**1177**	**8450**	**9902**	**23321**	**5308**	**25747**	**12180**	**17029**	**6278**	**2894**	**1984**	**2544**
	300	741		913		282	962	9618	2207	333	93	516	151	222
	80	40	83	241		529		649	62	92		38	184	16
	259	76	401	477		33	178	699		14	15	105	344	29
	177								10				5	
	178	53		256	60	2344	702	2844	526	41	622	288	231	20
		6		558		378					133	35	457	8
						35	32		452	42		3	6	
	19					290		687	76	58				25
				274		37			75				38	
	39	95	40	5	4829	2947		346		89	12	53	45	
	220	148		47	37	1064	412	338	105	274	1006	48	43	40
	26			218	12	774	80						32	
		1827						783	7257	10				
	22	1747		27	1044	3869		366	40	762	475	192	25	265
				80	194		140	51	13	2781		34		
	68			165		48	836	287	181		62	7		
	74	3	568	120	48	927		326	25		620	17	20	
	867	1212		360	50	1681		986	816	227	1783	592	121	1061
	5								53					
	296					145		65	22	2	60			25
	1	40	2	556	129	2131	315	122	121	1974	1269	4	26	699
	70			98	139	1632	660	134		22	40	26	45	3
				1566	24	1060		1961	63	42	51	12	105	
	1404	775	83	1857	4	1673		4217	68	9	17	20		10
	300	1167		292	2957	1000		990		974		35	93	
		6290		299	375	149				9283		17		115
				21		25								
		118		20		268	991	278	8			852	13	
	33										20			6
	10125	**4297**	**3737**	**3459**	**370**	**2321**	**1886**	**6136**	**7862**	**3833**	**5331**	**5081**	**8447**	**2671**
	8201	2098	2835	2684		1467	893	4310	5932	2851	4993	4224	6747	2580
	232	340		50	178	24	68	95				31		
	1692	1859	902	725	192	830	925	1731	1930	982	338	826	1700	91
	2741	**16708**	**618**	**2026**	**1706**	**2991**	**6002**	**41395**	**21747**	**18747**	**1865**	**1010**	**3625**	**658**
	2507	15808	618	1925	1578	2889	5500	40587	20391	17620	1598	939	3129	631
	86	844		89	120	39	360	401	1306	995	17	69	496	27
	25	14		12	8	2		278		60	250			
	123	42				61	142	129	50	72		2		

2-4 续表

行业	代码	就业人数（人）							
			广州市	深圳市	珠海市	汕头市	佛山市	韶关市	河源市
交通运输、仓储和邮政业	**F**	**397550**	**194063**	**66601**	**13034**	**10538**	**9324**	**4921**	**4830**
铁路运输业	51	242	242						
道路运输业	52	88979	23622	15462	2249	3001	1506	2406	3638
城市公共交通业	53	94541	47784	27893	5082	942	1290	792	277
水上运输业	54	75085	48629	3464	2151	2864	499		73
航空运输业	55	48520	40798	5251	827	995	6		
管道运输业	56								
装卸搬运和其他运输服务业	57	13332	8065	2632	521	224	523	33	3
仓储业	58	11514	3755	3237	300	414	1038	185	247
邮政业	59	65337	21168	8662	1904	2098	4462	1505	592
信息传输、计算机服务和软件业	**G**	**88668**	**26942**	**12915**	**2993**	**3904**	**6762**	**1806**	**2363**
电信和其他信息传输服务业	60	79750	21335	10124	2825	3887	6714	1790	2352
计算机服务业	61	3498	2966	265	87	3	42	16	11
软件业	62	5420	2641	2526	81	14	6		
批发和零售业	**H**	**190112**	**52835**	**36997**	**4777**	**13336**	**5097**	**4054**	**2419**
批发业	63	118766	34494	21427	2376	10063	2147	3401	1527
零售业	65	71346	18341	15570	2401	3273	2950	653	892
住宿和餐饮业	**I**	**76120**	**38201**	**15732**	**2933**	**2134**	**1538**	**1320**	**682**
住宿业	66	66229	32836	13647	2925	2092	989	625	579
餐饮业	67	9891	5365	2085	8	42	549	695	103
金融业	**J**	**313129**	**72996**	**79286**	**9403**	**12900**	**21975**	**7819**	**3915**
银行业	68	163231	41190	28979	5919	6950	14042	3071	2031
证券业	69	29664	2488	26091		27	15		50
保险业	70	109286	28658	20158	3270	5477	7083	4389	1501
其他金融活动	71	10948	660	4058	214	446	835	359	333
房地产业	**K**	**86757**	**25741**	**38585**	**3517**	**3958**	**1758**	**1119**	**505**
房地产业	72	86757	25741	38585	3517	3958	1758	1119	505
租赁和商务服务业	**L**	**183890**	**68715**	**67545**	**2526**	**2307**	**6395**	**3873**	**1223**
租赁业	73	1576	821	42	113	10	10		
商务服务业	74	182314	67894	67503	2413	2297	6385	3873	1223
科学研究、技术服务和地质勘查业	**M**	**54205**	**26631**	**19025**	**1117**	**1168**	**636**	**675**	**155**
研究与试验发展	75	7089	5859	876		139	47	15	3
专业技术服务业	76	42816	18579	17340	1099	932	543	365	145
科技交流和推广服务业	77	2128	988	809	18	97			7
地质勘查业	78	2172	1205				46	295	
水利、环境和公共设施管理业	**N**	**13407**	**2638**	**4899**	**823**	**61**	**1199**	**394**	**82**
水利管理业	79	1289	339	13	110	10		10	10
环境管理业	80	2869	470	1342	172	39		1	
公共设施管理业	81	9249	1829	3544	541	12	1199	383	72
居民服务和其他服务业	**O**	**11640**	**6632**	**2645**	**262**	**320**	**79**	**81**	**180**
居民服务业	82	2294	829	647	69	165	50	40	114
其他服务业	83	9346	5803	1998	193	155	29	41	66
教育	**P**	**5765**	**2938**	**903**	**59**	**267**	**303**	**8**	
教育	84	5765	2938	903	59	267	303	8	
卫生、社会保障和社会福利业	**Q**	**9653**	**1469**	**690**	**17**	**73**	**31**		
卫生	85	9512	1378	644	17	73	31		
社会保障业	86	27	27						
社会福利业	87	114	64	46					
文化、体育和娱乐业	**R**	**36726**	**20669**	**8476**	**621**	**389**	**3459**	**90**	**20**
新闻出版业	88	21186	18155	2497	32	32	12	16	
广播、电视、电影和音像业	89	8739	1043	2417	83	188	3145	55	20
文化艺术业	90	1628	626	377	14	81	36	14	
体育	91	955	253	659	1	12	14		
娱乐业	92	4218	592	2526	491	76	252	5	

梅州市	惠州市	汕尾市	东莞市	中山市	江门市	阳江市	湛江市	茂名市	肇庆市	清远市	潮州市	揭阳市	云浮市
4433	**8408**	**2880**	**9298**	**5120**	**10779**	**3816**	**25840**	**5316**	**4786**	**5846**	**2694**	**3515**	**1508**
1889	4831	1398	1450	448	5689	1978	6869	3212	2294	4124	1431	1358	124
	1667	228	2156	2969	1018	311	1261	498	188	60	55	70	
188	168		847	686	649	81	13417	322	304	185	182	161	215
163						15	332					108	25
	321	103	24	37	185	69	294	199	85	14			
185	296	214	166	155	169	124	505	92	126	61	105	98	42
2008	1125	937	4655	825	3069	1238	3162	993	1789	1402	921	1720	1102
3151	**2785**	**2081**	**3127**	**1686**	**3662**	**1188**	**2856**	**1901**	**1911**	**2574**	**1568**	**1744**	**749**
3151	2771	2073	3070	1686	3606	1188	2777	1899	1911	2534	1568	1740	749
	14	8	14		56			2		10		4	
			43				79			30			
4609	**5292**	**4175**	**4791**	**1530**	**4743**	**4861**	**11407**	**9319**	**4724**	**3669**	**2818**	**7085**	**1574**
3111	3049	2918	1435	491	1672	2843	8131	7064	1711	3328	1700	4633	1245
1498	2243	1257	3356	1039	3071	2018	3276	2255	3013	341	1118	2452	329
895	**1110**	**368**	**191**	**491**	**1663**	**95**	**2384**	**1534**	**1627**	**1260**	**493**	**1152**	**317**
719	1084	243	191	491	1598	85	2227	1281	1526	1260	487	1032	312
176	26	125			65	10	157	253	101		6	120	5
6999	**10528**	**2815**	**22643**	**12812**	**8515**	**3179**	**10516**	**6876**	**4423**	**4407**	**2800**	**4748**	**3574**
3008	5592	1350	11694	6375	7202	1979	6433	3750	3237	2266	2164	4348	1651
			829		34		45	4		62	19		
3504	4931	1188	9331	6435	1276	921	3199	2696	746	2076	386	400	1661
487	5	277	789	2	3	279	839	426	440	3	231		262
284	**3224**	**90**	**747**	**1051**	**1051**	**383**	**2069**	**422**	**716**	**224**	**621**	**500**	**192**
284	3224	90	747	1051	1051	383	2069	422	716	224	621	500	192
979	**2811**	**1075**	**2330**	**1276**	**7036**	**1320**	**9360**	**470**	**1110**	**680**	**550**	**1150**	**1159**
77			25		403		69			6			
902	2811	1075	2305	1276	6633	1320	9291	470	1110	674	550	1150	1159
299	**759**	**53**	**388**	**253**	**511**	**87**	**1057**	**181**	**535**	**343**	**110**	**166**	**56**
	3		61		3	23	34					26	
147	721	53	323	247	411	64	695	181	401	334	106	118	12
	35		4	6	14		76		13	3	4	22	32
152					83		252		121	6			12
29	**208**	**281**	**673**	**864**	**569**	**15**	**63**	**217**	**275**	**42**	**4**	**6**	**65**
	12	263			30	8		156	264			6	58
	1			815	23						4		2
29	195	18	673	49	516	7	63	61	11	42			5
31	**559**	**16**	**93**	**42**	**113**	**65**	**192**	**123**	**78**	**84**	**45**		
	5	16	56	42	47	7	92	7	28	38	42		
31	554		37		66	58	100	116	50	46	3		
				96	**10**		**67**		**1031**		**34**	**49**	
				96	10		67		1031		34	49	
36			**1154**	**1595**	**2568**	**26**	**987**	**45**	**21**	**858**		**70**	**13**
36			1154	1591	2568	26	987	45	21	858		70	13
				4									
113	**1186**	**221**	**215**	**240**	**282**	**54**	**166**	**175**	**75**	**157**	**70**	**41**	**7**
	341				43			53		5			
113	792	129	95	38	127	54	128	106	66	28	64	41	7
	7	92	120	202	3		31	16		3	6		
	9						7						
	37				109				9	121			

2-5 按行业(大类)、营业状态分组的企业法人单位数

行业	代码	企业法人单位数(个)	营业	停业(歇业)	筹建	当年关闭	当年破产	其它
总计		**509178**	**458853**	**29051**	**13600**	**4061**	**236**	**3377**
农、林、牧、渔业	A	**37**	**35**	**1**		**1**		
农业	01	13	13					
林业	02	9	9					
畜牧业	03	8	7	1				
渔业	04	4	3			1		
农、林、牧、渔服务业	05	3	3					
采矿业	B	**2329**	**1974**	**199**	**118**	**30**	**4**	**4**
煤炭开采和洗选业	06	3	3					
石油和天然气开采业	07	18	17		1			
黑色金属矿采选业	08	315	241	40	30	3	1	
有色金属矿采选业	09	213	152	30	25	5	1	
非金属矿采选业	10	1747	1535	125	60	21	2	4
其他采矿业	11	33	26	4	2	1		
制造业	C	**191806**	**176292**	**6864**	**5676**	**2149**	**185**	**640**
农副食品加工业	13	3412	3193	117	61	22	5	14
食品制造业	14	3470	3217	123	86	29	8	7
饮料制造业	15	1402	1288	55	46	6	2	5
烟草制品业	16	30	27	3				
纺织业	17	8625	7940	314	206	97	27	41
纺织服装、鞋、帽制造业	18	13962	12716	669	312	202	14	49
皮革、毛皮、羽毛(绒)及其制品业	19	7357	6556	523	135	124	4	15
木材加工及木、竹、藤、棕、草制品业	20	3092	2781	165	73	61	2	10
家具制造业	21	5886	5286	295	183	102	2	18
造纸及纸制品业	22	7581	7140	217	142	59	3	20
印刷业和记录媒介的复制	23	8512	8207	157	85	39	6	18
文教体育用品制造业	24	3901	3609	119	119	43	3	8
石油加工、炼焦及核燃料加工业	25	328	287	21	17	3		
化学原料及化学制品制造业	26	8157	7364	332	355	67	6	33
医药制造业	27	915	800	47	61	5		2
化学纤维制造业	28	257	232	13	6	5		1
橡胶制品业	29	2388	2222	63	66	28		9
塑料制品业	30	17035	15874	452	477	174	8	50
非金属矿物制品业	31	9610	8631	413	272	219	54	21
黑色金属冶炼及压延加工业	32	886	798	46	23	19		
有色金属冶炼及压延加工业	33	1983	1784	72	84	36	3	4
金属制品业	34	20771	19228	598	646	213	6	80
通用设备制造业	35	8346	7773	241	204	80	7	41
专用设备制造业	36	8892	8160	318	304	61	8	41
交通运输设备制造业	37	4157	3808	139	163	29	2	16
电气机械及器材制造业	39	16383	15108	492	540	184	5	54
通信设备、计算机及其他电子设备制造业	40	14346	13114	453	564	162	5	48
仪器仪表及文化、办公用机械制造业	41	2776	2588	74	83	18	1	12
工艺品及其他制造业	42	6350	5737	263	276	51	3	20
废弃资源和废旧材料回收加工业	43	996	824	70	87	11	1	3
电力、燃气及水的生产和供应业	D	**7074**	**6777**	**102**	**159**	**19**	**2**	**15**
电力、热力的生产和供应业	44	5731	5548	74	83	14	2	10
燃气生产和供应业	45	178	158	5	14			1
水的生产和供应业	46	1165	1071	23	62	5		4
建筑业	E	**14457**	**12663**	**1102**	**479**	**115**	**4**	**94**
房屋和土木工程建筑业	47	4114	3638	285	125	34	1	31
建筑安装业	48	3579	3295	174	73	21	2	14
建筑装饰业	49	5439	4702	471	179	50	1	36
其他建筑业	50	1325	1028	172	102	10		13

2-5　续表

行　　业	代码	企业法人单位数(个)	营业	停业(歇业)	筹建	当年关闭	当年破产	其它
交通运输、仓储和邮政业	F	**14244**	**13119**	**721**	**281**	**67**		**56**
铁路运输业	51	12	11					1
道路运输业	52	4988	4715	155	71	26		21
城市公共交通业	53	466	440	16	6	3		1
水上运输业	54	884	794	53	31	2		4
航空运输业	55	87	81	4	2			
管道运输业	56	3	3					
装卸搬运和其他运输服务业	57	6053	5579	339	91	28		16
仓储业	58	1163	953	137	59	4		10
邮政业	59	588	543	17	21	4		3
信息传输、计算机服务和软件业	G	**13981**	**12589**	**1076**	**209**	**44**	**1**	**62**
电信和其他信息传输服务业	60	2192	2008	139	20	11		14
计算机服务业	61	5855	5412	359	50	19		15
软件业	62	5934	5169	578	139	14	1	33
批发和零售业	H	**141318**	**126545**	**9779**	**2845**	**809**	**24**	**1316**
批发业	63	93587	83167	6902	2049	500	15	954
零售业	65	47731	43378	2877	796	309	9	362
住宿和餐饮业	I	**13012**	**12269**	**372**	**183**	**165**	**1**	**22**
住宿业	66	5053	4778	110	118	36		11
餐饮业	67	7959	7491	262	65	129	1	11
金融业	J	**1885**	**1762**	**48**	**52**	**8**	**1**	**14**
银行业	68	439	436		1			2
证券业	69	137	128	7	1			1
保险业	70	796	774	6	14	2		
其他金融活动	71	513	424	35	36	6	1	11
房地产业	K	**27964**	**23701**	**2126**	**1554**	**126**	**5**	**452**
房地产业	72	27964	23701	2126	1554	126	5	452
租赁和商务服务业	L	**46529**	**40252**	**4359**	**1159**	**264**	**6**	**489**
租赁业	73	905	791	79	26	3		6
商务服务业	74	45624	39461	4280	1133	261	6	483
科学研究、技术服务和地质勘查业	M	**13713**	**11828**	**1214**	**505**	**89**	**1**	**76**
研究与试验发展	75	3313	2711	375	190	10		27
专业技术服务业	76	8473	7544	596	237	62	1	33
科技交流和推广服务业	77	1854	1505	239	77	17		16
地质勘查业	78	73	68	4	1			
水利、环境和公共设施管理业	N	**1813**	**1557**	**117**	**119**	**9**	**2**	**9**
水利管理业	79	103	93	5	2		1	2
环境管理业	80	524	440	41	33	6	1	3
公共设施管理业	81	1186	1024	71	84	3		4
居民服务和其他服务业	O	**10965**	**10055**	**590**	**152**	**127**		**41**
居民服务业	82	4884	4491	256	62	62		13
其他服务业	83	6081	5564	334	90	65		28
教育	P	**2971**	**2757**	**112**	**33**	**17**		**52**
教育	84	2971	2757	112	33	17		52
卫生、社会保障和社会福利业	Q	**1717**	**1642**	**39**	**13**	**4**		**19**
卫生	85	1648	1582	36	10	3		17
社会保障业	86	5	5					
社会福利业	87	64	55	3	3	1		2
文化、体育和娱乐业	R	**3363**	**3036**	**230**	**63**	**18**		**16**
新闻出版业	88	252	231	18	2			1
广播、电视、电影和音像业	89	495	439	43	9	2		2
文化艺术业	90	453	382	53	11	3		4
体育	91	277	238	25	10	4		
娱乐业	92	1886	1746	91	31	9		9

2-6 按登记注册类型、营业状态分组的企业法人单位数

登记注册类型	企业法人单位数(个)	营业	停业(歇业)	筹建	当年关闭	当年破产	其它
总　　计	**509178**	**458853**	**29051**	**13600**	**4061**	**236**	**3377**
内资企业	**461417**	**415363**	**27507**	**11484**	**3637**	**217**	**3209**
国有企业	10978	9496	1133	68	91	19	171
集体企业	22248	20291	1456	99	149	14	239
股份合作企业	5423	5160	170	52	25	2	14
联营企业	1319	1199	86	12	11		11
国有联营企业	304	274	23	2	1		4
集体联营企业	420	383	27	2	8		
国有与集体联营企业	118	104	12	1			1
其他联营企业	477	438	24	7	2		6
有限责任公司	69622	62862	2815	2562	580	23	780
国有独资公司	928	845	44	19	4		16
其他有限责任公司	68694	62017	2771	2543	576	23	764
股份有限公司	6537	6004	250	204	31	3	45
私营企业	330057	296580	20871	8221	2558	149	1678
私营独资企业	104146	95738	5060	1704	1138	102	404
私营合伙企业	16478	15129	823	325	136	2	63
私营有限责任公司	202015	179003	14612	5948	1249	43	1160
私营股份有限公司	7418	6710	376	244	35	2	51
其他企业	15233	13771	726	266	192	7	271
港、澳、台商投资企业	**33479**	**30431**	**1096**	**1506**	**331**	**13**	**102**
合资经营企业(港或澳、台资)	4319	3965	176	108	46	1	23
合作经营企业(港或澳、台资)	2323	2201	68	29	24	1	
港、澳、台商独资经营企业	26109	23641	822	1305	256	11	74
港、澳、台商投资股份有限公司	728	624	30	64	5		5
外商投资企业	**14282**	**13059**	**448**	**610**	**93**	**6**	**66**
中外合资经营企业	2965	2723	86	125	20	1	10
中外合作经营企业	1004	937	41	10	8	1	7
外资企业	9912	9043	302	456	65	3	43
外商投资股份有限公司	401	356	19	19		1	6

2-7 按地区、营业状态分组的企业法人单位数

地 区	企业法人单位数(个)	营业	停业(歇业)	筹建	当年关闭	当年破产	其它
总 计	**509178**	**458853**	**29051**	**13600**	**4061**	**236**	**3377**
广州市	138171	120848	14218	1524	996	25	560
深圳市	97854	92064	3203	2077	143	10	357
珠海市	20012	16035	1971	1166	84	3	753
汕头市	17290	16482	452	128	47	51	130
佛山市	54157	49497	1514	1316	1250	15	565
韶关市	6693	6143	231	216	57	6	40
河源市	3597	3057	278	189	52	3	18
梅州市	6917	6331	309	106	88	49	34
惠州市	18798	14517	1798	2306	102	10	65
汕尾市	2517	2358	89	50	5		15
东莞市	48349	44794	1230	1688	369	2	266
中山市	22500	20675	687	720	206	6	206
江门市	15952	14017	1078	623	129	5	100
阳江市	6484	6289	71	37	36		51
湛江市	8863	8326	317	122	26	5	67
茂名市	9177	8666	330	105	38	8	30
肇庆市	7945	6916	331	559	87	9	43
清远市	6039	4938	369	463	214	18	37
潮州市	7393	7003	271	74	29		16
揭阳市	7980	7670	188	31	69	7	15
云浮市	2490	2227	116	100	34	4	9

2-8 按行业(大类)、营业状态分组的国有控股企业法人单位数

行业	代码	企业法人单位数(个)	营业	停业(歇业)	筹建	当年关闭	当年破产	其它
总计		**16696**	**14734**	**1392**	**206**	**120**	**21**	**223**
农、林、牧、渔业	A	19	19					
农业	01	8	8					
林业	02	8	8					
畜牧业	03	1	1					
渔业	04							
农、林、牧、渔服务业	05	2	2					
采矿业	B	62	49	3	6	3		1
煤炭开采和洗选业	06	1	1					
石油和天然气开采业	07	5	5					
黑色金属矿采选业	08	8	4	1	2	1		
有色金属矿采选业	09	13	12	1				
非金属矿采选业	10	34	27	1	4	1		1
其他采矿业	11	1				1		
制造业	C	2301	1974	223	48	27	10	19
农副食品加工业	13	263	238	19		1	1	4
食品制造业	14	74	65	8		1		
饮料制造业	15	77	59	13	4			1
烟草制品业	16	8	7	1				
纺织业	17	85	69	14	1	1		
纺织服装、鞋、帽制造业	18	55	51	3	1			
皮革、毛皮、羽毛(绒)及其制品业	19	25	22	3				
木材加工及木、竹、藤、棕、草制品业	20	30	24	3	2	1		
家具制造业	21	18	15	2	1			
造纸及纸制品业	22	55	47	4	2	1		1
印刷业和记录媒介的复制	23	135	130	4		1		
文教体育用品制造业	24	29	29					
石油加工、炼焦及核燃料加工业	25	14	12	1	1			
化学原料及化学制品制造业	26	134	103	23	3	2	1	2
医药制造业	27	60	55	4		1		
化学纤维制造业	28	2	2					
橡胶制品业	29	28	26	1		1		
塑料制品业	30	83	69	11		1		2
非金属矿物制品业	31	157	114	31	5	5	1	1
黑色金属冶炼及压延加工业	32	20	18	2				
有色金属冶炼及压延加工业	33	29	22	4	3			
金属制品业	34	123	110	9	2		2	
通用设备制造业	35	121	94	19	1	1	3	3
专用设备制造业	36	103	91	9	1	1		1
交通运输设备制造业	37	159	144	7	4	1	1	2
电气机械及器材制造业	39	156	131	11	9	3	1	1
通信设备、计算机及其他电子设备制造业	40	174	157	8	4	4		1
仪器仪表及文化、办公用机械制造业	41	35	30	3	2			
工艺品及其他制造业	42	45	38	5	1	1		
废弃资源和废旧材料回收加工业	43	4	2	1	1			
电力、燃气及水的生产和供应业	D	573	516	21	27	2		7
电力、热力的生产和供应业	44	397	358	19	16	1		3
燃气生产和供应业	45	25	21		3			1
水的生产和供应业	46	151	137	2	8	1		3
建筑业	E	804	732	52	4	7		9
房屋和土木工程建筑业	47	518	476	26	1	6		9
建筑安装业	48	145	136	8	1			
建筑装饰业	49	74	68	6				
其他建筑业	50	67	52	12	2	1		

2-8　续表

行　　业	代码	企业法人单位数(个)						
			营业	停业(歇业)	筹建	当年关闭	当年破产	其它
交通运输、仓储和邮政业	**F**	**1146**	**1067**	**43**	**18**	**3**		**15**
铁路运输业	51	6	6					
道路运输业	52	391	367	13	5	1		5
城市公共交通业	53	95	89	6				
水上运输业	54	149	133	9	6			1
航空运输业	55	24	23		1			
管道运输业	56							
装卸搬运和其他运输服务业	57	208	197	5	2	1		3
仓储业	58	231	211	10	3	1		6
邮政业	59	42	41		1			
信息传输、计算机服务和软件业	**G**	**355**	**336**	**14**	**1**	**2**		**2**
电信和其他信息传输服务业	60	199	193	2		2		2
计算机服务业	61	74	66	7	1			
软件业	62	82	77	5				
批发和零售业	**H**	**4349**	**3690**	**550**	**21**	**42**	**6**	**40**
批发业	63	3042	2537	425	14	30	6	30
零售业	65	1307	1153	125	7	12		10
住宿和餐饮业	**I**	**744**	**708**	**26**	**2**	**4**		**4**
住宿业	66	607	580	18	1	4		4
餐饮业	67	137	128	8	1			
金融业	**J**	**576**	**559**	**11**	**2**	**2**	**1**	**1**
银行业	68	195	193		1			1
证券业	69	65	63	2				
保险业	70	242	240	1		1		
其他金融活动	71	74	63	8	1	1	1	
房地产业	**K**	**1819**	**1602**	**144**	**20**	**10**	**3**	**40**
房地产业	72	1819	1602	144	20	10	3	40
租赁和商务服务业	**L**	**2065**	**1741**	**222**	**26**	**12**	**1**	**63**
租赁业	73	40	34	5				1
商务服务业	74	2025	1707	217	26	12	1	62
科学研究、技术服务和地质勘查业	**M**	**806**	**757**	**29**	**12**	**2**		**6**
研究与试验发展	75	107	93	7	4			3
专业技术服务业	76	573	546	15	7	2		3
科技交流和推广服务业	77	87	79	7	1			
地质勘查业	78	39	39					
水利、环境和公共设施管理业	**N**	**214**	**195**	**10**	**8**	**1**		
水利管理业	79	44	43	1				
环境管理业	80	37	35		2			
公共设施管理业	81	133	117	9	6	1		
居民服务和其他服务业	**O**	**243**	**222**	**18**	**3**			
居民服务业	82	106	99	7				
其他服务业	83	137	123	11	3			
教育	**P**	**144**	**130**	**5**				**9**
教育	84	144	130	5				9
卫生、社会保障和社会福利业	**Q**	**110**	**103**	**1**	**1**	**1**		**4**
卫生	85	104	99		1			4
社会保障业	86	1	1					
社会福利业	87	5	3	1		1		
文化、体育和娱乐业	**R**	**366**	**334**	**20**	**7**	**2**		**3**
新闻出版业	88	129	125	3	1			
广播、电视、电影和音像业	89	128	110	10	5	1		2
文化艺术业	90	47	42	3		1		1
体育	91	23	19	3	1			
娱乐业	92	39	38	1				

2-9 按行业(中类)、营业状态分组的企业法人单位就业人数

行业	代码	就业人数(人)						
			营业	停业(歇业)	筹建	当年关闭	当年破产	其它
总计		**27308441**	**26659746**	**295398**	**111163**	**176111**	**13586**	**52437**
农、林、牧、渔业	**A**	**15792**	**15788**	**2**		**2**		
农业	01	9582	9582					
谷物及其他作物的种植	011	9135	9135					
蔬菜、园艺作物的种植	012	84	84					
水果、坚果、饮料和香料作物的种植	013	183	183					
中药材的种植	014	180	180					
林业	02	1984	1984					
林木的培育和种植	021	814	814					
木材和竹材的采运	022	280	280					
林产品的采集	023	890	890					
畜牧业	03	3980	3978	2				
牲畜的饲养	031	19	19					
猪的饲养	032	107	107					
家禽的饲养	033	3852	3852					
狩猎和捕捉动物	034	2		2				
其他畜牧业	039							
渔业	04	159	157			2		
海洋渔业	041	149	147			2		
内陆渔业	042	10	10					
农、林、牧、渔服务业	05	87	87					
农业服务业	051							
林业服务业	052	71	71					
畜牧服务业	053	16	16					
渔业服务业	054							
采矿业	**B**	**96246**	**91009**	**3129**	**1611**	**451**	**28**	**18**
煤炭开采和洗选业	06	76	76					
烟煤和无烟煤的开采洗选	061							
褐煤的开采洗选	062							
其他煤炭采选	069	76	76					
石油和天然气开采业	07	3331	3325		6			
天然原油和天然气开采	071	1134	1128		6			
与石油和天然气开采有关的服务活动	079	2197	2197					
黑色金属矿采选业	08	15699	14204	861	564	62	8	
铁矿采选	081	15124	13678	851	525	62	8	
其他黑色金属矿采选	089	575	526	10	39			
有色金属矿采选业	09	16641	15663	426	500	44	8	
常用有色金属矿采选	091	10346	9565	391	366	16	8	
贵金属矿采选	092	1300	1266	4	2	28		
稀有稀土金属矿采选	093	4995	4832	31	132			
非金属矿采选业	10	59887	57217	1829	496	315	12	18
土砂石开采	101	47783	45370	1665	403	315	12	18
化学矿采选	102	4331	4325	6				
采盐	103	4147	4039	108				
石棉及其他非金属矿采选	109	3626	3483	50	93			

2-9 续表 1

行业	代码	就业人数(人)						
			营业	停业(歇业)	筹建	当年关闭	当年破产	其它
其他采矿业	11	612	524	13	45	30		
其他采矿业	110	612	524	13	45	30		
制造业	**C**	**17710758**	**17317564**	**136718**	**65419**	**156333**	**12903**	**21821**
农副食品加工业	13	205296	200935	1323	694	1824	104	416
谷物磨制	131	7791	7662	104		25		
饲料加工	132	33799	33174	207	241	41	1	135
植物油加工	133	9989	9851	47	83	8		
制糖	134	29074	27103	319	1	1446		205
屠宰及肉类加工	135	27882	27445	238	116	58		25
水产品加工	136	59274	58922	166	46	70	70	
蔬菜、水果和坚果加工	137	21738	21285	134	143	176		
其他农副食品加工	139	15749	15493	108	64		33	51
食品制造业	14	207172	203371	1961	769	753	226	92
焙烤食品制造	141	41441	40833	277	218	6	80	27
糖果、巧克力及蜜饯制造	142	55351	54504	392	108	306	28	13
方便食品制造	143	30139	29578	233	123	95	110	
液体乳及乳制品制造	144	9436	9141	3	54	237		1
罐头制造	145	12315	11975	335	4	1		
调味品、发酵制品制造	146	26994	26586	304	39	56	8	1
其他食品制造	149	31496	30754	417	223	52		50
饮料制造业	15	90205	89153	575	299	41	103	34
酒精制造	151	986	982		4			
酒的制造	152	23372	23079	141	94	34		24
软饮料制造	153	61018	60344	377	182	7	103	5
精制茶加工	154	4829	4748	57	19			5
烟草制品业	16	8249	8209	40				
烟叶复烤	161	518	493	25				
卷烟制造	162	6712	6712					
其他烟草制品加工	169	1019	1004	15				
纺织业	17	870053	845342	9828	1843	11206	1318	516
棉、化纤纺织及印染精加工	171	247129	235380	4475	308	6505	439	22
毛纺织和染整精加工	172	68612	66708	840	266	692	98	8
麻纺织	173	603	593	8				2
丝绢纺织及精加工	174	11220	10336	732	52	35		65
纺织制成品制造	175	117327	115370	1068	502	282		105
针织品、编织品及其制品制造	176	425162	416955	2705	715	3692	781	314
纺织服装、鞋、帽制造业	18	1455037	1413159	17333	4874	15556	1966	2149
纺织服装制造	181	1361046	1320563	16978	4219	15179	1966	2141
纺织面料鞋的制造	182	64778	63604	192	652	322		8
制帽	183	29213	28992	163	3	55		
皮革、毛皮、羽毛(绒)及其制品业	19	1181268	1147828	13069	1587	16345	1825	614
皮革鞣制加工	191	76373	75123	657	40	553		
皮革制品制造	192	1087535	1055757	12281	1516	15542	1825	614
毛皮鞣制及制品加工	193	7859	7539	78		242		
羽毛(绒)加工及制品制造	194	9501	9409	53	31	8		

2-9 续表 2

行　　业	代码	就业人数（人）	营业	停业(歇业)	筹建	当年关闭	当年破产	其它
木材加工及木、竹、藤、棕、草制品业	20	158594	152818	2629	757	2011	20	359
锯材、木片加工	201	26049	24320	816	116	553	12	232
人造板制造	202	63911	61909	1034	366	475		127
木制品制造	203	49813	47883	721	262	947		
竹、藤、棕、草制品制造	204	18821	18706	58	13	36	8	
家具制造业	21	465165	452077	3750	2154	6940	22	222
木质家具制造	211	286441	277759	1924	771	5878		109
竹、藤家具制造	212	9989	9695	36	35	223		
金属家具制造	213	79993	78684	561	162	489		97
塑料家具制造	214	10000	9794	153	53			
其他家具制造	219	78742	76145	1076	1133	350	22	16
造纸及纸制品业	22	410407	402823	3715	1085	2101	305	378
纸浆制造	221	15182	14914	46	22	200		
造纸	222	103537	101064	1492	280	574	110	17
纸制品制造	223	291688	286845	2177	783	1327	195	361
印刷业和记录媒介的复制	23	382741	377893	2010	1186	1156	348	148
印刷	231	356505	352202	1561	1107	1156	348	131
装订及其他印刷服务活动	232	21282	21030	157	78			17
记录媒介的复制	233	4954	4661	292	1			
文教体育用品制造业	24	749807	734225	5649	1896	7536	219	282
文化用品制造	241	60726	55178	781	275	4382	95	15
体育用品制造	242	147003	145329	633	401	516	124	
乐器制造	243	26234	25782	340	6	106		
玩具制造	244	501804	493961	3855	1190	2531		267
游艺器材及娱乐用品制造	245	14040	13975	40	24	1		
石油加工、炼焦及核燃料加工业	25	28226	26305	484	1348	89		
精炼石油产品的制造	251	27469	25587	466	1327	89		
炼焦	252	714	675	18	21			
核燃料加工	253	43	43					
化学原料及化学制品制造业	26	385875	375332	4996	2483	2634	78	352
基础化学原料制造	261	29871	27399	1169	329	946	16	12
肥料制造	262	14086	13838	76	87	73		12
农药制造	263	5179	5103	65	11			
涂料、油墨、颜料及类似产品制造	264	105341	102656	1090	613	831	46	105
合成材料制造	265	37864	37237	144	279	158		46
专用化学产品制造	266	78203	76013	1235	623	274	13	45
日用化学产品制造	267	115331	113086	1217	541	352	3	132
医药制造业	27	96673	95182	703	728	45		15
化学药品原药制造	271	8423	8109	162	152			
化学药品制剂制造	272	32237	31744	250	243			
中药饮片加工	273	7832	7680	37	114	1		
中成药制造	274	25556	25369	114	70	3		
兽用药品制造	275	4085	4041	24	20			
生物、生化制品的制造	276	7744	7514	91	91	41		7
卫生材料及医药用品制造	277	10796	10725	25	38			8

2-9　续表 3

行　　业	代码	就业人数(人)						
			营业	停业(歇业)	筹建	当年关闭	当年破产	其它
化学纤维制造业	28	22540	21782	332	26	399		1
纤维素纤维原料及纤维制造	281	3734	3666	45	23			
合成纤维制造	282	18806	18116	287	3	399		1
橡胶制品业	29	209970	201659	2337	694	3561		1719
轮胎制造	291	18069	17840	83	16	130		
橡胶板、管、带的制造	292	12425	12281	59	32	23		30
橡胶零件制造	293	34037	32603	179	162	1093		
再生橡胶制造	294	2523	2481	12	30			
日用及医用橡胶制品制造	295	11113	11085	3	25			
橡胶靴鞋制造	296	76208	72995	559	79	1441		1134
其他橡胶制品制造	299	55595	52374	1442	350	874		555
塑料制品业	30	1211026	1186487	7288	4259	11349	548	1095
塑料薄膜制造	301	96620	95519	329	265	446	15	46
塑料板、管、型材的制造	302	107122	105318	813	445	513		33
塑料丝、绳及编织品的制造	303	26803	26621	147	4	31		
泡沫塑料制造	304	38887	36518	312	137	1893		27
塑料人造革、合成革制造	305	27792	27629	48	15	100		
塑料包装箱及容器制造	306	88147	86425	409	397	657	121	138
塑料零件制造	307	193062	189643	1553	874	967		25
日用塑料制造	308	270600	266572	986	574	2153	139	176
其他塑料制品制造	309	361993	352242	2691	1548	4589	273	650
非金属矿物制品业	31	716378	675987	13227	3149	19348	3532	1135
水泥、石灰和石膏的制造	311	83085	73563	3230	660	5631	1	
水泥及石膏制品制造	312	57213	55154	834	448	187	1	589
砖瓦、石材及其他建筑材料制造	313	239114	224007	5083	685	8738	248	353
玻璃及玻璃制品制造	314	127110	122972	1703	862	1464	43	66
陶瓷制品制造	315	181005	172398	2003	206	3092	3239	67
耐火材料制品制造	316	6201	5843	149	61	95		53
石墨及其他非金属矿物制品制造	319	22650	22050	225	227	141		7
黑色金属冶炼及压延加工业	32	87962	85642	1684	313	323		
炼铁	321	2448	2195	52	131	70		
炼钢	322	14241	13939	293	7	2		
钢压延加工	323	69381	67713	1242	175	251		
铁合金冶炼	324	1892	1795	97				
有色金属冶炼及压延加工业	33	159770	155380	1391	1297	1509	25	168
常用有色金属冶炼	331	17697	16894	528	253	22		
贵金属冶炼	332	1603	1593		10			
稀有稀土金属冶炼	333	3814	3786	5	23			
有色金属合金制造	334	8430	7804	79	99	298		150
有色金属压延加工	335	128226	125303	779	912	1189	25	18
金属制品业	34	1213787	1188576	10471	4757	8564	197	1222
结构性金属制品制造	341	222441	216063	2163	789	3059		367
金属工具制造	342	135763	133857	1024	506	159	49	168
集装箱及金属包装容器制造	343	62671	59111	2997	279	225	59	

2-9 续表 4

行业	代码	就业人数(人)						
			营业	停业(歇业)	筹建	当年关闭	当年破产	其它
金属丝绳及其制品的制造	344	21789	21530	36	81	139		3
建筑、安全用金属制品制造	345	173242	170695	727	453	1007	86	274
金属表面处理及热处理加工	346	97831	96286	490	412	594		49
搪瓷制品制造	347	12291	12020	32	118	21		100
不锈钢及类似日用金属制品制造	348	318160	312631	1819	1001	2531	3	175
其他金属制品制造	349	169599	166383	1183	1118	829		86
通用设备制造业	35	442918	434852	2858	1391	3190	114	513
锅炉及原动机制造	351	9687	9559	69	3	28		28
金属加工机械制造	352	65262	63884	793	284	131		170
起重运输设备制造	353	24208	23916	170	31	1	90	
泵、阀门、压缩机及类似机械的制造	354	54267	53650	147	287	159	2	22
轴承、齿轮、传动和驱动部件的制造	355	30755	29232	117	15	1387	4	
烘炉、熔炉及电炉制造	356	4188	4071	50	6	60		1
风机、衡器、包装设备等通用设备制造	357	104125	102552	655	294	516	17	91
通用零部件制造及机械修理	358	99925	98392	480	391	551	1	110
金属铸、锻加工	359	50501	49596	377	80	357		91
专用设备制造业	36	549380	539670	3726	3142	1960	423	459
矿山、冶金、建筑专用设备制造	361	17077	16656	181	159	47	3	31
化工、木材、非金属加工专用设备制造	362	265067	261410	1283	1343	809	85	137
食品、饮料、烟草及饲料生产专用设备制造	363	11914	11627	272	15			
印刷、制药、日化生产专用设备制造	364	34385	33506	542	211	97	25	4
纺织、服装和皮革工业专用设备制造	365	21760	21044	201	191	204	46	74
电子和电工机械专用设备制造	366	100215	98507	414	311	599	248	136
农、林、牧、渔专用机械制造	367	9437	9225	110	41	31	16	14
医疗仪器设备及器械制造	368	52442	51465	303	567	77		30
环保、社会公共安全及其他专用设备制造	369	37083	36230	420	304	96		33
交通运输设备制造业	37	456056	451256	2053	1252	1157	16	322
铁路运输设备制造	371	3541	3519	14	8			
汽车制造	372	243934	241497	1101	698	525	16	97
摩托车制造	373	78568	77427	536	12	423		170
自行车制造	374	61205	60463	180	328	204		30
船舶及浮动装置制造	375	55012	54585	205	192	5		25
航空航天器制造	376	9009	8999		10			
交通器材及其他交通运输设备制造	379	4787	4766	17	4			
电气机械及器材制造业	39	1961545	1932140	8193	6472	11403	436	2901
电机制造	391	98513	97209	311	834	111		48
输配电及控制设备制造	392	427460	420754	1356	1525	2467	422	936
电线、电缆、光缆及电工器材制造	393	247301	243728	863	509	1336	14	851
电池制造	394	171496	168534	286	554	2122		
家用电力器具制造	395	628396	620133	2700	1621	3091		851
非电力家用器具制造	396	34929	33840	368	452	243		26
照明器具制造	397	323702	318481	2123	885	2025		188
其他电气机械及器材制造	399	29748	29461	186	92	8		1
通信设备、计算机及其他电子设备制造业	40	3011835	2963676	8464	13063	19706	968	5958
通信设备制造	401	434325	431739	539	1508	532		7

2-9　续表 5

行　业	代码	就业人数（人）						
			营业	停业(歇业)	筹建	当年关闭	当年破产	其它
雷达及配套设备制造	402	638	587	5	1	45		
广播电视设备制造	403	53693	53173	66	400	14		40
电子计算机制造	404	641401	634285	926	644	4579	831	136
电子器件制造	405	354262	346519	446	4082	3046		169
电子元件制造	406	975907	954023	2957	4888	10138	136	3765
家用视听设备制造	407	377539	371965	2832	1034	1313	1	394
其他电子设备制造	409	174070	171385	693	506	39		1447
仪器仪表及文化、办公用机械制造业	41	426288	420536	1008	1067	3407	1	269
通用仪器仪表制造	411	31019	30417	237	158	84		123
专用仪器仪表制造	412	20451	20337	44	62	6		2
钟表与计时仪器制造	413	114168	113352	270	442	14	1	89
光学仪器及眼镜制造	414	102726	101822	394	365	91		54
文化、办公用机械制造	415	154763	151456	55	40	3212		
其他仪器仪表的制造及修理	419	3161	3152	8				1
工艺品及其他制造业	42	513111	503177	5109	2336	2120	59	310
工艺美术品制造	421	392618	384171	4563	1831	1751	59	243
日用杂品制造	422	76126	75425	260	104	285		52
煤制品制造	423	813	691	107	15			
核辐射加工	424							
其他未列明的制造业	429	43554	42890	179	386	84		15
废弃资源和废旧材料回收加工业	43	33424	32092	512	498	100	50	172
金属废料和碎屑的加工处理	431	21799	21072	268	195	43	50	171
非金属废料和碎屑的加工处理	432	11625	11020	244	303	57		1
电力、燃气及水的生产和供应业	**D**	**311229**	**305661**	**2226**	**2289**	**673**	**63**	**317**
电力、热力的生产和供应业	44	237377	233125	1837	1583	584	63	185
电力生产	441	113161	109356	1459	1556	579	51	160
电力供应	442	122205	121802	378				25
热力生产和供应	443	2011	1967		27	5	12	
燃气生产和供应业	45	11309	10868	158	260			23
燃气生产和供应业	450	11309	10868	158	260			23
水的生产和供应业	46	62543	61668	231	446	89		109
自来水的生产和供应	461	57559	57138	185	129	89		18
污水处理及其再生利用	462	4184	3747	38	308			91
其他水的处理、利用与分配	469	800	783	8	9			
建筑业	**E**	**1920243**	**1907324**	**7523**	**3126**	**855**	**273**	**1142**
房屋和土木工程建筑业	47	1469598	1463923	2983	1553	313	200	626
房屋工程建筑	471	1208554	1204338	2153	1388	92	200	383
土木工程建筑	472	261044	259585	830	165	221		243
建筑安装业	48	217751	215850	871	433	241	11	345
建筑安装业	480	217751	215850	871	433	241	11	345
建筑装饰业	49	178122	174331	2803	573	211	62	142
建筑装饰业	490	178122	174331	2803	573	211	62	142
其他建筑业	50	54772	53220	866	567	90		29
工程准备	501	17711	17252	289	135	20		15
提供施工设备服务	502	8869	8427	181	243	18		
其他未列明的建筑活动	509	28192	27541	396	189	52		14

2-9 续表 6

行业	代码	就业人数(人)						
			营业	停业(歇业)	筹建	当年关闭	当年破产	其它
交通运输、仓储和邮政业	**F**	**905956**	**883323**	**17558**	**2544**	**809**		**1722**
铁路运输业	51	532	530					2
铁路旅客运输	511	250	250					
铁路货物运输	512	178	176					2
铁路运输辅助活动	513	104	104					
道路运输业	52	282695	280352	1103	587	417		236
公路旅客运输	521	82909	82781	22	34	69		3
道路货物运输	522	144190	142564	923	229	339		135
道路运输辅助活动	523	55596	55007	158	324	9		98
城市公共交通业	53	186833	182920	2528	60	72		1253
公共电汽车客运	531	90387	86713	2372		49		1253
轨道交通	532	12762	12744	18				
出租车客运	533	76850	76660	136	53	1		
城市轮渡	534	572	572					
其他城市公共交通	539	6262	6231	2	7	22		
水上运输业	54	120085	109346	10025	659	43		12
水上旅客运输	541	8876	8818	50	7			1
水上货物运输	542	49947	49468	295	137	40		7
水上运输辅助活动	543	61262	51060	9680	515	3		4
航空运输业	55	65310	65181	10	119			
航空客货运输	551	57054	57046	8				
通用航空服务	552	731	731					
航空运输辅助活动	553	7525	7404	2	119			
管道运输业	56	256	256					
管道运输业	560	256	256					
装卸搬运和其他运输服务业	57	121740	118020	2883	458	223		156
装卸搬运	571	23648	22817	573	115	113		30
运输代理服务	572	98092	95203	2310	343	110		126
仓储业	58	40791	39308	884	548	23		28
谷物、棉花等农产品仓储	581	4717	4601	91		9		16
其他仓储	589	36074	34707	793	548	14		12
邮政业	59	87714	87410	125	113	31		35
国家邮政	591	65352	65339	13				
其他寄递服务	599	22362	22071	112	113	31		35
信息传输、计算机服务和软件业	**G**	**371428**	**362177**	**7207**	**1062**	**351**	**3**	**628**
电信和其他信息传输服务业	60	141850	140600	810	148	157		135
电信	601	115032	114726	226	33	5		42
互联网信息服务	602	18746	17839	548	115	152		92
广播电视传输服务	603	7789	7758	30				1
卫星传输服务	604	283	277	6				
计算机服务业	61	85783	83175	2117	211	136		144
计算机系统服务	611	29313	27862	1209	93	38		111
数据处理	612	11588	11559	24	5			
计算机维修	613	3430	3305	113	9	3		
其他计算机服务	619	41452	40449	771	104	95		33

2-9 续表 7

行 业	代码	就业人数(人)	营业	停业(歇业)	筹建	当年关闭	当年破产	其它
软件业	62	143795	138402	4280	703	58	3	349
公共软件服务	621	127250	123266	3052	597	48	3	284
其他软件服务	629	16545	15136	1228	106	10		65
批发和零售业	**H**	**1944926**	**1867668**	**53220**	**12188**	**4297**	**123**	**7430**
批发业	63	1184433	1128329	38872	9161	2605	71	5395
农畜产品批发	631	21955	21073	578	76	15	1	212
食品、饮料及烟草制品批发	632	142983	138787	2988	531	288	4	385
纺织、服装及日用品批发	633	175702	166746	6376	1332	499	3	746
文化、体育用品及器材批发	634	53974	51590	1728	410	132		114
医药及医疗器材批发	635	69347	68200	889	102	28		128
矿产品、建材及化工产品批发	636	253902	243439	6907	1813	534	39	1170
机械设备、五金交电及电子产品批发	637	355113	338080	11571	3281	697	16	1468
贸易经纪与代理	638	39672	35036	3542	731	74		289
其他批发	639	71785	65378	4293	885	338	8	883
零售业	65	760493	739339	14348	3027	1692	52	2035
综合零售	651	200262	197876	1622	241	154	27	342
食品、饮料及烟草制品专门零售	652	34564	32974	1259	151	86	4	90
纺织、服装及日用品专门零售	653	69777	67185	1858	251	197		286
文化、体育用品及器材专门零售	654	37405	36020	964	189	92	13	127
医药及医疗器材专门零售	655	54348	53271	518	84	347		128
汽车、摩托车、燃料及零配件专门零售	656	144382	142337	1164	394	296	5	186
家用电器及电子产品专门零售	657	114921	110086	3423	808	223		381
五金、家具及室内装修材料专门零售	658	55003	51977	1976	536	224		290
无店铺及其他零售	659	49831	47613	1564	373	73	3	205
住宿和餐饮业	**I**	**795943**	**785223**	**5102**	**2806**	**2532**	**23**	**257**
住宿业	66	366607	362675	1622	1852	343		115
旅游饭店	661	284065	281722	887	1383	49		24
一般旅馆	662	73139	71738	649	427	243		82
其他住宿服务	669	9403	9215	86	42	51		9
餐饮业	67	429336	422548	3480	954	2189	23	142
正餐服务	671	326872	321296	2890	708	1891	23	64
快餐服务	672	81021	80467	343	95	71		45
饮料及冷饮服务	673	7009	6817	86	43	60		3
其他餐饮服务	679	14434	13968	161	108	167		30
金融业	**J**	**490148**	**489020**	**300**	**552**	**23**	**10**	**243**
银行业	68	240606	240530		28			48
中央银行	681	865	865					
商业银行	682	235478	235402		28			48
其他银行	689	4263	4263					
证券业	69	38435	38315	38	1			81
证券市场管理	691	373	373					
证券经纪与交易	692	37462	37359	22				81
证券投资	693	395	381	13	1			
证券分析与咨询	694	205	202	3				

2-9 续表 8

行　　业	代码	就业人数(人)	营业	停业(歇业)	筹建	当年关闭	当年破产	其它
保险业	70	194533	194124	46	356	7		
人寿保险	701	140830	140654		176			
非人寿保险	702	41807	41801			6		
保险辅助服务	703	11896	11669	46	180	1		
其他金融活动	71	16574	16051	216	167	16	10	114
金融信托与管理	711	1642	1477	82	18	3	10	52
金融租赁	712	209	208			1		
财务公司	713	526	524	1		1		
邮政储蓄	714	6986	6986					
典当	715	1669	1640	19	10			
其他未列明的金融活动	719	5542	5216	114	139	11		62
房地产业	**K**	**771830**	**739323**	**20491**	**7670**	**842**	**36**	**3468**
房地产业	72	771830	739323	20491	7670	842	36	3468
房地产开发经营	721	183678	177473	3198	1435	65	30	1477
物业管理	722	408292	395488	8908	2527	575	1	793
房地产中介服务	723	61702	58884	2015	619	65		119
其他房地产活动	729	118158	107478	6370	3089	137	5	1079
租赁和商务服务业	**L**	**1121931**	**1076636**	**25648**	**5598**	**1802**	**70**	**12177**
租赁业	73	17105	16450	528	91	16		20
机械设备租赁	731	15737	15110	509	83	16		19
文化及日用品出租	732	1368	1340	19	8			1
商务服务业	74	1104826	1060186	25120	5507	1786	70	12157
企业管理服务	741	533892	515615	6607	2694	644	31	8301
法律服务	742	16263	16076	110	4	12		61
咨询与调查	743	146618	136542	8031	1374	339	18	314
广告业	744	70110	64827	4338	362	347	11	225
知识产权服务	745	4856	4602	215	24	9		6
职业中介服务	746	65442	64289	910	98	100		45
市场管理	747	28674	27849	456	197	72		100
旅行社	748	30829	30367	173	158	80		51
其他商务服务	749	208142	200019	4280	596	183	10	3054
科学研究、技术服务和地质勘查业	**M**	**293470**	**281082**	**7855**	**3450**	**517**	**16**	**550**
研究与试验发展	75	62201	58329	2357	1295	34		186
自然科学研究与试验发展	751	2622	2162	325	63	5		67
工程和技术研究与试验发展	752	54474	51875	1439	1031	22		107
农业科学研究与试验发展	753	1572	1368	138	62	1		3
医学研究与试验发展	754	3193	2604	436	139	5		9
社会人文科学研究与试验发展	755	340	320	19		1		
专业技术服务业	76	199627	193156	4056	1767	362	16	270
气象服务	761	596	594	2				
地震服务	762	50	50					
海洋服务	763	151	151					
测绘服务	764	3339	3279	37	17	1		5
技术检测	765	24353	24183	98	27	34		11
环境监测	766	941	851	40	19			31
工程技术与规划管理	767	114187	111508	1747	645	144		143
其他专业技术服务	769	56010	52540	2132	1059	183	16	80

2-9　续表 9

行　业	代码	就业人数(人)	营业	停业(歇业)	筹建	当年关闭	当年破产	其它
科技交流和推广服务业	77	28870	26873	1397	385	121		94
技术推广服务	771	21652	20247	956	302	59		88
科技中介服务	772	3894	3612	206	43	27		6
其他科技服务	779	3324	3014	235	40	35		
地质勘查业	78	2772	2724	45	3			
矿产地质勘查	781	769	724	45				
基础地质勘查	782	1171	1171					
地质勘查技术服务	783	832	829		3			
水利、环境和公共设施管理业	**N**	**69935**	**68096**	**742**	**959**	**32**	**38**	**68**
水利管理业	79	2382	2287	25	7		38	25
防洪管理	791	519	519					
水资源管理	792	1519	1504	15				
其他水利管理	799	344	264	10	7		38	25
环境管理业	80	21887	21241	225	386	14		21
自然保护	801	1202	1160	32	10			
环境治理	802	20685	20081	193	376	14		21
公共设施管理业	81	45666	44568	492	566	18		22
市政公共设施管理	811	5975	5782	167	11			15
城市绿化管理	812	23116	22810	208	77	14		7
游览景区管理	813	16575	15976	117	478	4		
居民服务和其他服务业	**O**	**245203**	**233472**	**4709**	**804**	**5792**		**426**
居民服务业	82	105883	97741	2301	351	5386		104
家庭服务	821	6019	5704	275	30	3		7
托儿所	822	732	732					
洗染服务	823	4058	3840	156	15	47		
理发及美容保健服务	824	33222	32140	781	27	256		18
洗浴服务	825	28519	27872	474	113	30		30
婚姻服务	826	732	638	77	14	3		
殡葬服务	827	2189	2173	4	12			
摄影扩印服务	828	5877	5558	179	76	61		3
其他居民服务	829	24535	19084	355	64	4986		46
其他服务业	83	139320	135731	2408	453	406		322
修理与维护	831	46173	44615	997	116	228		217
清洁服务	832	69268	68186	783	189	49		61
其他未列明的服务	839	23879	22930	628	148	129		44
教育	**P**	**73279**	**70437**	**721**	**240**	**79**		**1802**
教育	84	73279	70437	721	240	79		1802
学前教育	841	22849	21941	100	42	1		765
初等教育	842	9966	9425			7		534
中等教育	843	7239	6766	36	54			383
高等教育	844	3173	3167	6				
其他教育	849	30052	29138	579	144	71		120

2-9 续表 10

行　　业	代码	就业人数(人)						
			营业	停业(歇业)	筹建	当年关闭	当年破产	其它
卫生、社会保障和社会福利业	**Q**	**49283**	**48693**	**266**	**57**	**72**		**195**
卫生	85	47916	47474	256	46	21		119
医院	851	29306	29229	41	27			9
卫生院及社区医疗活动	852	3583	3582	1				
门诊部医疗活动	853	10234	9967	135	19	15		98
计划生育技术服务活动	854	2078	1998	64		6		10
妇幼保健活动	855	224	219	3				2
专科疾病防治活动	856	349	344	5				
疾病预防控制及防疫活动	857	262	262					
其他卫生活动	859	1880	1873	7				
社会保障业	86	79	79					
社会保障业	860	79	79					
社会福利业	87	1288	1140	10	11	51		76
提供住宿的社会福利	871	1043	897	10	11	51		74
不提供住宿的社会福利	872	245	243					2
文化、体育和娱乐业	**R**	**120841**	**117250**	**1981**	**788**	**649**		**173**
新闻出版业	88	23578	23374	105	61			38
新闻业	881	1069	1065	4				
出版业	882	22509	22309	101	61			38
广播、电视、电影和音像业	89	14091	13563	319	177	16		16
广播	891	1383	1373	10				
电视	892	6961	6852	86	23			
电影	893	4869	4540	151	151	11		16
音像制作	894	878	798	72	3	5		
文化艺术业	90	5342	4904	359	48	5		26
文艺创作与表演	901	1924	1805	97	21			1
艺术表演场馆	902	573	545	23				5
图书馆与档案馆	903	216	216					
文物及文化保护	904	214	210	4				
博物馆	905	142	140			2		
烈士陵园、纪念馆	906	16						16
群众文化活动	907	496	457	34	4	1		
文化艺术经纪代理	908	947	868	54	23	2		
其他文化艺术	909	814	663	147				4
体育	91	6098	5558	108	52	380		
体育组织	911	1874	1452	50	4	368		
体育场馆	912	2804	2739	38	19	8		
其他体育	919	1420	1367	20	29	4		
娱乐业	92	71732	69851	1090	450	248		93
室内娱乐活动	921	33825	33017	487	63	197		61
游乐园	922	4849	4802	29	3	15		
休闲健身娱乐活动	923	29439	28661	409	332	8		29
其他娱乐活动	929	3619	3371	165	52	28		3

2-10　按登记注册类型、营业状态分组的企业法人单位就业人数

登记注册类型	就业人数(人)						
		营业	停业(歇业)	筹建	当年关闭	当年破产	其它
总　计	**27308441**	**26659746**	**295398**	**111163**	**176111**	**13586**	**52437**
内资企业	**16876685**	**16395474**	**256381**	**77104**	**97840**	**9435**	**40451**
国有企业	1406167	1374215	24774	3054	944	185	2995
集体企业	1164060	1133590	14376	562	12091	183	3258
股份合作企业	337745	333315	1899	444	531	111	1445
联营企业	78547	76884	1144	266	142		111
国有联营企业	21128	20546	529	31	15		7
集体联营企业	25087	24688	284	7	108		
国有与集体联营企业	8354	8302	48	3			1
其他联营企业	23978	23348	283	225	19		103
有限责任公司	3733599	3653302	28936	18481	22643	842	9395
国有独资公司	213198	211225	1325	248	305		95
其他有限责任公司	3520401	3442077	27611	18233	22338	842	9300
股份有限公司	1124314	1114980	2996	1887	1221	38	3192
私营企业	8690997	8383905	176904	50375	57489	7937	14387
私营独资企业	2321131	2223465	56597	10341	21873	4970	3885
私营合伙企业	355406	339686	8530	2452	3864	130	744
私营有限责任公司	5800706	5613163	108602	35931	31016	2833	9161
私营股份有限公司	213754	207591	3175	1651	736	4	597
其他企业	341256	325283	5352	2035	2779	139	5668
港、澳、台商投资企业	**6792519**	**6669600**	**29011**	**19468**	**62419**	**3755**	**8266**
合资经营企业(港或澳、台资)	964809	945013	6266	2282	9945	88	1215
合作经营企业(港或澳、台资)	363183	357767	1717	570	3078	51	
港、澳、台商独资经营企业	5334875	5239414	20421	15893	48705	3616	6826
港、澳、台商投资股份有限公司	129652	127406	607	723	691		225
外商投资企业	**3639237**	**3594672**	**10006**	**14591**	**15852**	**396**	**3720**
中外合资经营企业	684619	676283	2369	2876	2412	98	581
中外合作经营企业	186418	183342	1759	53	1140	1	123
外资企业	2633194	2601540	5053	11392	12300	84	2825
外商投资股份有限公司	135006	133507	825	270		213	191

2-11 按行业(中类)、开业(成立)

行业	代码	企业法人单位数(个)	1949年以前	1950-1977年	1978-1991年	1992-1995年	1996年	1997年
总计		**509178**	**195**	**4789**	**22932**	**33790**	**8733**	**10600**
农、林、牧、渔业	A	**37**		**16**	**5**	**2**		**2**
农业	01	13		7	1	1		
谷物及其他作物的种植	011	7		6				
蔬菜、园艺作物的种植	012	2						
水果、坚果、饮料和香料作物的种植	013	3		1	1	1		
中药材的种植	014	1						
林业	02	9		7	1			
林木的培育和种植	021	7		5	1			
木材和竹材的采运	022	1		1				
林产品的采集	023	1		1				
畜牧业	03	8				1		
牲畜的饲养	031	1						
猪的饲养	032	2						
家禽的饲养	033	4				1		
狩猎和捕捉动物	034	1						
其他畜牧业	039							
渔业	04	4			2			2
海洋渔业	041	3			1			2
内陆渔业	042	1			1			
农、林、牧、渔服务业	05	3		2	1			
农业服务业	051							
林业服务业	052	2		1	1			
畜牧服务业	053	1		1				
渔业服务业	054							
采矿业	B	**2329**	**2**	**20**	**137**	**148**	**49**	**23**
煤炭开采和洗选业	06	3			1			
烟煤和无烟煤的开采洗选	061							
褐煤的开采洗选	062							
其他煤炭采选	069	3			1			
石油和天然气开采业	07	18			2	3		
天然原油和天然气开采	071	8				1		
与石油和天然气开采有关的服务活动	079	10			2	2		
黑色金属矿采选业	08	315			7	8	5	3
铁矿采选	081	299			5	8	5	3
其他黑色金属矿采选	089	16			2			
有色金属矿采选业	09	213		2	9	4	5	1
常用有色金属矿采选	091	148		1	7	3	4	1
贵金属矿采选	092	17			2			
稀有稀土金属矿采选	093	48		1		1	1	
非金属矿采选业	10	1747	2	17	116	133	39	19
土砂石开采	101	1541	1	5	96	117	34	18
化学矿采选	102	5			1	1		
采盐	103	44	1	12	13	6	1	
石棉及其他非金属矿采选	109	157			6	9	4	1

时间分组的企业法人单位数

1998年	1999年	2000年	2001年	2002年	2003年	2004年	2005年	2006年	2007年	2008年	年份不详
14044	**16472**	**22405**	**27008**	**31289**	**40049**	**44890**	**50547**	**63086**	**66147**	**49318**	**2884**
1		2		3	3			2	1		
1				2				1			
				1							
				1				1			
1											
								1			
								1			
		2		1	3				1		
					1						
		1							1		
		1			2						
				1							
79	**77**	**111**	**129**	**141**	**195**	**152**	**244**	**347**	**256**	**188**	**31**
			1		1						
			1		1						
2	1	2		4	1		1	1	1		
2	1	1		1	1			1			
		1		3			1		1		
2	6	13	15	14	33	27	46	53	34	42	7
2	5	12	14	14	32	26	46	51	32	38	6
	1	1	1		1	1		2	2	4	1
6	5	16	6	15	17	18	25	25	31	22	6
4	4	9	5	9	13	11	18	18	23	14	4
1		4			1	1	3	1	3	1	
1	1	3	1	6	3	6	4	6	5	7	2
69	64	74	101	107	141	106	169	265	186	121	18
59	52	70	88	99	133	101	157	238	157	102	14
	1							2			
2	5		1	2	1						
8	6	4	12	6	7	5	12	25	29	19	4

2-11 续表 1

行　　业	代码	企业法人单位数(个)						
			1949年以前	1950–1977年	1978–1991年	1992–1995年	1996年	1997年
其他采矿业	11	33		1	2			
其他采矿业	110	33		1	2			
制造业	**C**	**191806**	**41**	**1009**	**7718**	**14632**	**3512**	**4288**
农副食品加工业	13	3412	1	109	309	312	100	130
谷物磨制	131	389		11	53	41	11	13
饲料加工	132	530		2	39	30	17	17
植物油加工	133	279		1	16	21	9	8
制糖	134	80	1	5	10	11	2	4
屠宰及肉类加工	135	689		78	91	66	16	35
水产品加工	136	646		7	49	71	18	25
蔬菜、水果和坚果加工	137	409		3	30	53	15	18
其他农副食品加工	139	390		2	21	19	12	10
食品制造业	14	3470	1	45	246	409	107	134
焙烤食品制造	141	833		8	38	71	30	30
糖果、巧克力及蜜饯制造	142	928		8	77	131	35	46
方便食品制造	143	337		7	30	60	12	11
液体乳及乳制品制造	144	53		2	3	5	1	2
罐头制造	145	142		1	11	17		6
调味品、发酵制品制造	146	457		14	40	49	14	14
其他食品制造	149	720	1	5	47	76	15	25
饮料制造业	15	1402	5	34	125	147	35	32
酒精制造	151	22			1	2		2
酒的制造	152	434	3	23	60	61	10	13
软饮料制造	153	795	2	6	38	67	19	17
精制茶加工	154	151		5	26	17	6	
烟草制品业	16	30		1	5	6	1	1
烟叶复烤	161	6			1	1		1
卷烟制造	162	5		1	2			
其他烟草制品加工	169	19			2	5	1	
纺织业	17	8625	3	45	488	865	165	191
棉、化纤纺织及印染精加工	171	2406		15	136	226	43	52
毛纺织和染整精加工	172	558		3	34	51	12	12
麻纺织	173	21		2	1	2	1	
丝绢纺织及精加工	174	164		1	13	13	2	8
纺织制成品制造	175	1916		12	89	162	32	42
针织品、编织品及其制品制造	176	3560	3	12	215	411	75	77
纺织服装、鞋、帽制造业	18	13962	2	22	512	991	207	280
纺织服装制造	181	13299	1	20	484	923	199	257
纺织面料鞋的制造	182	448	1		16	34	3	13
制帽	183	215		2	12	34	5	10
皮革、毛皮、羽毛(绒)及其制品业	19	7357		9	276	519	104	127
皮革鞣制加工	191	413			20	44	6	8
皮革制品制造	192	6702		8	241	458	93	109
毛皮鞣制及制品加工	193	129		1	9	5	2	2
羽毛(绒)加工及制品制造	194	113			6	12	3	8

1998年	1999年	2000年	2001年	2002年	2003年	2004年	2005年	2006年	2007年	2008年	年份不详
	1	6	6	1	2	1	3	3	4	3	
	1	6	6	1	2	1	3	3	4	3	
5563	**6288**	**8770**	**11472**	**13116**	**15789**	**17832**	**18478**	**21992**	**22861**	**16926**	**1519**
173	207	209	270	250	289	231	214	247	205	149	7
23	36	28	28	24	29	33	18	12	15	14	
21	36	30	38	30	44	44	48	60	41	32	1
11	14	15	25	32	33	22	18	25	14	13	2
	3	8	4	6	8	7	4	3	3		1
37	42	41	38	46	44	33	30	40	35	16	1
40	37	47	70	54	59	36	31	42	30	29	1
25	18	18	40	24	33	30	26	27	33	15	1
16	21	22	27	34	39	26	39	38	34	30	
199	187	215	272	243	266	259	232	226	234	179	16
39	47	52	67	59	64	74	70	57	65	62	
86	52	53	85	60	68	54	51	49	52	21	
10	15	21	16	20	21	27	25	24	14	22	2
3	2	2	1	6	3	8	3	5	5	2	
4	8	11	13	14	12	9	11	6	11	6	2
29	29	34	39	35	33	30	15	30	27	22	3
28	34	42	51	49	65	57	57	55	60	44	9
63	78	79	101	98	124	98	90	112	100	73	8
3	3	2	3		1	1		3	1		
24	23	26	26	22	34	22	15	30	27	15	
30	42	46	63	68	76	71	68	65	61	49	7
6	10	5	9	8	13	4	7	14	11	9	1
2	3			2	2	2	1	1	1	2	
	2									1	
					1	1					
2	1			2	1	1	1	1	1	1	
221	246	390	574	703	725	885	813	904	787	563	57
58	65	104	167	235	200	249	220	252	211	143	30
18	12	27	35	47	43	64	68	48	45	36	3
		1	1	1	3	1	2	3	2	1	
7	4	6	13	5	14	16	15	19	16	10	2
52	63	83	124	154	172	167	184	220	193	154	13
86	102	169	234	261	293	388	324	362	320	219	9
288	346	527	738	985	1106	1269	1362	1740	2044	1480	63
274	330	505	700	939	1057	1218	1299	1654	1975	1408	56
8	5	13	21	23	33	40	48	62	57	64	7
6	11	9	17	23	16	11	15	24	12	8	
160	199	256	324	438	481	641	773	1005	1175	834	36
13	15	18	19	28	30	30	45	56	41	36	4
139	177	225	288	391	434	586	709	925	1109	778	32
3	3	5	8	6	9	18	10	20	19	9	
5	4	8	9	13	8	7	9	4	6	11	

2-11 续表 2

行业	代码	企业法人单位数(个)	1949年以前	1950–1977年	1978–1991年	1992–1995年	1996年	1997年
木材加工及木、竹、藤、棕、草制品业	20	3092		17	116	174	52	66
锯材、木片加工	201	872		5	51	51	18	22
人造板制造	202	852		1	10	29	7	20
木制品制造	203	1026		3	33	60	18	17
竹、藤、棕、草制品制造	204	342		8	22	34	9	7
家具制造业	21	5886		16	126	326	112	185
木质家具制造	211	3453		13	98	214	72	132
竹、藤家具制造	212	114			7	10	1	1
金属家具制造	213	907		3	10	56	18	20
塑料家具制造	214	135			1	7	4	2
其他家具制造	219	1277			10	39	17	30
造纸及纸制品业	22	7581		23	307	553	158	163
纸浆制造	221	148		3	5	16	7	5
造纸	222	1675		4	84	143	42	46
纸制品制造	223	5758		16	218	394	109	112
印刷业和记录媒介的复制	23	8512	3	49	597	850	199	266
印刷	231	7924	2	47	559	768	184	244
装订及其他印刷服务活动	232	530	1	2	31	73	12	17
记录媒介的复制	233	58			7	9	3	5
文教体育用品制造业	24	3901	1	12	264	510	93	107
文化用品制造	241	617		6	31	61	18	16
体育用品制造	242	716		2	27	74	16	15
乐器制造	243	203			10	20	2	7
玩具制造	244	2187	1	4	192	339	55	65
游艺器材及娱乐用品制造	245	178			4	16	2	4
石油加工、炼焦及核燃料加工业	25	328		1	13	25	11	11
精炼石油产品的制造	251	308			12	23	11	11
炼焦	252	16		1	1	1		
核燃料加工	253	4				1		
化学原料及化学制品制造业	26	8157	1	56	271	626	177	244
基础化学原料制造	261	489		16	25	35	6	13
肥料制造	262	255		6	10	20	7	7
农药制造	263	82		1	8	8	6	3
涂料、油墨、颜料及类似产品制造	264	2555	1	5	61	164	55	80
合成材料制造	265	638		3	16	48	17	14
专用化学产品制造	266	1875		18	62	140	29	42
日用化学产品制造	267	2263		7	89	211	57	85
医药制造业	27	915	7	22	87	100	16	34
化学药品原药制造	271	59			6	8	1	2
化学药品制剂制造	272	152	3	6	21	28	1	6
中药饮片加工	273	134		3	12	11	2	3
中成药制造	274	194	4	10	27	21	3	8
兽用药品制造	275	83		2	6	10	1	5
生物、生化制品的制造	276	164		1	8	13	5	4
卫生材料及医药用品制造	277	129			7	9	3	6

1998年	1999年	2000年	2001年	2002年	2003年	2004年	2005年	2006年	2007年	2008年	年份不详
104	79	152	182	186	265	245	289	415	434	295	21
41	29	43	53	32	71	66	60	101	127	99	3
16	11	31	42	65	76	67	88	150	140	94	5
32	26	62	62	65	89	87	111	133	132	87	9
15	13	16	25	24	29	25	30	31	35	15	4
215	162	279	246	331	433	554	632	803	818	572	76
131	116	185	142	200	244	311	356	448	426	317	48
3	3	5	5	6	3	11	16	17	19	7	
29	20	42	45	51	85	91	89	124	128	83	13
6	4	5	6	10	11	9	12	20	23	14	1
46	19	42	48	64	90	132	159	194	222	151	14
226	238	338	474	591	683	693	715	844	922	615	38
5	1	9	7	12	14	13	10	11	21	8	1
52	46	73	105	139	166	140	133	161	189	146	6
169	191	256	362	440	503	540	572	672	712	461	31
289	338	398	534	601	941	818	694	822	680	414	19
277	308	369	513	563	893	757	643	754	641	385	17
11	24	26	21	35	42	56	48	67	37	26	1
1	6	3		3	6	5	3	1	2	3	1
118	134	159	218	212	283	358	358	370	376	291	37
29	29	31	51	41	44	49	57	52	58	41	3
14	19	32	36	43	48	77	85	83	84	56	5
5	7	8	15	7	16	17	26	17	24	16	6
67	78	84	105	101	155	192	171	202	192	162	22
3	1	4	11	20	20	23	19	16	18	16	1
11	12	24	31	25	33	35	23	28	29	15	1
11	10	24	29	24	32	33	20	26	28	13	1
	1		1	1	1	2	3	1	1	2	
	1		1					1			
328	376	426	584	644	752	791	730	837	713	475	126
16	21	31	37	39	55	36	44	40	40	27	8
13	13	17	25	16	20	12	18	26	17	23	5
7	6	5	5	2	8	8	7	3	2	2	1
96	123	129	156	219	250	280	252	281	217	133	53
18	26	35	37	47	56	54	57	86	71	43	10
74	62	71	139	168	183	204	190	185	176	105	27
104	125	138	185	153	180	197	162	216	190	142	22
28	32	42	55	52	81	80	90	76	57	46	10
2	2	1	6	3	6	3	7	5	4	3	
3	10	7	11	6	13	11	9	6	6	5	
6	3	5	9	7	13	11	22	7	9	8	3
11	7	7	9	14	19	15	10	13	11	5	
2	2	5	5	7	2	13	5	11	3	4	
2	4	5	7	8	16	18	19	19	14	15	6
2	4	12	8	7	12	9	18	15	10	6	1

2-11 续表 3

行业	代码	企业法人单位数(个)	1949年以前	1950-1977年	1978-1991年	1992-1995年	1996年	1997年
化学纤维制造业	28	257	1	1	10	38	3	14
纤维素纤维原料及纤维制造	281	69	1		1	9		3
合成纤维制造	282	188		1	9	29	3	11
橡胶制品业	29	2388		11	85	160	40	42
轮胎制造	291	84		2	8	4		2
橡胶板、管、带的制造	292	283		2	4	17	5	9
橡胶零件制造	293	496		5	14	33	10	10
再生橡胶制造	294	107		1	5	10	3	3
日用及医用橡胶制品制造	295	135			5	11	4	3
橡胶靴鞋制造	296	400			26	34	5	4
其他橡胶制品制造	299	883		1	23	51	13	11
塑料制品业	30	17035		35	668	1340	281	365
塑料薄膜制造	301	1630		4	61	152	28	45
塑料板、管、型材的制造	302	1265		1	31	95	24	14
塑料丝、绳及编织品的制造	303	462		6	26	40	4	13
泡沫塑料制造	304	741		1	37	54	13	19
塑料人造革、合成革制造	305	185			12	22	2	7
塑料包装箱及容器制造	306	1690		3	56	116	32	29
塑料零件制造	307	2572		2	63	189	38	56
日用塑料制造	308	2925		9	178	281	67	73
其他塑料制品制造	309	5565		9	204	391	73	109
非金属矿物制品业	31	9610	1	82	544	882	226	217
水泥、石灰和石膏的制造	311	681	1	15	75	108	12	20
水泥及石膏制品制造	312	967		9	39	84	12	8
砖瓦、石材及其他建筑材料制造	313	3334		26	245	333	96	77
玻璃及玻璃制品制造	314	1474		3	46	86	25	30
陶瓷制品制造	315	2388		23	117	236	69	62
耐火材料制品制造	316	134		1	9	10	4	7
石墨及其他非金属矿物制品制造	319	632		5	13	25	8	13
黑色金属冶炼及压延加工业	32	886		6	26	54	9	24
炼铁	321	55		1	5	5	2	1
炼钢	322	50			4	6	1	1
钢压延加工	323	749		5	17	42	5	19
铁合金冶炼	324	32				1	1	3
有色金属冶炼及压延加工业	33	1983	2	5	65	152	40	33
常用有色金属冶炼	331	248		2	4	11	4	4
贵金属冶炼	332	20			1	1		1
稀有稀土金属冶炼	333	44		3		5	1	2
有色金属合金制造	334	169			3	14	3	1
有色金属压延加工	335	1502	2		57	121	32	25
金属制品业	34	20771		81	636	1361	353	419
结构性金属制品制造	341	4625		12	132	277	70	80
金属工具制造	342	2671		30	74	227	37	92
集装箱及金属包装容器制造	343	649		6	23	74	16	17

1998年	1999年	2000年	2001年	2002年	2003年	2004年	2005年	2006年	2007年	2008年	年份不详
5	10	8	20	13	21	26	39	17	17	13	1
	3	2	2	4	5	11	11	7	5	4	1
5	7	6	18	9	16	15	28	10	12	9	
63	70	107	142	164	178	231	253	308	312	205	17
	2	5	6	7	4	7	9	9	6	10	3
3	16	13	17	24	17	20	31	34	45	23	3
25	12	20	32	38	45	52	48	59	58	32	3
3	4	8	11	10	9	6	6	10	11	7	
6	4	11	12	7	9	11	9	17	10	16	
8	2	16	21	25	32	43	49	54	57	24	
18	30	34	43	53	62	92	101	125	125	93	8
487	568	806	1012	1252	1372	1609	1654	2000	2014	1443	129
55	56	93	109	138	150	160	160	152	142	115	10
28	44	60	83	106	113	139	126	156	130	103	12
20	14	25	32	39	42	49	36	49	41	26	
31	24	33	51	63	63	65	75	74	82	53	3
6	5	7	15	16	15	15	9	25	15	13	1
37	45	77	88	125	154	144	173	201	228	167	15
65	88	116	125	176	186	278	282	347	328	206	27
117	135	162	220	232	234	239	232	270	275	175	26
128	157	233	289	357	415	520	561	726	773	585	35
409	374	506	666	632	779	827	887	921	928	635	94
28	35	41	47	58	43	48	38	43	44	20	5
33	35	56	58	57	76	78	97	109	116	88	12
178	129	195	213	158	242	296	276	302	319	220	29
36	35	65	80	100	121	138	179	167	187	155	21
104	112	108	207	203	220	195	216	215	181	103	17
9	6	12	10	5	11	11	10	7	14	7	1
21	22	29	51	51	66	61	71	78	67	42	9
23	27	23	55	55	87	111	107	103	105	66	5
2	5	2	4	9	2	2	6	1	2	5	1
	1	2	3	2	4	8	3	4	5	6	
21	21	16	44	42	77	98	98	97	91	52	4
		3	4	2	4	3		1	7	3	
53	59	72	159	142	158	201	191	231	233	162	25
4	5	6	8	15	22	33	35	32	36	21	6
		1	2	1		3	1	3	4	2	
4		1	5	4	3	1	7	2	5	1	
3	5	6	11	13	12	18	22	17	27	10	4
42	49	58	133	109	121	146	126	177	161	128	15
544	710	1130	1338	1443	1679	1849	2012	2471	2523	2035	187
112	142	208	289	310	362	435	436	577	608	537	38
101	160	246	203	155	215	194	228	231	258	201	19
24	16	28	42	49	45	54	57	65	84	44	5

2-11 续表 4

行业	代码	企业法人单位数(个)	1949年以前	1950-1977年	1978-1991年	1992-1995年	1996年	1997年
金属丝绳及其制品的制造	344	445		1	14	37	6	12
建筑、安全用金属制品制造	345	2394		10	59	129	41	36
金属表面处理及热处理加工	346	1585		3	105	130	35	50
搪瓷制品制造	347	160			1	10	2	
不锈钢及类似日用金属制品制造	348	4590		17	145	300	85	84
其他金属制品制造	349	3652		2	83	177	61	48
通用设备制造业	35	8346	3	65	306	603	137	177
锅炉及原动机制造	351	170		4	15	15	3	3
金属加工机械制造	352	1657	1	13	56	97	24	35
起重运输设备制造	353	258	1	2	15	23	9	9
泵、阀门、压缩机及类似机械的制造	354	638		8	14	58	14	10
轴承、齿轮、传动和驱动部件的制造	355	335		6	16	25	3	5
烘炉、熔炉及电炉制造	356	89				6	1	1
风机、衡器、包装设备等通用设备制造	357	1576	1	12	54	108	24	31
通用零部件制造及机械修理	358	2691		10	95	177	39	53
金属铸、锻加工	359	932		10	41	94	20	30
专用设备制造业	36	8892	3	60	215	481	139	158
矿山、冶金、建筑专用设备制造	361	306		9	15	29	5	9
化工、木材、非金属加工专用设备制造	362	4615	1	12	69	207	63	63
食品、饮料、烟草及饲料生产专用设备制造	363	250		9	27	30	7	6
印刷、制药、日化生产专用设备制造	364	743		3	18	44	10	18
纺织、服装和皮革工业专用设备制造	365	382			10	32	7	4
电子和电工机械专用设备制造	366	1020		3	19	39	10	20
农、林、牧、渔专用机械制造	367	153	1	16	21	12	3	7
医疗仪器设备及器械制造	368	566		5	21	44	21	9
环保、社会公共安全及其他专用设备制造	369	857	1	3	15	44	13	22
交通运输设备制造业	37	4157	1	70	246	356	81	96
铁路运输设备制造	371	21		1	5	1		1
汽车制造	372	2617		35	150	219	59	63
摩托车制造	373	483			12	38	10	10
自行车制造	374	354		4	25	39	4	9
船舶及浮动装置制造	375	593	1	30	50	51	8	13
航空航天器制造	376	12			1	2		
交通器材及其他交通运输设备制造	379	77			3	6		
电气机械及器材制造业	39	16383	3	56	431	1069	281	313
电机制造	391	864		11	31	57	15	16
输配电及控制设备制造	392	3945	1	15	128	248	48	70
电线、电缆、光缆及电工器材制造	393	2662		8	102	214	60	81
电池制造	394	831	2	5	16	41	5	13
家用电力器具制造	395	3809		9	76	238	79	62
非电力家用器具制造	396	526			10	31	10	17
照明器具制造	397	3319		7	58	210	61	49
其他电气机械及器材制造	399	427		1	10	30	3	5
通信设备、计算机及其他电子设备制造业	40	14346		22	260	800	222	265
通信设备制造	401	1152		1	29	85	21	25

1998年	1999年	2000年	2001年	2002年	2003年	2004年	2005年	2006年	2007年	2008年	年份不详
14	14	26	36	40	31	45	46	54	39	29	1
69	61	123	149	195	224	215	236	308	305	203	31
46	54	104	109	122	145	137	140	148	129	114	14
3	4	8	16	9	14	23	14	17	16	22	1
122	186	264	319	334	384	398	469	564	515	361	43
53	73	123	175	229	259	348	386	507	569	524	35
205	229	377	472	588	702	797	808	943	1105	794	35
2	8	6	17	7	14	8	19	12	20	16	1
39	40	60	73	91	126	162	171	199	260	203	7
10	11	11	13	19	20	11	22	36	26	18	2
18	13	36	37	56	58	67	70	59	67	50	3
14	11	17	14	27	24	23	32	45	45	24	4
	4	3	3	7	12	6	8	15	10	12	1
40	51	62	93	106	138	184	153	175	195	143	6
58	58	119	153	178	202	259	264	331	406	281	8
24	33	63	69	97	108	77	69	71	76	47	3
186	235	347	470	519	657	877	990	1181	1310	1024	40
5	10	20	20	13	22	30	28	26	35	26	4
81	97	149	227	269	313	454	551	662	769	615	13
10	8	19	17	14	10	17	14	26	20	15	1
11	24	38	45	43	77	70	90	92	85	69	6
10	18	17	26	27	32	47	30	47	50	24	1
24	28	30	50	59	75	107	117	152	153	125	9
8	6	11	5	7	9	10	8	9	15	4	1
16	21	31	34	43	58	56	53	58	55	40	1
21	23	32	46	44	61	86	99	109	128	106	4
147	168	194	270	294	335	380	436	406	375	278	24
		2	2	1	4	1		2	1		
95	107	113	171	189	232	256	273	251	219	168	17
17	32	28	31	37	37	59	74	43	39	15	1
8	8	19	29	26	21	32	35	30	40	20	5
23	20	26	31	32	32	26	44	70	69	66	1
			2		3	1	1	1		1	
4	1	6	4	9	6	5	9	9	7	8	
449	500	744	918	1126	1393	1600	1570	1957	2148	1705	120
22	29	43	54	69	70	91	84	80	103	86	3
114	114	173	217	266	324	393	389	494	532	395	24
111	89	118	169	183	227	269	217	296	283	224	11
22	28	35	49	61	77	77	96	94	114	87	9
78	110	195	204	260	339	351	386	462	480	437	43
13	19	23	32	46	40	49	48	70	65	49	4
80	101	145	171	217	283	313	324	388	509	382	21
9	10	12	22	24	33	57	26	73	62	45	5
331	358	553	769	915	1145	1479	1557	1905	1960	1657	148
28	38	46	72	77	89	103	115	137	148	129	9

2-11 续表 5

行　业	代码	企业法人单位数(个)	1949年以前	1950-1977年	1978-1991年	1992-1995年	1996年	1997年
雷达及配套设备制造	402	16						1
广播电视设备制造	403	399			10	16	11	13
电子计算机制造	404	1618		1	21	85	27	34
电子器件制造	405	1735		4	28	80	19	33
电子元件制造	406	5799		13	113	365	98	89
家用视听设备制造	407	2041		2	40	107	30	44
其他电子设备制造	409	1586		1	19	62	16	26
仪器仪表及文化、办公用机械制造业	41	2776	3	9	136	306	54	62
通用仪器仪表制造	411	562	2	2	16	35	9	12
专用仪器仪表制造	412	307		2	9	21	3	7
钟表与计时仪器制造	413	945	1	2	67	149	29	24
光学仪器及眼镜制造	414	468			24	55	2	3
文化、办公用机械制造	415	430		2	18	41	10	12
其他仪器仪表的制造及修理	419	64		1	2	5	1	4
工艺品及其他制造业	42	6350		45	320	587	102	122
工艺美术品制造	421	4738		38	253	446	75	98
日用杂品制造	422	964		6	44	97	17	16
煤制品制造	423	35			1	2	1	
核辐射加工	424							
其他未列明的制造业	429	613		1	22	42	9	8
废弃资源和废旧材料回收加工业	43	996			28	30	7	10
金属废料和碎屑的加工处理	431	483			16	11	2	8
非金属废料和碎屑的加工处理	432	513			12	19	5	2
电力、燃气及水的生产和供应业	**D**	**7074**	**7**	**326**	**1106**	**656**	**194**	**201**
电力、热力的生产和供应业	44	5731	4	270	879	456	152	159
电力生产	441	5564	4	245	835	442	147	155
电力供应	442	142		25	43	14	5	3
热力生产和供应	443	25			1			1
燃气生产和供应业	45	178		1	4	21	8	6
燃气生产和供应业	450	178		1	4	21	8	6
水的生产和供应业	46	1165	3	55	223	179	34	36
自来水的生产和供应	461	974	3	54	221	172	33	35
污水处理及其再生利用	462	165		1	2	6	1	1
其他水的处理、利用与分配	469	26				1		
建筑业	**E**	**14457**	**4**	**310**	**1092**	**1580**	**364**	**369**
房屋和土木工程建筑业	47	4114	2	286	636	630	108	105
房屋工程建筑	471	2579	1	245	484	394	71	56
土木工程建筑	472	1535	1	41	152	236	37	49
建筑安装业	48	3579	1	16	205	401	123	119
建筑安装业	480	3579	1	16	205	401	123	119
建筑装饰业	49	5439	1	4	192	441	113	124
建筑装饰业	490	5439	1	4	192	441	113	124
其他建筑业	50	1325		4	59	108	20	21
工程准备	501	528		1	28	57	6	12
提供施工设备服务	502	127		1	2	8	1	1
其他未列明的建筑活动	509	670		2	29	43	13	8

1998年	1999年	2000年	2001年	2002年	2003年	2004年	2005年	2006年	2007年	2008年	年份不详
			1		1	3	1	3	3	2	1
10	9	22	29	34	24	45	43	48	43	39	3
47	51	74	98	109	138	162	198	207	205	159	2
43	37	72	101	96	143	173	216	221	252	210	7
135	157	224	298	360	462	591	589	761	767	686	91
43	48	74	105	160	158	246	225	270	273	196	20
25	18	41	65	79	130	156	170	258	269	236	15
74	102	101	160	141	216	225	244	284	363	267	29
18	27	25	40	32	51	49	53	64	67	59	1
8	12	14	21	16	37	30	27	34	36	30	
24	37	27	45	45	61	60	82	74	113	88	17
10	7	12	19	11	33	39	46	65	86	49	7
13	14	17	34	35	30	41	30	42	52	35	4
1	5	6	1	2	4	6	6	5	9	6	
144	218	270	356	417	491	573	606	709	747	533	110
102	172	206	266	305	365	430	435	529	537	387	94
25	25	35	58	72	70	89	95	103	122	80	10
5	2	1	2	1	7	1	4	3	3	2	
12	19	28	30	39	49	53	72	74	85	64	6
18	23	38	62	54	112	88	108	126	146	106	40
12	15	20	28	32	54	47	45	65	53	55	20
6	8	18	34	22	58	41	63	61	93	51	20
347	**312**	**350**	**427**	**540**	**604**	**550**	**452**	**468**	**295**	**200**	**39**
285	266	292	367	470	515	468	371	384	227	146	20
282	256	281	362	460	510	460	366	376	226	137	20
3	10	11	3	7	2	3	3	2	1	7	
			2	3	3	5	2	6		2	
8	10	11	9	13	18	13	13	18	11	12	2
8	10	11	9	13	18	13	13	18	11	12	2
54	36	47	51	57	71	69	68	66	57	42	17
50	31	45	43	42	53	43	48	43	30	24	4
2	4	1	7	12	16	25	18	19	23	15	12
2	1	1	1	3	2	1	2	4	4	3	1
475	**605**	**725**	**661**	**749**	**935**	**965**	**1132**	**1560**	**1614**	**1157**	**160**
147	199	201	189	202	220	199	197	306	264	184	39
82	115	123	111	118	127	109	97	180	137	102	27
65	84	78	78	84	93	90	100	126	127	82	12
163	174	225	206	228	250	259	260	344	339	253	13
163	174	225	206	228	250	259	260	344	339	253	13
129	187	246	224	260	349	420	544	728	828	584	65
129	187	246	224	260	349	420	544	728	828	584	65
36	45	53	42	59	116	87	131	182	183	136	43
15	14	17	20	19	55	39	50	67	53	50	25
2	2	9	2	4	10	6	16	17	32	12	2
19	29	27	20	36	51	42	65	98	98	74	16

2-11 续表 6

行业	代码	企业法人单位数(个)	1949年以前	1950-1977年	1978-1991年	1992-1995年	1996年	1997年
交通运输、仓储和邮政业	**F**	**14244**	**1**	**212**	**743**	**841**	**253**	**263**
铁路运输业	51	12			1	2	1	1
铁路旅客运输	511	1				1		
铁路货物运输	512	9			1	1	1	1
铁路运输辅助活动	513	2						
道路运输业	52	4988		60	331	357	109	99
公路旅客运输	521	542		25	85	65	17	18
道路货物运输	522	3865		24	199	228	59	62
道路运输辅助活动	523	581		11	47	64	33	19
城市公共交通业	53	466		12	59	59	20	20
公共电汽车客运	531	140		9	15	20	5	5
轨道交通	532	7						1
出租车客运	533	299		3	39	37	15	13
城市轮渡	534	5			5			
其他城市公共交通	539	15				2		1
水上运输业	54	884		57	147	112	14	14
水上旅客运输	541	87		7	21	16	2	
水上货物运输	542	530		39	90	45	8	9
水上运输辅助活动	543	267		11	36	51	4	5
航空运输业	55	87			9	14	1	2
航空客货运输	551	57			7	8	1	2
通用航空服务	552	11				2		
航空运输辅助活动	553	19			2	4		
管道运输业	56	3				2		
管道运输业	560	3				2		
装卸搬运和其他运输服务业	57	6053	1	34	113	181	80	82
装卸搬运	571	462		28	50	44	11	8
运输代理服务	572	5591	1	6	63	137	69	74
仓储业	58	1163		47	78	109	27	38
谷物、棉花等农产品仓储	581	175		39	25	21	4	3
其他仓储	589	988		8	53	88	23	35
邮政业	59	588		2	5	5	1	7
国家邮政	591	40		1	5	1		1
其他寄递服务	599	548		1		4	1	6
信息传输、计算机服务和软件业	**G**	**13981**		**3**	**50**	**243**	**92**	**140**
电信和其他信息传输服务业	60	2192		1	21	68	11	18
电信	601	587			9	23	5	10
互联网信息服务	602	1472			4	10	5	7
广播电视传输服务	603	121		1	8	34	1	1
卫星传输服务	604	12				1		
计算机服务业	61	5855		1	14	74	29	41
计算机系统服务	611	1643			5	32	13	17
数据处理	612	97			2	5	1	
计算机维修	613	290			1	8	7	4
其他计算机服务	619	3825		1	6	29	8	20

1998年	1999年	2000年	2001年	2002年	2003年	2004年	2005年	2006年	2007年	2008年	年份不详
374	**413**	**509**	**599**	**745**	**1091**	**1470**	**1694**	**1935**	**1770**	**1299**	**32**
1		2	2	1		1					
1		1	1	1		1					
		1	1								
147	165	187	271	307	469	505	467	612	524	369	9
29	20	26	46	33	33	37	29	41	27	10	1
93	106	137	192	242	392	420	394	524	460	328	5
25	39	24	33	32	44	48	44	47	37	31	3
29	28	25	27	31	24	27	21	20	45	18	1
10	8	7	10	7	6	12	7	8	6	5	
2			1	1		1	1				
16	18	17	16	22	16	14	12	12	38	11	
1	2	1		1	2		1		1	2	1
25	33	38	38	54	64	60	75	64	55	32	2
2	2	2	5	5	6	4	5	3	4	3	
16	26	25	24	33	45	34	56	34	29	17	
7	5	11	9	16	13	22	14	27	22	12	2
3	9	3	4	3	4	9	2	10	8	5	1
3	3	2	3	2	3	7	1	7	5	3	
	4		1		1			1	2		
	2	1		1		2	1	2	1	2	1
						1					
						1					
116	132	178	172	262	393	690	928	1031	941	706	13
9	17	17	20	21	34	32	31	52	45	43	
107	115	161	152	241	359	658	897	979	896	663	13
29	38	52	66	64	103	113	115	108	104	70	2
6	10	6	11	8	6	16	14	2	2	2	
23	28	46	55	56	97	97	101	106	102	68	2
24	8	24	19	23	34	64	86	90	93	99	4
18	3	3	1	1	2		1	1	2		
6	5	21	18	22	32	64	85	89	91	99	4
206	**296**	**589**	**715**	**868**	**1477**	**1349**	**1401**	**2498**	**2634**	**1402**	**18**
30	58	93	124	100	241	204	200	400	427	192	4
15	39	36	58	41	69	52	55	76	57	42	
13	17	50	61	58	165	149	139	313	336	141	4
2	2	6	4	1	4	2	6	8	32	9	
		1	1		3	1		3	2		
71	86	201	245	352	746	545	538	1156	1259	493	4
39	47	99	94	119	170	174	171	234	251	177	1
3	3	8	2	8	11	13	8	11	16	6	
7	8	13	16	16	30	20	36	39	45	40	
22	28	81	133	209	535	338	323	872	947	270	3

2-11 续表 7

行 业	代码	企业法人单位数（个）	1949年以前	1950-1977年	1978-1991年	1992-1995年	1996年	1997年
软件业	62	5934		1	15	101	52	81
公共软件服务	621	4888		1	12	83	45	68
其他软件服务	629	1046			3	18	7	13
批发和零售业	**H**	**141318**	**23**	**1719**	**4418**	**5944**	**2159**	**2542**
批发业	63	93587	12	1050	2635	3568	1310	1593
农畜产品批发	631	1586		52	182	77	21	22
食品、饮料及烟草制品批发	632	6569	3	369	436	376	114	126
纺织、服装及日用品批发	633	14234	1	56	264	372	160	187
文化、体育用品及器材批发	634	4231	1	25	86	134	66	92
医药及医疗器材批发	635	3094		44	137	134	45	53
矿产品、建材及化工产品批发	636	22203	2	385	771	1115	382	483
机械设备、五金交电及电子产品批发	637	30535	3	43	439	975	377	470
贸易经纪与代理	638	4237		30	109	162	48	53
其他批发	639	6898	2	46	211	223	97	107
零售业	65	47731	11	669	1783	2376	849	949
综合零售	651	3624		261	344	235	64	64
食品、饮料及烟草制品专门零售	652	3446	1	114	216	235	67	75
纺织、服装及日用品专门零售	653	5242		104	177	227	93	119
文化、体育用品及器材专门零售	654	3198	5	37	114	170	65	62
医药及医疗器材专门零售	655	3602	1	62	164	116	50	35
汽车、摩托车、燃料及零配件专门零售	656	6451	2	7	236	468	161	180
家用电器及电子产品专门零售	657	9986		11	103	273	108	165
五金、家具及室内装修材料专门零售	658	7005	1	36	262	424	157	160
无店铺及其他零售	659	5177	1	37	167	228	84	89
住宿和餐饮业	**I**	**13012**	**3**	**83**	**744**	**821**	**252**	**299**
住宿业	66	5053	3	43	529	450	105	136
旅游饭店	661	1769	2	17	198	183	41	58
一般旅馆	662	2981	1	25	289	242	58	68
其他住宿服务	669	303		1	42	25	6	10
餐饮业	67	7959		40	215	371	147	163
正餐服务	671	6197		23	180	307	114	124
快餐服务	672	811		12	15	35	16	24
饮料及冷饮服务	673	361		1	3	4	2	2
其他餐饮服务	679	590		4	17	25	15	13
金融业	**J**	**1885**	**1**	**32**	**204**	**160**	**57**	**54**
银行业	68	439	1	32	167	62	28	20
中央银行	681	2	1	1				
商业银行	682	406		29	161	60	18	15
其他银行	689	31		2	6	2	10	5
证券业	69	137			7	30	7	7
证券市场管理	691	4			1			
证券经纪与交易	692	97			5	25	6	4
证券投资	693	19			1	1		1
证券分析与咨询	694	17				4	1	2

1998年	1999年	2000年	2001年	2002年	2003年	2004年	2005年	2006年	2007年	2008年	年份不详
105	152	295	346	416	490	600	663	942	948	717	10
93	129	251	283	345	407	487	564	770	775	568	7
12	23	44	63	71	83	113	99	172	173	149	3
3539	**4499**	**6062**	**7396**	**8326**	**10932**	**12351**	**14610**	**19109**	**21155**	**16298**	**236**
2191	2885	3899	4975	5659	7590	8460	9956	12813	14379	10474	138
44	51	74	124	113	100	122	183	154	142	122	3
190	246	283	382	381	436	463	523	742	812	680	7
239	410	526	707	847	1008	1195	1565	2219	2670	1796	12
105	151	180	215	253	386	402	425	562	649	496	3
76	101	144	198	266	393	298	395	367	286	155	2
636	803	1051	1343	1422	1881	2106	2141	2711	2917	2007	47
667	852	1221	1558	1840	2472	2765	3353	4469	5115	3883	33
92	105	152	157	208	307	427	530	629	643	575	10
142	166	268	291	329	607	682	841	960	1145	760	21
1348	1614	2163	2421	2667	3342	3891	4654	6296	6776	5824	98
101	123	164	175	199	247	255	324	386	364	292	26
93	145	159	156	148	208	226	294	400	482	422	5
153	173	205	249	295	321	421	545	694	774	688	4
110	120	164	146	191	229	273	290	385	444	387	6
65	83	130	193	192	239	330	512	561	458	408	3
275	285	407	404	484	545	563	580	662	684	500	8
202	307	442	590	541	719	878	969	1520	1699	1446	13
197	235	300	311	365	475	520	654	936	1021	927	24
152	143	192	197	252	359	425	486	752	850	754	9
393	**431**	**649**	**603**	**650**	**874**	**1081**	**1344**	**1609**	**1671**	**1465**	**40**
152	152	212	195	224	282	381	488	538	610	526	27
64	71	82	75	96	125	140	161	138	162	138	18
74	69	114	105	119	140	230	298	381	412	350	6
14	12	16	15	9	17	11	29	19	36	38	3
241	279	437	408	426	592	700	856	1071	1061	939	13
191	212	330	342	333	488	551	677	853	791	670	11
27	39	42	29	47	42	72	76	89	129	116	1
5	7	23	10	17	35	34	38	53	63	64	
18	21	42	27	29	27	43	65	76	78	89	1
32	**33**	**41**	**48**	**95**	**152**	**155**	**146**	**193**	**231**	**246**	**5**
13	8	8	1	2	1	6	7	15	33	35	
13	7	8	1	1	1	6	7	14	31	34	
	1			1				1	2	1	
4	9	7	17	3	13	3	5	7	8	10	
					1			1		1	
3	6	3	12	2	10	1	3	6	3	8	
1		2	4		2	1	1		5		
	3	2	1	1		1	1			1	

2-11 续表 8

行业	代码	企业法人单位数（个）	1949年以前	1950–1977年	1978–1991年	1992–1995年	1996年	1997年
保险业	70	796			10	19	12	22
人寿保险	701	183			1	5	3	10
非人寿保险	702	282			8	12	8	12
保险辅助服务	703	331			1	2	1	
其他金融活动	71	513			20	49	10	5
金融信托与管理	711	64			13	7	1	
金融租赁	712	7			2			
财务公司	713	31			1	6	4	1
邮政储蓄	714	15						
典当	715	161			3	31	1	2
其他未列明的金融活动	719	235			1	5	4	2
房地产业	**K**	**27964**	**11**	**273**	**2348**	**3692**	**547**	**696**
房地产业	72	27964	11	273	2348	3692	547	696
房地产开发经营	721	6811	1	15	529	1271	169	221
物业管理	722	8330	4	39	388	730	216	279
房地产中介服务	723	4168	2	8	37	162	45	61
其他房地产活动	729	8655	4	211	1394	1529	117	135
租赁和商务服务业	**L**	**46529**	**88**	**364**	**3119**	**3135**	**667**	**1033**
租赁业	73	905		4	38	37	13	12
机械设备租赁	731	837		4	35	34	13	12
文化及日用品出租	732	68			3	3		
商务服务业	74	45624	88	360	3081	3098	654	1021
企业管理服务	741	15449	85	312	2512	1761	245	541
法律服务	742	744			23	100	28	25
咨询与调查	743	12618		5	118	332	101	123
广告业	744	7288		2	52	365	116	167
知识产权服务	745	425			1	6	1	4
职业中介服务	746	921			23	48	10	8
市场管理	747	1357		7	56	110	44	53
旅行社	748	1181		12	122	88	25	20
其他商务服务	749	5641	3	22	174	288	84	80
科学研究、技术服务和地质勘查业	**M**	**13713**	**2**	**55**	**343**	**677**	**205**	**219**
研究与试验发展	75	3313		9	42	78	21	35
自然科学研究与试验发展	751	213		2	5	3	1	
工程和技术研究与试验发展	752	2651		4	21	47	17	31
农业科学研究与试验发展	753	138		2	12	13	1	2
医学研究与试验发展	754	288		1	4	15	2	2
社会人文科学研究与试验发展	755	23						
专业技术服务业	76	8473	1	34	230	502	163	165
气象服务	761	44			2	8		4
地震服务	762	5					2	
海洋服务	763	8			1	2		1
测绘服务	764	159			4	9	1	3
技术检测	765	661		3	24	41	21	15
环境监测	766	81			2	3	2	
工程技术与规划管理	767	3888	1	28	157	347	98	87
其他专业技术服务	769	3627		3	40	92	39	55

1998年	1999年	2000年	2001年	2002年	2003年	2004年	2005年	2006年	2007年	2008年	年份不详
9	5	5	19	68	94	115	89	109	101	119	
4	3	1	7	29	33	15	14	8	19	31	
5	2	3	4	32	28	42	26	52	26	22	
		1	8	7	33	58	49	49	56	66	
6	11	21	11	22	44	31	45	62	89	82	5
	2	4	4	1	5	2	3	8	2	11	1
			1			1	1	1	1		
	2		1	1		4	2	4	3	2	
									14	1	
5	1	5		13	15	6	20	20	26	12	1
1	6	12	5	7	24	18	19	29	43	56	3
1128	**1061**	**1300**	**1347**	**1641**	**1895**	**2213**	**2172**	**2670**	**2848**	**1526**	**596**
1128	1061	1300	1347	1641	1895	2213	2172	2670	2848	1526	596
321	281	364	362	386	442	439	507	591	566	162	184
321	376	455	489	559	683	775	725	822	849	556	64
99	125	185	235	262	329	397	413	574	745	449	40
387	279	296	261	434	441	602	527	683	688	359	308
1010	**1390**	**1747**	**1911**	**2494**	**3285**	**3806**	**5054**	**6185**	**6168**	**4943**	**130**
19	20	28	48	47	63	86	116	120	140	110	4
18	17	25	46	39	57	82	108	113	130	100	4
1	3	3	2	8	6	4	8	7	10	10	
991	1370	1719	1863	2447	3222	3720	4938	6065	6028	4833	126
391	486	488	486	842	807	895	1529	1666	1262	1080	61
25	24	56	76	59	59	52	54	62	64	37	
171	319	470	524	645	1038	1198	1558	1952	2251	1788	25
189	251	316	320	384	538	668	781	1057	1134	937	11
1	13	17	18	25	52	63	55	63	59	47	
24	27	22	36	55	84	84	112	120	134	129	5
59	82	87	90	80	119	117	140	142	96	71	4
32	30	40	75	68	108	130	142	104	97	83	5
99	138	223	238	289	417	513	567	899	931	661	15
255	**332**	**548**	**669**	**767**	**1120**	**1269**	**1588**	**1938**	**2057**	**1624**	**45**
35	54	108	155	171	261	291	376	539	611	512	15
3	2	7	15	12	24	18	26	31	34	28	2
27	41	78	114	135	202	237	302	437	514	437	7
	1	8	8	8	8	10	11	13	22	19	
4	9	13	16	16	27	26	35	53	34	25	6
1	1	2	2				2	5	7	3	
190	229	360	433	497	698	794	1009	1135	1125	887	21
	1	3	3	2	8	4	4	2	2	1	
		1	1	1							
						2	1			1	
1	4	7	14	9	14	21	29	19	13	11	
23	18	24	42	42	49	66	91	94	60	46	2
	1	1	1	4	13	7	7	16	14	10	
103	118	197	207	250	332	357	414	457	405	320	10
63	87	127	165	189	282	337	463	547	631	498	9

2-11 续表 9

行业	代码	企业法人单位数(个)	1949年以前	1950-1977年	1978-1991年	1992-1995年	1996年	1997年
科技交流和推广服务业	77	1854	1	9	62	76	20	18
技术推广服务	771	1335		7	44	59	15	9
科技中介服务	772	255	1		9	11	1	6
其他科技服务	779	264		2	9	6	4	3
地质勘查业	78	73		3	9	21	1	1
矿产地质勘查	781	20		1	2	3		1
基础地质勘查	782	24		1	4	11	1	
地质勘查技术服务	783	29		1	3	7		
水利、环境和公共设施管理业	**N**	**1813**		**33**	**94**	**129**	**38**	**37**
水利管理业	79	103		25	14	11		
防洪管理	791	12		3	1	4		
水资源管理	792	65		20	11	6		
其他水利管理	799	26		2	2	1		
环境管理业	80	524		3	27	35	10	11
自然保护	801	28			2	5	1	1
环境治理	802	496		3	25	30	9	10
公共设施管理业	81	1186		5	53	83	28	26
市政公共设施管理	811	192		2	12	28	12	4
城市绿化管理	812	705		1	23	42	9	16
游览景区管理	813	289		2	18	13	7	6
居民服务和其他服务业	**O**	**10965**	**6**	**68**	**317**	**620**	**185**	**266**
居民服务业	82	4884	1	28	113	246	81	145
家庭服务	821	440			3	5	2	1
托儿所	822	63			5	7	1	4
洗染服务	823	149			2	13	3	3
理发及美容保健服务	824	1823	1	19	24	66	20	35
洗浴服务	825	626		1	6	31	10	17
婚姻服务	826	115			2	5	1	2
殡葬服务	827	99			5	21	7	6
摄影扩印服务	828	571		4	25	48	21	20
其他居民服务	829	998		4	41	50	16	57
其他服务业	83	6081	5	40	204	374	104	121
修理与维护	831	3253		5	131	241	74	66
清洁服务	832	1525		2	18	53	13	25
其他未列明的服务	839	1303	5	33	55	80	17	30
教育	**P**	**2971**	**5**	**50**	**178**	**197**	**59**	**71**
教育	84	2971	5	50	178	197	59	71
学前教育	841	1052		33	95	97	37	46
初等教育	842	199	5	10	22	5	4	6
中等教育	843	98		4	7	8	4	
高等教育	844	50			1	7	1	1
其他教育	849	1572		3	53	80	13	18

1998年	1999年	2000年	2001年	2002年	2003年	2004年	2005年	2006年	2007年	2008年	年份不详
28	47	78	78	97	157	178	199	261	315	221	9
16	30	52	50	70	109	122	155	206	222	162	7
8	9	9	15	13	24	28	21	25	45	28	2
4	8	17	13	14	24	28	23	30	48	31	
2	2	2	3	2	4	6	4	3	6	4	
1		1	2	1	1	1	1	1	1	3	
1	1	1			2	1				1	
	1		1	1	1	4	3	2	5		
56	**69**	**98**	**93**	**122**	**161**	**163**	**171**	**192**	**196**	**148**	**13**
4	4	1	2	5	3	9	5	6	6	8	
		1				2	1				
4	3		1	3	1	5	2	1	4	4	
	1		1	2	2	2	2	5	2	4	
9	14	38	26	31	46	51	49	55	68	47	4
1	1	4	1			1	1	3	5	2	
8	13	34	25	31	46	50	48	52	63	45	4
43	51	59	65	86	112	103	117	131	122	93	9
8	7	8	7	10	14	18	8	25	19	10	
25	32	32	42	54	71	54	82	84	80	54	4
10	12	19	16	22	27	31	27	22	23	29	5
349	**398**	**532**	**561**	**631**	**908**	**891**	**1232**	**1398**	**1421**	**1169**	**13**
182	196	250	239	262	385	375	555	624	636	562	4
15	21	21	32	20	41	58	52	65	48	56	
5	3	2	2	4	1	9	8	4		8	
3	2	5	8	8	14	20	19	22	18	8	1
60	58	119	61	104	131	116	244	270	257	238	
30	37	20	36	40	61	39	79	83	75	60	1
2	2	4	2	3	5	8	15	18	26	20	
3	1	9	9	1	10	4	7	5	5	6	
19	29	29	38	33	32	43	60	47	57	66	
45	43	41	51	49	90	78	71	110	150	100	2
167	202	282	322	369	523	516	677	774	785	607	9
112	114	170	197	178	275	276	366	402	349	296	1
32	50	64	78	126	154	123	176	194	243	170	4
23	38	48	47	65	94	117	135	178	193	141	4
113	**118**	**177**	**175**	**176**	**237**	**230**	**325**	**348**	**291**	**220**	**1**
113	118	177	175	176	237	230	325	348	291	220	1
63	53	83	71	56	73	69	78	91	62	45	
9	11	12	13	13	21	9	29	15	10	5	
3	8	4	6	8	6	4	9	13	10	4	
1	5	4	3	5	3	6	2	5	4	2	
37	41	74	82	94	134	142	207	224	205	164	1

2-11 续表 10

行　　业	代码	企业法人单位数（个）	1949年以前	1950-1977年	1978-1991年	1992-1995年	1996年	1997年
卫生、社会保障和社会福利业	**Q**	**1717**		**173**	**131**	**84**	**38**	**26**
卫生	85	1648		173	125	79	34	25
医院	851	212		14	12	16	6	5
卫生院及社区医疗活动	852	164		36	14	12	4	2
门诊部医疗活动	853	918		96	69	44	18	10
计划生育技术服务活动	854	240		18	23	4	5	4
妇幼保健活动	855	6		2	1			
专科疾病防治活动	856	33		2	2	2	1	
疾病预防控制及防疫活动	857	10		2				
其他卫生活动	859	65		3	4	1		4
社会保障业	86	5			1			
社会保障业	860	5			1			
社会福利业	87	64			5	5	4	1
提供住宿的社会福利	871	47			1	5	3	1
不提供住宿的社会福利	872	17			4		1	
文化、体育和娱乐业	**R**	**3363**	**1**	**43**	**185**	**229**	**62**	**71**
新闻出版业	88	252		5	67	39	7	6
新闻业	881	11		1	4	1		1
出版业	882	241		4	63	38	7	5
广播、电视、电影和音像业	89	495	1	32	58	32	7	9
广播	891	27			4	1		2
电视	892	130			3	11	4	2
电影	893	220	1	32	47	13	1	4
音像制作	894	118			4	7	2	1
文化艺术业	90	453		5	22	18	5	4
文艺创作与表演	901	142		2	5	8	1	2
艺术表演场馆	902	30		2	8	2	1	
图书馆与档案馆	903	8						
文物及文化保护	904	10					1	1
博物馆	905	8				1		
烈士陵园、纪念馆	906	1						
群众文化活动	907	57		1	5	4	1	1
文化艺术经纪代理	908	106			2	1		
其他文化艺术	909	91			2	2	1	
体育	91	277			4	12	7	5
体育组织	911	81			3	4	2	2
体育场馆	912	126			1	4	3	1
其他体育	919	70				4	2	2
娱乐业	92	1886		1	34	128	36	47
室内娱乐活动	921	1179			21	81	21	28
游乐园	922	62			3	2	1	
休闲健身娱乐活动	923	516		1	7	37	13	16
其他娱乐活动	929	129			3	8	1	3

1998年	1999年	2000年	2001年	2002年	2003年	2004年	2005年	2006年	2007年	2008年	年份不详
41	**40**	**59**	**65**	**66**	**138**	**143**	**184**	**201**	**199**	**129**	
35	38	53	65	63	130	138	179	196	195	120	
6	1	9	7	10	22	25	16	24	24	15	
4	4	3	7	4	9	10	16	11	20	8	
18	19	28	34	31	61	67	106	126	118	73	
4	10	8	10	10	25	28	25	28	24	14	
					1				1	1	
1	2	1	2	1	3	1	4	1	5	5	
	1		1	3	1	1			1		
2	1	4	4	4	8	6	12	6	2	4	
1		1				1		1			
1		1				1		1			
5	2	5		3	8	4	5	4	4	9	
4	2	4		3	6	3	4	3	2	6	
1		1			2	1	1	1	2	3	
83	**110**	**136**	**137**	**159**	**253**	**270**	**320**	**441**	**479**	**378**	**6**
6	8	11	13	12	15	12	13	18	8	12	
					2		1	1			
6	8	11	13	12	13	12	12	17	8	12	
10	14	26	25	24	28	41	41	46	59	41	1
		1	1	1	3	3	4	3	4		
4	2	11	6	5	12	6	16	10	28	10	
4	8	9	7	7	5	19	11	18	14	19	1
2	4	5	11	11	8	13	10	15	13	12	
5	8	13	22	23	33	47	44	72	70	62	
		5	8	7	12	20	15	19	19	19	
1	1		1		1	1		4	5	3	
			1	2		3	1	1			
		1	1			1	1	3	1		
				1	1	2		1	1	1	
					1						
1	2	1	3	2	1	7	2	8	11	7	
3	1	2	4	6	13	8	9	19	22	16	
	4	4	4	5	4	5	16	17	11	16	
6	2	13	10	13	32	28	36	42	44	22	1
3		4	3	2	7	7	7	13	19	5	
3	2	7	6	7	18	16	18	18	13	9	
		2	1	4	7	5	11	11	12	8	1
56	78	73	67	87	145	142	186	263	298	241	4
34	47	40	41	48	84	87	127	177	189	154	
5	5	2	3	5	3	10	4	4	9	6	
10	20	25	19	30	46	30	47	69	81	62	3
7	6	6	4	4	12	15	8	13	19	19	1

2-12 按地区、开业(成立)时间分组的企业法人单位数

地区	企业法人单位数(个)								
		1949年以前	1950-1977年	1978-1991年	1992-1995年	1996年	1997年	1998年	1999年
总计	**509178**	**195**	**4789**	**22932**	**33790**	**8733**	**10600**	**14044**	**16472**
广州市	138171	124	996	6459	8357	2251	2610	3815	4693
深圳市	97854	7	34	2353	4608	1222	1755	1785	2327
珠海市	20012	1	39	1016	1689	384	431	550	794
汕头市	17290	15	388	1830	2469	552	683	873	874
佛山市	54157	9	140	1407	2898	1083	1167	1437	1663
韶关市	6693	4	219	501	384	118	98	214	212
河源市	3597	3	186	331	246	59	63	97	113
梅州市	6917	5	316	755	714	196	199	372	313
惠州市	18798		230	876	1385	234	281	425	461
汕尾市	2517	3	144	236	266	65	65	110	132
东莞市	48349	6	56	1678	3667	691	1128	1016	1245
中山市	22500	2	53	643	1313	331	362	560	662
江门市	15952	4	172	802	1101	254	272	476	572
阳江市	6484	1	113	285	594	95	282	318	472
湛江市	8863	4	450	894	774	225	223	293	317
茂名市	9177	4	366	728	771	269	244	454	398
肇庆市	7945	1	173	527	492	118	148	227	220
清远市	6039		171	332	323	104	81	136	152
潮州市	7393		247	613	818	232	254	378	386
揭阳市	7980		197	500	752	190	204	428	389
云浮市	2490	2	99	166	169	60	50	80	77

2-12 续表

地区	2000年	2001年	2002年	2003年	2004年	2005年	2006年	2007年	2008年	年份不详
总计	**22405**	**27008**	**31289**	**40049**	**44890**	**50547**	**63086**	**66147**	**49318**	**2884**
广州市	6002	6692	8080	10788	11828	13593	18002	20302	13563	16
深圳市	2878	4549	5446	7438	10111	12217	14675	14652	11741	56
珠海市	1050	1054	1244	1611	1787	1981	2477	2484	1391	29
汕头市	984	1131	1014	1138	1082	948	1260	1183	859	7
佛山市	3194	3420	4017	4679	5482	5280	6414	6765	4785	317
韶关市	312	376	474	563	566	597	761	656	552	86
河源市	118	171	196	282	294	329	425	349	277	58
梅州市	454	450	393	505	433	459	498	465	361	29
惠州市	639	712	914	1265	1537	1770	2245	2498	1865	1461
汕尾市	186	193	163	190	168	176	137	158	120	5
东莞市	1287	1768	2637	3332	4089	4753	6616	7375	6872	133
中山市	1042	1297	1534	1898	1994	2312	2772	3103	2528	94
江门市	771	1069	1332	1531	1449	1508	1696	1603	1287	53
阳江市	653	605	417	555	431	521	478	432	231	1
湛江市	462	639	508	707	590	677	768	762	560	10
茂名市	733	768	620	796	627	694	732	597	334	42
肇庆市	307	465	493	630	596	864	908	790	642	344
清远市	240	297	379	521	516	618	819	731	522	97
潮州市	460	553	536	726	419	478	536	453	281	23
揭阳市	536	671	745	678	717	540	580	513	334	6
云浮市	97	128	147	216	174	232	287	276	213	17

2-13　按地区、营业状态分组的国有控股企业法人单位数

地　区	企业法人单位数(个)						
		营业	停业(歇业)	筹建	当年关闭	当年破产	其它
总　计	**16696**	**14734**	**1392**	**206**	**120**	**21**	**223**
广州市	4777	4373	304	21	30	5	44
深圳市	2330	2191	81	31	3	1	23
珠海市	714	563	118	11	2		20
汕头市	1075	928	128	2	2		15
佛山市	585	510	42	16	6		11
韶关市	554	488	37	5	7	1	16
河源市	407	346	45	6	4		6
梅州市	413	344	52	1	8		8
惠州市	882	688	154	17	10	4	9
汕尾市	299	264	26	4	1		4
东莞市	333	308	11	9	1		4
中山市	210	190	3	13			4
江门市	517	438	60	12	2	1	4
阳江市	254	249	2		2		1
湛江市	966	867	63	9	5	3	19
茂名市	521	469	46	1	1		4
肇庆市	490	399	60	9	9	4	9
清远市	354	306	26	8	5	1	8
潮州市	376	294	67	4	1		10
揭阳市	414	341	52	2	18		1
云浮市	225	178	15	25	3	1	3

2-14 按行业(中类)、登记注册

行　　业	代码	企业法人单位数(个)	内资企业		
				国有企业	集体企业
总　　计		**509178**	**461417**	**10978**	**22248**
农、林、牧、渔业	A	**37**	**36**	**19**	**3**
农业	01	13	12	8	
谷物及其他作物的种植	011	7	7	6	
蔬菜、园艺作物的种植	012	2	2		
水果、坚果、饮料和香料作物的种植	013	3	2	2	
中药材的种植	014	1	1		
林业	02	9	9	8	
林木的培育和种植	021	7	7	6	
木材和竹材的采运	022	1	1	1	
林产品的采集	023	1	1	1	
畜牧业	03	8	8	1	
牲畜的饲养	031	1	1	1	
猪的饲养	032	2	2		
家禽的饲养	033	4	4		
狩猎和捕捉动物	034	1	1		
其他畜牧业	039				
渔业	04	4	4		2
海洋渔业	041	3	3		1
内陆渔业	042	1	1		1
农、林、牧、渔服务业	05	3	3	2	1
农业服务业	051				
林业服务业	052	2	2	2	
畜牧服务业	053	1	1		1
渔业服务业	054				
采矿业	B	**2329**	**2275**	**30**	**104**
煤炭开采和洗选业	06	3	3	1	
烟煤和无烟煤的开采洗选	061				
褐煤的开采洗选	062				
其他煤炭采选	069	3	3	1	
石油和天然气开采业	07	18	10	2	
天然原油和天然气开采	071	8	5		
与石油和天然气开采有关的服务活动	079	10	5	2	
黑色金属矿采选业	08	315	313	3	7
铁矿采选	081	299	297	3	7
其他黑色金属矿采选	089	16	16		
有色金属矿采选业	09	213	210	4	3
常用有色金属矿采选	091	148	145	2	2
贵金属矿采选	092	17	17	1	
稀有稀土金属矿采选	093	48	48	1	1
非金属矿采选业	10	1747	1706	19	92
土砂石开采	101	1541	1504	8	69
化学矿采选	102	5	5	1	
采盐	103	44	44	9	19
石棉及其他非金属矿采选	109	157	153	1	4

类型分组的企业法人单位数

股份合作	联营企业	有限责任公司	股份有限公司	私营企业	其他内资	港、澳、台商投资企业	外商投资企　业
5423	**1319**	**69622**	**6537**	**330057**	**15233**	**33479**	**14282**
1		**4**		**8**	**1**	**1**	
		1		3		1	
				1			
		1		1			
						1	
				1			
				1			
				1			
		2		4	1		
				2			
		2		2			
					1		
1		1					
1		1					
7	**10**	**160**	**26**	**1892**	**46**	**35**	**19**
				2			
				2			
			1	7		4	4
				5		3	
			1	2		1	4
4	2	37	7	245	8	2	
2	2	36	6	233	8	2	
2		1	1	12			
	1	29	5	164	4	2	1
		19	2	116	4	2	1
	1	1	1	13			
		9	2	35			
3	6	90	13	1449	34	27	14
3	4	79	13	1297	31	25	12
				4			
	1	1		13	1		
	1	10		135	2	2	2

2-14 续表 1

行业	代码	企业法人单位数(个)	内资企业	国有企业	集体企业
其他采矿业	11	33	33	1	2
其他采矿业	110	33	33	1	2
制造业	**C**	**191806**	**156060**	**1126**	**3690**
农副食品加工业	13	3412	3045	222	174
谷物磨制	131	389	372	7	10
饲料加工	132	530	456	8	11
植物油加工	133	279	255	3	13
制糖	134	80	73	8	2
屠宰及肉类加工	135	689	654	161	103
水产品加工	136	646	528	24	19
蔬菜、水果和坚果加工	137	409	347	4	9
其他农副食品加工	139	390	360	7	7
食品制造业	14	3470	3012	47	75
焙烤食品制造	141	833	736	11	11
糖果、巧克力及蜜饯制造	142	928	821	2	22
方便食品制造	143	337	276	5	13
液体乳及乳制品制造	144	53	37	5	1
罐头制造	145	142	121	3	1
调味品、发酵制品制造	146	457	401	10	16
其他食品制造	149	720	620	11	11
饮料制造业	15	1402	1249	41	62
酒精制造	151	22	22		
酒的制造	152	434	404	15	25
软饮料制造	153	795	680	18	19
精制茶加工	154	151	143	8	18
烟草制品业	16	30	30	4	3
烟叶复烤	161	6	6	1	
卷烟制造	162	5	5	2	2
其他烟草制品加工	169	19	19	1	1
纺织业	17	8625	6653	48	193
棉、化纤纺织及印染精加工	171	2406	1871	11	45
毛纺织和染整精加工	172	558	452	6	17
麻纺织	173	21	18	1	1
丝绢纺织及精加工	174	164	136	3	4
纺织制成品制造	175	1916	1494	11	42
针织品、编织品及其制品制造	176	3560	2682	16	84
纺织服装、鞋、帽制造业	18	13962	11028	22	218
纺织服装制造	181	13299	10574	22	207
纺织面料鞋的制造	182	448	318		5
制帽	183	215	136		6
皮革、毛皮、羽毛(绒)及其制品业	19	7357	5728	13	143
皮革鞣制加工	191	413	271	1	9
皮革制品制造	192	6702	5270	10	124
毛皮鞣制及制品加工	193	129	102	1	7
羽毛(绒)加工及制品制造	194	113	85	1	3

股份合作	联营企业	有限责任公司	股份有限公司	私营企业	其他内资	港、澳、台商投资企业	外商投资企　业
	1	4		25			
	1	4		25			
1249	**258**	**21473**	**1445**	**123039**	**3780**	**26244**	**9502**
14	19	381	38	2109	88	247	120
4	1	22	3	313	12	11	6
3		94	10	319	11	51	23
1		24	3	201	10	9	15
1		24	1	36	1	5	2
1	14	68	8	282	17	30	5
3	2	99	6	363	12	77	41
1		15	2	306	10	43	19
	2	35	5	289	15	21	9
18	5	399	35	2365	68	289	169
4	2	103	4	577	24	70	27
2		84	4	701	6	70	37
2	2	39	3	201	11	38	23
		9	3	19		5	11
2		14		98	3	13	8
4		52	4	305	10	34	22
4	1	98	17	464	14	59	41
8	6	181	18	905	28	84	69
		7		15			
3		47	8	298	8	11	19
4	6	118	8	489	18	66	49
1		9	2	103	2	7	1
1		4	2	16			
		2	1	2			
		1					
1		1	1	14			
42	4	825	42	5294	205	1650	322
16	1	295	15	1430	58	448	87
2	1	35	2	372	17	91	15
		1		14	1	2	1
1		16	5	105	2	26	2
14		216	10	1158	43	326	96
9	2	262	10	2215	84	757	121
77	11	1076	81	9232	311	2440	494
75	11	1010	78	8877	294	2285	440
1		57	3	239	13	91	39
1		9		116	4	64	15
8	7	443	21	4927	166	1254	375
		30	2	221	8	106	36
8	7	389	18	4562	152	1104	328
		10		81	3	22	5
		14	1	63	3	22	6

2-14 续表 2

行　业	代码	企业法人单位数(个)	内资企业	国有企业	集体企业
木材加工及木、竹、藤、棕、草制品业	20	3092	2795	18	62
锯材、木片加工	201	872	850	8	28
人造板制造	202	852	760	3	8
木制品制造	203	1026	881	3	20
竹、藤、棕、草制品制造	204	342	304	4	6
家具制造业	21	5886	4901	7	77
木质家具制造	211	3453	2853	5	59
竹、藤家具制造	212	114	93	1	3
金属家具制造	213	907	755	1	7
塑料家具制造	214	135	107		1
其他家具制造	219	1277	1093		7
造纸及纸制品业	22	7581	6557	22	162
纸浆制造	221	148	124	3	4
造纸	222	1675	1466	6	50
纸制品制造	223	5758	4967	13	108
印刷业和记录媒介的复制	23	8512	7939	95	194
印刷	231	7924	7399	84	169
装订及其他印刷服务活动	232	530	497	6	24
记录媒介的复制	233	58	43	5	1
文教体育用品制造业	24	3901	2438	13	112
文化用品制造	241	617	459	3	23
体育用品制造	242	716	384	3	15
乐器制造	243	203	169	1	4
玩具制造	244	2187	1286	6	68
游艺器材及娱乐用品制造	245	178	140		2
石油加工、炼焦及核燃料加工业	25	328	287	4	7
精炼石油产品的制造	251	308	270	4	6
炼焦	252	16	13		1
核燃料加工	253	4	4		
化学原料及化学制品制造业	26	8157	6662	69	138
基础化学原料制造	261	489	401	18	16
肥料制造	262	255	236	9	6
农药制造	263	82	72	4	5
涂料、油墨、颜料及类似产品制造	264	2555	2054	6	34
合成材料制造	265	638	471	2	9
专用化学产品制造	266	1875	1502	14	35
日用化学产品制造	267	2263	1926	16	33
医药制造业	27	915	703	20	12
化学药品原药制造	271	59	42	1	
化学药品制剂制造	272	152	102	3	3
中药饮片加工	273	134	115	1	3
中成药制造	274	194	149	7	3
兽用药品制造	275	83	76	5	2
生物、生化制品的制造	276	164	125	2	1
卫生材料及医药用品制造	277	129	94	1	

						港、澳、台商投资企业	外商投资企业
股份合作	联营企业	有限责任公司	股份有限公司	私营企业	其他内资		
12	5	237	14	2379	68	223	74
1		43	3	747	20	16	6
5	1	71	6	652	14	70	22
4	1	102	4	719	28	107	38
2	3	21	1	261	6	30	8
17	2	722	27	3928	121	692	293
10	2	379	15	2307	76	446	154
		22		67		15	6
2		129	6	592	18	101	51
1		21		83	1	15	13
4		171	6	879	26	115	69
51	8	840	63	5268	143	834	190
1		15	4	95	2	21	3
20	2	201	17	1133	37	164	45
30	6	624	42	4040	104	649	142
225	12	1017	78	6152	166	466	107
216	11	950	74	5746	149	430	95
9		58	4	380	16	26	7
	1	9		26	1	10	5
21	6	289	29	1901	67	1174	289
11	2	41	5	364	10	123	35
2	2	73	5	270	14	223	109
5		16	2	137	4	24	10
3	2	138	17	1015	37	775	126
		21		115	2	29	9
5	2	76	7	182	4	24	17
4	2	73	7	172	2	23	15
		3		8	1	1	2
1				2	1		
53	19	1217	82	4975	109	980	515
7	2	91	5	253	9	52	36
2	3	42	6	167	1	13	6
	1	16	5	40	1	4	6
6	5	481	14	1475	33	347	154
6	2	86	9	351	6	100	67
9	4	280	19	1118	23	239	134
23	2	221	24	1571	36	225	112
4	4	185	40	427	11	124	88
		12	3	26		10	7
		42	7	44	3	27	23
1	2	25	6	74	3	13	6
1	1	47	12	76	2	36	9
		17	1	51		3	4
	1	30	8	82	1	13	26
2		12	3	74	2	22	13

2-14 续表 3

行业	代码	企业法人单位数（个）	内资企业		
				国有企业	集体企业
化学纤维制造业	28	257	177	1	7
纤维素纤维原料及纤维制造	281	69	49		1
合成纤维制造	282	188	128	1	6
橡胶制品业	29	2388	1821	13	38
轮胎制造	291	84	66	1	4
橡胶板、管、带的制造	292	283	235	2	6
橡胶零件制造	293	496	386	5	8
再生橡胶制造	294	107	102		3
日用及医用橡胶制品制造	295	135	95		2
橡胶靴鞋制造	296	400	259	1	7
其他橡胶制品制造	299	883	678	4	8
塑料制品业	30	17035	13563	21	346
塑料薄膜制造	301	1630	1327	3	23
塑料板、管、型材的制造	302	1265	1010	2	12
塑料丝、绳及编织品的制造	303	462	397	1	12
泡沫塑料制造	304	741	590		18
塑料人造革、合成革制造	305	185	125		1
塑料包装箱及容器制造	306	1690	1408		25
塑料零件制造	307	2572	1991	4	53
日用塑料制造	308	2925	2325	3	90
其他塑料制品制造	309	5565	4390	8	112
非金属矿物制品业	31	9610	8546	76	229
水泥、石灰和石膏的制造	311	681	633	14	54
水泥及石膏制品制造	312	967	852	21	21
砖瓦、石材及其他建筑材料制造	313	3334	3133	17	110
玻璃及玻璃制品制造	314	1474	1219	6	19
陶瓷制品制造	315	2388	2028	10	17
耐火材料制品制造	316	134	119	1	6
石墨及其他非金属矿物制品制造	319	632	562	7	2
黑色金属冶炼及压延加工业	32	886	765	4	8
炼铁	321	55	51		3
炼钢	322	50	43	1	
钢压延加工	323	749	641	3	5
铁合金冶炼	324	32	30		
有色金属冶炼及压延加工业	33	1983	1671	8	34
常用有色金属冶炼	331	248	214	4	2
贵金属冶炼	332	20	19		
稀有稀土金属冶炼	333	44	36	1	
有色金属合金制造	334	169	126	1	3
有色金属压延加工	335	1502	1276	2	29
金属制品业	34	20771	17943	42	381
结构性金属制品制造	341	4625	4029	11	82
金属工具制造	342	2671	2415	7	65
集装箱及金属包装容器制造	343	649	512	2	19

股份合作	联营企业	有限责任公司	股份有限公司	私营企业	其他内资	港、澳、台商投资企业	外商投资企业
1		33	4	129	2	63	17
1		9	1	37		16	4
		24	3	92	2	47	13
11	2	225	11	1476	45	414	153
		12		47	2	10	8
3		29	2	189	4	38	10
2		42	1	315	13	73	37
		3		93	3	4	1
3		13		75	2	32	8
	1	20	1	221	8	111	30
3	1	106	7	536	13	146	59
104	11	1896	85	10753	347	2692	780
17	1	193	10	1050	30	231	72
2		177	14	782	21	186	69
3		55	3	318	5	53	12
3	1	94	2	454	18	117	34
		15		108	1	41	19
19	1	197	11	1128	27	211	71
13	4	300	8	1550	59	442	139
27		285	10	1857	53	479	121
20	4	580	27	3506	133	932	243
49	29	1148	79	6745	191	741	323
2	12	116	18	397	20	36	12
6	5	188	7	593	11	86	29
21	8	371	26	2480	100	136	65
9	3	186	14	953	29	181	74
6		184	12	1777	22	242	118
1		18		88	5	12	3
4	1	85	2	457	4	48	22
2	1	142	7	582	19	75	46
1		2		44	1	3	1
	1	5	1	35		6	1
1		131	4	480	17	64	44
		4	2	23	1	2	
13	4	286	18	1256	52	207	105
4	1	33	7	158	5	22	12
		2		14	3	1	
	2	11	2	19	1	4	4
		22	1	95	4	23	20
9	1	218	8	970	39	157	69
99	21	2427	120	14323	530	2162	666
26	4	522	32	3241	111	456	140
15	2	307	10	1956	53	201	55
4	1	94		382	10	99	38

2-14 续表 4

行业	代码	企业法人单位数(个)	内资企业	国有企业	集体企业
金属丝绳及其制品的制造	344	445	380	3	9
建筑、安全用金属制品制造	345	2394	2083	4	40
金属表面处理及热处理加工	346	1585	1365	5	74
搪瓷制品制造	347	160	129		
不锈钢及类似日用金属制品制造	348	4590	3907	6	58
其他金属制品制造	349	3652	3123	4	34
通用设备制造业	35	8346	7172	57	159
锅炉及原动机制造	351	170	148	5	4
金属加工机械制造	352	1657	1445	13	33
起重运输设备制造	353	258	217	4	7
泵、阀门、压缩机及类似机械的制造	354	638	512	4	8
轴承、齿轮、传动和驱动部件的制造	355	335	251	2	8
烘炉、熔炉及电炉制造	356	89	77		
风机、衡器、包装设备等通用设备制造	357	1576	1326	11	30
通用零部件制造及机械修理	358	2691	2356	11	49
金属铸、锻加工	359	932	840	7	20
专用设备制造业	36	8892	7296	51	138
矿山、冶金、建筑专用设备制造	361	306	270	11	9
化工、木材、非金属加工专用设备制造	362	4615	3738	6	63
食品、饮料、烟草及饲料生产专用设备制造	363	250	230	6	3
印刷、制药、日化生产专用设备制造	364	743	620	6	9
纺织、服装和皮革工业专用设备制造	365	382	287	4	7
电子和电工机械专用设备制造	366	1020	836	1	10
农、林、牧、渔专用机械制造	367	153	140	5	17
医疗仪器设备及器械制造	368	566	440	7	8
环保、社会公共安全及其他专用设备制造	369	857	735	5	12
交通运输设备制造业	37	4157	3369	87	141
铁路运输设备制造	371	21	19	2	2
汽车制造	372	2617	2126	53	94
摩托车制造	373	483	424	1	9
自行车制造	374	354	213	2	6
船舶及浮动装置制造	375	593	516	29	29
航空航天器制造	376	12	6		
交通器材及其他交通运输设备制造	379	77	65		1
电气机械及器材制造业	39	16383	13104	40	194
电机制造	391	864	695	6	15
输配电及控制设备制造	392	3945	3065	12	50
电线、电缆、光缆及电工器材制造	393	2662	2060	7	48
电池制造	394	831	646	5	4
家用电力器具制造	395	3809	3170	3	38
非电力家用器具制造	396	526	482	1	8
照明器具制造	397	3319	2638	6	25
其他电气机械及器材制造	399	427	348		6
通信设备、计算机及其他电子设备制造业	40	14346	10098	36	169
通信设备制造	401	1152	828	5	9

股份合作	联营企业	有限责任公司	股份有限公司	私营企业	其他内资	港、澳、台商投资企业	外商投资企业
3	1	35	1	318	10	44	21
12	1	323	13	1587	103	219	92
7	4	175	11	1035	54	183	37
1		29	2	93	4	18	13
19	3	489	27	3217	88	530	153
12	5	453	24	2494	97	412	117
78	11	1120	74	5505	168	793	381
1		37		96	5	12	10
21	2	234	18	1082	42	160	52
4	2	65	1	130	4	27	14
7	2	97	9	377	8	70	56
4	1	34	4	193	5	54	30
		13	1	62	1	5	7
18		250	15	979	23	158	92
18	3	294	21	1912	48	244	91
5	1	96	5	674	32	63	29
76	2	1144	63	5651	171	1092	504
3	1	62	3	175	6	25	11
33		536	17	2986	97	622	255
7		39	3	166	6	13	7
12		112	4	469	8	82	41
2		43	3	223	5	77	18
8		129	12	651	25	121	63
2		15	2	95	4	8	5
5	1	80	10	325	4	70	56
4		128	9	561	16	74	48
72	12	458	44	2485	70	364	424
1		2		12		2	
57	11	276	27	1561	47	176	315
7		82	5	315	5	37	22
1		27	3	170	4	96	45
5	1	57	9	374	12	45	32
		2		4		2	4
1		12		49	2	6	6
82	25	2369	145	10020	229	2349	930
8	1	114	7	535	9	113	56
32	11	491	44	2376	49	633	247
13	1	286	27	1651	27	436	166
3	4	87	7	525	11	130	55
12	4	741	24	2303	45	454	185
		130	4	330	9	28	16
10	3	470	28	2027	69	498	183
4	1	50	4	273	10	57	22
38	21	1430	155	8050	199	2803	1445
4	3	107	24	660	16	210	114

2-14 续表 5

行业	代码	企业法人单位数(个)	内资企业	国有企业	集体企业
雷达及配套设备制造	402	16	14		
广播电视设备制造	403	399	287	3	4
电子计算机制造	404	1618	1026	4	21
电子器件制造	405	1735	1237	3	12
电子元件制造	406	5799	4027	12	91
家用视听设备制造	407	2041	1443	4	18
其他电子设备制造	409	1586	1236	5	14
仪器仪表及文化、办公用机械制造业	41	2776	1810	13	44
通用仪器仪表制造	411	562	464	4	4
专用仪器仪表制造	412	307	235	4	3
钟表与计时仪器制造	413	945	540	3	17
光学仪器及眼镜制造	414	468	288		11
文化、办公用机械制造	415	430	231	1	8
其他仪器仪表的制造及修理	419	64	52	1	1
工艺品及其他制造业	42	6350	4742	31	157
工艺美术品制造	421	4738	3576	21	128
日用杂品制造	422	964	670	5	18
煤制品制造	423	35	33	1	1
核辐射加工	424				
其他未列明的制造业	429	613	463	4	10
废弃资源和废旧材料回收加工业	43	996	956	1	13
金属废料和碎屑的加工处理	431	483	470	1	9
非金属废料和碎屑的加工处理	432	513	486		4
电力、燃气及水的生产和供应业	**D**	**7074**	**6883**	**407**	**1316**
电力、热力的生产和供应业	44	5731	5607	281	872
电力生产	441	5564	5445	203	847
电力供应	442	142	142	77	24
热力生产和供应	443	25	20	1	1
燃气生产和供应业	45	178	146	9	9
燃气生产和供应业	450	178	146	9	9
水的生产和供应业	46	1165	1130	117	435
自来水的生产和供应	461	974	951	101	425
污水处理及其再生利用	462	165	154	16	10
其他水的处理、利用与分配	469	26	25		
建筑业	**E**	**14457**	**14267**	**588**	**903**
房屋和土木工程建筑业	47	4114	4081	396	616
房屋工程建筑	471	2579	2566	215	494
土木工程建筑	472	1535	1515	181	122
建筑安装业	48	3579	3509	99	121
建筑安装业	480	3579	3509	99	121
建筑装饰业	49	5439	5365	45	107
建筑装饰业	490	5439	5365	45	107
其他建筑业	50	1325	1312	48	59
工程准备	501	528	524	23	31
提供施工设备服务	502	127	125	3	5
其他未列明的建筑活动	509	670	663	22	23

股份合作	联营企业	有限责任公司	股份有限公司	私营企业	其他内资	港、澳、台商投资企业	外商投资企业
		3		11		2	
2	1	33	6	234	4	67	45
3	1	126	17	838	16	368	224
3	2	166	28	1006	17	300	198
16	8	629	36	3139	96	1212	560
5	4	175	21	1191	25	416	182
5	2	191	23	971	25	228	122
18	3	241	26	1420	45	685	281
2		82	9	357	6	59	39
3	2	38	5	177	3	39	33
9	1	53	3	431	23	336	69
1		26	2	240	8	126	54
2		39	5	173	3	119	80
1		3	2	42	2	6	6
47	6	494	29	3846	132	1294	314
35	6	345	20	2923	98	942	220
10		79	4	540	14	240	54
		4	1	25	1	1	1
2		66	4	358	19	111	39
3		168	8	738	25	29	11
1		102	6	340	11	9	4
2		66	2	398	14	20	7
75	**76**	**420**	**102**	**4362**	**125**	**121**	**70**
62	63	205	83	3935	106	86	38
62	63	184	78	3906	102	83	36
		13	3	21	4		
		8	2	8		3	2
3	1	32	3	88	1	15	17
3	1	32	3	88	1	15	17
10	12	183	16	339	18	20	15
10	12	115	13	257	18	14	9
		54	3	71		6	5
		14		11			1
85	**45**	**3794**	**289**	**8351**	**212**	**130**	**60**
16	27	1219	135	1635	37	22	11
6	17	749	89	975	21	9	4
10	10	470	46	660	16	13	7
20	7	953	64	2201	44	47	23
20	7	953	64	2201	44	47	23
45	6	1283	74	3711	94	53	21
45	6	1283	74	3711	94	53	21
4	5	339	16	804	37	8	5
	1	137	5	314	13	2	2
1		35	4	76	1	2	
3	4	167	7	414	23	4	3

2-14 续表 6

行　业	代码	企业法人单位数(个)	内资企业	国有企业	集体企业
交通运输、仓储和邮政业	F	**14244**	**13043**	**727**	**514**
铁路运输业	51	12	12	4	1
铁路旅客运输	511	1	1		
铁路货物运输	512	9	9	3	1
铁路运输辅助活动	513	2	2	1	
道路运输业	52	4988	4568	239	199
公路旅客运输	521	542	482	71	54
道路货物运输	522	3865	3562	81	83
道路运输辅助活动	523	581	524	87	62
城市公共交通业	53	466	448	60	26
公共电汽车客运	531	140	131	28	8
轨道交通	532	7	6	1	
出租车客运	533	299	294	30	14
城市轮渡	534	5	4		3
其他城市公共交通	539	15	13	1	1
水上运输业	54	884	781	86	125
水上旅客运输	541	87	75	12	20
水上货物运输	542	530	507	38	83
水上运输辅助活动	543	267	199	36	22
航空运输业	55	87	79	18	3
航空客货运输	551	57	52	10	2
通用航空服务	552	11	11	3	
航空运输辅助活动	553	19	16	5	1
管道运输业	56	3			
管道运输业	560	3			
装卸搬运和其他运输服务业	57	6053	5645	118	117
装卸搬运	571	462	445	16	72
运输代理服务	572	5591	5200	102	45
仓储业	58	1163	933	166	41
谷物、棉花等农产品仓储	581	175	170	112	9
其他仓储	589	988	763	54	32
邮政业	59	588	577	36	2
国家邮政	591	40	40	33	
其他寄递服务	599	548	537	3	2
信息传输、计算机服务和软件业	G	**13981**	**13144**	**166**	**45**
电信和其他信息传输服务业	60	2192	2107	117	21
电信	601	587	535	70	2
互联网信息服务	602	1472	1440	6	
广播电视传输服务	603	121	120	39	19
卫星传输服务	604	12	12	2	
计算机服务业	61	5855	5704	27	18
计算机系统服务	611	1643	1564	10	5
数据处理	612	97	72	8	2
计算机维修	613	290	277	1	1
其他计算机服务	619	3825	3791	8	10

股份合作	联营企业	有限责任公司	股份有限公司	私营企业	其他内资	港、澳、台商投资企业	外商投资企　业
115	**73**	**2189**	**263**	**8988**	**174**	**781**	**420**
	1	3		3			
		1					
	1	2		2			
				1			
61	33	816	97	3060	63	289	131
8	6	131	27	179	6	53	7
39	15	574	55	2671	44	215	88
14	12	111	15	210	13	21	36
4	3	157	26	165	7	12	6
2	1	49	6	36	1	7	2
		2		3		1	
2	2	103	18	120	5	2	3
					1	1	
		3	2	6		1	1
7	8	194	28	322	11	53	50
1		19	3	20		11	1
3	6	125	18	230	4	13	10
3	2	50	7	72	7	29	39
		15	3	40		2	6
		9	1	30		1	4
		2	1	5			
		4	1	5		1	2
							3
							3
31	19	721	80	4493	66	285	123
4	7	60	7	265	14	7	10
27	12	661	73	4228	52	278	113
12	8	182	20	485	19	135	95
1		12		36		1	4
11	8	170	20	449	19	134	91
	1	101	9	420	8	5	6
		1		5	1		
	1	100	9	415	7	5	6
54	**25**	**1601**	**222**	**10712**	**319**	**497**	**340**
12	6	266	75	1538	72	58	27
3	4	95	33	318	10	40	12
7	1	155	21	1193	57	18	14
2		14	21	21	4		1
	1	2		6	1		
29	9	579	60	4829	153	93	58
5	2	271	17	1228	26	48	31
1		11	1	47	2	11	14
2		38	5	226	4	10	3
21	7	259	37	3328	121	24	10

2-14 续表 7

行　业	代码	企业法人单位数(个)	内资企业	国有企业	集体企业
软件业	62	5934	5333	22	6
公共软件服务	621	4888	4369	17	5
其他软件服务	629	1046	964	5	1
批发和零售业	**H**	**141318**	**137898**	**3208**	**4452**
批发业	63	93587	90795	2309	2116
农畜产品批发	631	1586	1577	165	109
食品、饮料及烟草制品批发	632	6569	6384	768	247
纺织、服装及日用品批发	633	14234	13610	155	176
文化、体育用品及器材批发	634	4231	4073	87	43
医药及医疗器材批发	635	3094	3057	128	26
矿产品、建材及化工产品批发	636	22203	21793	515	972
机械设备、五金交电及电子产品批发	637	30535	29412	261	264
贸易经纪与代理	638	4237	4094	103	57
其他批发	639	6898	6795	127	222
零售业	65	47731	47103	899	2336
综合零售	651	3624	3551	115	582
食品、饮料及烟草制品专门零售	652	3446	3401	198	291
纺织、服装及日用品专门零售	653	5242	5103	58	338
文化、体育用品及器材专门零售	654	3198	3149	94	132
医药及医疗器材专门零售	655	3602	3592	133	93
汽车、摩托车、燃料及零配件专门零售	656	6451	6332	124	284
家用电器及电子产品专门零售	657	9986	9906	31	105
五金、家具及室内装修材料专门零售	658	7005	6952	65	301
无店铺及其他零售	659	5177	5117	81	210
住宿和餐饮业	**I**	**13012**	**12309**	**579**	**510**
住宿业	66	5053	4747	485	323
旅游饭店	661	1769	1527	197	97
一般旅馆	662	2981	2929	260	197
其他住宿服务	669	303	291	28	29
餐饮业	67	7959	7562	94	187
正餐服务	671	6197	5906	77	140
快餐服务	672	811	744	8	21
饮料及冷饮服务	673	361	342	2	4
其他餐饮服务	679	590	570	7	22
金融业	**J**	**1885**	**1691**	**151**	**114**
银行业	68	439	374	79	96
中央银行	681	2	2	2	
商业银行	682	406	341	57	93
其他银行	689	31	31	20	3
证券业	69	137	124	8	
证券市场管理	691	4	4	1	
证券经纪与交易	692	97	85	7	
证券投资	693	19	18		
证券分析与咨询	694	17	17		

股份合作	联营企业	有限责任公司	股份有限公司	私营企业	其他内资	港、澳、台商投资企业	外商投资企　业
13	10	756	87	4345	94	346	255
10	9	616	79	3569	64	301	218
3	1	140	8	776	30	45	37
1827	**379**	**21827**	**1790**	**101506**	**2909**	**1997**	**1423**
728	222	14475	1164	68356	1425	1661	1131
13	10	170	23	1055	32	8	1
74	30	983	79	4074	129	102	83
92	21	1401	138	11392	235	358	266
45	13	433	60	3335	57	108	50
20	3	583	71	2178	48	21	16
179	66	4943	330	14436	352	223	187
223	54	3954	317	23972	367	696	427
5	12	697	67	3091	62	82	61
77	13	1311	79	4823	143	63	40
1099	157	7352	626	33150	1484	336	292
88	13	495	35	2075	148	34	39
142	5	423	42	2186	114	28	17
180	12	588	57	3649	221	90	49
137	10	503	53	2130	90	32	17
68	30	648	50	2397	173	7	3
75	53	1290	130	4145	231	39	80
75	10	1575	115	7827	168	46	34
248	8	1056	77	4979	218	28	25
86	16	774	67	3762	121	32	28
231	**55**	**1222**	**143**	**8987**	**582**	**421**	**282**
37	40	650	76	2976	160	195	111
12	18	368	32	773	30	156	86
21	19	248	36	2038	110	36	16
4	3	34	8	165	20	3	9
194	15	572	67	6011	422	226	171
97	12	429	49	4786	316	172	119
52		55	6	540	62	30	37
11		25	2	282	16	9	10
34	3	63	10	403	28	15	5
76	**10**	**349**	**512**	**458**	**21**	**38**	**156**
60	5	2	127		5	22	43
58	5	1	123		4	22	43
2		1	4		1		
		67	28	21		1	
		1	1	1			
		48	26	4		1	
		10		8			
		8	1	8			

2-14 续表 8

行业	代码	企业法人单位数(个)	内资企业	国有企业	集体企业
保险业	70	796	692	20	1
人寿保险	701	183	137	8	1
非人寿保险	702	282	248	10	
保险辅助服务	703	331	307	2	
其他金融活动	71	513	501	44	17
金融信托与管理	711	64	63	14	4
金融租赁	712	7	4		
财务公司	713	31	31	7	
邮政储蓄	714	15	15	10	
典当	715	161	161	2	11
其他未列明的金融活动	719	235	227	11	2
房地产业	K	**27964**	**25954**	**1191**	**3891**
房地产业	72	27964	25954	1191	3891
房地产开发经营	721	6811	5745	320	435
物业管理	722	8330	7946	340	634
房地产中介服务	723	4168	4040	52	58
其他房地产活动	729	8655	8223	479	2764
租赁和商务服务业	L	**46529**	**44735**	**1371**	**5280**
租赁业	73	905	873	24	22
机械设备租赁	731	837	809	22	22
文化及日用品出租	732	68	64	2	
商务服务业	74	45624	43862	1347	5258
企业管理服务	741	15449	14863	743	4512
法律服务	742	744	739	10	4
咨询与调查	743	12618	11758	109	170
广告业	744	7288	7216	66	42
知识产权服务	745	425	423	8	3
职业中介服务	746	921	915	53	32
市场管理	747	1357	1337	37	241
旅行社	748	1181	1163	134	38
其他商务服务	749	5641	5448	187	216
科学研究、技术服务和地质勘查业	M	**13713**	**12828**	**581**	**309**
研究与试验发展	75	3313	2967	67	19
自然科学研究与试验发展	751	213	192	5	2
工程和技术研究与试验发展	752	2651	2364	27	8
农业科学研究与试验发展	753	138	129	25	5
医学研究与试验发展	754	288	259	9	4
社会人文科学研究与试验发展	755	23	23	1	
专业技术服务业	76	8473	8083	415	220
气象服务	761	44	44	10	8
地震服务	762	5	5	1	2
海洋服务	763	8	7		2
测绘服务	764	159	159	16	16
技术检测	765	661	612	56	51
环境监测	766	81	81	3	2
工程技术与规划管理	767	3888	3809	289	95
其他专业技术服务	769	3627	3366	40	44

股份合作	联营企业	有限责任公司	股份有限公司	私营企业	其他内资	港、澳、台商投资企业	外商投资企　业
11		110	339	208	3	11	93
5		10	110	3			46
5		11	212	10		6	28
1		89	17	195	3	5	19
5	5	170	18	229	13	4	8
	1	24	1	18	1	1	
		3		1			3
		8		14	2		
		4	1				
3	3	57	7	74	4		
2	1	74	9	122	6	3	5
675	**120**	**6314**	**595**	**12590**	**578**	**1460**	**550**
675	120	6314	595	12590	578	1460	550
43	24	2308	174	2392	49	802	264
217	46	2079	186	4211	233	264	120
40	7	790	73	2907	113	85	43
375	43	1137	162	3080	183	309	123
607	**154**	**5960**	**646**	**26267**	**4450**	**935**	**859**
5	6	162	14	624	16	16	16
5	6	158	12	568	16	14	14
		4	2	56		2	2
602	148	5798	632	25643	4434	919	843
368	58	1580	225	3705	3672	244	342
5		27		644	49	3	2
57	24	1740	135	9257	266	478	382
42	11	1079	110	5738	128	45	27
3		59	5	332	13		2
10	11	185	16	577	31	2	4
49	22	147	21	727	93	10	10
6	5	266	49	645	20	13	5
62	17	715	71	4018	162	124	69
94	**41**	**2058**	**257**	**9221**	**267**	**505**	**380**
14	9	393	60	2346	59	177	169
1	1	23	3	153	4	9	12
9	8	304	49	1915	44	150	137
1		17	2	78	1	6	3
3		47	5	184	7	12	17
		2	1	16	3		
70	24	1383	158	5663	150	245	145
	1	10	1	13	1		
				2			
	1	2		2			1
2		38	2	80	5		
10	8	133	14	321	19	26	23
4		15	1	50	6		
34	11	821	97	2410	52	51	28
20	3	364	43	2785	67	168	93

2-14 续表 9

行　业	代码	企业法人单位数(个)	内资企业	国有企业	集体企业
科技交流和推广服务业	77	1854	1708	64	67
技术推广服务	771	1335	1216	48	48
科技中介服务	772	255	238	8	10
其他科技服务	779	264	254	8	9
地质勘查业	78	73	70	35	3
矿产地质勘查	781	20	18	7	
基础地质勘查	782	24	24	17	2
地质勘查技术服务	783	29	28	11	1
水利、环境和公共设施管理业	**N**	**1813**	**1738**	**151**	**119**
水利管理业	79	103	102	40	15
防洪管理	791	12	12	6	1
水资源管理	792	65	64	30	8
其他水利管理	799	26	26	4	6
环境管理业	80	524	503	24	43
自然保护	801	28	27	3	3
环境治理	802	496	476	21	40
公共设施管理业	81	1186	1133	87	61
市政公共设施管理	811	192	174	26	23
城市绿化管理	812	705	700	32	11
游览景区管理	813	289	259	29	27
居民服务和其他服务业	**O**	**10965**	**10731**	**163**	**444**
居民服务业	82	4884	4796	76	187
家庭服务	821	440	437	2	5
托儿所	822	63	63	2	6
洗染服务	823	149	140	3	4
理发及美容保健服务	824	1823	1792	5	40
洗浴服务	825	626	610	6	15
婚姻服务	826	115	113	3	
殡葬服务	827	99	92	10	10
摄影扩印服务	828	571	559	8	21
其他居民服务	829	998	990	37	86
其他服务业	83	6081	5935	87	257
修理与维护	831	3253	3186	37	106
清洁服务	832	1525	1504	16	41
其他未列明的服务	839	1303	1245	34	110
教育	**P**	**2971**	**2923**	**124**	**184**
教育	84	2971	2923	124	184
学前教育	841	1052	1037	29	117
初等教育	842	199	198	17	10
中等教育	843	98	95	9	2
高等教育	844	50	48	7	
其他教育	849	1572	1545	62	55

						港、澳、台商投资企业	外商投资企业
股份合作	联营企业	有限责任公司	股份有限公司	私营企业	其他内资		
9	8	274	39	1190	57	83	63
7	6	187	28	860	32	69	50
1	1	45	4	153	16	9	8
1	1	42	7	177	9	5	5
1		8		22	1		3
		4		7			2
		1		4			
1		3		11	1		1
14	**5**	**381**	**36**	**975**	**57**	**41**	**34**
		10		29	8		1
		1		4			
		6		14	6		1
		3		11	2		
5	1	93	9	310	18	7	14
1		3		15	2	1	
4	1	90	9	295	16	6	14
9	4	278	27	636	31	34	19
2		53	3	56	11	9	9
5	1	168	12	464	7	1	4
2	3	57	12	116	13	24	6
227	**28**	**1260**	**126**	**7907**	**576**	**137**	**97**
130	19	379	47	3623	335	54	34
4		42	4	368	12	3	
		2		47	6		
2	1	21	2	101	6	7	2
71	1	88	12	1481	94	18	13
16	8	44	6	490	25	11	5
1		7	3	92	7	1	1
1	2	28	3	32	6	3	4
13	2	55	8	425	27	10	2
22	5	92	9	587	152	1	7
97	9	881	79	4284	241	83	63
69	4	393	35	2408	134	35	32
17	2	266	21	1100	41	12	9
11	3	222	23	776	66	36	22
20	**16**	**188**	**28**	**1663**	**700**	**23**	**25**
20	16	188	28	1663	700	23	25
2	8	22	2	554	303	7	8
2		2	1	96	70	1	
3		4		36	41	1	2
2	1	4		17	17	2	
11	7	156	25	960	269	12	15

2-14 续表 10

行　业	代码	企业法人单位数(个)	内资企业	国有企业	集体企业
卫生、社会保障和社会福利业	**Q**	**1717**	**1703**	**95**	**239**
卫生	85	1648	1635	89	231
医院	851	212	208	19	9
卫生院及社区医疗活动	852	164	164	37	19
门诊部医疗活动	853	918	915	14	156
计划生育技术服务活动	854	240	238	5	39
妇幼保健活动	855	6	6	2	
专科疾病防治活动	856	33	32	1	1
疾病预防控制及防疫活动	857	10	10	5	2
其他卫生活动	859	65	62	6	5
社会保障业	86	5	5	1	2
社会保障业	860	5	5	1	2
社会福利业	87	64	63	5	6
提供住宿的社会福利	871	47	46	2	2
不提供住宿的社会福利	872	17	17	3	4
文化、体育和娱乐业	**R**	**3363**	**3199**	**301**	**131**
新闻出版业	88	252	249	112	24
新闻业	881	11	11	5	1
出版业	882	241	238	107	23
广播、电视、电影和音像业	89	495	482	104	39
广播	891	27	26	4	2
电视	892	130	126	25	9
电影	893	220	214	72	27
音像制作	894	118	116	3	1
文化艺术业	90	453	448	39	15
文艺创作与表演	901	142	139	12	5
艺术表演场馆	902	30	29	10	2
图书馆与档案馆	903	8	8	1	1
文物及文化保护	904	10	10	1	1
博物馆	905	8	8	2	
烈士陵园、纪念馆	906	1	1	1	
群众文化活动	907	57	57	8	5
文化艺术经纪代理	908	106	105	1	1
其他文化艺术	909	91	91	3	
体育	91	277	260	16	8
体育组织	911	81	76	7	2
体育场馆	912	126	120	7	5
其他体育	919	70	64	2	1
娱乐业	92	1886	1760	30	45
室内娱乐活动	921	1179	1129	12	30
游乐园	922	62	55	6	2
休闲健身娱乐活动	923	516	459	6	6
其他娱乐活动	929	129	117	6	7

股份合作	联营企业	有限责任公司	股份有限公司	私营企业	其他内资	港、澳、台商投资企业	外商投资企业
10	**7**	**37**	**8**	**986**	**321**	**7**	**7**
6	5	36	7	953	308	6	7
1	2	15	1	116	45	2	2
		2		75	31		
4	2	11	6	557	165	1	2
	1			142	51	1	1
				2	2		
		1		27	2		1
		1			2		
1		6		34	10	2	1
				1	1		
				1	1		
4	2	1	1	32	12	1	
4	2	1	1	24	10	1	
				8	2		
56	**17**	**385**	**49**	**2145**	**115**	**106**	**58**
2	4	31	1	67	8	3	
		1		3	1		
2	4	30	1	64	7	3	
5	3	70	15	232	14	12	1
	1	3	2	13	1		1
1	2	11	8	65	5	4	
4		36	3	68	4	6	
		20	2	86	4	2	
	2	51	3	321	17	2	3
		15	1	102	4	1	2
		1		15	1		1
				5	1		
		2		5	1		
		2		3	1		
		10		31	3		
	1	11	1	88	2	1	
	1	10	1	72	4		
1	2	42	1	173	17	11	6
	2	16		44	5	4	1
1		16	1	86	4	3	3
		10		43	8	4	2
48	6	191	29	1352	59	78	48
29	3	119	17	882	37	32	18
1	1	6	4	33	2	5	2
16	2	49	6	359	15	33	24
2		17	2	78	5	8	4

2-15 按地区、登记注册

地区	企业法人单位数(个)				
		内资企业			
			国有企业	集体企业	股份合作
总 计	**509178**	**461417**	**10978**	**22248**	**5423**
广州市	138171	130486	3039	8469	2706
深圳市	97854	86198	938	408	890
珠海市	20012	17381	502	730	77
汕头市	17290	16534	877	1777	706
佛山市	54157	51180	272	1023	390
韶关市	6693	6387	405	484	66
河源市	3597	3299	339	339	27
梅州市	6917	6628	346	587	57
惠州市	18798	15484	685	752	58
汕尾市	2517	2338	255	244	35
东莞市	48349	37988	119	1604	48
中山市	22500	20047	73	1311	28
江门市	15952	13837	270	912	55
阳江市	6484	6319	187	208	8
湛江市	8863	8652	797	665	45
茂名市	9177	9003	421	588	46
肇庆市	7945	7238	379	512	42
清远市	6039	5525	257	446	54
潮州市	7393	6939	336	426	44
揭阳市	7980	7650	330	448	11
云浮市	2490	2304	151	315	30

类型分组的企业法人单位数

联营企业	有限责任公司	股份有限公司	私营企业	其他内资	港、澳、台商投资企业	外商投资企业
1319	**69622**	**6537**	**330057**	**15233**	**33479**	**14282**
263	7577	1223	102470	4739	4392	3293
429	7023	1374	74213	923	8420	3236
56	4922	228	10527	339	1887	744
46	3617	384	8736	391	488	268
80	14447	698	32965	1305	1925	1052
39	1323	224	3782	64	224	82
14	433	100	1982	65	229	69
43	725	126	4561	183	205	84
59	2410	299	10877	344	2634	680
17	139	63	1413	172	159	20
57	8351	444	22963	4402	7686	2675
26	7084	185	10854	486	1681	772
36	2772	191	9178	423	1599	516
4	554	67	5136	155	119	46
26	1628	194	5128	169	128	83
28	1670	163	5763	324	126	48
29	1136	134	4785	221	468	239
34	1528	158	2918	130	405	109
5	816	91	5157	64	316	138
15	926	108	5573	239	246	84
13	541	83	1076	95	142	44

2-16 按行业(中类)、登记注册

行业	代码	就业人数(人)	内资企业	国有企业	集体企业
总计		**27308441**	**16876685**	**1406167**	**1164060**
农、林、牧、渔业	A	**15792**	**15724**	**11230**	**28**
农业	01	9582	9514	9212	
谷物及其他作物的种植	011	9135	9135	9097	
蔬菜、园艺作物的种植	012	84	84		
水果、坚果、饮料和香料作物的种植	013	183	115	115	
中药材的种植	014	180	180		
林业	02	1984	1984	1928	
林木的培育和种植	021	814	814	758	
木材和竹材的采运	022	280	280	280	
林产品的采集	023	890	890	890	
畜牧业	03	3980	3980	19	
牲畜的饲养	031	19	19	19	
猪的饲养	032	107	107		
家禽的饲养	033	3852	3852		
狩猎和捕捉动物	034	2	2		
其他畜牧业	039				
渔业	04	159	159		12
海洋渔业	041	149	149		2
内陆渔业	042	10	10		10
农、林、牧、渔服务业	05	87	87	71	16
农业服务业	051				
林业服务业	052	71	71	71	
畜牧服务业	053	16	16		16
渔业服务业	054				
采矿业	B	**96246**	**90990**	**11154**	**4573**
煤炭开采和洗选业	06	76	76	9	
烟煤和无烟煤的开采洗选	061				
褐煤的开采洗选	062				
其他煤炭采选	069	76	76	9	
石油和天然气开采业	07	3331	1926	1753	
天然原油和天然气开采	071	1134	103		
与石油和天然气开采有关的服务活动	079	2197	1823	1753	
黑色金属矿采选业	08	15699	15516	77	187
铁矿采选	081	15124	14941	77	187
其他黑色金属矿采选	089	575	575		
有色金属矿采选业	09	16641	16545	936	38
常用有色金属矿采选	091	10346	10250	609	12
贵金属矿采选	092	1300	1300	100	
稀有稀土金属矿采选	093	4995	4995	227	26
非金属矿采选业	10	59887	56315	8349	4304
土砂石开采	101	47783	44307	927	3541
化学矿采选	102	4331	4331	4284	
采盐	103	4147	4147	3110	689
石棉及其他非金属矿采选	109	3626	3530	28	74

类型分组的企业法人单位就业人数

股份合作	联营	有限责任公司	股份有限公司	私营	其他内资	港、澳、台商投资企业	外商投资企业
337745	**78547**	**3733599**	**1124314**	**8690997**	**341256**	**6792519**	**3639237**
51		**3825**		**588**	**2**	**68**	
		80		222		68	
				38			
		80		4			
						68	
				180			
				56			
				56			
		3649		310	2		
				107			
		3649		203			
					2		
51		96					
51		96					
326	**963**	**15285**	**5729**	**51907**	**1053**	**3426**	**1830**
				67			
				67			
			6	167		1051	354
				103		1031	
			6	64		20	354
150	30	4216	1307	9160	389	183	
85	30	4012	1289	8872	389	183	
65		204	18	288			
	715	5371	3361	6022	102	51	45
		2270	3289	3968	102	51	45
	715	147	30	308			
		2954	42	1746			
176	217	5629	1055	36023	562	2141	1431
176	140	5236	1055	32694	538	2074	1402
				47			
	63	36		237	12		
	14	357		3045	12	67	29

2-16 续表 1

行　　业	代码	就业人数(人)	内资企业	国有企业	集体企业
其他采矿业	11	612	612	30	44
其他采矿业	110	612	612	30	44
制造业	**C**	**17710758**	**8244231**	**120150**	**492933**
农副食品加工业	13	205296	141898	10525	3798
谷物磨制	131	7791	5717	110	67
饲料加工	132	33799	23760	259	378
植物油加工	133	9989	6432	219	145
制糖	134	29074	24892	2522	372
屠宰及肉类加工	135	27882	21292	5775	1721
水产品加工	136	59274	34771	1362	563
蔬菜、水果和坚果加工	137	21738	12006	34	442
其他农副食品加工	139	15749	13028	244	110
食品制造业	14	207172	118621	2531	3160
焙烤食品制造	141	41441	27575	506	732
糖果、巧克力及蜜饯制造	142	55351	31456	16	1372
方便食品制造	143	30139	14729	402	246
液体乳及乳制品制造	144	9436	3123	176	22
罐头制造	145	12315	9024	398	36
调味品、发酵制品制造	146	26994	14358	601	511
其他食品制造	149	31496	18356	432	241
饮料制造业	15	90205	44079	2408	1348
酒精制造	151	986	986		
酒的制造	152	23372	13419	1215	357
软饮料制造	153	61018	25166	1055	748
精制茶加工	154	4829	4508	138	243
烟草制品业	16	8249	8249	1288	45
烟叶复烤	161	518	518	5	
卷烟制造	162	6712	6712	1273	30
其他烟草制品加工	169	1019	1019	10	15
纺织业	17	870053	430765	12392	21573
棉、化纤纺织及印染精加工	171	247129	127300	3097	2871
毛纺织和染整精加工	172	68612	40617	2658	1554
麻纺织	173	603	483	8	2
丝绢纺织及精加工	174	11220	8117	292	156
纺织制成品制造	175	117327	61308	1083	2468
针织品、编织品及其制品制造	176	425162	192940	5254	14522
纺织服装、鞋、帽制造业	18	1455037	648491	3002	25583
纺织服装制造	181	1361046	618491	3002	23142
纺织面料鞋的制造	182	64778	19641		1641
制帽	183	29213	10359		800
皮革、毛皮、羽毛(绒)及其制品业	19	1181268	418535	969	93214
皮革鞣制加工	191	76373	14559	6	932
皮革制品制造	192	1087535	394962	874	91747
毛皮鞣制及制品加工	193	7859	4520	41	493
羽毛(绒)加工及制品制造	194	9501	4494	48	42

股份合作	联营	有限责任公司	股份有限公司	私营	其他内资	港、澳、台商投资企业	外商投资企业
	1	69		468			
	1	69		468			
53837	**30632**	**1686600**	**475842**	**5222750**	**161487**	**6286711**	**3179816**
5121	520	42408	4354	73381	1791	38279	25119
58	4	667	311	4393	107	1161	913
1067		5448	1420	14677	511	8040	1999
15		1296	22	4540	195	506	3051
200		16504	565	4709	20	4092	90
4	397	4809	364	7877	345	2540	4050
3697	35	11701	551	16594	268	14037	10466
80		605	76	10623	146	7031	2701
	84	1378	1045	9968	199	872	1849
798	228	25705	2980	81504	1715	43872	44679
50	44	6026	165	19477	575	9201	4665
58		4964	187	24756	103	8373	15522
43	116	4444	210	9001	267	10329	5081
		2135	71	719		746	5567
346		1066		6995	183	1819	1472
124		3406	1165	8321	230	6386	6250
177	68	3664	1182	12235	357	7018	6122
168	134	12928	1445	24904	744	22862	23264
		572		414			
44		4174	906	6336	387	2436	7517
104	134	7757	438	14603	327	20122	15730
20		425	101	3551	30	304	17
130		5897	200	689			
		273	158	82			
		5409					
130		215	42	607			
1114	37	79898	8437	297215	10099	362443	76845
662	12	31995	2395	84037	2231	99254	20575
21	18	5953	106	29199	1108	26745	1250
		15		448	10	55	65
3		2144	777	4732	13	2747	356
244		11576	2756	41075	2106	42801	13218
184	7	28215	2403	137724	4631	190841	41381
3060	1086	91332	9414	500663	14351	667347	139199
2974	1086	85233	9133	480808	13113	620637	121918
70		4888	281	11578	1183	30784	14353
16		1211		8277	55	15926	2928
533	2237	51922	1703	258091	9866	550073	212660
		1742	101	11218	560	55258	6556
533	2237	48241	1460	240658	9212	489186	203387
		1540		2398	48	3048	291
		399	142	3817	46	2581	2426

2-16 续表 2

行业	代码	就业人数(人)	内资企业	国有企业	集体企业
木材加工及木、竹、藤、棕、草制品业	20	158594	111471	1526	1805
锯材、木片加工	201	26049	23787	466	495
人造板制造	202	63911	44776	368	195
木制品制造	203	49813	29308	70	1011
竹、藤、棕、草制品制造	204	18821	13600	622	104
家具制造业	21	465165	240089	517	3558
木质家具制造	211	286441	143693	167	2381
竹、藤家具制造	212	9989	6518	299	92
金属家具制造	213	79993	42094	51	167
塑料家具制造	214	10000	5422		430
其他家具制造	219	78742	42362		488
造纸及纸制品业	22	410407	246038	6354	11850
纸浆制造	221	15182	6964	166	338
造纸	222	103537	63297	227	4973
纸制品制造	223	291688	175777	5961	6539
印刷业和记录媒介的复制	23	382741	244919	6877	6517
印刷	231	356505	228656	6243	5969
装订及其他印刷服务活动	232	21282	13499	368	545
记录媒介的复制	233	4954	2764	266	3
文教体育用品制造业	24	749807	193403	2981	36820
文化用品制造	241	60726	21172	154	916
体育用品制造	242	147003	22415	533	4175
乐器制造	243	26234	17365	160	436
玩具制造	244	501804	126373	2134	31176
游艺器材及娱乐用品制造	245	14040	6078		117
石油加工、炼焦及核燃料加工业	25	28226	25360	2185	119
精炼石油产品的制造	251	27469	24823	2185	113
炼焦	252	714	494		6
核燃料加工	253	43	43		
化学原料及化学制品制造业	26	385875	231227	4912	4855
基础化学原料制造	261	29871	20497	1171	388
肥料制造	262	14086	13328	794	355
农药制造	263	5179	4412	89	138
涂料、油墨、颜料及类似产品制造	264	105341	63617	312	1013
合成材料制造	265	37864	21661	30	265
专用化学产品制造	266	78203	49880	2317	2009
日用化学产品制造	267	115331	57832	199	687
医药制造业	27	96673	60779	1844	2306
化学药品原药制造	271	8423	5358	20	
化学药品制剂制造	272	32237	17897	294	588
中药饮片加工	273	7832	6221	30	159
中成药制造	274	25556	17826	1202	1156
兽用药品制造	275	4085	3682	188	328
生物、生化制品的制造	276	7744	5223	42	75
卫生材料及医药用品制造	277	10796	4572	68	

股份合作	联营	有限责任公司	股份有限公司	私营	其他内资	港、澳、台商投资企业	外商投资企业
611	182	19757	1012	84727	1851	36807	10316
35		2275	84	19892	540	1175	1087
233	40	12112	752	30461	615	14069	5066
168	27	4508	160	22722	642	17064	3441
175	115	862	16	11652	54	4499	722
2287	66	51822	954	175879	5006	157420	67656
1986	66	27476	579	107848	3190	101100	41648
		2285		3842		2239	1232
21		11310	174	29590	781	26454	11445
263		1531		3178	20	1803	2775
17		9220	201	31421	1015	25824	10556
1395	256	40374	6983	174098	4728	124891	39478
26		866	2724	2794	50	6280	1938
526	79	13360	2229	40974	929	26234	14006
843	177	26148	2030	130330	3749	92377	23534
3429	1306	44142	5685	170668	6295	113632	24190
3303	942	41862	4129	160309	5899	105641	22208
126		1643	1556	8873	388	6620	1163
	364	637		1486	8	1371	819
1238	2831	28867	7885	108652	4129	456941	99463
149	90	1556	108	17807	392	30997	8557
19	469	3881	579	12231	528	83818	40770
221		2709	33	13564	242	7216	1653
849	2272	19584	7165	60248	2945	330547	44884
		1137		4802	22	4363	3599
109	38	5259	12719	4792	139	1898	968
96	38	5010	12719	4528	134	1792	854
		249		238	1	106	114
13				26	4		
2066	934	53264	15838	147073	2285	94981	59667
518	77	8744	1515	7920	164	4033	5341
19	173	2615	3247	6005	120	458	300
	44	1171	1617	1350	3	265	502
76	259	18042	1362	41786	767	26790	14934
150	185	3790	2505	14509	227	9113	7090
745	59	10811	2069	31539	331	18911	9412
558	137	8091	3523	43964	673	35411	22088
322	895	20499	18192	16448	273	24527	11367
		1478	3057	803		2274	791
		6772	7629	2565	49	9116	5224
129	280	1161	793	3582	87	1227	384
27	119	6730	4150	4398	44	6611	1119
		1283	592	1291		112	291
	496	1792	1497	1318	3	769	1752
166		1283	474	2491	90	4418	1806

2-16 续表 3

行业	代码	就业人数(人)	内资企业	国有企业	集体企业
化学纤维制造业	28	22540	14121	36	213
纤维素纤维原料及纤维制造	281	3734	1790		60
合成纤维制造	282	18806	12331	36	153
橡胶制品业	29	209970	80107	1639	8290
轮胎制造	291	18069	10758	68	1149
橡胶板、管、带的制造	292	12425	9058	230	325
橡胶零件制造	293	34037	15661	389	476
再生橡胶制造	294	2523	2164		75
日用及医用橡胶制品制造	295	11113	4009		753
橡胶靴鞋制造	296	76208	17357	85	4812
其他橡胶制品制造	299	55595	21100	867	700
塑料制品业	30	1211026	540207	1255	34394
塑料薄膜制造	301	96620	48454	307	1866
塑料板、管、型材的制造	302	107122	41196	38	1748
塑料丝、绳及编织品的制造	303	26803	18398	42	460
泡沫塑料制造	304	38887	23327		533
塑料人造革、合成革制造	305	27792	7997		40
塑料包装箱及容器制造	306	88147	49232		1184
塑料零件制造	307	193062	79394	608	5617
日用塑料制造	308	270600	103208	118	5627
其他塑料制品制造	309	361993	169001	142	17319
非金属矿物制品业	31	716378	509490	6444	15459
水泥、石灰和石膏的制造	311	83085	70922	2367	6650
水泥及石膏制品制造	312	57213	41540	970	1509
砖瓦、石材及其他建筑材料制造	313	239114	188623	1288	4858
玻璃及玻璃制品制造	314	127110	70059	155	1574
陶瓷制品制造	315	181005	116373	763	768
耐火材料制品制造	316	6201	4816	7	88
石墨及其他非金属矿物制品制造	319	22650	17157	894	12
黑色金属冶炼及压延加工业	32	87962	60278	139	332
炼铁	321	2448	1944		49
炼钢	322	14241	4970	5	
钢压延加工	323	69381	51743	134	283
铁合金冶炼	324	1892	1621		
有色金属冶炼及压延加工业	33	159770	106166	588	3065
常用有色金属冶炼	331	17697	13762	302	302
贵金属冶炼	332	1603	1521		
稀有稀土金属冶炼	333	3814	2912	197	
有色金属合金制造	334	8430	5565	19	130
有色金属压延加工	335	128226	82406	70	2633
金属制品业	34	1213787	721256	6271	18587
结构性金属制品制造	341	222441	139599	3097	3366
金属工具制造	342	135763	93796	507	1727
集装箱及金属包装容器制造	343	62671	27203	70	1224

股份合作	联营	有限责任公司	股份有限公司	私营	其他内资	港、澳、台商投资企业	外商投资企　业
40		1139	5240	7430	23	5187	3232
40		253	22	1415		1524	420
		886	5218	6015	23	3663	2812
180	393	18095	679	48557	2274	90287	39576
		8138		1380	23	4305	3006
58		1786	50	6479	130	2506	861
29		2579	106	11295	787	11340	7036
		81		1969	39	350	9
58		539		2611	48	6138	966
	385	1918	13	9437	707	47074	11777
35	8	3054	510	15386	540	18574	15921
2395	446	88163	11670	388960	12924	477542	193277
390	15	7304	5698	32047	827	39121	9045
52		7940	1904	28599	915	32652	33274
31		2876	116	14713	160	6218	2187
55	65	5107	124	16625	818	11885	3675
		1292		6660	5	5154	14641
589	2	9765	1512	35567	613	28067	10848
328	263	11167	488	57907	3016	80372	33296
540		17364	336	77269	1954	137311	30081
410	101	25348	1492	119573	4616	136762	56230
3174	2647	122110	15610	336317	7729	145314	61574
278	1355	17741	5005	36949	577	10235	1928
253	709	13825	692	23412	170	12500	3173
1173	210	50897	3064	122401	4732	37504	12987
151	123	16512	1785	48282	1477	43563	13488
853		18290	5024	90156	519	37652	26980
420		1251		2852	198	691	694
46	250	3594	40	12265	56	3169	2324
47	45	30536	265	28437	477	17153	10531
22		37		1816	20	454	50
	45	1894	2	3024		6407	2864
25		27585	192	23071	453	10021	7617
		1020	71	526	4	271	
524	80	30449	7375	62487	1598	37794	15810
152	29	1461	5126	6218	172	2911	1024
		823		633	65	82	
	34	977	594	1086	24	121	781
		2260	183	2753	220	1415	1450
372	17	24928	1472	51797	1117	33265	12555
5576	878	130271	7271	535508	16894	353352	139179
714	58	28704	3725	97320	2615	62875	19967
839	190	11569	784	76734	1446	34036	7931
224	45	7295		17836	509	22035	13433

2-16 续表 4

行业	代码	就业人数(人)	内资企业	国有企业	集体企业
金属丝绳及其制品的制造	344	21789	13287	383	503
建筑、安全用金属制品制造	345	173242	90937	232	2108
金属表面处理及热处理加工	346	97831	67608	336	5111
搪瓷制品制造	347	12291	7724		
不锈钢及类似日用金属制品制造	348	318160	176927	1337	2233
其他金属制品制造	349	169599	104175	309	2315
通用设备制造业	35	442918	262235	6065	7478
锅炉及原动机制造	351	9687	7045	1061	28
金属加工机械制造	352	65262	43939	656	1940
起重运输设备制造	353	24208	15080	130	207
泵、阀门、压缩机及类似机械的制造	354	54267	27984	17	395
轴承、齿轮、传动和驱动部件的制造	355	30755	11272	8	157
烘炉、熔炉及电炉制造	356	4188	2810		
风机、衡器、包装设备等通用设备制造	357	104125	59281	1908	2626
通用零部件制造及机械修理	358	99925	60926	459	1232
金属铸、锻加工	359	50501	33898	1826	893
专用设备制造业	36	549380	278029	4689	9235
矿山、冶金、建筑专用设备制造	361	17077	13071	2255	407
化工、木材、非金属加工专用设备制造	362	265067	129792	548	4129
食品、饮料、烟草及饲料生产专用设备制造	363	11914	10420	345	37
印刷、制药、日化生产专用设备制造	364	34385	21183	131	679
纺织、服装和皮革工业专用设备制造	365	21760	10083	215	339
电子和电工机械专用设备制造	366	100215	39821	19	1325
农、林、牧、渔专用机械制造	367	9437	4920	138	251
医疗仪器设备及器械制造	368	52442	26510	726	1618
环保、社会公共安全及其他专用设备制造	369	37083	22229	312	450
交通运输设备制造业	37	456056	202331	14308	5233
铁路运输设备制造	371	3541	3509	2832	148
汽车制造	372	243934	88337	2762	2233
摩托车制造	373	78568	53805	689	858
自行车制造	374	61205	12020	316	162
船舶及浮动装置制造	375	55012	37204	7709	1750
航空航天器制造	376	9009	4423		
交通器材及其他交通运输设备制造	379	4787	3033		82
电气机械及器材制造业	39	1961545	983978	6978	40422
电机制造	391	98513	48662	2901	1726
输配电及控制设备制造	392	427460	192369	755	13935
电线、电缆、光缆及电工器材制造	393	247301	109682	752	4583
电池制造	394	171496	81290	180	1191
家用电力器具制造	395	628396	339259	255	11866
非电力家用器具制造	396	34929	27752	89	370
照明器具制造	397	323702	168183	2046	1905
其他电气机械及器材制造	399	29748	16781		4846
通信设备、计算机及其他电子设备制造业	40	3011835	934327	6562	90157
通信设备制造	401	434325	205501	1254	6104

股份合作	联营	有限责任公司	股份有限公司	私营	其他内资	港、澳、台商投资企业	外商投资企业
35	18	1407	25	10809	107	3854	4648
450	16	20115	609	63315	4092	60804	21501
1859	136	11165	443	46892	1666	21516	8707
41		2143	138	5371	31	2091	2476
1187	97	27094	568	142465	1946	96531	44702
227	318	20779	979	74766	4482	49610	15814
1635	356	61526	7543	172601	5031	103189	77494
356		2933		2595	72	1438	1204
327	65	9252	2562	28167	970	14261	7062
154	110	4939	252	9261	27	2588	6540
103	77	7860	2200	17022	310	7518	18765
70	12	3752	630	6107	536	11770	7713
		972	15	1811	12	381	997
396		13373	1009	39291	678	23538	21306
183	65	10400	782	46292	1513	29000	9999
46	27	8045	93	22055	913	12695	3908
2875	45	53839	21139	181115	5092	175285	96066
87	36	5076	61	5069	80	1959	2047
561		21680	2414	97402	3058	92017	43258
147		2787	68	6935	101	1182	312
363		4859	2330	12650	171	9419	3783
7		1642	234	7568	78	7205	4472
763		6346	8808	21532	1028	39699	20695
741		973	27	2744	46	3467	1050
58	9	4846	6479	12732	42	13399	12533
148		5630	718	14483	488	6938	7916
1773	388	64400	3547	109417	3265	89880	163845
4		124		401		32	
1175	380	33631	3133	44223	800	29502	126095
128		14032	123	37645	330	14545	10218
352		1715	54	8314	1107	29624	19561
99	8	9895	237	17335	171	14171	3637
		4356		67		733	3853
15		647		1432	857	1273	481
3623	2616	232755	171977	511988	13619	643124	334443
359	50	13875	4706	24225	820	27359	22492
1622	2152	55347	5822	108259	4477	151348	83743
515	52	18560	6170	77877	1173	82240	55379
252	157	18819	1870	58425	396	64477	25729
486	98	80799	128319	115420	2016	203381	85756
		10817	933	14517	1026	4612	2565
316	102	32509	23675	104637	2993	99173	56346
73	5	2029	482	8628	718	10534	2433
1688	11354	216122	116743	475134	16567	1060840	1016668
151	2725	83958	59135	50903	1271	88118	140706

2-16 续表 5

行业	代码	就业人数(人)	内资企业		
				国有企业	集体企业
雷达及配套设备制造	402	638	496		
广播电视设备制造	403	53693	24198	1186	817
电子计算机制造	404	641401	115750	1873	10503
电子器件制造	405	354262	94562	294	10649
电子元件制造	406	975907	285466	1343	37227
家用视听设备制造	407	377539	134754	161	22149
其他电子设备制造	409	174070	73600	451	2708
仪器仪表及文化、办公用机械制造业	41	426288	122891	1745	28494
通用仪器仪表制造	411	31019	20529	59	79
专用仪器仪表制造	412	20451	10153	860	75
钟表与计时仪器制造	413	114168	31492	762	7604
光学仪器及眼镜制造	414	102726	30959		15784
文化、办公用机械制造	415	154763	27896	61	4914
其他仪器仪表的制造及修理	419	3161	1862	3	38
工艺品及其他制造业	42	513111	235111	3100	14537
工艺美术品制造	421	392618	189482	1621	12685
日用杂品制造	422	76126	29585	249	774
煤制品制造	423	813	753		1
核辐射加工	424				
其他未列明的制造业	429	43554	15291	1230	1077
废弃资源和废旧材料回收加工业	43	33424	29780	20	486
金属废料和碎屑的加工处理	431	21799	19845	20	402
非金属废料和碎屑的加工处理	432	11625	9935		84
电力、燃气及水的生产和供应业	D	**311229**	**284962**	**165259**	**28610**
电力、热力的生产和供应业	44	237377	219970	138809	13759
电力生产	441	113161	96671	24060	13144
电力供应	442	122205	122205	114743	610
热力生产和供应	443	2011	1094	6	5
燃气生产和供应业	45	11309	7243	2956	259
燃气生产和供应业	450	11309	7243	2956	259
水的生产和供应业	46	62543	57749	23494	14592
自来水的生产和供应	461	57559	53577	22739	14510
污水处理及其再生利用	462	4184	3872	755	82
其他水的处理、利用与分配	469	800	300		
建筑业	E	**1920243**	**1884998**	**341413**	**287638**
房屋和土木工程建筑业	47	1469598	1457812	292071	267159
房屋工程建筑	471	1208554	1198378	210358	251651
土木工程建筑	472	261044	259434	81713	15508
建筑安装业	48	217751	211029	34783	11103
建筑安装业	480	217751	211029	34783	11103
建筑装饰业	49	178122	162737	8102	5466
建筑装饰业	490	178122	162737	8102	5466
其他建筑业	50	54772	53420	6457	3910
工程准备	501	17711	16685	4476	665
提供施工设备服务	502	8869	8812	19	54
其他未列明的建筑活动	509	28192	27923	1962	3191

股份合作	联营	有限责任公司	股份有限公司	私营	其他内资	港、澳、台商投资企业	外商投资企业
		64		432		142	
11	10	1849	4876	15144	305	16866	12629
26	34	17834	18824	65768	888	157569	368082
39	2381	15851	11384	52942	1022	146672	113028
1022	448	56994	15687	167106	5639	423348	267093
383	5550	25523	5194	72550	3244	167882	74903
56	206	14049	1643	50289	4198	60243	40227
748	319	20841	6003	58099	6642	174065	129332
14		5176	1608	13492	101	7143	3347
174	306	1646	489	6568	35	4682	5616
380	13	2645	45	16699	3344	66860	15816
146		2072	1427	11331	199	42649	29118
24		9176	2380	8391	2950	51944	74923
10		126	54	1618	13	787	512
7172	315	36057	1850	166357	5723	215107	62893
6693	315	29523	794	133649	4202	160106	43030
443		4175	980	22176	788	36975	9566
		216	13	520	3	45	15
36		2143	63	10012	730	17981	10282
6		6223	1129	21559	357	2619	1025
4		4566	1090	13663	100	1319	635
2		1657	39	7896	257	1300	390
1711	**1285**	**35178**	**8126**	**43450**	**1343**	**15024**	**11243**
1204	905	22346	5943	35864	1140	12466	4941
1204	905	15678	5792	34845	1043	11746	4744
		5980	132	643	97		
		688	19	376		720	197
297	17	1325	430	1941	18	1524	2542
297	17	1325	430	1941	18	1524	2542
210	363	11507	1753	5645	185	1034	3760
210	363	9391	1699	4480	185	839	3143
		1955	54	1026		195	117
		161		139			500
2910	**14117**	**640308**	**98735**	**494532**	**5345**	**17649**	**17596**
2171	7414	488146	80901	317629	2321	2981	8805
1104	6392	391607	66541	268731	1994	2119	8057
1067	1022	96539	14360	48898	327	862	748
414	1188	79177	7057	76331	976	2722	4000
414	1188	79177	7057	76331	976	2722	4000
283	5434	52550	9652	79970	1280	10841	4544
283	5434	52550	9652	79970	1280	10841	4544
42	81	20435	1125	20602	768	1105	247
	5	4865	93	6450	131	894	132
30		4862	180	3661	6	57	
12	76	10708	852	10491	631	154	115

2-16 续表 6

行业	代码	就业人数(人)	内资企业	国有企业	集体企业
交通运输、仓储和邮政业	**F**	**905956**	**745981**	**223314**	**24863**
铁路运输业	51	532	532	181	5
铁路旅客运输	511	250	250		
铁路货物运输	512	178	178	91	5
铁路运输辅助活动	513	104	104	90	
道路运输业	52	282695	255690	51184	9923
公路旅客运输	521	82909	80645	28122	5231
道路货物运输	522	144190	128866	5486	3205
道路运输辅助活动	523	55596	46179	17576	1487
城市公共交通业	53	186833	172201	53582	3665
公共电汽车客运	531	90387	78325	28951	1227
轨道交通	532	12762	12738	9999	
出租车客运	533	76850	75172	9005	2312
城市轮渡	534	572	146		122
其他城市公共交通	539	6262	5820	5627	4
水上运输业	54	120085	84454	43962	7346
水上旅客运输	541	8876	7988	1357	1380
水上货物运输	542	49947	42326	19137	5418
水上运输辅助活动	543	61262	34140	23468	548
航空运输业	55	65310	28060	7523	53
航空客货运输	551	57054	21742	1682	13
通用航空服务	552	731	731	590	
航空运输辅助活动	553	7525	5587	5251	40
管道运输业	56	256			
管道运输业	560	256			
装卸搬运和其他运输服务业	57	121740	103542	7219	3259
装卸搬运	571	23648	21429	1697	2306
运输代理服务	572	98092	82113	5522	953
仓储业	58	40791	27262	6667	595
谷物、棉花等农产品仓储	581	4717	4204	2964	82
其他仓储	589	36074	23058	3703	513
邮政业	59	87714	74240	52996	17
国家邮政	591	65352	65352	52938	
其他寄递服务	599	22362	8888	58	17
信息传输、计算机服务和软件业	**G**	**371428**	**274174**	**39748**	**1091**
电信和其他信息传输服务业	60	141850	109367	36220	551
电信	601	115032	83566	34206	10
互联网信息服务	602	18746	17743	303	
广播电视传输服务	603	7789	7775	1706	541
卫星传输服务	604	283	283	5	
计算机服务业	61	85783	66098	2421	469
计算机系统服务	611	29313	23771	1838	125
数据处理	612	11588	2663	478	233
计算机维修	613	3430	2914	3	4
其他计算机服务	619	41452	36750	102	107

股份合作	联营	有限责任公司	股份有限公司	私营	其他内资	港、澳、台商投资企业	外商投资企　业
4336	**4971**	**201599**	**47346**	**235666**	**3886**	**77462**	**82513**
	14	311		21			
		250					
	14	61		7			
				14			
2353	1548	63671	16233	108955	1823	16167	10838
338	670	22776	6520	16533	455	1922	342
1671	560	27404	4189	85601	750	9370	5954
344	318	13491	5524	6821	618	4875	4542
1409	1068	63400	18313	30198	566	7703	6929
1303	2	24260	10948	11423	211	6638	5424
		2431		308		24	
106	1066	36695	7260	18397	331	316	1362
					24	426	
		14	105	70		299	143
173	978	20524	3208	8154	109	27680	7951
34		4856	31	330		848	40
29	593	8599	2822	5716	12	6200	1421
110	385	7069	355	2108	97	20632	6490
		14666	4115	1703		622	36628
		14530	4030	1487		62	35250
		30	81	30			
		106	4	186		560	1378
							256
							256
244	1146	17095	2933	70604	1042	12537	5661
35	620	3516	665	12049	541	669	1550
209	526	13579	2268	58555	501	11868	4111
157	159	7872	2368	9191	253	6588	6941
4		444		710		30	483
153	159	7428	2368	8481	253	6558	6458
	58	14060	176	6840	93	6165	7309
		12316		85	13		
	58	1744	176	6755	80	6165	7309
521	**1206**	**48290**	**38292**	**139990**	**5036**	**53525**	**43729**
185	718	16243	31980	21832	1638	27793	4690
76	481	10304	29850	7853	786	26982	4484
35	20	2654	428	13501	802	811	192
74		3262	1702	445	45		14
	217	23		33	5		
190	258	10224	659	50669	1208	8799	10886
24	105	5580	222	15712	165	2610	2932
6		551	22	1364	9	1801	7124
6		437	76	2337	51	231	285
154	153	3656	339	31256	983	4157	545

2-16 续表 7

行业	代码	就业人数（人）	内资企业	国有企业	集体企业
软件业	62	143795	98709	1107	71
公共软件服务	621	127250	84859	889	53
其他软件服务	629	16545	13850	218	18
批发和零售业	**H**	**1944926**	**1763540**	**103072**	**64923**
批发业	63	1184433	1099280	72838	34884
农畜产品批发	631	21955	21778	4158	1383
食品、饮料及烟草制品批发	632	142983	133223	30034	4136
纺织、服装及日用品批发	633	175702	154293	4823	2270
文化、体育用品及器材批发	634	53974	47054	3265	651
医药及医疗器材批发	635	69347	65961	5675	599
矿产品、建材及化工产品批发	636	253902	245355	14294	16616
机械设备、五金交电及电子产品批发	637	355113	324831	5712	3848
贸易经纪与代理	638	39672	37749	1985	718
其他批发	639	71785	69036	2892	4663
零售业	65	760493	664260	30234	30039
综合零售	651	200262	133055	5077	10466
食品、饮料及烟草制品专门零售	652	34564	33165	4590	3002
纺织、服装及日用品专门零售	653	69777	60989	924	3812
文化、体育用品及器材专门零售	654	37405	35677	6794	1146
医药及医疗器材专门零售	655	54348	54267	2686	1389
汽车、摩托车、燃料及零配件专门零售	656	144382	136788	7284	4115
家用电器及电子产品专门零售	657	114921	113459	367	1029
五金、家具及室内装修材料专门零售	658	55003	51780	879	2557
无店铺及其他零售	659	49831	45080	1633	2523
住宿和餐饮业	**I**	**795943**	**632392**	**48672**	**22553**
住宿业	66	366607	292541	42695	14547
旅游饭店	661	284065	216880	32841	10122
一般旅馆	662	73139	67646	8629	3688
其他住宿服务	669	9403	8015	1225	737
餐饮业	67	429336	339851	5977	8006
正餐服务	671	326872	294203	5762	7365
快餐服务	672	81021	28013	66	369
饮料及冷饮服务	673	7009	5830	32	42
其他餐饮服务	679	14434	11805	117	230
金融业	**J**	**490148**	**451882**	**76149**	**21947**
银行业	68	240606	233078	59016	21771
中央银行	681	865	865	865	
商业银行	682	235478	227950	56472	21660
其他银行	689	4263	4263	1679	111
证券业	69	38435	37407	3075	
证券市场管理	691	373	373	356	
证券经纪与交易	692	37462	36438	2719	
证券投资	693	395	391		
证券分析与咨询	694	205	205		

股份合作	联营	有限责任公司	股份有限公司	私营	其他内资	港、澳、台商投资企业	外商投资企业
146	230	21823	5653	67489	2190	16933	28153
131	225	18365	5149	58316	1731	15848	26543
15	5	3458	504	9173	459	1085	1610
13626	**8154**	**394402**	**78779**	**1074631**	**25953**	**101581**	**79805**
5853	4669	220011	41940	706773	12312	51616	33537
114	313	2189	449	12856	316	161	16
617	920	33708	5320	56517	1971	5413	4347
703	373	23054	2039	119668	1363	14208	7201
270	262	8090	766	33187	563	5708	1212
479	29	19195	2455	36735	794	1593	1793
1812	1104	57686	17033	133959	2851	4340	4207
1408	1170	54968	11927	242821	2977	17103	13179
52	231	7140	718	26482	423	1160	763
398	267	13981	1233	44548	1054	1930	819
7773	3485	174391	36839	367858	13641	49965	46268
1544	116	44963	6651	60953	3285	38570	28637
827	37	5016	369	18591	733	791	608
1003	98	11947	473	41220	1512	4893	3895
688	57	8512	784	16782	914	922	806
551	1368	19263	1064	26827	1119	56	25
838	1357	35796	21492	63784	2122	2265	5329
511	122	31293	4753	73971	1413	755	707
1286	86	8168	559	36627	1618	849	2374
525	244	9433	694	29103	925	864	3887
6476	**4378**	**136816**	**10096**	**382275**	**21126**	**81954**	**81597**
1175	3108	88779	4734	132387	5116	45960	28106
831	2612	72896	3410	91287	2881	43021	24164
315	482	14303	671	37747	1811	2665	2828
29	14	1580	653	3353	424	274	1114
5301	1270	48037	5362	249888	16010	35994	53491
4388	1034	35459	4243	221338	14614	22136	10533
476		11181	118	15013	790	10792	42216
173		332	27	5008	216	923	256
264	236	1065	974	8529	390	2143	486
31385	**1877**	**31753**	**277932**	**9107**	**1732**	**4099**	**34167**
29574	1824	2044	117240		1609	3117	4411
28292	1824	1932	116848		922	3117	4411
1282		112	392		687		
		17777	16402	153		22	1006
		5	3	9			
		17302	16394	23		22	1002
		351		40			4
		119	5	81			

2-16 续表 8

行　业	代码	就业人数(人)	内资企业	国有企业	集体企业
保险业	70	194533	165009	8686	12
人寿保险	701	140830	114997	6833	12
非人寿保险	702	41807	38830	1841	
保险辅助服务	703	11896	11182	12	
其他金融活动	71	16574	16388	5372	164
金融信托与管理	711	1642	1636	425	42
金融租赁	712	209	158		
财务公司	713	526	526	178	
邮政储蓄	714	6986	6986	4375	
典当	715	1669	1669	27	78
其他未列明的金融活动	719	5542	5413	367	44
房地产业	**K**	**771830**	**667024**	**46010**	**55639**
房地产业	72	771830	667024	46010	55639
房地产开发经营	721	183678	144696	8397	7765
物业管理	722	408292	367890	26489	18493
房地产中介服务	723	61702	42443	1207	621
其他房地产活动	729	118158	111995	9917	28760
租赁和商务服务业	**L**	**1121931**	**1059449**	**123674**	**124910**
租赁业	73	17105	15801	877	206
机械设备租赁	731	15737	14688	865	206
文化及日用品出租	732	1368	1113	12	
商务服务业	74	1104826	1043648	122797	124704
企业管理服务	741	533892	513191	67413	63525
法律服务	742	16263	16239	222	20
咨询与调查	743	146618	120476	1251	2598
广告业	744	70110	64842	1550	348
知识产权服务	745	4856	4703	190	17
职业中介服务	746	65442	65206	3693	1501
市场管理	747	28674	26820	1999	4522
旅行社	748	30829	30204	5158	627
其他商务服务	749	208142	201967	41321	51546
科学研究、技术服务和地质勘查业	**M**	**293470**	**252335**	**38112**	**5230**
研究与试验发展	75	62201	47050	6314	699
自然科学研究与试验发展	751	2622	2324	438	31
工程和技术研究与试验发展	752	54474	40183	5007	620
农业科学研究与试验发展	753	1572	1445	530	15
医学研究与试验发展	754	3193	2758	289	33
社会人文科学研究与试验发展	755	340	340	50	
专业技术服务业	76	199627	179836	28042	3981
气象服务	761	596	596	87	33
地震服务	762	50	50	7	6
海洋服务	763	151	136		17
测绘服务	764	3339	3339	450	142
技术检测	765	24353	17794	2368	1160
环境监测	766	941	941	56	41
工程技术与规划管理	767	114187	110595	23370	2104
其他专业技术服务	769	56010	46385	1704	478

股份合作	联营	有限责任公司	股份有限公司	私营	其他内资	港、澳、台商投资企业	外商投资企业
1780		6111	141405	6996	19	916	28608
710		2400	104919	123			25833
920		587	35185	297		460	2517
150		3124	1301	6576	19	456	258
31	53	5821	2885	1958	104	44	142
	1	1056	4	103	5	6	
		129		29			51
		189		141	18		
		2264	347				
18	48	708	85	648	57		
13	4	1475	2449	1037	24	38	91
28087	**3819**	**219780**	**25991**	**275717**	**11981**	**62787**	**42019**
28087	3819	219780	25991	275717	11981	62787	42019
1344	440	56890	12456	56720	684	20018	18964
9777	2317	137332	9177	156760	7545	22386	18016
211	49	8049	758	30409	1139	16308	2951
16755	1013	17509	3600	31828	2613	4075	2088
188268	**3147**	**183346**	**40706**	**346934**	**48464**	**38695**	**23787**
23	406	4370	882	8850	187	932	372
23	406	4351	866	7784	187	830	219
		19	16	1066		102	153
188245	2741	178976	39824	338084	48277	37763	23415
185908	875	71956	29451	57190	36873	10025	10676
105		378		14781	733	15	9
551	205	23619	1898	87906	2448	16785	9357
355	124	11293	1060	48993	1119	3826	1442
32		612	84	3645	123		153
135	795	25635	785	32380	282	77	159
483	308	5043	566	12873	1026	1547	307
47	145	9355	2144	12431	297	568	57
629	289	31085	3836	67885	5376	4920	1255
1223	**1374**	**60236**	**7008**	**133291**	**5861**	**22586**	**18549**
279	322	6073	2137	30311	915	7937	7214
5	19	218	113	1478	22	122	176
211	303	5328	1862	26030	822	7528	6763
4		95	92	704	5	63	64
59		425	67	1829	56	224	211
		7	3	270	10		
834	761	49630	4281	88256	4051	11828	7963
	18	303	8	145	2		
				37			
	47	47		25			15
13		471	25	2205	33		
176	114	4592	200	8526	658	3810	2749
29		207	3	561	44		
490	556	32332	3410	47350	983	2351	1241
126	26	11678	635	29407	2331	5667	3958

2-16 续表 9

行业	代码	就业人数(人)	内资企业	国有企业	集体企业
科技交流和推广服务业	77	28870	22730	1705	531
技术推广服务	771	21652	16976	1337	364
科技中介服务	772	3894	2608	204	94
其他科技服务	779	3324	3146	164	73
地质勘查业	78	2772	2719	2051	19
矿产地质勘查	781	769	746	495	
基础地质勘查	782	1171	1171	1100	17
地质勘查技术服务	783	832	802	456	2
水利、环境和公共设施管理业	**N**	**69935**	**63934**	**10502**	**5038**
水利管理业	79	2382	2310	1149	556
防洪管理	791	519	519	124	252
水资源管理	792	1519	1447	993	139
其他水利管理	799	344	344	32	165
环境管理业	80	21887	19576	2349	2205
自然保护	801	1202	1026	289	53
环境治理	802	20685	18550	2060	2152
公共设施管理业	81	45666	42048	7004	2277
市政公共设施管理	811	5975	4777	1112	446
城市绿化管理	812	23116	23048	2040	581
游览景区管理	813	16575	14223	3852	1250
居民服务和其他服务业	**O**	**245203**	**229839**	**6989**	**12933**
居民服务业	82	105883	101067	1432	9380
家庭服务	821	6019	5233	16	545
托儿所	822	732	732	44	75
洗染服务	823	4058	3280	152	57
理发及美容保健服务	824	33222	32435	35	453
洗浴服务	825	28519	27122	76	565
婚姻服务	826	732	697	58	
殡葬服务	827	2189	1801	184	286
摄影扩印服务	828	5877	5330	87	181
其他居民服务	829	24535	24437	780	7218
其他服务业	83	139320	128772	5557	3553
修理与维护	831	46173	43424	1550	1558
清洁服务	832	69268	64763	2737	975
其他未列明的服务	839	23879	20585	1270	1020
教育	**P**	**73279**	**70827**	**5194**	**4464**
教育	84	73279	70827	5194	4464
学前教育	841	22849	21911	885	1821
初等教育	842	9966	9956	836	245
中等教育	843	7239	6755	405	19
高等教育	844	3173	2993	110	
其他教育	849	30052	29212	2958	2379

股份合作	联营	有限责任公司	股份有限公司	私营	其他内资	港、澳、台商投资企业	外商投资企　业
95	291	4261	590	14369	888	2821	3319
83	108	2954	451	11423	256	1837	2839
2	53	537	15	1580	123	970	316
10	130	770	124	1366	509	14	164
15		272		355	7		53
		184		67			23
		13		41			
15		75		247	7		30
659	**433**	**14352**	**3292**	**28256**	**1402**	**4091**	**1910**
		219		298	88		72
		103		40			
		77		157	81		72
		39		101	7		
287	232	3644	2527	7809	523	1895	416
98		30		242	314	176	
189	232	3614	2527	7567	209	1719	416
372	201	10489	765	20149	791	2196	1422
281		1539	8	1044	347	115	1083
72	127	6383	276	13401	168	8	60
19	74	2567	481	5704	276	2073	279
2262	**878**	**35724**	**2388**	**157387**	**11278**	**10074**	**5290**
1322	752	10235	642	68340	8964	3772	1044
26		981	34	3433	198	786	
		11		530	72		
11	158	427	111	2286	78	700	78
429	18	1794	93	27641	1972	565	222
579	292	2971	252	21571	816	895	502
3		34	12	501	89	20	15
14	45	672	28	497	75	287	101
84	63	893	52	3697	273	517	30
176	176	2452	60	8184	5391	2	96
940	126	25489	1746	89047	2314	6302	4246
593	43	8675	418	29330	1257	1203	1546
282	71	11512	942	47696	548	2760	1745
65	12	5302	386	12021	509	2339	955
908	**258**	**4648**	**646**	**32691**	**22018**	**1110**	**1342**
908	258	4648	646	32691	22018	1110	1342
26	202	351	86	11228	7312	375	563
93		90	6	5275	3411	10	
448		28		1495	4360	163	321
157	17	26		411	2272	180	
184	39	4153	554	14282	4663	382	458

2-16 续表 10

行业	代码	就业人数(人)	内资企业	国有企业	集体企业
卫生、社会保障和社会福利业	Q	**49283**	**47779**	**8048**	**4564**
卫生	85	47916	46421	7907	4443
医院	851	29306	27993	5460	2785
卫生院及社区医疗活动	852	3583	3583	1552	245
门诊部医疗活动	853	10234	10195	251	1003
计划生育技术服务活动	854	2078	2035	71	188
妇幼保健活动	855	224	224	198	
专科疾病防治活动	856	349	295	17	29
疾病预防控制及防疫活动	857	262	262	218	28
其他卫生活动	859	1880	1834	140	165
社会保障业	86	79	79	27	22
社会保障业	860	79	79	27	22
社会福利业	87	1288	1279	114	99
提供住宿的社会福利	871	1043	1034	58	35
不提供住宿的社会福利	872	245	245	56	64
文化、体育和娱乐业	R	**120841**	**96624**	**27477**	**2123**
新闻出版业	88	23578	23433	16092	476
新闻业	881	1069	1069	818	200
出版业	882	22509	22364	15274	276
广播、电视、电影和音像业	89	14091	13483	6013	555
广播	891	1383	1326	790	33
电视	892	6961	6780	3241	136
电影	893	4869	4529	1939	382
音像制作	894	878	848	43	4
文化艺术业	90	5342	5266	1249	139
文艺创作与表演	901	1924	1869	621	88
艺术表演场馆	902	573	565	266	12
图书馆与档案馆	903	216	216	6	3
文物及文化保护	904	214	214	5	12
博物馆	905	142	142	83	
烈士陵园、纪念馆	906	16	16	16	
群众文化活动	907	496	496	209	23
文化艺术经纪代理	908	947	934	24	1
其他文化艺术	909	814	814	19	
体育	91	6098	4205	807	66
体育组织	911	1874	1389	155	9
体育场馆	912	2804	2197	620	45
其他体育	919	1420	619	32	12
娱乐业	92	71732	50237	3316	887
室内娱乐活动	921	33825	30802	342	678
游乐园	922	4849	4192	1966	56
休闲健身娱乐活动	923	29439	12339	553	64
其他娱乐活动	929	3619	2904	455	89

股份合作	联营	有限责任公司	股份有限公司	私营	其他内资	港、澳、台商投资企业	外商投资企　业
457	**173**	**5370**	**214**	**17716**	**11237**	**963**	**541**
367	86	5365	201	17062	10990	954	541
1	65	4245	132	7867	7438	910	403
		53		1356	377		
332	15	230	69	5869	2426	5	34
	6			1315	455	3	40
				14	12		
		3		239	7		54
		5			11		
34		829		402	264	36	10
				2	28		
				2	28		
90	87	5	13	652	219	9	
90	87	5	13	532	214	9	
				120	5		
702	**882**	**16087**	**3192**	**44109**	**2052**	**10714**	**13503**
15	77	5546	41	1072	114	145	
		15		22	14		
15	77	5531	41	1050	100	145	
90	112	1410	2511	2631	161	551	57
	94	33	78	258	40		57
10	18	205	2287	839	44	181	
80		1006	67	996	59	340	
		166	79	538	18	30	
	20	491	48	3011	308	41	35
		120	39	887	114	28	27
		10		272	5		8
				87	120		
		153		39	5		
		18		38	3		
		29		209	26		
	16	68	6	810	9	13	
	4	93	3	669	26		
50	34	1372	8	1776	92	1270	623
	34	759		413	19	445	40
50		540	8	919	15	59	548
		73		444	58	766	35
547	639	7268	584	35619	1377	8707	12788
311	134	4533	459	23353	992	1903	1120
50	1	180	33	1881	25	309	348
166	504	2116	66	8530	340	6195	10905
20		439	26	1855	20	300	415

2-17 按地区、登记注册类型

地　区	就业人数（人）	内资企业			
			国有企业	集体企业	股份合作
总　计	**27308441**	**16876685**	**1406167**	**1164060**	**337745**
广州市	4811939	3463060	522909	213090	51853
深圳市	6316568	3759687	216491	77020	211195
珠海市	780879	406597	39788	31667	1776
汕头市	789636	674136	99427	46833	13995
佛山市	2600627	1864659	30147	52737	13132
韶关市	321522	262499	40284	28887	4465
河源市	210073	119105	20602	16349	1124
梅州市	324718	276976	26219	29065	1960
惠州市	1047564	451747	42451	42858	1328
汕尾市	187855	120279	14721	17998	1159
东莞市	4308008	1542245	18048	242034	6723
中山市	1588659	940242	15977	95829	4973
江门市	1004253	594053	28147	42792	3910
阳江市	316279	279758	19900	21268	1024
湛江市	473143	415339	107945	51935	4749
茂名市	434352	405330	48145	42265	3689
肇庆市	434985	307665	36006	24309	2207
清远市	368545	206757	19915	16458	2279
潮州市	344930	274765	16121	16567	3532
揭阳市	469039	396632	28452	42214	1204
云浮市	174867	115154	14472	11885	1468

分组的企业法人单位就业人数

联营企业	有限责任公司	股份有限公司	私营企业	其他内资	港、澳、台商投资企业	外商投资企业
78547	**3733599**	**1124314**	**8690997**	**341256**	**6792519**	**3639237**
9138	543220	125602	1917274	79974	775895	572984
35278	718849	378992	2084003	37859	1559076	997805
2083	107725	52035	168043	3480	209165	165117
1422	152578	35516	317769	6596	59395	56105
5551	673708	188180	872972	28232	481585	254383
692	72110	27776	87462	823	53360	5663
1033	20636	8114	48706	2541	75396	15572
1747	74044	17898	122038	4005	38530	9212
1513	75783	24410	247714	15690	405008	190809
346	13237	8133	62088	2597	59016	8560
11142	359668	49539	760133	94958	1889343	876420
707	325556	34507	443420	19273	423932	224485
730	168123	29668	311255	9428	305885	104315
163	31334	13718	190517	1834	27941	8580
1616	69499	33551	140600	5444	42921	14883
844	85743	23201	188798	12645	22368	6654
1132	44550	26370	168486	4605	95187	32133
1744	65995	13438	84768	2160	135528	26260
64	47182	15094	175076	1129	43381	26784
1206	44458	11516	261703	5879	54500	17907
396	39601	7056	38172	2104	35107	24606

2-18 按行业(中类)、登记注册

行业	代码	全年营业收入(万元)			
			内资企业		
				国有企业	集体企业
总计		**1199915067**	**753901090**	**105351952**	**20604388**
农、林、牧、渔业	**A**	**482472**	**481972**	**35537**	**178**
农业	01	28019	27519	25897	
谷物及其他作物的种植	011	26537	26537	25793	
蔬菜、园艺作物的种植	012	49	49		
水果、坚果、饮料和香料作物的种植	013	603	103	103	
中药材的种植	014	830	830		
林业	02	9302	9302	8720	
林木的培育和种植	021	2876	2876	2294	
木材和竹材的采运	022	952	952	952	
林产品的采集	023	5474	5474	5474	
畜牧业	03	443501	443501	692	
牲畜的饲养	031	692	692	692	
猪的饲养	032	10145	10145		
家禽的饲养	033	432664	432664		
狩猎和捕捉动物	034				
其他畜牧业	039				
渔业	04	1292	1292		48
海洋渔业	041	1244	1244		
内陆渔业	042	48	48		48
农、林、牧、渔服务业	05	359	359	229	130
农业服务业	051				
林业服务业	052	229	229	229	
畜牧服务业	053	130	130		130
渔业服务业	054				
采矿业	**B**	**11710819**	**3652545**	**253854**	**295658**
煤炭开采和洗选业	06	769	769	141	
烟煤和无烟煤的开采洗选	061				
褐煤的开采洗选	062				
其他煤炭采选	069	769	769	141	
石油和天然气开采业	07	7812471	21202	18449	
天然原油和天然气开采	071	7737622	1859		
与石油和天然气开采有关的服务活动	079	74849	19343	18449	
黑色金属矿采选业	08	1001094	991386	1688	6032
铁矿采选	081	982806	973098	1688	6032
其他黑色金属矿采选	089	18287	18287		
有色金属矿采选业	09	1089395	1021428	70580	545
常用有色金属矿采选	091	686713	618747	61714	55
贵金属矿采选	092	271174	271174	3909	
稀有稀土金属矿采选	093	131507	131507	4957	491
非金属矿采选业	10	1799574	1610243	162506	288581
土砂石开采	101	1565564	1377122	19336	284752
化学矿采选	102	128194	128194	127568	
采盐	103	26121	26121	15320	2812
石棉及其他非金属矿采选	109	79695	78805	283	1017

类型分组的企业法人全年营业收入

股份合作	联营	有限责任公司	股份有限公司	私营	其他内资	港、澳、台商投资企业	外商投资企业
7051316	**4097105**	**210748189**	**127253741**	**271451107**	**7343292**	**220573474**	**225440503**
569		**431902**		**13786**		**500**	
		43		1579		500	
				743			
		43		6			
						500	
				830			
				582			
				582			
		431184		11625			
				10145			
		431184		1480			
569		675					
569		675					
6910	**277331**	**645962**	**451835**	**1656814**	**64181**	**7875862**	**182412**
				628			
				628			
			67	2687		7759199	32070
				1859		7735763	
			67	828		23437	32070
1332	468	170449	212870	546811	51735	9708	
890	468	157248	212380	542657	51735	9708	
442		13201	490	4155			
	261390	265748	215851	203212	4103	9893	58074
		202607	215126	135143	4103	9893	58074
	261390	1703	490	3683			
		61439	235	64387			
5578	15473	209342	23047	897373	8343	97062	92269
5578	11466	197839	23047	827045	8060	96378	92064
				627			
	3595	1257		2953	185		
	412	10246		66749	99	684	205

2-18 续表 1

行　业	代码	全年营业收入（万元）	内资企业	国有企业	集体企业
其他采矿业	11	7517	7517	490	500
其他采矿业	110	7517	7517	490	500
制造业	**C**	**622896374**	**263766240**	**4310458**	**5348124**
农副食品加工业	13	15120747	8346696	660828	140947
谷物磨制	131	708656	446663	1177	1153
饲料加工	132	5020126	2976252	119862	19830
植物油加工	133	4140753	1729963	131398	4929
制糖	134	771709	679924	92720	2244
屠宰及肉类加工	135	1109847	759708	287802	48342
水产品加工	136	1912150	1089427	22975	11580
蔬菜、水果和坚果加工	137	635602	313549	478	51643
其他农副食品加工	139	821905	351212	4417	1226
食品制造业	14	7931971	2828759	60140	55604
焙烤食品制造	141	908939	530202	3324	10755
糖果、巧克力及蜜饯制造	142	1708729	543528	332	31992
方便食品制造	143	1141141	449788	17255	5188
液体乳及乳制品制造	144	835887	155390	2749	769
罐头制造	145	273247	164259	19162	120
调味品、发酵制品制造	146	1463093	361337	11701	5114
其他食品制造	149	1600936	624256	5618	1667
饮料制造业	15	5157309	1214746	88750	20071
酒精制造	151	46015	46015		
酒的制造	152	1228792	436262	41897	5333
软饮料制造	153	3796415	649923	43169	11798
精制茶加工	154	86087	82546	3684	2940
烟草制品业	16	3172009	3172009	676765	204
烟叶复烤	161	16096	16096		
卷烟制造	162	3106669	3106669	676671	49
其他烟草制品加工	169	49245	49245	94	155
纺织业	17	18268428	8828083	160243	367219
棉、化纤纺织及印染精加工	171	7493592	3495830	91159	72056
毛纺织和染整精加工	172	1339928	628467	20372	27038
麻纺织	173	10697	9862		
丝绢纺织及精加工	174	240159	124520	2275	1092
纺织制成品制造	175	2418946	1144756	10068	41364
针织品、编织品及其制品制造	176	6765108	3424649	36368	225668
纺织服装、鞋、帽制造业	18	18973560	9365564	29254	294538
纺织服装制造	181	18114815	9100655	29254	284567
纺织面料鞋的制造	182	600815	154701		6019
制帽	183	257929	110208		3952
皮革、毛皮、羽毛(绒)及其制品业	19	12901757	4091686	4675	376892
皮革鞣制加工	191	1069145	267511		3873
皮革制品制造	192	11460879	3644300	3808	370614
毛皮鞣制及制品加工	193	122846	39352	445	1679
羽毛(绒)加工及制品制造	194	248888	140524	422	726

股份合作	联营	有限责任公司	股份有限公司	私营	其他内资	港、澳、台商投资企业	外商投资企业
		423		6104			
		423		6104			
1302747	**700589**	**78518679**	**46494241**	**124938400**	**2153002**	**174094112**	**185036021**
152440	5696	3108733	545211	3557187	175655	2629030	4145021
792		48077	29849	363097	2518	91669	170324
51681		765914	391080	1472612	155273	1164188	879686
380		1052190	511	537696	2860	447186	1963604
1785		430819	17731	134605	20	87721	4065
200	3884	259991	2574	152890	4025	84436	265704
94698	447	478768	20403	453681	6875	473963	348760
2904		24340	626	232370	1189	202056	119997
	1365	48635	82436	210237	2896	77811	392883
15711	2867	996268	85387	1588253	24529	1729517	3373695
708	715	154535	1158	350541	8465	220296	158442
1061		95084	2986	410780	1292	141243	1023957
705	1738	214100	2381	205113	3309	524901	166452
		118513	504	32855		26379	654119
8968		35389		98049	2572	51162	57826
3056		121064	28755	189792	1855	288889	812867
1213	414	257582	49604	301123	7036	476647	500032
1880	2875	666458	25156	395079	14477	1869439	2073125
		40056		5959			
686		232339	18261	127567	10179	163236	629294
727	2875	378891	6024	202416	4023	1702681	1443811
467		15172	870	59138	275	3522	20
468		2441023	9182	44367			
		8837	6707	552			
		2429949					
468		2238	2476	43815			
35794	1124	1903924	163241	6104016	92523	7542277	1898068
22957	660	898005	54588	2335220	21185	3244436	753325
420	216	102917	2772	464558	10174	691385	20076
		128		9424	310	419	416
25		21782	10052	88859	435	105372	10266
2643		258040	65435	734269	32936	931557	342633
9749	248	623051	30394	2471686	27484	2569108	771352
41336	19464	1277504	145837	7455470	102163	7669800	1938195
40826	19464	1230722	140916	7258884	96024	7264925	1749235
487		26612	4921	110815	5847	296012	150102
22		20171		85772	291	108863	38859
9111	3134	739900	17308	2895044	45623	6248763	2561309
		57412	1167	203655	1403	472050	329584
9111	3134	632920	14343	2567114	43256	5635681	2180898
		18217		18610	401	75093	8401
		31351	1798	105664	563	65938	42426

2-18 续表 2

行　业	代码	全年营业收入(万元)	内资企业	国有企业	集体企业
木材加工及木、竹、藤、棕、草制品业	20	4203026	3041209	55480	21363
锯材、木片加工	201	595020	481792	33256	10436
人造板制造	202	2423020	1833060	9931	2149
木制品制造	203	874463	529789	1465	7273
竹、藤、棕、草制品制造	204	310523	196568	10828	1505
家具制造业	21	9213255	4737253	17962	34013
木质家具制造	211	4881773	2426912	2341	27617
竹、藤家具制造	212	195543	128191	15042	1296
金属家具制造	213	2128044	1177754	580	1477
塑料家具制造	214	220061	146955		1882
其他家具制造	219	1787833	857441		1741
造纸及纸制品业	22	14198389	6614019	43550	291060
纸浆制造	221	1099332	219423	1904	13850
造纸	222	5544562	2250939	3706	123817
纸制品制造	223	7554496	4143657	37941	153393
印刷业和记录媒介的复制	23	7927050	4776170	184835	81829
印刷	231	7375979	4498978	165309	68708
装订及其他印刷服务活动	232	394051	202459	15308	13090
记录媒介的复制	233	157020	74733	4218	30
文教体育用品制造业	24	9124800	2985463	28124	512257
文化用品制造	241	1096620	437109	2054	7602
体育用品制造	242	1859684	305145	12016	22504
乐器制造	243	501739	349385	1531	6173
玩具制造	244	5457902	1811700	12523	475410
游艺器材及娱乐用品制造	245	208854	82125		568
石油加工、炼焦及核燃料加工业	25	19341075	16649799	231967	5734
精炼石油产品的制造	251	19192098	16608868	231967	5679
炼焦	252	147947	39901		56
核燃料加工	253	1030	1030		
化学原料及化学制品制造业	26	31970762	11823430	213216	194529
基础化学原料制造	261	5221219	1436872	55233	11433
肥料制造	262	731250	584263	21273	27875
农药制造	263	254465	222575	3021	3203
涂料、油墨、颜料及类似产品制造	264	6392982	2837978	13627	60593
合成材料制造	265	5703195	2505084	302	6979
专用化学产品制造	266	5146755	2489041	117396	72856
日用化学产品制造	267	8520897	1747617	2364	11591
医药制造业	27	4696980	2598177	60722	48169
化学药品原药制造	271	417679	198946	983	
化学药品制剂制造	272	1905628	859294	16430	12865
中药饮片加工	273	293791	201392	7	1000
中成药制造	274	1044749	691650	37962	15400
兽用药品制造	275	236142	203731	4166	18485
生物、生化制品的制造	276	425173	276447	777	420
卫生材料及医药用品制造	277	373818	166716	398	

股份合作	联营	有限责任公司	股份有限公司	私营	其他内资	港、澳、台商投资企业	外商投资企业
6794	1359	1066777	28142	1842055	19239	765837	395981
288		107522	1637	323033	5619	22267	90961
1228	54	859038	25054	927252	8353	379292	210668
2101	470	88923	1280	424050	4227	280137	64538
3177	835	11294	171	167719	1040	84141	29815
43585	247	1207336	24387	3335451	74272	3117061	1358941
40091	247	494473	16343	1794212	51588	1799101	655761
		51345		60508		29376	37976
177		396051	3401	765119	10949	604891	345400
3063		21965		120039	6	20981	52125
254		243501	4643	595574	11729	662712	267680
30260	6209	1355744	241692	4591489	54015	4856201	2728169
390		19774	58663	124536	308	621099	258810
14257	4499	563629	107030	1417933	16068	1936359	1357265
15613	1710	772341	75999	3049020	37639	2298744	1112094
60991	27314	1189416	198189	2972158	61438	2437106	713774
59876	11120	1142871	194986	2798040	58068	2287865	589137
1115		27013	3203	139407	3322	98839	92752
	16195	19532		34710	48	50402	31885
19122	40713	780433	160868	1424329	19617	5044168	1095169
1657	614	33804	663	387873	2841	496458	163053
55	7071	97363	10448	151654	4034	1100236	454304
4477		122635	462	212948	1160	120147	32208
12933	33028	507419	149295	609683	11408	3256253	389950
		19212		62171	175	71075	55654
18143	1035	1547503	13316853	1521770	6794	2431758	259518
17893	1035	1522562	13316853	1506318	6561	2359136	224095
		24941		14892	13	72622	35423
250				560	220		
60528	48586	3290577	1432296	6531698	51999	8426693	11720640
23073	1357	800083	79648	460381	5663	585884	3198463
121	3632	102800	210256	203764	14543	81717	65270
	1053	58147	112985	44133	34	12037	19853
3370	11070	991941	69057	1675888	12434	1870110	1684894
4803	11927	380175	524472	1571519	4908	804972	2393139
18704	16220	644524	185481	1428316	5545	1427972	1229742
10457	3329	312909	250398	1147697	8873	3644001	3129280
10718	26007	997264	1057985	395269	2043	1340065	758739
		42969	110688	44307		131538	87195
		297474	463157	68889	480	693227	353106
9284	7031	94107	28563	60146	1254	75152	17248
430	3497	231632	314193	88428	109	270343	82756
		80426	47233	53421		2678	29733
	15479	169246	64326	26167	32	27606	121120
1004		81410	29826	53911	167	139522	67581

2-18 续表 3

行　业	代码	全年营业收入（万元）	内资企业	国有企业	集体企业
化学纤维制造业	28	1624660	916324	264	2865
纤维素纤维原料及纤维制造	281	189364	51396		137
合成纤维制造	282	1435296	864928	264	2727
橡胶制品业	29	3715620	1608024	51171	50619
轮胎制造	291	735393	392909	742	2117
橡胶板、管、带的制造	292	330962	212042	19995	4759
橡胶零件制造	293	558883	333032	10621	13460
再生橡胶制造	294	48027	45607		894
日用及医用橡胶制品制造	295	213250	72202		5533
橡胶靴鞋制造	296	724131	142711	467	15714
其他橡胶制品制造	299	1104974	409520	19346	8140
塑料制品业	30	27038497	12745241	16722	312021
塑料薄膜制造	301	3484731	1680943	1083	15550
塑料板、管、型材的制造	302	4307918	1902345	375	22918
塑料丝、绳及编织品的制造	303	672151	483783	161	5124
泡沫塑料制造	304	1248456	613627		54280
塑料人造革、合成革制造	305	775908	303452		13
塑料包装箱及容器制造	306	2281337	1257970		10047
塑料零件制造	307	3299160	1222227	13530	43670
日用塑料制造	308	4313442	2048577	492	46888
其他塑料制品制造	309	6655394	3232317	1082	113529
非金属矿物制品业	31	22889762	15133259	173366	371772
水泥、石灰和石膏的制造	311	3713449	2326300	85212	179994
水泥及石膏制品制造	312	2407746	1610732	44861	73484
砖瓦、石材及其他建筑材料制造	313	8232346	6241491	10301	81085
玻璃及玻璃制品制造	314	3817461	1837672	3688	30808
陶瓷制品制造	315	3879120	2507703	7371	5613
耐火材料制品制造	316	172069	127252	1	421
石墨及其他非金属矿物制品制造	319	667572	482110	21934	367
黑色金属冶炼及压延加工业	32	14621480	6725490	14307	26622
炼铁	321	111966	65247		498
炼钢	322	2858090	652386	18	
钢压延加工	323	11470708	5944823	14289	26124
铁合金冶炼	324	180716	63034		
有色金属冶炼及压延加工业	33	17644007	9573019	6477	258124
常用有色金属冶炼	331	1781353	1053853	1411	6977
贵金属冶炼	332	227849	222154		
稀有稀土金属冶炼	333	379366	207077	1927	
有色金属合金制造	334	619778	289838	590	1179
有色金属压延加工	335	14635662	7800098	2550	249969
金属制品业	34	33845958	18225787	146465	343155
结构性金属制品制造	341	6390556	3858141	102243	65540
金属工具制造	342	2968667	1986006	3286	42605
集装箱及金属包装容器制造	343	3364573	728950	160	23028

股份合作	联营	有限责任公司	股份有限公司	私营	其他内资	港、澳、台商投资企业	外商投资企业
2178		33707	640837	236363	111	203661	504675
2178		10408	490	38183		23898	114069
		23298	640347	198180	111	179763	390606
2899	933	572559	30875	860985	37984	1251470	856126
		368211		21630	209	181488	160996
706		31841	609	153302	830	82962	35957
671		53634	334	238960	15352	114387	111464
		927		43374	411	1784	637
850		14224		46050	5546	114016	27032
	810	16937	88	103016	5680	448834	132586
673	123	86786	29844	254651	9956	307999	387454
42764	4557	2558424	707985	8949486	153283	9340289	4952967
9747	47	289751	488200	867919	8646	1350041	453747
625		485045	76432	1311425	5525	1369476	1036097
783		103497	1759	370756	1703	130620	57749
1173	1791	151045	4178	386426	14733	446495	188335
		80512		222870	57	301480	170975
7547		232921	90250	910229	6975	661105	362262
4102	1413	233272	7059	896756	22426	1371019	705915
8281		355307	16016	1607206	14387	1626775	638091
10505	1306	627074	24091	2375900	78830	2083279	1339798
72540	79799	4965915	646641	8622241	200986	5654377	2102126
5589	33493	776975	213400	1018723	12913	1329932	57217
8277	24072	705203	16170	734980	3685	545257	251758
22619	2607	2271509	209075	3486887	157409	1430653	560202
11388	1173	513238	73995	1190721	12661	1580209	399580
13648		532056	133684	1808475	6857	646881	724536
10508		34830		74725	6768	21931	22886
512	18454	132105	316	307730	693	99515	85947
1193	2396	3747741	70047	2847412	15773	3900415	3995575
405		2476		61848	19	20413	26306
	2396	195079		454893		1601338	604366
788		3512096	63309	2312512	15706	2160982	3364903
		38090	6738	18159	48	117681	
19673	6404	3675264	557119	5011977	37982	4897795	3173193
2860	183	191375	430139	419718	1191	453353	274146
		182373		39171	610	5695	
	5924	84714	48795	65249	467	4540	167750
		139568	9786	132130	6586	114397	215543
16813	296	3077235	68399	4355709	29127	4319810	2515755
293270	69976	4281380	250809	12615092	225641	9641804	5978367
83733	2140	1209933	106621	2257895	30036	1703112	829303
10111	3026	272499	38582	1585658	30240	742246	240415
27796	247	250717		423558	3444	1456866	1178756

2-18 续表 4

行　　业	代码	全年营业收入(万元)			
			内资企业		
				国有企业	集体企业
金属丝绳及其制品的制造	344	844899	399370	15876	10110
建筑、安全用金属制品制造	345	4571085	2141456	4221	32461
金属表面处理及热处理加工	346	2740041	1769487	6151	111527
搪瓷制品制造	347	476162	311182		
不锈钢及类似日用金属制品制造	348	8330288	4556974	9065	30609
其他金属制品制造	349	4159687	2474222	5463	27274
通用设备制造业	35	16305282	8039035	276134	114909
锅炉及原动机制造	351	376571	192622	46970	110
金属加工机械制造	352	1638916	1082069	19523	14646
起重运输设备制造	353	1748994	590818	5819	2598
泵、阀门、压缩机及类似机械的制造	354	2604668	830668	0	12540
轴承、齿轮、传动和驱动部件的制造	355	856637	256390	119	2927
烘炉、熔炉及电炉制造	356	123398	96859		
风机、衡器、包装设备等通用设备制造	357	3884637	1908005	93715	40376
通用零部件制造及机械修理	358	2256404	1198323	31138	17280
金属铸、锻加工	359	2815057	1883283	78850	24433
专用设备制造业	36	12508653	5900254	115788	106641
矿山、冶金、建筑专用设备制造	361	905567	427808	81250	12483
化工、木材、非金属加工专用设备制造	362	5064999	2259858	9074	27974
食品、饮料、烟草及饲料生产专用设备制造	363	330475	299117	5653	747
印刷、制药、日化生产专用设备制造	364	825203	519765	1866	19817
纺织、服装和皮革工业专用设备制造	365	704452	172509	472	4069
电子和电工机械专用设备制造	366	1866603	871012	340	9714
农、林、牧、渔专用机械制造	367	206752	99809	802	3221
医疗仪器设备及器械制造	368	1479097	764746	13021	21634
环保、社会公共安全及其他专用设备制造	369	1125506	485631	3311	6982
交通运输设备制造业	37	35963341	6482913	533694	141557
铁路运输设备制造	371	77809	69772	51538	563
汽车制造	372	25032211	1887963	38105	26230
摩托车制造	373	5631462	2516383	15634	22408
自行车制造	374	1508966	236542	1495	1344
船舶及浮动装置制造	375	3193242	1694775	426922	90397
航空航天器制造	376	425764	27801		
交通器材及其他交通运输设备制造	379	93888	49678		616
电气机械及器材制造业	39	73236912	41642494	196444	424386
电机制造	391	2491550	1256847	11486	10475
输配电及控制设备制造	392	11374056	5334197	25289	116122
电线、电缆、光缆及电工器材制造	393	11790728	6297956	122105	87811
电池制造	394	5554132	2363100	1780	46144
家用电力器具制造	395	32401687	21153649	3310	131645
非电力家用器具制造	396	1517297	1255153		6527
照明器具制造	397	7449244	3663528	32474	11447
其他电气机械及器材制造	399	658219	318066		14214
通信设备、计算机及其他电子设备制造业	40	152557228	35725190	194168	350773
通信设备制造	401	33022563	16944236	39914	31072

股份合作	联营	有限责任公司	股份有限公司	私营	其他内资	港、澳、台商投资企业	外商投资企业
465	352	76730	345	294234	1258	263756	181774
10861	479	512868	13888	1504456	62222	1373905	1055725
107096	33414	467921	61012	963558	18809	484848	485707
859		159473	11474	138742	634	67868	97112
36053	472	786285	8183	3651547	34759	2507679	1265636
16296	29847	544953	10704	1795444	44240	1041525	643941
28745	23445	2318973	508171	4692070	76588	3078778	5187469
996		88426		51610	4511	98870	85079
5196	1323	250138	213684	564439	13119	300614	256234
3545	19792	271808	983	286092	181	101630	1056547
1592	828	272905	166998	370944	4862	348597	1425403
3671	62	83769	33428	131401	1013	325138	275109
		29055	103	67640	60	6883	19656
10036		629537	44071	1071009	19260	733992	1242640
3279	1057	266459	46364	812003	20742	574349	483732
430	383	426875	2539	1336932	12840	588704	343069
54286	2555	1456433	815068	3302192	47292	3414972	3193427
3279	2550	160036	609	167112	489	102148	375612
13853		493472	77665	1607670	30150	1706446	1098696
2021		87402	1869	198331	3094	24251	7107
8350		159470	123851	204384	2028	161518	143920
24		18164	10143	139134	504	287988	243954
14956		232812	245243	361166	6782	523292	472299
8510		22805	242	63930	300	44691	62252
824	5	98256	327048	303540	418	325912	388440
2470		184015	28398	256926	3529	238728	401147
32229	3448	2307477	126371	3310754	27383	5394731	24085698
8		4497		13167		8037	
16354	3260	811499	117426	861317	13771	1028946	22115302
4869		659127	2261	1806971	5113	2073302	1041778
8164		37504	878	184902	2255	781914	490510
2781	188	757132	5805	406188	5362	1420269	78198
		26790		1011		45876	352087
53		10930		37198	882	36387	7823
143093	51784	11655684	14748423	14254354	168327	17852666	13741751
3541	334	473381	175939	579184	2507	506879	727823
33781	45428	2772794	167128	2147751	25904	3191741	2848119
73128	496	1744293	511109	3746066	12949	3553140	1939632
8454	3583	873771	41754	1379349	8263	2167995	1023037
11833	1148	4363305	13287474	3296936	57998	5816160	5431878
		605559	48179	574252	20636	187480	74664
11031	575	770693	509048	2291520	36740	2235241	1550475
1325	221	51888	7791	239296	3331	194030	146123
39609	200531	16366642	9502931	8767542	302994	42345036	74487002
5655	117653	13004464	2731726	914110	99642	3661941	12416386

2-18 续表 5

行业	代码	全年营业收入（万元）	内资企业	国有企业	集体企业
雷达及配套设备制造	402	9015	8460		
广播电视设备制造	403	1352510	571686	13175	5667
电子计算机制造	404	52125905	6537178	98831	48450
电子器件制造	405	15704101	2237366	9578	53647
电子元件制造	406	31158470	4135370	17467	133898
家用视听设备制造	407	15121284	3993503	9188	71195
其他电子设备制造	409	4063380	1297391	6015	6844
仪器仪表及文化、办公用机械制造业	41	13630921	1890854	46699	166264
通用仪器仪表制造	411	959437	680153	1938	514
专用仪器仪表制造	412	727570	227674	36254	878
钟表与计时仪器制造	413	1130981	339268	7044	64885
光学仪器及眼镜制造	414	2298027	238362		87760
文化、办公用机械制造	415	8459398	373557	1463	11207
其他仪器仪表的制造及修理	419	55509	31840		1020
工艺品及其他制造业	42	11721498	5196254	22245	146530
工艺美术品制造	421	9352406	4515689	8577	136927
日用杂品制造	422	1279025	410211	1527	5806
煤制品制造	423	16946	16879		
核辐射加工	424				
其他未列明的制造业	429	1073121	253476	12141	3798
废弃资源和废旧材料回收加工业	43	3391436	2889040		87457
金属废料和碎屑的加工处理	431	3029434	2594823		85898
非金属废料和碎屑的加工处理	432	362002	294217		1559
电力、燃气及水的生产和供应业	D	**43040428**	**34644206**	**24956502**	**649134**
电力、热力的生产和供应业	44	37927723	32237267	24251442	154421
电力生产	441	12172256	6518873	2210608	147066
电力供应	442	25685383	25685383	22040717	5809
热力生产和供应	443	70084	33012	116	1547
燃气生产和供应业	45	2866777	703943	149753	17933
燃气生产和供应业	450	2866777	703943	149753	17933
水的生产和供应业	46	2245929	1702996	555307	476780
自来水的生产和供应	461	1800142	1576137	538132	475892
污水处理及其再生利用	462	129929	119807	17175	888
其他水的处理、利用与分配	469	315859	7052		
建筑业	E	**42624067**	**41093669**	**8719615**	**3070773**
房屋和土木工程建筑业	47	31423657	30699373	7713694	2619479
房屋工程建筑	471	21358043	20686639	4569408	2361104
土木工程建筑	472	10065615	10012735	3144287	258375
建筑安装业	48	5442335	5077857	607622	282156
建筑安装业	480	5442335	5077857	607622	282156
建筑装饰业	49	4796231	4383758	223533	122208
建筑装饰业	490	4796231	4383758	223533	122208
其他建筑业	50	961843	932681	174766	46930
工程准备	501	401102	378387	138299	6727
提供施工设备服务	502	49737	46346	84	3322
其他未列明的建筑活动	509	511004	507949	36383	36882

股份合作	联营	有限责任公司	股份有限公司	私营	其他内资	港、澳、台商投资企业	外商投资企业
		524		7936		556	
307	49	81661	220845	248800	1182	435994	344829
278	120	499969	4134783	1728893	25854	8184816	37403911
680	21679	389840	819220	938572	4150	6626755	6839980
22403	22004	1113234	377410	2378629	70325	14208800	12814301
9920	30487	940444	1178605	1668307	85359	7620429	3507351
366	8538	336508	40342	882295	16482	1605745	1160244
17073	13776	373983	277211	929323	66525	5393463	6346604
80		195197	88161	393074	1188	165779	113506
4194	13756	55438	5855	110822	478	109403	390492
10156	21	31454	35	169191	56482	641307	150406
2354		23919	48130	75074	1125	1452722	606942
189		62474	134234	156858	7133	3013519	5072322
100		5501	795	24304	120	10733	12936
46180	54357	907965	31358	3947554	40066	5273049	1252195
27184	54357	786760	11626	3464148	26111	4136675	700043
16125		59939	18556	298497	9762	652095	216719
		5934	234	10549	162	68	
2871		55332	943	174360	4031	484212	335434
137		727675	128666	1937423	7682	343892	158504
17		662957	128374	1714351	3225	290454	144157
120		64717	291	223073	4458	53438	14347
85157	**45852**	**7072329**	**938513**	**873091**	**23628**	**4724784**	**3671438**
52937	11294	6281776	797273	669149	18977	4301215	1389241
52937	11294	2707089	731944	639893	18042	4266636	1386748
		3546324	64984	26614	935		
		28363	344	2641		34580	2493
30539	24880	293820	72700	114065	253	376411	1786423
30539	24880	293820	72700	114065	253	376411	1786423
1682	9678	496733	68541	89877	4398	47158	495774
1682	9678	409340	68122	68893	4398	41112	182892
		82459	419	18866		6046	4076
		4934		2118			308806
59375	**266164**	**17505145**	**2697883**	**8688925**	**85790**	**607413**	**922985**
43519	153654	13246280	2002218	4888773	31756	206461	517824
11890	118435	8379156	1429514	3793261	23872	176900	494504
31629	35220	4867125	572704	1095512	7883	29561	23319
9188	26642	2113609	258929	1748202	31511	82765	281713
9188	26642	2113609	258929	1748202	31511	82765	281713
5458	81544	1830143	393972	1712546	14353	298534	113940
5458	81544	1830143	393972	1712546	14353	298534	113940
1210	4324	315113	42763	339404	8171	19654	9508
		100020	916	129961	2465	14872	7843
970		5929	1266	34638	137	3392	
240	4324	209165	40582	174805	5569	1390	1666

2-18 续表 6

行　　业	代码	全年营业收入(万元)	内资企业	国有企业	集体企业
交通运输、仓储和邮政业	F	**31245992**	**20309460**	**6757953**	**473824**
铁路运输业	51	58187	58187	53133	119
铁路旅客运输	511	2200	2200		
铁路货物运输	512	54079	54079	51678	119
铁路运输辅助活动	513	1907	1907	1455	
道路运输业	52	8031330	6726380	1634105	194074
公路旅客运输	521	1750547	1679523	647215	107298
道路货物运输	522	3780266	3382555	371023	59645
道路运输辅助活动	523	2500518	1664302	615867	27131
城市公共交通业	53	2315770	2100998	716117	44946
公共电汽车客运	531	1122257	946928	378787	19494
轨道交通	532	217960	217341	155621	
出租车客运	533	908466	884073	142147	21250
城市轮渡	534	10902	1509		1414
其他城市公共交通	539	56185	51146	39561	2787
水上运输业	54	6514175	3871528	1978109	165331
水上旅客运输	541	439295	397371	9677	32707
水上货物运输	542	3635499	2463965	1382634	120875
水上运输辅助活动	543	2439381	1010192	585798	11749
航空运输业	55	6595599	1918229	475625	1238
航空客货运输	551	6185782	1531828	97817	1005
通用航空服务	552	73323	73323	68839	
航空运输辅助活动	553	336494	313079	308969	233
管道运输业	56	68348			
管道运输业	560	68348			
装卸搬运和其他运输服务业	57	4432487	3030122	371757	40247
装卸搬运	571	415775	295419	70684	23714
运输代理服务	572	4016712	2734703	301072	16533
仓储业	58	2130189	1652822	772295	27372
谷物、棉花等农产品仓储	581	701653	676780	633660	1341
其他仓储	589	1428536	976042	138635	26031
邮政业	59	1099909	951195	756811	497
国家邮政	591	869110	869110	755440	
其他寄递服务	599	230799	82084	1371	497
信息传输、计算机服务和软件业	G	**20170211**	**12749606**	**4859607**	**19717**
电信和其他信息传输服务业	60	13469530	8167696	4703044	11625
电信	601	12774532	7486512	4654043	332
互联网信息服务	602	349051	335241	10674	
广播电视传输服务	603	314993	314989	38229	11292
卫星传输服务	604	30954	30954	97	
计算机服务业	61	2471383	1888623	116400	6360
计算机系统服务	611	1640774	1271684	93958	1554
数据处理	612	146824	50640	20881	3833
计算机维修	613	58168	50615	47	48
其他计算机服务	619	625617	515684	1514	926

股份合作	联营	有限责任公司	股份有限公司	私营	其他内资	港、澳、台商投资企业	外商投资企业
69404	**182807**	**6105839**	**1267274**	**5365805**	**86555**	**4245323**	**6691209**
	442	3991		503			
		2200					
	442	1791		50			
				453			
34794	48877	2084566	357356	2314412	58195	761924	543026
8505	24145	426666	136796	325800	3097	60812	10212
23323	16363	920389	81472	1893613	16728	227171	170540
2966	8369	737511	139088	95000	38370	473942	362274
19252	9794	792794	185321	326201	6573	114066	100706
17505	7	335379	110596	82519	2642	96514	78815
		57940		3780		619	
1747	9788	398162	73391	233752	3837	4188	20204
					95	9393	
		1315	1334	6149		3352	1687
3411	77640	1118850	242986	282989	2211	2012257	630389
489		347927	207	6365		41636	288
829	48192	471558	193844	245835	200	892478	279056
2094	29448	299366	48936	30789	2012	1078143	351046
		1261301	153834	26231		9699	4667670
		1257912	150719	24375		2918	4651037
		1043	3030	410			
		2346	85	1446		6781	16634
							68348
							68348
7999	38007	406921	64849	2087139	13204	1057356	345009
303	4852	75474	6966	109248	4178	28477	91879
7696	33155	331447	57883	1977890	9026	1028879	253129
3949	7183	297922	261787	276670	5645	229031	248336
55		32730		8993		3946	20927
3894	7183	265192	261787	267676	5645	225085	227409
	864	139494	1141	51662	727	60989	87726
		111154		2436	80		
	864	28339	1141	49226	647	60989	87726
10747	**49877**	**1390113**	**2715895**	**3540722**	**162927**	**6000675**	**1419930**
4522	39301	494657	2487079	333353	94116	5104634	197201
746	9488	333602	2337280	94497	56523	5093767	194253
267	37	46935	7458	232832	37037	10867	2943
3509		113473	142341	5639	507		5
	29775	647		385	50		
2578	7261	262003	8715	1466432	18874	313000	269759
247	4814	200021	3266	963429	4396	229507	139583
40		4119	727	20962	80	14092	82091
57		7870	584	41478	531	5956	1597
2234	2448	49994	4138	440563	13868	63444	46489

2-18 续表 7

行 业	代码	全年营业收入(万元)	内资企业	国有企业	集体企业
软件业	62	4229299	2693287	40163	1732
公共软件服务	621	3819004	2375600	31141	1668
其他软件服务	629	410295	317688	9023	65
批发和零售业	**H**	**271415309**	**243923253**	**31846231**	**4643816**
批发业	63	221068872	202204153	29399722	3459241
农畜产品批发	631	2396718	2354954	370840	47285
食品、饮料及烟草制品批发	632	18085093	16492333	4227926	206156
纺织、服装及日用品批发	633	22404633	19730445	3061384	215590
文化、体育用品及器材批发	634	4913243	3915074	437873	54624
医药及医疗器材批发	635	9380797	8367255	930971	126464
矿产品、建材及化工产品批发	636	110181096	104782039	17444591	1995432
机械设备、五金交电及电子产品批发	637	37751445	31217246	1128381	381446
贸易经纪与代理	638	9172508	8862988	1199745	199614
其他批发	639	6783339	6481820	598011	232630
零售业	65	50346437	41719100	2446509	1184574
综合零售	651	9951611	5111445	182445	271969
食品、饮料及烟草制品专门零售	652	1028568	992703	140667	70697
纺织、服装及日用品专门零售	653	2602910	1806989	21129	90086
文化、体育用品及器材专门零售	654	985767	907284	167085	39750
医药及医疗器材专门零售	655	1440766	1437894	71077	33741
汽车、摩托车、燃料及零配件专门零售	656	25638045	23450673	1768861	480795
家用电器及电子产品专门零售	657	5204691	5150602	7372	28083
五金、家具及室内装修材料专门零售	658	1627452	1411962	12651	81372
无店铺及其他零售	659	1866627	1449546	75224	88082
住宿和餐饮业	**I**	**8689174**	**6294383**	**599643**	**217673**
住宿业	66	3898883	2810475	533543	130245
旅游饭店	661	3086855	2215304	453855	96951
一般旅馆	662	729664	527914	68991	28606
其他住宿服务	669	82364	67256	10698	4688
餐饮业	67	4790291	3483909	66100	87428
正餐服务	671	3514736	3087655	64425	80358
快餐服务	672	1021259	230130	415	3486
饮料及冷饮服务	673	64473	41244	150	571
其他餐饮服务	679	189822	124880	1110	3013
金融业	**J**	**56223562**	**53020810**	**12894728**	**781443**
银行业	68	36494839	35122730	11354631	778583
中央银行	681	18000	18000	18000	
商业银行	682	35676463	34304355	10674548	776125
其他银行	689	800376	800376	662083	2458
证券业	69	5666629	5206157	590645	
证券市场管理	691	256128	256128	255948	
证券经纪与交易	692	5305738	4845266	334696	
证券投资	693	102553	102553		
证券分析与咨询	694	2209	2209		

股份合作	联营	有限责任公司	股份有限公司	私营	其他内资	港、澳、台商投资企业	外商投资企　业
3647	3315	633453	220102	1740938	49937	583042	952970
3514	3265	517478	210586	1566786	41162	556505	886899
133	50	115976	9516	174152	8775	26536	66071
972382	**2185966**	**72805365**	**34637751**	**95202259**	**1629484**	**12017392**	**15474664**
670625	1836599	60260599	25472514	79966082	1138772	7786697	11078022
16583	12448	420665	57365	1417080	12687	37789	3976
93950	245534	7032973	714883	3844530	126382	825861	766898
59120	113741	4189154	536682	11460779	93996	1266070	1408118
10831	43063	878236	80236	2392505	17706	508383	489785
33195	2659	3192244	497002	3526273	58448	135789	877753
356225	1134184	30893951	20724316	31652845	580496	2228637	3170420
78635	275463	9257123	2181644	17743655	170897	2436956	4097243
2621	2635	2635315	368368	4434267	20423	242640	66880
19466	6872	1760937	312017	3494148	57737	104571	196948
301757	349367	12544766	9165238	15236177	490712	4230695	4396642
47218	3852	2152396	663591	1725350	64626	2876299	1963867
28811	2184	338534	10265	385027	16519	18487	17378
29617	3958	515635	17829	1092424	36312	239239	556682
18375	1794	252105	17968	370583	39625	54530	23953
19196	31091	636601	34825	587844	23520	2720	152
91589	293624	5689211	8063731	6854412	208450	902147	1285225
13248	2419	2216525	315688	2532693	34575	35619	18470
38509	1205	252718	16891	967446	41169	53033	162457
15195	9240	491042	24449	720397	25918	48623	368457
70998	**48486**	**1418878**	**116322**	**3617702**	**204683**	**1033830**	**1360961**
10353	34879	885214	44989	1127279	43973	525758	562650
7373	30234	750104	33755	816934	26098	491528	380023
2777	4469	121148	5389	282696	13839	31396	170354
203	176	13962	5846	27649	4035	2835	12273
60645	13607	533664	71332	2490423	160710	508071	798311
53928	10447	432557	62505	2236064	147370	301171	125911
2949		84885	838	131449	6108	137012	654118
1658		3730	162	33111	1863	21106	2122
2109	3160	12493	7827	89800	5369	48783	16160
2769682	**79945**	**3180430**	**33166728**	**90428**	**57427**	**609762**	**2592990**
2275232	78557	285053	20295032		55642	592050	780058
2192682	78557	284171	20274046		24226	592050	780058
82550		882	20987		31416		
		2124832	2489634	1046		4032	456440
		23	87	70			
		2021055	2489380	134		4032	456440
		102433		121			0
		1321	167	721			

2-18 续表 8

行业	代码	全年营业收入(万元)	内资企业	国有企业	集体企业
保险业	70	13017520	11661663	684416	780
人寿保险	701	8691798	7531996	577238	780
非人寿保险	702	3692433	3507612	107151	
保险辅助服务	703	633290	622055	28	
其他金融活动	71	1044574	1030260	265036	2080
金融信托与管理	711	355821	355821	47955	476
金融租赁	712	127687	114988		
财务公司	713	103716	103716	64091	
邮政储蓄	714	149205	149205	71169	
典当	715	24629	24629	781	538
其他未列明的金融活动	719	283517	281902	81041	1066
房地产业	**K**	**38564262**	**29782576**	**1514554**	**1696416**
房地产业	72	38564262	29782576	1514554	1696416
房地产开发经营	721	30081896	22625790	976836	721732
物业管理	722	4431921	3735204	318947	299132
房地产中介服务	723	878875	591339	43245	10376
其他房地产活动	729	3171570	2830242	175526	665177
租赁和商务服务业	**L**	**36864786**	**30273708**	**5444811**	**2930700**
租赁业	73	312299	274640	10085	4421
机械设备租赁	731	283705	252549	9815	4421
文化及日用品出租	732	28594	22091	270	
商务服务业	74	36552487	29999067	5434727	2926279
企业管理服务	741	22127273	18408879	4056382	2343529
法律服务	742	429550	426445	2324	410
咨询与调查	743	2878263	2172558	83131	143994
广告业	744	4100105	2355322	134739	13396
知识产权服务	745	105157	97883	7103	473
职业中介服务	746	869262	865413	227919	10875
市场管理	747	895760	726759	24116	147595
旅行社	748	2232657	2210109	305212	33902
其他商务服务	749	2914461	2735700	593801	232106
科学研究、技术服务和地质勘查业	**M**	**7442820**	**6328215**	**1636500**	**126620**
研究与试验发展	75	1777490	1370348	253731	16537
自然科学研究与试验发展	751	57271	54795	8764	330
工程和技术研究与试验发展	752	1639718	1242351	225967	15231
农业科学研究与试验发展	753	28280	26793	12108	237
医学研究与试验发展	754	47656	41844	4796	739
社会人文科学研究与试验发展	755	4566	4566	2097	
专业技术服务业	76	4856553	4301562	1284660	101809
气象服务	761	12442	12442	3962	846
地震服务	762	1152	1152	358	153
海洋服务	763	15097	14575		2960
测绘服务	764	65846	65846	12701	1354
技术检测	765	446812	285097	48775	17782
环境监测	766	13200	13200	1014	953
工程技术与规划管理	767	3263595	3056631	1169545	69357
其他专业技术服务	769	1038410	852619	48305	8403

股份合作	联营	有限责任公司	股份有限公司	私营	其他内资	港、澳、台商投资企业	外商投资企业
492928		225133	10208619	49658	129	12600	1343258
110813		117279	6725603	284			1159802
381825		56983	2955759	5894		10616	174205
290		50872	527257	43480	129	1984	9251
1522	1388	545412	173443	39723	1656	1080	13233
	75	297868	934	8473	40		
		114609		379			12699
		37270		1699	656		
		52029	26008				
1332	1313	8004	1940	9938	783		
190	0	35632	144561	19235	177	1080	535
628294	**107966**	**12422910**	**2358494**	**10691550**	**362392**	**5698255**	**3083431**
628294	107966	12422910	2358494	10691550	362392	5698255	3083431
104328	53569	10455228	2164279	8051480	98339	5031789	2424317
191810	31324	1287341	73548	1429644	103459	282166	414551
2516	974	86867	9861	402863	34637	174010	113526
329640	22100	593474	110806	807564	125957	210291	131037
971148	**75571**	**6283512**	**2031022**	**10854780**	**1682165**	**2816991**	**3774088**
308	5083	110725	6443	135487	2089	25871	11788
308	5083	110524	6206	114103	2089	23651	7505
		201	237	21384		2220	4283
970840	70487	6172787	2024579	10719293	1680076	2791120	3762299
920144	16854	3417264	1527308	4598676	1528724	893290	2825104
1104		4784		406334	11489	3047	58
6859	2184	489486	64913	1332902	49088	399158	306548
5147	2993	501396	23146	1647516	26988	1286106	458677
236		14748	3375	71018	931		7274
1572	14883	400975	11857	193384	3950	2540	1309
19534	10811	140911	17826	350537	15428	83380	85621
2574	21013	691530	298989	849016	7874	19142	3406
13670	1751	511693	77166	1269910	35604	104457	74303
22572	**48431**	**1471552**	**230978**	**2695307**	**96255**	**447872**	**666734**
10111	21766	232043	142752	675213	18195	125576	281566
57	213	3893	7865	33500	174	1314	1162
7268	21553	223015	131179	601425	16714	120893	276474
210		1781	1948	10505	5	961	527
2577		3284	1733	27491	1224	2409	3404
		71	26	2293	79		
11429	13659	1140791	79618	1608013	61584	275097	279894
	422	3597	46	3529	40		
				641			
	2926	8159		531			521
2049		8133	659	40361	589		
1882	1513	93364	1099	93715	26967	101539	60176
435		2880	28	7318	573		
4847	8725	703254	60951	1018856	21098	86508	120456
2218	73	321405	16835	443063	12317	87050	98740

2-18 续表 9

行 业	代码	全年营业收入（万元）			
			内资企业		
				国有企业	集体企业
科技交流和推广服务业	77	750182	598605	49751	8100
技术推广服务	771	558222	447448	44986	5741
科技中介服务	772	128404	91314	3778	1076
其他科技服务	779	63556	59842	988	1283
地质勘查业	78	58595	57699	48358	174
矿产地质勘查	781	15007	14773	10688	
基础地质勘查	782	26891	26891	25892	174
地质勘查技术服务	783	16696	16035	11778	
水利、环境和公共设施管理业	**N**	**1430659**	**1153384**	**205233**	**97943**
水利管理业	79	32393	31145	12780	7407
防洪管理	791	5604	5604	1033	2946
水资源管理	792	20353	19105	11531	2307
其他水利管理	799	6436	6436	215	2154
环境管理业	80	316151	224808	59417	16498
自然保护	801	23094	20017	8550	743
环境治理	802	293057	204791	50868	15755
公共设施管理业	81	1082115	897432	133036	74037
市政公共设施管理	811	363471	228284	37051	13282
城市绿化管理	812	369278	365896	33390	7786
游览景区管理	813	349367	303253	62595	52969
居民服务和其他服务业	**O**	**2704955**	**2456974**	**113970**	**99955**
居民服务业	82	1271639	1211471	37581	49861
家庭服务	821	33591	31787	23	1053
托儿所	822	5934	5934	413	427
洗染服务	823	34608	28232	1795	708
理发及美容保健服务	824	353257	343711	383	2865
洗浴服务	825	250080	240331	679	5995
婚姻服务	826	7277	6734	460	
殡葬服务	827	85398	61684	4146	10429
摄影扩印服务	828	67520	61913	703	1865
其他居民服务	829	433975	431146	28979	26518
其他服务业	83	1433316	1245503	76389	50094
修理与维护	831	700032	566140	28289	18374
清洁服务	832	381353	361579	18283	6968
其他未列明的服务	839	351932	317785	29817	24752
教育	**P**	**937917**	**862500**	**62109**	**44382**
教育	84	937917	862500	62109	44382
学前教育	841	196567	184120	6354	15743
初等教育	842	92353	92245	8937	2337
中等教育	843	118512	102556	5999	505
高等教育	844	77296	75830	1525	
其他教育	849	453189	407750	39295	25797

股份合作	联营	有限责任公司	股份有限公司	私营	其他内资	港、澳、台商投资企业	外商投资企　业
854	13007	94145	8609	407707	16433	47199	104379
762	10416	67875	7476	306764	3430	27601	83172
22	1096	14446	67	69685	1144	19510	17580
70	1494	11824	1066	31259	11859	88	3627
178		4573		4373	43		896
		3719		367			234
		154		671			
178		701		3336	43		661
24250	**3033**	**268145**	**25451**	**495708**	**33622**	**116620**	**160655**
		2870		5231	2856		1248
		1249		375			
		1158		1363	2746		1248
		463		3494	110		
1438	533	41712	9022	87361	8827	35782	55561
22		1042		3191	6469	3077	
1416	533	40671	9022	84170	2358	32705	55561
22812	2500	223563	16430	403116	21939	80838	103846
21399		113873	811	26832	15036	37532	97656
1360	1608	81270	1447	234897	4139	152	3230
54	892	28421	14171	141387	2764	43154	2960
36460	**13362**	**408453**	**22931**	**1626276**	**135568**	**96860**	**151121**
25694	11678	140381	7201	836806	102270	33967	26201
193		5515	299	24046	658	1804	
		26		4419	648		
128	3068	2647	866	18554	466	5477	899
6835	85	21463	534	290300	21246	7443	2103
14780	2907	24931	3704	181910	5425	6328	3421
35		159	248	5330	502	428	116
137	1204	29813	713	13956	1286	7188	16526
1985	271	10122	261	43827	2878	5300	307
1602	4143	45703	576	254464	69161		2829
10766	1685	268073	15730	789470	33297	62893	124920
7665	411	104353	5405	385376	16268	26550	107342
2062	778	72870	3806	250797	6013	10723	9051
1039	496	90850	6519	153296	11016	25620	8527
9183	**1615**	**109344**	**3868**	**346937**	**285063**	**24003**	**51414**
9183	1615	109344	3868	346937	285063	24003	51414
151	1054	3867	511	96833	59607	2770	9677
1070		319	35	46697	32850	108	
3494		309		14804	77445	1235	14722
2041	176	302		23433	48353	1466	
2426	385	104549	3321	165169	66808	18424	27016

2-18 续表 10

行　业	代码	全年营业收入(万元)	内资企业	国有企业	集体企业
卫生、社会保障和社会福利业	Q	**825770**	**796068**	**135964**	**77245**
卫生	85	813488	783943	134328	75007
医院	851	594806	568282	109526	55749
卫生院及社区医疗活动	852	35078	35078	13612	2818
门诊部医疗活动	853	105912	105396	2841	11466
计划生育技术服务活动	854	29111	28748	380	2422
妇幼保健活动	855	2353	2353	2003	
专科疾病防治活动	856	6290	4869	139	435
疾病预防控制及防疫活动	857	5148	5148	4726	343
其他卫生活动	859	34789	34068	1101	1774
社会保障业	86	1477	1477	663	435
社会保障业	860	1477	1477	663	435
社会福利业	87	10805	10648	973	1802
提供住宿的社会福利	871	7220	7063	32	501
不提供住宿的社会福利	872	3585	3585	941	1301
文化、体育和娱乐业	R	**2645490**	**2311521**	**1004684**	**30788**
新闻出版业	88	1117913	1116557	686731	6505
新闻业	881	69268	69268	64210	323
出版业	882	1048645	1047289	622521	6183
广播、电视、电影和音像业	89	474961	457473	227853	7315
广播	891	38287	38246	20798	577
电视	892	297111	292801	179231	4621
电影	893	114921	102464	25940	2077
音像制作	894	24642	23962	1884	40
文化艺术业	90	84795	79741	14057	7143
文艺创作与表演	901	36714	31872	7765	6771
艺术表演场馆	902	7153	6953	2887	35
图书馆与档案馆	903	2595	2595	28	9
文物及文化保护	904	1873	1873	88	44
博物馆	905	1713	1713	1118	
烈士陵园、纪念馆	906	199	199	199	
群众文化活动	907	3957	3957	1623	284
文化艺术经纪代理	908	20492	20480	98	
其他文化艺术	909	10099	10099	253	
体育	91	91028	60113	7695	1478
体育组织	911	34581	27102	2134	82
体育场馆	912	35409	24952	5484	1190
其他体育	919	21039	8060	78	206
娱乐业	92	876793	597637	68348	8347
室内娱乐活动	921	361876	332057	6284	4449
游乐园	922	110842	96037	51805	121
休闲健身娱乐活动	923	351003	125411	5126	792
其他娱乐活动	929	53072	44132	5133	2986

股份合作	联营	有限责任公司	股份有限公司	私营	其他内资	港、澳、台商投资企业	外商投资企　业
4402	**1421**	**132253**	**1499**	**203072**	**240213**	**15144**	**14558**
3866	786	132243	1438	197670	238604	14987	14558
	551	105394	920	101962	194180	14555	11969
		169		13048	5431		
3519	172	7273	517	54304	25305	57	459
	63			15953	9929	41	323
				196	155		
		14		4222	59		1421
		7			72		
347		19386		7986	3474	335	387
				5	374		
				5	374		
536	635	10	61	5396	1235	156	
536	635	10	61	4116	1173	156	
				1281	63		
7038	**8690**	**577377**	**93057**	**549547**	**40339**	**148078**	**185891**
192	1095	398855	370	19843	2965	1356	
		4516		184	35		
192	1095	394339	370	19659	2930	1356	
1888	1193	55558	87437	60016	16213	17446	41
	1133	1271	3771	8825	1872		41
215	61	8333	78789	18511	3041	4309	
1673		40299	3391	18158	10927	12457	
		5655	1487	14523	373	680	
	153	7823	97	47916	2553	307	4747
		3735	60	13149	393	295	4547
		160		3820	51		200
				1282	1277		
		591		1094	57		
		290		293	12		
		133		1562	355		
	151	1470	2	18619	140	12	
	2	1444	35	8098	268		
657	428	26289	135	21853	1578	20002	10914
	428	18882		5533	44	7430	49
657		6093	135	11290	103	759	9698
		1315		5031	1431	11813	1167
4301	5821	88853	5018	399919	17031	108967	170189
2326	1384	47716	4561	251372	13967	17904	11916
625	117	3110	201	39787	270	3419	11386
1289	4320	21286	202	89743	2653	83743	141848
62		16741	54	19016	141	3902	5039

2-19 按地区、登记注册类型

地　区	全年营业收　入(万元)	内资企业	国有企业	集体企业	股份合作
总　计	**1199915067**	**753901090**	**105351952**	**20604388**	**7051316**
广州市	335783058	236773497	64533364	5704593	2459541
深圳市	289507372	157351196	16039974	589405	1476705
珠海市	40173658	20451143	1757639	405461	45295
汕头市	23838772	19656237	2593644	907149	500652
佛山市	150696098	109684169	2973059	1978991	801947
韶关市	10901529	9415530	1464944	334630	121017
河源市	6771577	4427330	372155	134572	92970
梅州市	6886823	5912048	847259	317300	30484
惠州市	35709912	11597038	1561909	500448	67478
汕尾市	3992991	2511460	629090	306791	18247
东莞市	98745369	41241275	1771227	3095598	440097
中山市	50433817	30071163	665030	1752474	194406
江门市	35799888	20512397	1738956	877062	169094
阳江市	7955946	6360448	475386	237920	50259
湛江市	19125418	13376330	2391844	732147	115784
茂名市	22157917	21347649	1674505	675602	100888
肇庆市	14683692	10037700	964873	411057	84542
清远市	19161243	11329449	682291	651348	65280
潮州市	8613498	6716559	524358	193976	66137
揭阳市	14195732	11625917	1087910	619610	106917
云浮市	4780760	3502556	602535	178254	43577

分组的企业法人全年营业收入

联营	有限责任公司	股份有限公司	私营	其他内资	港、澳、台商投资企业	外商投资企业
4097105	**210748189**	**127253741**	**271451107**	**7343292**	**220573474**	**225440503**
536426	48206490	38192751	75431271	1709061	34801643	64207917
2412350	46514127	34259971	55623794	434871	60972658	71183519
70427	6210433	6571731	5325203	64955	7024259	12698257
109947	5363912	1670291	8357470	153173	2196499	1986036
196165	42483990	16719390	43300389	1230237	24389373	16622557
13761	3628520	1632365	2205438	14856	1326607	159393
11333	985648	767093	1979389	84171	1697350	646896
32260	1665523	976342	1911619	131262	675142	299633
41178	3241429	1661598	4401343	121655	11361879	12750995
5592	350373	335222	808784	57361	1312515	169015
68001	12794755	4293376	16825374	1952849	33576162	23927931
14625	11645594	2400870	12972144	426020	10932858	9429796
30773	6060826	2258257	9212156	165272	10671858	4615634
3152	873860	591780	4058321	69770	918821	676677
26481	4444347	1428085	4128265	109378	5007791	741297
27694	4545745	9583189	4459781	280245	567107	243161
269636	2026567	1169227	5039907	71892	3197966	1448027
21435	3505317	804703	5570991	28085	6322272	1509522
25559	1976012	640126	3253947	36445	1009554	887385
174918	2711379	941860	5887982	95342	1932863	636951
5395	1513344	355516	697539	106395	678298	599906

2-20 按行业(中类)、登记注册

行业	代码	资产总计(万元)	内资企业		
				国有企业	集体企业
总计		**2114052015**	**1675652231**	**345994496**	**52798764**
农、林、牧、渔业	A	**549812**	**548994**	**110315**	**390**
农业	01	85599	84780	84066	
谷物及其他作物的种植	011	83381	83381	83380	
蔬菜、园艺作物的种植	012	236	236		
水果、坚果、饮料和香料作物的种植	013	1505	686	686	
中药材的种植	014	477	477		
林业	02	25008	25008	24548	
林木的培育和种植	021	6950	6950	6490	
木材和竹材的采运	022	5650	5650	5650	
林产品的采集	023	12409	12409	12409	
畜牧业	03	434561	434561	1673	
牲畜的饲养	031	1673	1673	1673	
猪的饲养	032	1072	1072		
家禽的饲养	033	431816	431816		
狩猎和捕捉动物	034				
其他畜牧业	039				
渔业	04	4532	4532		305
海洋渔业	041	4227	4227		
内陆渔业	042	305	305		305
农、林、牧、渔服务业	05	112	112	27	85
农业服务业	051				
林业服务业	052	27	27	27	
畜牧服务业	053	85	85		85
渔业服务业	054				
采矿业	B	**6876030**	**2504604**	**201164**	**66221**
煤炭开采和洗选业	06	981	981	150	
烟煤和无烟煤的开采洗选	061				
褐煤的开采洗选	062				
其他煤炭采选	069	981	981	150	
石油和天然气开采业	07	4115014	14504	9862	
天然原油和天然气开采	071	3987937	3940		
与石油和天然气开采有关的服务活动	079	127077	10564	9862	
黑色金属矿采选业	08	1018745	1007191	1751	2307
铁矿采选	081	1004608	993054	1751	2307
其他黑色金属矿采选	089	14137	14137		
有色金属矿采选业	09	620359	602128	49789	92
常用有色金属矿采选	091	429036	410805	44843	7
贵金属矿采选	092	71517	71517	2801	
稀有稀土金属矿采选	093	119806	119806	2145	85
非金属矿采选业	10	1113582	872450	139399	62687
土砂石开采	101	922834	682931	22282	56560
化学矿采选	102	91998	91998	91682	
采盐	103	37682	37682	25203	5512
石棉及其他非金属矿采选	109	61067	59839	232	614

类型分组的企业法人资产总额

股份合作企业	联营企业	有限责任公司	股份有限公司	私营企业	其他企业	港、澳、台商投资企业	外商投资企业
63708939	**7916341**	**334596402**	**614474858**	**235319434**	**20842998**	**236322902**	**202076882**
3094		**431769**		**3426**		**819**	
		220		494		819	
				1			
		220		16			
						819	
				477			
				460			
				460			
		430416		2472			
				1072			
		430416		1400			
3094		1133					
3094		1133					
11924	**40498**	**562215**	**681466**	**888202**	**52913**	**4156249**	**215178**
				831			
				831			
			200	4442		4076470	24039
				3940		3983997	
			200	502		92474	24039
3675	1934	276687	427601	248005	45231	11554	
1598	1934	270240	427351	242642	45231	11554	
2077		6447	250	5362			
	30614	155285	228169	135731	2448	3654	14578
		44384	217991	101131	2448	3654	14578
	30614	23932	10000	4171			
		86969	178	30429			
8248	7950	129642	25496	493793	5235	64571	176561
8248	5334	120604	25496	439288	5118	64167	175737
				317			
	2556	1912		2444	56		
	60	7126		51745	62	405	824

2-20 续表 1

行业	代码	资产总计(万元)	内资企业	国有企业	集体企业
其他采矿业	11	7350	7350	213	1135
其他采矿业	110	7350	7350	213	1135
制造业	**C**	**414783836**	**171477162**	**7509148**	**3121725**
农副食品加工业	13	7164725	3964777	240520	52903
谷物磨制	131	399386	237308	1867	1543
饲料加工	132	1654399	930255	21115	12788
植物油加工	133	1205046	466048	14565	1071
制糖	134	916113	783868	80132	2864
屠宰及肉类加工	135	542809	354500	72938	19926
水产品加工	136	1360856	763513	36120	6072
蔬菜、水果和坚果加工	137	471400	168450	4567	7050
其他农副食品加工	139	614717	260835	9217	1589
食品制造业	14	5852173	2127061	154097	60492
焙烤食品制造	141	684515	343220	7408	36878
糖果、巧克力及蜜饯制造	142	1191304	344060	326	11372
方便食品制造	143	742727	292566	14259	3048
液体乳及乳制品制造	144	548876	102858	5161	837
罐头制造	145	211097	143673	72229	260
调味品、发酵制品制造	146	1140953	290374	41548	4944
其他食品制造	149	1332702	610309	13166	3153
饮料制造业	15	4847725	1371469	315465	18236
酒精制造	151	49564	49564		
酒的制造	152	2003207	715874	285858	4866
软饮料制造	153	2703886	518853	27037	10885
精制茶加工	154	91068	87178	2570	2486
烟草制品业	16	2687673	2687673	630728	4337
烟叶复烤	161	31883	31883	34	
卷烟制造	162	2546145	2546145	630679	4252
其他烟草制品加工	169	109645	109645	15	85
纺织业	17	13831001	5291293	297274	124029
棉、化纤纺织及印染精加工	171	5952316	2124632	198070	22736
毛纺织和染整精加工	172	1050319	388604	35349	11158
麻纺织	173	8255	6252	427	32
丝绢纺织及精加工	174	193878	104629	1718	513
纺织制成品制造	175	1977927	763387	10952	22567
针织品、编织品及其制品制造	176	4648307	1903790	50758	67023
纺织服装、鞋、帽制造业	18	11848465	4920220	78084	124602
纺织服装制造	181	11309012	4799695	78084	117297
纺织面料鞋的制造	182	388793	79842		6267
制帽	183	150660	40682		1038
皮革、毛皮、羽毛(绒)及其制品业	19	7414036	1858848	11479	149284
皮革鞣制加工	191	590482	127110	37	5322
皮革制品制造	192	6583434	1628574	9142	138336
毛皮鞣制及制品加工	193	95239	29154	210	3788
羽毛(绒)加工及制品制造	194	144882	74011	2090	1838

股份合作企业	联营企业	有限责任公司	股份有限公司	私营企业	其他企业	港、澳、台商投资企业	外商投资企业
	1	601		5401			
	1	601		5401			
720127	**1013273**	**54415274**	**32967931**	**70432701**	**1296984**	**129004120**	**114302554**
114669	15942	1451351	306406	1705801	77184	1586632	1613315
1129	68	35034	22466	173087	2114	72076	90002
6026		221288	157593	455011	56434	467828	256316
68		278705	216	169801	1623	124229	614769
2720		512356	16931	168702	162	127783	4462
60	14613	124982	4188	107331	10461	105374	82935
101605	233	230719	30572	355149	3044	364555	232788
3062		7608	332	144331	1501	216082	86868
	1028	40659	74108	132389	1845	108706	245176
9250	6026	732001	58386	1091186	15623	1218928	2506185
358	273	90008	976	204189	3130	208533	132762
477		63408	1470	265870	1138	114697	732547
270	5151	99391	1394	166855	2198	276030	174132
		81649	639	14572		15167	430851
4329		14614		50362	1880	27841	39582
2673		99571	16672	122167	2799	279371	571207
1143	602	283362	37234	267172	4478	297289	425104
1414	4987	588856	85907	342989	13615	1363307	2112949
		44200		5365			
381		227992	81488	104636	10653	269677	1017656
857	4987	304261	3426	164609	2790	1089877	1095157
176		12403	993	68379	172	3754	136
623		1941068	14729	96188			
		18001	13481	367			
		1911214					
623		11853	1248	95821			
15411	453	1182681	130178	3473185	68083	6665045	1874664
9315	159	567424	39806	1274060	13062	3011755	815929
241	216	106321	971	228255	6092	645204	16511
		105		5256	433	609	1393
7		24488	18154	59676	74	61220	28030
1712		167683	53680	484457	22335	786957	427583
4135	79	316660	17567	1421482	26087	2159301	585217
16063	7002	771689	204631	3664629	53521	5636202	1292043
15861	7002	755142	203728	3572152	50429	5355189	1154128
199		12388	902	57429	2658	191850	117100
4		4159		35048	434	89162	20816
4046	2409	324126	12049	1329770	25685	3839738	1715450
		20152	184	100370	1046	234879	228493
4046	2409	264394	9769	1176754	23723	3529250	1425610
		11375		13409	371	55616	10469
		28205	2096	39237	545	19992	50878

2-20 续表 2

行　业	代码	资产总计(万元)	内资企业	国有企业	集体企业
木材加工及木、竹、藤、棕、草制品业	20	3664935	2033099	34510	13021
锯材、木片加工	201	314193	219923	10875	6659
人造板制造	202	2583405	1421698	19022	2592
木制品制造	203	636046	322283	442	2608
竹、藤、棕、草制品制造	204	131292	69195	4171	1161
家具制造业	21	5511590	2343869	7053	22011
木质家具制造	211	3306810	1311520	2504	15167
竹、藤家具制造	212	104525	51282	3018	564
金属家具制造	213	943325	407616	1531	3063
塑料家具制造	214	114232	52631		292
其他家具制造	219	1042698	520821		2925
造纸及纸制品业	22	12870475	4220658	109187	166105
纸浆制造	221	1414260	212942	2525	11125
造纸	222	5806689	1601964	19704	69633
纸制品制造	223	5649526	2405751	86958	85347
印刷业和记录媒介的复制	23	7787604	4058953	301473	65380
印刷	231	7020870	3710233	231128	59228
装订及其他印刷服务活动	232	372718	177293	37300	6112
记录媒介的复制	233	394016	171427	33045	40
文教体育用品制造业	24	6229836	1513101	29319	139034
文化用品制造	241	677901	264358	3541	6143
体育用品制造	242	1417974	212049	20346	43694
乐器制造	243	328005	248526	2094	3071
玩具制造	244	3627440	726454	3339	86021
游艺器材及娱乐用品制造	245	178516	61714		106
石油加工、炼焦及核燃料加工业	25	7052675	6122668	1817940	2102
精炼石油产品的制造	251	6961192	6096758	1817940	2092
炼焦	252	90499	24926		10
核燃料加工	253	985	985		
化学原料及化学制品制造业	26	24204620	7891831	318309	101174
基础化学原料制造	261	5403161	881335	186181	6516
肥料制造	262	518510	381427	16339	13864
农药制造	263	255836	219485	5100	2638
涂料、油墨、颜料及类似产品制造	264	4279385	1494287	4369	29680
合成材料制造	265	4313226	1964015	6293	4323
专用化学产品制造	266	3957266	1788636	80120	37458
日用化学产品制造	267	5477238	1162646	19907	6695
医药制造业	27	5741547	3365516	86826	60656
化学药品原药制造	271	557046	262757	654	
化学药品制剂制造	272	2277918	1156597	8006	13248
中药饮片加工	273	243192	158481	500	1539
中成药制造	274	1499551	1083080	65430	25591
兽用药品制造	275	137789	121062	3050	20178
生物、生化制品的制造	276	652849	409527	471	100
卫生材料及医药用品制造	277	373202	174013	8715	

股份合作企业	联营企业	有限责任公司	股份有限公司	私营企业	其他企业	港、澳、台商投资企业	外商投资企业
3080	1045	694829	281141	996293	9180	733295	898541
248		40609	1752	156866	2914	21725	72545
1194	31	595746	277825	522277	3011	427690	734017
1107	292	53560	1480	260080	2714	231238	82526
532	723	4913	84	57070	542	52643	9454
24926	463	631996	7933	1602249	47239	2172967	994754
21884	463	291223	4890	939057	36333	1390433	604857
		21132		26568		30742	22501
273		126380	1506	269554	5311	342502	193207
2449		8741		40930	219	32436	29166
321		184521	1538	326140	5377	376854	145023
15630	3575	1105227	274089	2490814	56032	5945626	2704191
234		19537	109372	70124	26	941197	260121
9044	2413	664187	122800	698698	15486	2784575	1420149
6352	1162	421503	41917	1721992	40520	2219854	1023921
43218	16088	975034	206643	2400398	50720	2962173	766478
42355	12416	916328	197373	2206456	44948	2707093	603544
863		18654	9270	99333	5762	129560	65865
	3672	40051		94609	10	125520	97069
5856	7556	398997	83960	821757	26622	3815134	901601
780	1117	13559	291	236744	2183	324851	88692
100	1750	53618	4984	81191	6366	805559	400367
1851		147417	157	91932	2005	54116	25363
3126	4689	170961	78528	363924	15867	2570537	330449
		13442		47966	200	60071	56731
4540	2813	381524	3215347	696611	1790	697549	232459
4227	2813	371447	3215347	681261	1630	682694	181741
		10078		14738	100	14855	50718
313				612	60		
43886	29249	1808723	1388186	4171817	30488	5696213	10616575
12592	1397	340708	89829	241536	2577	485164	4036663
125	3318	67636	145903	130260	3984	91282	45800
	1498	30393	143594	36246	16	12159	24193
4816	3807	491910	55644	890374	13688	1360232	1424866
3806	3684	257606	441762	1244504	2038	545827	1803384
18216	14808	434695	294591	905786	2961	930705	1237925
4332	738	185776	216863	723112	5224	2270846	2043745
6190	33060	948066	1773489	452903	4327	1459167	916864
		68282	159136	34684		122359	171931
		269023	764012	98868	3439	806003	315318
3925	6314	22512	57077	66036	578	57754	26957
458	912	280492	586139	123972	88	329085	87386
		55970	13497	28367		10934	5794
	25834	181104	169220	32776	23	33281	210042
1808		70683	24408	68199	200	99752	99437

2-20 续表 3

行　业	代码	资产总计(万元)	内资企业	国有企业	集体企业
化学纤维制造业	28	1315931	605346	450	2942
纤维素纤维原料及纤维制造	281	127127	32850		160
合成纤维制造	282	1188805	572496	450	2783
橡胶制品业	29	3447562	1617212	77047	80232
轮胎制造	291	935107	568189	297	6352
橡胶板、管、带的制造	292	319072	232502	35042	1962
橡胶零件制造	293	439930	191007	4944	4559
再生橡胶制造	294	27881	24476		937
日用及医用橡胶制品制造	295	137129	33603		2019
橡胶靴鞋制造	296	591912	145365	293	36452
其他橡胶制品制造	299	996532	422071	36472	27950
塑料制品业	30	19685862	7772013	49499	217968
塑料薄膜制造	301	2720752	1226992	7112	10653
塑料板、管、型材的制造	302	2688800	943781	960	22352
塑料丝、绳及编织品的制造	303	401057	244813	224	2096
泡沫塑料制造	304	911025	394444		6821
塑料人造革、合成革制造	305	480008	131373		13
塑料包装箱及容器制造	306	2029058	948841		6049
塑料零件制造	307	2879317	923399	34889	35455
日用塑料制造	308	2632534	1073561	1702	37349
其他塑料制品制造	309	4943311	1884808	4612	97180
非金属矿物制品业	31	19126149	10896264	275284	303688
水泥、石灰和石膏的制造	311	4171787	2191822	110079	197591
水泥及石膏制品制造	312	2717482	1985844	48147	28536
砖瓦、石材及其他建筑材料制造	313	5376815	3600431	39185	34949
玻璃及玻璃制品制造	314	4080030	1456158	29280	32913
陶瓷制品制造	315	2119889	1253333	13288	7268
耐火材料制品制造	316	117281	81705	1700	2262
石墨及其他非金属矿物制品制造	319	542865	326972	33605	170
黑色金属冶炼及压延加工业	32	9655853	4013599	15501	11564
炼铁	321	66580	44472		406
炼钢	322	2149597	181099	300	
钢压延加工	323	7112945	3741609	15201	11158
铁合金冶炼	324	326731	46418		
有色金属冶炼及压延加工业	33	7614314	3702155	23598	91698
常用有色金属冶炼	331	947572	671857	14722	2782
贵金属冶炼	332	71472	63320		
稀有稀土金属冶炼	333	196168	144146	7424	
有色金属合金制造	334	364246	137182	599	583
有色金属压延加工	335	6034857	2685651	852	88333
金属制品业	34	20486706	9646721	152642	179768
结构性金属制品制造	341	4539571	2409880	104578	31638
金属工具制造	342	2066698	1189626	2214	25641
集装箱及金属包装容器制造	343	2102886	436875	131	17895

股份合作企业	联营企业	有限责任公司	股份有限公司	私营企业	其他企业	港、澳、台商投资企业	外商投资企业
1729		95450	391885	112780	110	177015	533571
1729		6154	1	24805		18975	75302
		89295	391884	87975	110	158040	458269
1582	573	736526	148347	555405	17501	1082967	747384
		551238		10173	129	118252	248666
281		20439	845	173301	633	49766	36804
114		40694	233	132570	7893	160680	88243
		678		22233	628	2916	488
584		4703		25408	889	85301	18226
	539	61214	210	45402	1255	355683	90864
603	34	57560	147059	146319	6075	310368	264093
26411	2882	1345996	1001484	5026671	101102	7893935	4019914
9480	130	136027	508171	548643	6776	1127422	366338
352		176208	81991	658083	3836	1026569	718450
309		48908	1109	190316	1851	85979	70265
436	807	134656	4587	237889	9249	367573	149008
		17121		114226	13	256723	91912
5004		119886	366275	445996	5631	671530	408687
3743	1257	166854	2289	667070	11844	1394887	561030
4298		186853	5602	829909	7849	1076704	482268
2790	688	359486	31460	1334539	54053	1886547	1171956
41230	71343	3258056	1159934	5703443	83286	6098907	2130977
4591	29571	823466	209493	807391	9641	1840913	139051
8221	27367	655760	525692	688208	3915	519172	212466
9419	5694	1072219	148421	2237366	53179	1268151	508234
2548	666	423452	189477	767163	10660	1943068	680804
4871		185598	80697	958126	3486	400832	465723
10537		18214		47429	1563	18560	17016
1045	8045	79347	6155	197761	844	108211	107682
406	928	2987866	52779	932555	12001	2988113	2654141
195		1262		42599	11	4428	17680
	928	74927		104944		1379628	588870
211		2878651	48701	775722	11965	1323744	2047591
		33025	4077	9290	26	280313	
7357	5174	1178175	535152	1830579	30424	2550589	1361570
2864	272	79799	403307	167011	1100	135577	140137
		41680		21389	251	8152	
	4871	62613	47904	20463	871	5931	46091
		74064	7241	39820	14875	63927	163137
4493	32	920019	76699	1581896	13327	2337001	1012205
141685	25307	2340059	205048	6470070	132143	6972370	3867616
50540	1888	727124	98033	1375207	20873	1584245	545446
4927	3718	185058	54451	889415	24202	672893	204178
3064	1941	153699		257259	2886	981376	684636

2-20 续表 4

行业	代码	资产总计(万元)	内资企业	国有企业	集体企业
金属丝绳及其制品的制造	344	408667	160060	13422	5418
建筑、安全用金属制品制造	345	2488329	989519	7503	20208
金属表面处理及热处理加工	346	1697436	937624	5578	44550
搪瓷制品制造	347	284863	107913		
不锈钢及类似日用金属制品制造	348	4522470	2169854	10214	18390
其他金属制品制造	349	2375785	1245371	9002	16028
通用设备制造业	35	11522723	5195476	369802	72880
锅炉及原动机制造	351	445937	276108	114588	234
金属加工机械制造	352	1391719	779561	38292	11350
起重运输设备制造	353	1328571	496395	8777	2857
泵、阀门、压缩机及类似机械的制造	354	1891756	613049	46	13819
轴承、齿轮、传动和驱动部件的制造	355	712339	179322	88	1704
烘炉、熔炉及电炉制造	356	45427	32971		
风机、衡器、包装设备等通用设备制造	357	2635263	1370781	77361	17264
通用零部件制造及机械修理	358	1675668	730436	35899	10483
金属铸、锻加工	359	1396043	716855	94751	15170
专用设备制造业	36	12579910	6124545	184765	70625
矿山、冶金、建筑专用设备制造	361	768034	362092	82930	4843
化工、木材、非金属加工专用设备制造	362	5806564	2462632	31070	19693
食品、饮料、烟草及饲料生产专用设备制造	363	249571	230810	15587	1430
印刷、制药、日化生产专用设备制造	364	745279	490791	11898	18942
纺织、服装和皮革工业专用设备制造	365	509291	133222	772	2181
电子和电工机械专用设备制造	366	1836393	951548	150	11812
农、林、牧、渔专用机械制造	367	174733	70995	2878	2513
医疗仪器设备及器械制造	368	1464745	944117	33984	5793
环保、社会公共安全及其他专用设备制造	369	1025301	478338	5497	3418
交通运输设备制造业	37	26325479	6744482	1282489	77974
铁路运输设备制造	371	139134	119897	87169	1065
汽车制造	372	16530203	2164995	74950	21170
摩托车制造	373	2787632	1232169	173885	8982
自行车制造	374	1041080	126155	2706	3768
船舶及浮动装置制造	375	5401290	3061199	943780	42287
航空航天器制造	376	370673	7068		
交通器材及其他交通运输设备制造	379	55468	33000		704
电气机械及器材制造业	39	44816657	23772349	259729	379881
电机制造	391	1872474	1100747	22835	11486
输配电及控制设备制造	392	8500026	3679749	52308	53000
电线、电缆、光缆及电工器材制造	393	6426192	3344585	57843	95237
电池制造	394	4627906	1456329	39371	15992
家用电力器具制造	395	17663072	11400718	2049	171715
非电力家用器具制造	396	756056	586797	34000	3583
照明器具制造	397	4583109	2051363	51324	23056
其他电气机械及器材制造	399	387822	152061		5813
通信设备、计算机及其他电子设备制造业	40	96190119	32164055	245654	299631
通信设备制造	401	29539476	20276740	58717	12094

股份合作企业	联营企业	有限责任公司	股份有限公司	私营企业	其他企业	港、澳、台商投资企业	外商投资企业
138	1149	18939	151	120111	732	86834	161773
6804	242	222938	17339	689713	24773	870058	628752
49538	2073	332115	12718	481184	9869	404897	354916
679		34369	7630	64639	596	58051	118900
15139	152	366175	7989	1735427	16367	1550897	801719
10855	14144	299643	6738	857116	31845	763119	367295
19257	18648	1526486	310321	2817283	60799	2495975	3831273
3746		90035		57411	10095	58418	111411
2465	1364	201747	93877	421268	9198	338614	273545
2156	15057	226414	10219	230580	336	91343	740833
818	1166	196121	125638	273252	2189	230320	1048387
4464	440	70834	22986	78304	502	274632	258386
		16070	28	16803	70	4091	8366
4114		374809	44797	841780	10658	460162	804320
1261	318	178088	11695	477543	15150	596813	348420
234	303	172370	1082	420343	12602	441583	237605
31089	2602	1860244	1316967	2616160	42093	3594417	2860949
1555	2079	156406	4346	109272	662	81250	324692
4202		1066740	186078	1125684	29165	2244205	1099727
1876		90866	3492	116311	1249	13182	5580
4764		81133	148002	224873	1181	152949	101539
66		14639	17953	97232	380	245507	130562
11191		166328	478082	278789	5197	371628	513216
5037		21598	173	38637	159	63237	40501
567	523	135781	450028	316300	1140	210211	310418
1832		126753	28815	309064	2959	212249	334714
19623	3478	3173353	157872	2007346	22346	4540133	15040864
12		6328		25324		19236	
7199	3438	1217181	150717	678948	11393	899379	13465829
1840		212464	1700	830885	2413	774808	780655
8845		18146	549	86640	5502	582443	332482
1663	40	1706550	4906	359559	2415	2207491	132600
		6337		731		43047	320559
64		6349		25259	624	13729	8740
74759	52280	6462308	9014153	7439814	89425	12548776	8495531
3541	1071	543863	160834	354076	3042	360976	410752
30570	40837	1753482	204968	1527997	16588	2266403	2553874
21486	300	792365	614515	1753565	9276	1972190	1109417
5263	7372	528608	39770	816190	3764	2522227	649350
7014	770	2245654	7454977	1495986	22554	3516057	2746298
		236598	20148	278185	14283	123810	45449
6203	1866	329699	507650	1112810	18755	1641786	889960
683	65	32040	11291	101006	1164	145329	90432
15066	648458	14472923	10092426	6218977	170919	28391054	35635011
4428	587004	11919199	6610445	1017427	67426	3377749	5884987

2-20 续表 5

行业	代码	资产总计（万元）	内资企业	国有企业	集体企业
雷达及配套设备制造	402	4225	4022		
广播电视设备制造	403	1067182	513382	10500	2346
电子计算机制造	404	17635661	2774913	98607	26909
电子器件制造	405	10848429	1709425	11733	66079
电子元件制造	406	24668887	3456143	55340	132374
家用视听设备制造	407	8412001	2513652	3819	54926
其他电子设备制造	409	4014259	915779	6938	4903
仪器仪表及文化、办公用机械制造业	41	7565191	2107868	88461	139725
通用仪器仪表制造	411	1224287	950334	2476	334
专用仪器仪表制造	412	631413	186294	48211	547
钟表与计时仪器制造	413	996914	297223	35610	77426
光学仪器及眼镜制造	414	1241432	182919		54103
文化、办公用机械制造	415	3412949	460759	2165	6689
其他仪器仪表的制造及修理	419	58197	30339		627
工艺品及其他制造业	42	6586479	2375694	51965	64681
工艺美术品制造	421	4713435	1918851	35982	52827
日用杂品制造	422	930191	251226	2655	4322
煤制品制造	423	33538	18963		
核辐射加工	424				
其他未列明的制造业	429	909315	186655	13329	7533
废弃资源和废旧材料回收加工业	43	1155822	968349		25101
金属废料和碎屑的加工处理	431	928208	793020		24433
非金属废料和碎屑的加工处理	432	227614	175329		667
电力、燃气及水的生产和供应业	D	**78567458**	**63189334**	**30235305**	**1741869**
电力、热力的生产和供应业	44	66786550	56576853	27611285	390028
电力生产	441	28397558	18255472	5494548	346217
电力供应	442	38178712	38178712	22116664	40483
热力生产和供应	443	210280	142669	73	3329
燃气生产和供应业	45	2697643	818539	419465	7946
燃气生产和供应业	450	2697643	818539	419465	7946
水的生产和供应业	46	9083265	5793942	2204556	1343895
自来水的生产和供应	461	6287144	5335770	2095182	1335649
污水处理及其再生利用	462	491330	443886	109374	8246
其他水的处理、利用与分配	469	2304791	14286		
建筑业	E	**44597665**	**43166407**	**7873584**	**2852023**
房屋和土木工程建筑业	47	32833264	32115727	6500525	2229307
房屋工程建筑	471	19647660	19019542	3456526	1799725
土木工程建筑	472	13185604	13096185	3043999	429582
建筑安装业	48	6569086	6197193	715392	437107
建筑安装业	480	6569086	6197193	715392	437107
建筑装饰业	49	3686716	3422605	167916	126110
建筑装饰业	490	3686716	3422605	167916	126110
其他建筑业	50	1508600	1430882	489751	59499
工程准备	501	780602	711375	318984	13859
提供施工设备服务	502	71205	67967	451	19406
其他未列明的建筑活动	509	656793	651540	170316	26234

股份合作企业	联营企业	有限责任公司	股份有限公司	私营企业	其他企业	港、澳、台商投资企业	外商投资企业
		1381		2642		203	
126	208	123972	223881	151552	797	245424	308377
162	2000	319090	1124596	1184550	19000	3861375	10999373
280	15226	414393	507642	692252	1821	4125204	5013800
6296	22962	958253	631667	1596823	52428	10647352	10565392
3009	16528	514421	928947	969832	22169	4397042	1501307
767	4530	222215	65249	603899	7279	1736705	1361775
6699	7890	349889	496320	990960	27923	2489526	2967798
30		220478	236572	488878	1566	178735	95218
3611	7810	28250	5879	91810	178	98834	346285
2171	80	22069	1076	137478	21313	557315	142375
791		24042	27272	76159	552	573396	485117
26		51480	225143	171042	4214	1068035	1884155
70		3571	379	25593	100	13211	14647
24172	43044	428585	11555	1728470	23224	3263228	947557
13097	43044	332465	4761	1421506	15171	2267635	526949
10835		52912	6054	170431	4018	512842	166122
		11559	199	7107	98	1611	12965
240		31649	542	129425	3937	481139	241521
259		263194	30617	645599	3579	125141	62332
39		228795	30362	507222	2169	82916	52272
220		34399	256	138377	1410	42225	10060
116626	**73733**	**26157699**	**2764038**	**2026318**	**73746**	**8102718**	**7275406**
101336	50753	24163130	2481675	1711270	67377	7658306	2551391
101336	50753	8177230	2335796	1682802	66790	7622326	2519760
		15860590	145325	15063	587		
		125309	554	13405		35980	31631
3647	6272	280385	34278	66260	286	301714	1577390
3647	6272	280385	34278	66260	286	301714	1577390
11643	16708	1714184	248085	248788	6083	142698	3146625
11643	16708	1457052	245402	168050	6083	119053	832321
		247492	2682	76093		23645	23799
		9640		4645			2290506
59055	**203645**	**19831240**	**2777959**	**9477039**	**91863**	**578479**	**852779**
45686	131058	15514745	2272880	5375355	46170	264146	453391
5097	71690	8583796	1624789	3457448	20471	191538	436580
40589	59368	6930950	648091	1917908	25699	72608	16812
7428	32533	2553174	269790	2157343	24427	103695	268198
7428	32533	2553174	269790	2157343	24427	103695	268198
5816	34975	1375355	202293	1496443	13698	172002	92108
5816	34975	1375355	202293	1496443	13698	172002	92108
124	5079	387965	32996	447899	7568	38636	39082
		181501	514	195114	1404	31915	37313
27		9721	5176	33092	95	3237	
97	5079	196743	27307	219693	6070	3483	1770

2-20 续表 6

行业	代码	资产总计(万元)	内资企业	国有企业	集体企业
交通运输、仓储和邮政业	F	**68302026**	**44296735**	**18615116**	**455242**
铁路运输业	51	180569	180569	59115	32
铁路旅客运输	511	115800	115800		
铁路货物运输	512	55703	55703	50268	32
铁路运输辅助活动	513	9066	9066	8846	
道路运输业	52	21398593	16618958	5994406	208058
公路旅客运输	521	2391376	2225372	964839	94601
道路货物运输	522	3097746	2786433	418795	34891
道路运输辅助活动	523	15909471	11607153	4610773	78566
城市公共交通业	53	8703079	8463140	4113960	31595
公共电汽车客运	531	1277418	1081192	431043	8203
轨道交通	532	6151333	6150080	3450227	
出租车客运	533	1204779	1180687	193063	18881
城市轮渡	534	19722	3748		3661
其他城市公共交通	539	49827	47433	39627	850
水上运输业	54	15239887	8242556	3749283	137307
水上旅客运输	541	807721	751544	30628	48883
水上货物运输	542	5805789	4747694	2292597	66536
水上运输辅助活动	543	8626378	2743318	1426059	21888
航空运输业	55	12377536	3633399	1884670	1813
航空客货运输	551	11350570	2669164	932582	1655
通用航空服务	552	148236	148236	143759	
航空运输辅助活动	553	878730	815999	808330	158
管道运输业	56	235249			
管道运输业	560	235249			
装卸搬运和其他运输服务业	57	4015641	2958293	722857	34263
装卸搬运	571	797358	326517	112233	18831
运输代理服务	572	3218283	2631776	610624	15432
仓储业	58	4780380	3038313	1040540	42119
谷物、棉花等农产品仓储	581	898622	733599	690100	2163
其他仓储	589	3881758	2304714	350441	39956
邮政业	59	1371091	1161507	1050286	57
国家邮政	591	1105218	1105218	1047210	
其他寄递服务	599	265874	56289	3076	57
信息传输、计算机服务和软件业	G	**36511765**	**22042039**	**8650910**	**45302**
电信和其他信息传输服务业	60	28684869	16840112	8441839	34618
电信	601	27143414	15362970	8304398	699
互联网信息服务	602	643713	579419	27468	
广播电视传输服务	603	809734	809715	109940	33919
卫星传输服务	604	88008	88008	33	
计算机服务业	61	2466092	1816974	146372	9877
计算机系统服务	611	1392172	1035880	92609	4024
数据处理	612	182732	76363	48700	4325
计算机维修	613	50520	46894	427	102
其他计算机服务	619	840668	657837	4637	1425

股份合作企业	联营企业	有限责任公司	股份有限公司	私营企业	其他企业	港、澳、台商投资企业	外商投资企业
90606	**241008**	**15092344**	**4531681**	**4901300**	**369438**	**8748654**	**15256637**
	299	120897		228			
		115800					
	299	5097		8			
				220			
31962	77629	5940838	2021866	2017101	327098	2413908	2365728
5863	34501	602335	177618	338678	6938	156829	9175
20098	16220	690927	239074	1351836	14593	211686	99628
6001	26908	4647576	1605175	326588	305567	2045393	2256925
24485	17998	3527282	402033	334671	11116	161047	78893
24016	34	306617	208010	99735	3534	138096	58130
		2696312		3542		1253	
469	17964	523264	191411	228140	7495	3849	20244
					87	15974	
		1089	2612	3254		1876	519
9313	92072	3109033	735073	407888	2588	4786420	2210911
1829		657937	126	12142		55524	653
2115	41616	1778155	248807	317119	749	666532	391563
5370	50456	672941	486139	78627	1839	4064363	1818696
		1200026	526984	19906		48354	8695783
		1194770	524878	15279		9451	8671956
		2007	1935	536			
		3249	171	4092		38903	23827
							235249
							235249
4615	40534	506852	125961	1514557	8655	545580	511768
314	3899	65602	5861	117221	2556	64289	406552
4301	36636	441249	120100	1397336	6099	481291	105216
20230	11851	621179	718876	563920	19598	760440	981627
153		30806		10378		4138	160885
20077	11851	590373	718876	553543	19598	756302	820742
	626	66238	887	43030	384	32906	176678
		54666		3332	10		
	626	11572	887	39698	374	32906	176678
33773	**206595**	**3167780**	**6040774**	**3757738**	**139167**	**12849002**	**1620725**
15852	163540	1786422	5700001	640603	57237	11464208	380548
472	76317	1470113	5258902	219553	32515	11402218	378226
10229	867	85991	19650	411596	23619	61990	2304
5151		229724	421449	8629	903		18
	86356	594		825	200		
2371	8220	283532	12617	1322812	31173	306531	342587
154	6336	209532	7903	695655	19667	187780	168511
361		9359	316	13206	97	9443	96925
31		9289	299	36490	256	3238	387
1825	1884	55352	4099	577461	11154	106069	76763

2-20 续表 7

行　　业	代码	资产总计（万元）	内资企业	国有企业	集体企业
软件业	62	5360805	3384953	62699	807
公共软件服务	621	4833619	2992814	56466	776
其他软件服务	629	527186	392138	6233	31
批发和零售业	**H**	**121790909**	**109170140**	**14081702**	**2908564**
批发业	63	96887742	89012814	12655037	2237691
农畜产品批发	631	1242529	1214466	350357	61912
食品、饮料及烟草制品批发	632	8023270	7419984	1871567	123746
纺织、服装及日用品批发	633	10083752	8676666	1424010	358630
文化、体育用品及器材批发	634	2983923	2387395	338221	29774
医药及医疗器材批发	635	4974357	4518632	383236	56393
矿产品、建材及化工产品批发	636	41245127	39146988	6457852	952237
机械设备、五金交电及电子产品批发	637	19258632	17022551	795406	253588
贸易经纪与代理	638	5286472	5036745	497973	67459
其他批发	639	3789680	3589388	536416	333952
零售业	65	24903167	20157326	1426665	670873
综合零售	651	5791336	2963695	181873	292590
食品、饮料及烟草制品专门零售	652	907045	882303	271710	30617
纺织、服装及日用品专门零售	653	1844176	1283472	14457	74306
文化、体育用品及器材专门零售	654	910115	825951	224480	23217
医药及医疗器材专门零售	655	850832	847152	30670	14830
汽车、摩托车、燃料及零配件专门零售	656	8735197	8246241	629196	118006
家用电器及电子产品专门零售	657	3132451	3080639	6225	23886
五金、家具及室内装修材料专门零售	658	1318858	1127989	28530	41143
无店铺及其他零售	659	1413157	899885	39525	52279
住宿和餐饮业	**I**	**13555985**	**8773387**	**1537689**	**248324**
住宿业	66	10417736	6518383	1368412	199973
旅游饭店	661	8699577	5254037	1158357	132727
一般旅馆	662	1549232	1140332	186692	58701
其他住宿服务	669	168928	124014	23363	8546
餐饮业	67	3138249	2255005	169278	48351
正餐服务	671	2404297	1955714	166350	45748
快餐服务	672	574714	209892	284	1729
饮料及冷饮服务	673	41679	24624	69	93
其他餐饮服务	679	117559	64776	2575	782
金融业	**J**	**847015328**	**817712949**	**195582556**	**19975644**
银行业	68	736113100	710847202	171456629	19843674
中央银行	681	18000	18000	18000	
商业银行	682	707132333	681866434	144997609	19776225
其他银行	689	28962767	28962767	26441020	67449
证券业	69	46784859	46258728	10360114	
证券市场管理	691	1194976	1194976	1194666	
证券经纪与交易	692	44130948	43604818	9165447	
证券投资	693	1448118	1448118		
证券分析与咨询	694	10816	10816		

股份合作企业	联营企业	有限责任公司	股份有限公司	私营企业	其他企业	港、澳、台商投资企业	外商投资企业
15550	34835	1097825	328156	1794323	50757	1078263	897589
15484	34755	930489	316283	1599110	39452	1022923	817882
66	80	167337	11873	195212	11305	55340	79707
279345	**814540**	**32388237**	**10767517**	**46915571**	**1014663**	**6568208**	**6052561**
191062	728062	26203136	8071876	38182715	743236	3871515	4003413
4643	8019	181920	39995	564304	3316	26253	1810
22919	82471	3253273	318016	1717564	30429	318942	284345
14076	78155	1751566	268725	4727780	53725	690798	716288
3984	28706	392552	40147	1532867	21144	384297	212230
12324	941	1348609	602639	2088349	26142	122958	332767
101716	288208	12356742	5462880	13094408	432945	950134	1148005
26612	203904	4656689	965868	10024946	95539	1074542	1161539
348	30476	1431406	173924	2771726	63432	204877	44851
4441	7181	830380	199683	1660772	16564	98714	101578
88284	86478	6185101	2695641	8732856	271427	2696693	2049148
13049	1714	1060593	448549	928089	37239	1869631	958010
4976	1004	322726	24712	218446	8112	18239	6504
6573	2517	341430	13433	805168	25588	277770	282935
7550	1297	227596	23394	276020	42399	53723	30440
4668	9965	429467	18958	326647	11948	2852	828
26811	64296	2258027	2020000	3046782	83123	301709	187246
9340	2230	1049226	107795	1858702	23236	32476	19337
10761	1138	241793	18202	760503	25920	81254	109615
4556	2318	254245	20600	512500	13862	59039	454234
27257	**138554**	**2828253**	**214293**	**3643255**	**135763**	**2860400**	**1922197**
7483	136055	2373940	110859	2259336	62326	2389185	1510168
4964	116720	1996857	91012	1721725	31676	2218329	1227210
2221	19192	366767	6698	482186	17876	153211	255689
299	143	10316	13149	55425	12774	17645	27269
19774	2500	454312	103434	1383919	73437	471215	412030
18060	1737	329819	98873	1231373	63755	330319	118265
798		113645	581	89677	3178	92911	271911
373		2778	398	20125	787	13370	3685
544	762	8070	3582	42743	5718	34615	18169
54241255	**1652056**	**30346211**	**514439881**	**818031**	**657315**	**10856908**	**18445471**
53652573	1572661	6258491	457420693		642480	10691011	14574887
51814559	1572661	6256499	456873176		575706	10691011	14574887
1838015		1992	547517		66774		
		13291385	22557025	50206		16785	509345
		180	60	70			
		11879188	22556715	3468		16785	509345
		1407020		41098			0
		4997	250	5570			

2-20 续表 8

行业	代码	资产总计(万元)	内资企业	国有企业	集体企业
保险业	70	37040278	33623371	642865	780
人寿保险	701	24149704	21158804	580358	780
非人寿保险	702	5082229	4667321	60205	
保险辅助服务	703	7808346	7797245	2301	
其他金融活动	71	27077091	26983648	13122948	131190
金融信托与管理	711	6128911	6128911	2527815	93805
金融租赁	712	2380521	2322849		
财务公司	713	4225475	4225475	2929473	
邮政储蓄	714	10165079	10165079	6725585	
典当	715	171685	171685	7314	6173
其他未列明的金融活动	719	4005420	3969649	932761	31212
房地产业	**K**	**228877659**	**165666251**	**10610344**	**8487069**
房地产业	72	228877659	165666251	10610344	8487069
房地产开发经营	721	180659558	126207748	7006883	3219627
物业管理	722	14196421	11794197	1168150	1866042
房地产中介服务	723	2491437	1854788	117994	49431
其他房地产活动	729	31530243	25809518	2317318	3351969
租赁和商务服务业	**L**	**213463795**	**198418007**	**43930122**	**11963668**
租赁业	73	1150439	981373	38011	29378
机械设备租赁	731	1100695	949281	37369	29378
文化及日用品出租	732	49743	32093	643	
商务服务业	74	212313357	197436634	43892110	11934289
企业管理服务	741	181100127	169718734	38251516	10710213
法律服务	742	345788	336778	3518	374
咨询与调查	743	13741707	12062834	3220943	713082
广告业	744	6203673	5764360	46462	17285
知识产权服务	745	574877	572752	469246	4020
职业中介服务	746	312537	310832	115341	10137
市场管理	747	2922366	1935428	110422	215371
旅行社	748	923609	798475	164839	26379
其他商务服务	749	6188673	5936441	1509825	237428
科学研究、技术服务和地质勘查业	**M**	**19252038**	**12278973**	**3572350**	**171552**
研究与试验发展	75	9229132	2868801	475747	16572
自然科学研究与试验发展	751	111319	84395	27198	110
工程和技术研究与试验发展	752	8781234	2500450	341125	15407
农业科学研究与试验发展	753	152540	136514	93313	487
医学研究与试验发展	754	180108	143510	12230	568
社会人文科学研究与试验发展	755	3931	3931	1881	
专业技术服务业	76	8055443	7642876	2853850	137027
气象服务	761	179781	179781	4913	634
地震服务	762	1472	1472	494	56
海洋服务	763	21976	21350		6544
测绘服务	764	66872	66872	11937	2142
技术检测	765	438552	318758	52826	24542
环境监测	766	15043	15043	1185	568
工程技术与规划管理	767	5977623	5889515	2712926	91139
其他专业技术服务	769	1354123	1150085	69570	11402

股份合作企业	联营企业	有限责任公司	股份有限公司	私营企业	其他企业	港、澳、台商投资企业	外商投资企业
582516		511483	31797816	86568	1343	132472	3284436
184252		20855	20371513	1047			2990899
397939		428071	3775338	5769		131980	282927
325		62557	7650966	79753	1343	492	10609
6166	79395	10284853	2664346	681258	13492	16640	76803
	76207	3273963	115018	42003	100		
		2312517		10332			57672
		1270198		24904	900		
		2761699	677796				
3146	3188	64348	12013	73542	1962		
3020	0	602128	1859520	530477	10530	16640	19131
4433673	**696671**	**68018251**	**15963329**	**55355268**	**2101646**	**42148332**	**21063076**
4433673	696671	68018251	15963329	55355268	2101646	42148332	21063076
606358	492742	56506784	14124499	43332450	918405	36624864	17826947
1329964	73702	3427183	196758	3413489	318908	1245779	1156444
10761	9526	433235	55118	964616	214107	338122	298528
2486590	120701	7651049	1586954	7644713	650226	3939567	1781158
3322513	**1006316**	**75280956**	**22479931**	**29138793**	**11295709**	**6753600**	**8292189**
641	22875	433885	26614	427279	2690	68861	100205
641	22875	433534	26318	396475	2690	64682	86733
		350	296	30804		4178	13472
3321872	983441	74847071	22453317	28711515	11293019	6684739	8191984
3207393	843497	68497134	21552851	15588445	11067684	4535240	6846153
445		3520		321825	7096	8863	147
9123	72259	2594185	201682	5179598	71964	1040044	638829
4657	7895	485731	12998	5162049	27282	184875	254439
354		21916	8135	68372	710		2125
1495	5724	89257	9559	76181	3138	1020	686
19639	47905	382545	385063	725600	48883	644362	342575
3040	3342	232743	129142	237256	1734	110973	14162
75728	2819	2540039	153887	1352188	64527	159362	92870
27230	**58298**	**3126072**	**566114**	**4648660**	**108696**	**2239992**	**4733073**
11883	19140	750057	459083	1112678	23641	1909089	4451243
28	460	15048	7963	33378	210	12268	14656
3904	18679	683683	444618	970643	22391	1857411	4423373
2125		4647	4811	31126	6	13466	2560
5827		46577	1662	75747	900	25945	10654
		102	30	1785	133		
14122	11121	1809008	86771	2660478	70500	248446	164120
	352	170930	54	2859	40		
				922			
	3770	10585		451			626
2869		6397	1428	41724	375		
2187	2027	93998	2084	109887	31208	60598	59196
856		2416	14	9392	613		
3024	4625	1102515	57784	1901225	16277	67558	20550
5187	347	422167	25406	594018	21987	120290	83748

2-20 续表 9

行　业	代码	资产总计(万元)	内资企业	国有企业	集体企业
科技交流和推广服务业	77	1830511	1639893	127268	17720
技术推广服务	771	1339647	1187510	99479	12259
科技中介服务	772	363009	345519	5116	3865
其他科技服务	779	127855	106864	22672	1595
地质勘查业	78	136952	127403	115485	234
矿产地质勘查	781	97420	89074	82173	
基础地质勘查	782	19914	19914	19124	90
地质勘查技术服务	783	19618	18415	14188	143
水利、环境和公共设施管理业	N	**9258407**	**8015032**	**880607**	**404349**
水利管理业	79	76089	75479	45752	15268
防洪管理	791	13601	13601	8848	3797
水资源管理	792	51767	51157	36724	4925
其他水利管理	799	10721	10721	181	6545
环境管理业	80	780396	594129	105851	52749
自然保护	801	67998	42334	15842	433
环境治理	802	712398	551795	90010	52317
公共设施管理业	81	8401922	7345424	729003	336333
市政公共设施管理	811	5170917	4263720	457096	247538
城市绿化管理	812	523029	515638	43256	5917
游览景区管理	813	2707977	2566066	228652	82878
居民服务和其他服务业	O	**2973598**	**2501175**	**259934**	**173269**
居民服务业	82	1075954	976960	38413	48808
家庭服务	821	31973	31408	1	216
托儿所	822	2863	2863	409	209
洗染服务	823	30553	24333	1712	749
理发及美容保健服务	824	212691	198724	245	1832
洗浴服务	825	185616	165946	1132	2855
婚姻服务	826	5882	4721	830	
殡葬服务	827	190322	138633	9150	18619
摄影扩印服务	828	58519	55090	1568	1957
其他居民服务	829	357536	355242	23366	22373
其他服务业	83	1897644	1524215	221522	124462
修理与维护	831	700359	577434	30824	20909
清洁服务	832	225530	219807	11068	5879
其他未列明的服务	839	971755	726973	179629	97674
教育	P	**1042531**	**920507**	**85177**	**32729**
教育	84	1042531	920507	85177	32729
学前教育	841	134169	126311	5128	12358
初等教育	842	87078	86975	11481	3350
中等教育	843	180420	163977	8721	247
高等教育	844	184539	167199	3759	
其他教育	849	456326	376044	56087	16773

股份合作企业	联营企业	有限责任公司	股份有限公司	私营企业	其他企业	港、澳、台商投资企业	外商投资企业
791	28037	559963	20261	871321	14534	82457	108161
662	25629	368697	18177	660347	2260	70408	81729
79	1415	162032	189	171101	1722	11640	5851
50	994	29234	1895	39873	10551	409	20582
435		7045		4183	22		9549
		6382		519			8347
		103		597			
435		559		3068	22		1202
293433	**1717869**	**961715**	**52790**	**978903**	**2725366**	**606582**	**636793**
		5057		5778	3625		610
		415		541			
		4473		1561	3475		610
		169		3676	150		
555	259	227670	11332	172754	22958	40956	145310
58		974		5793	19235	25664	
497	259	226696	11332	166961	3724	15293	145310
292878	1717610	728988	41459	800372	2698783	565626	490873
286244		457773	406	129939	2684726	431384	475813
6619	343	139155	4033	308175	8141	712	6679
16	1717267	132060	37020	362259	5916	133530	8381
14151	**16344**	**532581**	**82582**	**1323266**	**99048**	**152247**	**320176**
8783	11734	157464	5614	629333	76813	63221	35772
170		3552	111	26291	1068	565	
		51		1753	441		
853	6198	1830	466	11775	752	5031	1188
1117	16	7428	288	175711	12089	10481	3486
2104	2119	41247	2611	110154	3725	6732	12938
5		70	62	3517	237	486	674
1465	929	62865	1550	39444	4611	36854	14836
1099	211	8734	158	40072	1291	3062	367
1971	2262	31687	368	220615	52600	10	2284
5368	4610	375117	76968	693933	22235	89026	284403
3540	3707	133357	4129	370202	10766	53448	69478
1287	639	41011	3015	151787	5122	3650	2072
541	264	200749	69825	171945	6347	31928	212854
25356	**789**	**123198**	**5380**	**282666**	**365213**	**47652**	**74373**
25356	789	123198	5380	282666	365213	47652	74373
33	410	3727	419	61561	42675	3476	4382
222		965	150	48933	21874	102	
17582		327		18366	118735	9350	7093
5206	55	8880		14708	134591	17340	
2313	324	109300	4811	139097	47339	17384	62898

2-20 续表 10

行　业	代码	资产总计(万元)	内资企业	国有企业	集体企业
卫生、社会保障和社会福利业	Q	**1152326**	**1045376**	**147416**	**101855**
卫生	85	1127359	1022553	143078	91701
医院	851	914784	813891	112171	70731
卫生院及社区医疗活动	852	34185	34185	13107	4746
门诊部医疗活动	853	102764	102223	10112	7838
计划生育技术服务活动	854	21099	19202	602	2197
妇幼保健活动	855	1991	1991	1771	
专科疾病防治活动	856	6605	5788	142	345
疾病预防控制及防疫活动	857	3787	3787	3583	154
其他卫生活动	859	42145	41486	1590	5690
社会保障业	86	2101	2101	308	1270
社会保障业	860	2101	2101	308	1270
社会福利业	87	22866	20722	4031	8884
提供住宿的社会福利	871	8199	6056	14	553
不提供住宿的社会福利	872	14667	14667	4018	8332
文化、体育和娱乐业	R	**5480848**	**3925160**	**2111057**	**48969**
新闻出版业	88	1903804	1902967	1149310	5537
新闻业	881	157129	157129	105901	1774
出版业	882	1746675	1745838	1043409	3762
广播、电视、电影和音像业	89	883356	851899	539107	17969
广播	891	85627	85265	60189	2303
电视	892	566483	560571	388908	9143
电影	893	193155	169221	85161	6463
音像制作	894	38091	36843	4849	60
文化艺术业	90	169728	135447	50618	9322
文艺创作与表演	901	78707	44482	24766	159
艺术表演场馆	902	30973	30943	18795	8006
图书馆与档案馆	903	9093	9093	3	11
文物及文化保护	904	11962	11962	502	812
博物馆	905	534	534	235	
烈士陵园、纪念馆	906	2500	2500	2500	
群众文化活动	907	5591	5591	2095	283
文化艺术经纪代理	908	19716	19691	345	50
其他文化艺术	909	10653	10653	1378	
体育	91	231488	115141	15439	410
体育组织	911	82136	59680	1528	180
体育场馆	912	85014	39254	13723	81
其他体育	919	64339	16207	188	150
娱乐业	92	2292471	919705	356583	15731
室内娱乐活动	921	308763	242395	5265	4702
游乐园	922	284044	218717	133692	312
休闲健身娱乐活动	923	1578018	393351	196845	382
其他娱乐活动	929	121646	65241	20782	10336

股份合作企业	联营企业	有限责任公司	股份有限公司	私营企业	其他企业	港、澳、台商投资企业	外商投资企　　业
2330	**1673**	**284749**	**1986**	**225827**	**279539**	**86445**	**20505**
1961	1299	284739	1735	221464	276577	84301	20505
0	1122	265892	1303	120510	242162	83775	17118
		293		13336	2703		
1731	45	4733	432	55426	21906	14	527
	132			11534	4737	103	1793
				144	76		
		19		5232	50		817
		5			47		
230		13798		15282	4897	409	250
				10	514		
				10	514		
369	375	10	252	4353	2449	2144	
369	375	10	252	2054	2430	2144	
				2299	19		
7191	**34479**	**1047859**	**137208**	**502469**	**35929**	**562498**	**993190**
490	304	729610	526	15248	1942	837	
		49218		201	35		
490	304	680392	526	15048	1907	837	
2762	2421	58812	132447	82785	15597	31095	362
	1673	2642	6911	4734	6813		362
881	748	13740	118762	25724	2666	5913	
1881		28028	5686	36364	5637	23935	
		14402	1089	15962	481	1248	
	298	12712	150	54347	8001	74	34207
		3461	50	15757	290	49	34177
		120		4012	10		30
				2269	6810		
		5426		5205	17		
		35		261	3		
		540		2184	488		
	240	1260	19	17552	225	25	
	58	1870	81	7107	159		
889	485	56914	279	39533	1192	68822	47525
	485	36216		21251	21	19797	2659
889		14077	279	10097	109	3168	42592
		6621		8186	1062	45857	2274
3050	30971	189812	3805	310556	9196	461670	911097
848	798	59177	3208	161682	6715	50322	16046
1806	100	29097	175	53317	220	25754	39573
387	30074	90424	278	72922	2039	358820	825846
9		11114	144	22635	222	26774	29631

2-21 按地区、登记注册

地 区	企业资产总 计(万元)	内资企业			
			国有企业	集体企业	股份合作企业
总 计	**2114052015**	**1675652231**	**345994496**	**52798764**	**63708939**
广州市	616947536	498761448	160590979	9512767	22918826
深圳市	695984875	560106150	90686570	1840095	6832997
珠海市	71267680	47278335	7552424	1314385	183270
汕头市	35934467	31524015	5874424	3565696	202239
佛山市	154114743	124341207	15226267	3008152	9918636
韶关市	21126532	18810407	3995664	791632	1105370
河源市	10205285	7718994	1744158	288179	557275
梅州市	14749816	13662096	2600171	1838891	37748
惠州市	55025708	35014023	7969484	1961399	337622
汕尾市	5771329	4477954	1525789	284268	514361
东莞市	184803311	134320418	11826938	8635629	9680746
中山市	66838593	50278565	4465149	2954032	3476739
江门市	47646707	35368721	6197256	4409826	2774637
阳江市	9945167	8820228	1889566	611607	668810
湛江市	24760834	19559365	4960245	2143773	126410
茂名市	18098451	17509787	1609729	2536585	38188
肇庆市	19754552	15926795	3478901	1363602	1465309
清远市	21920587	16812257	3155767	2294403	1430725
潮州市	12317815	11019697	750144	1103223	374441
揭阳市	18229562	17007047	7776163	1406486	406034
云浮市	8608466	7334722	2118709	934134	658560

类型分组的企业法人资产总额

联营企业	有限责任公司	股份有限公司	私营企业	其他企业	港、澳、台商投资企业	外商投资企业
7916341	**334596402**	**614474858**	**235319434**	**20842998**	**236322902**	**202076882**
551661	111060667	127451702	61468266	5206579	56368580	61817508
2878054	100133347	284627211	72159219	948658	74397102	61481623
1356216	10124399	19097530	7514419	135692	9824233	14165112
45152	5368645	10785988	5601870	80002	2391736	2018716
608677	39089203	33808361	21774810	907101	16297256	13476281
33801	4523883	6495021	1857062	7974	1488866	827260
8046	935515	2374026	1467821	343976	1419430	1066860
228775	3168241	3646852	1535676	605742	664571	423149
83257	6479652	11192101	6782629	207879	10239963	9771722
3300	291959	1242419	559614	56246	1180957	112418
61914	14691192	58265522	20406372	10752105	30617825	19865068
94041	13690469	16554627	8369584	673924	9420602	7139426
26144	5104871	11570989	5107312	177686	7799891	4478095
52127	896313	1965087	2703960	32759	716327	408612
20339	4660881	4568682	2746724	332312	4615652	585817
29930	3107709	7789303	2271176	127169	393962	194701
37173	1893329	3707491	3921078	59912	2342210	1485547
1743388	3349251	1537182	3263844	37696	3505574	1602756
6894	2521311	4060281	2171907	31496	771457	526662
43284	1912602	2426286	2963639	72552	898331	324183
4169	1592963	1308197	672454	45538	968376	305368

2-22 按行业(中类)、就业人数

行业	代码	企业法人单位数(个)	7人及以下	8-19人
总计		**509178**	**196496**	**133215**
农、林、牧、渔业	**A**	**37**	**3**	**6**
农业	01	13	1	1
谷物及其他作物的种植	011	7		
蔬菜、园艺作物的种植	012	2	1	
水果、坚果、饮料和香料作物的种植	013	3		1
中药材的种植	014	1		
林业	02	9		1
林木的培育和种植	021	7		1
木材和竹材的采运	022	1		
林产品的采集	023	1		
畜牧业	03	8	1	2
牲畜的饲养	031	1		1
猪的饲养	032	2		
家禽的饲养	033	4		1
狩猎和捕捉动物	034	1	1	
其他畜牧业	039			
渔业	04	4	1	1
海洋渔业	041	3	1	
内陆渔业	042	1		1
农、林、牧、渔服务业	05	3		1
农业服务业	051			
林业服务业	052	2		
畜牧服务业	053	1		1
渔业服务业	054			
采矿业	**B**	**2329**	**359**	**800**
煤炭开采和洗选业	06	3		1
烟煤和无烟煤的开采洗选	061			
褐煤的开采洗选	062			
其他煤炭采选	069	3		1
石油和天然气开采业	07	18	2	4
天然原油和天然气开采	071	8	1	2
与石油和天然气开采有关的服务活动	079	10	1	2
黑色金属矿采选业	08	315	49	83
铁矿采选	081	299	45	81
其他黑色金属矿采选	089	16	4	2
有色金属矿采选业	09	213	36	64
常用有色金属矿采选	091	148	32	45
贵金属矿采选	092	17	3	3
稀有稀土金属矿采选	093	48	1	16
非金属矿采选业	10	1747	264	639
土砂石开采	101	1541	229	543
化学矿采选	102	5	2	1
采盐	103	44	5	15
石棉及其他非金属矿采选	109	157	28	80

组距分组的企业法人单位数

20-49人	50-99人	100-299人	300-499人	500-999人	1000-2999人	3000-4999人	5000人及以上
95875	**37895**	**30978**	**6703**	**4663**	**2714**	**386**	**253**
4	**10**	**5**	**1**	**1**	**6**	**1**	
1	2	2			6		
1					6		
	1						
	1	1					
		1					
	4	2	1	1			
	4	1	1				
		1					
				1			
1	2	1				1	
	2						
1		1				1	
	2						
	2						
2							
2							
817	**222**	**94**	**16**	**14**	**6**	**1**	
2							
2							
5	1	2	2	1	1		
3			1	1			
2	1	2	1		1		
110	41	27	3	1	1		
102	41	25	3	1	1		
8		2					
65	19	17	5	5	2		
47	10	9	1	2	2		
7	1	2		1			
11	8	6	4	2			
619	161	48	6	7	2	1	
573	144	42	4	5	1		
1						1	
10	7	3	1	2	1		
35	10	3	1				

2-22 续表 1

行业	代码	企业法人单位数(个)	7人及以下	8-19人
其他采矿业	11	33	8	9
其他采矿业	110	33	8	9
制造业	C	**191806**	**27582**	**47609**
农副食品加工业	13	3412	694	928
谷物磨制	131	389	182	119
饲料加工	132	530	77	140
植物油加工	133	279	93	87
制糖	134	80	10	10
屠宰及肉类加工	135	689	133	195
水产品加工	136	646	84	149
蔬菜、水果和坚果加工	137	409	47	104
其他农副食品加工	139	390	68	124
食品制造业	14	3470	482	969
焙烤食品制造	141	833	93	256
糖果、巧克力及蜜饯制造	142	928	83	225
方便食品制造	143	337	49	91
液体乳及乳制品制造	144	53	6	9
罐头制造	145	142	13	32
调味品、发酵制品制造	146	457	77	141
其他食品制造	149	720	161	215
饮料制造业	15	1402	270	462
酒精制造	151	22	3	4
酒的制造	152	434	103	151
软饮料制造	153	795	134	257
精制茶加工	154	151	30	50
烟草制品业	16	30	1	11
烟叶复烤	161	6	1	
卷烟制造	162	5		1
其他烟草制品加工	169	19		10
纺织业	17	8625	916	1677
棉、化纤纺织及印染精加工	171	2406	263	436
毛纺织和染整精加工	172	558	38	66
麻纺织	173	21	2	8
丝绢纺织及精加工	174	164	26	33
纺织制成品制造	175	1916	264	490
针织品、编织品及其制品制造	176	3560	323	644
纺织服装、鞋、帽制造业	18	13962	1596	2660
纺织服装制造	181	13299	1535	2559
纺织面料鞋的制造	182	448	51	81
制帽	183	215	10	20
皮革、毛皮、羽毛(绒)及其制品业	19	7357	608	1344
皮革鞣制加工	191	413	39	75
皮革制品制造	192	6702	532	1212
毛皮鞣制及制品加工	193	129	19	31
羽毛(绒)加工及制品制造	194	113	18	26

20-49人	50-99人	100-299人	300-499人	500-999人	1000-2999人	3000-4999人	5000人及以上
16							
16							
58355	**25272**	**22541**	**4917**	**3322**	**1823**	**225**	**160**
1045	340	290	50	48	14	3	
57	16	14	1				
140	78	81	9	3	2		
53	22	20	3	1			
13	4	14	7	17	4	1	
250	73	29	3	3	3		
230	57	85	17	19	4	1	
168	57	24	5	3		1	
134	33	23	5	2	1		
1266	391	258	49	36	15	2	2
318	89	54	10	12	1		
430	104	67	11	4	2		2
84	51	41	9	8	3	1	
20	5	6	3	2	1	1	
41	22	28	4	1	1		
153	45	27	4	6	4		
220	75	35	8	3	3		
408	113	99	18	19	11	2	
8	5	2					
114	21	27	6	11	1		
238	71	64	11	8	10	2	
48	16	6	1				
7	3	4	1	2			1
1	2	2					
1				2			1
5	1	2	1				
2587	1447	1391	319	199	76	12	1
711	412	422	83	52	24	3	
165	153	89	28	12	5	1	1
8	3						
54	21	22	6	2			
612	278	207	36	22	7		
1037	580	651	166	111	40	8	
4429	1976	2270	511	348	159	8	5
4254	1858	2131	486	313	152	8	3
113	74	74	19	28	7		1
62	44	65	6	7			1
2438	1147	1123	313	198	140	21	25
148	58	66	17	8	1		1
2216	1055	1031	288	185	138	21	24
39	19	16	3	2			
35	15	10	5	3	1		

2-22 续表 2

行业	代码	企业法人单位数（个）	7人及以下	8-19人
木材加工及木、竹、藤、棕、草制品业	20	3092	418	841
锯材、木片加工	201	872	138	297
人造板制造	202	852	93	167
木制品制造	203	1026	154	277
竹、藤、棕、草制品制造	204	342	33	100
家具制造业	21	5886	812	1501
木质家具制造	211	3453	444	851
竹、藤家具制造	212	114	10	22
金属家具制造	213	907	123	214
塑料家具制造	214	135	25	35
其他家具制造	219	1277	210	379
造纸及纸制品业	22	7581	954	2437
纸浆制造	221	148	21	40
造纸	222	1675	234	519
纸制品制造	223	5758	699	1878
印刷业和记录媒介的复制	23	8512	1379	2856
印刷	231	7924	1270	2658
装订及其他印刷服务活动	232	530	105	188
记录媒介的复制	233	58	4	10
文教体育用品制造业	24	3901	386	624
文化用品制造	241	617	89	126
体育用品制造	242	716	71	117
乐器制造	243	203	24	36
玩具制造	244	2187	167	301
游艺器材及娱乐用品制造	245	178	35	44
石油加工、炼焦及核燃料加工业	25	328	72	120
精炼石油产品的制造	251	308	64	116
炼焦	252	16	6	3
核燃料加工	253	4	2	1
化学原料及化学制品制造业	26	8157	1531	2571
基础化学原料制造	261	489	81	113
肥料制造	262	255	45	79
农药制造	263	82	16	20
涂料、油墨、颜料及类似产品制造	264	2555	452	796
合成材料制造	265	638	117	167
专用化学产品制造	266	1875	414	600
日用化学产品制造	267	2263	406	796
医药制造业	27	915	136	178
化学药品原药制造	271	59	7	16
化学药品制剂制造	272	152	12	13
中药饮片加工	273	134	14	27
中成药制造	274	194	18	32
兽用药品制造	275	83	11	27
生物、生化制品的制造	276	164	53	29
卫生材料及医药用品制造	277	129	21	34

20-49人	50-99人	100-299人	300-499人	500-999人	1000-2999人	3000-4999人	5000人及以上
1118	386	266	40	16	6		1
329	77	25	5	1			
315	132	118	17	5	4		1
358	125	88	15	8	1		
116	52	35	3	2	1		
1743	835	707	141	95	47	5	
1062	519	403	83	54	33	4	
39	17	18	5	3			
260	125	135	23	18	8	1	
31	20	16	5	3			
351	154	135	25	17	6		
2534	854	611	92	70	27	1	1
49	17	11	3	3	4		
495	193	178	25	24	7		
1990	644	422	64	43	16	1	1
2860	786	470	77	54	28	1	1
2682	736	429	69	53	25	1	1
165	34	29	5	1	3		
13	16	12	3				
990	604	751	221	178	120	18	9
203	70	82	24	17	4	2	
162	120	137	40	43	21	2	3
51	35	38	10	4	5		
521	363	475	139	112	90	13	6
53	16	19	8	2		1	
72	28	26	3	3	2		2
69	26	23	3	3	2		2
2	2	3					
1							
2383	904	614	85	40	26	1	2
166	68	49	5	2	5		
83	21	18	5	2	2		
28	9	4	3	1	1		
752	328	196	18	11	2		
173	90	75	10	4	2		
493	200	139	17	7	5		
688	188	133	27	13	9	1	2
243	138	135	43	31	10	1	
10	7	8	9	1	1		
34	29	35	12	11	5	1	
53	17	20	2	1			
45	37	38	8	14	2		
23	14	6	1	1			
44	20	13	3	2			
34	14	15	8	1	2		

2-22 续表 3

行　业	代码	企业法人单位数（个）	7人及以下	8-19人
化学纤维制造业	28	257	30	70
纤维素纤维原料及纤维制造	281	69	6	19
合成纤维制造	282	188	24	51
橡胶制品业	29	2388	338	629
轮胎制造	291	84	11	24
橡胶板、管、带的制造	292	283	44	69
橡胶零件制造	293	496	66	143
再生橡胶制造	294	107	13	53
日用及医用橡胶制品制造	295	135	16	31
橡胶靴鞋制造	296	400	47	65
其他橡胶制品制造	299	883	141	244
塑料制品业	30	17035	2339	4560
塑料薄膜制造	301	1630	247	510
塑料板、管、型材的制造	302	1265	178	360
塑料丝、绳及编织品的制造	303	462	71	116
泡沫塑料制造	304	741	72	178
塑料人造革、合成革制造	305	185	12	31
塑料包装箱及容器制造	306	1690	248	542
塑料零件制造	307	2572	371	664
日用塑料制造	308	2925	325	765
其他塑料制品制造	309	5565	815	1394
非金属矿物制品业	31	9610	1186	2197
水泥、石灰和石膏的制造	311	681	62	95
水泥及石膏制品制造	312	967	160	193
砖瓦、石材及其他建筑材料制造	313	3334	400	777
玻璃及玻璃制品制造	314	1474	237	354
陶瓷制品制造	315	2388	200	515
耐火材料制品制造	316	134	26	39
石墨及其他非金属矿物制品制造	319	632	101	224
黑色金属冶炼及压延加工业	32	886	123	211
炼铁	321	55	8	16
炼钢	322	50	8	2
钢压延加工	323	749	103	179
铁合金冶炼	324	32	4	14
有色金属冶炼及压延加工业	33	1983	303	485
常用有色金属冶炼	331	248	41	63
贵金属冶炼	332	20	2	9
稀有稀土金属冶炼	333	44	4	10
有色金属合金制造	334	169	33	39
有色金属压延加工	335	1502	223	364
金属制品业	34	20771	3384	5509
结构性金属制品制造	341	4625	962	1378
金属工具制造	342	2671	345	655
集装箱及金属包装容器制造	343	649	70	140

20-49人	50-99人	100-299人	300-499人	500-999人	1000-2999人	3000-4999人	5000人及以上
78	35	30	6	4	4		
23	13	6	2				
55	22	24	4	4	4		
673	360	253	60	49	22	2	2
23	8	7	3	3	4	1	
103	39	25	2	1			
128	78	62	6	11	2		
29	11	1					
37	26	18	3	3	1		
93	74	57	30	21	11		2
260	124	83	16	10	4	1	
5418	2290	1770	359	201	85	6	7
526	156	147	21	14	8		1
369	179	130	28	12	7		2
136	73	51	9	5	1		
286	123	67	10	4	1		
61	25	47	7	1			1
504	204	141	27	20	4		
782	340	297	59	39	17	2	1
925	421	350	79	39	17	2	2
1829	769	540	119	67	30	2	
3360	1265	1156	253	121	66	5	1
108	121	238	46	6	5		
258	195	141	15	3	2		
1388	385	233	65	48	36	2	
404	205	196	37	29	9	2	1
957	278	312	78	33	14	1	
41	14	10	3	1			
204	67	26	9	1			
261	131	117	26	9	6	1	1
19	4	7	1				
10	13	11	1	1	3	1	
224	110	98	24	7	3		1
8	4	1		1			
568	289	248	35	33	21	1	
71	38	30	1	2	1	1	
3	2	3		1			
15	5	7	2	1			
51	22	20	4				
428	222	188	28	29	20		
6622	2560	2080	358	159	94	5	
1293	525	365	57	28	16	1	
1074	307	235	32	16	7		
201	104	93	19	12	10		

2-22 续表 4

行业	代码	企业法人单位数(个)		
			7人及以下	8-19人
金属丝绳及其制品的制造	344	445	81	132
建筑、安全用金属制品制造	345	2394	374	578
金属表面处理及热处理加工	346	1585	207	429
搪瓷制品制造	347	160	18	38
不锈钢及类似日用金属制品制造	348	4590	618	1059
其他金属制品制造	349	3652	709	1100
通用设备制造业	35	8346	1696	2516
锅炉及原动机制造	351	170	29	50
金属加工机械制造	352	1657	366	536
起重运输设备制造	353	258	33	52
泵、阀门、压缩机及类似机械的制造	354	638	122	149
轴承、齿轮、传动和驱动部件的制造	355	335	55	72
烘炉、熔炉及电炉制造	356	89	12	27
风机、衡器、包装设备等通用设备制造	357	1576	309	446
通用零部件制造及机械修理	358	2691	607	888
金属铸、锻加工	359	932	163	296
专用设备制造业	36	8892	1656	2544
矿山、冶金、建筑专用设备制造	361	306	61	85
化工、木材、非金属加工专用设备制造	362	4615	839	1334
食品、饮料、烟草及饲料生产专用设备制造	363	250	26	57
印刷、制药、日化生产专用设备制造	364	743	141	231
纺织、服装和皮革工业专用设备制造	365	382	66	92
电子和电工机械专用设备制造	366	1020	166	303
农、林、牧、渔专用机械制造	367	153	31	47
医疗仪器设备及器械制造	368	566	98	150
环保、社会公共安全及其他专用设备制造	369	857	228	245
交通运输设备制造业	37	4157	708	1144
铁路运输设备制造	371	21	5	4
汽车制造	372	2617	464	858
摩托车制造	373	483	50	64
自行车制造	374	354	45	55
船舶及浮动装置制造	375	593	126	141
航空航天器制造	376	12	1	2
交通器材及其他交通运输设备制造	379	77	17	20
电气机械及器材制造业	39	16383	2156	3660
电机制造	391	864	116	183
输配电及控制设备制造	392	3945	481	880
电线、电缆、光缆及电工器材制造	393	2662	295	553
电池制造	394	831	73	130
家用电力器具制造	395	3809	612	896
非电力家用器具制造	396	526	103	153
照明器具制造	397	3319	392	750
其他电气机械及器材制造	399	427	84	115
通信设备、计算机及其他电子设备制造业	40	14346	1676	2572
通信设备制造	401	1152	128	194

20-49人	50-99人	100-299人	300-499人	500-999人	1000-2999人	3000-4999人	5000人及以上
122	49	51	8	1	1		
738	332	277	49	26	18	2	
498	221	177	35	12	5	1	
45	32	20	4	1	2		
1597	554	585	109	40	27	1	
1054	436	277	45	23	8		
2343	896	663	115	82	31	4	
49	23	14	1	3	1		
466	159	106	12	9	3		
74	45	42	5	4	3		
182	79	69	18	12	5	2	
99	45	36	17	7	4		
31	9	8	2				
431	192	133	26	30	8	1	
754	242	167	21	8	3	1	
257	102	88	13	9	4		
2528	1051	841	139	87	37	4	5
87	31	33	4	4	1		
1289	560	450	84	43	14		2
108	32	23	2	2			
202	91	67	4	5	2		
123	56	38	4	1	2		
294	114	107	13	11	6	4	2
46	18	6	3	1	1		
149	67	65	15	14	7		1
230	82	52	10	6	4		
1052	451	515	118	93	62	8	6
6	1	4			1		
659	233	258	60	47	30	3	5
126	75	110	25	19	13	1	
77	63	68	21	14	9	1	1
158	69	69	10	10	9	1	
4	1		1	1		2	
22	9	6	1	2			
4659	2418	2264	552	395	227	33	19
227	146	131	33	15	9	3	1
1164	616	530	122	80	59	9	4
854	410	373	91	52	33	1	
192	131	183	47	45	24	1	5
987	512	468	137	107	70	12	8
138	58	53	11	8	1	1	
986	487	484	103	81	30	5	1
111	58	42	8	7	1	1	
3802	2260	2309	665	557	383	63	59
281	171	202	58	57	45	4	12

2-22 续表 5

行　业	代码	企业法人单位数（个）	7人及以下	8-19人
雷达及配套设备制造	402	16	3	4
广播电视设备制造	403	399	37	65
电子计算机制造	404	1618	186	250
电子器件制造	405	1735	191	332
电子元件制造	406	5799	701	1017
家用视听设备制造	407	2041	199	365
其他电子设备制造	409	1586	231	345
仪器仪表及文化、办公用机械制造业	41	2776	373	620
通用仪器仪表制造	411	562	99	167
专用仪器仪表制造	412	307	55	89
钟表与计时仪器制造	413	945	99	156
光学仪器及眼镜制造	414	468	61	98
文化、办公用机械制造	415	430	49	90
其他仪器仪表的制造及修理	419	64	10	20
工艺品及其他制造业	42	6350	1003	1431
工艺美术品制造	421	4738	756	1030
日用杂品制造	422	964	122	215
煤制品制造	423	35	12	13
核辐射加工	424			
其他未列明的制造业	429	613	113	173
废弃资源和废旧材料回收加工业	43	996	356	282
金属废料和碎屑的加工处理	431	483	189	128
非金属废料和碎屑的加工处理	432	513	167	154
电力、燃气及水的生产和供应业	**D**	**7074**	**3485**	**1956**
电力、热力的生产和供应业	44	5731	3137	1551
电力生产	441	5564	3109	1527
电力供应	442	142	22	20
热力生产和供应	443	25	6	4
燃气生产和供应业	45	178	31	51
燃气生产和供应业	450	178	31	51
水的生产和供应业	46	1165	317	354
自来水的生产和供应	461	974	259	281
污水处理及其再生利用	462	165	50	58
其他水的处理、利用与分配	469	26	8	15
建筑业	**E**	**14457**	**5595**	**3118**
房屋和土木工程建筑业	47	4114	820	508
房屋工程建筑	471	2579	449	255
土木工程建筑	472	1535	371	253
建筑安装业	48	3579	1217	861
建筑安装业	480	3579	1217	861
建筑装饰业	49	5439	2918	1451
建筑装饰业	490	5439	2918	1451
其他建筑业	50	1325	640	298
工程准备	501	528	275	102
提供施工设备服务	502	127	55	31
其他未列明的建筑活动	509	670	310	165

20-49人	50-99人	100-299人	300-499人	500-999人	1000-2999人	3000-4999人	5000人及以上
4	4	1					
112	77	73	18	10	5	2	
364	266	279	95	65	84	15	14
467	294	242	82	62	43	10	12
1567	912	949	260	240	117	22	14
553	314	354	97	82	64	6	7
454	222	209	55	41	25	4	
721	383	417	107	77	56	14	8
155	63	58	14	4	2		
73	37	40	9	2	2		
285	147	177	36	26	18	1	
111	78	58	21	20	12	7	2
80	52	74	26	25	22	6	6
17	6	10	1				
1925	875	796	154	112	48	4	2
1440	668	595	120	86	38	3	2
306	138	138	24	14	6	1	
6	3	1					
173	66	62	10	12	4		
222	56	67	7	6			
78	27	48	7	6			
144	29	19					
897	**319**	**274**	**58**	**64**	**17**	**2**	**2**
611	177	153	37	48	14	1	2
582	162	130	26	22	6		
25	10	19	9	26	8	1	2
4	5	4	2				
52	22	15	4	2	1		
52	22	15	4	2	1		
234	120	106	17	14	2	1	
193	108	101	17	12	2	1	
39	12	5		1			
2				1			
2029	**1082**	**1306**	**476**	**417**	**346**	**67**	**21**
526	419	755	364	346	296	60	20
256	205	506	288	294	258	52	16
270	214	249	76	52	38	8	4
700	383	295	55	46	20	1	1
700	383	295	55	46	20	1	1
608	190	185	42	17	22	6	
608	190	185	42	17	22	6	
195	90	71	15	8	8		
68	44	30	6	2	1		
26	7	5			3		
101	39	36	9	6	4		

2-22 续表 6

行　业	代码	企业法人单位数（个）	7人及以下	8-19人
交通运输、仓储和邮政业	F	**14244**	**5677**	**4094**
铁路运输业	51	12	4	4
铁路旅客运输	511	1		
铁路货物运输	512	9	4	3
铁路运输辅助活动	513	2		1
道路运输业	52	4988	1527	1437
公路旅客运输	521	542	83	92
道路货物运输	522	3865	1289	1213
道路运输辅助活动	523	581	155	132
城市公共交通业	53	466	75	69
公共电汽车客运	531	140	9	21
轨道交通	532	7	1	1
出租车客运	533	299	57	46
城市轮渡	534	5		
其他城市公共交通	539	15	8	1
水上运输业	54	884	274	201
水上旅客运输	541	87	24	27
水上货物运输	542	530	182	123
水上运输辅助活动	543	267	68	51
航空运输业	55	87	27	15
航空客货运输	551	57	17	11
通用航空服务	552	11	5	3
航空运输辅助活动	553	19	5	1
管道运输业	56	3	1	
管道运输业	560	3	1	
装卸搬运和其他运输服务业	57	6053	3095	1854
装卸搬运	571	462	154	104
运输代理服务	572	5591	2941	1750
仓储业	58	1163	395	318
谷物、棉花等农产品仓储	581	175	45	54
其他仓储	589	988	350	264
邮政业	59	588	279	196
国家邮政	591	40	5	3
其他寄递服务	599	548	274	193
信息传输、计算机服务和软件业	G	**13981**	**7124**	**4299**
电信和其他信息传输服务业	60	2192	1065	659
电信	601	587	202	148
互联网信息服务	602	1472	815	485
广播电视传输服务	603	121	41	22
卫星传输服务	604	12	7	4
计算机服务业	61	5855	3148	2007
计算机系统服务	611	1643	903	423
数据处理	612	97	35	15
计算机维修	613	290	192	58
其他计算机服务	619	3825	2018	1511

20-49人	50-99人	100-299人	300-499人	500-999人	1000-2999人	3000-4999人	5000人及以上
2390	**895**	**769**	**150**	**137**	**94**	**19**	**19**
	3	1					
		1					
	2						
	1						
1135	397	332	60	60	36	4	
127	91	89	23	21	14	2	
885	240	178	22	19	19		
123	66	65	15	20	3	2	
55	60	101	34	28	30	7	7
16	25	25	10	9	17	5	3
1	1	1			1		1
33	33	72	23	19	12	2	2
3	1		1				
2		3					1
170	92	89	26	17	8	1	6
19	5	7	1	2	1	1	
98	59	46	13	3	3		3
53	28	36	12	12	4		3
15	8	9	2	6	1	2	2
10	5	5	2	4		1	2
1	1			1			
4	2	4		1	1	1	
	1	1					
	1	1					
700	211	156	17	14	6		
99	46	48	5	5	1		
601	165	108	12	9	5		
261	104	69	10	5	1		
54	16	6					
207	88	63	10	5	1		
54	19	11	1	7	12	5	4
2	2	6		4	11	4	3
52	17	5	1	3	1	1	1
1623	**494**	**302**	**48**	**39**	**41**	**9**	**2**
238	76	73	22	19	33	6	1
86	33	46	17	16	32	6	1
122	27	20	3				
30	16	6	2	3	1		
		1					
511	107	63	7	10		2	
217	64	27	3	6			
15	10	16	1	4		1	
31	6	3					
248	27	17	3			1	

2-22 续表 7

行　业	代码	企业法人单位数（个）	7人及以下	8-19人
软件业	62	5934	2911	1633
公共软件服务	621	4888	2301	1359
其他软件服务	629	1046	610	274
批发和零售业	**H**	**141318**	**84435**	**39779**
批发业	63	93587	54104	27872
农畜产品批发	631	1586	691	619
食品、饮料及烟草制品批发	632	6569	3253	1946
纺织、服装及日用品批发	633	14234	8529	4195
文化、体育用品及器材批发	634	4231	2508	1180
医药及医疗器材批发	635	3094	1084	1135
矿产品、建材及化工产品批发	636	22203	13371	6388
机械设备、五金交电及电子产品批发	637	30535	17604	9441
贸易经纪与代理	638	4237	2661	1173
其他批发	639	6898	4403	1795
零售业	65	47731	30331	11907
综合零售	651	3624	1682	860
食品、饮料及烟草制品专门零售	652	3446	2309	842
纺织、服装及日用品专门零售	653	5242	3533	1223
文化、体育用品及器材专门零售	654	3198	2131	776
医药及医疗器材专门零售	655	3602	2579	702
汽车、摩托车、燃料及零配件专门零售	656	6451	3228	1832
家用电器及电子产品专门零售	657	9986	6469	2686
五金、家具及室内装修材料专门零售	658	7005	4935	1687
无店铺及其他零售	659	5177	3465	1299
住宿和餐饮业	**I**	**13012**	**2531**	**3735**
住宿业	66	5053	1312	1333
旅游饭店	661	1769	141	194
一般旅馆	662	2981	1043	1065
其他住宿服务	669	303	128	74
餐饮业	67	7959	1219	2402
正餐服务	671	6197	551	1776
快餐服务	672	811	265	309
饮料及冷饮服务	673	361	131	135
其他餐饮服务	679	590	272	182
金融业	**J**	**1885**	**420**	**392**
银行业	68	439	7	37
中央银行	681	2		
商业银行	682	406	6	35
其他银行	689	31	1	2
证券业	69	137	30	23
证券市场管理	691	4	2	1
证券经纪与交易	692	97	7	16
证券投资	693	19	13	1
证券分析与咨询	694	17	8	5

20-49人	50-99人	100-299人	300-499人	500-999人	1000-2999人	3000-4999人	5000人及以上
874	311	166	19	10	8	1	1
767	283	144	14	10	8	1	1
107	28	22	5				
12059	**3140**	**1477**	**203**	**137**	**73**	**11**	**4**
8566	2023	830	92	77	21	1	1
210	47	19					
876	281	159	22	28	3	1	
1069	274	132	19	11	5		
402	97	35	3	3	3		
617	163	82	5	6	2		
1869	409	131	20	13	1		1
2679	574	200	16	14	7		
329	55	18	1				
515	123	54	6	2			
3493	1117	647	111	60	52	10	3
540	254	168	54	36	22	5	3
220	57	12	4	1	1		
308	97	57	14	5	4	1	
197	50	38	2	2	2		
192	59	45	16	4	3	2	
747	394	227	8	4	10	1	
649	109	50	8	6	8	1	
318	43	16	4	2			
322	54	34	1		2		
3296	**1620**	**1361**	**279**	**155**	**30**		**5**
965	526	583	201	112	21		
330	328	472	178	108	18		
578	179	91	19	3	3		
57	19	20	4	1			
2331	1094	778	78	43	9		5
2004	1018	745	64	35	4		
162	35	19	7	4	5		5
77	14	1	2	1			
88	27	13	5	3			
309	**195**	**227**	**118**	**114**	**83**	**15**	**12**
71	49	83	58	73	50	6	5
1				1			
63	42	71	58	71	49	6	5
7	7	12		1	1		
24	15	23	9	4	6	2	1
			1				
17	15	21	8	4	6	2	1
3		2					
4							

2-22 续表 8

行 业	代码	企业法人单位数(个)	7人及以下	8-19人
保险业	70	796	120	180
人寿保险	701	183	5	17
非人寿保险	702	282	9	36
保险辅助服务	703	331	106	127
其他金融活动	71	513	263	152
金融信托与管理	711	64	37	14
金融租赁	712	7	2	1
财务公司	713	31	13	8
邮政储蓄	714	15		
典当	715	161	77	73
其他未列明的金融活动	719	235	134	56
房地产业	**K**	**27964**	**13487**	**6983**
房地产业	72	27964	13487	6983
房地产开发经营	721	6811	2319	2150
物业管理	722	8330	2711	2114
房地产中介服务	723	4168	3001	775
其他房地产活动	729	8655	5456	1944
租赁和商务服务业	**L**	**46529**	**29677**	**10583**
租赁业	73	905	485	241
机械设备租赁	731	837	447	222
文化及日用品出租	732	68	38	19
商务服务业	74	45624	29192	10342
企业管理服务	741	15449	10549	2738
法律服务	742	744	181	290
咨询与调查	743	12618	8385	2875
广告业	744	7288	4700	1967
知识产权服务	745	425	270	106
职业中介服务	746	921	483	210
市场管理	747	1357	580	422
旅行社	748	1181	423	431
其他商务服务	749	5641	3621	1303
科学研究、技术服务和地质勘查业	**M**	**13713**	**6877**	**3837**
研究与试验发展	75	3313	1645	1039
自然科学研究与试验发展	751	213	140	49
工程和技术研究与试验发展	752	2651	1246	859
农业科学研究与试验发展	753	138	81	40
医学研究与试验发展	754	288	163	88
社会人文科学研究与试验发展	755	23	15	3
专业技术服务业	76	8473	4090	2317
气象服务	761	44	23	16
地震服务	762	5	4	
海洋服务	763	8	1	5
测绘服务	764	159	58	68
技术检测	765	661	176	251
环境监测	766	81	45	25
工程技术与规划管理	767	3888	1633	1022
其他专业技术服务	769	3627	2150	930

20-49人	50-99人	100-299人	300-499人	500-999人	1000-2999人	3000-4999人	5000人及以上
157	113	111	43	34	25	7	6
26	23	38	22	21	18	7	6
77	69	58	16	11	6		
54	21	15	5	2	1		
57	18	10	8	3	2		
4	5	3	1				
3	1						
7	3						
		5	6	3	1		
10		1					
33	9	1	1		1		
4592	**1626**	**948**	**175**	**95**	**53**	**4**	**1**
4592	1626	948	175	95	53	4	1
1633	467	190	30	14	5	3	
1854	860	571	110	67	41	1	1
252	62	56	9	7	6		
853	237	131	26	7	1		
4090	**1178**	**678**	**101**	**79**	**92**	**24**	**27**
117	32	24	3	3			
111	30	21	3	3			
6	2	3					
3973	1146	654	98	76	92	24	27
1260	434	311	43	32	46	17	19
199	57	17					
1002	229	103	11	6	7		
492	92	31	4	1	1		
38	6	3	2				
112	52	34	6	9	11	2	2
232	82	33	5	3			
190	74	55	4	4			
448	120	67	23	21	27	5	6
1912	**656**	**342**	**48**	**26**	**13**	**2**	
436	120	58	9	3	2	1	
16	5	3					
377	103	51	9	3	2	1	
13	3	1					
27	8	2					
3	1	1					
1273	483	247	32	21	9	1	
2	2	1					
1							
2							
25	4	3		1			
155	47	21	4	4	3		
8	3						
712	314	164	24	14	5		
368	113	58	4	2	1	1	

2-22 续表 9

行　业	代码	企业法人单位数(个)	7人及以下	8-19人
科技交流和推广服务业	77	1854	1123	464
技术推广服务	771	1335	787	346
科技中介服务	772	255	153	65
其他科技服务	779	264	183	53
地质勘查业	78	73	19	17
矿产地质勘查	781	20	7	3
基础地质勘查	782	24	5	8
地质勘查技术服务	783	29	7	6
水利、环境和公共设施管理业	**N**	**1813**	**694**	**481**
水利管理业	79	103	33	43
防洪管理	791	12	2	6
水资源管理	792	65	20	27
其他水利管理	799	26	11	10
环境管理业	80	524	228	132
自然保护	801	28	9	10
环境治理	802	496	219	122
公共设施管理业	81	1186	433	306
市政公共设施管理	811	192	73	57
城市绿化管理	812	705	278	181
游览景区管理	813	289	82	68
居民服务和其他服务业	**O**	**10965**	**5246**	**3294**
居民服务业	82	4884	2421	1303
家庭服务	821	440	307	81
托儿所	822	63	28	23
洗染服务	823	149	49	47
理发及美容保健服务	824	1823	852	552
洗浴服务	825	626	69	182
婚姻服务	826	115	87	20
殡葬服务	827	99	31	35
摄影扩印服务	828	571	391	115
其他居民服务	829	998	607	248
其他服务业	83	6081	2825	1991
修理与维护	831	3253	1417	1247
清洁服务	832	1525	654	421
其他未列明的服务	839	1303	754	323
教育	**P**	**2971**	**985**	**926**
教育	84	2971	985	926
学前教育	841	1052	157	431
初等教育	842	199	10	20
中等教育	843	98	13	15
高等教育	844	50	14	14
其他教育	849	1572	791	446

20-49人	50-99人	100-299人	300-499人	500-999人	1000-2999人	3000-4999人	5000人及以上
182	44	30	7	2	2		
140	31	23	5	1	2		
26	6	3	1	1			
16	7	4	1				
21	9	7					
5	3	2					
5	2	4					
11	4	1					
333	**161**	**110**	**14**	**15**	**5**		
14	9	4					
1	1	2					
9	7	2					
4	1						
83	42	27	2	8	2		
2	3	3	1				
81	39	24	1	8	2		
236	110	79	12	7	3		
37	9	14	2				
129	66	42	3	6			
70	35	23	7	1	3		
1587	**480**	**264**	**50**	**28**	**14**	**2**	
741	268	118	19	9	4	1	
31	13	5	1	2			
11	1						
29	18	5	1				
276	107	29	6		1		
216	90	60	8	1			
7	1						
25	5	3					
51	9	4	1				
95	24	12	2	6	3	1	
846	212	146	31	19	10	1	
481	76	29	1	1	1		
222	83	94	26	17	7	1	
143	53	23	4	1	2		
755	**211**	**79**	**6**	**7**	**2**		
755	211	79	6	7	2		
394	63	7					
97	60	11		1			
21	26	20	2	1			
12	3	4	1	2			
231	59	37	3	3	2		

2-22 续表 10

行业	代码	企业法人单位数(个)	7人及以下	8-19人
卫生、社会保障和社会福利业	Q	**1717**	**896**	**467**
卫生	85	1648	875	439
医院	851	212	39	38
卫生院及社区医疗活动	852	164	76	49
门诊部医疗活动	853	918	545	264
计划生育技术服务活动	854	240	151	68
妇幼保健活动	855	6	2	2
专科疾病防治活动	856	33	23	6
疾病预防控制及防疫活动	857	10	3	2
其他卫生活动	859	65	36	10
社会保障业	86	5	2	1
社会保障业	860	5	2	1
社会福利业	87	64	19	27
提供住宿的社会福利	871	47	11	23
不提供住宿的社会福利	872	17	8	4
文化、体育和娱乐业	R	**3363**	**1423**	**856**
新闻出版业	88	252	93	66
新闻业	881	11	2	4
出版业	882	241	91	62
广播、电视、电影和音像业	89	495	240	118
广播	891	27	12	4
电视	892	130	68	29
电影	893	220	75	58
音像制作	894	118	85	27
文化艺术业	90	453	294	101
文艺创作与表演	901	142	88	33
艺术表演场馆	902	30	14	9
图书馆与档案馆	903	8	3	3
文物及文化保护	904	10	5	4
博物馆	905	8	4	2
烈士陵园、纪念馆	906	1		1
群众文化活动	907	57	42	10
文化艺术经纪代理	908	106	72	24
其他文化艺术	909	91	66	15
体育	91	277	150	79
体育组织	911	81	49	15
体育场馆	912	126	61	42
其他体育	919	70	40	22
娱乐业	92	1886	646	492
室内娱乐活动	921	1179	380	302
游乐园	922	62	19	17
休闲健身娱乐活动	923	516	184	147
其他娱乐活动	929	129	63	26

20-49人	50-99人	100-299人	300-499人	500-999人	1000-2999人	3000-4999人	5000人及以上
192	**68**	**71**	**12**	**3**	**8**		
177	65	69	12	3	8		
33	33	47	12	2	8		
19	14	6					
86	11	12					
20	1						
1		1					
2	2						
3	2						
13	2	3		1			
2							
2							
13	3	2					
8	3	2					
5							
635	**266**	**130**	**31**	**10**	**8**	**4**	
52	20	13	2	1	2	3	
3		1		1			
49	20	12	2		2	3	
101	20	10	2	1	3		
5	4	1		1			
23	3	3	1		3		
68	12	6	1				
5	1						
33	20	5					
11	9	1					
3	3	1					
1		1					
		1					
1	1						
4		1					
6	4						
7	3						
28	12	2	5	1			
10	4	1	2				
14	6		2	1			
4	2	1	1				
421	194	100	22	7	3	1	
301	135	58	2	1			
7	10	6	1		2		
92	41	26	18	6	1	1	
21	8	10	1				

2-23 按地区、就业人数组距分组的企业法人单位数

地区	企业法人单位数(个)	7人及以下	8-19人	20-49人	50-99人	100-299人	300-499人	500-999人	1000-2999人	3000-4999人	5000人及以上
总计	**509178**	**196496**	**133215**	**95875**	**37895**	**30978**	**6703**	**4663**	**2714**	**386**	**253**
广州市	138171	69366	36748	18959	6439	4438	994	665	442	62	58
深圳市	97854	35306	27173	18055	7792	6342	1373	965	645	117	86
珠海市	20012	10899	4460	2354	1057	838	185	126	75	11	7
汕头市	17290	3805	5364	5657	1168	962	162	97	55	17	3
佛山市	54157	20523	15224	9911	3906	3310	603	409	224	33	14
韶关市	6693	2214	2473	1178	365	279	73	70	34	5	2
河源市	3597	1490	873	598	263	242	55	46	27	1	2
梅州市	6917	2652	1926	1269	482	413	89	54	25	6	1
惠州市	18798	8006	3531	3594	1693	1351	275	225	102	9	12
汕尾市	2517	441	878	665	247	177	49	31	23	5	1
东莞市	48349	16265	9311	8957	5577	5364	1304	937	534	62	38
中山市	22500	6520	5543	4873	2430	2167	465	304	163	23	12
江门市	15952	4981	3882	3471	1496	1512	308	188	102	9	3
阳江市	6484	953	2044	2426	528	376	73	59	22	3	
湛江市	8863	2528	2992	2039	653	400	97	85	55	11	3
茂名市	9177	2228	2818	2520	942	475	90	61	39	2	2
肇庆市	7945	2690	2138	1589	677	597	119	95	35	1	4
清远市	6039	2450	1595	968	391	389	112	80	50	1	3
潮州市	7393	1406	2004	2756	535	509	106	57	18	2	
揭阳市	7980	815	1600	3609	1084	641	134	73	22	1	1
云浮市	2490	958	638	427	170	196	37	36	22	5	1

2-24　按登记注册类型、就业人数组距分组的企业法人单位数

登记注册类型	企业法人单位数（个）	7人及以下	8-19人	20-49人	50-99人	100-299人	300-499人	500-999人	1000-2999人	3000-4999人	5000人及以上
总　计	**509178**	**196496**	**133215**	**95875**	**37895**	**30978**	**6703**	**4663**	**2714**	**386**	**253**
内资企业	**461417**	**189725**	**127716**	**86912**	**29903**	**20005**	**3412**	**2215**	**1227**	**189**	**113**
国有企业	10978	3171	2635	2297	1133	974	257	253	187	48	23
集体企业	22248	11137	5047	3139	1216	994	294	240	151	15	15
股份合作企业	5423	2758	1294	796	239	222	28	32	28	12	14
联营企业	1319	432	362	261	115	100	26	15	6	1	1
国有联营企业	304	85	68	65	39	33	7	5	2		
集体联营企业	420	151	126	76	23	28	8	5	2		1
国有与集体联营企业	118	40	25	24	13	8	5	2	1		
其他联营企业	477	156	143	96	40	31	6	3	1	1	
有限责任公司	69622	25842	17757	13183	6125	4744	936	628	326	55	26
国有独资公司	928	213	163	199	124	107	37	49	23	7	6
其他有限责任公司	68694	25629	17594	12984	6001	4637	899	579	303	48	20
股份有限公司	6537	2138	1587	1206	502	531	179	161	172	36	25
私营企业	330057	136411	95226	63790	19786	12007	1629	835	342	22	9
私营独资企业	104146	36855	32602	25523	6087	2710	241	102	23	3	
私营合伙企业	16478	6552	5139	3351	962	411	40	18	4		1
私营有限责任公司	202015	89693	55406	33686	12329	8581	1310	687	296	19	8
私营股份有限公司	7418	3311	2079	1230	408	305	38	28	19		
其他企业	15233	7836	3808	2240	787	433	63	51	15		
港、澳、台商投资企业	**33479**	**4457**	**3679**	**6399**	**5835**	**7969**	**2324**	**1678**	**947**	**116**	**75**
合资经营企业(港或澳、台资)	4319	478	424	736	758	1158	340	260	145	10	10
合作经营企业(港或澳、台资)	2323	382	277	469	381	519	149	91	46	8	1
港、澳、台商独资经营企业	26109	3456	2876	5046	4577	6162	1792	1306	738	94	62
港、澳、台商投资股份有限公司	728	141	102	148	119	130	43	21	18	4	2
外商投资企业	**14282**	**2314**	**1820**	**2564**	**2157**	**3004**	**967**	**770**	**540**	**81**	**65**
中外合资经营企业	2965	375	409	556	470	633	213	158	128	10	13
中外合作经营企业	1004	158	131	212	130	227	61	50	27	8	
外资企业	9912	1698	1219	1726	1505	2078	672	539	365	61	49
外商投资股份有限公司	401	83	61	70	52	66	21	23	20	2	3

2-25 按行业(中类)、全年营业

行业	代码	企业法人单位数(个)	100万元及以下	100-200万元
总计		**509178**	**205969**	**68163**
农、林、牧、渔业	A	**37**	**8**	**5**
农业	01	13	4	
谷物及其他作物的种植	011	7		
蔬菜、园艺作物的种植	012	2	2	
水果、坚果、饮料和香料作物的种植	013	3	2	
中药材的种植	014	1		
林业	02	9	1	2
林木的培育和种植	021	7	1	2
木材和竹材的采运	022	1		
林产品的采集	023	1		
畜牧业	03	8	1	
牲畜的饲养	031	1		
猪的饲养	032	2		
家禽的饲养	033	4		
狩猎和捕捉动物	034	1	1	
其他畜牧业	039			
渔业	04	4	2	
海洋渔业	041	3	1	
内陆渔业	042	1	1	
农、林、牧、渔服务业	05	3		3
农业服务业	051			
林业服务业	052	2		2
畜牧服务业	053	1		1
渔业服务业	054			
采矿业	B	**2329**	**529**	**240**
煤炭开采和洗选业	06	3		1
烟煤和无烟煤的开采洗选	061			
褐煤的开采洗选	062			
其他煤炭采选	069	3		1
石油和天然气开采业	07	18	3	2
天然原油和天然气开采	071	8	1	1
与石油和天然气开采有关的服务活动	079	10	2	1
黑色金属矿采选业	08	315	70	17
铁矿采选	081	299	64	17
其他黑色金属矿采选	089	16	6	
有色金属矿采选业	09	213	63	20
常用有色金属矿采选	091	148	51	16
贵金属矿采选	092	17	3	1
稀有稀土金属矿采选	093	48	9	3
非金属矿采选业	10	1747	381	197
土砂石开采	101	1541	331	165
化学矿采选	102	5	2	
采盐	103	44	13	8
石棉及其他非金属矿采选	109	157	35	24

收入组距分组的企业法人单位数

200-500万元	500-1000万元	1000-2000万元	2000-5000万元	5000万元-1亿元	1亿元以上
109714	**38297**	**32669**	**26237**	**13140**	**14989**
3	**9**	**2**	**6**	**3**	**1**
1	2		5	1	
	1		5	1	
1					
	1				
2	2	1		1	
2	1	1			
	1				
				1	
	3	1	1	1	1
	1				
		1		1	
	2		1		1
	2				
	2				
1110	**98**	**95**	**124**	**81**	**52**
2					
2					
4	1		2		6
4					2
	1		2		4
145	13	15	18	18	19
137	13	14	18	18	18
8		1			1
71	9	7	17	14	12
45	7	5	9	7	8
10		1	1		1
16	2	1	7	7	3
870	75	73	87	49	15
768	71	64	82	47	13
2					1
16	2	3	1	1	
84	2	6	4	1	1

2-25 续表 1

行业	代码	企业法人单位数(个)	100万元及以下	100-200万元
其他采矿业	11	33	12	3
其他采矿业	110	33	12	3
制造业	**C**	**191806**	**50322**	**25778**
农副食品加工业	13	3412	793	369
谷物磨制	131	389	158	38
饲料加工	132	530	87	57
植物油加工	133	279	76	34
制糖	134	80	17	7
屠宰及肉类加工	135	689	187	73
水产品加工	136	646	86	64
蔬菜、水果和坚果加工	137	409	85	42
其他农副食品加工	139	390	97	54
食品制造业	14	3470	773	536
焙烤食品制造	141	833	189	153
糖果、巧克力及蜜饯制造	142	928	156	131
方便食品制造	143	337	80	44
液体乳及乳制品制造	144	53	10	6
罐头制造	145	142	22	17
调味品、发酵制品制造	146	457	115	72
其他食品制造	149	720	201	113
饮料制造业	15	1402	489	205
酒精制造	151	22	4	1
酒的制造	152	434	143	72
软饮料制造	153	795	290	114
精制茶加工	154	151	52	18
烟草制品业	16	30	5	5
烟叶复烤	161	6	1	1
卷烟制造	162	5	2	
其他烟草制品加工	169	19	2	4
纺织业	17	8625	1712	862
棉、化纤纺织及印染精加工	171	2406	430	221
毛纺织和染整精加工	172	558	84	44
麻纺织	173	21	3	3
丝绢纺织及精加工	174	164	33	21
纺织制成品制造	175	1916	461	284
针织品、编织品及其制品制造	176	3560	701	289
纺织服装、鞋、帽制造业	18	13962	3909	1609
纺织服装制造	181	13299	3750	1513
纺织面料鞋的制造	182	448	120	72
制帽	183	215	39	24
皮革、毛皮、羽毛(绒)及其制品业	19	7357	1650	1032
皮革鞣制加工	191	413	86	45
皮革制品制造	192	6702	1492	956
毛皮鞣制及制品加工	193	129	46	23
羽毛(绒)加工及制品制造	194	113	26	8

200-500万元	500-1000万元	1000-2000万元	2000-5000万元	5000万元-1亿元	1亿元以上
18					
18					
57952	**15198**	**12619**	**14065**	**7693**	**8179**
1299	167	174	201	144	265
137	14	7	10	6	19
126	29	36	47	43	105
104	10	16	9	8	22
7	5	3	7	9	25
283	43	34	35	14	20
295	18	32	53	46	52
193	24	23	21	11	10
154	24	23	19	7	12
1329	242	163	203	105	119
333	48	30	40	23	17
458	55	38	48	25	17
103	28	14	30	12	26
11	4	5	3	2	12
41	19	13	18	7	5
155	37	25	21	13	19
228	51	38	43	23	23
455	68	31	48	36	70
10		3	1	2	1
149	21	7	9	9	24
232	41	19	31	25	43
64	6	2	7		2
8		1	3	3	5
1			1	2	
					3
7		1	2	1	2
2834	729	742	898	480	368
715	203	202	282	175	178
257	39	32	52	27	23
11	1	2	1		
58	15	8	19	6	4
596	173	133	159	64	46
1197	298	365	385	208	117
4563	1059	911	1059	534	318
4369	998	858	994	515	302
121	44	29	35	13	14
73	17	24	30	6	2
2592	596	468	523	272	224
136	27	23	37	38	21
2386	548	431	472	223	194
32	9	9	3	5	2
38	12	5	11	6	7

2-25 续表 2

行业	代码	企业法人单位数(个)	100万元及以下	100-200万元
木材加工及木、竹、藤、棕、草制品业	20	3092	797	421
锯材、木片加工	201	872	228	121
人造板制造	202	852	180	98
木制品制造	203	1026	311	139
竹、藤、棕、草制品制造	204	342	78	63
家具制造业	21	5886	1708	973
木质家具制造	211	3453	1008	618
竹、藤家具制造	212	114	19	19
金属家具制造	213	907	222	110
塑料家具制造	214	135	39	16
其他家具制造	219	1277	420	210
造纸及纸制品业	22	7581	1728	1191
纸浆制造	221	148	41	16
造纸	222	1675	363	249
纸制品制造	223	5758	1324	926
印刷业和记录媒介的复制	23	8512	2283	1377
印刷	231	7924	2095	1287
装订及其他印刷服务活动	232	530	184	86
记录媒介的复制	233	58	4	4
文教体育用品制造业	24	3901	914	457
文化用品制造	241	617	147	80
体育用品制造	242	716	165	85
乐器制造	243	203	44	24
玩具制造	244	2187	501	220
游艺器材及娱乐用品制造	245	178	57	48
石油加工、炼焦及核燃料加工业	25	328	54	35
精炼石油产品的制造	251	308	49	34
炼焦	252	16	4	1
核燃料加工	253	4	1	
化学原料及化学制品制造业	26	8157	1963	1024
基础化学原料制造	261	489	89	30
肥料制造	262	255	66	27
农药制造	263	82	16	14
涂料、油墨、颜料及类似产品制造	264	2555	525	333
合成材料制造	265	638	144	82
专用化学产品制造	266	1875	428	211
日用化学产品制造	267	2263	695	327
医药制造业	27	915	218	77
化学药品原药制造	271	59	14	4
化学药品制剂制造	272	152	23	6
中药饮片加工	273	134	33	8
中成药制造	274	194	31	10
兽用药品制造	275	83	21	13
生物、生化制品的制造	276	164	64	19
卫生材料及医药用品制造	277	129	32	17

200-500万元	500-1000万元	1000-2000万元	2000-5000万元	5000万元-1亿元	1亿元以上
1199	182	165	188	79	61
422	27	22	32	15	5
312	63	65	63	30	41
346	67	58	67	27	11
119	25	20	26	7	4
1597	423	324	454	221	186
947	250	177	245	117	91
35	10	7	15	3	6
239	75	70	93	52	46
35	14	7	12	7	5
341	74	63	89	42	38
2529	667	484	483	268	231
50	9	8	11	6	7
530	124	104	131	85	89
1949	534	372	341	177	135
3180	648	400	359	139	126
2993	607	374	325	125	118
171	37	17	20	10	5
16	4	9	14	4	3
1093	361	299	370	230	177
196	48	41	47	36	22
158	73	62	88	48	37
59	16	15	22	14	9
644	214	176	202	126	104
36	10	5	11	6	5
113	20	19	27	20	40
107	19	18	25	19	37
3	1	1	2	1	3
3					
2303	711	571	696	415	474
146	36	43	53	34	58
85	11	11	22	16	17
20	11	7	5	3	6
688	283	211	248	129	138
127	54	54	63	45	69
497	174	137	187	126	115
740	142	108	118	62	71
227	77	64	95	51	106
17	3	1	4	4	12
31	8	13	20	12	39
47	14	6	18	3	5
44	24	17	24	18	26
18	8	9	6	2	6
29	11	11	11	10	9
41	9	7	12	2	9

2-25 续表 3

行　业	代码	企业法人单位数(个)	100万元及以下	100-200万元
化学纤维制造业	28	257	40	29
纤维素纤维原料及纤维制造	281	69	12	7
合成纤维制造	282	188	28	22
橡胶制品业	29	2388	588	324
轮胎制造	291	84	23	10
橡胶板、管、带的制造	292	283	57	38
橡胶零件制造	293	496	101	92
再生橡胶制造	294	107	17	19
日用及医用橡胶制品制造	295	135	30	14
橡胶靴鞋制造	296	400	103	38
其他橡胶制品制造	299	883	257	113
塑料制品业	30	17035	4112	2413
塑料薄膜制造	301	1630	334	272
塑料板、管、型材的制造	302	1265	314	149
塑料丝、绳及编织品的制造	303	462	88	60
泡沫塑料制造	304	741	128	77
塑料人造革、合成革制造	305	185	24	19
塑料包装箱及容器制造	306	1690	434	247
塑料零件制造	307	2572	717	424
日用塑料制造	308	2925	511	337
其他塑料制品制造	309	5565	1562	828
非金属矿物制品业	31	9610	1933	1168
水泥、石灰和石膏的制造	311	681	72	33
水泥及石膏制品制造	312	967	215	109
砖瓦、石材及其他建筑材料制造	313	3334	746	428
玻璃及玻璃制品制造	314	1474	449	189
陶瓷制品制造	315	2388	305	295
耐火材料制品制造	316	134	34	18
石墨及其他非金属矿物制品制造	319	632	112	96
黑色金属冶炼及压延加工业	32	886	176	68
炼铁	321	55	12	1
炼钢	322	50	7	2
钢压延加工	323	749	150	61
铁合金冶炼	324	32	7	4
有色金属冶炼及压延加工业	33	1983	483	220
常用有色金属冶炼	331	248	52	18
贵金属冶炼	332	20	7	1
稀有稀土金属冶炼	333	44	7	6
有色金属合金制造	334	169	38	30
有色金属压延加工	335	1502	379	165
金属制品业	34	20771	5572	3032
结构性金属制品制造	341	4625	1502	650
金属工具制造	342	2671	589	360
集装箱及金属包装容器制造	343	649	133	85

200-500万元	500-1000万元	1000-2000万元	2000-5000万元	5000万元-1亿元	1亿元以上
85	25	20	19	19	20
23	9	7	5	5	1
62	16	13	14	14	19
740	233	171	180	89	63
21	7	7	5	1	10
97	31	20	26	5	9
153	51	39	32	19	9
56	8	3	2	2	
41	13	11	14	8	4
107	34	35	46	25	12
265	89	56	55	29	19
5513	1489	1231	1220	563	494
549	130	116	105	59	65
349	110	108	120	53	62
167	37	39	34	22	15
213	95	90	83	35	20
48	23	18	18	9	26
521	152	129	104	59	44
726	221	181	181	64	58
1197	278	177	223	125	77
1743	443	373	352	137	127
3668	642	557	727	472	443
170	56	86	134	69	61
235	74	78	115	87	54
1455	153	121	153	109	169
347	124	108	113	71	73
1153	164	115	180	105	71
46	9	6	8	10	3
262	62	43	24	21	12
216	59	57	77	71	162
31	2	1	3	1	4
7	1	2	7	8	16
165	53	54	66	60	140
13	3		1	2	2
435	140	123	203	131	248
78	20	17	23	15	25
4		3	1	1	3
10	5	2	4	1	9
40	17	9	11	5	19
303	98	92	164	109	192
6701	1521	1250	1344	763	588
1357	336	267	267	118	128
1206	114	113	148	91	50
169	59	58	60	41	44

2-25 续表 4

行　　业	代码	企业法人单位数（个）	100万元及以下	100-200万元
金属丝绳及其制品的制造	344	445	116	65
建筑、安全用金属制品制造	345	2394	569	350
金属表面处理及热处理加工	346	1585	377	270
搪瓷制品制造	347	160	35	22
不锈钢及类似日用金属制品制造	348	4590	984	550
其他金属制品制造	349	3652	1267	680
通用设备制造业	35	8346	2467	1287
锅炉及原动机制造	351	170	42	21
金属加工机械制造	352	1657	561	265
起重运输设备制造	353	258	48	29
泵、阀门、压缩机及类似机械的制造	354	638	169	87
轴承、齿轮、传动和驱动部件的制造	355	335	83	41
烘炉、熔炉及电炉制造	356	89	26	12
风机、衡器、包装设备等通用设备制造	357	1576	425	245
通用零部件制造及机械修理	358	2691	959	430
金属铸、锻加工	359	932	154	157
专用设备制造业	36	8892	3102	1331
矿山、冶金、建筑专用设备制造	361	306	90	42
化工、木材、非金属加工专用设备制造	362	4615	1735	737
食品、饮料、烟草及饲料生产专用设备制造	363	250	33	21
印刷、制药、日化生产专用设备制造	364	743	225	116
纺织、服装和皮革工业专用设备制造	365	382	123	44
电子和电工机械专用设备制造	366	1020	346	153
农、林、牧、渔专用机械制造	367	153	43	19
医疗仪器设备及器械制造	368	566	196	73
环保、社会公共安全及其他专用设备制造	369	857	311	126
交通运输设备制造业	37	4157	1084	581
铁路运输设备制造	371	21	7	2
汽车制造	372	2617	745	428
摩托车制造	373	483	60	36
自行车制造	374	354	82	30
船舶及浮动装置制造	375	593	165	72
航空航天器制造	376	12	1	3
交通器材及其他交通运输设备制造	379	77	24	10
电气机械及器材制造业	39	16383	4203	2377
电机制造	391	864	210	99
输配电及控制设备制造	392	3945	1078	533
电线、电缆、光缆及电工器材制造	393	2662	558	380
电池制造	394	831	195	59
家用电力器具制造	395	3809	1006	612
非电力家用器具制造	396	526	163	90
照明器具制造	397	3319	863	539
其他电气机械及器材制造	399	427	130	65
通信设备、计算机及其他电子设备制造业	40	14346	4095	1559
通信设备制造	401	1152	323	124

200-500万元	500-1000万元	1000-2000万元	2000-5000万元	5000万元-1亿元	1亿元以上
108	45	36	32	24	19
713	217	181	186	93	85
527	126	107	85	56	37
41	16	14	12	8	12
1634	341	298	389	239	155
946	267	176	165	93	58
2326	719	524	521	247	255
53	16	14	11	5	8
499	107	79	87	33	26
56	33	21	31	16	24
165	60	42	49	28	38
82	28	38	29	19	15
28	7	7	3	3	3
388	159	123	105	67	64
751	212	133	131	44	31
304	97	67	75	32	46
2226	723	546	518	230	216
74	16	24	27	14	19
1068	381	277	235	96	86
115	20	15	30	11	5
210	72	39	47	23	11
115	31	22	24	10	13
244	95	63	61	27	31
63	4	11	4	5	4
125	39	37	41	27	28
212	65	58	49	17	19
1095	287	280	295	208	327
5		2	2	2	1
730	144	137	147	96	190
105	43	57	63	49	70
69	31	43	35	30	34
163	60	37	43	27	26
2		1	1		4
21	9	3	4	4	2
3716	1473	1274	1462	833	1045
190	82	87	92	56	48
937	386	316	333	163	199
640	265	213	252	126	228
164	62	68	110	72	101
808	301	257	331	202	292
106	53	35	31	19	29
756	289	271	284	183	134
115	35	27	29	12	14
3025	1284	1188	1269	744	1182
233	75	82	105	60	150

2-25 续表 5

行　　业	代码	企业法人单位数（个）	100万元及以下	100-200万元
雷达及配套设备制造	402	16	5	2
广播电视设备制造	403	399	89	46
电子计算机制造	404	1618	430	163
电子器件制造	405	1735	514	182
电子元件制造	406	5799	1587	598
家用视听设备制造	407	2041	556	235
其他电子设备制造	409	1586	591	209
仪器仪表及文化、办公用机械制造业	41	2776	928	345
通用仪器仪表制造	411	562	154	75
专用仪器仪表制造	412	307	101	34
钟表与计时仪器制造	413	945	356	122
光学仪器及眼镜制造	414	468	197	56
文化、办公用机械制造	415	430	101	50
其他仪器仪表的制造及修理	419	64	19	8
工艺品及其他制造业	42	6350	2161	763
工艺美术品制造	421	4738	1672	527
日用杂品制造	422	964	267	146
煤制品制造	423	35	12	9
核辐射加工	424			
其他未列明的制造业	429	613	210	81
废弃资源和废旧材料回收加工业	43	996	382	108
金属废料和碎屑的加工处理	431	483	191	43
非金属废料和碎屑的加工处理	432	513	191	65
电力、燃气及水的生产和供应业	**D**	**7074**	**3368**	**958**
电力、热力的生产和供应业	44	5731	2922	805
电力生产	441	5564	2901	791
电力供应	442	142	16	11
热力生产和供应	443	25	5	3
燃气生产和供应业	45	178	29	14
燃气生产和供应业	450	178	29	14
水的生产和供应业	46	1165	417	139
自来水的生产和供应	461	974	332	113
污水处理及其再生利用	462	165	75	20
其他水的处理、利用与分配	469	26	10	6
建筑业	**E**	**14457**	**6416**	**1681**
房屋和土木工程建筑业	47	4114	1046	286
房屋工程建筑	471	2579	608	139
土木工程建筑	472	1535	438	147
建筑安装业	48	3579	1385	460
建筑安装业	480	3579	1385	460
建筑装饰业	49	5439	3255	770
建筑装饰业	490	5439	3255	770
其他建筑业	50	1325	730	165
工程准备	501	528	303	59
提供施工设备服务	502	127	59	24
其他未列明的建筑活动	509	670	368	82

200-500万元	500-1000万元	1000-2000万元	2000-5000万元	5000万元-1亿元	1亿元以上
5		3	1		
98	40	41	39	24	22
288	149	117	168	97	206
341	164	142	151	99	142
1314	546	534	521	289	410
439	163	159	192	117	180
307	147	110	92	58	72
627	205	202	220	110	139
155	60	40	38	16	24
72	21	25	30	9	15
220	66	57	70	32	22
74	30	36	35	17	23
87	24	38	43	32	55
19	4	6	4	4	
1938	418	349	373	191	157
1477	298	247	266	137	114
274	82	69	69	32	25
11			2	1	
176	38	33	36	21	18
320	30	31	30	25	70
137	14	15	7	11	65
183	16	16	23	14	5
1923	**180**	**152**	**172**	**94**	**227**
1577	100	63	70	33	161
1539	94	55	60	26	98
33	3	4	10	4	61
5	3	4		3	2
49	14	14	12	16	30
49	14	14	12	16	30
297	66	75	90	45	36
256	52	67	80	41	33
33	14	8	9	4	2
8			1		1
1866	**1031**	**959**	**1156**	**607**	**741**
393	338	434	659	424	534
196	192	263	463	324	394
197	146	171	196	100	140
583	313	309	312	110	107
583	313	309	312	110	107
716	287	149	125	54	83
716	287	149	125	54	83
174	93	67	60	19	17
66	32	30	24	7	7
21	13	4	4	2	
87	48	33	32	10	10

2-25 续表 6

行业	代码	企业法人单位数(个)	100万元及以下	100-200万元
交通运输、仓储和邮政业	F	**14244**	**6100**	**1899**
铁路运输业	51	12	3	2
铁路旅客运输	511	1		
铁路货物运输	512	9	3	2
铁路运输辅助活动	513	2		
道路运输业	52	4988	1671	728
公路旅客运输	521	542	99	58
道路货物运输	522	3865	1357	594
道路运输辅助活动	523	581	215	76
城市公共交通业	53	466	89	38
公共电汽车客运	531	140	16	14
轨道交通	532	7	2	
出租车客运	533	299	63	24
城市轮渡	534	5	2	
其他城市公共交通	539	15	6	
水上运输业	54	884	294	92
水上旅客运输	541	87	40	8
水上货物运输	542	530	176	51
水上运输辅助活动	543	267	78	33
航空运输业	55	87	35	10
航空客货运输	551	57	22	6
通用航空服务	552	11	5	2
航空运输辅助活动	553	19	8	2
管道运输业	56	3		
管道运输业	560	3		
装卸搬运和其他运输服务业	57	6053	3148	815
装卸搬运	571	462	203	69
运输代理服务	572	5591	2945	746
仓储业	58	1163	441	153
谷物、棉花等农产品仓储	581	175	64	21
其他仓储	589	988	377	132
邮政业	59	588	419	61
国家邮政	591	40	8	
其他寄递服务	599	548	411	61
信息传输、计算机服务和软件业	G	**13981**	**8634**	**2168**
电信和其他信息传输服务业	60	2192	1297	353
电信	601	587	244	79
互联网信息服务	602	1472	996	259
广播电视传输服务	603	121	49	13
卫星传输服务	604	12	8	2
计算机服务业	61	5855	3923	984
计算机系统服务	611	1643	927	249
数据处理	612	97	38	11
计算机维修	613	290	201	33
其他计算机服务	619	3825	2757	691

200-500万元	500-1000万元	1000-2000万元	2000-5000万元	5000万元-1亿元	1亿元以上
2233	**1392**	**1029**	**865**	**335**	**391**
3		2	1		1
			1		
2		1			1
1		1			
933	628	433	335	121	139
79	85	70	78	34	39
780	490	320	203	63	58
74	53	43	54	24	42
62	52	68	80	32	45
21	20	10	21	12	26
	2		1		2
40	30	53	54	19	16
1		1		1	
		4	4		1
140	87	79	69	49	74
15	6	5	2	6	5
91	62	53	40	24	33
34	19	21	27	19	36
6	8	4	9	3	12
4	6	3	5	2	9
	2		1		1
2		1	3	1	2
1					2
1					2
863	483	321	276	87	60
77	43	25	29	10	6
786	440	296	247	77	54
182	111	115	89	37	35
21	15	16	20	6	12
161	96	99	69	31	23
43	23	7	6	6	23
2	2	3	2	4	19
41	21	4	4	2	4
1469	**639**	**452**	**299**	**133**	**187**
207	91	74	49	24	97
66	36	35	26	14	87
129	40	24	13	8	3
11	15	15	10	2	6
1					1
483	195	127	81	25	37
192	96	83	50	19	27
16	8	8	10	4	2
31	15	4	5	1	
244	76	32	16	1	8

2-25 续表 7

行　业	代码	企业法人单位数（个）	100万元及以下	100-200万元
软件业	62	5934	3414	831
公共软件服务	621	4888	2778	662
其他软件服务	629	1046	636	169
批发和零售业	**H**	**141318**	**59719**	**16840**
批发业	63	93587	35396	10820
农畜产品批发	631	1586	449	168
食品、饮料及烟草制品批发	632	6569	2376	721
纺织、服装及日用品批发	633	14234	5502	1528
文化、体育用品及器材批发	634	4231	1925	507
医药及医疗器材批发	635	3094	677	376
矿产品、建材及化工产品批发	636	22203	5963	2249
机械设备、五金交电及电子产品批发	637	30535	13337	3924
贸易经纪与代理	638	4237	2012	501
其他批发	639	6898	3155	846
零售业	65	47731	24323	6020
综合零售	651	3624	1531	457
食品、饮料及烟草制品专门零售	652	3446	1873	391
纺织、服装及日用品专门零售	653	5242	3027	571
文化、体育用品及器材专门零售	654	3198	1823	384
医药及医疗器材专门零售	655	3602	2166	366
汽车、摩托车、燃料及零配件专门零售	656	6451	1908	693
家用电器及电子产品专门零售	657	9986	5391	1544
五金、家具及室内装修材料专门零售	658	7005	3733	914
无店铺及其他零售	659	5177	2871	700
住宿和餐饮业	**I**	**13012**	**4481**	**3938**
住宿业	66	5053	2112	1200
旅游饭店	661	1769	294	258
一般旅馆	662	2981	1657	862
其他住宿服务	669	303	161	80
餐饮业	67	7959	2369	2738
正餐服务	671	6197	1384	2226
快餐服务	672	811	433	251
饮料及冷饮服务	673	361	211	111
其他餐饮服务	679	590	341	150
金融业	**J**	**1885**	**609**	**137**
银行业	68	439	21	10
中央银行	681	2	1	
商业银行	682	406	17	10
其他银行	689	31	3	
证券业	69	137	38	4
证券市场管理	691	4	3	
证券经纪与交易	692	97	10	
证券投资	693	19	15	1
证券分析与咨询	694	17	10	3

200-500万元	500-1000万元	1000-2000万元	2000-5000万元	5000万元-1亿元	1亿元以上
779	353	251	169	84	53
658	307	217	143	75	48
121	46	34	26	9	5
28123	**12106**	**12629**	**5866**	**2673**	**3362**
15770	10549	11491	4850	2070	2641
203	152	343	205	26	40
1030	734	973	345	162	228
2234	1524	2321	605	230	290
698	433	339	182	69	78
520	405	541	279	149	147
4036	2947	3273	1740	814	1181
5268	3362	2684	1100	427	433
681	308	324	177	96	138
1100	684	693	217	97	106
12353	1557	1138	1016	603	721
985	179	125	126	81	140
1009	69	54	31	10	9
1346	115	76	46	35	26
783	88	54	39	17	10
807	88	78	58	19	20
1861	344	367	469	361	448
2336	296	201	127	48	43
2016	193	92	39	9	9
1210	185	91	81	23	16
1665	**1189**	**844**	**625**	**189**	**81**
577	361	342	298	112	51
297	234	270	262	107	47
256	113	55	29	5	4
24	14	17	7		
1088	828	502	327	77	30
963	767	477	302	65	13
50	27	13	17	8	12
25	8	4		1	1
50	26	8	8	3	4
151	**110**	**112**	**158**	**132**	**476**
31	30	18	35	56	238
					1
30	24	17	29	52	227
1	6	1	6	4	10
8	6	12	16	5	48
					1
5	5	11	16	5	45
		1			2
3	1				

2-25 续表 8

行　业	代码	企业法人单位数(个)	100万元及以下	100-200万元
保险业	70	796	231	59
人寿保险	701	183	15	4
非人寿保险	702	282	22	8
保险辅助服务	703	331	194	47
其他金融活动	71	513	319	64
金融信托与管理	711	64	44	3
金融租赁	712	7	2	
财务公司	713	31	16	2
邮政储蓄	714	15		
典当	715	161	95	34
其他未列明的金融活动	719	235	162	25
房地产业	**K**	**27964**	**15429**	**3301**
房地产业	72	27964	15429	3301
房地产开发经营	721	6811	3319	304
物业管理	722	8330	3774	1345
房地产中介服务	723	4168	3232	400
其他房地产活动	729	8655	5104	1252
租赁和商务服务业	**L**	**46529**	**29977**	**5970**
租赁业	73	905	525	151
机械设备租赁	731	837	485	136
文化及日用品出租	732	68	40	15
商务服务业	74	45624	29452	5819
企业管理服务	741	15449	9340	1910
法律服务	742	744	253	136
咨询与调查	743	12618	9379	1411
广告业	744	7288	4753	1089
知识产权服务	745	425	316	54
职业中介服务	746	921	566	102
市场管理	747	1357	637	227
旅行社	748	1181	338	171
其他商务服务	749	5641	3870	719
科学研究、技术服务和地质勘查业	**M**	**13713**	**8285**	**1771**
研究与试验发展	75	3313	2141	390
自然科学研究与试验发展	751	213	157	17
工程和技术研究与试验发展	752	2651	1667	312
农业科学研究与试验发展	753	138	92	18
医学研究与试验发展	754	288	208	40
社会人文科学研究与试验发展	755	23	17	3
专业技术服务业	76	8473	4861	1142
气象服务	761	44	19	9
地震服务	762	5	1	2
海洋服务	763	8	1	
测绘服务	764	159	83	22
技术检测	765	661	278	133
环境监测	766	81	51	14
工程技术与规划管理	767	3888	1823	573
其他专业技术服务	769	3627	2605	389

200-500万元	500-1000万元	1000-2000万元	2000-5000万元	5000万元-1亿元	1亿元以上
64	48	70	95	58	171
9	5	10	15	24	101
18	22	42	70	32	68
37	21	18	10	2	2
48	26	12	12	13	19
4	3	1	2	3	4
2			1	1	1
4	2		1	2	4
		1	4	5	5
19	12	1			
19	9	9	4	2	5
3608	**1919**	**1279**	**1186**	**568**	**674**
3608	1919	1279	1186	568	674
549	487	505	659	386	602
1575	776	435	285	106	34
307	114	53	36	14	12
1177	542	286	206	62	26
5096	**2347**	**1389**	**955**	**369**	**426**
115	53	36	18	4	3
111	50	34	16	2	3
4	3	2	2	2	
4981	2294	1353	937	365	423
1760	1008	635	416	173	207
151	90	63	41	8	2
1099	367	171	119	36	36
752	338	179	99	33	45
26	16	6	4	2	1
120	50	24	29	17	13
253	91	64	59	16	10
257	139	97	89	40	50
563	195	114	81	40	59
1731	**779**	**540**	**379**	**123**	**105**
364	150	116	92	33	27
20	9	5	3	2	
305	126	101	82	31	27
18	4	5	1		
20	10	5	5		
1	1		1		
1175	548	369	238	76	64
7	6	3			
1	1				
2	1		4		
30	7	13	3		1
123	68	28	18	5	8
10	4	2			
648	329	261	154	55	45
354	132	62	59	16	10

2-25 续表 9

行 业	代码	企业法人单位数(个)	100万元及以下	100-200万元
科技交流和推广服务业	77	1854	1257	226
技术推广服务	771	1335	911	159
科技中介服务	772	255	164	37
其他科技服务	779	264	182	30
地质勘查业	78	73	26	13
矿产地质勘查	781	20	8	4
基础地质勘查	782	24	7	6
地质勘查技术服务	783	29	11	3
水利、环境和公共设施管理业	**N**	**1813**	**841**	**277**
水利管理业	79	103	59	9
防洪管理	791	12	3	5
水资源管理	792	65	39	3
其他水利管理	799	26	17	1
环境管理业	80	524	253	83
自然保护	801	28	12	3
环境治理	802	496	241	80
公共设施管理业	81	1186	529	185
市政公共设施管理	811	192	76	23
城市绿化管理	812	705	313	128
游览景区管理	813	289	140	34
居民服务和其他服务业	**O**	**10965**	**6904**	**1765**
居民服务业	82	4884	3109	750
家庭服务	821	440	365	37
托儿所	822	63	44	11
洗染服务	823	149	88	22
理发及美容保健服务	824	1823	1179	288
洗浴服务	825	626	234	131
婚姻服务	826	115	97	9
殡葬服务	827	99	36	14
摄影扩印服务	828	571	421	78
其他居民服务	829	998	645	160
其他服务业	83	6081	3795	1015
修理与维护	831	3253	2001	591
清洁服务	832	1525	953	242
其他未列明的服务	839	1303	841	182
教育	**P**	**2971**	**1430**	**629**
教育	84	2971	1430	629
学前教育	841	1052	380	352
初等教育	842	199	22	23
中等教育	843	98	18	9
高等教育	844	50	19	7
其他教育	849	1572	991	238

200-500万元	500-1000万元	1000-2000万元	2000-5000万元	5000万元-1亿元	1亿元以上
182	71	50	42	13	13
129	48	38	29	10	11
30	8	6	6	2	2
23	15	6	7	1	
10	10	5	7	1	1
2	3	1	1	1	
3	2	2	3		1
5	5	2	3		
270	**189**	**107**	**82**	**23**	**24**
17	11	5	1	1	
2		1	1		
11	9	2		1	
4	2	2			
77	59	23	18	6	5
7	2		2	2	
70	57	23	16	4	5
176	119	79	63	16	19
20	22	13	24	7	7
111	71	51	20	5	6
45	26	15	19	4	6
1305	**599**	**197**	**116**	**64**	**15**
566	280	70	61	42	6
29	3	5	1		
8					
20	15	1	3		
202	118	17	14	3	2
141	77	20	20	3	
9					
17	13	8	7	3	1
42	24	4	2		
98	30	15	14	33	3
739	319	127	55	22	9
417	166	42	23	10	3
181	66	54	21	7	1
141	87	31	11	5	5
582	**208**	**65**	**37**	**11**	**9**
582	208	65	37	11	9
274	38	4	4		
97	48	7	1	1	
21	25	14	6	3	2
9	4	5	1	2	3
181	93	35	25	5	4

2-25 续表 10

行业	代码	企业法人单位数（个）	100万元及以下	100-200万元
卫生、社会保障和社会福利业	**Q**	**1717**	**1102**	**311**
卫生	85	1648	1063	296
医院	851	212	58	24
卫生院及社区医疗活动	852	164	98	35
门诊部医疗活动	853	918	684	157
计划生育技术服务活动	854	240	161	57
妇幼保健活动	855	6	2	3
专科疾病防治活动	856	33	22	6
疾病预防控制及防疫活动	857	10	3	2
其他卫生活动	859	65	35	12
社会保障业	86	5	2	
社会保障业	860	5	2	
社会福利业	87	64	37	15
提供住宿的社会福利	871	47	29	11
不提供住宿的社会福利	872	17	8	4
文化、体育和娱乐业	**R**	**3363**	**1815**	**495**
新闻出版业	88	252	96	34
新闻业	881	11	4	2
出版业	882	241	92	32
广播、电视、电影和音像业	89	495	261	65
广播	891	27	10	2
电视	892	130	62	18
电影	893	220	114	32
音像制作	894	118	75	13
文化艺术业	90	453	310	63
文艺创作与表演	901	142	96	15
艺术表演场馆	902	30	16	7
图书馆与档案馆	903	8	5	
文物及文化保护	904	10	6	1
博物馆	905	8	4	3
烈士陵园、纪念馆	906	1		1
群众文化活动	907	57	48	5
文化艺术经纪代理	908	106	71	20
其他文化艺术	909	91	64	11
体育	91	277	178	39
体育组织	911	81	52	9
体育场馆	912	126	83	15
其他体育	919	70	43	15
娱乐业	92	1886	970	294
室内娱乐活动	921	1179	595	183
游乐园	922	62	25	13
休闲健身娱乐活动	923	516	277	80
其他娱乐活动	929	129	73	18

200-500万元	500-1000万元	1000-2000万元	2000-5000万元	5000万元-1亿元	1亿元以上
144	**52**	**49**	**34**	**11**	**14**
134	49	48	33	11	14
33	25	27	23	9	13
15	7	7	2		
53	11	9	3	1	
18	2		2		
		1			
2	1	2			
2	1	1	1		
11	2	1	2	1	1
2	1				
2	1				
8	2	1	1		
5	1		1		
3	1	1			
483	**252**	**150**	**112**	**31**	**25**
49	15	16	22	10	10
2	1		1		1
47	14	16	21	10	9
68	35	31	24	6	5
6	2	4		2	1
14	15	9	7	1	4
31	11	13	16	3	
17	7	5	1		
48	20	7	3	2	
18	6	3	3	1	
1	4	2			
	2	1			
1	2				
		1			
3	1				
11	3			1	
14	2				
32	14	6	4	2	2
11	3	2	2	1	1
16	7	2	2	1	
5	4	2			1
286	168	90	59	11	8
190	119	71	20	1	
7	6	4	3	2	2
72	32	12	30	8	5
17	11	3	6		1

2-26 按地区、全年营业收入组距分组的企业法人单位数

地区	企业法人单位数(个)	100万元及以下	100-200万元	200-500万元	500-1000万元	1000-2000万元	2000-5000万元	5000万元-1亿元	1亿元以上
总 计	**509178**	**205969**	**68163**	**109714**	**38297**	**32669**	**26237**	**13140**	**14989**
广州市	138171	57300	22799	28020	10214	8836	5464	2402	3136
深圳市	97854	50348	10131	12991	7525	6138	5162	2450	3109
珠海市	20012	12590	1730	2024	1128	859	801	398	482
汕头市	17290	3075	1500	8637	1192	1222	847	481	336
佛山市	54157	17660	9076	11905	4137	3394	3497	2022	2466
韶关市	6693	2435	1218	1575	525	443	244	124	129
河源市	3597	2007	399	464	190	158	156	87	136
梅州市	6917	2719	1152	1962	293	327	261	105	98
惠州市	18798	9044	1880	4544	880	779	806	416	449
汕尾市	2517	552	442	923	182	201	109	58	50
东莞市	48349	20928	5898	7603	4551	3409	3038	1325	1597
中山市	22500	8518	2843	3913	2337	1677	1511	830	871
江门市	15952	5234	1940	3855	1201	1075	1213	862	572
阳江市	6484	614	896	3608	351	421	313	170	111
湛江市	8863	2125	1231	3053	678	807	469	230	270
茂名市	9177	1063	1023	4367	717	1043	549	232	183
肇庆市	7945	2723	913	2175	487	609	520	264	254
清远市	6039	3185	643	783	362	341	306	169	250
潮州市	7393	1393	1079	3566	462	314	300	144	135
揭阳市	7980	1262	1046	3383	699	470	548	297	275
云浮市	2490	1194	324	363	186	146	123	74	80

2-27 按登记注册类型、全年营业收入组距分组的企业法人单位数

登记注册类型	企业法人单位数(个)	100万元及以下	100-200万元	200-500万元	500-1000万元	1000-2000万元	2000-5000万元	5000万元-1亿元	1亿元以上
总　计	**509178**	**205969**	**68163**	**109714**	**38297**	**32669**	**26237**	**13140**	**14989**
内资企业	**461417**	**196540**	**64495**	**101747**	**33208**	**27557**	**19677**	**9028**	**9165**
国有企业	10978	3530	1264	1926	958	1091	849	469	891
集体企业	22248	10144	2914	4800	1502	1230	913	419	326
股份合作企业	5423	2339	630	1344	435	270	220	94	91
联营企业	1319	463	163	260	99	99	108	57	70
国有联营企业	304	76	33	48	25	31	36	19	36
集体联营企业	420	165	58	96	32	27	22	14	6
国有与集体联营企业	118	36	16	25	3	8	15	8	7
其他联营企业	477	186	56	91	39	33	35	16	21
有限责任公司	69622	25946	8161	13050	6478	5488	4906	2513	3080
国有独资公司	928	222	65	90	94	83	102	75	197
其他有限责任公司	68694	25724	8096	12960	6384	5405	4804	2438	2883
股份有限公司	6537	2285	725	1129	477	463	439	275	744
私营企业	330057	144613	48101	76038	22187	18243	11909	5081	3885
私营独资企业	104146	42075	17435	31332	5141	4891	2059	800	413
私营合伙企业	16478	7404	2626	4175	951	707	375	174	66
私营有限责任公司	202015	91600	27007	39054	15616	12254	9214	3981	3289
私营股份有限公司	7418	3534	1033	1477	479	391	261	126	117
其他企业	15233	7220	2537	3200	1072	673	333	120	78
港、澳、台商投资企业	**33479**	**6596**	**2722**	**6017**	**3795**	**3674**	**4542**	**2777**	**3356**
合资经营企业(港或澳、台资)	4319	621	241	524	421	513	710	483	806
合作经营企业(港或澳、台资)	2323	494	241	420	243	221	329	203	172
港、澳、台商独资经营企业	26109	5272	2174	4895	3069	2886	3438	2060	2315
港、澳、台商投资股份有限公司	728	209	66	178	62	54	65	31	63
外商投资企业	**14282**	**2833**	**946**	**1950**	**1294**	**1438**	**2018**	**1335**	**2468**
中外合资经营企业	2965	471	145	368	254	298	434	299	696
中外合作经营企业	1004	190	90	157	97	86	138	112	134
外资企业	9912	2072	670	1367	916	1020	1398	891	1578
外商投资股份有限公司	401	100	41	58	27	34	48	33	60

2-28 按行业(中类)、资产总额组距分组的企业法人单位数

地 区	代码	企业法人单位数(个)	50万元及以下	50-100万元	100-500万元	500-1000万元	1000-5000万元	5000万元-1亿元	1亿元以上
总 计		**509178**	**148250**	**80501**	**157607**	**41731**	**53377**	**11665**	**16047**
农、林、牧、渔业	**A**	**37**	**6**	**1**	**11**	**4**	**8**	**1**	**6**
农业	01	13	2		3	2	2		4
谷物及其他作物的种植	011	7	1				2		4
蔬菜、园艺作物的种植	012	2	1		1				
水果、坚果、饮料和香料作物的种植	013	3			1	2			
中药材的种植	014	1			1				
林业	02	9			4		3	1	1
林木的培育和种植	021	7			4		3		
木材和竹材的采运	022	1						1	
林产品的采集	023	1							1
畜牧业	03	8	1		3	2	1		1
牲畜的饲养	031	1					1		
猪的饲养	032	2			1	1			
家禽的饲养	033	4			2	1			1
狩猎和捕捉动物	034	1	1						
其他畜牧业	039								
渔业	04	4	1		1		2		
海洋渔业	041	3	1				2		
内陆渔业	042	1			1				
农、林、牧、渔服务业	05	3	2	1					
农业服务业	051								
林业服务业	052	2	2						
畜牧服务业	053	1		1					
渔业服务业	054								
采矿业	**B**	**2329**	**467**	**293**	**1022**	**252**	**230**	**28**	**37**
煤炭开采和洗选业	06	3			2	1			
烟煤和无烟煤的开采洗选	061								
褐煤的开采洗选	062								
其他煤炭采选	069	3			2	1			
石油和天然气开采业	07	18	2		3	4	3	2	4
天然原油和天然气开采	071	8			1	4	1		2
与石油和天然气开采有关的服务活动	079	10	2		2		2	2	2
黑色金属矿采选业	08	315	64	25	123	40	45	7	11
铁矿采选	081	299	60	24	117	38	43	6	11
其他黑色金属矿采选	089	16	4	1	6	2	2	1	
有色金属矿采选业	09	213	45	17	80	18	35	6	12
常用有色金属矿采选	091	148	35	15	54	16	16	4	8
贵金属矿采选	092	17	3		8	1	2	1	2
稀有稀土金属矿采选	093	48	7	2	18	1	17	1	2
非金属矿采选业	10	1747	348	247	797	185	147	13	10
土砂石开采	101	1541	308	207	720	163	123	11	9
化学矿采选	102	5	3		1				1
采盐	103	44	6	10	14	2	11	1	
石棉及其他非金属矿采选	109	157	31	30	62	20	13	1	

2-28 续表 1

地 区	代码	企业法人单位数(个)							
			50万元及以下	50-100万元	100-500万元	500-1000万元	1000-5000万元	5000万元-1亿元	1亿元以上
其他采矿业	11	33	8	4	17	4			
其他采矿业	110	33	8	4	17	4			
制造业	**C**	**191806**	**40947**	**24915**	**70539**	**18502**	**25880**	**5204**	**5819**
农副食品加工业	13	3412	702	429	1295	284	414	133	155
谷物磨制	131	389	132	63	140	12	24	7	11
饲料加工	132	530	66	47	148	65	118	46	40
植物油加工	133	279	97	48	79	16	14	3	22
制糖	134	80	14	4	14	5	11	6	26
屠宰及肉类加工	135	689	137	109	296	58	72	8	9
水产品加工	136	646	88	63	263	57	96	45	34
蔬菜、水果和坚果加工	137	409	84	43	188	37	44	5	8
其他农副食品加工	139	390	84	52	167	34	35	13	5
食品制造业	14	3470	670	419	1525	281	403	79	93
焙烤食品制造	141	833	193	117	367	51	83	7	15
糖果、巧克力及蜜饯制造	142	928	135	92	514	75	85	17	10
方便食品制造	143	337	72	44	106	30	51	16	18
液体乳及乳制品制造	144	53	3	5	15	6	10	5	9
罐头制造	145	142	23	15	50	22	26	4	2
调味品、发酵制品制造	146	457	101	63	176	38	50	9	20
其他食品制造	149	720	143	83	297	59	98	21	19
饮料制造业	15	1402	307	222	537	100	129	33	74
酒精制造	151	22	2	4	8	1	5	1	1
酒的制造	152	434	91	74	170	33	28	10	28
软饮料制造	153	795	170	126	298	52	86	20	43
精制茶加工	154	151	44	18	61	14	10	2	2
烟草制品业	16	30	6	2	8	2	3		9
烟叶复烤	161	6	2		1		1		2
卷烟制造	162	5	1				1		3
其他烟草制品加工	169	19	3	2	7	2	1		4
纺织业	17	8625	1489	904	3136	967	1565	334	230
棉、化纤纺织及印染精加工	171	2406	380	226	788	253	512	138	109
毛纺织和染整精加工	172	558	80	67	218	79	86	16	12
麻纺织	173	21	3		14	2	2		
丝绢纺织及精加工	174	164	42	18	51	13	33	3	4
纺织制成品制造	175	1916	396	229	759	193	255	53	31
针织品、编织品及其制品制造	176	3560	588	364	1306	427	677	124	74
纺织服装、鞋、帽制造业	18	13962	3925	1623	4993	1280	1720	250	171
纺织服装制造	181	13299	3769	1547	4748	1201	1635	236	163
纺织面料鞋的制造	182	448	121	58	153	44	56	9	7
制帽	183	215	35	18	92	35	29	5	1
皮革、毛皮、羽毛(绒)及其制品业	19	7357	1742	1099	2793	597	855	144	127
皮革鞣制加工	191	413	69	46	161	32	79	12	14
皮革制品制造	192	6702	1622	1019	2547	546	733	127	108
毛皮鞣制及制品加工	193	129	34	24	44	6	17	2	2
羽毛(绒)加工及制品制造	194	113	17	10	41	13	26	3	3

2-28 续表 2

地　区	代码	企业法人单位数(个)	50万元及以下	50-100万元	100-500万元	500-1000万元	1000-5000万元	5000万元-1亿元	1亿元以上
木材加工及木、竹、藤、棕、草制品业	20	3092	760	526	1193	264	254	51	44
锯材、木片加工	201	872	255	194	330	45	41	4	3
人造板制造	202	852	159	127	311	104	90	28	33
木制品制造	203	1026	257	165	386	88	105	18	7
竹、藤、棕、草制品制造	204	342	89	40	166	27	18	1	1
家具制造业	21	5886	1670	913	1887	500	694	118	104
木质家具制造	211	3453	1014	521	1093	302	400	62	61
竹、藤家具制造	212	114	26	9	45	14	15	4	1
金属家具制造	213	907	207	124	313	84	138	21	20
塑料家具制造	214	135	28	21	52	14	14	5	1
其他家具制造	219	1277	395	238	384	86	127	26	21
造纸及纸制品业	22	7581	1517	1053	3195	625	886	168	137
纸浆制造	221	148	32	18	59	15	12	5	7
造纸	222	1675	326	225	632	140	249	47	56
纸制品制造	223	5758	1159	810	2504	470	625	116	74
印刷业和记录媒介的复制	23	8512	1396	1173	4293	675	728	111	136
印刷	231	7924	1284	1062	4051	634	681	97	115
装订及其他印刷服务活动	232	530	109	106	231	37	36	6	5
记录媒介的复制	233	58	3	5	11	4	11	8	16
文教体育用品制造业	24	3901	679	431	1353	450	708	150	130
文化用品制造	241	617	106	73	251	58	99	20	10
体育用品制造	242	716	117	88	197	83	157	45	29
乐器制造	243	203	42	24	72	28	25	8	4
玩具制造	244	2187	381	216	756	267	409	74	84
游艺器材及娱乐用品制造	245	178	33	30	77	14	18	3	3
石油加工、炼焦及核燃料加工业	25	328	45	27	137	31	42	13	33
精炼石油产品的制造	251	308	42	24	132	29	40	10	31
炼焦	252	16	2	2	4	1	2	3	2
核燃料加工	253	4	1	1	1	1			
化学原料及化学制品制造业	26	8157	1429	1027	2960	845	1299	281	316
基础化学原料制造	261	489	66	41	148	53	112	29	40
肥料制造	262	255	46	27	99	23	42	7	11
农药制造	263	82	12	5	31	9	15	5	5
涂料、油墨、颜料及类似产品制造	264	2555	385	282	961	321	451	74	81
合成材料制造	265	638	100	70	190	74	116	35	53
专用化学产品制造	266	1875	318	223	645	195	330	86	78
日用化学产品制造	267	2263	502	379	886	170	233	45	48
医药制造业	27	915	117	78	233	97	199	70	121
化学药品原药制造	271	59	5	3	15	4	13	6	13
化学药品制剂制造	272	152	8	5	22	14	45	19	39
中药饮片加工	273	134	21	14	48	15	27	3	6
中成药制造	274	194	17	12	34	22	49	25	35
兽用药品制造	275	83	10	15	24	8	20	2	4
生物、生化制品的制造	276	164	33	14	46	22	24	11	14
卫生材料及医药用品制造	277	129	23	15	44	12	21	4	10

2-28　续表 3

地　区	代码	企业法人单位数(个)	50万元及以下	50-100万元	100-500万元	500-1000万元	1000-5000万元	5000万元-1亿元	1亿元以上
化学纤维制造业	28	257	36	17	104	25	53	4	18
纤维素纤维原料及纤维制造	281	69	13	5	26	8	15	1	1
合成纤维制造	282	188	23	12	78	17	38	3	17
橡胶制品业	29	2388	507	311	886	250	331	54	49
轮胎制造	291	84	15	12	29	10	8	1	9
橡胶板、管、带的制造	292	283	55	36	109	37	38	2	6
橡胶零件制造	293	496	91	65	210	41	73	11	5
再生橡胶制造	294	107	29	20	46	6	6		
日用及医用橡胶制品制造	295	135	18	18	51	19	22	4	3
橡胶靴鞋制造	296	400	103	36	114	36	85	18	8
其他橡胶制品制造	299	883	196	124	327	101	99	18	18
塑料制品业	30	17035	3340	2223	6690	1894	2179	381	328
塑料薄膜制造	301	1630	317	200	667	181	170	45	50
塑料板、管、型材的制造	302	1265	242	144	443	153	198	41	44
塑料丝、绳及编织品的制造	303	462	93	69	174	49	60	9	8
泡沫塑料制造	304	741	97	95	286	100	127	21	15
塑料人造革、合成革制造	305	185	27	14	63	17	40	12	12
塑料包装箱及容器制造	306	1690	357	230	660	188	190	31	34
塑料零件制造	307	2572	491	341	1031	278	325	53	53
日用塑料制造	308	2925	469	383	1249	328	394	65	37
其他塑料制品制造	309	5565	1247	747	2117	600	675	104	75
非金属矿物制品业	31	9610	1467	1103	4035	911	1481	303	310
水泥、石灰和石膏的制造	311	681	56	43	150	88	234	49	61
水泥及石膏制品制造	312	967	152	75	240	80	286	94	40
砖瓦、石材及其他建筑材料制造	313	3334	597	440	1535	257	330	67	108
玻璃及玻璃制品制造	314	1474	364	211	428	146	225	39	61
陶瓷制品制造	315	2388	202	233	1325	248	313	38	29
耐火材料制品制造	316	134	25	14	59	10	19	5	2
石墨及其他非金属矿物制品制造	319	632	71	87	298	82	74	11	9
黑色金属冶炼及压延加工业	32	886	135	73	270	94	177	45	92
炼铁	321	55	11	4	27	3	6	2	2
炼钢	322	50	7	1	9	4	17	4	8
钢压延加工	323	749	113	62	218	85	153	38	80
铁合金冶炼	324	32	4	6	16	2	1	1	2
有色金属冶炼及压延加工业	33	1983	407	207	580	207	366	80	136
常用有色金属冶炼	331	248	41	20	78	32	54	12	11
贵金属冶炼	332	20	6	2	5	2	1	2	2
稀有稀土金属冶炼	333	44	6	3	9	7	9	4	6
有色金属合金制造	334	169	26	24	60	13	25	9	12
有色金属压延加工	335	1502	328	158	428	153	277	53	105
金属制品业	34	20771	4781	2911	8200	1846	2314	402	317
结构性金属制品制造	341	4625	1261	699	1655	380	468	82	80
金属工具制造	342	2671	538	349	1280	204	233	38	29
集装箱及金属包装容器制造	343	649	101	75	227	79	110	24	33

2-28 续表 4

地 区	代码	企业法人单位数(个)	50万元及以下	50-100万元	100-500万元	500-1000万元	1000-5000万元	5000万元-1亿元	1亿元以上
金属丝绳及其制品的制造	344	445	98	58	168	44	59	11	7
建筑、安全用金属制品制造	345	2394	519	349	928	235	263	54	46
金属表面处理及热处理加工	346	1585	324	208	641	178	188	30	16
搪瓷制品制造	347	160	28	23	55	14	31	4	5
不锈钢及类似日用金属制品制造	348	4590	878	548	1914	435	642	108	65
其他金属制品制造	349	3652	1034	602	1332	277	320	51	36
通用设备制造业	**35**	**8346**	**1980**	**1123**	**3060**	**795**	**1007**	**185**	**196**
锅炉及原动机制造	351	170	26	23	64	10	25	12	10
金属加工机械制造	352	1657	470	235	590	129	185	24	24
起重运输设备制造	353	258	23	24	71	34	72	13	21
泵、阀门、压缩机及类似机械的制造	354	638	114	67	230	68	107	24	28
轴承、齿轮、传动和驱动部件的制造	355	335	61	37	121	29	60	14	13
烘炉、熔炉及电炉制造	356	89	20	14	36	9	8	2	
风机、衡器、包装设备等通用设备制造	357	1576	321	224	535	186	218	40	52
通用零部件制造及机械修理	358	2691	784	392	1028	219	215	33	20
金属铸、锻加工	359	932	161	107	385	111	117	23	28
专用设备制造业	**36**	**8892**	**2253**	**1226**	**3026**	**826**	**1152**	**208**	**201**
矿山、冶金、建筑专用设备制造	361	306	84	30	88	22	54	15	13
化工、木材、非金属加工专用设备制造	362	4615	1261	653	1562	406	551	93	89
食品、饮料、烟草及饲料生产专用设备制造	363	250	51	28	89	27	47	6	2
印刷、制药、日化生产专用设备制造	364	743	162	100	285	67	106	16	7
纺织、服装和皮革工业专用设备制造	365	382	85	57	126	39	59	7	9
电子和电工机械专用设备制造	366	1020	254	146	348	107	113	25	27
农、林、牧、渔专用机械制造	367	153	32	19	61	14	19	6	2
医疗仪器设备及器械制造	368	566	107	70	180	58	98	22	31
环保、社会公共安全及其他专用设备制造	369	857	217	123	287	86	105	18	21
交通运输设备制造业	**37**	**4157**	**921**	**570**	**1288**	**334**	**577**	**160**	**307**
铁路运输设备制造	371	21	4	1	6	2	2	2	4
汽车制造	372	2617	666	412	806	172	282	87	192
摩托车制造	373	483	64	38	135	53	127	24	42
自行车制造	374	354	59	29	95	48	74	22	27
船舶及浮动装置制造	375	593	110	77	216	55	74	22	39
航空航天器制造	376	12		1	3	1	3	1	3
交通器材及其他交通运输设备制造	379	77	18	12	27	3	15	2	
电气机械及器材制造业	**39**	**16383**	**3163**	**2046**	**5506**	**1808**	**2621**	**552**	**687**
电机制造	391	864	149	103	254	123	162	34	39
输配电及控制设备制造	392	3945	769	530	1307	432	631	116	160
电线、电缆、光缆及电工器材制造	393	2662	399	257	995	309	460	93	149
电池制造	394	831	131	87	198	99	184	49	83
家用电力器具制造	395	3809	777	477	1300	394	549	147	165
非电力家用器具制造	396	526	116	74	198	50	61	13	14
照明器具制造	397	3319	715	453	1113	355	522	89	72
其他电气机械及器材制造	399	427	107	65	141	46	52	11	5
通信设备、计算机及其他电子设备制造业	**40**	**14346**	**2789**	**1733**	**4124**	**1549**	**2470**	**639**	**1042**
通信设备制造	401	1152	183	111	310	114	212	84	138

2-28　续表 5

地　　区	代码	企业法人单位数(个)	50万元及以下	50-100万元	100-500万元	500-1000万元	1000-5000万元	5000万元-1亿元	1亿元以上
雷达及配套设备制造	402	16	4	2	7	3			
广播电视设备制造	403	399	77	49	115	55	72	11	20
电子计算机制造	404	1618	279	183	412	172	312	75	185
电子器件制造	405	1735	307	223	487	184	302	84	148
电子元件制造	406	5799	1100	663	1747	648	1024	252	365
家用视听设备制造	407	2041	422	280	557	217	341	96	128
其他电子设备制造	409	1586	417	222	489	156	207	37	58
仪器仪表及文化、办公用机械制造业	41	2776	645	351	803	297	443	109	128
通用仪器仪表制造	411	562	102	79	189	64	83	28	17
专用仪器仪表制造	412	307	62	39	102	36	46	12	10
钟表与计时仪器制造	413	945	264	121	274	102	142	22	20
光学仪器及眼镜制造	414	468	139	55	114	45	71	20	24
文化、办公用机械制造	415	430	63	50	101	45	91	23	57
其他仪器仪表的制造及修理	419	64	15	7	23	5	10	4	
工艺品及其他制造业	42	6350	1713	913	2175	608	723	117	101
工艺美术品制造	421	4738	1350	678	1595	452	515	78	70
日用杂品制造	422	964	220	118	365	88	137	25	11
煤制品制造	423	35	9	6	13	2	3		2
核辐射加工	424								
其他未列明的制造业	429	613	134	111	202	66	68	14	18
废弃资源和废旧材料回收加工业	43	996	356	182	254	60	87	30	27
金属废料和碎屑的加工处理	431	483	171	76	116	23	46	26	25
非金属废料和碎屑的加工处理	432	513	185	106	138	37	41	4	2
电力、燃气及水的生产和供应业	D	7074	794	845	3522	763	579	164	407
电力、热力的生产和供应业	44	5731	557	728	3124	635	367	70	250
电力生产	441	5564	545	717	3097	622	335	62	186
电力供应	442	142	11	10	20	10	27	5	59
热力生产和供应	443	25	1	1	7	3	5	3	5
燃气生产和供应业	45	178	26	9	51	18	30	11	33
燃气生产和供应业	450	178	26	9	51	18	30	11	33
水的生产和供应业	46	1165	211	108	347	110	182	83	124
自来水的生产和供应	461	974	155	94	305	101	147	63	109
污水处理及其再生利用	462	165	47	10	35	8	32	19	14
其他水的处理、利用与分配	469	26	9	4	7	1	3	1	1
建筑业	**E**	**14457**	**3974**	**2111**	**3276**	**1337**	**2457**	**594**	**708**
房屋和土木工程建筑业	47	4114	554	247	603	503	1301	405	501
房屋工程建筑	471	2579	324	131	298	309	895	293	329
土木工程建筑	472	1535	230	116	305	194	406	112	172
建筑安装业	48	3579	778	523	990	409	647	109	123
建筑安装业	480	3579	778	523	990	409	647	109	123
建筑装饰业	49	5439	2207	1096	1349	314	356	53	64
建筑装饰业	490	5439	2207	1096	1349	314	356	53	64
其他建筑业	50	1325	435	245	334	111	153	27	20
工程准备	501	528	184	89	118	44	68	15	10
提供施工设备服务	502	127	34	28	40	11	11	2	1
其他未列明的建筑活动	509	670	217	128	176	56	74	10	9

2-28 续表 6

地　区	代码	企业法人单位数(个)	50万元及以下	50-100万元	100-500万元	500-1000万元	1000-5000万元	5000万元-1亿元	1亿元以上
交通运输、仓储和邮政业	F	**14244**	**3787**	**1871**	**4508**	**1666**	**1512**	**374**	**526**
铁路运输业	51	12	5		2		2	1	2
铁路旅客运输	511	1							1
铁路货物运输	512	9	5		1		2		1
铁路运输辅助活动	513	2			1			1	
道路运输业	52	4988	1026	552	1909	588	610	126	177
公路旅客运输	521	542	39	24	142	93	153	45	46
道路货物运输	522	3865	846	470	1624	449	377	57	42
道路运输辅助活动	523	581	141	58	143	46	80	24	89
城市公共交通业	53	466	46	22	105	70	130	42	51
公共电汽车客运	531	140	8	4	35	19	43	8	23
轨道交通	532	7	1		1		2		3
出租车客运	533	299	31	17	67	47	80	34	23
城市轮渡	534	5	1	1			2		1
其他城市公共交通	539	15	5		2	4	3		1
水上运输业	54	884	134	104	213	111	163	47	112
水上旅客运输	541	87	16	12	22	10	14	6	7
水上货物运输	542	530	77	65	139	74	112	20	43
水上运输辅助活动	543	267	41	27	52	27	37	21	62
航空运输业	55	87	12	10	27	8	10	5	15
航空客货运输	551	57	8	7	18	5	5	5	9
通用航空服务	552	11	2	2	3	1	2		1
航空运输辅助活动	553	19	2	1	6	2	3		5
管道运输业	56	3					1		2
管道运输业	560	3					1		2
装卸搬运和其他运输服务业	57	6053	2009	940	1883	744	365	65	47
装卸搬运	571	462	155	74	134	33	40	14	12
运输代理服务	572	5591	1854	866	1749	711	325	51	35
仓储业	58	1163	216	135	286	129	217	83	97
谷物、棉花等农产品仓储	581	175	35	19	28	20	51	8	14
其他仓储	589	988	181	116	258	109	166	75	83
邮政业	59	588	339	108	83	16	14	5	23
国家邮政	591	40	7	1	2	2	5	3	20
其他寄递服务	599	548	332	107	81	14	9	2	3
信息传输、计算机服务和软件业	G	**13981**	**5288**	**3220**	**3539**	**679**	**832**	**158**	**265**
电信和其他信息传输服务业	60	2192	826	463	515	75	138	34	141
电信	601	587	143	85	132	36	61	17	113
互联网信息服务	602	1472	640	366	357	32	56	8	13
广播电视传输服务	603	121	37	11	23	6	21	9	14
卫星传输服务	604	12	6	1	3	1			1
计算机服务业	61	5855	2364	1510	1518	203	196	34	30
计算机系统服务	611	1643	559	372	441	110	120	23	18
数据处理	612	97	28	21	19	10	14	1	4
计算机维修	613	290	136	67	68	11	6	2	
其他计算机服务	619	3825	1641	1050	990	72	56	8	8

2-28　续表 7

地　　区	代码	企业法人单位数(个)	50万元及以下	50-100万元	100-500万元	500-1000万元	1000-5000万元	5000万元-1亿元	1亿元以上
软件业	62	5934	2098	1247	1506	401	498	90	94
公共软件服务	621	4888	1699	1001	1234	351	436	80	87
其他软件服务	629	1046	399	246	272	50	62	10	7
批发和零售业	**H**	**141318**	**46246**	**27778**	**44060**	**10584**	**9427**	**1625**	**1598**
批发业	63	93587	25067	17972	31873	8627	7530	1215	1303
农畜产品批发	631	1586	331	229	675	181	130	18	22
食品、饮料及烟草制品批发	632	6569	1890	1196	2132	512	602	100	137
纺织、服装及日用品批发	633	14234	4258	2738	4470	1602	900	124	142
文化、体育用品及器材批发	634	4231	1245	917	1398	288	281	58	44
医药及医疗器材批发	635	3094	387	444	1148	459	516	83	57
矿产品、建材及化工产品批发	636	22203	4421	3656	8319	2409	2401	458	539
机械设备、五金交电及电子产品批发	637	30535	8886	6458	10453	2380	1877	250	231
贸易经纪与代理	638	4237	1167	827	1258	396	442	68	79
其他批发	639	6898	2482	1507	2020	400	381	56	52
零售业	65	47731	21179	9806	12187	1957	1897	410	295
综合零售	651	3624	1422	618	992	195	261	57	79
食品、饮料及烟草制品专门零售	652	3446	1871	632	758	88	75	11	11
纺织、服装及日用品专门零售	653	5242	2775	1013	1114	149	140	26	25
文化、体育用品及器材专门零售	654	3198	1551	653	767	110	94	14	9
医药及医疗器材专门零售	655	3602	2275	439	657	116	96	12	7
汽车、摩托车、燃料及零配件专门零售	656	6451	1722	1049	1991	549	787	231	122
家用电器及电子产品专门零售	657	9986	3979	2709	2681	360	209	23	25
五金、家具及室内装修材料专门零售	658	7005	3353	1508	1789	218	110	15	12
无店铺及其他零售	659	5177	2231	1185	1438	172	125	21	5
住宿和餐饮业	**I**	**13012**	**4687**	**2293**	**3607**	**854**	**1062**	**246**	**263**
住宿业	66	5053	1472	722	1321	434	686	188	230
旅游饭店	661	1769	161	126	411	219	493	154	205
一般旅馆	662	2981	1210	548	810	191	170	29	23
其他住宿服务	669	303	101	48	100	24	23	5	2
餐饮业	67	7959	3215	1571	2286	420	376	58	33
正餐服务	671	6197	2158	1281	1955	392	345	46	20
快餐服务	672	811	482	131	150	10	19	8	11
饮料及冷饮服务	673	361	215	63	75	5	2	1	
其他餐饮服务	679	590	360	96	106	13	10	3	2
金融业	**J**	**1885**	**293**	**129**	**257**	**172**	**232**	**110**	**692**
银行业	68	439	16	2	2	3	17	22	377
中央银行	681	2	1						1
商业银行	682	406	13	2	2	3	16	19	351
其他银行	689	31	2				1	3	25
证券业	69	137	10	6	8	7	13	4	89
证券市场管理	691	4		2	1				1
证券经纪与交易	692	97	3	1	4	1	6	1	81
证券投资	693	19	2	2		2	3	3	7
证券分析与咨询	694	17	5	1	3	4	4		

2-28 续表 8

地　　区	代码	企业法人单位数(个)	50万元及以下	50-100万元	100-500万元	500-1000万元	1000-5000万元	5000万元-1亿元	1亿元以上
保险业	70	796	178	85	161	75	120	46	131
人寿保险	701	183	18	8	31	14	28	13	71
非人寿保险	702	282	29	23	46	34	66	28	56
保险辅助服务	703	331	131	54	84	27	26	5	4
其他金融活动	71	513	89	36	86	87	82	38	95
金融信托与管理	711	64	20	4	8	5	5	5	17
金融租赁	712	7	2			1			4
财务公司	713	31	7	2	10	1			11
邮政储蓄	714	15					1		14
典当	715	161	13	11	29	58	44	5	1
其他未列明的金融活动	719	235	47	19	39	22	32	28	48
房地产业	**K**	**27964**	**6748**	**3140**	**5405**	**2333**	**5027**	**1742**	**3569**
房地产业	72	27964	6748	3140	5405	2333	5027	1742	3569
房地产开发经营	721	6811	319	195	530	492	1740	938	2597
物业管理	722	8330	2078	1397	2296	789	1184	295	291
房地产中介服务	723	4168	2311	683	694	135	248	48	49
其他房地产活动	729	8655	2040	865	1885	917	1855	461	632
租赁和商务服务业	**L**	**46529**	**19422**	**7873**	**9551**	**2735**	**4104**	**1073**	**1771**
租赁业	73	905	289	171	233	82	94	17	19
机械设备租赁	731	837	261	161	217	76	89	16	17
文化及日用品出租	732	68	28	10	16	6	5	1	2
商务服务业	74	45624	19133	7702	9318	2653	4010	1056	1752
企业管理服务	741	15449	4511	1743	2905	1359	2697	789	1445
法律服务	742	744	263	150	239	51	32	6	3
咨询与调查	743	12618	6944	2308	2143	462	498	110	153
广告业	744	7288	3256	1763	1779	257	179	30	24
知识产权服务	745	425	267	74	63	5	6	4	6
职业中介服务	746	921	444	176	201	46	44	5	5
市场管理	747	1357	392	186	408	123	176	33	39
旅行社	748	1181	416	201	338	87	105	19	15
其他商务服务	749	5641	2640	1101	1242	263	273	60	62
科学研究、技术服务和地质勘查业	**M**	**13713**	**5332**	**2526**	**3579**	**944**	**995**	**158**	**179**
研究与试验发展	75	3313	1179	610	916	209	286	52	61
自然科学研究与试验发展	751	213	75	51	48	15	19	4	1
工程和技术研究与试验发展	752	2651	947	485	728	164	233	41	53
农业科学研究与试验发展	753	138	47	18	47	11	8	3	4
医学研究与试验发展	754	288	100	52	85	19	25	4	3
社会人文科学研究与试验发展	755	23	10	4	8		1		
专业技术服务业	76	8473	3361	1532	2220	618	576	81	85
气象服务	761	44	11	9	17	4	2		1
地震服务	762	5	2		2	1			
海洋服务	763	8	1		2	1	2	2	
测绘服务	764	159	52	36	47	13	9	1	1
技术检测	765	661	160	117	236	82	51	7	8
环境监测	766	81	34	17	20	8	2		
工程技术与规划管理	767	3888	1218	678	1155	356	375	49	57
其他专业技术服务	769	3627	1883	675	741	153	135	22	18

2-28　续表 9

地　区	代码	企业法人单位数（个）	50万元及以下	50-100万元	100-500万元	500-1000万元	1000-5000万元	5000万元-1亿元	1亿元以上
科技交流和推广服务业	77	1854	774	376	417	110	124	21	32
技术推广服务	771	1335	571	266	293	81	87	15	22
科技中介服务	772	255	101	50	62	14	17	3	8
其他科技服务	779	264	102	60	62	15	20	3	2
地质勘查业	78	73	18	8	26	7	9	4	1
矿产地质勘查	781	20	6	1	6	2	2	2	1
基础地质勘查	782	24	5	4	8	3	3	1	
地质勘查技术服务	783	29	7	3	12	2	4	1	
水利、环境和公共设施管理业	**N**	**1813**	**460**	**276**	**522**	**153**	**274**	**54**	**74**
水利管理业	79	103	21	19	36	10	14	2	1
防洪管理	791	12	3	2	4		2	1	
水资源管理	792	65	9	8	28	9	9	1	1
其他水利管理	799	26	9	9	4	1	3		
环境管理业	80	524	153	92	144	39	60	19	17
自然保护	801	28	7	6	7	2	2	2	2
环境治理	802	496	146	86	137	37	58	17	15
公共设施管理业	81	1186	286	165	342	104	200	33	56
市政公共设施管理	811	192	38	18	48	14	35	10	29
城市绿化管理	812	705	170	124	233	60	99	13	6
游览景区管理	813	289	78	23	61	30	66	10	21
居民服务和其他服务业	**O**	**10965**	**6036**	**1910**	**2263**	**343**	**338**	**47**	**28**
居民服务业	82	4884	2931	749	875	142	156	23	8
家庭服务	821	440	345	42	43	7	2	1	
托儿所	822	63	47	10	6				
洗染服务	823	149	69	26	42	7	4	1	
理发及美容保健服务	824	1823	1223	263	274	36	23	3	1
洗浴服务	825	626	265	99	188	37	32	5	
婚姻服务	826	115	92	13	7	3			
殡葬服务	827	99	19	6	23	13	30	4	4
摄影扩印服务	828	571	364	100	91	9	6	1	
其他居民服务	829	998	507	190	201	30	59	8	3
其他服务业	83	6081	3105	1161	1388	201	182	24	20
修理与维护	831	3253	1686	631	747	93	79	11	6
清洁服务	832	1525	791	314	331	50	37	2	
其他未列明的服务	839	1303	628	216	310	58	66	11	14
教育	**P**	**2971**	**1442**	**492**	**768**	**139**	**96**	**20**	**14**
教育	84	2971	1442	492	768	139	96	20	14
学前教育	841	1052	542	173	286	34	17		
初等教育	842	199	19	29	105	32	12	1	1
中等教育	843	98	17	10	34	7	20	7	3
高等教育	844	50	11	9	13	4	5	4	4
其他教育	849	1572	853	271	330	62	42	8	6

2-28 续表 10

地 区	代码	企业法人单位数(个)	50万元及以下	50-100万元	100-500万元	500-1000万元	1000-5000万元	5000万元-1亿元	1亿元以上
卫生、社会保障和社会福利业	Q	**1717**	**958**	**262**	**332**	**42**	**95**	**12**	**16**
卫生	85	1648	919	257	315	41	89	11	16
医院	851	212	43	29	42	20	55	7	16
卫生院及社区医疗活动	852	164	91	22	35	7	9		
门诊部医疗活动	853	918	584	149	161	8	14	2	
计划生育技术服务活动	854	240	148	39	50	1	2		
妇幼保健活动	855	6	2	1	2		1		
专科疾病防治活动	856	33	18	9	4	1	1		
疾病预防控制及防疫活动	857	10	4	1	2	1	2		
其他卫生活动	859	65	29	7	19	3	5	2	
社会保障业	86	5	1		2	1	1		
社会保障业	860	5	1		2	1	1		
社会福利业	87	64	38	5	15		5	1	
提供住宿的社会福利	871	47	30	3	11		3		
不提供住宿的社会福利	872	17	8	2	4		2	1	
文化、体育和娱乐业	R	**3363**	**1363**	**566**	**846**	**229**	**229**	**55**	**75**
新闻出版业	88	252	56	55	60	21	31	14	15
新闻业	881	11	2	3	2	1	1		2
出版业	882	241	54	52	58	20	30	14	13
广播、电视、电影和音像业	89	495	127	72	150	56	70	11	9
广播	891	27	5	3	8	1	7	2	1
电视	892	130	34	18	41	10	18	4	5
电影	893	220	47	28	63	36	39	4	3
音像制作	894	118	41	23	38	9	6	1	
文化艺术业	90	453	203	101	102	21	19	5	2
文艺创作与表演	901	142	65	26	35	7	6	1	2
艺术表演场馆	902	30	11	4	3	5	5	2	
图书馆与档案馆	903	8	4	1		1	1	1	
文物及文化保护	904	10	3	1	2	2	1	1	
博物馆	905	8	5	1	2				
烈士陵园、纪念馆	906	1					1		
群众文化活动	907	57	29	16	10	2			
文化艺术经纪代理	908	106	47	27	26	2	4		
其他文化艺术	909	91	39	25	24	2	1		
体育	91	277	151	32	53	19	11	5	6
体育组织	911	81	35	11	18	7	5	2	3
体育场馆	912	126	78	11	23	9	1	2	2
其他体育	919	70	38	10	12	3	5	1	1
娱乐业	92	1886	826	306	481	112	98	20	43
室内娱乐活动	921	1179	528	188	332	71	56	3	1
游乐园	922	62	15	9	18	1	9	3	7
休闲健身娱乐活动	923	516	229	93	99	29	23	12	31
其他娱乐活动	929	129	54	16	32	11	10	2	4

2-29 按地区、资产总额组距分组的企业法人单位数

地 区	企业法人单位数(个)	50万元及以下	50-100万元	100-500万元	500-1000万元	1000-5000万元	5000万元-1亿元	1亿元以上
总 计	**509178**	**148250**	**80501**	**157607**	**41731**	**53377**	**11665**	**16047**
广州市	138171	44358	27273	40078	9703	10786	2243	3730
深圳市	97854	31079	15123	25340	8417	11328	2594	3973
珠海市	20012	7387	2882	4652	1536	2278	540	737
汕头市	17290	3648	2393	7768	1185	1607	357	332
佛山市	54157	15539	7818	17764	4391	5759	1310	1576
韶关市	6693	1583	1251	2358	565	643	110	183
河源市	3597	1271	394	960	284	458	101	129
梅州市	6917	1721	1194	2765	473	515	114	135
惠州市	18798	6259	2365	5613	1567	1930	447	617
汕尾市	2517	382	317	1241	223	243	55	56
东莞市	48349	13575	6653	12873	4788	6911	1586	1963
中山市	22500	5847	3246	6990	2092	2849	654	822
江门市	15952	4300	2145	4914	1473	2209	455	456
阳江市	6484	678	811	3840	465	483	102	105
湛江市	8863	2064	1527	3209	814	813	180	256
茂名市	9177	1677	1455	4088	943	775	110	129
肇庆市	7945	2392	962	2361	653	1104	210	263
清远市	6039	1776	678	1707	574	829	208	267
潮州市	7393	956	829	4171	587	653	84	113
揭阳市	7980	1059	837	4199	793	855	131	106
云浮市	2490	699	348	716	205	349	74	99

2-30 按登记注册类型、资产总额组距分组的企业法人单位数

登记注册类型	企业法人单位数(个)	50万元及以下	50-100万元	100-500万元	500-1000万元	1000-5000万元	5000万元-1亿元	1亿元以上
总　计	**509178**	**148250**	**80501**	**157607**	**41731**	**53377**	**11665**	**16047**
内资企业	**461417**	**144060**	**77852**	**146942**	**34992**	**39587**	**7773**	**10211**
国有企业	10978	2001	934	2758	1122	2130	635	1398
集体企业	22248	6904	2811	6311	2058	2910	582	672
股份合作企业	5423	2345	666	1102	302	586	168	254
联营企业	1319	259	120	400	148	236	65	91
国有联营企业	304	46	14	64	40	83	27	30
集体联营企业	420	106	51	140	41	62	13	7
国有与集体联营企业	118	15	8	33	14	34	5	9
其他联营企业	477	92	47	163	53	57	20	45
有限责任公司	69622	16272	9856	21175	6854	9678	2367	3420
国有独资公司	928	74	42	109	69	187	83	364
其他有限责任公司	68694	16198	9814	21066	6785	9491	2284	3056
股份有限公司	6537	1557	884	1584	529	834	255	894
私营企业	330057	109224	60404	109343	22951	21619	3377	3139
私营独资企业	104146	40759	17314	37057	5505	3016	306	189
私营合伙企业	16478	6284	2936	5598	922	626	66	46
私营有限责任公司	202015	59529	38743	64588	16042	17433	2909	2771
私营股份有限公司	7418	2652	1411	2100	482	544	96	133
其他企业	15233	5498	2177	4269	1028	1594	324	343
港、澳、台商投资企业	**33479**	**2832**	**1833**	**7991**	**5029**	**9867**	**2539**	**3388**
合资经营企业(港或澳、台资)	4319	209	132	667	541	1422	507	841
合作经营企业(港或澳、台资)	2323	152	91	586	338	633	164	359
港、澳、台商独资经营企业	26109	2344	1554	6530	4052	7671	1846	2112
港、澳、台商投资股份有限公司	728	127	56	208	98	141	22	76
外商投资企业	**14282**	**1358**	**816**	**2674**	**1710**	**3923**	**1353**	**2448**
中外合资经营企业	2965	164	120	467	342	833	336	703
中外合作经营企业	1004	53	35	201	145	301	86	183
外资企业	9912	1087	627	1922	1172	2709	898	1497
外商投资股份有限公司	401	54	34	84	51	80	33	65

2-31　按地区、学历分组的企业法人单位数及就业人数

地　区	企业法人单位数(个)	就业人数(人)	具有研究生及以上学历人员	具有大学本科学历人员	具有大专学历人员	具有高中学历人员	具有初中及以下学历人员
总　计	**509178**	**27308441**	**248590**	**1872614**	**3442530**	**9605125**	**12139582**
广州市	138171	4811939	58195	522718	847036	1612593	1771397
深圳市	97854	6316568	118298	670756	923861	2298730	2304923
珠海市	20012	780879	7204	65870	104857	298070	304878
汕头市	17290	789636	2078	30537	86024	269937	401060
佛山市	54157	2600627	11440	143601	309829	918331	1217426
韶关市	6693	321522	693	15247	42106	128368	135108
河源市	3597	210073	345	6110	18934	76277	108407
梅州市	6917	324718	1781	13666	39206	129527	140538
惠州市	18798	1047564	3655	48540	106167	324410	564792
汕尾市	2517	187855	242	4437	13578	52793	116805
东莞市	48349	4308008	11550	149569	375206	1518443	2253240
中山市	22500	1588659	5435	64247	159074	518593	841310
江门市	15952	1004253	1811	36577	102889	380916	482060
阳江市	6484	316279	647	9516	31335	123869	150912
湛江市	8863	473143	1631	19710	56014	187698	208090
茂名市	9177	434352	1303	16505	56450	184638	175456
肇庆市	7945	434985	19079	16785	49571	144267	205283
清远市	6039	368545	716	14346	37304	110266	205913
潮州市	7393	344930	287	8314	30473	118840	187016
揭阳市	7980	469039	1671	9847	36535	156078	264908
云浮市	2490	174867	529	5716	16081	52481	100060

2-32 按行业(中类)、学历分组的企业法人单位数及就业人数

行业	代码	企业法人单位数(个)	就业人数(人)	具有研究生及以上学历人员	具有大学本科学历人员	具有大专学历人员	具有高中学历人员	具有初中及以下学历人员
总计		**509178**	**27308441**	**248590**	**1872614**	**3442530**	**9605125**	**12139582**
农、林、牧、渔业	A	**37**	**15792**	**102**	**475**	**1478**	**5310**	**8427**
农业	01	13	9582		113	792	2868	5809
谷物及其他作物的种植	011	7	9135		94	755	2653	5633
蔬菜、园艺作物的种植	012	2	84		19	31	19	15
水果、坚果、饮料和香料作物的种植	013	3	183			4	86	93
中药材的种植	014	1	180			2	110	68
林业	02	9	1984		24	242	897	821
林木的培育和种植	021	7	814		16	106	397	295
木材和竹材的采运	022	1	280			11	15	254
林产品的采集	023	1	890		8	125	485	272
畜牧业	03	8	3980	102	334	407	1430	1707
牲畜的饲养	031	1	19	4	1	7	6	1
猪的饲养	032	2	107		2	11	55	39
家禽的饲养	033	4	3852	98	331	389	1367	1667
狩猎和捕捉动物	034	1	2				2	
其他畜牧业	039							
渔业	04	4	159		4	14	78	63
海洋渔业	041	3	149		4	13	71	61
内陆渔业	042	1	10			1	7	2
农、林、牧、渔服务业	05	3	87			23	37	27
农业服务业	051							
林业服务业	052	2	71			23	27	21
畜牧服务业	053	1	16				10	6
渔业服务业	054							
采矿业	B	**2329**	**96246**	**308**	**2945**	**6489**	**33063**	**53441**
煤炭开采和洗选业	06	3	76	1	17	10	24	24
烟煤和无烟煤的开采洗选	061							
褐煤的开采洗选	062							
其他煤炭采选	069	3	76	1	17	10	24	24
石油和天然气开采业	07	18	3331	189	1001	335	1629	177
天然原油和天然气开采	071	8	1134	176	778	103	42	35
与石油和天然气开采有关的服务活动	079	10	2197	13	223	232	1587	142
黑色金属矿采选业	08	315	15699	17	412	1315	5352	8603
铁矿采选	081	299	15124	17	405	1273	5131	8298
其他黑色金属矿采选	089	16	575		7	42	221	305
有色金属矿采选业	09	213	16641	49	689	1259	5610	9034
常用有色金属矿采选	091	148	10346	42	436	858	3172	5838
贵金属矿采选	092	17	1300	2	60	118	329	791
稀有稀土金属矿采选	093	48	4995	5	193	283	2109	2405
非金属矿采选业	10	1747	59887	52	816	3530	20174	35315
土砂石开采	101	1541	47783	37	476	2286	16112	28872
化学矿采选	102	5	4331	10	268	831	1831	1391
采盐	103	44	4147		42	156	1175	2774
石棉及其他非金属矿采选	109	157	3626	5	30	257	1056	2278

2-32　续表 1

行　　业	代码	企业法人单位数(个)	就业人数(人)	具有研究生及以上学历人员	具有大学本科学历人员	具有大专学历人员	具有高中学历人员	具有初中及以下学历人员
其他采矿业	11	33	612		10	40	274	288
其他采矿业	110	33	612		10	40	274	288
制造业	**C**	**191806**	**17710758**	**115397**	**725702**	**1520733**	**6125091**	**9223835**
农副食品加工业	13	3412	205296	766	7137	17330	69963	110100
谷物磨制	131	389	7791	19	332	710	3119	3611
饲料加工	132	530	33799	452	2617	4473	12617	13640
植物油加工	133	279	9989	49	674	1371	4037	3858
制糖	134	80	29074	14	438	2249	10668	15705
屠宰及肉类加工	135	689	27882	25	692	2012	9329	15824
水产品加工	136	646	59274	141	1422	3486	18387	35838
蔬菜、水果和坚果加工	137	409	21738	28	378	1610	6924	12798
其他农副食品加工	139	390	15749	38	584	1419	4882	8826
食品制造业	14	3470	207172	1124	9840	22183	73190	100835
焙烤食品制造	141	833	41441	117	1407	3714	14634	21569
糖果、巧克力及蜜饯制造	142	928	55351	117	1156	4763	18188	31127
方便食品制造	143	337	30139	246	1809	3694	11905	12485
液体乳及乳制品制造	144	53	9436	130	852	1758	2449	4247
罐头制造	145	142	12315	24	360	1336	3710	6885
调味品、发酵制品制造	146	457	26994	91	1508	2290	10675	12430
其他食品制造	149	720	31496	399	2748	4628	11629	12092
饮料制造业	15	1402	90205	357	6147	13007	39698	30996
酒精制造	151	22	986		38	137	456	355
酒的制造	152	434	23372	110	1622	2845	9368	9427
软饮料制造	153	795	61018	238	4392	9706	28285	18397
精制茶加工	154	151	4829	9	95	319	1589	2817
烟草制品业	16	30	8249	151	902	1332	3966	1898
烟叶复烤	161	6	518	3	50	141	251	73
卷烟制造	162	5	6712	134	829	1128	3174	1447
其他烟草制品加工	169	19	1019	14	23	63	541	378
纺织业	17	8625	870053	1557	18730	59063	259643	531060
棉、化纤纺织及印染精加工	171	2406	247129	589	5265	17708	80753	142814
毛纺织和染整精加工	172	558	68612	58	1617	5703	21400	39834
麻纺织	173	21	603		10	62	191	340
丝绢纺织及精加工	174	164	11220	7	161	659	3245	7148
纺织制成品制造	175	1916	117327	220	2618	8672	39941	65876
针织品、编织品及其制品制造	176	3560	425162	683	9059	26259	114113	275048
纺织服装、鞋、帽制造业	18	13962	1455037	2305	24748	83924	430647	913413
纺织服装制造	181	13299	1361046	2242	23609	78550	403295	853350
纺织面料鞋的制造	182	448	64778	51	678	3617	19619	40813
制帽	183	215	29213	12	461	1757	7733	19250
皮革、毛皮、羽毛(绒)及其制品业	19	7357	1181268	9927	17147	66889	330181	757124
皮革鞣制加工	191	413	76373	12	645	2854	37485	35377
皮革制品制造	192	6702	1087535	9905	16216	62974	285645	712795
毛皮鞣制及制品加工	193	129	7859	2	113	416	2684	4644
羽毛(绒)加工及制品制造	194	113	9501	8	173	645	4367	4308

2-32 续表 2

行业	代码	企业法人单位数(个)	就业人数(人)	具有研究生及以上学历人员	具有大学本科学历人员	具有大专学历人员	具有高中学历人员	具有初中及以下学历人员
木材加工及木、竹、藤、棕、草制品业	20	3092	158594	296	2846	9767	49553	96132
锯材、木片加工	201	872	26049	59	271	1305	8550	15864
人造板制造	202	852	63911	95	1292	4003	21654	36867
木制品制造	203	1026	49813	117	979	3645	14936	30136
竹、藤、棕、草制品制造	204	342	18821	25	304	814	4413	13265
家具制造业	21	5886	465165	899	10463	32989	136992	283822
木质家具制造	211	3453	286441	650	5628	18992	84279	176892
竹、藤家具制造	212	114	9989	18	210	532	2601	6628
金属家具制造	213	907	79993	93	2271	5690	22069	49870
塑料家具制造	214	135	10000	18	184	595	2517	6686
其他家具制造	219	1277	78742	120	2170	7180	25526	43746
造纸及纸制品业	22	7581	410407	958	12364	32445	134875	229765
纸浆制造	221	148	15182	67	452	1331	5496	7836
造纸	222	1675	103537	232	5348	9232	36318	52407
纸制品制造	223	5758	291688	659	6564	21882	93061	169522
印刷业和记录媒介的复制	23	8512	382741	1073	10137	31984	135765	203782
印刷	231	7924	356505	968	9100	28678	125571	192188
装订及其他印刷服务活动	232	530	21282	75	631	2248	8061	10267
记录媒介的复制	233	58	4954	30	406	1058	2133	1327
文教体育用品制造业	24	3901	749807	3121	15900	42294	209896	478596
文化用品制造	241	617	60726	96	1323	3806	19107	36394
体育用品制造	242	716	147003	363	2630	7482	49068	87460
乐器制造	243	203	26234	1632	693	1834	7599	14476
玩具制造	244	2187	501804	996	10727	28098	130337	331646
游艺器材及娱乐用品制造	245	178	14040	34	527	1074	3785	8620
石油加工、炼焦及核燃料加工业	25	328	28226	424	4494	5951	11240	6117
精炼石油产品的制造	251	308	27469	409	4438	5833	11024	5765
炼焦	252	16	714	15	54	102	199	344
核燃料加工	253	4	43		2	16	17	8
化学原料及化学制品制造业	26	8157	385875	4382	29922	53988	139840	157743
基础化学原料制造	261	489	29871	355	2401	4092	11417	11606
肥料制造	262	255	14086	76	796	1704	4853	6657
农药制造	263	82	5179	102	455	669	1703	2250
涂料、油墨、颜料及类似产品制造	264	2555	105341	913	7696	16162	39212	41358
合成材料制造	265	638	37864	580	2814	4433	12926	17111
专用化学产品制造	266	1875	78203	959	6066	10764	26568	33846
日用化学产品制造	267	2263	115331	1397	9694	16164	43161	44915
医药制造业	27	915	96673	1843	13420	17293	34321	29796
化学药品原药制造	271	59	8423	109	1055	1410	3963	1886
化学药品制剂制造	272	152	32237	528	5213	6223	11198	9075
中药饮片加工	273	134	7832	176	450	979	2952	3275
中成药制造	274	194	25556	320	3159	4346	9041	8690
兽用药品制造	275	83	4085	101	689	949	1355	991
生物、生化制品的制造	276	164	7744	450	1853	1923	2177	1341
卫生材料及医药用品制造	277	129	10796	159	1001	1463	3635	4538

2-32 续表 3

行业	代码	企业法人单位数(个)	就业人数(人)	具有研究生及以上学历人员	具有大学本科学历人员	具有大专学历人员	具有高中学历人员	具有初中及以下学历人员
化学纤维制造业	28	257	22540	74	989	1925	9126	10426
纤维素纤维原料及纤维制造	281	69	3734	29	239	428	1425	1613
合成纤维制造	282	188	18806	45	750	1497	7701	8813
橡胶制品业	29	2388	209970	829	4089	12825	64200	128027
轮胎制造	291	84	18069	67	787	1578	7845	7792
橡胶板、管、带的制造	292	283	12425	75	416	1315	4422	6197
橡胶零件制造	293	496	34037	65	721	2725	12019	18507
再生橡胶制造	294	107	2523	7	36	153	847	1480
日用及医用橡胶制品制造	295	135	11113	15	208	572	2615	7703
橡胶靴鞋制造	296	400	76208	130	643	2620	19632	53183
其他橡胶制品制造	299	883	55595	470	1278	3862	16820	33165
塑料制品业	30	17035	1211026	2569	29385	87482	407654	683936
塑料薄膜制造	301	1630	96620	186	2530	7086	34939	51879
塑料板、管、型材的制造	302	1265	107122	369	4625	9787	38182	54159
塑料丝、绳及编织品的制造	303	462	26803	22	313	1835	8922	15711
泡沫塑料制造	304	741	38887	79	796	2626	13258	22128
塑料人造革、合成革制造	305	185	27792	30	1778	4803	9963	11218
塑料包装箱及容器制造	306	1690	88147	231	2225	6890	28869	49932
塑料零件制造	307	2572	193062	330	5388	14288	67099	105957
日用塑料制造	308	2925	270600	510	4099	14187	89364	162440
其他塑料制品制造	309	5565	361993	812	7631	25980	117058	210512
非金属矿物制品业	31	9610	716378	3693	21597	57636	236918	396534
水泥、石灰和石膏的制造	311	681	83085	488	1803	7228	32109	41457
水泥及石膏制品制造	312	967	57213	234	2176	5526	20160	29117
砖瓦、石材及其他建筑材料制造	313	3334	239114	1600	6901	17220	74608	138785
玻璃及玻璃制品制造	314	1474	127110	752	5619	11907	42394	66438
陶瓷制品制造	315	2388	181005	488	4045	13050	57547	105875
耐火材料制品制造	316	134	6201	39	195	398	2126	3443
石墨及其他非金属矿物制品制造	319	632	22650	92	858	2307	7974	11419
黑色金属冶炼及压延加工业	32	886	87962	384	5809	11039	36213	34517
炼铁	321	55	2448	2	30	164	1141	1111
炼钢	322	50	14241	49	1110	1587	7297	4198
钢压延加工	323	749	69381	327	4472	9061	27074	28447
铁合金冶炼	324	32	1892	6	197	227	701	761
有色金属冶炼及压延加工业	33	1983	159770	678	6179	14757	56109	82047
常用有色金属冶炼	331	248	17697	114	1039	2031	6115	8398
贵金属冶炼	332	20	1603		60	226	632	685
稀有稀土金属冶炼	333	44	3814	48	307	704	1232	1523
有色金属合金制造	334	169	8430	45	354	900	2995	4136
有色金属压延加工	335	1502	128226	471	4419	10896	45135	67305
金属制品业	34	20771	1213787	4887	32524	100166	414142	662068
结构性金属制品制造	341	4625	222441	712	7219	20414	80225	113871
金属工具制造	342	2671	135763	271	2691	9121	50166	73514
集装箱及金属包装容器制造	343	649	62671	273	2463	5638	19876	34421

2-32 续表 4

行　业	代码	企业法人单位数(个)	就业人数(人)	具有研究生及以上学历人员	具有大学本科学历人员	具有大专学历人员	具有高中学历人员	具有初中及以下学历人员
金属丝绳及其制品的制造	344	445	21789	24	465	2063	8032	11205
建筑、安全用金属制品制造	345	2394	173242	519	5398	17378	58923	91024
金属表面处理及热处理加工	346	1585	97831	1080	2259	7249	29551	57692
搪瓷制品制造	347	160	12291	611	532	1155	3681	6312
不锈钢及类似日用金属制品制造	348	4590	318160	895	7940	23766	105688	179871
其他金属制品制造	349	3652	169599	502	3557	13382	58000	94158
通用设备制造业	35	8346	442918	1703	21314	47072	171374	201455
锅炉及原动机制造	351	170	9687	39	820	1276	3795	3757
金属加工机械制造	352	1657	65262	313	3174	7917	25745	28113
起重运输设备制造	353	258	24208	261	2963	3972	9010	8002
泵、阀门、压缩机及类似机械的制造	354	638	54267	187	3272	5423	25275	20110
轴承、齿轮、传动和驱动部件的制造	355	335	30755	48	958	2505	12495	14749
烘炉、熔炉及电炉制造	356	89	4188	11	119	374	1641	2043
风机、衡器、包装设备等通用设备制造	357	1576	104125	451	5292	11888	36596	49898
通用零部件制造及机械修理	358	2691	99925	249	3405	9956	38912	47403
金属铸、锻加工	359	932	50501	144	1311	3761	17905	27380
专用设备制造业	36	8892	549380	5652	31904	65597	218223	228004
矿山、冶金、建筑专用设备制造	361	306	17077	190	1452	2312	7344	5779
化工、木材、非金属加工专用设备制造	362	4615	265067	902	10748	30673	104020	118724
食品、饮料、烟草及饲料生产专用设备制造	363	250	11914	36	658	1475	4408	5337
印刷、制药、日化生产专用设备制造	364	743	34385	202	1990	4803	13212	14178
纺织、服装和皮革工业专用设备制造	365	382	21760	68	764	2909	7593	10426
电子和电工机械专用设备制造	366	1020	100215	683	5044	9459	48964	36065
农、林、牧、渔专用机械制造	367	153	9437	19	253	579	2926	5660
医疗仪器设备及器械制造	368	566	52442	2728	6918	7476	16124	19196
环保、社会公共安全及其他专用设备制造	369	857	37083	824	4077	5911	13632	12639
交通运输设备制造业	37	4157	456056	3395	28598	50137	182126	191800
铁路运输设备制造	371	21	3541	26	324	712	1714	765
汽车制造	372	2617	243934	2263	17101	28927	100237	95406
摩托车制造	373	483	78568	717	3587	7308	30473	36483
自行车制造	374	354	61205	74	1023	3982	22319	33807
船舶及浮动装置制造	375	593	55012	213	5280	6772	21083	21664
航空航天器制造	376	12	9009	64	1169	2076	5034	666
交通器材及其他交通运输设备制造	379	77	4787	38	114	360	1266	3009
电气机械及器材制造业	39	16383	1961545	9093	100022	188981	713215	950234
电机制造	391	864	98513	288	4080	9078	39479	45588
输配电及控制设备制造	392	3945	427460	2331	25757	41552	152959	204861
电线、电缆、光缆及电工器材制造	393	2662	247301	608	8549	20915	88946	128283
电池制造	394	831	171496	1973	10637	15792	61231	81863
家用电力器具制造	395	3809	628396	2684	34197	65511	244951	281053
非电力家用器具制造	396	526	34929	177	2682	4505	13031	14534
照明器具制造	397	3319	323702	867	12581	28837	102944	178473
其他电气机械及器材制造	399	427	29748	165	1539	2791	9674	15579
通信设备、计算机及其他电子设备制造业	40	14346	3011835	49735	225983	317114	1224048	1194955
通信设备制造	401	1152	434325	35868	77388	66812	144930	109327

2-32 续表 5

行业	代码	企业法人单位数（个）	就业人数（人）	具有研究生及以上学历人员	具有大学本科学历人员	具有大专学历人员	具有高中学历人员	具有初中及以下学历人员
雷达及配套设备制造	402	16	638	12	22	117	189	298
广播电视设备制造	403	399	53693	361	3330	5040	18771	26191
电子计算机制造	404	1618	641401	4635	48739	58650	352757	176620
电子器件制造	405	1735	354262	2819	23362	39481	143378	145222
电子元件制造	406	5799	975907	3389	43450	89501	387845	451722
家用视听设备制造	407	2041	377539	1616	20924	40169	123025	191805
其他电子设备制造	409	1586	174070	1035	8768	17344	53153	93770
仪器仪表及文化、办公用机械制造业	41	2776	426288	2049	20484	36033	164995	202727
通用仪器仪表制造	411	562	31019	756	5433	6155	9709	8966
专用仪器仪表制造	412	307	20451	408	2460	3828	7282	6473
钟表与计时仪器制造	413	945	114168	196	2364	7060	31125	73423
光学仪器及眼镜制造	414	468	102726	222	2986	7597	35646	56275
文化、办公用机械制造	415	430	154763	438	6958	10861	80359	56147
其他仪器仪表的制造及修理	419	64	3161	29	283	532	874	1443
工艺品及其他制造业	42	6350	513111	1024	11942	36988	156854	306303
工艺美术品制造	421	4738	392618	717	8603	26820	120177	236301
日用杂品制造	422	964	76126	165	1722	5741	21617	46881
煤制品制造	423	35	813	5	16	77	302	413
核辐射加工	424							
其他未列明的制造业	429	613	43554	137	1601	4350	14758	22708
废弃资源和废旧材料回收加工业	43	996	33424	449	686	2542	10124	19623
金属废料和碎屑的加工处理	431	483	21799	343	423	1680	6014	13339
非金属废料和碎屑的加工处理	432	513	11625	106	263	862	4110	6284
电力、燃气及水的生产和供应业	**D**	**7074**	**311229**	**3472**	**28165**	**49187**	**127547**	**102858**
电力、热力的生产和供应业	44	5731	237377	2814	21697	35790	97280	79796
电力生产	441	5564	113161	1025	8151	15876	46313	41796
电力供应	442	142	122205	1782	13448	19693	50099	37183
热力生产和供应	443	25	2011	7	98	221	868	817
燃气生产和供应业	45	178	11309	145	1547	2194	4666	2757
燃气生产和供应业	450	178	11309	145	1547	2194	4666	2757
水的生产和供应业	46	1165	62543	513	4921	11203	25601	20305
自来水的生产和供应	461	974	57559	404	4357	10227	23819	18752
污水处理及其再生利用	462	165	4184	45	433	780	1550	1376
其他水的处理、利用与分配	469	26	800	64	131	196	232	177
建筑业	**E**	**14457**	**1920243**	**8163**	**115690**	**237516**	**598172**	**960702**
房屋和土木工程建筑业	47	4114	1469598	5183	76341	163376	457753	766945
房屋工程建筑	471	2579	1208554	3157	48358	119420	378936	658683
土木工程建筑	472	1535	261044	2026	27983	43956	78817	108262
建筑安装业	48	3579	217751	1438	21077	37402	69920	87914
建筑安装业	480	3579	217751	1438	21077	37402	69920	87914
建筑装饰业	49	5439	178122	1074	14046	29640	55257	78105
建筑装饰业	490	5439	178122	1074	14046	29640	55257	78105
其他建筑业	50	1325	54772	468	4226	7098	15242	27738
工程准备	501	528	17711	227	1473	2506	5278	8227
提供施工设备服务	502	127	8869	12	201	440	1480	6736
其他未列明的建筑活动	509	670	28192	229	2552	4152	8484	12775

2-32 续表 6

行　业	代码	企业法人单位数（个）	就业人数（人）	具有研究生及以上学历人员	具有大学本科学历人员	具有大专学历人员	具有高中学历人员	具有初中及以下学历人员
交通运输、仓储和邮政业	F	**14244**	**905956**	**5809**	**79633**	**161669**	**404785**	**254060**
铁路运输业	51	12	532	19	124	180	149	60
铁路旅客运输	511	1	250	5	60	100	60	25
铁路货物运输	512	9	178	2	39	45	57	35
铁路运输辅助活动	513	2	104	12	25	35	32	
道路运输业	52	4988	282695	1194	13099	35203	139556	93643
公路旅客运输	521	542	82909	193	2781	7370	41055	31510
道路货物运输	522	3865	144190	567	6494	18291	67800	51038
道路运输辅助活动	523	581	55596	434	3824	9542	30701	11095
城市公共交通业	53	466	186833	538	5217	12960	95910	72208
公共电汽车客运	531	140	90387	145	1579	4151	46692	37820
轨道交通	532	7	12762	264	2608	5055	4504	331
出租车客运	533	299	76850	113	947	3283	40868	31639
城市轮渡	534	5	572		3	19	255	295
其他城市公共交通	539	15	6262	16	80	452	3591	2123
水上运输业	54	884	120085	1050	14650	25758	47530	31097
水上旅客运输	541	87	8876	69	746	2156	3604	2301
水上货物运输	542	530	49947	385	5370	9484	21527	13181
水上运输辅助活动	543	267	61262	596	8534	14118	22399	15615
航空运输业	55	87	65310	1255	19303	24628	12673	7451
航空客货运输	551	57	57054	1184	18089	21761	9091	6929
通用航空服务	552	11	731	11	175	217	305	23
航空运输辅助活动	553	19	7525	60	1039	2650	3277	499
管道运输业	56	3	256	2	47	56	143	8
管道运输业	560	3	256	2	47	56	143	8
装卸搬运和其他运输服务业	57	6053	121740	914	16271	36620	41799	26136
装卸搬运	571	462	23648	51	632	2167	8755	12043
运输代理服务	572	5591	98092	863	15639	34453	33044	14093
仓储业	58	1163	40791	404	4739	9095	16601	9952
谷物、棉花等农产品仓储	581	175	4717	21	446	972	2003	1275
其他仓储	589	988	36074	383	4293	8123	14598	8677
邮政业	59	588	87714	433	6183	17169	50424	13505
国家邮政	591	40	65352	325	5188	14103	35942	9794
其他寄递服务	599	548	22362	108	995	3066	14482	3711
信息传输、计算机服务和软件业	G	**13981**	**371428**	**18947**	**128821**	**120680**	**80943**	**22037**
电信和其他信息传输服务业	60	2192	141850	5104	38843	47663	40871	9369
电信	601	587	115032	4370	33547	39103	31651	6361
互联网信息服务	602	1472	18746	473	3742	5677	6422	2432
广播电视传输服务	603	121	7789	208	1455	2828	2729	569
卫星传输服务	604	12	283	53	99	55	69	7
计算机服务业	61	5855	85783	2684	22011	27208	23755	10125
计算机系统服务	611	1643	29313	1189	11029	10725	5448	922
数据处理	612	97	11588	279	3547	5153	2050	559
计算机维修	613	290	3430	77	768	1248	1175	162
其他计算机服务	619	3825	41452	1139	6667	10082	15082	8482

2-32 续表 7

行业	代码	企业法人单位数(个)	就业人数(人)	具有研究生及以上学历人员	具有大学本科学历人员	具有大专学历人员	具有高中学历人员	具有初中及以下学历人员
软件业	62	5934	143795	11159	67967	45809	16317	2543
公共软件服务	621	4888	127250	10508	61567	39527	13716	1932
其他软件服务	629	1046	16545	651	6400	6282	2601	611
批发和零售业	**H**	**141318**	**1944926**	**21828**	**228837**	**476081**	**821936**	**396244**
批发业	63	93587	1184433	16593	167922	314575	462308	223035
农畜产品批发	631	1586	21955	309	1545	3856	9473	6772
食品、饮料及烟草制品批发	632	6569	142983	1282	14599	28390	61774	36938
纺织、服装及日用品批发	633	14234	175702	1677	21882	48213	73342	30588
文化、体育用品及器材批发	634	4231	53974	538	6756	14878	22304	9498
医药及医疗器材批发	635	3094	69347	1471	13084	21136	25582	8074
矿产品、建材及化工产品批发	636	22203	253902	3071	30620	59068	104148	56995
机械设备、五金交电及电子产品批发	637	30535	355113	6955	65903	110379	123656	48220
贸易经纪与代理	638	4237	39672	671	7236	13688	13657	4420
其他批发	639	6898	71785	619	6297	14967	28372	21530
零售业	65	47731	760493	5235	60915	161506	359628	173209
综合零售	651	3624	200262	908	11445	28992	98159	60758
食品、饮料及烟草制品专门零售	652	3446	34564	149	1406	4945	17166	10898
纺织、服装及日用品专门零售	653	5242	69777	631	6801	15416	34961	11968
文化、体育用品及器材专门零售	654	3198	37405	257	3235	9028	18609	6276
医药及医疗器材专门零售	655	3602	54348	315	5026	13214	27811	7982
汽车、摩托车、燃料及零配件专门零售	656	6451	144382	691	10813	33281	65548	34049
家用电器及电子产品专门零售	657	9986	114921	1509	14575	35058	49898	13881
五金、家具及室内装修材料专门零售	658	7005	55003	294	3359	11371	26531	13448
无店铺及其他零售	659	5177	49831	481	4255	10201	20945	13949
住宿和餐饮业	**I**	**13012**	**795943**	**1552**	**23387**	**85448**	**339277**	**346279**
住宿业	66	5053	366607	881	13759	45098	158805	148064
旅游饭店	661	1769	284065	664	10736	35794	123000	113871
一般旅馆	662	2981	73139	184	2574	8235	31819	30327
其他住宿服务	669	303	9403	33	449	1069	3986	3866
餐饮业	67	7959	429336	671	9628	40350	180472	198215
正餐服务	671	6197	326872	470	4920	21650	124576	175256
快餐服务	672	811	81021	171	4133	16657	46669	13391
饮料及冷饮服务	673	361	7009	11	203	851	3368	2576
其他餐饮服务	679	590	14434	19	372	1192	5859	6992
金融业	**J**	**1885**	**490148**	**19502**	**133112**	**184672**	**126284**	**26578**
银行业	68	439	240606	8390	79755	103067	41111	8283
中央银行	681	2	865	153	390	251	48	23
商业银行	682	406	235478	8037	78284	100899	40178	8080
其他银行	689	31	4263	200	1081	1917	885	180
证券业	69	137	38435	7311	16582	11592	2752	198
证券市场管理	691	4	373	257	74	25	13	4
证券经纪与交易	692	97	37462	6905	16216	11449	2700	192
证券投资	693	19	395	136	170	56	32	1
证券分析与咨询	694	17	205	13	122	62	7	1

2-32 续表 8

行 业	代码	企业法人单位数(个)	就业人数(人)	具有研究生及以上学历人员	具有大学本科学历人员	具有大专学历人员	具有高中学历人员	具有初中及以下学历人员
保险业	70	796	194533	2991	32384	63711	78050	17397
人寿保险	701	183	140830	1579	19688	41510	62586	15467
非人寿保险	702	282	41807	1014	10059	16871	12272	1591
保险辅助服务	703	331	11896	398	2637	5330	3192	339
其他金融活动	71	513	16574	810	4391	6302	4371	700
金融信托与管理	711	64	1642	287	578	396	338	43
金融租赁	712	7	209	33	88	27	53	8
财务公司	713	31	526	74	189	161	99	3
邮政储蓄	714	15	6986	58	1326	3066	2306	230
典当	715	161	1669	24	205	548	642	250
其他未列明的金融活动	719	235	5542	334	2005	2104	933	166
房地产业	K	**27964**	**771830**	**8338**	**76605**	**156166**	**308346**	**222375**
房地产业	72	27964	771830	8338	76605	156166	308346	222375
房地产开发经营	721	6811	183678	4372	35138	52087	58048	34033
物业管理	722	8330	408292	1631	21281	59580	177083	148717
房地产中介服务	723	4168	61702	963	8933	20049	25439	6318
其他房地产活动	729	8655	118158	1372	11253	24450	47776	33307
租赁和商务服务业	L	**46529**	**1121931**	**22128**	**169109**	**250380**	**367902**	**312412**
租赁业	73	905	17105	191	1593	3653	7871	3797
机械设备租赁	731	837	15737	182	1452	3264	7284	3555
文化及日用品出租	732	68	1368	9	141	389	587	242
商务服务业	74	45624	1104826	21937	167516	246727	360031	308615
企业管理服务	741	15449	533892	8002	66979	94022	159256	205633
法律服务	742	744	16263	2448	9165	3199	1131	320
咨询与调查	743	12618	146618	6244	43881	58379	31727	6387
广告业	744	7288	70110	1381	17017	27227	19429	5056
知识产权服务	745	425	4856	332	1592	1868	862	202
职业中介服务	746	921	65442	1618	8031	14490	27298	14005
市场管理	747	1357	28674	132	1705	4717	12259	9861
旅行社	748	1181	30829	261	4343	11436	12422	2367
其他商务服务	749	5641	208142	1519	14803	31389	95647	64784
科学研究、技术服务和地质勘查业	M	**13713**	**293470**	**15985**	**99069**	**90894**	**63629**	**23893**
研究与试验发展	75	3313	62201	4793	22332	18732	13172	3172
自然科学研究与试验发展	751	213	2622	350	838	799	510	125
工程和技术研究与试验发展	752	2651	54474	3881	19843	16384	11714	2652
农业科学研究与试验发展	753	138	1572	78	380	430	388	296
医学研究与试验发展	754	288	3193	473	1148	961	517	94
社会人文科学研究与试验发展	755	23	340	11	123	158	43	5
专业技术服务业	76	8473	199627	9840	67990	62500	42360	16937
气象服务	761	44	596	7	204	233	108	44
地震服务	762	5	50	16	14	14	5	1
海洋服务	763	8	151	10	52	32	57	
测绘服务	764	159	3339	41	677	1546	865	210
技术检测	765	661	24353	1048	6830	6863	7280	2332
环境监测	766	81	941	59	256	273	257	96
工程技术与规划管理	767	3888	114187	6807	43814	36176	19447	7943
其他专业技术服务	769	3627	56010	1852	16143	17363	14341	6311

2-32 续表 9

行业	代码	企业法人单位数(个)	就业人数(人)	具有研究生及以上学历人员	具有大学本科学历人员	具有大专学历人员	具有高中学历人员	具有初中及以下学历人员
科技交流和推广服务业	77	1854	28870	1251	7901	9017	7397	3304
技术推广服务	771	1335	21652	870	5721	6320	5784	2957
科技中介服务	772	255	3894	199	1282	1498	779	136
其他科技服务	779	264	3324	182	898	1199	834	211
地质勘查业	78	73	2772	101	846	645	700	480
矿产地质勘查	781	20	769	24	145	182	249	169
基础地质勘查	782	24	1171	31	389	276	230	245
地质勘查技术服务	783	29	832	46	312	187	221	66
水利、环境和公共设施管理业	**N**	**1813**	**69935**	**617**	**5585**	**9376**	**23895**	**30462**
水利管理业	79	103	2382	31	158	383	967	843
防洪管理	791	12	519		51	111	256	101
水资源管理	792	65	1519	30	80	199	558	652
其他水利管理	799	26	344	1	27	73	153	90
环境管理业	80	524	21887	263	1551	2261	6550	11262
自然保护	801	28	1202	23	93	200	621	265
环境治理	802	496	20685	240	1458	2061	5929	10997
公共设施管理业	81	1186	45666	323	3876	6732	16378	18357
市政公共设施管理	811	192	5975	97	844	1192	2265	1577
城市绿化管理	812	705	23116	164	1928	3149	6792	11083
游览景区管理	813	289	16575	62	1104	2391	7321	5697
居民服务和其他服务业	**O**	**10965**	**245203**	**800**	**10948**	**31615**	**93586**	**108254**
居民服务业	82	4884	105883	246	3690	13035	44306	44606
家庭服务	821	440	6019	19	248	596	2401	2755
托儿所	822	63	732	5	88	210	330	99
洗染服务	823	149	4058	16	132	320	1348	2242
理发及美容保健服务	824	1823	33222	63	860	3637	15181	13481
洗浴服务	825	626	28519	37	548	2498	12101	13335
婚姻服务	826	115	732	6	75	222	346	83
殡葬服务	827	99	2189	2	85	319	920	863
摄影扩印服务	828	571	5877	38	438	1448	2819	1134
其他居民服务	829	998	24535	60	1216	3785	8860	10614
其他服务业	83	6081	139320	554	7258	18580	49280	63648
修理与维护	831	3253	46173	262	2887	8996	21891	12137
清洁服务	832	1525	69268	122	1739	4335	17439	45633
其他未列明的服务	839	1303	23879	170	2632	5249	9950	5878
教育	**P**	**2971**	**73279**	**2045**	**17499**	**23146**	**23500**	**7089**
教育	84	2971	73279	2045	17499	23146	23500	7089
学前教育	841	1052	22849	102	1864	6959	10828	3096
初等教育	842	199	9966	69	2642	4827	1677	751
中等教育	843	98	7239	291	3484	1868	1046	550
高等教育	844	50	3173	670	1605	535	263	100
其他教育	849	1572	30052	913	7904	8957	9686	2592

2-32 续表 10

行业	代码	企业法人单位数(个)	就业人数(人)	具有研究生及以上学历人员	具有大学本科学历人员	具有大专学历人员	具有高中学历人员	具有初中及以下学历人员
卫生、社会保障和社会福利业	Q	**1717**	**49283**	**1239**	**10594**	**16287**	**16251**	**4912**
卫生	85	1648	47916	1224	10526	16016	15692	4458
医院	851	212	29306	798	7221	9735	8940	2612
卫生院及社区医疗活动	852	164	3583	81	440	1247	1468	347
门诊部医疗活动	853	918	10234	219	1839	3382	3797	997
计划生育技术服务活动	854	240	2078	37	351	768	727	195
妇幼保健活动	855	6	224	1	29	69	101	24
专科疾病防治活动	856	33	349	18	62	145	102	22
疾病预防控制及防疫活动	857	10	262	2	78	78	77	27
其他卫生活动	859	65	1880	68	506	592	480	234
社会保障业	86	5	79		4	27	28	20
社会保障业	860	5	79		4	27	28	20
社会福利业	87	64	1288	15	64	244	531	434
提供住宿的社会福利	871	47	1043	10	33	158	438	404
不提供住宿的社会福利	872	17	245	5	31	86	93	30
文化、体育和娱乐业	R	**3363**	**120841**	**2358**	**16438**	**20713**	**45608**	**35724**
新闻出版业	88	252	23578	1532	7271	5787	6674	2314
新闻业	881	11	1069	86	423	286	208	66
出版业	882	241	22509	1446	6848	5501	6466	2248
广播、电视、电影和音像业	89	495	14091	465	4938	3895	3618	1175
广播	891	27	1383	81	508	440	281	73
电视	892	130	6961	328	3658	1897	863	215
电影	893	220	4869	41	540	1201	2243	844
音像制作	894	118	878	15	232	357	231	43
文化艺术业	90	453	5342	123	1117	1456	1709	937
文艺创作与表演	901	142	1924	66	394	482	583	399
艺术表演场馆	902	30	573	5	93	127	198	150
图书馆与档案馆	903	8	216	2	24	67	99	24
文物及文化保护	904	10	214	1	13	23	45	132
博物馆	905	8	142		9	22	106	5
烈士陵园、纪念馆	906	1	16			6	3	7
群众文化活动	907	57	496	3	140	156	132	65
文化艺术经纪代理	908	106	947	35	243	280	295	94
其他文化艺术	909	91	814	11	201	293	248	61
体育	91	277	6098	57	617	1082	2256	2086
体育组织	911	81	1874	17	249	360	570	678
体育场馆	912	126	2804	9	138	415	1155	1087
其他体育	919	70	1420	31	230	307	531	321
娱乐业	92	1886	71732	181	2495	8493	31351	29212
室内娱乐活动	921	1179	33825	55	963	3931	15484	13392
游乐园	922	62	4849	12	212	850	2554	1221
休闲健身娱乐活动	923	516	29439	104	1150	3121	11771	13293
其他娱乐活动	929	129	3619	10	170	591	1542	1306

2-33 按登记注册类型、学历分组的企业法人单位数及就业人数

登记注册类型	企业法人单位数(个)	就业人数(人)	具有研究生及以上学历人员	具有大学本科学历人员	具有大专学历人员	具有高中学历人员	具有初中及以下学历人员
总计	**509178**	**27308441**	**248590**	**1872614**	**3442530**	**9605125**	**12139582**
内资企业	**461417**	**16876685**	**182473**	**1320273**	**2462535**	**5913791**	**6997613**
国有企业	10978	1406167	20705	176185	253334	505171	450772
集体企业	22248	1164060	2514	37520	116354	391139	616533
股份合作企业	5423	337745	1730	21140	47817	107612	159446
联营企业	1319	78547	739	5883	11079	30046	30800
国有联营企业	304	21128	269	2074	3273	9497	6015
集体联营企业	420	25087	90	863	2132	8729	13273
国有与集体联营企业	118	8354	39	895	1595	3266	2559
其他联营企业	477	23978	341	2051	4079	8554	8953
有限责任公司	69622	3733599	53997	319098	565971	1336034	1458499
国有独资公司	928	213198	3670	25084	34271	78977	71196
其他有限责任公司	68694	3520401	50327	294014	531700	1257057	1387303
股份有限公司	6537	1124314	32313	191520	230593	414861	255027
私营企业	330057	8690997	67297	543769	1188977	3012109	3878845
私营独资企业	104146	2321131	15081	53467	194788	820318	1237477
私营合伙企业	16478	355406	3926	22995	41657	122248	164580
私营有限责任公司	202015	5800706	46106	447583	919090	1994336	2393591
私营股份有限公司	7418	213754	2184	19724	33442	75207	83197
其他企业	15233	341256	3178	25158	48410	116819	147691
港、澳、台商投资企业	**33479**	**6792519**	**35408**	**285849**	**583619**	**2246234**	**3641409**
合资经营企业(港或澳、台资)	4319	964809	6026	65024	106153	349515	438091
合作经营企业(港或澳、台资)	2323	363183	676	10807	32403	117213	202084
港、澳、台商独资经营企业	26109	5334875	27505	199805	428187	1737533	2941845
港、澳、台商投资股份有限公司	728	129652	1201	10213	16876	41973	59389
外商投资企业	**14282**	**3639237**	**30709**	**266492**	**396376**	**1445100**	**1500560**
中外合资经营企业	2965	684619	8024	62526	92015	265611	256443
中外合作经营企业	1004	186418	1104	9874	20647	69715	85078
外资企业	9912	2633194	19729	174913	256861	1074034	1107657
外商投资股份有限公司	401	135006	1852	19179	26853	35740	51382

2-34 按地区、专业技术职称分组的企业法人单位数及就业人数

地　区	企业法人单位数（个）	就业人数（人）	#具有高级技术职称人员	#具有中级技术职称人员	#具有初级技术职称人员
总　计	**509178**	**27308441**	**215108**	**722467**	**1232994**
广州市	138171	4811939	46489	157801	250205
深圳市	97854	6316568	68360	213194	284185
珠海市	20012	780879	8266	26524	35964
汕头市	17290	789636	4498	18318	35297
佛山市	54157	2600627	16461	54557	121706
韶关市	6693	321522	2762	11456	21388
河源市	3597	210073	1001	5029	12016
梅州市	6917	324718	3222	13250	25867
惠州市	18798	1047564	6840	24900	44927
汕尾市	2517	187855	790	2890	7958
东莞市	48349	4308008	27445	79027	160979
中山市	22500	1588659	9589	28483	51741
江门市	15952	1004253	4291	17737	38939
阳江市	6484	316279	750	4852	11518
湛江市	8863	473143	3207	14974	31301
茂名市	9177	434352	2850	13434	23102
肇庆市	7945	434985	2732	10342	22443
清远市	6039	368545	1793	7882	15735
潮州市	7393	344930	939	5459	12797
揭阳市	7980	469039	1570	8416	16846
云浮市	2490	174867	1253	3942	8080

2-35 按行业(中类)、专业技术职称分组的企业法人单位数及就业人数

行业	代码	企业法人单位数(个)	就业人数(人)	#具有高级技术职称人员	#具有中级技术职称人员	#具有初级技术职称人员
总计		**509178**	**27308441**	**215108**	**722467**	**1232994**
农、林、牧、渔业	A	**37**	**15792**	**34**	**183**	**1078**
农业	01	13	9582	20	143	912
谷物及其他作物的种植	011	7	9135	19	139	904
蔬菜、园艺作物的种植	012	2	84			
水果、坚果、饮料和香料作物的种植	013	3	183	1	4	8
中药材的种植	014	1	180			
林业	02	9	1984		11	40
林木的培育和种植	021	7	814		9	35
木材和竹材的采运	022	1	280		2	5
林产品的采集	023	1	890			
畜牧业	03	8	3980	9	19	106
牲畜的饲养	031	1	19	3	3	3
猪的饲养	032	2	107	1	1	6
家禽的饲养	033	4	3852	5	15	97
狩猎和捕捉动物	034	1	2			
其他畜牧业	039					
渔业	04	4	159	5	10	15
海洋渔业	041	3	149	5	10	15
内陆渔业	042	1	10			
农、林、牧、渔服务业	05	3	87			5
农业服务业	051					
林业服务业	052	2	71			5
畜牧服务业	053	1	16			
渔业服务业	054					
采矿业	B	**2329**	**96246**	**791**	**2803**	**4336**
煤炭开采和洗选业	06	3	76	10	12	15
烟煤和无烟煤的开采洗选	061					
褐煤的开采洗选	062					
其他煤炭采选	069	3	76	10	12	15
石油和天然气开采业	07	18	3331	325	523	357
天然原油和天然气开采	071	8	1134	307	415	230
与石油和天然气开采有关的服务活动	079	10	2197	18	108	127
黑色金属矿采选业	08	315	15699	93	460	787
铁矿采选	081	299	15124	92	423	738
其他黑色金属矿采选	089	16	575	1	37	49
有色金属矿采选业	09	213	16641	197	883	1234
常用有色金属矿采选	091	148	10346	144	655	830
贵金属矿采选	092	17	1300	24	74	90
稀有稀土金属矿采选	093	48	4995	29	154	314
非金属矿采选业	10	1747	59887	163	912	1935
土砂石开采	101	1541	47783	61	448	1226
化学矿采选	102	5	4331	45	352	421
采盐	103	44	4147	3	72	195
石棉及其他非金属矿采选	109	157	3626	54	40	93

2-35 续表 1

行　业	代码	企业法人单位数(个)	就业人数(人)	#具有高级技术职称人员	#具有中级技术职称人员	#具有初级技术职称人员
其他采矿业	11	33	612	3	13	8
其他采矿业	110	33	612	3	13	8
制造业	C	**191806**	**17710758**	**95976**	**297061**	**576672**
农副食品加工业	13	3412	205296	772	3730	7256
谷物磨制	131	389	7791	64	331	295
饲料加工	132	530	33799	247	760	1364
植物油加工	133	279	9989	54	365	540
制糖	134	80	29074	73	692	1886
屠宰及肉类加工	135	689	27882	48	322	628
水产品加工	136	646	59274	181	876	1685
蔬菜、水果和坚果加工	137	409	21738	54	178	383
其他农副食品加工	139	390	15749	51	206	475
食品制造业	14	3470	207172	1098	3489	7251
焙烤食品制造	141	833	41441	206	695	1815
糖果、巧克力及蜜饯制造	142	928	55351	120	475	1087
方便食品制造	143	337	30139	182	549	906
液体乳及乳制品制造	144	53	9436	56	137	261
罐头制造	145	142	12315	28	167	290
调味品、发酵制品制造	146	457	26994	134	520	1467
其他食品制造	149	720	31496	372	946	1425
饮料制造业	15	1402	90205	385	1759	3985
酒精制造	151	22	986	7	33	93
酒的制造	152	434	23372	152	865	1772
软饮料制造	153	795	61018	209	801	1986
精制茶加工	154	151	4829	17	60	134
烟草制品业	16	30	8249	26	545	827
烟叶复烤	161	6	518		26	58
卷烟制造	162	5	6712	19	490	696
其他烟草制品加工	169	19	1019	7	29	73
纺织业	17	8625	870053	2165	6790	18203
棉、化纤纺织及印染精加工	171	2406	247129	894	2025	5115
毛纺织和染整精加工	172	558	68612	183	807	2352
麻纺织	173	21	603	1	1	11
丝绢纺织及精加工	174	164	11220	107	270	617
纺织制成品制造	175	1916	117327	228	1286	2710
针织品、编织品及其制品制造	176	3560	425162	752	2401	7398
纺织服装、鞋、帽制造业	18	13962	1455037	3279	11471	25668
纺织服装制造	181	13299	1361046	3122	10967	24331
纺织面料鞋的制造	182	448	64778	127	382	746
制帽	183	215	29213	30	122	591
皮革、毛皮、羽毛(绒)及其制品业	19	7357	1181268	2295	8303	20737
皮革鞣制加工	191	413	76373	140	453	972
皮革制品制造	192	6702	1087535	2123	7690	19374
毛皮鞣制及制品加工	193	129	7859	10	87	213
羽毛(绒)加工及制品制造	194	113	9501	22	73	178

2-35　续表 2

行　　业	代码	企业法人单位数(个)	就业人数(人)	#具有高级技术职称人员	#具有中级技术职称人员	#具有初级技术职称人员
木材加工及木、竹、藤、棕、草制品业	20	3092	158594	387	1599	3904
锯材、木片加工	201	872	26049	43	106	426
人造板制造	202	852	63911	175	747	1435
木制品制造	203	1026	49813	165	671	1756
竹、藤、棕、草制品制造	204	342	18821	4	75	287
家具制造业	21	5886	465165	2141	5388	12304
木质家具制造	211	3453	286441	1091	3327	7541
竹、藤家具制造	212	114	9989	20	61	206
金属家具制造	213	907	79993	716	1042	2534
塑料家具制造	214	135	10000	35	72	307
其他家具制造	219	1277	78742	279	886	1716
造纸及纸制品业	22	7581	410407	1689	5783	13488
纸浆制造	221	148	15182	67	370	1923
造纸	222	1675	103537	496	1810	3860
纸制品制造	223	5758	291688	1126	3603	7705
印刷业和记录媒介的复制	23	8512	382741	1724	5699	10892
印刷	231	7924	356505	1528	5124	9768
装订及其他印刷服务活动	232	530	21282	120	376	708
记录媒介的复制	233	58	4954	76	199	416
文教体育用品制造业	24	3901	749807	2231	7536	16868
文化用品制造	241	617	60726	139	495	1343
体育用品制造	242	716	147003	299	1506	4492
乐器制造	243	203	26234	130	382	612
玩具制造	244	2187	501804	1554	5024	10172
游艺器材及娱乐用品制造	245	178	14040	109	129	249
石油加工、炼焦及核燃料加工业	25	328	28226	1059	3048	2916
精炼石油产品的制造	251	308	27469	1046	3006	2883
炼焦	252	16	714	12	30	30
核燃料加工	253	4	43	1	12	3
化学原料及化学制品制造业	26	8157	385875	3780	9689	14841
基础化学原料制造	261	489	29871	929	1272	1796
肥料制造	262	255	14086	107	301	497
农药制造	263	82	5179	96	204	348
涂料、油墨、颜料及类似产品制造	264	2555	105341	921	2605	4233
合成材料制造	265	638	37864	296	973	1188
专用化学产品制造	266	1875	78203	825	2169	3259
日用化学产品制造	267	2263	115331	606	2165	3520
医药制造业	27	915	96673	1459	4344	8751
化学药品原药制造	271	59	8423	98	439	597
化学药品制剂制造	272	152	32237	498	1310	2943
中药饮片加工	273	134	7832	136	199	469
中成药制造	274	194	25556	308	1355	3059
兽用药品制造	275	83	4085	100	209	329
生物、生化制品的制造	276	164	7744	163	435	679
卫生材料及医药用品制造	277	129	10796	156	397	675

2-35 续表 3

行业	代码	企业法人单位数(个)	就业人数(人)	#具有高级技术职称人员	#具有中级技术职称人员	#具有初级技术职称人员
化学纤维制造业	28	257	22540	100	473	840
纤维素纤维原料及纤维制造	281	69	3734	23	64	63
合成纤维制造	282	188	18806	77	409	777
橡胶制品业	29	2388	209970	1136	2357	4408
轮胎制造	291	84	18069	98	351	552
橡胶板、管、带的制造	292	283	12425	81	207	350
橡胶零件制造	293	496	34037	158	466	629
再生橡胶制造	294	107	2523	12	20	44
日用及医用橡胶制品制造	295	135	11113	53	147	402
橡胶靴鞋制造	296	400	76208	469	464	1123
其他橡胶制品制造	299	883	55595	265	702	1308
塑料制品业	30	17035	1211026	4276	14264	31672
塑料薄膜制造	301	1630	96620	318	1389	3202
塑料板、管、型材的制造	302	1265	107122	464	1335	3527
塑料丝、绳及编织品的制造	303	462	26803	84	305	544
泡沫塑料制造	304	741	38887	118	388	1042
塑料人造革、合成革制造	305	185	27792	60	197	507
塑料包装箱及容器制造	306	1690	88147	390	1231	2382
塑料零件制造	307	2572	193062	673	2506	5322
日用塑料制造	308	2925	270600	581	1976	5773
其他塑料制品制造	309	5565	361993	1588	4937	9373
非金属矿物制品业	31	9610	716378	3229	9443	20078
水泥、石灰和石膏的制造	311	681	83085	270	1451	4134
水泥及石膏制品制造	312	967	57213	336	1296	2231
砖瓦、石材及其他建筑材料制造	313	3334	239114	664	2137	5417
玻璃及玻璃制品制造	314	1474	127110	951	2129	4068
陶瓷制品制造	315	2388	181005	846	2040	3568
耐火材料制品制造	316	134	6201	13	36	59
石墨及其他非金属矿物制品制造	319	632	22650	149	354	601
黑色金属冶炼及压延加工业	32	886	87962	763	2873	6465
炼铁	321	55	2448	12	39	106
炼钢	322	50	14241	127	483	892
钢压延加工	323	749	69381	604	2285	5315
铁合金冶炼	324	32	1892	20	66	152
有色金属冶炼及压延加工业	33	1983	159770	880	3116	6136
常用有色金属冶炼	331	248	17697	226	627	788
贵金属冶炼	332	20	1603	18	46	118
稀有稀土金属冶炼	333	44	3814	49	285	638
有色金属合金制造	334	169	8430	45	123	348
有色金属压延加工	335	1502	128226	542	2035	4244
金属制品业	34	20771	1213787	5815	18014	35015
结构性金属制品制造	341	4625	222441	1208	3861	7824
金属工具制造	342	2671	135763	570	1461	2485
集装箱及金属包装容器制造	343	649	62671	636	1507	1813

2-35　续表 4

行　　业	代码	企业法人单位数(个)	就业人数(人)	#具有高级技术职称人员	#具有中级技术职称人员	#具有初级技术职称人员
金属丝绳及其制品的制造	344	445	21789	51	236	405
建筑、安全用金属制品制造	345	2394	173242	938	3220	5457
金属表面处理及热处理加工	346	1585	97831	449	1368	3442
搪瓷制品制造	347	160	12291	91	170	372
不锈钢及类似日用金属制品制造	348	4590	318160	1017	3572	8049
其他金属制品制造	349	3652	169599	855	2619	5168
通用设备制造业	35	8346	442918	3826	11550	23115
锅炉及原动机制造	351	170	9687	116	425	519
金属加工机械制造	352	1657	65262	672	1761	3088
起重运输设备制造	353	258	24208	276	1065	2242
泵、阀门、压缩机及类似机械的制造	354	638	54267	532	1647	5341
轴承、齿轮、传动和驱动部件的制造	355	335	30755	128	500	1164
烘炉、熔炉及电炉制造	356	89	4188	24	70	137
风机、衡器、包装设备等通用设备制造	357	1576	104125	1124	2885	5673
通用零部件制造及机械修理	358	2691	99925	644	2349	3361
金属铸、锻加工	359	932	50501	310	848	1590
专用设备制造业	36	8892	549380	6092	16333	23996
矿山、冶金、建筑专用设备制造	361	306	17077	251	651	983
化工、木材、非金属加工专用设备制造	362	4615	265067	2848	8184	11921
食品、饮料、烟草及饲料生产专用设备制造	363	250	11914	102	260	505
印刷、制药、日化生产专用设备制造	364	743	34385	364	1046	1297
纺织、服装和皮革工业专用设备制造	365	382	21760	205	695	2122
电子和电工机械专用设备制造	366	1020	100215	702	2293	2950
农、林、牧、渔专用机械制造	367	153	9437	29	130	253
医疗仪器设备及器械制造	368	566	52442	1061	1496	2104
环保、社会公共安全及其他专用设备制造	369	857	37083	530	1578	1861
交通运输设备制造业	37	4157	456056	4052	14673	21685
铁路运输设备制造	371	21	3541	48	226	219
汽车制造	372	2617	243934	2633	9091	10789
摩托车制造	373	483	78568	323	1700	2452
自行车制造	374	354	61205	203	1213	2123
船舶及浮动装置制造	375	593	55012	773	1935	5308
航空航天器制造	376	12	9009	44	451	691
交通器材及其他交通运输设备制造	379	77	4787	28	57	103
电气机械及器材制造业	39	16383	1961545	13417	36990	77397
电机制造	391	864	98513	774	2144	3367
输配电及控制设备制造	392	3945	427460	4398	9318	13700
电线、电缆、光缆及电工器材制造	393	2662	247301	1508	4206	7882
电池制造	394	831	171496	1302	3345	5338
家用电力器具制造	395	3809	628396	3398	12530	37006
非电力家用器具制造	396	526	34929	225	769	1177
照明器具制造	397	3319	323702	1661	4206	8218
其他电气机械及器材制造	399	427	29748	151	472	709
通信设备、计算机及其他电子设备制造业	40	14346	3011835	23990	74132	133244
通信设备制造	401	1152	434325	4332	22354	27332

2-35 续表 5

行　业	代码	企业法人单位数(个)	就业人数(人)	#具有高级技术职称人员	#具有中级技术职称人员	#具有初级技术职称人员
雷达及配套设备制造	402	16	638	13	6	5
广播电视设备制造	403	399	53693	282	1009	2983
电子计算机制造	404	1618	641401	7421	13375	38161
电子器件制造	405	1735	354262	2935	10936	16786
电子元件制造	406	5799	975907	5818	16274	29880
家用视听设备制造	407	2041	377539	1870	7074	11386
其他电子设备制造	409	1586	174070	1319	3104	6711
仪器仪表及文化、办公用机械制造业	41	2776	426288	2056	7224	13537
通用仪器仪表制造	411	562	31019	528	1829	3106
专用仪器仪表制造	412	307	20451	463	1042	1217
钟表与计时仪器制造	413	945	114168	344	1459	2886
光学仪器及眼镜制造	414	468	102726	324	1004	3011
文化、办公用机械制造	415	430	154763	364	1752	3186
其他仪器仪表的制造及修理	419	64	3161	33	138	131
工艺品及其他制造业	42	6350	513111	1699	6017	10413
工艺美术品制造	421	4738	392618	1299	4600	7267
日用杂品制造	422	964	76126	197	848	1788
煤制品制造	423	35	813	2	19	33
核辐射加工	424					
其他未列明的制造业	429	613	43554	201	550	1325
废弃资源和废旧材料回收加工业	43	996	33424	155	429	780
金属废料和碎屑的加工处理	431	483	21799	119	259	487
非金属废料和碎屑的加工处理	432	513	11625	36	170	293
电力、燃气及水的生产和供应业	**D**	**7074**	**311229**	**4500**	**16845**	**34628**
电力、热力的生产和供应业	44	5731	237377	3811	13526	28809
电力生产	441	5564	113161	1659	6418	13457
电力供应	442	142	122205	2129	7046	15275
热力生产和供应	443	25	2011	23	62	77
燃气生产和供应业	45	178	11309	135	655	1033
燃气生产和供应业	450	178	11309	135	655	1033
水的生产和供应业	46	1165	62543	554	2664	4786
自来水的生产和供应	461	974	57559	463	2383	4400
污水处理及其再生利用	462	165	4184	63	174	246
其他水的处理、利用与分配	469	26	800	28	107	140
建筑业	**E**	**14457**	**1920243**	**23757**	**96079**	**168911**
房屋和土木工程建筑业	47	4114	1469598	16169	68909	130685
房屋工程建筑	471	2579	1208554	11092	49148	100251
土木工程建筑	472	1535	261044	5077	19761	30434
建筑安装业	48	3579	217751	4001	15067	22512
建筑安装业	480	3579	217751	4001	15067	22512
建筑装饰业	49	5439	178122	2669	8670	11624
建筑装饰业	490	5439	178122	2669	8670	11624
其他建筑业	50	1325	54772	918	3433	4090
工程准备	501	528	17711	447	1348	1860
提供施工设备服务	502	127	8869	33	108	199
其他未列明的建筑活动	509	670	28192	438	1977	2031

2-35　续表 6

行　业	代码	企业法人单位数(个)	就业人数(人)	#具有高级技术职称人员	#具有中级技术职称人员	#具有初级技术职称人员
交通运输、仓储和邮政业	F	**14244**	**905956**	**5546**	**26032**	**47154**
铁路运输业	51	12	532	6	44	85
铁路旅客运输	511	1	250	5	30	60
铁路货物运输	512	9	178	1	14	25
铁路运输辅助活动	513	2	104			
道路运输业	52	4988	282695	1608	5594	10330
公路旅客运输	521	542	82909	195	1090	3726
道路货物运输	522	3865	144190	727	3074	4455
道路运输辅助活动	523	581	55596	686	1430	2149
城市公共交通业	53	466	186833	715	2324	4040
公共电汽车客运	531	140	90387	261	861	1609
轨道交通	532	7	12762	317	821	1174
出租车客运	533	299	76850	106	493	1197
城市轮渡	534	5	572	10	9	18
其他城市公共交通	539	15	6262	21	140	42
水上运输业	54	884	120085	1182	7424	15165
水上旅客运输	541	87	8876	75	450	792
水上货物运输	542	530	49947	693	4085	9930
水上运输辅助活动	543	267	61262	414	2889	4443
航空运输业	55	87	65310	583	5120	6916
航空客货运输	551	57	57054	553	4720	6446
通用航空服务	552	11	731	7	68	68
航空运输辅助活动	553	19	7525	23	332	402
管道运输业	56	3	256	5	11	37
管道运输业	560	3	256	5	11	37
装卸搬运和其他运输服务业	57	6053	121740	732	2972	5063
装卸搬运	571	462	23648	86	218	592
运输代理服务	572	5591	98092	646	2754	4471
仓储业	58	1163	40791	264	1140	1828
谷物、棉花等农产品仓储	581	175	4717	25	143	494
其他仓储	589	988	36074	239	997	1334
邮政业	59	588	87714	451	1403	3690
国家邮政	591	40	65352	404	1220	3427
其他寄递服务	599	548	22362	47	183	263
信息传输、计算机服务和软件业	G	**13981**	**371428**	**8369**	**27145**	**33351**
电信和其他信息传输服务业	60	2192	141850	2853	10993	16717
电信	601	587	115032	2526	9793	15071
互联网信息服务	602	1472	18746	234	700	802
广播电视传输服务	603	121	7789	85	445	820
卫星传输服务	604	12	283	8	55	24
计算机服务业	61	5855	85783	1604	4386	4837
计算机系统服务	611	1643	29313	814	2283	2286
数据处理	612	97	11588	37	155	250
计算机维修	613	290	3430	50	209	208
其他计算机服务	619	3825	41452	703	1739	2093

2-35 续表 7

行　　业	代码	企业法人单位数(个)	就业人数(人)	#具有高级技术职称人员	#具有中级技术职称人员	#具有初级技术职称人员
软件业	62	5934	143795	3912	11766	11797
公共软件服务	621	4888	127250	3448	10676	10583
其他软件服务	629	1046	16545	464	1090	1214
批发和零售业	**H**	**141318**	**1944926**	**18579**	**60579**	**88317**
批发业	63	93587	1184433	11250	39340	54757
农畜产品批发	631	1586	21955	101	477	958
食品、饮料及烟草制品批发	632	6569	142983	463	3065	6323
纺织、服装及日用品批发	633	14234	175702	1037	3956	5905
文化、体育用品及器材批发	634	4231	53974	327	1415	1962
医药及医疗器材批发	635	3094	69347	911	3715	6366
矿产品、建材及化工产品批发	636	22203	253902	2621	9533	12763
机械设备、五金交电及电子产品批发	637	30535	355113	4803	14094	16152
贸易经纪与代理	638	4237	39672	450	1503	1976
其他批发	639	6898	71785	537	1582	2352
零售业	65	47731	760493	7329	21239	33560
综合零售	651	3624	200262	1017	2505	4743
食品、饮料及烟草制品专门零售	652	3446	34564	131	574	1039
纺织、服装及日用品专门零售	653	5242	69777	454	1393	1952
文化、体育用品及器材专门零售	654	3198	37405	356	874	1134
医药及医疗器材专门零售	655	3602	54348	743	2773	7114
汽车、摩托车、燃料及零配件专门零售	656	6451	144382	2191	6605	9220
家用电器及电子产品专门零售	657	9986	114921	1584	4062	4716
五金、家具及室内装修材料专门零售	658	7005	55003	318	953	1317
无店铺及其他零售	659	5177	49831	535	1500	2325
住宿和餐饮业	**I**	**13012**	**795943**	**3480**	**11457**	**21963**
住宿业	66	5053	366607	1958	6463	12615
旅游饭店	661	1769	284065	1703	5474	10632
一般旅馆	662	2981	73139	215	821	1580
其他住宿服务	669	303	9403	40	168	403
餐饮业	67	7959	429336	1522	4994	9348
正餐服务	671	6197	326872	1223	4190	7877
快餐服务	672	811	81021	208	492	1017
饮料及冷饮服务	673	361	7009	5	33	64
其他餐饮服务	679	590	14434	86	279	390
金融业	**J**	**1885**	**490148**	**3452**	**39568**	**80836**
银行业	68	439	240606	1955	31020	71264
中央银行	681	2	865	61	387	200
商业银行	682	406	235478	1775	29908	69637
其他银行	689	31	4263	119	725	1427
证券业	69	137	38435	399	3412	3474
证券市场管理	691	4	373	38	137	24
证券经纪与交易	692	97	37462	338	3228	3416
证券投资	693	19	395	14	35	32
证券分析与咨询	694	17	205	9	12	2

2-35　续表 8

行　　业	代码	企业法人单位数（个）	就业人数（人）	#具有高级技术职称人员	#具有中级技术职称人员	#具有初级技术职称人员
保险业	70	796	194533	794	4023	4916
人寿保险	701	183	140830	275	1432	1827
非人寿保险	702	282	41807	331	2221	2546
保险辅助服务	703	331	11896	188	370	543
其他金融活动	71	513	16574	304	1113	1182
金融信托与管理	711	64	1642	68	233	123
金融租赁	712	7	209	9	25	21
财务公司	713	31	526	39	131	88
邮政储蓄	714	15	6986	46	222	561
典当	715	161	1669	12	122	104
其他未列明的金融活动	719	235	5542	130	380	285
房地产业	**K**	**27964**	**771830**	**8819**	**38421**	**45081**
房地产业	72	27964	771830	8819	38421	45081
房地产开发经营	721	6811	183678	4527	18952	20377
物业管理	722	8330	408292	2677	12750	16948
房地产中介服务	723	4168	61702	483	2135	2463
其他房地产活动	729	8655	118158	1132	4584	5293
租赁和商务服务业	**L**	**46529**	**1121931**	**12859**	**40670**	**52051**
租赁业	73	905	17105	224	443	766
机械设备租赁	731	837	15737	216	414	687
文化及日用品出租	732	68	1368	8	29	79
商务服务业	74	45624	1104826	12635	40227	51285
企业管理服务	741	15449	533892	5222	17759	22333
法律服务	742	744	16263	357	836	737
咨询与调查	743	12618	146618	4286	12363	9938
广告业	744	7288	70110	793	2251	2437
知识产权服务	745	425	4856	140	270	325
职业中介服务	746	921	65442	611	1457	3774
市场管理	747	1357	28674	195	675	1041
旅行社	748	1181	30829	170	1092	3468
其他商务服务	749	5641	208142	861	3524	7232
科学研究、技术服务和地质勘查业	**M**	**13713**	**293470**	**17952**	**38524**	**36932**
研究与试验发展	75	3313	62201	2871	4849	4714
自然科学研究与试验发展	751	213	2622	108	181	172
工程和技术研究与试验发展	752	2651	54474	2459	4211	4047
农业科学研究与试验发展	753	138	1572	76	131	148
医学研究与试验发展	754	288	3193	220	316	333
社会人文科学研究与试验发展	755	23	340	8	10	14
专业技术服务业	76	8473	199627	13820	31041	29661
气象服务	761	44	596	32	77	132
地震服务	762	5	50	5	1	
海洋服务	763	8	151	14	35	24
测绘服务	764	159	3339	104	307	367
技术检测	765	661	24353	1153	2252	2161
环境监测	766	81	941	37	76	75
工程技术与规划管理	767	3888	114187	11171	24488	19993
其他专业技术服务	769	3627	56010	1304	3805	6909

2-35 续表 9

行　　业	代码	企业法人单位数(个)	就业人数(人)	#具有高级技术职称人员	#具有中级技术职称人员	#具有初级技术职称人员
科技交流和推广服务业	77	1854	28870	979	2084	2095
技术推广服务	771	1335	21652	829	1720	1624
科技中介服务	772	255	3894	80	185	184
其他科技服务	779	264	3324	70	179	287
地质勘查业	78	73	2772	282	550	462
矿产地质勘查	781	20	769	89	99	122
基础地质勘查	782	24	1171	122	299	238
地质勘查技术服务	783	29	832	71	152	102
水利、环境和公共设施管理业	**N**	**1813**	**69935**	**828**	**2474**	**3107**
水利管理业	79	103	2382	44	124	174
防洪管理	791	12	519	13	62	72
水资源管理	792	65	1519	31	49	88
其他水利管理	799	26	344		13	14
环境管理业	80	524	21887	253	627	807
自然保护	801	28	1202	14	26	25
环境治理	802	496	20685	239	601	782
公共设施管理业	81	1186	45666	531	1723	2126
市政公共设施管理	811	192	5975	129	418	417
城市绿化管理	812	705	23116	349	1077	1304
游览景区管理	813	289	16575	53	228	405
居民服务和其他服务业	**O**	**10965**	**245203**	**2638**	**7138**	**9345**
居民服务业	82	4884	105883	667	1830	3309
家庭服务	821	440	6019	23	79	121
托儿所	822	63	732	30	33	17
洗染服务	823	149	4058	16	60	82
理发及美容保健服务	824	1823	33222	327	786	1162
洗浴服务	825	626	28519	136	455	1043
婚姻服务	826	115	732	4	8	13
殡葬服务	827	99	2189	9	26	50
摄影扩印服务	828	571	5877	55	125	146
其他居民服务	829	998	24535	67	258	675
其他服务业	83	6081	139320	1971	5308	6036
修理与维护	831	3253	46173	1405	3247	3441
清洁服务	832	1525	69268	169	681	1340
其他未列明的服务	839	1303	23879	397	1380	1255
教育	**P**	**2971**	**73279**	**2245**	**5726**	**7137**
教育	84	2971	73279	2245	5726	7137
学前教育	841	1052	22849	219	1085	1956
初等教育	842	199	9966	332	1157	1355
中等教育	843	98	7239	477	1321	1436
高等教育	844	50	3173	292	312	355
其他教育	849	1572	30052	925	1851	2035

2-35 续表 10

行业	代码	企业法人单位数（个）	就业人数（人）	#具有高级技术职称人员	#具有中级技术职称人员	#具有初级技术职称人员
卫生、社会保障和社会福利业	**Q**	**1717**	**49283**	**3431**	**7115**	**16029**
卫生	85	1648	47916	3419	7094	15955
医院	851	212	29306	2580	4527	11526
卫生院及社区医疗活动	852	164	3583	139	496	1227
门诊部医疗活动	853	918	10234	514	1576	2392
计划生育技术服务活动	854	240	2078	70	249	328
妇幼保健活动	855	6	224	8	24	70
专科疾病防治活动	856	33	349	12	34	83
疾病预防控制及防疫活动	857	10	262	18	60	93
其他卫生活动	859	65	1880	78	128	236
社会保障业	86	5	79			4
社会保障业	860	5	79			4
社会福利业	87	64	1288	12	21	70
提供住宿的社会福利	871	47	1043	4	15	60
不提供住宿的社会福利	872	17	245	8	6	10
文化、体育和娱乐业	**R**	**3363**	**120841**	**1852**	**4647**	**6066**
新闻出版业	88	252	23578	1120	2202	2113
新闻业	881	11	1069	100	239	227
出版业	882	241	22509	1020	1963	1886
广播、电视、电影和音像业	89	495	14091	337	1392	1843
广播	891	27	1383	42	165	455
电视	892	130	6961	229	985	1046
电影	893	220	4869	57	200	316
音像制作	894	118	878	9	42	26
文化艺术业	90	453	5342	54	219	385
文艺创作与表演	901	142	1924	28	117	165
艺术表演场馆	902	30	573	6	26	26
图书馆与档案馆	903	8	216		2	16
文物及文化保护	904	10	214		7	5
博物馆	905	8	142		2	13
烈士陵园、纪念馆	906	1	16			
群众文化活动	907	57	496	6	14	100
文化艺术经纪代理	908	106	947	8	30	32
其他文化艺术	909	91	814	6	21	28
体育	91	277	6098	42	103	171
体育组织	911	81	1874	21	42	62
体育场馆	912	126	2804	6	31	52
其他体育	919	70	1420	15	30	57
娱乐业	92	1886	71732	299	731	1554
室内娱乐活动	921	1179	33825	154	354	712
游乐园	922	62	4849	15	68	116
休闲健身娱乐活动	923	516	29439	123	256	667
其他娱乐活动	929	129	3619	7	53	59

2-36 按登记注册类型、专业技术职称分组的企业法人单位数及就业人数

登记注册类型	企业法人单位数(个)	就业人数(人)	#具有高级技术职称人员	#具有中级技术职称人员	#具有初级技术职称人员
总　计	**509178**	**27308441**	**215108**	**722467**	**1232994**
内资企业	**461417**	**16876685**	**158266**	**550983**	**894643**
国有企业	10978	1406167	21460	79374	136664
集体企业	22248	1164060	5873	24441	58127
股份合作企业	5423	337745	1615	8987	23730
联营企业	1319	78547	774	2740	4767
国有联营企业	304	21128	260	973	1451
集体联营企业	420	25087	164	661	1528
国有与集体联营企业	118	8354	50	342	902
其他联营企业	477	23978	300	764	886
有限责任公司	69622	3733599	39948	135391	214317
国有独资公司	928	213198	4095	13227	21524
其他有限责任公司	68694	3520401	35853	122164	192793
股份有限公司	6537	1124314	11983	71050	113595
私营企业	330057	8690997	72787	219421	326905
私营独资企业	104146	2321131	10643	29722	55712
私营合伙企业	16478	355406	3039	8099	11322
私营有限责任公司	202015	5800706	56684	173822	248181
私营股份有限公司	7418	213754	2421	7778	11690
其他企业	15233	341256	3826	9579	16538
港、澳、台商投资企业	**33479**	**6792519**	**32984**	**99100**	**204196**
合资经营企业(港或澳、台资)	4319	964809	6913	21454	39963
合作经营企业(港或澳、台资)	2323	363183	1260	4687	8307
港、澳、台商独资经营企业	26109	5334875	23508	68031	144092
港、澳、台商投资股份有限公司	728	129652	1303	4928	11834
外商投资企业	**14282**	**3639237**	**23858**	**72384**	**134155**
中外合资经营企业	2965	684619	6088	18897	29178
中外合作经营企业	1004	186418	850	2534	4524
外资企业	9912	2633194	15611	44100	91248
外商投资股份有限公司	401	135006	1309	6853	9205

2-37 按地区、技术等级分组的企业法人单位数及就业人数

地 区	法人单位数（个）	就业人数（人）	#高级技师	#技师	#高级工	#中级工
总 计	**509178**	**27308441**	**84926**	**231628**	**369074**	**752682**
广州市	138171	4811939	13203	37001	74204	150188
深圳市	97854	6316568	21610	60875	82423	151883
珠海市	20012	780879	2923	6715	8149	16461
汕头市	17290	789636	1920	5131	10911	23490
佛山市	54157	2600627	9116	21836	29708	74840
韶关市	6693	321522	1170	3856	14721	16601
河源市	3597	210073	311	986	1757	4442
梅州市	6917	324718	2201	5640	11641	22580
惠州市	18798	1047564	3086	9687	11880	27618
汕尾市	2517	187855	410	1600	2570	7972
东莞市	48349	4308008	15124	41220	52114	107922
中山市	22500	1588659	5306	12560	14175	29662
江门市	15952	1004253	2261	5499	10292	22675
阳江市	6484	316279	705	1337	1715	5586
湛江市	8863	473143	1065	4007	13756	26946
茂名市	9177	434352	799	2701	9224	16022
肇庆市	7945	434985	1056	3470	5518	13234
清远市	6039	368545	674	2382	3997	9364
潮州市	7393	344930	441	1272	2599	10264
揭阳市	7980	469039	925	2566	4945	10650
云浮市	2490	174867	620	1287	2775	4282

2-38 按行业(中类)、技术等级分组的企业法人单位数及就业人数

行业	代码	企业法人单位数(个)	就业人数(人)	#高级技师	#技师	#高级工	#中级工
总计		**509178**	**27308441**	**84926**	**231628**	**369074**	**752682**
农、林、牧、渔业	A	**37**	**15792**	**2**	**16**	**221**	**601**
农业	01	13	9582		9	143	508
谷物及其他作物的种植	011	7	9135		4	120	462
蔬菜、园艺作物的种植	012	2	84				
水果、坚果、饮料和香料作物的种植	013	3	183		5	23	46
中药材的种植	014	1	180				
林业	02	9	1984			65	76
林木的培育和种植	021	7	814			20	24
木材和竹材的采运	022	1	280			45	52
林产品的采集	023	1	890				
畜牧业	03	8	3980	1	3		
牲畜的饲养	031	1	19				
猪的饲养	032	2	107				
家禽的饲养	033	4	3852	1	3		
狩猎和捕捉动物	034	1	2				
其他畜牧业	039						
渔业	04	4	159	1	4	12	17
海洋渔业	041	3	149	1	4	10	15
内陆渔业	042	1	10			2	2
农、林、牧、渔服务业	05	3	87			1	
农业服务业	051						
林业服务业	052	2	71			1	
畜牧服务业	053	1	16				
渔业服务业	054						
采矿业	B	**2329**	**96246**	**132**	**832**	**2722**	**2679**
煤炭开采和洗选业	06	3	76	1	5	1	4
烟煤和无烟煤的开采洗选	061						
褐煤的开采洗选	062						
其他煤炭采选	069	3	76	1	5	1	4
石油和天然气开采业	07	18	3331	3	9	13	27
天然原油和天然气开采	071	8	1134				2
与石油和天然气开采有关的服务活动	079	10	2197	3	9	13	25
黑色金属矿采选业	08	315	15699	20	215	458	390
铁矿采选	081	299	15124	16	200	442	358
其他黑色金属矿采选	089	16	575	4	15	16	32
有色金属矿采选业	09	213	16641	53	342	1422	943
常用有色金属矿采选	091	148	10346	21	225	1033	254
贵金属矿采选	092	17	1300	26	95	100	125
稀有稀土金属矿采选	093	48	4995	6	22	289	564
非金属矿采选业	10	1747	59887	55	261	828	1314
土砂石开采	101	1541	47783	55	212	266	1047
化学矿采选	102	5	4331		39	513	241
采盐	103	44	4147		3	13	1
石棉及其他非金属矿采选	109	157	3626		7	36	25

2-38　续表 1

行　业	代码	企业法人单位数(个)	就业人数(人)	#高级技师	#技师	#高级工	#中级工
其他采矿业	11	33	612				1
其他采矿业	110	33	612				1
制造业	**C**	**191806**	**17710758**	**50981**	**140641**	**206548**	**431996**
农副食品加工业	13	3412	205296	370	1273	1898	5082
谷物磨制	131	389	7791	45	64	92	172
饲料加工	132	530	33799	88	283	278	826
植物油加工	133	279	9989	35	237	110	183
制糖	134	80	29074	20	91	322	1307
屠宰及肉类加工	135	689	27882	30	60	126	347
水产品加工	136	646	59274	87	397	636	1504
蔬菜、水果和坚果加工	137	409	21738	22	40	84	221
其他农副食品加工	139	390	15749	43	101	250	522
食品制造业	14	3470	207172	498	1125	1640	3501
焙烤食品制造	141	833	41441	105	211	349	673
糖果、巧克力及蜜饯制造	142	928	55351	45	115	230	477
方便食品制造	143	337	30139	142	220	427	796
液体乳及乳制品制造	144	53	9436	8	48	90	153
罐头制造	145	142	12315	16	45	88	220
调味品、发酵制品制造	146	457	26994	52	77	201	463
其他食品制造	149	720	31496	130	409	255	719
饮料制造业	15	1402	90205	230	822	1018	1702
酒精制造	151	22	986	5	6	30	78
酒的制造	152	434	23372	110	369	431	581
软饮料制造	153	795	61018	110	417	499	939
精制茶加工	154	151	4829	5	30	58	104
烟草制品业	16	30	8249	22	213	1552	1709
烟叶复烤	161	6	518		9	51	106
卷烟制造	162	5	6712	19	202	1487	1557
其他烟草制品加工	169	19	1019	3	2	14	46
纺织业	17	8625	870053	1338	3737	4905	13130
棉、化纤纺织及印染精加工	171	2406	247129	465	1139	1776	4590
毛纺织和染整精加工	172	558	68612	84	555	382	1333
麻纺织	173	21	603	2	15	4	9
丝绢纺织及精加工	174	164	11220	50	51	108	408
纺织制成品制造	175	1916	117327	234	410	657	1557
针织品、编织品及其制品制造	176	3560	425162	503	1567	1978	5233
纺织服装、鞋、帽制造业	18	13962	1455037	1616	4968	8228	19836
纺织服装制造	181	13299	1361046	1511	4732	7947	19263
纺织面料鞋的制造	182	448	64778	94	197	239	509
制帽	183	215	29213	11	39	42	64
皮革、毛皮、羽毛(绒)及其制品业	19	7357	1181268	1629	3986	7118	19007
皮革鞣制加工	191	413	76373	80	217	600	1193
皮革制品制造	192	6702	1087535	1532	3680	6411	17577
毛皮鞣制及制品加工	193	129	7859	9	72	85	207
羽毛(绒)加工及制品制造	194	113	9501	8	17	22	30

2-38 续表 2

行业	代码	企业法人单位数(个)	就业人数(人)	#高级技师	#技师	#高级工	#中级工
木材加工及木、竹、藤、棕、草制品业	20	3092	158594	338	899	935	3278
锯材、木片加工	201	872	26049	25	102	62	411
人造板制造	202	852	63911	137	385	441	1151
木制品制造	203	1026	49813	173	390	397	1561
竹、藤、棕、草制品制造	204	342	18821	3	22	35	155
家具制造业	21	5886	465165	988	2935	4907	10047
木质家具制造	211	3453	286441	715	2050	3458	7147
竹、藤家具制造	212	114	9989	9	14	63	106
金属家具制造	213	907	79993	126	418	633	1341
塑料家具制造	214	135	10000	11	58	76	125
其他家具制造	219	1277	78742	127	395	677	1328
造纸及纸制品业	22	7581	410407	790	2457	4369	9955
纸浆制造	221	148	15182	31	276	332	1343
造纸	222	1675	103537	299	585	1357	2461
纸制品制造	223	5758	291688	460	1596	2680	6151
印刷业和记录媒介的复制	23	8512	382741	1130	3347	4770	9369
印刷	231	7924	356505	1021	3130	4413	8648
装订及其他印刷服务活动	232	530	21282	69	143	271	545
记录媒介的复制	233	58	4954	40	74	86	176
文教体育用品制造业	24	3901	749807	1223	4326	5630	13017
文化用品制造	241	617	60726	102	449	376	931
体育用品制造	242	716	147003	265	578	1101	3287
乐器制造	243	203	26234	52	162	265	926
玩具制造	244	2187	501804	797	3091	3853	7726
游艺器材及娱乐用品制造	245	178	14040	7	46	35	147
石油加工、炼焦及核燃料加工业	25	328	28226	313	740	4727	3075
精炼石油产品的制造	251	308	27469	311	735	4722	3060
炼焦	252	16	714	1	1	1	10
核燃料加工	253	4	43	1	4	4	5
化学原料及化学制品制造业	26	8157	385875	1603	3606	4678	8323
基础化学原料制造	261	489	29871	181	551	642	709
肥料制造	262	255	14086	40	90	281	436
农药制造	263	82	5179	26	68	51	63
涂料、油墨、颜料及类似产品制造	264	2555	105341	598	1183	1395	2559
合成材料制造	265	638	37864	122	319	459	1284
专用化学产品制造	266	1875	78203	349	717	864	1568
日用化学产品制造	267	2263	115331	287	678	986	1704
医药制造业	27	915	96673	387	1097	1393	4298
化学药品原药制造	271	59	8423	38	69	70	227
化学药品制剂制造	272	152	32237	76	534	449	1793
中药饮片加工	273	134	7832	92	48	75	172
中成药制造	274	194	25556	72	262	521	1598
兽用药品制造	275	83	4085	24	24	52	71
生物、生化制品的制造	276	164	7744	22	35	47	117
卫生材料及医药用品制造	277	129	10796	63	125	179	320

2-38　续表 3

行　业	代码	企业法人单位数(个)	就业人数(人)	#高级技师	#技师	#高级工	#中级工
化学纤维制造业	28	257	22540	32	115	271	818
纤维素纤维原料及纤维制造	281	69	3734	7	23	35	60
合成纤维制造	282	188	18806	25	92	236	758
橡胶制品业	29	2388	209970	751	1238	1396	4014
轮胎制造	291	84	18069	87	120	174	923
橡胶板、管、带的制造	292	283	12425	21	72	77	213
橡胶零件制造	293	496	34037	90	243	279	623
再生橡胶制造	294	107	2523		8	17	58
日用及医用橡胶制品制造	295	135	11113	23	33	118	244
橡胶靴鞋制造	296	400	76208	369	308	275	996
其他橡胶制品制造	299	883	55595	161	454	456	957
塑料制品业	30	17035	1211026	2901	8698	10170	23842
塑料薄膜制造	301	1630	96620	264	660	1020	2406
塑料板、管、型材的制造	302	1265	107122	152	563	743	1957
塑料丝、绳及编织品的制造	303	462	26803	33	163	145	407
泡沫塑料制造	304	741	38887	72	213	245	558
塑料人造革、合成革制造	305	185	27792	29	312	107	195
塑料包装箱及容器制造	306	1690	88147	261	681	788	1761
塑料零件制造	307	2572	193062	552	1937	1836	4340
日用塑料制造	308	2925	270600	427	1079	2275	5201
其他塑料制品制造	309	5565	361993	1111	3090	3011	7017
非金属矿物制品业	31	9610	716378	1461	4223	6225	14923
水泥、石灰和石膏的制造	311	681	83085	97	348	660	2139
水泥及石膏制品制造	312	967	57213	151	348	706	1354
砖瓦、石材及其他建筑材料制造	313	3334	239114	370	921	1574	4695
玻璃及玻璃制品制造	314	1474	127110	419	1413	1370	2907
陶瓷制品制造	315	2388	181005	375	1040	1695	3437
耐火材料制品制造	316	134	6201	2	4	7	33
石墨及其他非金属矿物制品制造	319	632	22650	47	149	213	358
黑色金属冶炼及压延加工业	32	886	87962	528	1734	6753	6288
炼铁	321	55	2448	2	5	14	27
炼钢	322	50	14241	28	239	267	250
钢压延加工	323	749	69381	490	1483	6454	5952
铁合金冶炼	324	32	1892	8	7	18	59
有色金属冶炼及压延加工业	33	1983	159770	425	1275	4189	5821
常用有色金属冶炼	331	248	17697	41	215	2118	1392
贵金属冶炼	332	20	1603	17	33	67	93
稀有稀土金属冶炼	333	44	3814	54	109	66	279
有色金属合金制造	334	169	8430	13	57	79	225
有色金属压延加工	335	1502	128226	300	861	1859	3832
金属制品业	34	20771	1213787	3147	9326	12800	25290
结构性金属制品制造	341	4625	222441	562	1714	2594	5758
金属工具制造	342	2671	135763	290	702	1179	2579
集装箱及金属包装容器制造	343	649	62671	261	693	1319	1534

2-38 续表 4

行　　业	代码	企业法人单位数(个)	就业人数(人)	#高级技师	#技师	#高级工	#中级工
金属丝绳及其制品的制造	344	445	21789	60	51	126	199
建筑、安全用金属制品制造	345	2394	173242	548	1927	2166	3872
金属表面处理及热处理加工	346	1585	97831	286	872	1122	2019
搪瓷制品制造	347	160	12291	52	191	344	521
不锈钢及类似日用金属制品制造	348	4590	318160	559	1565	2305	4747
其他金属制品制造	349	3652	169599	529	1611	1645	4061
通用设备制造业	35	8346	442918	2148	6079	10613	20038
锅炉及原动机制造	351	170	9687	53	191	449	1224
金属加工机械制造	352	1657	65262	355	927	1196	2191
起重运输设备制造	353	258	24208	142	777	1594	2076
泵、阀门、压缩机及类似机械的制造	354	638	54267	433	939	2708	3731
轴承、齿轮、传动和驱动部件的制造	355	335	30755	40	175	779	898
烘炉、熔炉及电炉制造	356	89	4188	13	45	55	100
风机、衡器、包装设备等通用设备制造	357	1576	104125	595	1402	1884	4884
通用零部件制造及机械修理	358	2691	99925	392	1314	1332	3865
金属铸、锻加工	359	932	50501	125	309	616	1069
专用设备制造业	36	8892	549380	3701	10084	11963	21464
矿山、冶金、建筑专用设备制造	361	306	17077	105	284	1004	1163
化工、木材、非金属加工专用设备制造	362	4615	265067	2053	6585	6047	11248
食品、饮料、烟草及饲料生产专用设备制造	363	250	11914	38	146	452	381
印刷、制药、日化生产专用设备制造	364	743	34385	289	481	599	1157
纺织、服装和皮革工业专用设备制造	365	382	21760	92	244	242	642
电子和电工机械专用设备制造	366	1020	100215	514	1188	1835	2794
农、林、牧、渔专用机械制造	367	153	9437	7	45	78	298
医疗仪器设备及器械制造	368	566	52442	355	636	1002	2496
环保、社会公共安全及其他专用设备制造	369	857	37083	248	475	704	1285
交通运输设备制造业	37	4157	456056	1688	5833	12391	36799
铁路运输设备制造	371	21	3541	6	37	426	473
汽车制造	372	2617	243934	905	2965	5698	19730
摩托车制造	373	483	78568	465	1344	1852	4749
自行车制造	374	354	61205	99	400	1698	4891
船舶及浮动装置制造	375	593	55012	178	824	2579	3553
航空航天器制造	376	12	9009	15	241	106	3357
交通器材及其他交通运输设备制造	379	77	4787	20	22	32	46
电气机械及器材制造业	39	16383	1961545	6714	18051	23160	56550
电机制造	391	864	98513	540	1711	1546	3027
输配电及控制设备制造	392	3945	427460	1942	3929	4112	9361
电线、电缆、光缆及电工器材制造	393	2662	247301	614	1645	2630	5202
电池制造	394	831	171496	614	1959	2062	4047
家用电力器具制造	395	3809	628396	1904	5991	9181	28066
非电力家用器具制造	396	526	34929	99	342	668	1158
照明器具制造	397	3319	323702	953	2285	2745	5229
其他电气机械及器材制造	399	427	29748	48	189	216	460
通信设备、计算机及其他电子设备制造业	40	14346	3011835	12823	32297	39800	73913
通信设备制造	401	1152	434325	1432	3491	4079	8220

2-38　续表 5

行　　业	代码	企业法人单位数（个）	就业人数（人）				
				#高级技师	#技师	#高级工	#中级工
雷达及配套设备制造	402	16	638				
广播电视设备制造	403	399	53693	106	338	590	940
电子计算机制造	404	1618	641401	4558	13099	13684	20501
电子器件制造	405	1735	354262	2201	3721	6426	14131
电子元件制造	406	5799	975907	2809	7377	9593	18946
家用视听设备制造	407	2041	377539	958	2904	3412	7527
其他电子设备制造	409	1586	174070	759	1367	2016	3648
仪器仪表及文化、办公用机械制造业	41	2776	426288	1252	3287	4659	8014
通用仪器仪表制造	411	562	31019	228	447	667	1060
专用仪器仪表制造	412	307	20451	140	320	355	653
钟表与计时仪器制造	413	945	114168	231	1159	1496	3082
光学仪器及眼镜制造	414	468	102726	271	922	1739	1714
文化、办公用机械制造	415	430	154763	373	414	365	1427
其他仪器仪表的制造及修理	419	64	3161	9	25	37	78
工艺品及其他制造业	42	6350	513111	895	2766	4134	8274
工艺美术品制造	421	4738	392618	636	1904	3251	6164
日用杂品制造	422	964	76126	112	592	387	1235
煤制品制造	423	35	813	3	15	59	57
核辐射加工	424						
其他未列明的制造业	429	613	43554	144	255	437	818
废弃资源和废旧材料回收加工业	43	996	33424	40	104	256	619
金属废料和碎屑的加工处理	431	483	21799	13	79	183	441
非金属废料和碎屑的加工处理	432	513	11625	27	25	73	178
电力、燃气及水的生产和供应业	**D**	**7074**	**311229**	**801**	**4443**	**18753**	**27277**
电力、热力的生产和供应业	44	5731	237377	679	3803	15851	23877
电力生产	441	5564	113161	524	2219	7053	8956
电力供应	442	142	122205	132	1564	8780	14879
热力生产和供应	443	25	2011	23	20	18	42
燃气生产和供应业	45	178	11309	36	165	249	391
燃气生产和供应业	450	178	11309	36	165	249	391
水的生产和供应业	46	1165	62543	86	475	2653	3009
自来水的生产和供应	461	974	57559	57	363	2432	2806
污水处理及其再生利用	462	165	4184	29	77	108	160
其他水的处理、利用与分配	469	26	800		35	113	43
建筑业	**E**	**14457**	**1920243**	**10008**	**28241**	**57638**	**134735**
房屋和土木工程建筑业	47	4114	1469598	7080	20805	46595	111538
房屋工程建筑	471	2579	1208554	5859	15891	33725	93403
土木工程建筑	472	1535	261044	1221	4914	12870	18135
建筑安装业	48	3579	217751	1560	3917	6083	11988
建筑安装业	480	3579	217751	1560	3917	6083	11988
建筑装饰业	49	5439	178122	1039	2697	3423	7570
建筑装饰业	490	5439	178122	1039	2697	3423	7570
其他建筑业	50	1325	54772	329	822	1537	3639
工程准备	501	528	17711	139	465	521	1027
提供施工设备服务	502	127	8869	6	31	132	576
其他未列明的建筑活动	509	670	28192	184	326	884	2036

2-38 续表 6

行业	代码	企业法人单位数(个)	就业人数(人)	#高级技师	#技师	#高级工	#中级工
交通运输、仓储和邮政业	F	**14244**	**905956**	**2047**	**6311**	**19246**	**39289**
铁路运输业	51	12	532	10	101	50	
铁路旅客运输	511	1	250	10	100	50	
铁路货物运输	512	9	178		1		
铁路运输辅助活动	513	2	104				
道路运输业	52	4988	282695	805	1753	5081	11301
公路旅客运输	521	542	82909	116	719	3376	5646
道路货物运输	522	3865	144190	339	678	1075	4763
道路运输辅助活动	523	581	55596	350	356	630	892
城市公共交通业	53	466	186833	141	1517	6211	10351
公共电汽车客运	531	140	90387	56	1039	5574	8814
轨道交通	532	7	12762	10	44	165	152
出租车客运	533	299	76850	72	411	454	1303
城市轮渡	534	5	572		10	2	
其他城市公共交通	539	15	6262	3	13	16	82
水上运输业	54	884	120085	231	707	3429	5978
水上旅客运输	541	87	8876	13	30	145	216
水上货物运输	542	530	49947	148	238	1293	2328
水上运输辅助活动	543	267	61262	70	439	1991	3434
航空运输业	55	87	65310	219	1041	2026	1358
航空客货运输	551	57	57054	204	957	1573	835
通用航空服务	552	11	731				
航空运输辅助活动	553	19	7525	15	84	453	523
管道运输业	56	3	256			27	36
管道运输业	560	3	256			27	36
装卸搬运和其他运输服务业	57	6053	121740	406	592	663	1527
装卸搬运	571	462	23648	108	78	188	322
运输代理服务	572	5591	98092	298	514	475	1205
仓储业	58.	1163	40791	74	184	349	894
谷物、棉花等农产品仓储	581	175	4717	7	11	35	75
其他仓储	589	988	36074	67	173	314	819
邮政业	59	588	87714	161	416	1410	7844
国家邮政	591	40	65352	144	396	1360	7726
其他寄递服务	599	548	22362	17	20	50	118
信息传输、计算机服务和软件业	G	**13981**	**371428**	**2040**	**3491**	**4065**	**9124**
电信和其他信息传输服务业	60	2192	141850	287	718	1725	5695
电信	601	587	115032	189	526	1552	5227
互联网信息服务	602	1472	18746	90	181	97	271
广播电视传输服务	603	121	7789	5	6	66	193
卫星传输服务	604	12	283	3	5	10	4
计算机服务业	61	5855	85783	426	640	614	1101
计算机系统服务	611	1643	29313	195	294	338	431
数据处理	612	97	11588	5	9	41	43
计算机维修	613	290	3430	32	26	25	90
其他计算机服务	619	3825	41452	194	311	210	537

2-38 续表 7

行 业	代码	企业法人单位数(个)	就业人数(人)	#高级技师	#技师	#高级工	#中级工
软件业	62	5934	143795	1327	2133	1726	2328
公共软件服务	621	4888	127250	1199	1947	1576	2060
其他软件服务	629	1046	16545	128	186	150	268
批发和零售业	**H**	**141318**	**1944926**	**6665**	**12953**	**18178**	**33134**
批发业	63	93587	1184433	3491	6027	9517	15751
农畜产品批发	631	1586	21955	28	67	89	178
食品、饮料及烟草制品批发	632	6569	142983	260	439	680	2664
纺织、服装及日用品批发	633	14234	175702	257	565	589	1050
文化、体育用品及器材批发	634	4231	53974	124	290	251	575
医药及医疗器材批发	635	3094	69347	167	393	277	916
矿产品、建材及化工产品批发	636	22203	253902	527	1153	4105	3588
机械设备、五金交电及电子产品批发	637	30535	355113	1842	2686	3064	6043
贸易经纪与代理	638	4237	39672	89	116	181	249
其他批发	639	6898	71785	197	318	281	488
零售业	65	47731	760493	3174	6926	8661	17383
综合零售	651	3624	200262	549	1039	1763	3010
食品、饮料及烟草制品专门零售	652	3446	34564	46	108	126	296
纺织、服装及日用品专门零售	653	5242	69777	162	371	300	494
文化、体育用品及器材专门零售	654	3198	37405	76	261	432	1094
医药及医疗器材专门零售	655	3602	54348	76	312	344	404
汽车、摩托车、燃料及零配件专门零售	656	6451	144382	1257	3040	4085	8947
家用电器及电子产品专门零售	657	9986	114921	707	1108	859	1633
五金、家具及室内装修材料专门零售	658	7005	55003	109	286	352	675
无店铺及其他零售	659	5177	49831	192	401	400	830
住宿和餐饮业	**I**	**13012**	**795943**	**1660**	**5833**	**6251**	**14249**
住宿业	66	5053	366607	987	3651	3996	8840
旅游饭店	661	1769	284065	871	2671	3439	7881
一般旅馆	662	2981	73139	107	953	527	872
其他住宿服务	669	303	9403	9	27	30	87
餐饮业	67	7959	429336	673	2182	2255	5409
正餐服务	671	6197	326872	622	1783	1993	4646
快餐服务	672	811	81021	32	332	51	414
饮料及冷饮服务	673	361	7009	2	15	9	17
其他餐饮服务	679	590	14434	17	52	202	332
金融业	**J**	**1885**	**490148**	**478**	**460**	**890**	**2412**
银行业	68	439	240606	216	139	300	763
中央银行	681	2	865			19	1
商业银行	682	406	235478	216	138	277	759
其他银行	689	31	4263		1	4	3
证券业	69	137	38435	91	44	8	15
证券市场管理	691	4	373				
证券经纪与交易	692	97	37462	91	44	8	15
证券投资	693	19	395				
证券分析与咨询	694	17	205				

2-38 续表 8

行业	代码	企业法人单位数(个)	就业人数(人)	#高级技师	#技师	#高级工	#中级工
保险业	70	796	194533	132	234	346	709
人寿保险	701	183	140830	3	49	81	260
非人寿保险	702	282	41807	47	65	126	197
保险辅助服务	703	331	11896	82	120	139	252
其他金融活动	71	513	16574	39	43	236	925
金融信托与管理	711	64	1642	2		2	7
金融租赁	712	7	209				1
财务公司	713	31	526	1	8	3	6
邮政储蓄	714	15	6986		2	211	880
典当	715	161	1669	11	4	7	20
其他未列明的金融活动	719	235	5542	25	29	13	11
房地产业	**K**	**27964**	**771830**	**2263**	**5265**	**8578**	**16055**
房地产业	72	27964	771830	2263	5265	8578	16055
房地产开发经营	721	6811	183678	1029	2159	2674	4618
物业管理	722	8330	408292	819	2410	4893	9728
房地产中介服务	723	4168	61702	148	179	199	317
其他房地产活动	729	8655	118158	267	517	812	1392
租赁和商务服务业	**L**	**46529**	**1121931**	**3312**	**10353**	**14893**	**21801**
租赁业	73	905	17105	24	126	190	400
机械设备租赁	731	837	15737	21	123	171	363
文化及日用品出租	732	68	1368	3	3	19	37
商务服务业	74	45624	1104826	3288	10227	14703	21401
企业管理服务	741	15449	533892	1900	7917	9294	9771
法律服务	742	744	16263	10	7	9	14
咨询与调查	743	12618	146618	498	633	991	1298
广告业	744	7288	70110	252	474	470	714
知识产权服务	745	425	4856	32	42	45	73
职业中介服务	746	921	65442	180	249	969	3412
市场管理	747	1357	28674	110	161	263	460
旅行社	748	1181	30829	41	102	104	276
其他商务服务	749	5641	208142	265	642	2558	5383
科学研究、技术服务和地质勘查业	**M**	**13713**	**293470**	**2060**	**4129**	**4633**	**6914**
研究与试验发展	75	3313	62201	509	778	1158	2045
自然科学研究与试验发展	751	213	2622	3	14	17	33
工程和技术研究与试验发展	752	2651	54474	455	727	1059	1912
农业科学研究与试验发展	753	138	1572	7	11	27	11
医学研究与试验发展	754	288	3193	44	26	47	84
社会人文科学研究与试验发展	755	23	340			8	5
专业技术服务业	76	8473	199627	1268	2639	2628	3935
气象服务	761	44	596	2	5	6	13
地震服务	762	5	50			1	1
海洋服务	763	8	151	13			
测绘服务	764	159	3339	14	45	27	64
技术检测	765	661	24353	112	281	333	495
环境监测	766	81	941	10	9	8	9
工程技术与规划管理	767	3888	114187	748	1745	1582	2361
其他专业技术服务	769	3627	56010	369	554	671	992

2-38 续表 9

行 业	代码	企业法人单位数(个)	就业人数(人)	#高级技师	#技师	#高级工	#中级工
科技交流和推广服务业	77	1854	28870	280	697	701	813
技术推广服务	771	1335	21652	251	623	628	671
科技中介服务	772	255	3894	16	34	27	37
其他科技服务	779	264	3324	13	40	46	105
地质勘查业	78	73	2772	3	15	146	121
矿产地质勘查	781	20	769		5	44	26
基础地质勘查	782	24	1171	1	3	65	73
地质勘查技术服务	783	29	832	2	7	37	22
水利、环境和公共设施管理业	**N**	**1813**	**69935**	**241**	**552**	**1125**	**2041**
水利管理业	79	103	2382	20	24	77	133
防洪管理	791	12	519	4		7	8
水资源管理	792	65	1519	16	22	53	106
其他水利管理	799	26	344		2	17	19
环境管理业	80	524	21887	40	107	137	401
自然保护	801	28	1202	1	4	19	26
环境治理	802	496	20685	39	103	118	375
公共设施管理业	81	1186	45666	181	421	911	1507
市政公共设施管理	811	192	5975	7	30	130	188
城市绿化管理	812	705	23116	139	313	632	1013
游览景区管理	813	289	16575	35	78	149	306
居民服务和其他服务业	**O**	**10965**	**245203**	**1337**	**6117**	**3178**	**7209**
居民服务业	82	4884	105883	517	4237	708	1730
家庭服务	821	440	6019	4	11	27	53
托儿所	822	63	732				6
洗染服务	823	149	4058	8	23	43	88
理发及美容保健服务	824	1823	33222	290	1331	292	635
洗浴服务	825	626	28519	148	2632	200	461
婚姻服务	826	115	732	1	2	2	3
殡葬服务	827	99	2189		12	2	14
摄影扩印服务	828	571	5877	27	80	21	49
其他居民服务	829	998	24535	39	146	121	421
其他服务业	83	6081	139320	820	1880	2470	5479
修理与维护	831	3253	46173	626	1325	1790	3417
清洁服务	832	1525	69268	70	186	279	686
其他未列明的服务	839	1303	23879	124	369	401	1376
教育	**P**	**2971**	**73279**	**391**	**712**	**792**	**713**
教育	84	2971	73279	391	712	792	713
学前教育	841	1052	22849	9	16	47	152
初等教育	842	199	9966	25	27	26	48
中等教育	843	98	7239	145	269	213	164
高等教育	844	50	3173	26	37	88	23
其他教育	849	1572	30052	186	363	418	326

2-38 续表 10

行业	代码	企业法人单位数(个)	就业人数(人)	#高级技师	#技师	#高级工	#中级工
卫生、社会保障和社会福利业	Q	**1717**	**49283**	**348**	**497**	**369**	**652**
卫生	85	1648	47916	346	482	366	645
医院	851	212	29306	179	221	263	334
卫生院及社区医疗活动	852	164	3583	78	31	16	41
门诊部医疗活动	853	918	10234	61	163	52	98
计划生育技术服务活动	854	240	2078	10	50	7	32
妇幼保健活动	855	6	224			1	6
专科疾病防治活动	856	33	349	1	1	3	13
疾病预防控制及防疫活动	857	10	262	1		1	3
其他卫生活动	859	65	1880	16	16	23	118
社会保障业	86	5	79				
社会保障业	860	5	79				
社会福利业	87	64	1288	2	15	3	7
提供住宿的社会福利	871	47	1043	1	12		1
不提供住宿的社会福利	872	17	245	1	3	3	6
文化、体育和娱乐业	R	**3363**	**120841**	**160**	**782**	**994**	**1801**
新闻出版业	88	252	23578	14	30	178	339
新闻业	881	11	1069			26	66
出版业	882	241	22509	14	30	152	273
广播、电视、电影和音像业	89	495	14091	25	105	273	483
广播	891	27	1383	2	10	5	11
电视	892	130	6961	17	59	166	321
电影	893	220	4869	5	33	94	143
音像制作	894	118	878	1	3	8	8
文化艺术业	90	453	5342	7	29	63	84
文艺创作与表演	901	142	1924	2	8	34	43
艺术表演场馆	902	30	573		14	13	5
图书馆与档案馆	903	8	216			1	2
文物及文化保护	904	10	214				
博物馆	905	8	142		1		13
烈士陵园、纪念馆	906	1	16				
群众文化活动	907	57	496		1	5	6
文化艺术经纪代理	908	106	947	3	3	8	9
其他文化艺术	909	91	814	2	2	2	6
体育	91	277	6098	10	44	24	65
体育组织	911	81	1874	7	24	5	15
体育场馆	912	126	2804		2	17	32
其他体育	919	70	1420	3	18	2	18
娱乐业	92	1886	71732	104	574	456	830
室内娱乐活动	921	1179	33825	40	266	170	305
游乐园	922	62	4849	3	19	92	127
休闲健身娱乐活动	923	516	29439	54	242	185	377
其他娱乐活动	929	129	3619	7	47	9	21

2-39　按登记注册类型分组、技术等级分组的企业法人单位数及就业人数

登记注册类型	企业法人单位数(个)	就业人数(人)				
			#高级技师	#技师	#高级工	#中级工
总　　计	**509178**	**27308441**	**84926**	**231628**	**369074**	**752682**
内资企业	**461417**	**16876685**	**55456**	**151736**	**255457**	**510536**
国有企业	10978	1406167	3603	13708	49294	92016
集体企业	22248	1164060	2914	9267	14890	36814
股份合作企业	5423	337745	1271	6265	5572	6206
联营企业	1319	78547	210	652	984	2227
国有联营企业	304	21128	65	203	339	681
集体联营企业	420	25087	83	288	168	607
国有与集体联营企业	118	8354	2	13	249	438
其他联营企业	477	23978	60	148	228	501
有限责任公司	69622	3733599	13848	36535	70013	138513
国有独资公司	928	213198	812	3446	13258	16800
其他有限责任公司	68694	3520401	13036	33089	56755	121713
股份有限公司	6537	1124314	3031	8130	23985	39796
私营企业	330057	8690997	29320	74444	87908	189141
私营独资企业	104146	2321131	4812	14785	16375	39414
私营合伙企业	16478	355406	863	2547	2613	7144
私营有限责任公司	202015	5800706	22569	54824	66210	137325
私营股份有限公司	7418	213754	1076	2288	2710	5258
其他企业	15233	341256	1259	2735	2811	5823
港、澳、台商投资企业	**33479**	**6792519**	**16836**	**47292**	**64514**	**147180**
合资经营企业(港或澳、台资)	4319	964809	3054	8541	13582	35806
合作经营企业(港或澳、台资)	2323	363183	760	2782	2912	7445
港、澳、台商独资经营企业	26109	5334875	12714	34510	45331	99546
港、澳、台商投资股份有限公司	728	129652	308	1459	2689	4383
外商投资企业	**14282**	**3639237**	**12634**	**32600**	**49103**	**94966**
中外合资经营企业	2965	684619	3513	7972	14039	30742
中外合作经营企业	1004	186418	269	882	1511	2798
外资企业	9912	2633194	8401	21918	29501	55574
外商投资股份有限公司	401	135006	451	1828	4052	5852

2-40 按行业(大类)、控股情况分组的企业法人单位数

行业	代码	法人单位数(个)	国有控股	集体控股	私人控股	港澳台商控股	外商控股	其他
总计		**509178**	**16696**	**34951**	**358643**	**32404**	**12382**	**54102**
农、林、牧、渔业	A	**37**	**19**	**4**	**13**	**1**		
农业	01	13	8		4	1		
林业	02	9	8		1			
畜牧业	03	8	1		7			
渔业	04	4		3	1			
农、林、牧、渔服务业	05	3	2	1				
采矿业	B	**2329**	**62**	**135**	**1895**	**31**	**15**	**191**
煤炭开采和洗选业	06	3	1		2			
石油和天然气开采业	07	18	5		4	2	2	5
黑色金属矿采选业	08	315	8	16	256			35
有色金属矿采选业	09	213	13	6	178	2	1	13
非金属矿采选业	10	1747	34	110	1427	27	12	137
其他采矿业	11	33	1	3	28			1
制造业	C	**191806**	**2301**	**5542**	**131094**	**25263**	**8332**	**19274**
农副食品加工业	13	3412	263	221	2285	210	92	341
食品制造业	14	3470	74	111	2544	275	144	322
饮料制造业	15	1402	77	82	978	79	56	130
烟草制品业	16	30	8	5	17			
纺织业	17	8625	85	267	5600	1599	257	817
纺织服装、鞋、帽制造业	18	13962	55	333	9806	2374	427	967
皮革、毛皮、羽毛(绒)及其制品业	19	7357	25	156	5092	1237	329	518
木材加工及木、竹、藤、棕、草制品业	20	3092	30	89	2385	209	68	311
家具制造业	21	5886	18	110	3830	682	256	990
造纸及纸制品业	22	7581	55	232	5500	810	165	819
印刷业和记录媒介的复制	23	8512	135	459	6440	442	89	947
文教体育用品制造业	24	3901	29	134	1993	1140	260	345
石油加工、炼焦及核燃料加工业	25	328	14	14	208	21	13	58
化学原料及化学制品制造业	26	8157	134	223	5537	928	453	882
医药制造业	27	915	60	30	566	106	73	80
化学纤维制造业	28	257	2	9	151	58	11	26
橡胶制品业	29	2388	28	55	1526	400	135	244
塑料制品业	30	17035	83	472	11440	2634	675	1731
非金属矿物制品业	31	9610	157	349	7287	665	243	909
黑色金属冶炼及压延加工业	32	886	20	16	647	71	28	104
有色金属冶炼及压延加工业	33	1983	29	46	1297	191	89	331
金属制品业	34	20771	123	519	15029	2076	591	2433
通用设备制造业	35	8346	121	282	5915	776	338	914
专用设备制造业	36	8892	103	237	6159	1060	474	859
交通运输设备制造业	37	4157	159	234	2679	353	371	361
电气机械及器材制造业	39	16383	156	328	11098	2199	813	1789
通信设备、计算机及其他电子设备制造业	40	14346	174	237	8782	2697	1332	1124
仪器仪表及文化、办公用机械制造业	41	2776	35	63	1538	668	255	217
工艺品及其他制造业	42	6350	45	207	3990	1277	286	545
废弃资源和废旧材料回收加工业	43	996	4	22	775	26	9	160
电力、燃气及水的生产和供应业	D	**7074**	**573**	**1548**	**4155**	**95**	**42**	**661**
电力、热力的生产和供应业	44	5731	397	1057	3675	62	18	522
燃气生产和供应业	45	178	25	12	104	12	14	11
水的生产和供应业	46	1165	151	479	376	21	10	128
建筑业	E	**14457**	**804**	**1243**	**10654**	**132**	**55**	**1569**
房屋和土木工程建筑业	47	4114	518	764	2441	26	8	357
建筑安装业	48	3579	145	197	2778	47	18	394
建筑装饰业	49	5439	74	198	4444	51	25	647
其他建筑业	50	1325	67	84	991	8	4	171

2-40 续表

行 业	代码	法人单位数(个)	国有控股	集体控股	私人控股	港澳台商控股	外商控股	其他
交通运输、仓储和邮政业	F	**14244**	**1146**	**837**	**9699**	**735**	**251**	**1576**
铁路运输业	51	12	6	2	3			1
道路运输业	52	4988	391	351	3271	278	69	628
城市公共交通业	53	466	95	57	216	13	3	82
水上运输业	54	884	149	155	405	34	21	120
航空运输业	55	87	24	3	46	1	2	11
管道运输业	56	3				1	1	1
装卸搬运和其他运输服务业	57	6053	208	194	4754	272	84	541
仓储业	58	1163	231	68	558	130	67	109
邮政业	59	588	42	7	446	6	4	83
信息传输、计算机服务和软件业	G	**13981**	**355**	**201**	**11308**	**496**	**308**	**1313**
电信和其他信息传输服务业	60	2192	199	65	1602	50	22	254
计算机服务业	61	5855	74	82	4937	90	58	614
软件业	62	5934	82	54	4769	356	228	445
批发和零售业	H	**141318**	**4349**	**7401**	**110211**	**2005**	**1289**	**16063**
批发业	63	93587	3042	3526	74827	1657	1058	9477
零售业	65	47731	1307	3875	35384	348	231	6586
住宿和餐饮业	I	**13012**	**744**	**828**	**9332**	**413**	**208**	**1487**
住宿业	66	5053	607	431	3107	181	62	665
餐饮业	67	7959	137	397	6225	232	146	822
金融业	J	**1885**	**576**	**284**	**566**	**38**	**95**	**326**
银行业	68	439	195	161	4	22	43	14
证券业	69	137	65	6	31	1		34
保险业	70	796	242	81	260	10	48	155
其他金融活动	71	513	74	36	271	5	4	123
房地产业	K	**27964**	**1819**	**5337**	**15972**	**1445**	**493**	**2898**
房地产业	72	27964	1819	5337	15972	1445	493	2898
租赁和商务服务业	L	**46529**	**2065**	**9270**	**28942**	**943**	**795**	**4514**
租赁业	73	905	40	36	674	16	13	126
商务服务业	74	45624	2025	9234	28268	927	782	4388
科学研究、技术服务和地质勘查业	M	**13713**	**806**	**604**	**10090**	**511**	**336**	**1366**
研究与试验发展	75	3313	107	62	2512	181	145	306
专业技术服务业	76	8473	573	433	6224	246	128	869
科技交流和推广服务业	77	1854	87	104	1331	83	60	189
地质勘查业	78	73	39	5	23	1	3	2
水利、环境和公共设施管理业	N	**1813**	**214**	**174**	**1113**	**31**	**23**	**258**
水利管理业	79	103	44	21	31		1	6
环境管理业	80	524	37	59	348	6	11	63
公共设施管理业	81	1186	133	94	734	25	11	189
居民服务和其他服务业	O	**10965**	**243**	**800**	**8296**	**140**	**74**	**1412**
居民服务业	82	4884	106	360	3756	56	23	583
其他服务业	83	6081	137	440	4540	84	51	829
教育	P	**2971**	**144**	**249**	**1994**	**23**	**19**	**542**
教育	84	2971	144	249	1994	23	19	542
卫生、社会保障和社会福利业	Q	**1717**	**110**	**276**	**1052**	**6**	**5**	**268**
卫生	85	1648	104	262	1011	6	5	260
社会保障业	86	5	1	2	2			
社会福利业	87	64	5	12	39			8
文化、体育和娱乐业	R	**3363**	**366**	**218**	**2257**	**96**	**42**	**384**
新闻出版业	88	252	129	28	71	1		23
广播、电视、电影和音像业	89	495	128	51	262	11	1	42
文化艺术业	90	453	47	21	333		3	49
体育	91	277	23	12	186	10	5	41
娱乐业	92	1886	39	106	1405	74	33	229

2-41 按地区、控股情况分组的企业法人单位数

地 区	法人单位数（个）	国有控股	集体控股	私人控股	港澳台商控股	外商控股	其他
总 计	**509178**	**16696**	**34951**	**358643**	**32404**	**12382**	**54102**
广州市	138171	4777	12435	109197	4357	2947	4458
深圳市	97854	2330	2122	74935	8108	2878	7481
珠海市	20012	714	936	12156	1795	661	3750
汕头市	17290	1075	2704	10980	458	185	1888
佛山市	54157	585	1930	37144	1707	766	12025
韶关市	6693	554	679	4252	226	73	909
河源市	3597	407	400	2189	222	50	329
梅州市	6917	413	742	4523	191	56	992
惠州市	18798	882	972	12067	2609	623	1645
汕尾市	2517	299	428	1126	158	14	492
东莞市	48349	333	4416	26524	7627	2398	7051
中山市	22500	210	1624	14533	1659	705	3769
江门市	15952	517	1130	9634	1491	413	2767
阳江市	6484	254	236	5255	110	41	588
湛江市	8863	966	815	5836	90	52	1104
茂名市	9177	521	774	6247	127	34	1474
肇庆市	7945	490	646	5028	479	213	1089
清远市	6039	354	617	3592	379	89	1008
潮州市	7393	376	483	5953	256	90	235
揭阳市	7980	414	493	6227	219	59	568
云浮市	2490	225	369	1245	136	35	480

第3篇

事业、机关、社团和民办非企业

3-1 按行业(中类)分组的事业法人单位数及就业人数

行业	代码	事业法人单位数(个)	单产业法人	多产业法人	就业人数(人)	女性
总计		**39340**	**36274**	**3066**	**2041932**	**999432**
农、林、牧、渔业	**A**	**14**	**2**	**12**	**2398**	**620**
农业	01	1		1	20	6
水果、坚果、饮料和香料作物的种植	013	1		1	20	6
林业	02	8		8	2200	566
林木的培育和种植	021	7		7	599	144
林产品的采集	023	1		1	1601	422
农、林、牧、渔服务业	05	5	2	3	178	48
农业服务业	051	1		1	9	
林业服务业	052	3	1	2	155	48
畜牧服务业	053	1	1		14	
采矿业	**B**	**1**		**1**	**110**	**23**
非金属矿采选业	10	1		1	110	23
土砂石开采	101	1		1	110	23
制造业	**C**	**3**	**3**		**313**	**60**
化学原料及化学制品制造业	26	1	1		138	17
专用化学产品制造	266	1	1		138	17
通用设备制造业	35	2	2		175	43
泵、阀门、压缩机及类似机械的制造	354	1	1		81	14
风机、衡器、包装设备等通用设备制造	357	1	1		94	29
电力、燃气及水的生产和供应业	**D**	**32**	**30**	**2**	**2613**	**864**
电力、热力的生产和供应业	44	17	17		1176	369
电力生产	441	17	17		1176	369
燃气生产和供应业	45	1	1		16	9
燃气生产和供应业	450	1	1		16	9
水的生产和供应业	46	14	12	2	1421	486
自来水的生产和供应	461	7	5	2	1201	421
污水处理及其再生利用	462	7	7		220	65
交通运输、仓储和邮政业	**F**	**342**	**266**	**76**	**20578**	**5863**
铁路运输业	51	1	1		11	2
铁路运输辅助活动	513	1	1		11	2
道路运输业	52	244	176	68	18039	5346
公路旅客运输	521	3	3		65	24
道路货物运输	522	2	2		44	11
道路运输辅助活动	523	239	171	68	17930	5311
城市公共交通业	53	3	3		225	60
出租车客运	533	1	1		12	1
城市轮渡	534	1	1		208	59
其他城市公共交通	539	1	1		5	
水上运输业	54	23	22	1	713	116
水上旅客运输	541	1	1		13	2
水上货物运输	542	1	1		14	
水上运输辅助活动	543	21	20	1	686	114

3-1　续表 1

行　　业	代码	事业法人单位数（个）			就业人数（人）	
			单产业法人	多产业法人		女性
航空运输业	55	3	2	1	324	57
航空运输辅助活动	553	3	2	1	324	57
装卸搬运和其他运输服务业	57	6	4	2	90	25
运输代理服务	572	6	4	2	90	25
仓储业	58	62	58	4	1176	257
谷物、棉花等农产品仓储	581	53	50	3	924	204
其他仓储	589	9	8	1	252	53
信息传输、计算机服务和软件业	**G**	**172**	**160**	**12**	**6106**	**1762**
电信和其他信息传输服务业	60	129	117	12	5311	1525
电信	601	1	1		13	6
互联网信息服务	602	15	14	1	283	83
广播电视传输服务	603	107	96	11	4907	1401
卫星传输服务	604	6	6		108	35
计算机服务业	61	37	37		716	214
计算机系统服务	611	14	14		289	78
数据处理	612	5	5		28	11
计算机维修	613	5	5		205	65
其他计算机服务	619	13	13		194	60
软件业	62	6	6		79	23
公共软件服务	621	3	3		60	16
其他软件服务	629	3	3		19	7
批发和零售业	**H**	**13**	**10**	**3**	**544**	**233**
批发业	63	5	5		240	96
食品、饮料及烟草制品批发	632	3	3		57	14
文化、体育用品及器材批发	634	2	2		183	82
零售业	65	8	5	3	304	137
综合零售	651	1		1	42	3
食品、饮料及烟草制品专门零售	652	1	1		5	1
文化、体育用品及器材专门零售	654	5	3	2	222	125
家用电器及电子产品专门零售	657	1	1		35	8
住宿和餐饮业	**I**	**35**	**35**		**2462**	**1137**
住宿业	66	28	28		2039	990
旅游饭店	661	15	15		1638	769
一般旅馆	662	12	12		337	179
其他住宿服务	669	1	1		64	42
餐饮业	67	7	7		423	147
正餐服务	671	6	6		379	125
快餐服务	672	1	1		44	22
金融业	**J**	**30**	**25**	**5**	**1943**	**728**
银行业	68	13	8	5	1410	500
中央银行	681	10	7	3	1224	409
商业银行	682	1	1		80	60
其他银行	689	2		2	106	31
证券业	69	2	2		126	56
证券市场管理	691	2	2		126	56

3-1 续表 2

行业	代码	事业法人单位数（个）	单产业法人	多产业法人	就业人数（人）	女性
保险业	70	1	1		56	20
保险辅助服务	703	1	1		56	20
其他金融活动	71	14	14		351	152
金融信托与管理	711	3	3		44	10
财务公司	713	1	1		13	3
典当	715	1	1		5	
其他未列明的金融活动	719	9	9		289	139
房地产业	**K**	**160**	**140**	**20**	**3959**	**1592**
房地产业	72	160	140	20	3959	1592
房地产开发经营	721	5	5		251	127
物业管理	722	31	22	9	1298	480
房地产中介服务	723	21	16	5	545	247
其他房地产活动	729	103	97	6	1865	738
租赁和商务服务业	**L**	**2031**	**1908**	**123**	**41880**	**14604**
租赁业	73	1	1		12	5
文化及日用品出租	732	1	1		12	5
商务服务业	74	2030	1907	123	41868	14599
企业管理服务	741	1074	1015	59	20650	6196
法律服务	742	234	233	1	2092	907
咨询与调查	743	208	206	2	2265	1115
广告业	744	7	7		111	33
知识产权服务	745	11	11		78	45
职业中介服务	746	262	257	5	3907	1586
市场管理	747	124	74	50	10287	3849
旅行社	748	14	13	1	163	82
其他商务服务	749	96	91	5	2315	786
科学研究、技术服务和地质勘查业	**M**	**2661**	**2495**	**166**	**71472**	**22239**
研究与试验发展	75	373	353	20	18627	6566
自然科学研究与试验发展	751	35	32	3	2750	920
工程和技术研究与试验发展	752	59	53	6	4976	1434
农业科学研究与试验发展	753	227	217	10	7739	2466
医学研究与试验发展	754	20	20		2299	1430
社会人文科学研究与试验发展	755	32	31	1	863	316
专业技术服务业	76	1297	1232	65	36149	11233
气象服务	761	150	127	23	2574	812
地震服务	762	31	29	2	282	112
海洋服务	763	16	15	1	2700	472
测绘服务	764	74	72	2	2330	558
技术检测	765	326	308	18	10962	3955
环境监测	766	85	85		2777	1301
工程技术与规划管理	767	535	519	16	13008	3599
其他专业技术服务	769	80	77	3	1516	424
科技交流和推广服务业	77	945	877	68	11070	3144
技术推广服务	771	798	734	64	9008	2419
科技中介服务	772	89	86	3	1183	422
其他科技服务	779	58	57	1	879	303

3-1　续表 3

行　业	代码	事业法人单位数(个)	单产业法人	多产业法人	就业人数(人)	女性
地质勘查业	78	46	33	13	5626	1296
矿产地质勘查	781	24	17	7	3107	648
基础地质勘查	782	14	9	5	1758	466
地质勘查技术服务	783	8	7	1	761	182
水利、环境和公共设施管理业	**N**	**2035**	**1928**	**107**	**104912**	**41143**
水利管理业	79	931	883	48	26698	5329
防洪管理	791	173	164	9	5030	934
水资源管理	792	478	449	29	16810	3502
其他水利管理	799	280	270	10	4858	893
环境管理业	80	571	545	26	46758	23541
自然保护	801	126	117	9	2949	887
环境治理	802	445	428	17	43809	22654
公共设施管理业	81	533	500	33	31456	12273
市政公共设施管理	811	241	228	13	14946	5210
城市绿化管理	812	107	95	12	7096	3195
游览景区管理	813	185	177	8	9414	3868
居民服务和其他服务业	**O**	**460**	**451**	**9**	**13056**	**4250**
居民服务业	82	326	319	7	9580	3208
家庭服务	821	5	5		50	14
托儿所	822	9	9		254	238
理发及美容保健服务	824	4	4		330	166
婚姻服务	826	5	5		37	26
殡葬服务	827	140	137	3	4528	1010
其他居民服务	829	163	159	4	4381	1754
其他服务业	83	134	132	2	3476	1042
修理与维护	831	8	8		56	21
清洁服务	832	51	51		1286	472
其他未列明的服务	839	75	73	2	2134	549
教育	**P**	**18207**	**17137**	**1070**	**1053028**	**545400**
教育	84	18207	17137	1070	1053028	545400
学前教育	841	879	864	15	32770	28104
初等教育	842	12322	11504	818	437932	251318
中等教育	843	3948	3786	162	445950	206254
高等教育	844	334	289	45	109963	47567
其他教育	849	724	694	30	26413	12157
卫生、社会保障和社会福利业	**Q**	**4103**	**3286**	**817**	**430519**	**259853**
卫生	85	3309	2520	789	413598	250927
医院	851	780	497	283	277797	176230
卫生院及社区医疗活动	852	1320	933	387	81185	41528
门诊部医疗活动	853	230	196	34	7129	3796
计划生育技术服务活动	854	396	384	12	5671	3535
妇幼保健活动	855	102	87	15	17507	13594
专科疾病防治活动	856	110	76	34	8350	4736
疾病预防控制及防疫活动	857	203	183	20	12040	5482
其他卫生活动	859	168	164	4	3919	2026

3-1 续表 4

行　业	代码	事业法人单位数(个)	单产业法人	多产业法人	就业人数(人)	女性
社会保障业	86	255	244	11	5307	2354
社会保障业	860	255	244	11	5307	2354
社会福利业	87	539	522	17	11614	6572
提供住宿的社会福利	871	410	400	10	9616	5628
不提供住宿的社会福利	872	129	122	7	1998	944
文化、体育和娱乐业	**R**	**1713**	**1592**	**121**	**67349**	**27918**
新闻出版业	88	129	120	9	7717	2548
新闻业	881	40	38	2	1020	388
出版业	882	89	82	7	6697	2160
广播、电视、电影和音像业	89	272	213	59	25210	8703
广播	891	55	46	9	5933	1986
电视	892	114	75	39	16484	5565
电影	893	96	85	11	2577	967
音像制作	894	7	7		216	185
文化艺术业	90	1037	1002	35	21462	10106
文艺创作与表演	901	137	132	5	5313	2149
艺术表演场馆	902	16	16		449	207
图书馆与档案馆	903	224	216	8	5114	3056
文物及文化保护	904	50	49	1	839	360
博物馆	905	124	117	7	2884	1367
烈士陵园、纪念馆	906	22	20	2	665	251
群众文化活动	907	402	390	12	5400	2426
文化艺术经纪代理	908	11	11		139	24
其他文化艺术	909	51	51		659	266
体育	91	199	181	18	10771	5377
体育组织	911	81	69	12	6450	3836
体育场馆	912	79	75	4	3190	1144
其他体育	919	39	37	2	1131	397
娱乐业	92	76	76		2189	1184
室内娱乐活动	921	10	10		181	75
游乐园	922	3	3		126	66
休闲健身娱乐活动	923	13	13		311	191
其他娱乐活动	929	50	50		1571	852
公共管理和社会组织	**S**	**7328**	**6806**	**522**	**218690**	**71143**
中国共产党机关	93	73	71	2	863	234
中国共产党机关	930	73	71	2	863	234
国家机构	94	7246	6726	520	217724	70883
国家权力机构	941	35	29	6	1309	377
国家行政机构	942	7027	6523	504	208901	67612
人民法院和人民检察院	943	14	13	1	1890	761
其他国家机构	949	170	161	9	5624	2133
人民政协和民主党派	95	9	9		103	26
人民政协	951	1	1		52	14
民主党派	952	8	8		51	12

3-2　按地区分组的事业法人单位数及就业人数

地　区	事业法人单位数（个）			就业人数（人）	
		单产业法人	多产业法人		女性
总　计	**39340**	**36274**	**3066**	**2041932**	**999432**
广州市	4987	4651	336	385152	199047
深圳市	1676	1573	103	152944	79898
珠海市	752	676	76	40635	21153
汕头市	2015	1984	31	95661	51267
佛山市	2064	1970	94	127605	70067
韶关市	1365	1118	247	75100	34259
河源市	1641	1467	174	62943	27918
梅州市	1994	1630	364	96547	44229
惠州市	1807	1605	202	85913	40580
汕尾市	1180	1147	33	48890	19070
东莞市	1363	1292	71	85604	43163
中山市	804	764	40	48940	21910
江门市	1912	1857	55	78059	39781
阳江市	1071	1014	57	50319	22520
湛江市	3269	2914	355	152574	71261
茂名市	2824	2651	173	129557	60885
肇庆市	1962	1741	221	79054	37400
清远市	1495	1264	231	67805	31956
潮州市	1727	1693	34	46669	20166
揭阳市	2287	2238	49	86021	40434
云浮市	1145	1025	120	45940	22468

3-3 按行业(中类)、地区

行业	代码	事业法人单位数(个)	广州市	深圳市	珠海市	汕头市	佛山市	韶关市	河源市
总计		**39340**	**4987**	**1676**	**752**	**2015**	**2064**	**1365**	**1641**
农、林、牧、渔业	**A**	**14**							**4**
农业	01	1							
水果、坚果、饮料和香料作物的种植	013	1							
林业	02	8							3
林木的培育和种植	021	7							3
林产品的采集	023	1							
农、林、牧、渔服务业	05	5							1
农业服务业	051	1							
林业服务业	052	3							1
畜牧服务业	053	1							
采矿业	**B**	**1**							
非金属矿采选业	10	1							
土砂石开采	101	1							
制造业	**C**	**3**		**1**		**1**			
化学原料及化学制品制造业	26	1		1					
专用化学产品制造	266	1		1					
通用设备制造业	35	2				1			
泵、阀门、压缩机及类似机械的制造	354	1							
风机、衡器、包装设备等通用设备制造	357	1				1			
电力、燃气及水的生产和供应业	**D**	**32**		**1**			**2**	**1**	
电力、热力的生产和供应业	44	17							
电力生产	441	17							
燃气生产和供应业	45	1							
燃气生产和供应业	450	1							
水的生产和供应业	46	14		1			2	1	
自来水的生产和供应	461	7					2		
污水处理及其再生利用	462	7		1				1	
交通运输、仓储和邮政业	**F**	**342**	**1**	**2**	**7**	**9**	**21**	**9**	**22**
铁路运输业	51	1							
铁路运输辅助活动	513	1							
道路运输业	52	244		1	3	6	16	3	20
公路旅客运输	521	3				1			
道路货物运输	522	2							1
道路运输辅助活动	523	239		1	3	5	16	3	19
城市公共交通业	53	3				1			
出租车客运	533	1							
城市轮渡	534	1				1			
其他城市公共交通	539	1							
水上运输业	54	23			2		3		
水上旅客运输	541	1							
水上货物运输	542	1							
水上运输辅助活动	543	21			2		3		

分组的事业法人单位数

梅州市	惠州市	汕尾市	东莞市	中山市	江门市	阳江市	湛江市	茂名市	肇庆市	清远市	潮州市	揭阳市	云浮市
1994	**1807**	**1180**	**1363**	**804**	**1912**	**1071**	**3269**	**2824**	**1962**	**1495**	**1727**	**2287**	**1145**
	3					**2**	**1**	**2**		**2**			
										1			
										1			
	2							2		1			
	2							1		1			
								1					
	1					2	1						
							1						
	1					1							
						1							
	1												
	1												
	1												
									1				
									1				
									1				
1	**5**	**2**		**1**	**2**			**3**	**5**	**2**	**1**	**4**	**2**
	5				2				3	1	1	4	1
	5				2				3	1	1	4	1
									1				
									1				
1		2		1				3	1	1			1
1		1						2					1
		1		1				1	1	1			
22	**21**	**7**	**51**		**13**	**7**	**17**	**27**	**35**	**12**	**15**	**11**	**33**
	1												
	1												
16	16	5	24		10	4	10	26	28	12	11	8	25
									1	1			
												1	
16	16	5	24		10	4	10	26	27	11	11	7	25
1			1										
			1										
1													
1	1				2	2	2	1	4		2	2	1
									1				
							1						
1	1				2	2	1	1	3		2	2	1

3-3 续表 1

行业	代码	事业法人单位数（个）	广州市	深圳市	珠海市	汕头市	佛山市	韶关市	河源市
航空运输业	55	3			2				
航空运输辅助活动	553	3			2				
装卸搬运和其他运输服务业	57	6					1		
运输代理服务	572	6					1		
仓储业	58	62	1	1		2	1	6	2
谷物、棉花等农产品仓储	581	53				2	1	2	2
其他仓储	589	9	1	1				4	
信息传输、计算机服务和软件业	**G**	**172**	**22**	**9**	**8**	**10**	**3**	**5**	**12**
电信和其他信息传输服务业	60	129	13	4	6	8	2	4	6
电信	601	1							
互联网信息服务	602	15	1	1		1	1	1	2
广播电视传输服务	603	107	12	2	6	7	1	3	4
卫星传输服务	604	6		1					
计算机服务业	61	37	9	3		1	1	1	6
计算机系统服务	611	14	2	2		1		1	
数据处理	612	5	1						1
计算机维修	613	5	4	1					
其他计算机服务	619	13	2				1		5
软件业	62	6		2	2	1			
公共软件服务	621	3		1	2				
其他软件服务	629	3		1		1			
批发和零售业	**H**	**13**				**1**			
批发业	63	5				1			
食品、饮料及烟草制品批发	632	3							
文化、体育用品及器材批发	634	2				1			
零售业	65	8							
综合零售	651	1							
食品、饮料及烟草制品专门零售	652	1							
文化、体育用品及器材专门零售	654	5							
家用电器及电子产品专门零售	657	1							
住宿和餐饮业	**I**	**35**		**6**		**6**	**1**	**1**	
住宿业	66	28		3		6	1	1	
旅游饭店	661	15		1		5	1	1	
一般旅馆	662	12		1		1			
其他住宿服务	669	1		1					
餐饮业	67	7		3					
正餐服务	671	6		2					
快餐服务	672	1		1					
金融业	**J**	**30**		**4**		**7**	**1**	**2**	**1**
银行业	68	13		1		2		1	1
中央银行	681	10		1		1		1	1
商业银行	682	1							
其他银行	689	2				1			
证券业	69	2		1		1			
证券市场管理	691	2		1		1			

梅州市	惠州市	汕尾市	东莞市	中山市	江门市	阳江市	湛江市	茂名市	肇庆市	清远市	潮州市	揭阳市	云浮市
							1						
							1						
	1												4
	1												4
4	2	2	26		1	1	4		3		2	1	3
4	1	2	26		1	1	4		3		2		2
	1											1	1
7	**2**	**6**	**9**	**5**	**17**	**3**	**7**	**5**	**14**	**6**	**16**	**6**	
2	2	6	7	5	17	3	5	4	12	5	15	3	
								1					
	1				1		1		5				
2	1	6	7	5	15	3	1	3	6	5	15	3	
					1		3		1				
4			2				2	1	2	1	1	3	
			1				2	1	2		1	1	
1										1		1	
3			1									1	
1													
1													
	5	**1**	**1**						**1**			**2**	**2**
	2											2	
	2											1	
												1	
	3	1	1						1				2
			1										
	1												
	1	1							1				2
	1												
1	**2**	**2**				**1**	**4**	**1**	**6**	**1**		**1**	**2**
	1	2				1	4	1	5			1	2
		1				1	2	1	1			1	
	1	1					2		4				2
1	1								1	1			
1	1								1	1			
		1	**3**		**1**	**2**		**1**	**2**		**2**	**1**	**2**
		1	2			2		1			1		1
			2			1		1			1		1
						1							
		1											

3-3 续表 2

行业	代码	事业法人单位数（个）	广州市	深圳市	珠海市	汕头市	佛山市	韶关市	河源市
保险业	70	1		1					
保险辅助服务	703	1		1					
其他金融活动	71	14		1		4	1	1	
金融信托与管理	711	3				2	1		
财务公司	713	1							
典当	715	1							
其他未列明的金融活动	719	9		1		2		1	
房地产业	**K**	**160**	**1**	**18**		**14**	**28**	**13**	**20**
房地产业	72	160	1	18		14	28	13	20
房地产开发经营	721	5		3					1
物业管理	722	31		7		5	5	3	4
房地产中介服务	723	21		1		1	2	3	2
其他房地产活动	729	103	1	7		8	21	7	13
租赁和商务服务业	**L**	**2031**	**255**	**82**	**37**	**79**	**405**	**76**	**58**
租赁业	73	1						1	
文化及日用品出租	732	1						1	
商务服务业	74	2030	255	82	37	79	405	75	58
企业管理服务	741	1074	112	20	20	39	349	30	35
法律服务	742	234	45	19	7	6	13	20	1
咨询与调查	743	208	35	11	6	7	17	7	6
广告业	744	7	1	1					
知识产权服务	745	11	3	1		1	1		
职业中介服务	746	262	25	23	4	13	21	10	6
市场管理	747	124	6	3		7	3	6	3
旅行社	748	14	4						2
其他商务服务	749	96	24	4		6	1	2	5
科学研究、技术服务和地质勘查业	**M**	**2661**	**374**	**77**	**51**	**100**	**142**	**138**	**98**
研究与试验发展	75	373	89	14	7	15	8	33	4
自然科学研究与试验发展	751	35	14	1		1	2	5	
工程和技术研究与试验发展	752	59	21	5	1	1		6	
农业科学研究与试验发展	753	227	37	4	4	9	3	21	4
医学研究与试验发展	754	20	9	1	1	1	1	1	
社会人文科学研究与试验发展	755	32	8	3	1	3	2		
专业技术服务业	76	1297	194	47	17	57	90	60	70
气象服务	761	150	30	1	4	5	7	9	5
地震服务	762	31	2	1		5		1	1
海洋服务	763	16	14	1		1			
测绘服务	764	74	9	1	2	3	6	6	8
技术检测	765	326	56	12	4	6	28	12	18
环境监测	766	85	12	3	3	2	7	7	3
工程技术与规划管理	767	535	61	25	3	31	40	24	25
其他专业技术服务	769	80	10	3	1	4	2	1	10
科技交流和推广服务业	77	945	76	16	27	25	43	38	23
技术推广服务	771	798	46	7	25	17	32	29	20
科技中介服务	772	89	12	9		4	4	7	1
其他科技服务	779	58	18		2	4	7	2	2

梅州市	惠州市	汕尾市	东莞市	中山市	江门市	阳江市	湛江市	茂名市	肇庆市	清远市	潮州市	揭阳市	云浮市
			1		1				2		1	1	1
													1
												1	
			1		1				2		1		
14	**6**	**4**	**5**		**18**	**1**	**3**	**4**	**1**	**4**	**2**	**3**	**1**
14	6	4	5		18	1	3	4	1	4	2	3	1
						1							
1	1	1	1				1				2		
2		3	1		1			3				1	1
11	5		3		17		2	1	1	4		2	
197	**88**	**36**	**135**	**42**	**71**	**24**	**70**	**52**	**78**	**47**	**89**	**74**	**36**
197	88	36	135	42	71	24	70	52	78	47	89	74	36
105	36	27	36	20	24	10	34	27	41	24	14	52	19
18	13	3	25	7	15	5	4	7	7	1	9	8	1
23	13	1	29	9	11	2	4	1	6	6	10	3	1
	1								3	1			
	1				2							1	1
36	14	2	37	4	9	3	8	8	8	9	14	6	2
4	4	2	1	1	4	3	11	7	8	6	37	4	4
1		1			2		1		1				2
10	6		7	1	4	1	8	2	4		5		6
272	**183**	**47**	**95**	**22**	**94**	**79**	**141**	**164**	**177**	**118**	**90**	**121**	**78**
25	26	3	15	2	11	4	25	31	18	21	5	8	9
1	1		1		1		2	1	1	1		1	2
5	6	1	6	1	1	1		1		1	1		1
16	16	1	7		9	3	21	26	13	18	2	7	6
3			1				1		1				
	3	1		1			1	3	3	1	2		
93	96	30	65	16	57	36	52	51	64	45	52	57	48
9	8	3	3	4	4	2	8	9	11	10	3	5	10
3	2	1				3	2	2	2		3	3	
5	6	4	5	1	1	1	4	4	4	1	2	1	
25	17	9	28	7	17	10	10	10	9	15	10	11	12
8	7		3	1	6	2	2	5	5	2	1	4	2
36	49	12	22	3	23	15	23	18	26	15	31	32	21
7	7	1	4		6	3	3	3	7	2	2	1	3
149	59	14	15	4	25	38	62	82	92	50	33	53	21
140	55	10	12	3	15	35	58	78	82	40	28	50	16
5	3	3	2	1	6	2	4	2	8	9	4	3	
4	1	1	1		4	1		2	2	1	1		5

3-3 续表 3

行　业	代码	事业法人单位数(个)	广州市	深圳市	珠海市	汕头市	佛山市	韶关市	河源市
地质勘查业	78	46	15			3	1	7	1
矿产地质勘查	781	24	10			1		5	1
基础地质勘查	782	14	4			1		1	
地质勘查技术服务	783	8	1			1	1	1	
水利、环境和公共设施管理业	**N**	**2035**	**364**	**102**	**48**	**101**	**80**	**95**	**78**
水利管理业	79	931	84	25	14	39	36	34	36
防洪管理	791	173	24	3	7	5	18	7	5
水资源管理	792	478	29	16	5	27	9	25	8
其他水利管理	799	280	31	6	2	7	9	2	23
环境管理业	80	571	167	30	14	25	17	42	23
自然保护	801	126	7	5	1	6	2	29	16
环境治理	802	445	160	25	13	19	15	13	7
公共设施管理业	81	533	113	47	20	37	27	19	19
市政公共设施管理	811	241	43	24	13	18	19	8	10
城市绿化管理	812	107	24	4	5	3	5	6	5
游览景区管理	813	185	46	19	2	16	3	5	4
居民服务和其他服务业	**O**	**460**	**192**	**18**	**11**	**21**	**23**	**12**	**9**
居民服务业	82	326	148	9	9	17	14	9	4
家庭服务	821	5				2			
托儿所	822	9	5						
理发及美容保健服务	824	4				1			
婚姻服务	826	5	2	1			1		
殡葬服务	827	140	19	4	5	10	12	9	3
其他居民服务	829	163	122	4	4	4	1		1
其他服务业	83	134	44	9	2	4	9	3	5
修理与维护	831	8					1		
清洁服务	832	51	34	3			1	1	2
其他未列明的服务	839	75	10	6	2	4	7	2	3
教育	**P**	**18207**	**1655**	**582**	**204**	**1106**	**752**	**417**	**874**
教育	84	18207	1655	582	204	1106	752	417	874
学前教育	841	879	151	81	21	37	119	15	21
初等教育	842	12322	838	273	110	792	380	170	644
中等教育	843	3948	422	116	52	247	193	184	181
高等教育	844	334	89	57	9	11	22	14	5
其他教育	849	724	155	55	12	19	38	34	23
卫生、社会保障和社会福利业	**Q**	**4103**	**570**	**150**	**94**	**167**	**241**	**254**	**187**
卫生	85	3309	410	122	68	114	179	211	153
医院	851	780	153	54	11	46	50	38	18
卫生院及社区医疗活动	852	1320	87	7	19	28	35	112	96
门诊部医疗活动	853	230	57	5	6	2	32	11	5
计划生育技术服务活动	854	396	35	18	19	12	25	11	6
妇幼保健活动	855	102	11	4	2	3	5	8	6
专科疾病防治活动	856	110	16	3	2	4	11	9	6
疾病预防控制及防疫活动	857	203	22	23	5	9	11	12	10
其他卫生活动	859	168	29	8	4	10	10	10	6

梅州市	惠州市	汕尾市	东莞市	中山市	江门市	阳江市	湛江市	茂名市	肇庆市	清远市	潮州市	揭阳市	云浮市
5	2				1	1	2		3	2		3	
2						1	1		1	2			
1	2				1				1			3	
2							1		1				
130	**131**	**38**	**99**	**28**	**89**	**73**	**105**	**105**	**96**	**75**	**88**	**65**	**45**
93	64	26	38	15	47	41	49	79	52	36	57	40	26
5	15	8	13	5	9	4	2	9	15	9	3	1	6
24	28	14	16	6	28	26	40	62	20	20	29	34	12
64	21	4	9	4	10	11	7	8	17	7	25	5	8
17	45	5	18	8	20	21	26	13	27	15	18	15	5
6	5	1	5		1	2	5	3	14	10	3	5	
11	40	4	13	8	19	19	21	10	13	5	15	10	5
20	22	7	43	5	22	11	30	13	17	24	13	10	14
5	8	4	28	2	10	4	12	6	5	10	2	4	6
5	5	2	4	3	5	2	5	4	6	7	3	3	1
10	9	1	11		7	5	13	3	6	7	8	3	7
9	**13**	**9**	**22**	**5**	**25**	**9**	**9**	**6**	**21**	**8**	**16**	**15**	**7**
9	5	9	6	4	16	5	6	5	15	6	12	13	5
	1										1	1	
				1	3								
	1								2				
					1								
7	3	8	3	3	7	4	5	4	12	3	4	10	5
2		1	3		5	1	1	1	1	3	7	2	
	8		16	1	9	4	3	1	6	2	4	2	2
						2	1		2	2			
	6			1			1				1		1
	2		16		9	2	1	1	4		3	2	1
544	**728**	**747**	**391**	**335**	**901**	**581**	**2277**	**1839**	**908**	**623**	**892**	**1400**	**451**
544	728	747	391	335	901	581	2277	1839	908	623	892	1400	451
22	30	7	64	64	51	10	43	21	42	26	11	35	8
174	487	595	204	178	569	452	1873	1482	643	391	711	1057	299
279	167	131	77	82	247	101	320	301	164	163	136	269	116
18	10	5	22	5	10	7	10	6	13	5	4	7	5
51	34	9	24	6	24	11	31	29	46	38	30	32	23
307	**210**	**101**	**125**	**62**	**185**	**104**	**249**	**244**	**220**	**190**	**158**	**151**	**134**
261	168	85	96	50	163	93	226	204	188	160	131	111	116
28	31	14	35	17	30	22	54	31	36	33	17	47	15
131	78	49	31	7	72	48	99	113	101	73	47	31	56
15	8	2	6	14	16	4	7	2	7	9	6	2	14
49	27	5	15	3	16	7	31	31	15	15	43	5	8
7	3	4		2	6	5	6	5	6	6	4	5	4
6	6	2			4	1	8	4	8	7	2	5	6
9	10	6	3	4	12	4	11	12	9	11	5	10	5
16	5	3	6	3	7	2	10	6	6	6	7	6	8

3-3 续表 4

行业	代码	事业法人单位数(个)	广州市	深圳市	珠海市	汕头市	佛山市	韶关市	河源市
社会保障业	86	255	64	3	7	27	5	23	8
社会保障业	860	255	64	3	7	27	5	23	8
社会福利业	87	539	96	25	19	26	57	20	26
提供住宿的社会福利	871	410	68	17	17	13	45	16	22
不提供住宿的社会福利	872	129	28	8	2	13	12	4	4
文化、体育和娱乐业	**R**	**1713**	**299**	**95**	**41**	**84**	**112**	**74**	**57**
新闻出版业	88	129	43	2	2	4	4	3	6
新闻业	881	40	13			3			2
出版业	882	89	30	2	2	1	4	3	4
广播、电视、电影和音像业	89	272	33	5	2	11	12	14	8
广播	891	55	11		1	2	1	2	3
电视	892	114	14	3	1	4	3	7	3
电影	893	96	5	2		5	6	5	2
音像制作	894	7	3				2		
文化艺术业	90	1037	159	64	31	54	76	43	36
文艺创作与表演	901	137	26	6	3	11	7	8	5
艺术表演场馆	902	16	1	2				1	2
图书馆与档案馆	903	224	23	12	7	14	15	11	10
文物及文化保护	904	50	7	7		4	2	1	2
博物馆	905	124	22	9	3	3	10	7	6
烈士陵园、纪念馆	906	22	5	2	1	1			1
群众文化活动	907	402	63	24	17	15	35	15	10
文化艺术经纪代理	908	11	1			1	1		
其他文化艺术	909	51	11	2		5	6		
体育	91	199	59	20	4	9	15	12	5
体育组织	911	81	24	6		5	1	6	3
体育场馆	912	79	27	10	2	3	10	3	1
其他体育	919	39	8	4	2	1	4	3	1
娱乐业	92	76	5	4	2	6	5	2	2
室内娱乐活动	921	10	1			3			
游乐园	922	3				1	1		
休闲健身娱乐活动	923	13	1	2			1		
其他娱乐活动	929	50	3	2	2	2	3	2	2
公共管理和社会组织	**S**	**7328**	**1254**	**529**	**251**	**309**	**253**	**268**	**221**
中国共产党机关	93	73	12		1			1	1
中国共产党机关	930	73	12		1			1	1
国家机构	94	7246	1242	529	250	309	252	266	220
国家权力机构	941	35	7		3	4			
国家行政机构	942	7027	1175	524	242	291	244	262	210
人民法院和人民检察院	943	14	3	3	3	3			1
其他国家机构	949	170	57	2	2	11	8	4	9
人民政协和民主党派	95	9					1	1	
人民政协	951	1					1		
民主党派	952	8						1	

梅州市	惠州市	汕尾市	东莞市	中山市	江门市	阳江市	湛江市	茂名市	肇庆市	清远市	潮州市	揭阳市	云浮市
22	7	5	2	1	9	3	4	2	15	12	12	19	5
22	7	5	2	1	9	3	4	2	15	12	12	19	5
24	35	11	27	11	13	8	19	38	17	18	15	21	13
20	26	8	21	9	11	6	16	35	13	12	10	13	12
4	9	3	6	2	2	2	3	3	4	6	5	8	1
138	**79**	**38**	**62**	**30**	**87**	**32**	**99**	**56**	**84**	**65**	**73**	**63**	**45**
4	3	3	6	1	6	5	12	2	8	9	1	1	4
	1	2			1	3	6	1	1	5			2
4	2	1	6	1	5	2	6	1	7	4	1	1	2
16	18	8	14	10	18	6	18	11	21	8	7	24	8
1	3	1	7	2	7	1	1	4		1	1	5	1
8	7	2	6	6	6	4	4	4	16	4	3	6	3
7	7	5	1	2	4	1	13	3	5	3	3	13	4
	1				1								
102	54	23	31	13	49	18	49	34	47	35	56	34	29
11	4	5	3		8	2	8	10	7	5	1	4	3
5	1		1					1		1		1	
17	14	6	5	3	12	6	14	7	15	10	7	9	7
4	1	2	1		1	4	1	1	3		5	4	
8	5	2	7	3	8	1	4	4	6	5	5	2	4
3		4		2								1	2
49	28	4	10	5	18	3	18	10	13	13	34	8	10
					1	1	1		1		1		3
5	1		4		1	1	3	1	2	1	3	5	
13	1	2	9	4	7	1	11	5	7	7	6		2
7		2	4	2	3	1	3	2	5	5	1		1
2	1		3	1	4		6	2	1	1	2		
4			2	1			2	1	1	1	3		1
3	3	2	2	2	7	2	9	4	1	6	3	4	2
					2	1	2			1			
							1						
						1	3	2		1		1	1
3	3	2	2	2	5		3	2	1	4	3	3	1
352	**330**	**141**	**365**	**274**	**409**	**153**	**287**	**315**	**313**	**342**	**285**	**370**	**307**
7	1	6	7	2	7	3	4	2	9	5	1	1	3
7	1	6	7	2	7	3	4	2	9	5	1	1	3
341	329	133	358	272	402	149	283	313	304	337	284	369	304
1	1		2		9		3		1	1		1	2
334	325	132	350	267	391	130	274	312	279	336	283	368	298
		1											
6	3		6	5	2	19	6	1	24		1		4
4		2				1							
4		2				1							

3-4 按行业(中类)、地区分组的

行业	代码	就业人数(人)							
			广州市	深圳市	珠海市	汕头市	佛山市	韶关市	河源市
总　计		**2041932**	**385152**	**152944**	**40635**	**95661**	**127605**	**75100**	**62943**
农、林、牧、渔业	A	**2398**							**274**
农业	01	20							
水果、坚果、饮料和香料作物的种植	013	20							
林业	02	2200							207
林木的培育和种植	021	599							207
林产品的采集	023	1601							
农、林、牧、渔服务业	05	178							67
农业服务业	051	9							
林业服务业	052	155							67
畜牧服务业	053	14							
采矿业	B	**110**							
非金属矿采选业	10	110							
土砂石开采	101	110							
制造业	C	**313**		**138**		**94**			
化学原料及化学制品制造业	26	138		138					
专用化学产品制造	266	138		138					
通用设备制造业	35	175				94			
泵、阀门、压缩机及类似机械的制造	354	81							
风机、衡器、包装设备等通用设备制造	357	94				94			
电力、燃气及水的生产和供应业	D	**2613**		**25**			**629**	**17**	
电力、热力的生产和供应业	44	1176							
电力生产	441	1176							
燃气生产和供应业	45	16							
燃气生产和供应业	450	16							
水的生产和供应业	46	1421		25			629	17	
自来水的生产和供应	461	1201					629		
污水处理及其再生利用	462	220		25				17	
交通运输、仓储和邮政业	F	**20578**	**16**	**678**	**323**	**787**	**641**	**630**	**3223**
铁路运输业	51	11							
铁路运输辅助活动	513	11							
道路运输业	52	18039		660	96	538	462	397	3202
公路旅客运输	521	65				45			
道路货物运输	522	44							34
道路运输辅助活动	523	17930		660	96	493	462	397	3168
城市公共交通业	53	225				208			
出租车客运	533	12							
城市轮渡	534	208				208			
其他城市公共交通	539	5							
水上运输业	54	713			14		127		
水上旅客运输	541	13							
水上货物运输	542	14							
水上运输辅助活动	543	686			14		127		

事业法人单位就业人数

梅州市	惠州市	汕尾市	东莞市	中山市	江门市	阳江市	湛江市	茂名市	肇庆市	清远市	潮州市	揭阳市	云浮市
96547	**85913**	**48890**	**85604**	**48940**	**78059**	**50319**	**152574**	**129557**	**79054**	**67805**	**46669**	**86021**	**45940**
	259					**25**	**9**	**1675**		**156**			
										20			
										20			
	182							1675		136			
	182							74		136			
								1601					
	77					25	9						
							9						
	77					11							
						14							
	110												
	110												
	110												
									81				
									81				
									81				
97	**465**	**314**		**17**	**45**			**121**	**80**	**26**	**303**	**214**	**260**
	465				45				37	3	303	214	109
	465				45				37	3	303	214	109
									16				
									16				
97		314		17				121	27	23			151
97		288						36					151
		26		17				85	27	23			
1224	**1773**	**525**	**1614**		**514**	**492**	**1428**	**664**	**2097**	**1303**	**879**	**635**	**1132**
	11												
	11												
1087	1512	512	1267		478	408	1176	640	1896	1303	808	584	1013
									5	15			
												10	
1087	1512	512	1267		478	408	1176	640	1891	1288	808	574	1013
5			12										
			12										
5													
7	211				18	53	56	24	94		59	31	19
									13				
							14						
7	211				18	53	42	24	81		59	31	19

3-4 续表 1

行　　业	代码	就业人数（人）	广州市	深圳市	珠海市	汕头市	佛山市	韶关市	河源市
航空运输业	55	324			213				
航空运输辅助活动	553	324			213				
装卸搬运和其他运输服务业	57	90					27		
运输代理服务	572	90					27		
仓储业	58	1176	16	18		41	25	233	21
谷物、棉花等农产品仓储	581	924				41	25	47	21
其他仓储	589	252	16	18				186	
信息传输、计算机服务和软件业	**G**	**6106**	**503**	**499**	**171**	**194**	**17**	**38**	**207**
电信和其他信息传输服务业	60	5311	191	282	124	181	12	35	170
电信	601	13							
互联网信息服务	602	283	11	134		8	10	3	11
广播电视传输服务	603	4907	180	99	124	173	2	32	159
卫星传输服务	604	108		49					
计算机服务业	61	716	312	190		11	5	3	37
计算机系统服务	611	289	32	183		11		3	
数据处理	612	28	10						8
计算机维修	613	205	198	7					
其他计算机服务	619	194	72				5		29
软件业	62	79		27	47	2			
公共软件服务	621	60		13	47				
其他软件服务	629	19		14		2			
批发和零售业	**H**	**544**				**70**			
批发业	63	240				70			
食品、饮料及烟草制品批发	632	57							
文化、体育用品及器材批发	634	183				70			
零售业	65	304							
综合零售	651	42							
食品、饮料及烟草制品专门零售	652	5							
文化、体育用品及器材专门零售	654	222							
家用电器及电子产品专门零售	657	35							
住宿和餐饮业	**I**	**2462**		**847**		**353**	**186**	**119**	
住宿业	66	2039		653		353	186	119	
旅游饭店	661	1638		576		349	186	119	
一般旅馆	662	337		13		4			
其他住宿服务	669	64		64					
餐饮业	67	423		194					
正餐服务	671	379		150					
快餐服务	672	44		44					
金融业	**J**	**1943**		**411**		**212**	**6**	**425**	**54**
银行业	68	1410		106		94		422	54
中央银行	681	1224		106		57		422	54
商业银行	682	80							
其他银行	689	106				37			
证券业	69	126		118		8			
证券市场管理	691	126		118		8			

梅州市	惠州市	汕尾市	东莞市	中山市	江门市	阳江市	湛江市	茂名市	肇庆市	清远市	潮州市	揭阳市	云浮市
							111						
							111						
	5												58
	5												58
125	34	13	335		18	31	85		107		12	20	42
125	31	13	335		18	31	85		107		12		33
	3											20	9
165	**40**	**330**	**1042**	**160**	**571**	**191**	**466**	**495**	**431**	**313**	**214**	**59**	
128	40	330	981	160	571	191	458	490	414	311	203	39	
								13					
	30				17		18		41				
128	10	330	981	160	534	191	410	477	364	311	203	39	
					20		30		9				
34			61				8	5	17	2	11	20	
			9				8	5	17		11	10	
2										2		6	
32			52									4	
3													
3													
	142	**24**	**42**						**26**			**133**	**107**
	37											133	
	37											20	
												113	
	105	24	42						26				107
			42										
	5												
	65	24							26				107
	35												
38	**68**	**136**				**18**	**78**	**20**	**243**	**121**		**163**	**72**
	28	136				18	78	20	213			163	72
		130				18	27	20	50			163	
	28	6					51		163				72
38	40								30	121			
38	40								30	121			
		69	**274**		**5**	**312**		**58**	**11**		**40**	**5**	**61**
		69	208			312		58			39		48
			208			232		58			39		48
						80							
		69											

3-4 续表 2

行业	代码	就业人数(人)							
			广州市	深圳市	珠海市	汕头市	佛山市	韶关市	河源市
保险业	70	56		56					
保险辅助服务	703	56		56					
其他金融活动	71	351		131		110	6	3	
金融信托与管理	711	44				38	6		
财务公司	713	13							
典当	715	5							
其他未列明的金融活动	719	289		131		72		3	
房地产业	**K**	**3959**	**6**	**663**		**274**	**430**	**408**	**751**
房地产业	72	3959	6	663		274	430	408	751
房地产开发经营	721	251		51					175
物业管理	722	1298		226		88	78	172	358
房地产中介服务	723	545		96		3	18	52	48
其他房地产活动	729	1865	6	290		183	334	184	170
租赁和商务服务业	**L**	**41880**	**5789**	**2980**	**220**	**1563**	**5562**	**1088**	**1028**
租赁业	73	12						12	
文化及日用品出租	732	12						12	
商务服务业	74	41868	5789	2980	220	1563	5562	1076	1028
企业管理服务	741	20650	3258	1384	140	404	4770	543	543
法律服务	742	2092	438	416	33	102	140	106	7
咨询与调查	743	2265	466	219	30	31	201	33	40
广告业	744	111	6	11					
知识产权服务	745	78	53	7		3	3		
职业中介服务	746	3907	598	589	17	129	383	90	130
市场管理	747	10287	267	221		848	35	248	208
旅行社	748	163	38						7
其他商务服务	749	2315	665	133		46	30	56	93
科学研究、技术服务和地质勘查业	**M**	**71472**	**26924**	**4576**	**801**	**3457**	**3218**	**3596**	**1619**
研究与试验发展	75	18627	9800	1223	148	1464	212	720	119
自然科学研究与试验发展	751	2750	1972	314		12	25	159	
工程和技术研究与试验发展	752	4976	3692	563	3	23		189	
农业科学研究与试验发展	753	7739	2748	201	130	106	130	367	119
医学研究与试验发展	754	2299	907	5	14	1277	13	5	
社会人文科学研究与试验发展	755	863	481	140	1	46	44		
专业技术服务业	76	36149	13589	2726	536	1230	2219	1065	1012
气象服务	761	2574	743	45	28	144	151	125	91
地震服务	762	282	11	18		102		6	14
海洋服务	763	2700	2639	19		42			
测绘服务	764	2330	892	75	122	84	100	120	116
技术检测	765	10962	4270	1406	171	180	802	233	155
环境监测	766	2777	1010	185	54	61	177	190	44
工程技术与规划管理	767	13008	3508	906	127	548	963	388	490
其他专业技术服务	769	1516	516	72	34	69	26	3	102
科技交流和推广服务业	77	11070	1585	627	117	382	505	725	178
技术推广服务	771	9008	947	313	93	165	318	641	164
科技中介服务	772	1183	356	314		61	42	62	3
其他科技服务	779	879	282		24	156	145	22	11

梅州市	惠州市	汕尾市	东莞市	中山市	江门市	阳江市	湛江市	茂名市	肇庆市	清远市	潮州市	揭阳市	云浮市
			66		5				11		1	5	13
													13
												5	
			66		5				11		1		
400	**174**	**283**	**75**		**122**	**25**	**48**	**26**	**20**	**55**	**8**	**96**	**95**
400	174	283	75		122	25	48	26	20	55	8	96	95
						25							
158	5	196	5				4				8		
110		87	3		3			21				9	95
132	169		67		119		44	5	20	55		87	
2053	**2735**	**809**	**2573**	**2151**	**1285**	**547**	**3507**	**2438**	**1475**	**569**	**969**	**1648**	**891**
2053	2735	809	2573	2151	1285	547	3507	2438	1475	569	969	1648	891
1177	679	620	1094	1809	341	144	1169	482	484	213	107	1048	241
153	85	16	221	75	107	31	13	45	26	1	27	48	2
142	116	3	617	90	59	9	26	35	44	29	55	13	7
	6								74	14			
	5				4							1	2
183	402	41	515	26	58	27	73	266	60	108	85	84	43
292	1374	102	15	6	566	326	2092	1532	598	204	558	454	341
14		27			19		28		23				7
92	68		111	145	131	10	106	78	166		137		248
3122	**3649**	**818**	**2850**	**677**	**1375**	**1067**	**3510**	**2255**	**2641**	**1754**	**1210**	**1678**	**675**
503	541	193	573	34	169	66	1220	308	577	348	71	260	78
24	2		126		20		21	38	17	1		10	9
57	76	186	85	5	7	49		3		3	24		11
394	387	4	334		142	17	1184	254	537	342	35	250	58
28			28				7		15				
	76	3		29			8	13	8	2	12		
1295	1861	453	1914	595	836	692	1203	968	1062	655	781	1033	424
144	131	58	65	60	85	26	118	106	108	156	49	48	93
11	10	6				20	21	12	11		23	17	
115	137	47	73	24	13	13	232	74	44	25	19	5	
326	347	155	915	363	192	282	109	222	179	211	164	173	107
170	119		102	82	83	52	33	133	98	47	29	78	30
455	1057	182	688	66	311	262	615	378	492	200	483	707	182
74	60	5	71		152	37	75	43	130	16	14	5	12
1165	699	172	363	48	173	303	906	979	811	451	358	350	173
1092	668	137	301	45	115	274	892	923	759	373	323	337	128
40	16	17	22	3	19	27	14	31	42	72	29	13	
33	15	18	40		39	2		25	10	6	6		45

3-4 续表 3

行　业	代码	就业人数(人)							
			广州市	深圳市	珠海市	汕头市	佛山市	韶关市	河源市
地质勘查业	78	5626	1950			381	282	1086	310
矿产地质勘查	781	3107	1213			172		939	310
基础地质勘查	782	1758	619			157		142	
地质勘查技术服务	783	761	118			52	282	5	
水利、环境和公共设施管理业	**N**	**104912**	**24926**	**7005**	**4116**	**5169**	**6040**	**3721**	**1970**
水利管理业	79	26698	2486	960	324	1162	1650	740	591
防洪管理	791	5030	833	117	138	37	797	102	84
水资源管理	792	16810	854	716	92	977	365	532	239
其他水利管理	799	4858	799	127	94	148	488	106	268
环境管理业	80	46758	14909	2385	2543	2185	1508	1965	880
自然保护	801	2949	641	326	14	111	33	406	241
环境治理	802	43809	14268	2059	2529	2074	1475	1559	639
公共设施管理业	81	31456	7531	3660	1249	1822	2882	1016	499
市政公共设施管理	811	14946	3263	2453	531	811	2370	390	261
城市绿化管理	812	7096	1242	281	691	500	375	518	152
游览景区管理	813	9414	3026	926	27	511	137	108	86
居民服务和其他服务业	**O**	**13056**	**5214**	**570**	**275**	**189**	**648**	**226**	**152**
居民服务业	82	9580	4349	161	259	171	498	209	101
家庭服务	821	50				6			
托儿所	822	254	98						
理发及美容保健服务	824	330				6			
婚姻服务	826	37	22	4			8		
殡葬服务	827	4528	834	98	241	151	445	209	99
其他居民服务	829	4381	3395	59	18	8	45		2
其他服务业	83	3476	865	409	16	18	150	17	51
修理与维护	831	56					5		
清洁服务	832	1286	503	254			12	3	17
其他未列明的服务	839	2134	362	155	16	18	133	14	34
教育	**P**	**1053028**	**166263**	**56193**	**17049**	**57497**	**60174**	**38793**	**36315**
教育	84	1053028	166263	56193	17049	57497	60174	38793	36315
学前教育	841	32770	6267	4044	792	1178	4096	737	547
初等教育	842	437932	36200	22010	5374	27460	21719	15372	18363
中等教育	843	445950	53845	20917	6915	23427	28703	18856	16175
高等教育	844	109963	63346	7032	3460	2851	3765	2710	879
其他教育	849	26413	6605	2190	508	2581	1891	1118	351
卫生、社会保障和社会福利业	**Q**	**430519**	**95617**	**45253**	**9660**	**15061**	**36767**	**15112**	**10655**
卫生	85	413598	91643	43762	9173	14253	34781	14330	10222
医院	851	277797	74187	36657	5557	10736	26241	9142	3948
卫生院及社区医疗活动	852	81185	7012	1137	1485	2193	4512	2938	4231
门诊部医疗活动	853	7129	1503	260	325	62	610	253	292
计划生育技术服务活动	854	5671	577	656	305	127	299	121	132
妇幼保健活动	855	17507	2044	2468	1089	239	1512	749	938
专科疾病防治活动	856	8350	3628	359	60	174	833	337	118
疾病预防控制及防疫活动	857	12040	1819	1763	275	450	545	556	479
其他卫生活动	859	3919	873	462	77	272	229	234	84

梅州市	惠州市	汕尾市	东莞市	中山市	江门市	阳江市	湛江市	茂名市	肇庆市	清远市	潮州市	揭阳市	云浮市
159	548				197	6	181		191	300		35	
7						6	24		136	300			
14	548				197				46			35	
138							157		9				
5213	**4733**	**1819**	**4481**	**1454**	**4467**	**2689**	**7487**	**6974**	**2796**	**3575**	**2658**	**2870**	**749**
2062	1488	1432	943	620	1169	887	2408	2389	833	1006	1510	1786	252
101	353	549	275	334	188	116	45	244	259	234	83	70	71
1391	892	815	437	226	854	601	2256	1832	306	677	924	1680	144
570	243	68	231	60	127	170	107	313	268	95	503	36	37
2147	2374	238	1000	707	2294	1306	2942	3091	1116	1673	594	583	318
105	58	22	190		6	17	77	133	216	198	18	137	
2042	2316	216	810	707	2288	1289	2865	2958	900	1475	576	446	318
1004	871	149	2538	127	1004	496	2137	1494	847	896	554	501	179
371	194	61	1500	44	171	222	789	659	187	351	29	187	102
263	229	78	97	83	361	139	465	470	476	341	112	219	4
370	448	10	941		472	135	883	365	184	204	413	95	73
211	**467**	**166**	**1251**	**131**	**1035**	**292**	**286**	**152**	**462**	**160**	**651**	**255**	**263**
211	406	166	177	125	906	189	227	147	416	145	309	244	164
	20										18	6	
				20	136								
	179								145				
					3								
205	207	158	130	105	175	187	207	138	265	130	150	230	164
6		8	47		592	2	20	9	6	15	141	8	
	61		1074	6	129	103	59	5	46	15	342	11	99
						8	8		20	15			
	34			6			34				327		96
	27		1074		129	95	17	5	26		15	11	3
55285	**39921**	**29610**	**33073**	**27578**	**42595**	**26895**	**94948**	**75883**	**41914**	**39465**	**26045**	**59543**	**27989**
55285	39921	29610	33073	27578	42595	26895	94948	75883	41914	39465	26045	59543	27989
754	1098	260	2602	1987	1843	510	1771	938	1186	771	321	769	299
25041	18928	16799	12663	9534	16873	13746	49805	33902	18208	16682	12282	33020	13951
27106	17885	11864	13218	12354	22216	11504	36063	37881	19833	17268	12228	24754	12938
1788	1094	522	3676	3421	997	947	6490	2444	2011	699	939	495	397
596	916	165	914	282	666	188	819	718	676	4045	275	505	404
17123	**18310**	**7719**	**24126**	**6379**	**16811**	**9572**	**26961**	**21434**	**17675**	**11227**	**7741**	**9110**	**8206**
16492	17343	7546	23565	5969	16421	9240	26159	20798	17211	10615	7510	8541	8024
8007	9533	2802	18456	4302	9886	4518	14169	10943	10006	6069	3715	4952	3971
5362	5920	3711	3379	1288	4608	3441	8926	6954	4611	2418	2415	2305	2339
852	196	95	966	98	345	131	213	18	124	110	180	23	473
688	208	84	270	84	194	206	424	503	171	195	255	78	94
646	500	356		66	561	480	1103	1152	1034	788	549	558	675
259	288	82			184	8	421	397	433	371	62	106	230
480	591	359	257	45	535	385	753	665	613	558	276	450	186
198	107	57	237	86	108	71	150	166	219	106	58	69	56

3-4 续表 4

行业	代码	就业人数(人)	广州市	深圳市	珠海市	汕头市	佛山市	韶关市	河源市
社会保障业	86	5307	1495	27	249	361	81	412	271
社会保障业	860	5307	1495	27	249	361	81	412	271
社会福利业	87	11614	2479	1464	238	447	1905	370	162
提供住宿的社会福利	871	9616	2035	1154	231	147	1726	315	123
不提供住宿的社会福利	872	1998	444	310	7	300	179	55	39
文化、体育和娱乐业	**R**	**67349**	**19842**	**4135**	**1734**	**2585**	**3959**	**3290**	**1751**
新闻出版业	88	7717	781	80	653	51	800	284	207
新闻业	881	1020	196			34			8
出版业	882	6697	585	80	653	17	800	284	199
广播、电视、电影和音像业	89	25210	6079	646	434	1147	908	1377	977
广播	891	5933	1990		25	787	325	100	231
电视	892	16484	3930	614	409	232	375	1192	592
电影	893	2577	68	32		128	101	85	154
音像制作	894	216	91				107		
文化艺术业	90	21462	5893	2459	381	1062	1606	605	484
文艺创作与表演	901	5313	1940	244	74	431	129	220	162
艺术表演场馆	902	449	113	70				13	43
图书馆与档案馆	903	5114	1287	680	100	185	542	146	101
文物及文化保护	904	839	161	79		29	124	2	19
博物馆	905	2884	931	250	62	26	237	100	52
烈士陵园、纪念馆	906	665	332	71	8	6			8
群众文化活动	907	5400	817	1010	137	346	512	124	99
文化艺术经纪代理	908	139	68			19	10		
其他文化艺术	909	659	244	55		20	52		
体育	91	10771	6890	874	235	255	540	109	60
体育组织	911	6450	5116	497		105	75	38	42
体育场馆	912	3190	1579	294	146	141	319	36	7
其他体育	919	1131	195	83	89	9	146	35	11
娱乐业	92	2189	199	76	31	70	105	915	23
室内娱乐活动	921	181	57			8			
游乐园	922	126				22	37		
休闲健身娱乐活动	923	311	28	38			25		
其他娱乐活动	929	1571	114	38	31	40	43	915	23
公共管理和社会组织	**S**	**218690**	**40052**	**28971**	**6286**	**8156**	**9328**	**7637**	**4944**
中国共产党机关	93	863	137		3			2	13
中国共产党机关	930	863	137		3			2	13
国家机构	94	217724	39915	28971	6283	8156	9276	7598	4931
国家权力机构	941	1309	428		16	485			
国家行政机构	942	208901	37724	27340	5679	6830	9136	7508	4646
人民法院和人民检察院	943	1890	140	1003	341	294			52
其他国家机构	949	5624	1623	628	247	547	140	90	233
人民政协和民主党派	95	103					52	37	
人民政协	951	52					52		
民主党派	952	51						37	

梅州市	惠州市	汕尾市	东莞市	中山市	江门市	阳江市	湛江市	茂名市	肇庆市	清远市	潮州市	揭阳市	云浮市
275	305	50	12	5	124	116	466	109	242	254	61	297	95
275	305	50	12	5	124	116	466	109	242	254	61	297	95
356	662	123	549	405	266	216	336	527	222	358	170	272	87
339	493	91	495	309	260	207	300	506	213	308	115	165	84
17	169	32	54	96	6	9	36	21	9	50	55	107	3
2552	**2423**	**1485**	**3231**	**2248**	**1700**	**1287**	**3907**	**2235**	**2033**	**1573**	**1991**	**2402**	**986**
145	57	62	1325	619	314	184	990	368	148	160	174	170	145
	9	57			2	56	425	13	8	147			65
145	48	5	1325	619	312	128	565	355	140	13	174	170	80
1161	1433	850	405	746	713	794	1539	1047	1053	833	1087	1468	513
123	78	407	193	77	490	16	171	256		99	8	422	135
873	1138	292	194	621	174	768	971	663	888	707	935	565	351
165	210	151	18	48	38	10	397	128	165	27	144	481	27
	7				11								
1007	869	514	1173	509	516	249	954	678	612	316	578	715	282
297	162	204	132		75	26	354	304	135	98	71	202	53
69	26		6					13		20		76	
188	281	80	232	118	152	110	177	135	165	95	69	188	83
23	11	84	44		6	47	61	4	18		74	53	
65	97	27	368	205	80	9	86	41	84	25	84	28	27
88		79		50								16	7
229	289	40	255	136	195	46	253	176	200	75	257	112	92
					4	5	8		4		1		20
48	3		136		4	6	15	5	6	3	22	40	
212	46	31	292	339	75	11	238	88	217	91	135		33
98		31	137	17	43	11	37	9	99	58	22		15
16	46		117	111	32		153	67	40	26	60		
98			38	211			48	12	78	7	53		18
27	18	28	36	35	82	49	186	54	3	173	17	49	13
					22	41	50			3			
							67						
						8	46	29		130		4	3
27	18	28	36	35	60		23	25	3	40	17	45	10
9064	**10644**	**4783**	**10972**	**8145**	**7534**	**6907**	**9939**	**15127**	**7069**	**7508**	**3960**	**7210**	**4454**
103	7	33	28	7	122	27	62	25	93	34	150	6	11
103	7	33	28	7	122	27	62	25	93	34	150	6	11
8951	10637	4747	10944	8138	7412	6879	9877	15102	6976	7474	3810	7204	4443
122	3		6		163		18		6	3		1	58
8675	10500	4687	10896	7791	6966	6398	9592	15092	6770	7471	3794	7203	4203
		60											
154	134		42	347	283	481	267	10	200		16		182
10		3				1							
10		3				1							

3-5 按地区、学历分组的事业法人单位数及就业人数

地区	事业法人单位数(个)	就业人数(人)	具有研究生及以上学历人员	具有大学本科学历人员	具有大专学历人员	具有高中学历人员	具有初中及以下学历人员
总计	**39340**	**2041932**	**79110**	**581290**	**698831**	**481995**	**200706**
广州市	4987	385152	41782	147939	92397	65879	37155
深圳市	1676	152944	12427	55671	38272	36764	9810
珠海市	752	40635	2724	15432	9876	8090	4513
汕头市	2015	95661	1361	20889	39620	25085	8706
佛山市	2064	127605	3890	48263	33258	24726	17468
韶关市	1365	75100	935	17326	25810	20616	10413
河源市	1641	62943	286	11852	27632	18297	4876
梅州市	1994	96547	915	22697	38415	27845	6675
惠州市	1807	85913	1252	18675	31243	25155	9588
汕尾市	1180	48890	189	7474	20707	14420	6100
东莞市	1363	85604	2784	29818	22024	18202	12776
中山市	804	48940	2439	19861	13296	8474	4870
江门市	1912	78059	1632	26672	24156	16418	9181
阳江市	1071	50319	293	11323	21617	12806	4280
湛江市	3269	152574	2660	32441	66215	39386	11872
茂名市	2824	129557	1276	28932	55894	32568	10887
肇庆市	1962	79054	691	15235	31814	23000	8314
清远市	1495	67805	402	17736	27214	15033	7420
潮州市	1727	46669	606	10705	18601	12091	4666
揭阳市	2287	86021	275	13673	41038	24427	6608
云浮市	1145	45940	291	8676	19732	12713	4528

3-6　按行业(中类)、学历分组的事业法人单位数及就业人数

行　业	代码	事业法人单位数(个)	就业人数(人)	具有研究生及以上学历人员	具有大学本科学历人员	具有大专学历人员	具有高中学历人员	具有初中及以下学历人员
总　计		**39340**	**2041932**	**79110**	**581290**	**698831**	**481995**	**200706**
农、林、牧、渔业	**A**	**14**	**2398**	**28**	**115**	**359**	**739**	**1157**
农业	01	1	20			5	8	7
水果、坚果、饮料和香料作物的种植	013	1	20			5	8	7
林业	02	8	2200	28	110	320	661	1081
林木的培育和种植	021	7	599	3	21	104	234	237
林产品的采集	023	1	1601	25	89	216	427	844
农、林、牧、渔服务业	05	5	178		5	34	70	69
农业服务业	051	1	9			1	8	
林业服务业	052	3	155		3	30	56	66
畜牧服务业	053	1	14		2	3	6	3
采矿业	**B**	**1**	**110**		**2**	**14**	**12**	**82**
非金属矿采选业	10	1	110		2	14	12	82
土砂石开采	101	1	110		2	14	12	82
制造业	**C**	**3**	**313**	**2**	**50**	**50**	**77**	**134**
化学原料及化学制品制造业	26	1	138		4	30	30	74
专用化学产品制造	266	1	138		4	30	30	74
通用设备制造业	35	2	175	2	46	20	47	60
泵、阀门、压缩机及类似机械的制造	354	1	81		9	11	43	18
风机、衡器、包装设备等通用设备制造	357	1	94	2	37	9	4	42
电力、燃气及水的生产和供应业	**D**	**32**	**2613**	**7**	**199**	**567**	**1045**	**795**
电力、热力的生产和供应业	44	17	1176	3	38	198	503	434
电力生产	441	17	1176	3	38	198	503	434
燃气生产和供应业	45	1	16				14	2
燃气生产和供应业	450	1	16				14	2
水的生产和供应业	46	14	1421	4	161	369	528	359
自来水的生产和供应	461	7	1201	4	126	292	453	326
污水处理及其再生利用	462	7	220		35	77	75	33
交通运输、仓储和邮政业	**F**	**342**	**20578**	**42**	**1919**	**5257**	**7191**	**6169**
铁路运输业	51	1	11	2	4	5		
铁路运输辅助活动	513	1	11	2	4	5		
道路运输业	52	244	18039	29	1487	4664	6302	5557
公路旅客运输	521	3	65	2	17	31	15	
道路货物运输	522	2	44		7	32	3	2
道路运输辅助活动	523	239	17930	27	1463	4601	6284	5555
城市公共交通业	53	3	225	1	12	26	94	92
出租车客运	533	1	12	1	2	9		
城市轮渡	534	1	208		5	17	94	92
其他城市公共交通	539	1	5		5			
水上运输业	54	23	713	3	117	168	247	178
水上旅客运输	541	1	13				8	5
水上货物运输	542	1	14		1	3	4	6
水上运输辅助活动	543	21	686	3	116	165	235	167

3-6 续表 1

行　业	代码	事业法人单位数（个）	就业人数（人）	具有研究生及以上学历人员	具有大学本科学历人员	具有大专学历人员	具有高中学历人员	具有初中及以下学历人员
航空运输业	55	3	324	1	192	56	71	4
航空运输辅助活动	553	3	324	1	192	56	71	4
装卸搬运和其他运输服务业	57	6	90	1	6	37	15	31
运输代理服务	572	6	90	1	6	37	15	31
仓储业	58	62	1176	5	101	301	462	307
谷物、棉花等农产品仓储	581	53	924	2	57	207	411	247
其他仓储	589	9	252	3	44	94	51	60
信息传输、计算机服务和软件业	**G**	**172**	**6106**	**140**	**1598**	**2225**	**1443**	**700**
电信和其他信息传输服务业	60	129	5311	84	1245	1931	1361	690
电信	601	1	13	1		9	2	1
互联网信息服务	602	15	283	13	127	116	26	1
广播电视传输服务	603	107	4907	65	1092	1748	1317	685
卫星传输服务	604	6	108	5	26	58	16	3
计算机服务业	61	37	716	51	321	257	78	9
计算机系统服务	611	14	289	11	101	147	28	2
数据处理	612	5	28		10	8	10	
计算机维修	613	5	205	29	121	34	18	3
其他计算机服务	619	13	194	11	89	68	22	4
软件业	62	6	79	5	32	37	4	1
公共软件服务	621	3	60	4	28	23	4	1
其他软件服务	629	3	19	1	4	14		
批发和零售业	**H**	**13**	**544**	**3**	**5**	**104**	**271**	**161**
批发业	63	5	240		5	34	136	65
食品、饮料及烟草制品批发	632	3	57		5	18	11	23
文化、体育用品及器材批发	634	2	183			16	125	42
零售业	65	8	304	3		70	135	96
综合零售	651	1	42			8	7	27
食品、饮料及烟草制品专门零售	652	1	5			1	3	1
文化、体育用品及器材专门零售	654	5	222	3		31	120	68
家用电器及电子产品专门零售	657	1	35			30	5	
住宿和餐饮业	**I**	**35**	**2462**	**2**	**87**	**261**	**1143**	**969**
住宿业	66	28	2039	2	64	197	921	855
旅游饭店	661	15	1638	2	55	151	728	702
一般旅馆	662	12	337		5	38	141	153
其他住宿服务	669	1	64		4	8	52	
餐饮业	67	7	423		23	64	222	114
正餐服务	671	6	379		22	58	194	105
快餐服务	672	1	44		1	6	28	9
金融业	**J**	**30**	**1943**	**258**	**843**	**542**	**203**	**97**
银行业	68	13	1410	93	651	410	168	88
中央银行	681	10	1224	91	538	353	154	88
商业银行	682	1	80		64	16		
其他银行	689	2	106	2	49	41	14	
证券业	69	2	126	85	30	7	4	
证券市场管理	691	2	126	85	30	7	4	

3-6　续表 2

行　业	代码	事业法人单位数(个)	就业人数(人)	具有研究生及以上学历人员	具有大学本科学历人员	具有大专学历人员	具有高中学历人员	具有初中及以下学历人员
保险业	70	1	56	41	8	2	5	
保险辅助服务	703	1	56	41	8	2	5	
其他金融活动	71	14	351	39	154	123	26	9
金融信托与管理	711	3	44	3	27	10	3	1
财务公司	713	1	13			13		
典当	715	1	5			4	1	
其他未列明的金融活动	719	9	289	36	127	96	22	8
房地产业	**K**	**160**	**3959**	**34**	**411**	**1169**	**1662**	**683**
房地产业	72	160	3959	34	411	1169	1662	683
房地产开发经营	721	5	251	4	31	45	164	7
物业管理	722	31	1298	2	57	337	539	363
房地产中介服务	723	21	545	10	76	209	201	49
其他房地产活动	729	103	1865	18	247	578	758	264
租赁和商务服务业	**L**	**2031**	**41880**	**802**	**7989**	**12476**	**14029**	**6584**
租赁业	73	1	12		1	5	3	3
文化及日用品出租	732	1	12		1	5	3	3
商务服务业	74	2030	41868	802	7988	12471	14026	6581
企业管理服务	741	1074	20650	361	3375	5668	7637	3609
法律服务	742	234	2092	108	1115	578	197	94
咨询与调查	743	208	2265	109	828	1048	239	41
广告业	744	7	111		26	30	31	24
知识产权服务	745	11	78	11	44	18	5	
职业中介服务	746	262	3907	103	1022	1610	916	256
市场管理	747	124	10287	38	1135	2794	4103	2217
旅行社	748	14	163	8	35	54	44	22
其他商务服务	749	96	2315	64	408	671	854	318
科学研究、技术服务和地质勘查业	**M**	**2661**	**71472**	**6393**	**20464**	**19680**	**16178**	**8757**
研究与试验发展	75	373	18627	3322	4938	3917	3433	3017
自然科学研究与试验发展	751	35	2750	951	805	334	338	322
工程和技术研究与试验发展	752	59	4976	1008	1601	1149	571	647
农业科学研究与试验发展	753	227	7739	598	1400	1637	2166	1938
医学研究与试验发展	754	20	2299	435	841	647	277	99
社会人文科学研究与试验发展	755	32	863	330	291	150	81	11
专业技术服务业	76	1297	36149	2535	12470	11382	6924	2838
气象服务	761	150	2574	196	995	951	346	86
地震服务	762	31	282	31	102	100	36	13
海洋服务	763	16	2700	203	628	548	851	470
测绘服务	764	74	2330	74	688	821	573	174
技术检测	765	326	10962	940	4078	3343	1907	694
环境监测	766	85	2777	217	804	692	461	603
工程技术与规划管理	767	535	13008	704	4759	4448	2449	648
其他专业技术服务	769	80	1516	170	416	479	301	150
科技交流和推广服务业	77	945	11070	427	1825	3299	3760	1759
技术推广服务	771	798	9008	205	1182	2794	3366	1461
科技中介服务	772	89	1183	142	381	298	167	195
其他科技服务	779	58	879	80	262	207	227	103

3-6 续表 3

行业	代码	事业法人单位数(个)	就业人数(人)	具有研究生及以上学历人员	具有大学本科学历人员	具有大专学历人员	具有高中学历人员	具有初中及以下学历人员
地质勘查业	78	46	5626	109	1231	1082	2061	1143
矿产地质勘查	781	24	3107	64	694	545	1110	694
基础地质勘查	782	14	1758	25	365	399	604	365
地质勘查技术服务	783	8	761	20	172	138	347	84
水利、环境和公共设施管理业	**N**	**2035**	**104912**	**1073**	**8685**	**15797**	**34129**	**45228**
水利管理业	79	931	26698	455	2075	5017	10943	8208
防洪管理	791	173	5030	48	495	1043	2068	1376
水资源管理	792	478	16810	180	990	2904	7077	5659
其他水利管理	799	280	4858	227	590	1070	1798	1173
环境管理业	80	571	46758	362	3451	5015	12702	25228
自然保护	801	126	2949	40	333	600	1077	899
环境治理	802	445	43809	322	3118	4415	11625	24329
公共设施管理业	81	533	31456	256	3159	5765	10484	11792
市政公共设施管理	811	241	14946	106	1681	3142	4358	5659
城市绿化管理	812	107	7096	84	640	1107	2037	3228
游览景区管理	813	185	9414	66	838	1516	4089	2905
居民服务和其他服务业	**O**	**460**	**13056**	**76**	**1243**	**3088**	**4221**	**4428**
居民服务业	82	326	9580	54	1026	2534	3346	2620
家庭服务	821	5	50	1	17	17	11	4
托儿所	822	9	254	2	18	74	119	41
理发及美容保健服务	824	4	330		99	210	19	2
婚姻服务	826	5	37		9	19	9	
殡葬服务	827	140	4528	23	291	847	1818	1549
其他居民服务	829	163	4381	28	592	1367	1370	1024
其他服务业	83	134	3476	22	217	554	875	1808
修理与维护	831	8	56		4	24	21	7
清洁服务	832	51	1286	7	42	123	321	793
其他未列明的服务	839	75	2134	15	171	407	533	1008
教育	**P**	**18207**	**1053028**	**47685**	**383079**	**417895**	**161638**	**42731**
教育	84	18207	1053028	47685	383079	417895	161638	42731
学前教育	841	879	32770	132	4173	12222	11697	4546
初等教育	842	12322	437932	1653	78126	241481	102939	13733
中等教育	843	3948	445950	8421	246879	141820	32790	16040
高等教育	844	334	109963	35904	43717	13688	9678	6976
其他教育	849	724	26413	1575	10184	8684	4534	1436
卫生、社会保障和社会福利业	**Q**	**4103**	**430519**	**15746**	**86845**	**127366**	**156243**	**44319**
卫生	85	3309	413598	15621	84331	122326	150794	40526
医院	851	780	277797	13674	66274	82372	89708	25769
卫生院及社区医疗活动	852	1320	81185	212	7651	22761	40244	10317
门诊部医疗活动	853	230	7129	60	953	2207	3233	676
计划生育技术服务活动	854	396	5671	73	753	2251	2243	351
妇幼保健活动	855	102	17507	365	3304	5451	7047	1340
专科疾病防治活动	856	110	8350	529	1588	2390	3016	827
疾病预防控制及防疫活动	857	203	12040	555	2840	3627	4064	954
其他卫生活动	859	168	3919	153	968	1267	1239	292

3-6　续表 4

行　　业	代码	事业法人单位数（个）	就业人数（人）	具有研究生及以上学历人员	具有大学本科学历人　员	具有大专学历人　员	具有高中学历人　员	具有初中及以下学历人员
社会保障业	86	255	5307	77	1272	2492	1241	225
社会保障业	860	255	5307	77	1272	2492	1241	225
社会福利业	87	539	11614	48	1242	2548	4208	3568
提供住宿的社会福利	871	410	9616	32	930	1937	3534	3183
不提供住宿的社会福利	872	129	1998	16	312	611	674	385
文化、体育和娱乐业	**R**	**1713**	**67349**	**1592**	**16942**	**21697**	**19313**	**7805**
新闻出版业	88	129	7717	280	2357	2130	2015	935
新闻业	881	40	1020	52	372	332	159	105
出版业	882	89	6697	228	1985	1798	1856	830
广播、电视、电影和音像业	89	272	25210	425	6020	8630	7678	2457
广播	891	55	5933	94	1583	2070	1700	486
电视	892	114	16484	327	4294	6105	4458	1300
电影	893	96	2577		101	398	1430	648
音像制作	894	7	216	4	42	57	90	23
文化艺术业	90	1037	21462	691	4863	6571	6856	2481
文艺创作与表演	901	137	5313	98	799	1234	2261	921
艺术表演场馆	902	16	449	2	82	106	178	81
图书馆与档案馆	903	224	5114	218	1552	1964	1207	173
文物及文化保护	904	50	839	35	168	188	236	212
博物馆	905	124	2884	171	776	841	729	367
烈士陵园、纪念馆	906	22	665	10	89	160	256	150
群众文化活动	907	402	5400	73	1192	1829	1790	516
文化艺术经纪代理	908	11	139	30	38	45	26	
其他文化艺术	909	51	659	54	167	204	173	61
体育	91	199	10771	182	3447	3892	2011	1239
体育组织	911	81	6450	138	2583	2698	605	426
体育场馆	912	79	3190	33	458	773	1190	736
其他体育	919	39	1131	11	406	421	216	77
娱乐业	92	76	2189	14	255	474	753	693
室内娱乐活动	921	10	181	1	19	34	90	37
游乐园	922	3	126		3	16	65	42
休闲健身娱乐活动	923	13	311		30	69	77	135
其他娱乐活动	929	50	1571	13	203	355	521	479
公共管理和社会组织	**S**	**7328**	**218690**	**5227**	**50814**	**70284**	**62458**	**29907**
中国共产党机关	93	73	863	66	268	247	121	161
中国共产党机关	930	73	863	66	268	247	121	161
国家机构	94	7246	217724	5156	50505	69996	62326	29741
国家权力机构	941	35	1309	44	575	414	181	95
国家行政机构	942	7027	208901	4777	47782	67599	60136	28607
人民法院和人民检察院	943	14	1890	165	1009	541	168	7
其他国家机构	949	170	5624	170	1139	1442	1841	1032
人民政协和民主党派	95	9	103	5	41	41	11	5
人民政协	951	1	52	2	14	20	11	5
民主党派	952	8	51	3	27	21		

3-7 按地区、专业技术职称分组的事业法人单位数及就业人数

地区	事业法人单位数（个）	就业人数（人）	#具有高级技术职称人员	#具有中级技术职称人员	#具有初级技术职称人员
总计	**39340**	**2041932**	**128825**	**524837**	**525458**
广州市	4987	385152	35454	81960	94043
深圳市	1676	152944	16877	30967	34366
珠海市	752	40635	3741	9325	10239
汕头市	2015	95661	4421	22421	27822
佛山市	2064	127605	11123	30803	31506
韶关市	1365	75100	4289	25234	17533
河源市	1641	62943	2569	18034	15276
梅州市	1994	96547	4275	31782	29163
惠州市	1807	85913	3716	21682	20751
汕尾市	1180	48890	1658	15383	12706
东莞市	1363	85604	4405	13581	22903
中山市	804	48940	2317	10572	10312
江门市	1912	78059	4171	22168	23535
阳江市	1071	50319	2809	15157	12675
湛江市	3269	152574	8917	37798	40474
茂名市	2824	129557	6133	35898	34775
肇庆市	1962	79054	2788	23622	23004
清远市	1495	67805	3488	24202	17056
潮州市	1727	46669	2389	13763	13124
揭阳市	2287	86021	2131	26463	21633
云浮市	1145	45940	1154	14022	12562

3-8　按行业(中类)、专业技术职称分组的事业法人单位数及就业人数

行　业	代码	事业法人单位数(个)	就业人数(人)	#具有高级技术职称人员	#具有中级技术职称人员	#具有初级技术职称人员
总　计		**39340**	**2041932**	**128825**	**524837**	**525458**
农、林、牧、渔业	A	**14**	**2398**	**37**	**115**	**180**
农业	01	1	20			
水果、坚果、饮料和香料作物的种植	013	1	20			
林业	02	8	2200	37	113	171
林木的培育和种植	021	7	599	1	20	43
林产品的采集	023	1	1601	36	93	128
农、林、牧、渔服务业	05	5	178		2	9
农业服务业	051	1	9			
林业服务业	052	3	155		2	9
畜牧服务业	053	1	14			
采矿业	B	**1**	**110**			
非金属矿采选业	10	1	110			
土砂石开采	101	1	110			
制造业	C	**3**	**313**	**20**	**49**	**47**
化学原料及化学制品制造业	26	1	138	10	20	10
专用化学产品制造	266	1	138	10	20	10
通用设备制造业	35	2	175	10	29	37
泵、阀门、压缩机及类似机械的制造	354	1	81	3	14	7
风机、衡器、包装设备等通用设备制造	357	1	94	7	15	30
电力、燃气及水的生产和供应业	D	**32**	**2613**	**22**	**181**	**355**
电力、热力的生产和供应业	44	17	1176	11	104	127
电力生产	441	17	1176	11	104	127
燃气生产和供应业	45	1	16			
燃气生产和供应业	450	1	16			
水的生产和供应业	46	14	1421	11	77	228
自来水的生产和供应	461	7	1201	10	53	187
污水处理及其再生利用	462	7	220	1	24	41
交通运输、仓储和邮政业	F	**342**	**20578**	**80**	**817**	**1687**
铁路运输业	51	1	11		2	3
铁路运输辅助活动	513	1	11		2	3
道路运输业	52	244	18039	76	617	1317
公路旅客运输	521	3	65		1	1
道路货物运输	522	2	44			3
道路运输辅助活动	523	239	17930	76	616	1313
城市公共交通业	53	3	225		4	26
出租车客运	533	1	12			
城市轮渡	534	1	208		4	26
其他城市公共交通	539	1	5			
水上运输业	54	23	713	2	30	86
水上旅客运输	541	1	13		2	11
水上货物运输	542	1	14			
水上运输辅助活动	543	21	686	2	28	75

3-8 续表 1

行　业	代码	事业法人单位数(个)	就业人数(人)	#具有高级技术职称人员	#具有中级技术职称人员	#具有初级技术职称人员
航空运输业	55	3	324	1	133	101
航空运输辅助活动	553	3	324	1	133	101
装卸搬运和其他运输服务业	57	6	90			5
运输代理服务	572	6	90			5
仓储业	58	62	1176	1	31	149
谷物、棉花等农产品仓储	581	53	924	1	30	121
其他仓储	589	9	252		1	28
信息传输、计算机服务和软件业	**G**	**172**	**6106**	**103**	**450**	**1122**
电信和其他信息传输服务业	60	129	5311	74	297	987
电信	601	1	13			5
互联网信息服务	602	15	283	9	38	42
广播电视传输服务	603	107	4907	56	244	921
卫星传输服务	604	6	108	9	15	19
计算机服务业	61	37	716	29	148	134
计算机系统服务	611	14	289	5	29	26
数据处理	612	5	28		1	4
计算机维修	613	5	205	20	67	79
其他计算机服务	619	13	194	4	51	25
软件业	62	6	79		5	1
公共软件服务	621	3	60		5	1
其他软件服务	629	3	19			
批发和零售业	**H**	**13**	**544**	**6**	**17**	**19**
批发业	63	5	240	6	10	11
食品、饮料及烟草制品批发	632	3	57			1
文化、体育用品及器材批发	634	2	183	6	10	10
零售业	65	8	304		7	8
综合零售	651	1	42			
食品、饮料及烟草制品专门零售	652	1	5			1
文化、体育用品及器材专门零售	654	5	222		7	7
家用电器及电子产品专门零售	657	1	35			
住宿和餐饮业	**I**	**35**	**2462**	**42**	**73**	**34**
住宿业	66	28	2039	24	27	24
旅游饭店	661	15	1638	10	18	9
一般旅馆	662	12	337	7	6	11
其他住宿服务	669	1	64	7	3	4
餐饮业	67	7	423	18	46	10
正餐服务	671	6	379	18	46	10
快餐服务	672	1	44			
金融业	**J**	**30**	**1943**	**99**	**673**	**487**
银行业	68	13	1410	34	534	415
中央银行	681	10	1224	32	494	376
商业银行	682	1	80			
其他银行	689	2	106	2	40	39
证券业	69	2	126	11	18	1
证券市场管理	691	2	126	11	18	1

3-8　续表 2

行　业	代码	事业法人单位数（个）	就业人数（人）	#具有高级技术职称人员	#具有中级技术职称人员	#具有初级技术职称人员
保险业	70	1	56	8	23	1
保险辅助服务	703	1	56	8	23	1
其他金融活动	71	14	351	46	98	70
金融信托与管理	711	3	44			
财务公司	713	1	13			
典当	715	1	5			
其他未列明的金融活动	719	9	289	46	98	70
房地产业	**K**	**160**	**3959**	**56**	**264**	**349**
房地产业	72	160	3959	56	264	349
房地产开发经营	721	5	251	6	24	12
物业管理	722	31	1298	28	69	65
房地产中介服务	723	21	545	18	61	85
其他房地产活动	729	103	1865	4	110	187
租赁和商务服务业	**L**	**2031**	**41880**	**497**	**1630**	**2917**
租赁业	73	1	12	1	1	2
文化及日用品出租	732	1	12	1	1	2
商务服务业	74	2030	41868	496	1629	2915
企业管理服务	741	1074	20650	182	860	1817
法律服务	742	234	2092	54	97	118
咨询与调查	743	208	2265	68	271	382
广告业	744	7	111	5	7	26
知识产权服务	745	11	78	4	4	2
职业中介服务	746	262	3907	91	207	280
市场管理	747	124	10287	8	41	114
旅行社	748	14	163	1	5	15
其他商务服务	749	96	2315	83	137	161
科学研究、技术服务和地质勘查业	**M**	**2661**	**71472**	**6546**	**12296**	**15107**
研究与试验发展	75	373	18627	2754	3142	3160
自然科学研究与试验发展	751	35	2750	612	512	300
工程和技术研究与试验发展	752	59	4976	666	894	981
农业科学研究与试验发展	753	227	7739	647	909	989
医学研究与试验发展	754	20	2299	577	591	787
社会人文科学研究与试验发展	755	32	863	252	236	103
专业技术服务业	76	1297	36149	2922	6776	8418
气象服务	761	150	2574	190	615	1125
地震服务	762	31	282	17	41	60
海洋服务	763	16	2700	225	517	549
测绘服务	764	74	2330	135	313	485
技术检测	765	326	10962	798	1631	2342
环境监测	766	85	2777	195	385	425
工程技术与规划管理	767	535	13008	1153	3015	3131
其他专业技术服务	769	80	1516	209	259	301
科技交流和推广服务业	77	945	11070	445	1451	2098
技术推广服务	771	798	9008	288	1144	1779
科技中介服务	772	89	1183	91	198	159
其他科技服务	779	58	879	66	109	160

3-8 续表 3

行　业	代码	事业法人单位数(个)	就业人数(人)	#具有高级技术职称人员	#具有中级技术职称人员	#具有初级技术职称人员
地质勘查业	78	46	5626	425	927	1431
矿产地质勘查	781	24	3107	218	525	789
基础地质勘查	782	14	1758	138	285	452
地质勘查技术服务	783	8	761	69	117	190
水利、环境和公共设施管理业	**N**	**2035**	**104912**	**1658**	**3484**	**6433**
水利管理业	79	931	26698	604	1473	3140
防洪管理	791	173	5030	87	266	641
水资源管理	792	478	16810	319	822	1818
其他水利管理	799	280	4858	198	385	681
环境管理业	80	571	46758	682	671	985
自然保护	801	126	2949	38	160	289
环境治理	802	445	43809	644	511	696
公共设施管理业	81	533	31456	372	1340	2308
市政公共设施管理	811	241	14946	226	688	1145
城市绿化管理	812	107	7096	82	352	572
游览景区管理	813	185	9414	64	300	591
居民服务和其他服务业	**O**	**460**	**13056**	**50**	**449**	**456**
居民服务业	82	326	9580	34	346	300
家庭服务	821	5	50			2
托儿所	822	9	254		27	13
理发及美容保健服务	824	4	330	8	213	95
婚姻服务	826	5	37		3	1
殡葬服务	827	140	4528	24	68	120
其他居民服务	829	163	4381	2	35	69
其他服务业	83	134	3476	16	103	156
修理与维护	831	8	56	2	5	7
清洁服务	832	51	1286	2	27	56
其他未列明的服务	839	75	2134	12	71	93
教育	**P**	**18207**	**1053028**	**81775**	**412990**	**265237**
教育	84	18207	1053028	81775	412990	265237
学前教育	841	879	32770	773	6836	5740
初等教育	842	12322	437932	18970	208487	108305
中等教育	843	3948	445950	39730	164019	130030
高等教育	844	334	109963	20363	26721	16131
其他教育	849	724	26413	1939	6927	5031
卫生、社会保障和社会福利业	**Q**	**4103**	**430519**	**31476**	**65204**	**196334**
卫生	85	3309	413598	31403	64730	195232
医院	851	780	277797	26621	49321	130068
卫生院及社区医疗活动	852	1320	81185	1282	6689	41554
门诊部医疗活动	853	230	7129	242	947	3421
计划生育技术服务活动	854	396	5671	219	760	1584
妇幼保健活动	855	102	17507	1253	2721	8848
专科疾病防治活动	856	110	8350	610	1568	3549
疾病预防控制及防疫活动	857	203	12040	870	2097	4761
其他卫生活动	859	168	3919	306	627	1447

3-8　续表 4

行　　业	代码	事业法人单位数(个)	就业人数(人)	#具有高级技术职称人员	#具有中级技术职称人员	#具有初级技术职称人员
社会保障业	86	255	5307	15	152	314
社会保障业	860	255	5307	15	152	314
社会福利业	87	539	11614	58	322	788
提供住宿的社会福利	871	410	9616	49	265	678
不提供住宿的社会福利	872	129	1998	9	57	110
文化、体育和娱乐业	**R**	**1713**	**67349**	**1928**	**7061**	**12172**
新闻出版业	88	129	7717	183	895	1139
新闻业	881	40	1020	36	138	212
出版业	882	89	6697	147	757	927
广播、电视、电影和音像业	89	272	25210	562	2782	6100
广播	891	55	5933	181	756	1455
电视	892	114	16484	357	1874	4352
电影	893	96	2577	16	146	287
音像制作	894	7	216	8	6	6
文化艺术业	90	1037	21462	1002	2822	4321
文艺创作与表演	901	137	5313	421	952	1078
艺术表演场馆	902	16	449	14	42	53
图书馆与档案馆	903	224	5114	252	831	1472
文物及文化保护	904	50	839	30	62	145
博物馆	905	124	2884	128	338	626
烈士陵园、纪念馆	906	22	665	4	29	48
群众文化活动	907	402	5400	108	462	811
文化艺术经纪代理	908	11	139		5	19
其他文化艺术	909	51	659	45	101	69
体育	91	199	10771	168	519	533
体育组织	911	81	6450	84	174	198
体育场馆	912	79	3190	37	127	166
其他体育	919	39	1131	47	218	169
娱乐业	92	76	2189	13	43	79
室内娱乐活动	921	10	181		5	4
游乐园	922	3	126	1	3	6
休闲健身娱乐活动	923	13	311	1	2	8
其他娱乐活动	929	50	1571	11	33	61
公共管理和社会组织	**S**	**7328**	**218690**	**4430**	**19084**	**22522**
中国共产党机关	93	73	863	22	46	18
中国共产党机关	930	73	863	22	46	18
国家机构	94	7246	217724	4397	19027	22494
国家权力机构	941	35	1309	106	258	220
国家行政机构	942	7027	208901	4054	18258	21535
人民法院和人民检察院	943	14	1890	78	30	53
其他国家机构	949	170	5624	159	481	686
人民政协和民主党派	95	9	103	11	11	10
人民政协	951	1	52			
民主党派	952	8	51	11	11	10

3-9 按地区、技术等级分组的事业法人单位数及就业人数

地区	事业法人单位数(个)	就业人数(人)	#高级技师	#技师	#高级工	#中级工
总计	**39340**	**2041932**	**4701**	**6612**	**37184**	**39828**
广州市	4987	385152	747	1616	7059	7294
深圳市	1676	152944	338	522	3854	2730
珠海市	752	40635	44	111	692	1108
汕头市	2015	95661	230	244	1234	1690
佛山市	2064	127605	278	630	1656	1606
韶关市	1365	75100	278	350	2166	1802
河源市	1641	62943	127	144	744	1051
梅州市	1994	96547	98	191	2117	2879
惠州市	1807	85913	155	194	1935	2035
汕尾市	1180	48890	38	86	483	1310
东莞市	1363	85604	63	208	879	696
中山市	804	48940	79	515	691	492
江门市	1912	78059	187	222	1664	1498
阳江市	1071	50319	190	127	507	989
湛江市	3269	152574	834	491	3391	2675
茂名市	2824	129557	429	340	2173	2592
肇庆市	1962	79054	216	132	2088	2122
清远市	1495	67805	115	187	1278	1621
潮州市	1727	46669	26	43	670	1173
揭阳市	2287	86021	153	221	1247	1511
云浮市	1145	45940	76	38	656	954

3-10　按行业(中类)、技术等级分组的事业法人单位数及就业人数

行　业	代码	事业法人单位数(个)	就业人数(人)	#高级技师	#技师	#高级工	#中级工
总　计		**39340**	**2041932**	**4701**	**6612**	**37184**	**39828**
农、林、牧、渔业	**A**	**14**	**2398**	**13**	**27**	**134**	**179**
农业	01	1	20				
水果、坚果、饮料和香料作物的种植	013	1	20				
林业	02	8	2200	13	27	134	179
林木的培育和种植	021	7	599		3	58	76
林产品的采集	023	1	1601	13	24	76	103
农、林、牧、渔服务业	05	5	178				
农业服务业	051	1	9				
林业服务业	052	3	155				
畜牧服务业	053	1	14				
采矿业	**B**	**1**	**110**				
非金属矿采选业	10	1	110				
土砂石开采	101	1	110				
制造业	**C**	**3**	**313**	**2**	**51**		**30**
化学原料及化学制品制造业	26	1	138	2	50		
专用化学产品制造	266	1	138	2	50		
通用设备制造业	35	2	175		1		30
泵、阀门、压缩机及类似机械的制造	354	1	81		1		30
风机、衡器、包装设备等通用设备制造	357	1	94				
电力、燃气及水的生产和供应业	**D**	**32**	**2613**		**3**	**307**	**333**
电力、热力的生产和供应业	44	17	1176			199	193
电力生产	441	17	1176			199	193
燃气生产和供应业	45	1	16				
燃气生产和供应业	450	1	16				
水的生产和供应业	46	14	1421		3	108	140
自来水的生产和供应	461	7	1201		2	97	105
污水处理及其再生利用	462	7	220		1	11	35
交通运输、仓储和邮政业	**F**	**342**	**20578**	**14**	**87**	**3073**	**2197**
铁路运输业	51	1	11			1	
铁路运输辅助活动	513	1	11			1	
道路运输业	52	244	18039	13	80	2839	2008
公路旅客运输	521	3	65			1	
道路货物运输	522	2	44			3	3
道路运输辅助活动	523	239	17930	13	80	2835	2005
城市公共交通业	53	3	225		1	53	81
出租车客运	533	1	12				
城市轮渡	534	1	208		1	53	81
其他城市公共交通	539	1	5				
水上运输业	54	23	713			121	48
水上旅客运输	541	1	13				2
水上货物运输	542	1	14				
水上运输辅助活动	543	21	686			121	46

3-10 续表 1

行　　业	代码	事业法人单位数（个）	就业人数（人）				
				#高级技师	#技师	#高级工	#中级工
航空运输业	55	3	324		4	39	9
航空运输辅助活动	553	3	324		4	39	9
装卸搬运和其他运输服务业	57	6	90				9
运输代理服务	572	6	90				9
仓储业	58	62	1176	1	2	20	42
谷物、棉花等农产品仓储	581	53	924	1	2	5	34
其他仓储	589	9	252			15	8
信息传输、计算机服务和软件业	**G**	**172**	**6106**	**2**	**1**	**109**	**205**
电信和其他信息传输服务业	60	129	5311	2	1	99	194
电信	601	1	13			1	
互联网信息服务	602	15	283		1	7	5
广播电视传输服务	603	107	4907	2		83	167
卫星传输服务	604	6	108			8	22
计算机服务业	61	37	716			10	11
计算机系统服务	611	14	289			6	3
数据处理	612	5	28				1
计算机维修	613	5	205			4	5
其他计算机服务	619	13	194				2
软件业	62	6	79				
公共软件服务	621	3	60				
其他软件服务	629	3	19				
批发和零售业	**H**	**13**	**544**			**20**	**25**
批发业	63	5	240			6	9
食品、饮料及烟草制品批发	632	3	57			1	1
文化、体育用品及器材批发	634	2	183			5	8
零售业	65	8	304			14	16
综合零售	651	1	42				
食品、饮料及烟草制品专门零售	652	1	5				
文化、体育用品及器材专门零售	654	5	222			14	16
家用电器及电子产品专门零售	657	1	35				
住宿和餐饮业	**I**	**35**	**2462**	**11**	**13**	**100**	**204**
住宿业	66	28	2039	9	10	75	161
旅游饭店	661	15	1638	1	7	74	145
一般旅馆	662	12	337	1		1	12
其他住宿服务	669	1	64	7	3		4
餐饮业	67	7	423	2	3	25	43
正餐服务	671	6	379	2	3	9	37
快餐服务	672	1	44			16	6
金融业	**J**	**30**	**1943**			**9**	**5**
银行业	68	13	1410				
中央银行	681	10	1224				
商业银行	682	1	80				
其他银行	689	2	106				
证券业	69	2	126			8	1
证券市场管理	691	2	126			8	1

3-10　续表 2

行　　业	代码	事业法人单位数（个）	就业人数（人）	#高级技师	#技师	#高级工	#中级工
保险业	70	1	56				
保险辅助服务	703	1	56				
其他金融活动	71	14	351			1	4
金融信托与管理	711	3	44				
财务公司	713	1	13				
典当	715	1	5				
其他未列明的金融活动	719	9	289			1	4
房地产业	**K**	**160**	**3959**	**1**		**51**	**90**
房地产业	72	160	3959	1		51	90
房地产开发经营	721	5	251			4	2
物业管理	722	31	1298			5	7
房地产中介服务	723	21	545			2	13
其他房地产活动	729	103	1865	1		40	68
租赁和商务服务业	**L**	**2031**	**41880**	**45**	**68**	**1068**	**1160**
租赁业	73	1	12				
文化及日用品出租	732	1	12				
商务服务业	74	2030	41868	45	68	1068	1160
企业管理服务	741	1074	20650	40	40	422	433
法律服务	742	234	2092			12	18
咨询与调查	743	208	2265	1		24	28
广告业	744	7	111			13	10
知识产权服务	745	11	78				
职业中介服务	746	262	3907	4	18	101	180
市场管理	747	124	10287		2	428	441
旅行社	748	14	163			5	4
其他商务服务	749	96	2315		8	63	46
科学研究、技术服务和地质勘查业	**M**	**2661**	**71472**	**181**	**342**	**3140**	**3178**
研究与试验发展	75	373	18627	13	73	869	804
自然科学研究与试验发展	751	35	2750	8	22	120	97
工程和技术研究与试验发展	752	59	4976		13	198	219
农业科学研究与试验发展	753	227	7739	4	35	497	461
医学研究与试验发展	754	20	2299	1	2	42	22
社会人文科学研究与试验发展	755	32	863		1	12	5
专业技术服务业	76	1297	36149	115	158	1217	1136
气象服务	761	150	2574	13	1	17	22
地震服务	762	31	282		2	4	12
海洋服务	763	16	2700		55	373	135
测绘服务	764	74	2330	5	1	118	96
技术检测	765	326	10962	38	43	223	371
环境监测	766	85	2777	1	4	80	71
工程技术与规划管理	767	535	13008	42	37	379	377
其他专业技术服务	769	80	1516	16	15	23	52
科技交流和推广服务业	77	945	11070	35	64	338	452
技术推广服务	771	798	9008	33	60	283	384
科技中介服务	772	89	1183	1		23	31
其他科技服务	779	58	879	1	4	32	37

3-10 续表 3

行业	代码	事业法人单位数(个)	就业人数(人)	#高级技师	#技师	#高级工	#中级工
地质勘查业	78	46	5626	18	47	716	786
矿产地质勘查	781	24	3107	18	32	359	521
基础地质勘查	782	14	1758		9	170	214
地质勘查技术服务	783	8	761		6	187	51
水利、环境和公共设施管理业	N	**2035**	**104912**	**57**	**264**	**5996**	**5977**
水利管理业	79	931	26698	37	196	2800	2636
防洪管理	791	173	5030	17	28	522	441
水资源管理	792	478	16810	12	152	2031	1866
其他水利管理	799	280	4858	8	16	247	329
环境管理业	80	571	46758	8	22	984	1455
自然保护	801	126	2949	2	10	152	306
环境治理	802	445	43809	6	12	832	1149
公共设施管理业	81	533	31456	12	46	2212	1886
市政公共设施管理	811	241	14946	6	29	827	982
城市绿化管理	812	107	7096	2	6	714	443
游览景区管理	813	185	9414	4	11	671	461
居民服务和其他服务业	O	**460**	**13056**	**4**	**22**	**197**	**459**
居民服务业	82	326	9580	3	8	120	381
家庭服务	821	5	50				
托儿所	822	9	254			1	3
理发及美容保健服务	824	4	330				1
婚姻服务	826	5	37			1	
殡葬服务	827	140	4528	1	8	103	346
其他居民服务	829	163	4381	2		15	31
其他服务业	83	134	3476	1	14	77	78
修理与维护	831	8	56			1	3
清洁服务	832	51	1286			40	33
其他未列明的服务	839	75	2134	1	14	36	42
教育	P	**18207**	**1053028**	**2548**	**3599**	**8327**	**8731**
教育	84	18207	1053028	2548	3599	8327	8731
学前教育	841	879	32770	79	53	810	812
初等教育	842	12322	437932	722	373	516	1986
中等教育	843	3948	445950	1384	2560	4267	4218
高等教育	844	334	109963	88	227	1995	1108
其他教育	849	724	26413	275	386	739	607
卫生、社会保障和社会福利业	Q	**4103**	**430519**	**1230**	**1632**	**5653**	**8217**
卫生	85	3309	413598	1223	1607	5250	7594
医院	851	780	277797	1021	1124	3787	4281
卫生院及社区医疗活动	852	1320	81185	163	247	635	2190
门诊部医疗活动	853	230	7129		37	72	163
计划生育技术服务活动	854	396	5671	4	23	58	60
妇幼保健活动	855	102	17507	1	33	170	244
专科疾病防治活动	856	110	8350	7	39	134	202
疾病预防控制及防疫活动	857	203	12040	16	74	325	355
其他卫生活动	859	168	3919	11	30	69	99

3-10 续表 4

行 业	代码	事业法人单位数（个）	就业人数（人）	#高级技师	#技师	#高级工	#中级工
社会保障业	86	255	5307	5	7	129	212
社会保障业	860	255	5307	5	7	129	212
社会福利业	87	539	11614	2	18	274	411
提供住宿的社会福利	871	410	9616	2	16	248	350
不提供住宿的社会福利	872	129	1998		2	26	61
文化、体育和娱乐业	**R**	**1713**	**67349**	**138**	**132**	**1477**	**2036**
新闻出版业	88	129	7717	1	7	113	140
新闻业	881	40	1020		2	43	25
出版业	882	89	6697	1	5	70	115
广播、电视、电影和音像业	89	272	25210	90	41	787	1335
广播	891	55	5933	3	7	220	386
电视	892	114	16484	85	26	434	756
电影	893	96	2577	2	8	133	192
音像制作	894	7	216				1
文化艺术业	90	1037	21462	41	61	366	367
文艺创作与表演	901	137	5313	18	15	63	62
艺术表演场馆	902	16	449			5	11
图书馆与档案馆	903	224	5114	8	25	66	71
文物及文化保护	904	50	839			8	19
博物馆	905	124	2884	4	2	65	41
烈士陵园、纪念馆	906	22	665	1	8	33	13
群众文化活动	907	402	5400	10	11	101	107
文化艺术经纪代理	908	11	139				3
其他文化艺术	909	51	659			25	40
体育	91	199	10771	5	16	184	167
体育组织	911	81	6450	2	4	35	20
体育场馆	912	79	3190	2	12	128	115
其他体育	919	39	1131	1		21	32
娱乐业	92	76	2189	1	7	27	27
室内娱乐活动	921	10	181		3	6	1
游乐园	922	3	126			2	1
休闲健身娱乐活动	923	13	311	1	1	9	5
其他娱乐活动	929	50	1571		3	10	20
公共管理和社会组织	**S**	**7328**	**218690**	**455**	**371**	**7523**	**6802**
中国共产党机关	93	73	863			19	32
中国共产党机关	930	73	863			19	32
国家机构	94	7246	217724	455	371	7504	6769
国家权力机构	941	35	1309	4	2	49	53
国家行政机构	942	7027	208901	419	333	7148	6550
人民法院和人民检察院	943	14	1890	32	35	90	52
其他国家机构	949	170	5624		1	217	114
人民政协和民主党派	95	9	103				1
人民政协	951	1	52				
民主党派	952	8	51				1

3-11 按地区分组的机关法人单位数及就业人数

地区	机关法人单位数（个）			就业人数（人）	
		单产业法人	多产业法人		女性
总计	**11509**	**8808**	**2701**	**874843**	**223626**
广州市	1221	1089	132	125604	39850
深圳市	605	500	105	103192	32227
珠海市	355	316	39	29276	7844
汕头市	543	426	117	35823	7284
佛山市	447	393	54	54242	15567
韶关市	767	501	266	37427	9187
河源市	492	376	116	26642	6226
梅州市	745	485	260	35532	7961
惠州市	568	391	177	43040	10719
汕尾市	457	379	78	23639	4781
东莞市	271	233	38	48727	12075
中山市	182	130	52	30904	8252
江门市	584	474	110	35037	8456
阳江市	367	297	70	23142	5718
湛江市	793	607	186	48731	10428
茂名市	610	475	135	42868	9243
肇庆市	680	428	252	35564	8272
清远市	566	326	240	31260	7764
潮州市	330	303	27	13582	2283
揭阳市	488	349	139	33127	5515
云浮市	438	330	108	17484	3974

3-12　按地区、就业人数组距分组的机关法人单位数

地　区	机关法人单位数(个)										
		7人及以下	8-19人	20-49人	50-99人	100-299人	300-499人	500-999人	1000-2999人	3000-4999人	5000人及以上
总　计	**11509**	**2104**	**2704**	**2982**	**1767**	**1495**	**217**	**156**	**71**	**9**	**4**
广州市	1221	221	201	320	186	222	40	14	14	3	
深圳市	605	89	112	160	87	78	35	23	17	2	2
珠海市	355	115	96	71	37	22	1	7	5		1
汕头市	543	104	139	151	73	62	7	5		2	
佛山市	447	69	76	135	62	63	20	16	4	2	
韶关市	767	143	204	207	141	58	7	5	2		
河源市	492	75	108	142	109	48	6	3	1		
梅州市	745	133	213	207	103	76	9	4			
惠州市	568	121	112	139	65	106	18	3	4		
汕尾市	457	103	111	117	68	48	5	4	1		
东莞市	271	85	56	42	27	36	6	12	6		1
中山市	182	22	36	35	21	42	9	12	5		
江门市	584	110	141	155	86	78	5	6	3		
阳江市	367	44	94	102	55	65	2	5			
湛江市	793	138	221	162	137	114	10	9	2		
茂名市	610	76	148	175	94	95	13	5	4		
肇庆市	680	131	160	183	119	70	10	7			
清远市	566	96	141	154	100	63	5	5	2		
潮州市	330	76	91	82	50	27	1	3			
揭阳市	488	60	114	142	72	88	6	5	1		
云浮市	438	93	130	101	75	34	2	3			

3-13 按地区、学历分组的机关法人单位数及就业人数

地　区	机关法人单位数(个)	就业人数(人)	具有研究生及以上学历人员	具有大学本科学历人员	具有大专学历人员	具有高中学历人员	具有初中及以下学历人员
总　计	**11509**	**874843**	**27253**	**292191**	**336416**	**170752**	**48231**
广州市	1221	125604	8093	55008	41124	15817	5562
深圳市	605	103192	6234	42488	32989	19069	2412
珠海市	355	29276	1473	13370	9609	3420	1404
汕头市	543	35823	594	12390	13181	7959	1699
佛山市	447	54242	1308	21665	17530	9844	3895
韶关市	767	37427	470	9017	16571	8642	2727
河源市	492	26642	233	5457	11653	7573	1726
梅州市	745	35532	694	8721	17935	7026	1156
惠州市	568	43040	1023	11430	16658	11051	2878
汕尾市	457	23639	387	4279	10030	6912	2031
东莞市	271	48727	1438	19726	18992	6167	2404
中山市	182	30904	825	12446	9202	6236	2195
江门市	584	35037	918	12709	13786	5840	1784
阳江市	367	23142	389	6156	10159	4752	1686
湛江市	793	48731	784	12605	21636	11054	2652
茂名市	610	42868	775	10317	18905	9908	2963
肇庆市	680	35564	610	9503	16081	7372	1998
清远市	566	31260	408	8947	12480	6947	2478
潮州市	330	13582	129	4316	6347	2434	356
揭阳市	488	33127	274	7094	13521	8975	3263
云浮市	438	17484	194	4547	8027	3754	962

3-14　按地区、专业技术职称分组的机关法人单位数及就业人数

地　区	机关法人单位数（个）	就业人数（人）	#具有高级技术职称人员	#具有中级技术职称人员	#具有初级技术职称人员
总　计	**11509**	**874843**	**5620**	**27631**	**35642**
广州市	1221	125604	709	3972	4708
深圳市	605	103192	818	2544	2580
珠海市	355	29276	216	549	392
汕头市	543	35823	266	932	1094
佛山市	447	54242	265	2293	3024
韶关市	767	37427	248	1493	2127
河源市	492	26642	119	748	1030
梅州市	745	35532	244	960	1685
惠州市	568	43040	316	989	1469
汕尾市	457	23639	163	1079	1116
东莞市	271	48727	95	683	1375
中山市	182	30904	119	989	1416
江门市	584	35037	194	1255	1718
阳江市	367	23142	355	1222	1604
湛江市	793	48731	407	1562	1874
茂名市	610	42868	240	1417	1088
肇庆市	680	35564	261	1511	2284
清远市	566	31260	141	1142	1909
潮州市	330	13582	91	360	510
揭阳市	488	33127	244	1119	1575
云浮市	438	17484	109	812	1064

3-15 按地区、技术等级分组的机关法人单位数及就业人数

地 区	机关法人单位数(个)	就业人数(人)	#高级技师	#技师	#高级工	#中级工
总 计	**11509**	**874843**	**844**	**665**	**10287**	**10644**
广州市	1221	125604	111	26	1037	1265
深圳市	605	103192	56	63	1505	878
珠海市	355	29276	4		281	325
汕头市	543	35823	4	4	476	414
佛山市	447	54242	18	13	257	393
韶关市	767	37427	41	48	589	494
河源市	492	26642	7	13	203	277
梅州市	745	35532	24	29	563	648
惠州市	568	43040	66	56	704	600
汕尾市	457	23639	23	62	333	582
东莞市	271	48727	15	15	95	109
中山市	182	30904	30	15	105	165
江门市	584	35037	44	90	394	274
阳江市	367	23142	2	21	48	173
湛江市	793	48731	48	68	881	884
茂名市	610	42868	219	34	605	460
肇庆市	680	35564	71	25	822	865
清远市	566	31260	19	4	277	462
潮州市	330	13582	13	3	176	227
揭阳市	488	33127	23	55	758	837
云浮市	438	17484	6	21	178	312

3-16　按地区分组的社团法人单位数及就业人数

地　区	社团法人单位数（个）			就业人数（人）	
		单产业法人单位	多产业法人单位		女性
总　计	**9321**	**9096**	**225**	**101819**	**35510**
广州市	1515	1454	61	17158	7404
深圳市	1004	992	12	15324	7179
珠海市	329	322	7	1717	646
汕头市	528	520	8	9415	2877
佛山市	824	818	6	6448	1910
韶关市	420	410	10	3002	932
河源市	231	219	12	1331	362
梅州市	445	426	19	3975	824
惠州市	408	399	9	3459	1138
汕尾市	187	185	2	2172	443
东莞市	316	308	8	8329	3597
中山市	262	256	6	2804	752
江门市	483	472	11	2723	672
阳江市	105	104	1	928	290
湛江市	233	227	6	2420	703
茂名市	473	466	7	6743	1853
肇庆市	349	341	8	2569	673
清远市	345	328	17	3153	979
潮州市	260	256	4	1862	536
揭阳市	368	366	2	4296	1080
云浮市	236	227	9	1991	660

3-17 按地区、就业人数组距分组的社团法人单位数

地　区	社团法人单位数(个)	7人及以下	8-19人	20-49人	50-99人	100-299人	300-499人	500-999人	1000-2999人	3000及以上
总　计	**9321**	**7059**	**1446**	**464**	**213**	**113**	**15**	**5**	**6**	
广州市	1515	1121	246	97	32	13	3	3		
深圳市	1004	732	150	66	35	15	3	1	2	
珠海市	329	289	29	4	6	1				
汕头市	528	352	89	45	21	18	3			
佛山市	824	670	106	30	10	7			1	
韶关市	420	333	60	13	12	2				
河源市	231	184	39	7		1				
梅州市	445	343	68	19	10	5				
惠州市	408	320	56	17	11	4				
汕尾市	187	136	31	8	8	4				
东莞市	316	240	39	13	6	11	4	1	2	
中山市	262	168	59	26	5	4				
江门市	483	418	51	8	3	3				
阳江市	105	66	32	5	1	1				
湛江市	233	156	55	16	4	2				
茂名市	473	365	61	22	15	8	1		1	
肇庆市	349	286	43	10	7	3				
清远市	345	262	58	15	6	4				
潮州市	260	205	43	7	3	2				
揭阳市	368	221	100	30	15	1	1			
云浮市	236	192	31	6	3	4				

3-18　按地区、学历分组的社团法人单位数及就业人数

地　区	社团法人单位数(个)	就业人数(人)	具有研究生及以上学历人员	具有大学本科学历人员	具有大专学历人员	具有高中学历人员	具有初中及以下学历人员
总　计	**9321**	**101819**	**3375**	**23541**	**30562**	**28088**	**16253**
广州市	1515	17158	1317	5809	5677	3079	1276
深圳市	1004	15324	393	2885	4347	5013	2686
珠海市	329	1717	112	629	564	324	88
汕头市	528	9415	267	2201	2575	2454	1918
佛山市	824	6448	163	1767	1778	1067	1673
韶关市	420	3002	100	517	905	766	714
河源市	231	1331	34	262	478	348	209
梅州市	445	3975	44	439	1331	1420	741
惠州市	408	3459	110	938	1039	787	585
汕尾市	187	2172	32	326	533	510	771
东莞市	316	8329	131	983	2022	3533	1660
中山市	262	2804	119	598	927	728	432
江门市	483	2723	95	1000	1011	521	96
阳江市	105	928	17	209	372	261	69
湛江市	233	2420	36	527	854	745	258
茂名市	473	6743	159	1574	1614	2518	878
肇庆市	349	2569	53	711	924	721	160
清远市	345	3153	38	630	999	867	619
潮州市	260	1862	61	402	596	582	221
揭阳市	368	4296	69	820	1181	1353	873
云浮市	236	1991	25	314	835	491	326

3-19 按地区、专业技术职称分组的社团法人单位数及就业人数

地　区	社团法人单位数（个）	就业人数（人）	#具有高级技术职称人员	#具有中级技术职称人员	#具有初级技术职称人员
总　计	**9321**	**101819**	**3221**	**5991**	**5718**
广州市	1515	17158	852	1176	1120
深圳市	1004	15324	245	524	492
珠海市	329	1717	77	113	78
汕头市	528	9415	491	992	1007
佛山市	824	6448	264	336	343
韶关市	420	3002	79	148	125
河源市	231	1331	37	76	147
梅州市	445	3975	50	133	201
惠州市	408	3459	126	272	201
汕尾市	187	2172	22	69	58
东莞市	316	8329	87	195	202
中山市	262	2804	59	124	70
江门市	483	2723	186	165	108
阳江市	105	928	7	104	47
湛江市	233	2420	42	192	46
茂名市	473	6743	349	418	556
肇庆市	349	2569	40	79	100
清远市	345	3153	76	287	469
潮州市	260	1862	31	189	81
揭阳市	368	4296	88	71	61
云浮市	236	1991	13	328	206

3-20　按地区、技术等级分组的社团法人单位数及就业人数

地　区	社团法人单位数（个）	就业人数（人）	#高级技师	#技师	#高级工	#中级工
总　计	**9321**	**101819**	**313**	**582**	**1556**	**1249**
广州市	1515	17158	13	14	185	165
深圳市	1004	15324	29	47	71	97
珠海市	329	1717	2	4	26	19
汕头市	528	9415	9	12	195	219
佛山市	824	6448	10	71	46	45
韶关市	420	3002	5	2	25	15
河源市	231	1331	2	3	6	18
梅州市	445	3975	6	1	52	65
惠州市	408	3459	7	3	32	35
汕尾市	187	2172	2	12	35	25
东莞市	316	8329	8	17	32	58
中山市	262	2804	1	6	8	9
江门市	483	2723	19	7	18	17
阳江市	105	928			2	6
湛江市	233	2420	1	4	17	10
茂名市	473	6743	190	345	698	316
肇庆市	349	2569	3	3	24	43
清远市	345	3153	2	16	38	35
潮州市	260	1862	1		3	9
揭阳市	368	4296		1	25	13
云浮市	236	1991	3	14	18	30

3-21 按地区分组的民办非企业法人单位数及就业人数

地区	民办非企业法人单位数（个）			就业人数（人）	
		单产业法人	多产业法人		女性
总计	**9288**	**9228**	**60**	**250704**	**154180**
广州市	890	871	19	28788	18354
深圳市	1294	1289	5	48073	31609
珠海市	449	438	11	10110	6652
汕头市	471	471		7971	4923
佛山市	888	886	2	22549	15264
韶关市	373	369	4	4470	3073
河源市	191	191		3495	2219
梅州市	508	508		3517	1863
惠州市	388	386	2	12347	6923
汕尾市	174	174		5521	3015
东莞市	885	881	4	38313	22964
中山市	592	591	1	17152	9390
江门市	305	304	1	6326	4047
阳江市	110	108	2	2153	1313
湛江市	319	318	1	7810	4640
茂名市	271	267	4	9704	4254
肇庆市	344	341	3	6279	4353
清远市	276	276		5194	3358
潮州市	100	99	1	1625	890
揭阳市	342	342		7512	3636
云浮市	118	118		1795	1440

3-22　按地区、就业人数组距分组的民办非企业法人单位数

地　区	民办非企业法人单位数（个）	7人及以下	8-19人	20-49人	50-99人	100-299人	300-499人	500-999人	1000人及以上
总　计	**9288**	**2942**	**2794**	**2367**	**782**	**350**	**32**	**21**	
广州市	890	246	254	250	94	38	4	4	
深圳市	1294	221	250	551	195	72	2	3	
珠海市	449	165	156	86	28	12	1	1	
汕头市	471	258	147	42	11	10	1	2	
佛山市	888	264	283	238	69	30	4		
韶关市	373	160	155	45	12	1			
河源市	191	77	63	43	1	7			
梅州市	508	405	73	21	4	5			
惠州市	388	68	118	135	49	16	2		
汕尾市	174	28	56	58	24	8			
东莞市	885	149	184	338	143	58	6	7	
中山市	592	203	204	108	33	39	2	3	
江门市	305	87	114	86	13	4	1		
阳江市	110	28	52	22	6	2			
湛江市	319	94	108	74	34	8	1		
茂名市	271	85	92	50	20	20	4		
肇庆市	344	106	158	67	8	4		1	
清远市	276	112	101	44	10	8	1		
潮州市	100	42	32	18	8				
揭阳市	342	106	145	64	16	8	3		
云浮市	118	38	49	27	4				

3-23 按地区、学历分组的民办非企业法人单位数及就业人数

地区	民办非企业法人单位数(个)	就业人数(人)	具有研究生及以上学历人员	具有大学本科学历人员	具有大专学历人员	具有高中学历人员	具有初中及以下学历人员
总计	**9288**	**250704**	**4426**	**50519**	**79440**	**82347**	**33972**
广州市	890	28788	1454	8702	8441	6914	3277
深圳市	1294	48073	658	9537	16847	16009	5022
珠海市	449	10110	780	2253	3252	2828	997
汕头市	471	7971	74	1931	1875	2623	1468
佛山市	888	22549	344	4529	6349	7842	3485
韶关市	373	4470	23	623	922	2199	703
河源市	191	3495	20	345	1211	1400	519
梅州市	508	3517	11	398	797	1861	450
惠州市	388	12347	148	2577	4175	3884	1563
汕尾市	174	5521	23	761	1889	2128	720
东莞市	885	38313	406	7708	13334	11153	5712
中山市	592	17152	113	2755	5689	5508	3087
江门市	305	6326	30	1010	2245	2365	676
阳江市	110	2153	4	228	829	813	279
湛江市	319	7810	113	1036	2306	3088	1267
茂名市	271	9704	50	2464	3503	2666	1021
肇庆市	344	6279	91	1164	1597	2594	833
清远市	276	5194	22	802	1505	2059	806
潮州市	100	1625	12	191	531	624	267
揭阳市	342	7512	49	1435	1824	2727	1477
云浮市	118	1795	1	70	319	1062	343

3-24　按地区、专业技术职称分组的民办非企业法人单位数及就业人数

地　区	民办非企业法人单位数（个）	就业人数（人）	#具有高级技术职称人员	#具有中级技术职称人员	#具有初级技术职称人员
总　计	**9288**	**250704**	**8633**	**24335**	**30737**
广州市	890	28788	1294	2991	3915
深圳市	1294	48073	1726	4680	6550
珠海市	449	10110	528	1171	1826
汕头市	471	7971	478	719	1203
佛山市	888	22549	976	2388	2345
韶关市	373	4470	113	367	556
河源市	191	3495	102	374	419
梅州市	508	3517	77	208	274
惠州市	388	12347	357	1141	1826
汕尾市	174	5521	182	409	569
东莞市	885	38313	1020	3553	4105
中山市	592	17152	414	1342	1864
江门市	305	6326	177	1029	834
阳江市	110	2153	14	156	234
湛江市	319	7810	303	748	977
茂名市	271	9704	344	1150	1061
肇庆市	344	6279	108	529	677
清远市	276	5194	86	449	569
潮州市	100	1625	74	273	245
揭阳市	342	7512	247	577	611
云浮市	118	1795	13	81	77

3-25 按地区、技术等级分组的民办非企业法人单位数及就业人数

地　区	民办非企业法人单位数（个）	就业人数（人）	#高级技师	#技师	#高级工	#中级工
总　计	**9288**	**250704**	**757**	**1287**	**1640**	**2175**
广州市	890	28788	105	142	119	138
深圳市	1294	48073	190	310	413	627
珠海市	449	10110	33	48	33	90
汕头市	471	7971	23	14	21	54
佛山市	888	22549	60	84	182	253
韶关市	373	4470	12	40	99	70
河源市	191	3495	3	22	12	13
梅州市	508	3517	4	16	27	35
惠州市	388	12347	82	74	85	136
汕尾市	174	5521	3	20	14	28
东莞市	885	38313	81	237	182	237
中山市	592	17152	28	44	51	66
江门市	305	6326	18	36	41	64
阳江市	110	2153		1		3
湛江市	319	7810	28	71	116	113
茂名市	271	9704	49	44	90	84
肇庆市	344	6279	19	43	82	69
清远市	276	5194	3	17	22	27
潮州市	100	1625	8	9	29	6
揭阳市	342	7512	3	10	14	45
云浮市	118	1795	5	5	8	17

第4篇

信息化

4-1　按行业(中类)分组的法人单位信息化状况

行　业	代码	年末在用计算机数(台)	年末拥有网站数(个)	全年电子商务采购金额(万元)	全年电子商务销售金额(万元)
总　计		**7537539**	**84879**	**36977227**	**52450152**
采矿业	**B**	**5817**	**58**	**46**	**51**
煤炭开采和洗选业	06	11			
其他煤炭采选	069	11			
石油和天然气开采业	07	1689	6	20	25
天然原油和天然气开采	071	1230	1		
与石油和天然气开采有关的服务活动	079	459	5	20	25
黑色金属矿采选业	08	716	31		
铁矿采选	081	707	31		
其他黑色金属矿采选	089	9			
有色金属矿采选业	09	1329	6		
常用有色金属矿采选	091	808	3		
贵金属矿采选	092	140	2		
稀有稀土金属矿采选	093	381	1		
非金属矿采选业	10	2053	15	26	26
土砂石开采	101	1274	10	26	26
化学矿采选	102	530	1		
采盐	103	118			
石棉及其他非金属矿采选	109	131	4		
其他采矿业	11	19			
其他采矿业	110	19			
制造业	**C**	**2306859**	**31542**	**29766904**	**44460956**
农副食品加工业	13	16021	354	104897	139589
谷物磨制	131	1064	22	4746	4346
饲料加工	132	4488	116	93171	102823
植物油加工	133	1960	35	120	120
制糖	134	1039	12	1728	
屠宰及肉类加工	135	1613	26	702	341
水产品加工	136	3405	84	2704	26026
蔬菜、水果和坚果加工	137	1198	29	132	225
其他农副食品加工	139	1254	30	1594	5710
食品制造业	14	23582	416	21251	68462
焙烤食品制造	141	3541	86	1548	1908
糖果、巧克力及蜜饯制造	142	4959	82	1935	13799
方便食品制造	143	2726	43	10811	34890
液体乳及乳制品制造	144	1990	15	146	212
罐头制造	145	644	12	3633	13906
调味品、发酵制品制造	146	3162	59	264	267
其他食品制造	149	6560	119	2914	3481
饮料制造业	15	13053	165	11432	1558
酒精制造	151	66	4		
酒的制造	152	3878	38	15	32
软饮料制造	153	8864	110	11411	1517
精制茶加工	154	245	13	6	9

4-1 续表 1

行 业	代码	年末在用计算机数(台)	年末拥有网站数(个)	全年电子商务采购金额(万元)	全年电子商务销售金额(万元)
烟草制品业	16	504	1	92511	303101
烟叶复烤	161	100			
卷烟制造	162	359	1	92511	303101
其他烟草制品加工	169	45			
纺织业	17	70275	854	129453	224084
棉、化纤纺织及印染精加工	171	21537	214	31106	63195
毛纺织和染整精加工	172	3547	24	3	10
麻纺织	173	52	1		
丝绢纺织及精加工	174	1066	17	1520	1208
纺织制成品制造	175	12055	253	57407	65698
针织品、编织品及其制品制造	176	32018	345	39417	93973
纺织服装、鞋、帽制造业	18	116338	1197	28180	80685
纺织服装制造	181	110600	1136	27936	79398
纺织面料鞋的制造	182	3101	33	243	299
制帽	183	2637	28	1	988
皮革、毛皮、羽毛(绒)及其制品业	19	65681	961	155561	277224
皮革鞣制加工	191	3354	33	21	3001
皮革制品制造	192	60890	901	155540	274223
毛皮鞣制及制品加工	193	654	12		
羽毛(绒)加工及制品制造	194	783	15		
木材加工及木、竹、藤、棕、草制品业	20	9993	244	3202	12234
锯材、木片加工	201	901	23	435	534
人造板制造	202	3667	85	1662	7998
木制品制造	203	4293	116	954	3360
竹、藤、棕、草制品制造	204	1132	20	151	342
家具制造业	21	40438	895	49471	127714
木质家具制造	211	23567	491	19888	37151
竹、藤家具制造	212	759	17	818	7421
金属家具制造	213	6671	165	6387	29714
塑料家具制造	214	861	18	663	4276
其他家具制造	219	8580	204	21716	49152
造纸及纸制品业	22	44062	794	48952	105275
纸浆制造	221	1429	20		
造纸	222	11458	153	513	987
纸制品制造	223	31175	621	48439	104288
印刷业和记录媒介的复制	23	47457	912	34801	48108
印刷	231	43142	819	33508	45451
装订及其他印刷服务活动	232	3279	72	51	335
记录媒介的复制	233	1036	21	1243	2322
文教体育用品制造业	24	57600	644	71218	131762
文化用品制造	241	6634	109	8019	32483
体育用品制造	242	12265	142	12986	32818
乐器制造	243	1810	46	20725	9226
玩具制造	244	35071	311	18940	42226
游艺器材及娱乐用品制造	245	1820	36	10549	15010

4-1　续表 2

行　　业	代码	年末在用计算机数(台)	年末拥有网站数(个)	全年电子商务采购金额(万元)	全年电子商务销售金额(万元)
石油加工、炼焦及核燃料加工业	25	5774	49	278713	263
精炼石油产品的制造	251	5647	48	278703	43
炼焦	252	120	1		
核燃料加工	253	7		10	220
化学原料及化学制品制造业	26	71823	1600	264321	601430
基础化学原料制造	261	5199	85	2031	9335
肥料制造	262	1249	24	3145	774
农药制造	263	982	11	37	103
涂料、油墨、颜料及类似产品制造	264	20982	556	179308	341725
合成材料制造	265	7908	129	41767	45747
专用化学产品制造	266	14193	384	12195	110735
日用化学产品制造	267	21310	411	25839	93012
医药制造业	27	19701	295	2061	6176
化学药品原药制造	271	1408	14		
化学药品制剂制造	272	6369	61	905	520
中药饮片加工	273	905	24		
中成药制造	274	5813	73	1131	1560
兽用药品制造	275	797	21	1	
生物、生化制品的制造	276	2697	63	10	38
卫生材料及医药用品制造	277	1712	39	16	4057
化学纤维制造业	28	2734	42	32908	40423
纤维素纤维原料及纤维制造	281	413	11	1	2
合成纤维制造	282	2321	31	32907	40422
橡胶制品业	29	19783	406	14992	28214
轮胎制造	291	2115	14	462	232
橡胶板、管、带的制造	292	1632	57	855	2156
橡胶零件制造	293	3636	90	1898	2478
再生橡胶制造	294	136	6		
日用及医用橡胶制品制造	295	909	25	2363	2838
橡胶靴鞋制造	296	4082	49	2846	11164
其他橡胶制品制造	299	7273	165	6569	9346
塑料制品业	30	123845	2489	243390	559144
塑料薄膜制造	301	9667	267	55889	91016
塑料板、管、型材的制造	302	14350	242	1704	47573
塑料丝、绳及编织品的制造	303	1983	53	2959	56237
泡沫塑料制造	304	4195	102	2412	3995
塑料人造革、合成革制造	305	1987	31	4004	12181
塑料包装箱及容器制造	306	10364	313	15431	56436
塑料零件制造	307	23571	294	7684	50088
日用塑料制造	308	17277	394	121592	83052
其他塑料制品制造	309	40451	793	31714	158566
非金属矿物制品业	31	48348	1018	87661	153414
水泥、石灰和石膏的制造	311	3624	35	3287	960

4-1 续表 3

行　业	代码	年末在用计算机数(台)	年末拥有网站数(个)	全年电子商务采购金额(万元)	全年电子商务销售金额(万元)
水泥及石膏制品制造	312	5874	94	476	2634
砖瓦、石材及其他建筑材料制造	313	11904	251	4592	15787
玻璃及玻璃制品制造	314	13600	275	46994	57878
陶瓷制品制造	315	10784	277	31562	71215
耐火材料制品制造	316	405	14	4	14
石墨及其他非金属矿物制品制造	319	2157	72	748	4927
黑色金属冶炼及压延加工业	32	10801	101	1532	132339
炼铁	321	112	1		
炼钢	322	1350	6	2	
钢压延加工	323	9011	86	1530	132339
铁合金冶炼	324	328	8		
有色金属冶炼及压延加工业	33	17370	314	171339	179389
常用有色金属冶炼	331	1963	18	873	356
贵金属冶炼	332	185	7		
稀有稀土金属冶炼	333	345	6	5995	7892
有色金属合金制造	334	1136	32	8	54
有色金属压延加工	335	13741	251	164464	171088
金属制品业	34	125878	2859	294401	546238
结构性金属制品制造	341	29336	712	10338	29609
金属工具制造	342	12098	239	8262	20710
集装箱及金属包装容器制造	343	5924	145	163749	275888
金属丝绳及其制品的制造	344	2515	70	4060	994
建筑、安全用金属制品制造	345	17397	343	23629	78523
金属表面处理及热处理加工	346	7557	151	231	38
搪瓷制品制造	347	1572	43	1868	5276
不锈钢及类似日用金属制品制造	348	28765	617	19198	38908
其他金属制品制造	349	20714	539	63065	96292
通用设备制造业	35	70695	1658	309760	243956
锅炉及原动机制造	351	1631	33	7108	9740
金属加工机械制造	352	11552	374	5894	8683
起重运输设备制造	353	6733	89	24597	8921
泵、阀门、压缩机及类似机械的制造	354	8927	153	163658	34517
轴承、齿轮、传动和驱动部件的制造	355	4393	91	3548	21367
烘炉、熔炉及电炉制造	356	521	28	52	43
风机、衡器、包装设备等通用设备制造	357	17861	449	100002	147987
通用零部件制造及机械修理	358	14441	320	3586	6627
金属铸、锻加工	359	4636	121	1316	6072
专用设备制造业	36	111070	2149	64334	126320
矿山、冶金、建筑专用设备制造	361	3509	59	134	1326
化工、木材、非金属加工专用设备制造	362	48833	979	31023	58288
食品、饮料、烟草及饲料生产专用设备制造	363	1703	46	813	2346
印刷、制药、日化生产专用设备制造	364	6040	161	1639	3115
纺织、服装和皮革工业专用设备制造	365	4112	82	1307	4085
电子和电工机械专用设备制造	366	21418	263	13706	39191

4-1　续表 4

行　　业	代码	年末在用计算机数(台)	年末拥有网站数(个)	全年电子商务采购金额(万元)	全年电子商务销售金额(万元)
农、林、牧、渔专用机械制造	367	680	24	75	
医疗仪器设备及器械制造	368	13749	234	13315	12392
环保、社会公共安全及其他专用设备制造	369	11026	301	2322	5576
交通运输设备制造业	37	78078	617	148631	4868981
铁路运输设备制造	371	853	4	5	7
汽车制造	372	47138	367	96022	4797341
摩托车制造	373	10507	82	3064	14307
自行车制造	374	5587	78	46588	54249
船舶及浮动装置制造	375	11210	58	1876	2652
航空航天器制造	376	2286	7	867	185
交通器材及其他交通运输设备制造	379	497	21	209	240
电气机械及器材制造业	39	292834	4181	1110095	6295421
电机制造	391	11604	236	8265	28832
输配电及控制设备制造	392	69498	1186	500073	659268
电线、电缆、光缆及电工器材制造	393	33551	611	84476	196541
电池制造	394	30818	294	41645	93610
家用电力器具制造	395	96112	914	325029	5086774
非电力家用器具制造	396	5009	104	59594	50418
照明器具制造	397	41695	730	85157	167818
其他电气机械及器材制造	399	4547	106	5857	12160
通信设备、计算机及其他电子设备制造业	40	672218	4556	25451919	27860196
通信设备制造	401	193852	467	1597491	1965425
雷达及配套设备制造	402	126	4	4	2
广播电视设备制造	403	11471	145	252903	86044
电子计算机制造	404	139562	635	18646513	20264816
电子器件制造	405	74036	640	2510276	2717467
电子元件制造	406	155058	1447	1621448	2215170
家用视听设备制造	407	69227	750	698049	423573
其他电子设备制造	409	28886	468	125235	187700
仪器仪表及文化、办公用机械制造业	41	78979	803	488034	1231114
通用仪器仪表制造	411	13693	255	14903	8932
专用仪器仪表制造	412	7372	119	13985	21021
钟表与计时仪器制造	413	12227	172	7585	11849
光学仪器及眼镜制造	414	14242	97	40942	65901
文化、办公用机械制造	415	30664	148	410392	1123206
其他仪器仪表的制造及修理	419	781	12	227	205
工艺品及其他制造业	42	49649	935	51854	68107
工艺美术品制造	421	34298	631	45416	51056
日用杂品制造	422	8222	165	2988	12049
煤制品制造	423	47			
核辐射加工	424				
其他未列明的制造业	429	7082	139	3451	5003
废弃资源和废旧材料回收加工业	43	2275	33	30	35
金属废料和碎屑的加工处理	431	1217	18	1	
非金属废料和碎屑的加工处理	432	1058	15	29	35

4-1 续表 5

行　业	代码	年末在用计算机数（台）	年末拥有网站数（个）	全年电子商务采购金额（万元）	全年电子商务销售金额（万元）
电力、燃气及水的生产和供应业	D	**93421**	**187**	**3852**	**31**
电力、热力的生产和供应业	44	75392	96	3465	31
电力生产	441	15883	78	3344	31
电力供应	442	59278	17	122	
热力生产和供应	443	231	1		
燃气生产和供应业	45	4050	19	17	
燃气生产和供应业	450	4050	19	17	
水的生产和供应业	46	13979	72	370	1
自来水的生产和供应	461	12647	54	67	1
污水处理及其再生利用	462	813	9	303	0.2
其他水的处理、利用与分配	469	519	9		
建筑业	E	**142151**	**1930**	**44651**	**32353**
房屋和土木工程建筑业	47	70130	606	4528	2072
房屋工程建筑	471	38426	363	4306	1230
土木工程建筑	472	31704	243	221	842
建筑安装业	48	37288	531	10615	2393
建筑安装业	480	37288	531	10615	2393
建筑装饰业	49	28642	638	27986	26888
建筑装饰业	490	28642	638	27986	26888
其他建筑业	50	6091	155	1522	1000
工程准备	501	2066	49	15	
提供施工设备服务	502	572	19		
其他未列明的建筑活动	509	3453	87	1507	1000
交通运输、仓储和邮政业	F	**204498**	**2103**	**28163**	**99129**
铁路运输业	51	204			
铁路旅客运输	511	60			
铁路货物运输	512	77			
铁路运输辅助活动	513	67			
道路运输业	52	41787	540	5607	9876
公路旅客运输	521	8177	54	57	
道路货物运输	522	21628	414	4809	9876
道路运输辅助活动	523	11982	72	741	
城市公共交通业	53	12042	58	8364	103
公共电汽车客运	531	4366	17	8350	
轨道交通	532	4494	3		
出租车客运	533	2998	37	14	103
城市轮渡	534	4			
其他城市公共交通	539	180	1		
水上运输业	54	19932	160	5854	4963
水上旅客运输	541	1240	20		251
水上货物运输	542	5862	70	304	
水上运输辅助活动	543	12830	70	5550	4712

4-1　续表 6

行　业	代码	年末在用计算机数（台）	年末拥有网站数（个）	全年电子商务采购金额（万元）	全年电子商务销售金额（万元）
航空运输业	55	22634	166	205	67283
航空客货运输	551	20393	137	115	67283
通用航空服务	552	453	3	90	
航空运输辅助活动	553	1788	26		
管道运输业	56	102			
管道运输业	560	102			
装卸搬运和其他运输服务业	57	49530	922	7662	14985
装卸搬运	571	2112	34		
运输代理服务	572	47418	888	7662	14985
仓储业	58	13951	172	452	1537
谷物、棉花等农产品仓储	581	1251	11		
其他仓储	589	12700	161	452	1537
邮政业	59	44316	85	19	382
国家邮政	591	38911	14	4	342
其他寄递服务	599	5405	71	15	40
信息传输、计算机服务和软件业	**G**	**667878**	**4310**	**99552**	**97932**
电信和其他信息传输服务业	60	224390	700	2440	12958
电信	601	157048	231	1789	10476
互联网信息服务	602	61135	440	651	2482
广播电视传输服务	603	5622	27	1	
卫星传输服务	604	585	2		
计算机服务业	61	313632	1255	78044	43145
计算机系统服务	611	23476	619	73599	38183
数据处理	612	12397	28	4	2
计算机维修	613	2616	59	23	19
其他计算机服务	619	275143	549	4418	4941
软件业	62	129856	2355	19068	41830
公共软件服务	621	116588	2021	18834	41008
其他软件服务	629	13268	334	234	821
批发和零售业	**H**	**639307**	**19153**	**6179233**	**6591353**
批发业	63	434493	13998	5848591	6176285
农畜产品批发	631	3399	83	2000	12037
食品、饮料及烟草制品批发	632	32829	593	830477	104417
纺织、服装及日用品批发	633	66484	1662	255718	507744
文化、体育用品及器材批发	634	21416	720	99170	109191
医药及医疗器材批发	635	25817	522	165939	560800
矿产品、建材及化工产品批发	636	78442	2528	2261656	2395855
机械设备、五金交电及电子产品批发	637	170544	6653	2139395	2357440
贸易经纪与代理	638	17878	609	77586	104367
其他批发	639	17684	628	16650	24436
零售业	65	204814	5155	330642	415068
综合零售	651	34430	249	2553	1224
食品、饮料及烟草制品专门零售	652	5799	134	81	130
纺织、服装及日用品专门零售	653	19358	406	888	244826
文化、体育用品及器材专门零售	654	10569	353	5191	895

4-1 续表 7

行　业	代码	年末在用计算机数（台）	年末拥有网站数（个）	全年电子商务采购金额（万元）	全年电子商务销售金额（万元）
医药及医疗器材专门零售	655	10754	155	2240	2466
汽车、摩托车、燃料及零配件专门零售	656	44869	666	269303	127481
家用电器及电子产品专门零售	657	51251	1786	27820	32175
五金、家具及室内装修材料专门零售	658	13834	596	19795	1428
无店铺及其他零售	659	13950	810	2772	4442
住宿和餐饮业	I	**93948**	**1381**	**9233**	**22076**
住宿业	66	65357	948	6425	17626
旅游饭店	661	51777	716	1538	11554
一般旅馆	662	12214	210	4887	6072
其他住宿服务	669	1366	22	0.3	
餐饮业	67	28591	433	2808	4450
正餐服务	671	21815	338	2595	4444
快餐服务	672	4307	46	125	5
饮料及冷饮服务	673	885	10	1	
其他餐饮服务	679	1584	39	87	0.3
金融业	J	**391118**	**520**	**247242**	**895793**
银行业	68	181614	189	124484	846402
中央银行	681	9436	3	337	288
商业银行	682	169709	184	124073	846114
其他银行	689	2469	2	73	
证券业	69	154707	81	113915	44503
证券市场管理	691	1023	2		
证券经纪与交易	692	152906	68	113915	18817
证券投资	693	524	8		25686
证券分析与咨询	694	254	3		
保险业	70	44797	183	8609	4888
人寿保险	701	19734	37	4050	19
非人寿保险	702	19363	65	2611	4696
保险辅助服务	703	5700	81	1948	173
其他金融活动	71	10000	67	235	
金融信托与管理	711	790	3		
金融租赁	712	204	2		
财务公司	713	334	2		
邮政储蓄	714	3276			
典当	715	533	19	0.2	
其他未列明的金融活动	719	4863	41	234	
房地产业	K	**174519**	**2073**	**10687**	**719**
房地产业	72	174519	2073	10687	719
房地产开发经营	721	68878	785	7705	185
物业管理	722	54902	665	2574	49
房地产中介服务	723	27042	313	139	69
其他房地产活动	729	23697	310	269	416
租赁和商务服务业	L	**337600**	**6077**	**186392**	**221058**
租赁业	73	4622	124	81	33
机械设备租赁	731	3805	112	81	33
文化及日用品出租	732	817	12		

4-1 续表 8

行业	代码	年末在用计算机数（台）	年末拥有网站数（个）	全年电子商务采购金额（万元）	全年电子商务销售金额（万元）
商务服务业	74	332978	5953	186312	221025
企业管理服务	741	118465	1220	123778	126474
法律服务	742	13515	257	721	
咨询与调查	743	88119	1933	1218	437
广告业	744	41036	1052	1126	1553
知识产权服务	745	3114	113	1	36
职业中介服务	746	12179	205	86	7
市场管理	747	8618	120	21	82
旅行社	748	14237	309	18903	91246
其他商务服务	749	33695	744	40458	1191
科学研究、技术服务和地质勘查业	**M**	**217045**	**3250**	**13965**	**21885**
研究与试验发展	75	52676	1063	3382	7408
自然科学研究与试验发展	751	4320	51	187	
工程和技术研究与试验发展	752	41540	899	2973	7408
农业科学研究与试验发展	753	2902	41	154	
医学研究与试验发展	754	2950	62	67	
社会人文科学研究与试验发展	755	964	10		
专业技术服务业	76	141506	1712	10098	14107
气象服务	761	2705	54	1721	
地震服务	762	216	11	14	
海洋服务	763	1749	8	200	
测绘服务	764	3135	32		
技术检测	765	18473	188	6138	13638
环境监测	766	1825	20	257	
工程技术与规划管理	767	77005	638	1362	15
其他专业技术服务	769	36398	761	406	453
科技交流和推广服务业	77	19855	453	444	371
技术推广服务	771	13533	331	272	348
科技中介服务	772	4216	68	173	23
其他科技服务	779	2107	54	0	
地质勘查业	78	3006	22	42	
矿产地质勘查	781	1364	9	14	
基础地质勘查	782	998	7	27	
地质勘查技术服务	783	644	6		
水利、环境和公共设施管理业	**N**	**25298**	**276**	**6631**	**99**
水利管理业	79	5047	24	2163	
防洪管理	791	1223	8	10	
水资源管理	792	2303	8	2149	
其他水利管理	799	1521	8	4	
环境管理业	80	8204	94	565	
自然保护	801	869	10	223	
环境治理	802	7335	84	342	

4-1 续表 9

行业	代码	年末在用计算机数（台）	年末拥有网站数（个）	全年电子商务采购金额（万元）	全年电子商务销售金额（万元）
公共设施管理业	81	12047	158	3903	99
市政公共设施管理	811	4504	29	571	21
城市绿化管理	812	4205	70	3160	29
游览景区管理	813	3338	59	173	49
居民服务和其他服务业	**O**	**44602**	**885**	**5252**	**686**
居民服务业	82	21928	406	304	258
家庭服务	821	791	50		9
托儿所	822	488	6		
洗染服务	823	491	10	0.4	
理发及美容保健服务	824	3858	98	4	10
洗浴服务	825	3215	37	8	
婚姻服务	826	300	23	1	
殡葬服务	827	1325	51	69	1
摄影扩印服务	828	2256	96	211	239
其他居民服务	829	9204	35	11	1
其他服务业	83	22674	479	4949	428
修理与维护	831	11907	229	4591	57
清洁服务	832	3791	127	335	353
其他未列明的服务	839	6976	123	23	19
教育	**P**	**1239618**	**4258**	**27016**	**124**
教育	84	1239618	4258	27016	124
学前教育	841	30388	557	750	1
初等教育	842	372864	1282	2954	93
中等教育	843	539799	1213	16674	1
高等教育	844	228303	476	2760	
其他教育	849	68264	730	3878	29
卫生、社会保障和社会福利业	**Q**	**160157**	**907**	**290783**	**4904**
卫生	85	152206	825	290482	4803
医院	851	112472	359	236358	4020
卫生院及社区医疗活动	852	14365	174	22037	308
门诊部医疗活动	853	5371	100	5218	475
计划生育技术服务活动	854	2021	31	261	
妇幼保健活动	855	5024	20	22781	
专科疾病防治活动	856	2999	51	2230	
疾病预防控制及防疫活动	857	7108	50	947	
其他卫生活动	859	2846	40	651	
社会保障业	86	4577	27	39	
社会保障业	860	4577	27	39	
社会福利业	87	3374	55	262	101
提供住宿的社会福利	871	2160	31	224	101
不提供住宿的社会福利	872	1214	24	38	
文化、体育和娱乐业	**R**	**78234**	**734**	**685**	**11**
新闻出版业	88	18332	105	173	
新闻业	881	1884	15	61	
出版业	882	16448	90	112	

4-1 续表 10

行 业	代码	年末在用计算机数（台）	年末拥有网站数（个）	全年电子商务采购金额（万元）	全年电子商务销售金额（万元）
广播、电视、电影和音像业	89	21948	106	41	1
广播	891	3624	9	27	
电视	892	15976	42	5	
电影	893	1717	37	8	
音像制作	894	631	18	2	1
文化艺术业	90	16103	300	370	2
文艺创作与表演	901	1712	40	218	
艺术表演场馆	902	293	4		
图书馆与档案馆	903	7551	121	121	
文物及文化保护	904	310	8		
博物馆	905	1655	34	12	
烈士陵园、纪念馆	906	184	3	5	
群众文化活动	907	3007	44	10	1
文化艺术经纪代理	908	452	15	4	0.3
其他文化艺术	909	939	31	1	
体育	91	3629	49	14	
体育组织	911	1570	28	14	
体育场馆	912	1222	11	0.1	
其他体育	919	837	10		
娱乐业	92	18222	174	88	8
室内娱乐活动	921	11897	83	22	8
游乐园	922	743	11		
休闲健身娱乐活动	923	3872	62	1	
其他娱乐活动	929	1710	18	64	
公共管理和社会组织	**S**	**715470**	**5235**	**56939**	**994**
中国共产党机关	93	18551	190	1855	37
中国共产党机关	930	18551	190	1855	37
国家机构	94	630786	3271	54292	649
国家权力机构	941	17721	94	1473	6
国家行政机构	942	568239	3031	50520	643
人民法院和人民检察院	943	37325	95	842	
其他国家机构	949	7501	51	1456	
人民政协和民主党派	95	2260	38	37	
人民政协	951	1679	28	26	
民主党派	952	581	10	11	
群众团体、社会团体和宗教组织	96	22966	907	620	308
群众团体	961	9561	264	408	7
社会团体	962	12780	628	210	300
宗教组织	963	625	15	2	
基层群众自治组织	97	40907	829	135	0.3
社区自治组织	971	13775	137	30	
村民自治组织	972	27132	692	105	0.3

4-2 按地区分组的法人单位信息化状况

地 区	年末在用计算机数(台)	年末拥有网站数(个)	全年电子商务采购金额(万元)	全年电子商务销售金额(万元)
总 计	**7537539**	**84879**	**36977227**	**52450152**
广州市	1708531	17242	5097041	10989557
深圳市	2109047	31169	24680716	27955893
珠海市	298533	3514	357541	1020762
汕头市	143035	1742	81287	550716
佛山市	588515	7541	996397	5950147
韶关市	117774	661	140249	899
河源市	56510	370	376	167
梅州市	100425	1005	11251	12025
惠州市	288236	1971	755040	552770
汕尾市	40348	259	10642	2903
东莞市	899984	8916	3493944	4278255
中山市	293107	2999	366056	407722
江门市	202884	2296	309475	244272
阳江市	57717	309	16704	20702
湛江市	138059	1045	217599	86958
茂名市	84245	506	39385	2918
肇庆市	117421	860	190712	70461
清远市	106564	574	107618	140555
潮州市	60234	711	72378	128803
揭阳市	75712	894	28921	27928
云浮市	50658	295	3896	5740

4-3　按登记注册类型分组的法人单位信息化状况

登记注册类型	年末在用计算机数（台）	年末拥有网站数（个）	全年电子商务采购金额（万元）	全年电子商务销售金额（万元）
总　计	**7537539**	**84879**	**36977227**	**52450152**
内资企业	**5833938**	**72559**	**8738140**	**14410389**
国有企业	2240685	9323	3592843	3754966
集体企业	129614	1067	30405	60939
股份合作企业	42219	435	20209	27472
联营企业	15007	228	6900	56475
国有联营企业	5371	59	316	52513
集体联营企业	2006	52	40	2
国有与集体联营企业	2472	17	56	5
其他联营企业	5158	100	6488	3955
有限责任公司	794498	11059	1828911	2414378
国有独资公司	92201	257	55562	124141
其他有限责任公司	702297	10802	1773349	2290237
股份有限公司	472331	1426	1693127	5484180
私营企业	1826623	45407	1526160	2581596
私营独资企业	410759	6708	163503	376832
私营合伙企业	116333	1696	6151	14080
私营有限责任公司	1247819	35852	1272716	1988963
私营股份有限公司	51712	1151	83790	201722
其他企业	312961	3614	39585	30383
港、澳、台商投资企业	**984420**	**7938**	**5650771**	**6979332**
合资经营企业(港或澳、台资)	166918	1529	1417022	1937459
合作经营企业(港或澳、台资)	40363	357	9238	46995
港、澳、台商独资经营企业	750577	5897	4223343	4994856
港、澳、台商投资股份有限公司	26562	155	1167	22
外商投资企业	**719181**	**4382**	**22588316**	**31060431**
中外合资经营企业	154822	1108	1588437	6364109
中外合作经营企业	30918	284	9013	47140
外资企业	498024	2830	20930027	24616606
外商投资股份有限公司	35417	160	60839	32576

4-4 按行业(中类)分组的企业法人单位信息化状况

行业	代码	年末在用计算机数(台)	年末拥有网站数(个)	全年电子商务采购金额(万元)	全年电子商务销售金额(万元)
总计		**5310319**	**73421**	**36596757**	**52440622**
采矿业	**B**	**5814**	**58**	**46**	**51**
煤炭开采和洗选业	06	11			
其他煤炭采选	069	11			
石油和天然气开采业	07	1689	6	20	25
天然原油和天然气开采	071	1230	1		
与石油和天然气开采有关的服务活动	079	459	5	20	25
黑色金属矿采选业	08	716	31		
铁矿采选	081	707	31		
其他黑色金属矿采选	089	9			
有色金属矿采选业	09	1329	6		
常用有色金属矿采选	091	808	3		
贵金属矿采选	092	140	2		
稀有稀土金属矿采选	093	381	1		
非金属矿采选业	10	2050	15	26	26
土砂石开采	101	1271	10	26	26
化学矿采选	102	530	1		
采盐	103	118			
石棉及其他非金属矿采选	109	131	4		0.1
其他采矿业	11	19			
其他采矿业	110	19			
制造业	**C**	**2306754**	**31541**	**29766904**	**44460956**
农副食品加工业	13	16021	354	104897	139589
谷物磨制	131	1064	22	4746	4346
饲料加工	132	4488	116	93171	102823
植物油加工	133	1960	35	120	120
制糖	134	1039	12	1728	
屠宰及肉类加工	135	1613	26	702	341
水产品加工	136	3405	84	2704	26026
蔬菜、水果和坚果加工	137	1198	29	132	225
其他农副食品加工	139	1254	30	1594	5710
食品制造业	14	23582	416	21251	68462
焙烤食品制造	141	3541	86	1548	1908
糖果、巧克力及蜜饯制造	142	4959	82	1935	13799
方便食品制造	143	2726	43	10811	34890
液体乳及乳制品制造	144	1990	15	146	212
罐头制造	145	644	12	3633	13906
调味品、发酵制品制造	146	3162	59	264	267
其他食品制造	149	6560	119	2914	3481
饮料制造业	15	13053	165	11432	1558
酒精制造	151	66	4		
酒的制造	152	3878	38	15	32
软饮料制造	153	8864	110	11411	1517
精制茶加工	154	245	13	6	9

4-4　续表 1

行　　业	代码	年末在用计算机数（台）	年末拥有网站数（个）	全年电子商务采购金额（万元）	全年电子商务销售金额（万元）
烟草制品业	16	504	1	92511	303101
烟叶复烤	161	100			
卷烟制造	162	359	1	92511	303101
其他烟草制品加工	169	45			
纺织业	17	70275	854	129453	224084
棉、化纤纺织及印染精加工	171	21537	214	31106	63195
毛纺织和染整精加工	172	3547	24	3	10
麻纺织	173	52	1		
丝绢纺织及精加工	174	1066	17	1520	1208
纺织制成品制造	175	12055	253	57407	65698
针织品、编织品及其制品制造	176	32018	345	39417	93973
纺织服装、鞋、帽制造业	18	116338	1197	28180	80685
纺织服装制造	181	110600	1136	27936	79398
纺织面料鞋的制造	182	3101	33	243	299
制帽	183	2637	28	1	988
皮革、毛皮、羽毛(绒)及其制品业	19	65681	961	155561	277224
皮革鞣制加工	191	3354	33	21	3001
皮革制品制造	192	60890	901	155540	274223
毛皮鞣制及制品加工	193	654	12		
羽毛(绒)加工及制品制造	194	783	15		
木材加工及木、竹、藤、棕、草制品业	20	9993	244	3202	12234
锯材、木片加工	201	901	23	435	534
人造板制造	202	3667	85	1662	7998
木制品制造	203	4293	116	954	3360
竹、藤、棕、草制品制造	204	1132	20	151	342
家具制造业	21	40438	895	49471	127714
木质家具制造	211	23567	491	19888	37151
竹、藤家具制造	212	759	17	818	7421
金属家具制造	213	6671	165	6387	29714
塑料家具制造	214	861	18	663	4276
其他家具制造	219	8580	204	21716	49152
造纸及纸制品业	22	44062	794	48952	105275
纸浆制造	221	1429	20		
造纸	222	11458	153	513	987
纸制品制造	223	31175	621	48439	104288
印刷业和记录媒介的复制	23	47457	912	34801	48108
印刷	231	43142	819	33508	45451
装订及其他印刷服务活动	232	3279	72	51	335
记录媒介的复制	233	1036	21	1243	2322
文教体育用品制造业	24	57600	644	71218	131762
文化用品制造	241	6634	109	8019	32483

4-4 续表 2

行业	代码	年末在用计算机数（台）	年末拥有网站数（个）	全年电子商务采购金额（万元）	全年电子商务销售金额（万元）
体育用品制造	242	12265	142	12986	32818
乐器制造	243	1810	46	20725	9226
玩具制造	244	35071	311	18940	42226
游艺器材及娱乐用品制造	245	1820	36	10549	15010
石油加工、炼焦及核燃料加工业	25	5774	49	278713	263
精炼石油产品的制造	251	5647	48	278703	43
炼焦	252	120	1		
核燃料加工	253	7		10	220
化学原料及化学制品制造业	26	71803	1599	264321	601430
基础化学原料制造	261	5199	85	2031	9335
肥料制造	262	1249	24	3145	774
农药制造	263	982	11	37	103
涂料、油墨、颜料及类似产品制造	264	20982	556	179308	341725
合成材料制造	265	7908	129	41767	45747
专用化学产品制造	266	14173	383	12195	110735
日用化学产品制造	267	21310	411	25839	93012
医药制造业	27	19701	295	2061	6176
化学药品原药制造	271	1408	14		
化学药品制剂制造	272	6369	61	905	520
中药饮片加工	273	905	24		
中成药制造	274	5813	73	1131	1560
兽用药品制造	275	797	21	1	
生物、生化制品的制造	276	2697	63	10	38
卫生材料及医药用品制造	277	1712	39	16	4057
化学纤维制造业	28	2734	42	32908	40423
纤维素纤维原料及纤维制造	281	413	11	1	2
合成纤维制造	282	2321	31	32907	40422
橡胶制品业	29	19783	406	14992	28214
轮胎制造	291	2115	14	462	232
橡胶板、管、带的制造	292	1632	57	855	2156
橡胶零件制造	293	3636	90	1898	2478
再生橡胶制造	294	136	6		
日用及医用橡胶制品制造	295	909	25	2363	2838
橡胶靴鞋制造	296	4082	49	2846	11164
其他橡胶制品制造	299	7273	165	6569	9346
塑料制品业	30	123845	2489	243390	559144
塑料薄膜制造	301	9667	267	55889	91016
塑料板、管、型材的制造	302	14350	242	1704	47573
塑料丝、绳及编织品的制造	303	1983	53	2959	56237
泡沫塑料制造	304	4195	102	2412	3995
塑料人造革、合成革制造	305	1987	31	4004	12181
塑料包装箱及容器制造	306	10364	313	15431	56436
塑料零件制造	307	23571	294	7684	50088
日用塑料制造	308	17277	394	121592	83052
其他塑料制品制造	309	40451	793	31714	158566

4-4 续表 3

行　业	代码	年末在用计算机数（台）	年末拥有网站数（个）	全年电子商务采购金额（万元）	全年电子商务销售金额（万元）
非金属矿物制品业	31	48348	1018	87661	153414
水泥、石灰和石膏的制造	311	3624	35	3287	960
水泥及石膏制品制造	312	5874	94	476	2634
砖瓦、石材及其他建筑材料制造	313	11904	251	4592	15787
玻璃及玻璃制品制造	314	13600	275	46994	57878
陶瓷制品制造	315	10784	277	31562	71215
耐火材料制品制造	316	405	14	4	14
石墨及其他非金属矿物制品制造	319	2157	72	748	4927
黑色金属冶炼及压延加工业	32	10801	101	1532	132339
炼铁	321	112	1		
炼钢	322	1350	6	2	
钢压延加工	323	9011	86	1530	132339
铁合金冶炼	324	328	8		
有色金属冶炼及压延加工业	33	17370	314	171339	179389
常用有色金属冶炼	331	1963	18	873	356
贵金属冶炼	332	185	7		
稀有稀土金属冶炼	333	345	6	5995	7892
有色金属合金制造	334	1136	32	8	54
有色金属压延加工	335	13741	251	164464	171088
金属制品业	34	125878	2859	294401	546238
结构性金属制品制造	341	29336	712	10338	29609
金属工具制造	342	12098	239	8262	20710
集装箱及金属包装容器制造	343	5924	145	163749	275888
金属丝绳及其制品的制造	344	2515	70	4060	994
建筑、安全用金属制品制造	345	17397	343	23629	78523
金属表面处理及热处理加工	346	7557	151	231	38
搪瓷制品制造	347	1572	43	1868	5276
不锈钢及类似日用金属制品制造	348	28765	617	19198	38908
其他金属制品制造	349	20714	539	63065	96292
通用设备制造业	35	70610	1658	309760	243956
锅炉及原动机制造	351	1631	33	7108	9740
金属加工机械制造	352	11552	374	5894	8683
起重运输设备制造	353	6733	89	24597	8921
泵、阀门、压缩机及类似机械的制造	354	8907	153	163658	34517
轴承、齿轮、传动和驱动部件的制造	355	4393	91	3548	21367
烘炉、熔炉及电炉制造	356	521	28	52	43
风机、衡器、包装设备等通用设备制造	357	17796	449	100002	147987
通用零部件制造及机械修理	358	14441	320	3586	6627
金属铸、锻加工	359	4636	121	1316	6072
专用设备制造业	36	111070	2149	64334	126320
矿山、冶金、建筑专用设备制造	361	3509	59	134	1326

4-4 续表 4

行　业	代码	年末在用计算机数(台)	年末拥有网站数(个)	全年电子商务采购金额(万元)	全年电子商务销售金额(万元)
化工、木材、非金属加工专用设备制造	362	48833	979	31023	58288
食品、饮料、烟草及饲料生产专用设备制造	363	1703	46	813	2346
印刷、制药、日化生产专用设备制造	364	6040	161	1639	3115
纺织、服装和皮革工业专用设备制造	365	4112	82	1307	4085
电子和电工机械专用设备制造	366	21418	263	13706	39191
农、林、牧、渔专用机械制造	367	680	24	75	
医疗仪器设备及器械制造	368	13749	234	13315	12392
环保、社会公共安全及其他专用设备制造	369	11026	301	2322	5576
交通运输设备制造业	37	78078	617	148631	4868981
铁路运输设备制造	371	853	4	5	7
汽车制造	372	47138	367	96022	4797341
摩托车制造	373	10507	82	3064	14307
自行车制造	374	5587	78	46588	54249
船舶及浮动装置制造	375	11210	58	1876	2652
航空航天器制造	376	2286	7	867	185
交通器材及其他交通运输设备制造	379	497	21	209	240
电气机械及器材制造业	39	292834	4181	1110095	6295421
电机制造	391	11604	236	8265	28832
输配电及控制设备制造	392	69498	1186	500073	659268
电线、电缆、光缆及电工器材制造	393	33551	611	84476	196541
电池制造	394	30818	294	41645	93610
家用电力器具制造	395	96112	914	325029	5086774
非电力家用器具制造	396	5009	104	59594	50418
照明器具制造	397	41695	730	85157	167818
其他电气机械及器材制造	399	4547	106	5857	12160
通信设备、计算机及其他电子设备制造业	40	672218	4556	25451919	27860196
通信设备制造	401	193852	467	1597491	1965425
雷达及配套设备制造	402	126	4	4	2
广播电视设备制造	403	11471	145	252903	86044
电子计算机制造	404	139562	635	18646513	20264816
电子器件制造	405	74036	640	2510276	2717467
电子元件制造	406	155058	1447	1621448	2215170
家用视听设备制造	407	69227	750	698049	423573
其他电子设备制造	409	28886	468	125235	187700
仪器仪表及文化、办公用机械制造业	41	78979	803	488034	1231114
通用仪器仪表制造	411	13693	255	14903	8932
专用仪器仪表制造	412	7372	119	13985	21021
钟表与计时仪器制造	413	12227	172	7585	11849
光学仪器及眼镜制造	414	14242	97	40942	65901
文化、办公用机械制造	415	30664	148	410392	1123206
其他仪器仪表的制造及修理	419	781	12	227	205

4-4　续表 5

行　　业	代码	年末在用计算机数（台）	年末拥有网站数（个）	全年电子商务采购金额（万元）	全年电子商务销售金额（万元）
工艺品及其他制造业	42	49649	935	51854	68107
工艺美术品制造	421	34298	631	45416	51056
日用杂品制造	422	8222	165	2988	12049
煤制品制造	423	47			
其他未列明的制造业	429	7082	139	3451	5003
废弃资源和废旧材料回收加工业	43	2275	33	30	35
金属废料和碎屑的加工处理	431	1217	18	1	
非金属废料和碎屑的加工处理	432	1058	15	29	35
电力、燃气及水的生产和供应业	**D**	**93074**	**186**	**3852**	**31**
电力、热力的生产和供应业	44	75276	95	3465	31
电力生产	441	15767	77	3344	31
电力供应	442	59278	17	122	
热力生产和供应	443	231	1		
燃气生产和供应业	45	4047	19	17	
燃气生产和供应业	450	4047	19	17	
水的生产和供应业	46	13751	72	370	1
自来水的生产和供应	461	12456	54	67	1
污水处理及其再生利用	462	776	9	303	0.2
其他水的处理、利用与分配	469	519	9		
建筑业	**E**	**142151**	**1930**	**44651**	**32353**
房屋和土木工程建筑业	47	70130	606	4528	2072
房屋工程建筑	471	38426	363	4306	1230
土木工程建筑	472	31704	243	221	842
建筑安装业	48	37288	531	10615	2393
建筑安装业	480	37288	531	10615	2393
建筑装饰业	49	28642	638	27986	26888
建筑装饰业	490	28642	638	27986	26888
其他建筑业	50	6091	155	1522	1000
工程准备	501	2066	49	15	
提供施工设备服务	502	572	19		
其他未列明的建筑活动	509	3453	87	1507	1000
交通运输、仓储和邮政业	**F**	**200463**	**2079**	**28159**	**99129**
铁路运输业	51	197			
铁路旅客运输	511	60			
铁路货物运输	512	77			
铁路运输辅助活动	513	60			
道路运输业	52	38839	527	5603	9876
公路旅客运输	521	8144	54	57	
道路货物运输	522	21464	407	4809	9876
道路运输辅助活动	523	9231	66	737	
城市公共交通业	53	12030	58	8364	103
公共电汽车客运	531	4360	17	8350	
轨道交通	532	4494	3		

4-4 续表 6

行 业	代码	年末在用计算机数(台)	年末拥有网站数(个)	全年电子商务采购金额(万元)	全年电子商务销售金额(万元)
出租车客运	533	2994	37	14	103
城市轮渡	534	4			
其他城市公共交通	539	178	1		
水上运输业	54	19647	156	5854	4963
水上旅客运输	541	1240	20		251
水上货物运输	542	5831	69	304	
水上运输辅助活动	543	12576	67	5550	4712
航空运输业	55	22454	165	205	67283
航空客货运输	551	20393	137	115	67283
通用航空服务	552	451	3	90	
航空运输辅助活动	553	1610	25		
管道运输业	56	102			
管道运输业	560	102			
装卸搬运和其他运输服务业	57	49331	918	7662	14985
装卸搬运	571	2091	34		
运输代理服务	572	47240	884	7662	14985
仓储业	58	13611	171	452	1537
谷物、棉花等农产品仓储	581	1029	11		
其他仓储	589	12582	160	452	1537
邮政业	59	44252	84	19	382
国家邮政	591	38911	14	4	342
其他寄递服务	599	5341	70	15	40
信息传输、计算机服务和软件业	**G**	**646645**	**4168**	**96716**	**93287**
电信和其他信息传输服务业	60	219409	641	2252	12958
电信	601	156857	231	1789	10476
互联网信息服务	602	58398	393	463	2482
广播电视传输服务	603	3661	16		
卫星传输服务	604	493	1		
计算机服务业	61	299195	1194	77916	43145
计算机系统服务	611	23174	583	73599	38183
数据处理	612	12368	27	4	2
计算机维修	613	2256	55	20	19
其他计算机服务	619	261397	529	4293	4941
软件业	62	128041	2333	16548	37184
公共软件服务	621	114867	2001	16315	36363
其他软件服务	629	13174	332	234	821
批发和零售业	**H**	**638267**	**19144**	**6179233**	**6591353**
批发业	63	434363	13994	5848591	6176285
农畜产品批发	631	3399	83	2000	12037
食品、饮料及烟草制品批发	632	32827	593	830477	104417
纺织、服装及日用品批发	633	66484	1662	255718	507744
文化、体育用品及器材批发	634	21336	719	99170	109191

4-4 续表 7

行 业	代码	年末在用计算机数(台)	年末拥有网站数(个)	全年电子商务采购金额(万元)	全年电子商务销售金额(万元)
医药及医疗器材批发	635	25815	522	165939	560800
矿产品、建材及化工产品批发	636	78412	2525	2261656	2395855
机械设备、五金交电及电子产品批发	637	170528	6653	2139395	2357440
贸易经纪与代理	638	17878	609	77586	104367
其他批发	639	17684	628	16650	24436
零售业	65	203904	5150	330642	415068
综合零售	651	34381	249	2553	1224
食品、饮料及烟草制品专门零售	652	5799	134	81	130
纺织、服装及日用品专门零售	653	19358	406	888	244826
文化、体育用品及器材专门零售	654	10543	351	5191	895
医药及医疗器材专门零售	655	10752	155	2240	2466
汽车、摩托车、燃料及零配件专门零售	656	44753	664	269303	127481
家用电器及电子产品专门零售	657	50534	1785	27820	32175
五金、家具及室内装修材料专门零售	658	13834	596	19795	1428
无店铺及其他零售	659	13950	810	2772	4442
住宿和餐饮业	**I**	**92655**	**1359**	**9188**	**22076**
住宿业	66	64306	933	6380	17626
旅游饭店	661	50952	707	1493	11554
一般旅馆	662	12037	206	4887	6072
其他住宿服务	669	1317	20	0.3	
餐饮业	67	28349	426	2808	4450
正餐服务	671	21605	333	2595	4444
快餐服务	672	4294	45	125	5
饮料及冷饮服务	673	881	9	1	
其他餐饮服务	679	1569	39	87	0.3
金融业	**J**	**380355**	**509**	**246903**	**895505**
银行业	68	171666	186	124145	846114
中央银行	681	50			
商业银行	682	169313	184	124073	846114
其他银行	689	2303	2	71	
证券业	69	154519	80	113915	44503
证券市场管理	691	835	1		
证券经纪与交易	692	152906	68	113915	18817
证券投资	693	524	8		25686
证券分析与咨询	694	254	3		
保险业	70	44539	179	8609	4888
人寿保险	701	19662	34	4050	19
非人寿保险	702	19327	65	2611	4696
保险辅助服务	703	5550	80	1948	173
其他金融活动	71	9631	64	235	
金融信托与管理	711	785	2		
金融租赁	712	204	2		

4-4 续表 8

行 业	代码	年末在用计算机数(台)	年末拥有网站数(个)	全年电子商务采购金额(万元)	全年电子商务销售金额(万元)
财务公司	713	328	2		
邮政储蓄	714	3276			
典当	715	523	19	0.2	
其他未列明的金融活动	719	4515	39	234	
房地产业	**K**	**172254**	**2055**	**10635**	**671**
房地产业	72	172254	2055	10635	671
房地产开发经营	721	68652	785	7705	185
物业管理	722	54505	661	2525	2
房地产中介服务	723	26293	306	135	68
其他房地产活动	729	22804	303	269	416
租赁和商务服务业	**L**	**314220**	**5613**	**185070**	**221058**
租赁业	73	4509	123	81	33
机械设备租赁	731	3695	111	81	33
文化及日用品出租	732	814	12		
商务服务业	74	309711	5490	184989	221025
企业管理服务	741	106704	1011	122544	126474
法律服务	742	9813	171	714	
咨询与调查	743	85573	1879	1215	437
广告业	744	40721	1037	1124	1553
知识产权服务	745	3019	109	1	36
职业中介服务	746	9193	166	16	7
市场管理	747	8036	88	21	82
旅行社	748	14053	301	18898	91246
其他商务服务	749	32599	728	40457	1191
科学研究、技术服务和地质勘查业	**M**	**171898**	**2845**	**10368**	**21872**
研究与试验发展	75	40404	955	3005	7395
自然科学研究与试验发展	751	1339	32	51	
工程和技术研究与试验发展	752	36981	858	2887	7395
农业科学研究与试验发展	753	452	12		
医学研究与试验发展	754	1483	50	67	
社会人文科学研究与试验发展	755	149	3		
专业技术服务业	76	115273	1508	7124	14107
气象服务	761	214	1	10	
地震服务	762	36	7		
海洋服务	763	89	1	200	
测绘服务	764	1522	22		
技术检测	765	10154	133	5767	13638
环境监测	766	393	11	17	
工程技术与规划管理	767	67290	589	735	15
其他专业技术服务	769	35575	744	396	453
科技交流和推广服务业	77	15252	370	239	371
技术推广服务	771	11032	297	236	348
科技中介服务	772	2739	36	2	23
其他科技服务	779	1481	37	0.1	

4-4 续表 9

行 业	代码	年末在用计算机数(台)	年末拥有网站数(个)	全年电子商务采购金额(万元)	全年电子商务销售金额(万元)
地质勘查业	78	969	12		
矿产地质勘查	781	254	3		
基础地质勘查	782	374	3		
地质勘查技术服务	783	341	6		
水利、环境和公共设施管理业	**N**	**10164**	**189**	**3553**	**79**
水利管理业	79	369	3		
防洪管理	791	117	2		
水资源管理	792	185			
其他水利管理	799	67	1		
环境管理业	80	3052	66	262	
自然保护	801	234	3		
环境治理	802	2818	63	262	
公共设施管理业	81	6743	120	3291	79
市政公共设施管理	811	1609	16	7	1
城市绿化管理	812	3160	64	3159	29
游览景区管理	813	1974	40	125	49
居民服务和其他服务业	**O**	**40321**	**807**	**5174**	**685**
居民服务业	82	18634	346	228	258
家庭服务	821	766	50		9
托儿所	822	107	1		
洗染服务	823	479	10	0.4	
理发及美容保健服务	824	3546	95	4	10
洗浴服务	825	3185	37	8	
婚姻服务	826	279	21	1	
殡葬服务	827	334	12		1
摄影扩印服务	828	2232	94	211	239
其他居民服务	829	7706	26	4	
其他服务业	83	21687	461	4946	428
修理与维护	831	11797	227	4591	57
清洁服务	832	3639	120	335	353
其他未列明的服务	839	6251	114	21	19
教育	**P**	**37754**	**420**	**3681**	**13**
教育	84	37754	420	3681	13
学前教育	841	4659	74	5	1
初等教育	842	6764	20	12	
中等教育	843	7918	35	1072	
高等教育	844	2748	11	88	
其他教育	849	15665	280	2504	12
卫生、社会保障和社会福利业	**Q**	**15335**	**168**	**2482**	**1494**
卫生	85	15131	161	2482	1494

4-4 续表 10

行　业	代码	年末在用计算机数（台）	年末拥有网站数（个）	全年电子商务采购金额（万元）	全年电子商务销售金额（万元）
医院	851	10897	59	1846	1019
卫生院及社区医疗活动	852	632	7	254	
门诊部医疗活动	853	2463	50	380	475
计划生育技术服务活动	854	430	10		
妇幼保健活动	855	14			
专科疾病防治活动	856	122	23	0.1	
疾病预防控制及防疫活动	857	43	1		
其他卫生活动	859	530	11	3	
社会保障业	86	36			
社会保障业	860	36			
社会福利业	87	168	7		
提供住宿的社会福利	871	99	5		
不提供住宿的社会福利	872	69	2		
文化、体育和娱乐业	**R**	**42195**	**350**	**142**	**10**
新闻出版业	88	12928	62	100	
新闻业	881	1411	3		
出版业	882	11517	59	100	
广播、电视、电影和音像业	89	9303	71	9	1
广播	891	881	3		
电视	892	6440	17		
电影	893	1497	33	7	
音像制作	894	485	18	2	1
文化艺术业	90	1964	57	9	1
文艺创作与表演	901	722	21	5	
艺术表演场馆	902	154	3		
图书馆与档案馆	903	79	1		
文物及文化保护	904	31	2		
博物馆	905	15	1		
烈士陵园、纪念馆	906	6			
群众文化活动	907	163	3	0.1	0.2
文化艺术经纪代理	908	379	14	4	0.3
其他文化艺术	909	415	12		
体育	91	1349	24	0.1	
体育组织	911	574	10		
体育场馆	912	397	6	0.1	
其他体育	919	378	8		
娱乐业	92	16651	136	24	8
室内娱乐活动	921	11426	55	22	8
游乐园	922	730	11		
休闲健身娱乐活动	923	3758	58	1	
其他娱乐活动	929	737	12		

4-5　按地区分组的企业法人单位信息化状况

地　区	年末在用计算机数（台）	年末拥有网站数（个）	全年电子商务采购金额（万元）	全年电子商务销售金额（万元）
总　计	**5310319**	**73421**	**36596757**	**52440622**
广州市	1164590	15157	5004119	10988966
深圳市	1805753	29694	24637195	27950574
珠海市	209752	2989	298866	1020600
汕头市	81893	1388	79715	550716
佛山市	391099	6248	967358	5950067
韶关市	47826	308	134897	889
河源市	20453	139	128	161
梅州市	29969	483	9511	12021
惠州市	206026	1453	745266	552356
汕尾市	16281	130	10114	2903
东莞市	720676	8350	3485107	4278207
中山市	209901	2675	352167	405493
江门市	119709	1714	296352	243923
阳江市	27240	204	11888	20702
湛江市	63430	430	215260	86958
茂名市	24824	213	17050	2915
肇庆市	49637	450	157608	70461
清远市	44166	298	98810	140541
潮州市	27315	327	55168	128803
揭阳市	30380	677	17119	27928
云浮市	19399	94	3060	5440

4-6 按登记注册类型分组的企业法人单位信息化状况

登记注册类型	年末在用计算机数（台）	年末拥有网站数（个）	全年电子商务采购金额（万元）	全年电子商务销售金额（万元）
总　计	**5310319**	**73421**	**36596757**	**52440622**
内资企业	**3609495**	**61114**	**8357670**	**14400858**
国有企业	378604	1381	3239017	3750561
集体企业	88720	884	28722	60939
股份合作企业	40051	396	16565	27472
联营企业	13074	213	6895	56475
国有联营企业	5063	54	316	52513
集体联营企业	1987	52	40	2
国有与集体联营企业	1414	12	51	5
其他联营企业	4610	95	6488	3955
有限责任公司	789204	10985	1828610	2414318
国有独资公司	92140	256	55562	124141
其他有限责任公司	697064	10729	1773048	2290177
股份有限公司	471104	1421	1693127	5484180
私营企业	1756630	44836	1523325	2576951
私营独资企业	365425	6405	163372	376832
私营合伙企业	102995	1561	6139	14080
私营有限责任公司	1236965	35731	1270024	1984318
私营股份有限公司	51245	1139	83790	201722
其他企业	72108	998	21409	29963
港、澳、台商投资企业	**983125**	**7928**	**5650771**	**6979332**
合资经营企业(港或澳、台资)	166797	1525	1417022	1937459
合作经营企业(港或澳、台资)	40280	356	9238	46995
港、澳、台商独资经营企业	749491	5892	4223343	4994856
港、澳、台商投资股份有限公司	26557	155	1167	22
外商投资企业	**717699**	**4379**	**22588316**	**31060431**
中外合资经营企业	154795	1108	1588437	6364109
中外合作经营企业	30629	284	9013	47140
外资企业	496874	2828	20930027	24616606
外商投资股份有限公司	35401	159	60839	32576

4-7　按行业(中类)分组的非企业法人单位信息化状况

行　　业	代码	年末在用计算机数(台)	年末拥有网站数(个)	全年电子商务采购金额(万元)	全年电子商务销售金额(万元)
总　　计		**2227220**	**11458**	**380471**	**9531**
采矿业	**B**	**3**			
非金属矿采选业	10	3			
土砂石开采	101	3			
制造业	**C**	**105**	**1**		
化学原料及化学制品制造业	26	20	1		
专用化学产品制造	266	20	1		
通用设备制造业	35	85			
泵、阀门、压缩机及类似机械的制造	354	20			
风机、衡器、包装设备等通用设备制造	357	65			
电力、燃气及水的生产和供应业	**D**	**347**	**1**		
电力、热力的生产和供应业	44	116	1		
电力生产	441	116	1		
燃气生产和供应业	45	3			
燃气生产和供应业	450	3			
水的生产和供应业	46	228			
自来水的生产和供应	461	191			
污水处理及其再生利用	462	37			
交通运输、仓储和邮政业	**F**	**4035**	**24**	**4**	
铁路运输业	51	7			
铁路运输辅助活动	513	7			
道路运输业	52	2948	13	4	
公路旅客运输	521	33			
道路货物运输	522	164	7		
道路运输辅助活动	523	2751	6	4	
城市公共交通业	53	12			
公共电汽车客运	531	6			
出租车客运	533	4			
其他城市公共交通	539	2			
水上运输业	54	285	4		
水上货物运输	542	31	1		
水上运输辅助活动	543	254	3		
航空运输业	55	180	1		
通用航空服务	552	2			
航空运输辅助活动	553	178	1		
装卸搬运和其他运输服务业	57	199	4		
装卸搬运	571	21			
运输代理服务	572	178	4		
仓储业	58	340	1		
谷物、棉花等农产品仓储	581	222			
其他仓储	589	118	1		
邮政业	59	64	1		
其他寄递服务	599	64	1		
信息传输、计算机服务和软件业	**G**	**21233**	**142**	**2836**	**4646**
电信和其他信息传输服务业	60	4981	59	188	
电信	601	191			
互联网信息服务	602	2737	47	188	
广播电视传输服务	603	1961	11	1	
卫星传输服务	604	92	1		

4-7 续表 1

行业	代码	年末在用计算机数(台)	年末拥有网站数(个)	全年电子商务采购金额(万元)	全年电子商务销售金额(万元)
计算机服务业	61	14437	61	128	0.1
计算机系统服务	611	302	36		
数据处理	612	29	1		
计算机维修	613	360	4	3	
其他计算机服务	619	13746	20	125	0.1
软件业	62	1815	22	2520	4645
公共软件服务	621	1721	20	2520	4645
其他软件服务	629	94	2		
批发和零售业	**H**	**1040**	**9**	**0**	
批发业	63	130	4	0.1	
食品、饮料及烟草制品批发	632	2			
文化、体育用品及器材批发	634	80	1		
医药及医疗器材批发	635	2			
矿产品、建材及化工产品批发	636	30	3	0.1	
机械设备、五金交电及电子产品批发	637	16			
零售业	65	910	5		
综合零售	651	49			
文化、体育用品及器材专门零售	654	26	2		
医药及医疗器材专门零售	655	2			
汽车、摩托车、燃料及零配件专门零售	656	116	2		
家用电器及电子产品专门零售	657	717	1		
住宿和餐饮业	**I**	**1293**	**22**	**45**	
住宿业	66	1051	15	45	
旅游饭店	661	825	9	45	
一般旅馆	662	177	4		
其他住宿服务	669	49	2		
餐饮业	67	242	7		
正餐服务	671	210	5		
快餐服务	672	13	1		
饮料及冷饮服务	673	4	1		
其他餐饮服务	679	15			
金融业	**J**	**10763**	**11**	**339**	**288**
银行业	68	9948	3	339	288
中央银行	681	9386	3	337	288
商业银行	682	396			
其他银行	689	166		2	
证券业	69	188	1		
证券市场管理	691	188	1		
保险业	70	258	4		
人寿保险	701	72	3		
非人寿保险	702	36			
保险辅助服务	703	150	1		
其他金融活动	71	369	3		
金融信托与管理	711	5	1		
财务公司	713	6			
典当	715	10			
其他未列明的金融活动	719	348	2		

4-7 续表 2

行业	代码	年末在用计算机数（台）	年末拥有网站数（个）	全年电子商务采购金额（万元）	全年电子商务销售金额（万元）
房地产业	K	**2265**	**18**	**53**	**48**
房地产业	72	2265	18	53	48
房地产开发经营	721	226			
物业管理	722	397	4	49	47
房地产中介服务	723	749	7	4	1
其他房地产活动	729	893	7		
租赁和商务服务业	L	**23380**	**464**	**1322**	
租赁业	73	113	1		
机械设备租赁	731	110	1		
文化及日用品出租	732	3			
商务服务业	74	23267	463	1322	
企业管理服务	741	11761	209	1234	
法律服务	742	3702	86	7	
咨询与调查	743	2546	54	3	
广告业	744	315	15	2	
知识产权服务	745	95	4		
职业中介服务	746	2986	39	69	
市场管理	747	582	32		
旅行社	748	184	8	6	
其他商务服务	749	1096	16	1	
科学研究、技术服务和地质勘查业	M	**45146**	**405**	**3598**	**13**
研究与试验发展	75	12272	108	377	13
自然科学研究与试验发展	751	2981	19	136	
工程和技术研究与试验发展	752	4559	41	86	13
农业科学研究与试验发展	753	2450	29	154	
医学研究与试验发展	754	1467	12		
社会人文科学研究与试验发展	755	815	7		
专业技术服务业	76	26233	204	2973	
气象服务	761	2491	53	1711	
地震服务	762	180	4	14	
海洋服务	763	1660	7		
测绘服务	764	1613	10		
技术检测	765	8319	55	371	
环境监测	766	1432	9	240	
工程技术与规划管理	767	9715	49	627	
其他专业技术服务	769	823	17	10	
科技交流和推广服务业	77	4604	83	206	
技术推广服务	771	2501	34	36	
科技中介服务	772	1477	32	170	
其他科技服务	779	626	17		
地质勘查业	78	2037	10	42	
矿产地质勘查	781	1110	6	14	
基础地质勘查	782	624	4	27	
地质勘查技术服务	783	303			
水利、环境和公共设施管理业	N	**15134**	**87**	**3078**	**20**
水利管理业	79	4678	21	2163	

4-7 续表 3

行　业	代码	年末在用计算机数(台)	年末拥有网站数(个)	全年电子商务采购金额(万元)	全年电子商务销售金额(万元)
防洪管理	791	1106	6	10	
水资源管理	792	2118	8	2149	
其他水利管理	799	1454	7	4	
环境管理业	80	5152	28	303	
自然保护	801	635	7	223	
环境治理	802	4517	21	80	
公共设施管理业	81	5304	38	612	20
市政公共设施管理	811	2895	13	563	20
城市绿化管理	812	1045	6	1	
游览景区管理	813	1364	19	48	
居民服务和其他服务业	**O**	**4281**	**78**	**78**	**1**
居民服务业	82	3294	60	76	1
家庭服务	821	25			
托儿所	822	381	5		
洗染服务	823	12			
理发及美容保健服务	824	312	3		
洗浴服务	825	30			
婚姻服务	826	21	2		
殡葬服务	827	991	39	69	
摄影扩印服务	828	24	2		
其他居民服务	829	1498	9	7	1
其他服务业	83	987	18	3	
修理与维护	831	110	2		
清洁服务	832	152	7		
其他未列明的服务	839	725	9	3	
教育	**P**	**1201864**	**3838**	**23335**	**111**
教育	84	1201864	3838	23335	111
学前教育	841	25729	483	745	
初等教育	842	366100	1262	2942	93
中等教育	843	531881	1178	15602	1
高等教育	844	225555	465	2672	
其他教育	849	52599	450	1375	17
卫生、社会保障和社会福利业	**Q**	**144822**	**739**	**288301**	**3410**
卫生	85	137075	664	288000	3309
医院	851	101575	300	234512	3001
卫生院及社区医疗活动	852	13733	167	21784	308
门诊部医疗活动	853	2908	50	4838	
计划生育技术服务活动	854	1591	21	261	
妇幼保健活动	855	5010	20	22781	
专科疾病防治活动	856	2877	28	2230	
疾病预防控制及防疫活动	857	7065	49	947	
其他卫生活动	859	2316	29	648	
社会保障业	86	4541	27	39	
社会保障业	860	4541	27	39	
社会福利业	87	3206	48	262	101
提供住宿的社会福利	871	2061	26	224	101
不提供住宿的社会福利	872	1145	22	38	

4-7　续表 4

行　　业	代码	年末在用计算机数（台）	年末拥有网站数（个）	全年电子商务采购金额（万元）	全年电子商务销售金额（万元）
文化、体育和娱乐业	**R**	**36039**	**384**	**543**	**1**
新闻出版业	88	5404	43	73	
新闻业	881	473	12	61	
出版业	882	4931	31	12	
广播、电视、电影和音像业	89	12645	35	32	
广播	891	2743	6	27	
电视	892	9536	25	5	
电影	893	220	4	0	
音像制作	894	146			
文化艺术业	90	14139	243	361	1
文艺创作与表演	901	990	19	213	
艺术表演场馆	902	139	1		
图书馆与档案馆	903	7472	120	121	
文物及文化保护	904	279	6		
博物馆	905	1640	33	12	
烈士陵园、纪念馆	906	178	3	5	
群众文化活动	907	2844	41	10	1
文化艺术经纪代理	908	73	1		
其他文化艺术	909	524	19	1	
体育	91	2280	25	14	
体育组织	911	996	18	14	
体育场馆	912	825	5		
其他体育	919	459	2		
娱乐业	92	1571	38	64	
室内娱乐活动	921	471	28		
游乐园	922	13			
休闲健身娱乐活动	923	114	4		
其他娱乐活动	929	973	6	64	
公共管理和社会组织	**S**	**715470**	**5235**	**56939**	**994**
中国共产党机关	93	18551	190	1855	37
中国共产党机关	930	18551	190	1855	37
国家机构	94	630786	3271	54292	649
国家权力机构	941	17721	94	1473	6
国家行政机构	942	568239	3031	50520	643
人民法院和人民检察院	943	37325	95	842	
其他国家机构	949	7501	51	1456	
人民政协和民主党派	95	2260	38	37	
人民政协	951	1679	28	26	
民主党派	952	581	10	11	
群众团体、社会团体和宗教组织	96	22966	907	620	308
群众团体	961	9561	264	408	7
社会团体	962	12780	628	210	300
宗教组织	963	625	15	2	
基层群众自治组织	97	40907	829	135	0.3
社区自治组织	971	13775	137	30	
村民自治组织	972	27132	692	105	0.3

4-8 按地区分组的非企业法人单位信息化状况

地　区	年末在用计算机数（台）	年末拥有网站数（个）	全年电子商务采购金额（万元）	全年电子商务销售金额（万元）
总　计	**2227220**	**11458**	**380471**	**9531**
广州市	543941	2085	92922	592
深圳市	303294	1475	43521	5319
珠海市	88781	525	58676	162
汕头市	61142	354	1573	
佛山市	197416	1293	29039	80
韶关市	69948	353	5352	10
河源市	36057	231	247	6
梅州市	70456	522	1740	4
惠州市	82210	518	9775	414
汕尾市	24067	129	528	
东莞市	179308	566	8837	48
中山市	83206	324	13889	2229
江门市	83175	582	13123	349
阳江市	30477	105	4816	
湛江市	74629	615	2340	
茂名市	59421	293	22335	4
肇庆市	67784	410	33104	
清远市	62398	276	8808	14
潮州市	32919	384	17210	
揭阳市	45332	217	11802	
云浮市	31259	201	836	300

4-9　按登记注册类型分组的非企业法人单位信息化状况

登记注册类型	年末在用计算机数(台)	年末拥有网站数(个)	全年电子商务采购金额(万元)	全年电子商务销售金额(万元)
总　计	**2227220**	**11458**	**380471**	**9531**
内资企业	**2224443**	**11445**	**380471**	**9531**
国有企业	1862081	7942	353826	4405
集体企业	40894	183	1683	
股份合作企业	2168	39	3644	
联营企业	1933	15	6	
国有联营企业	308	5		
集体联营企业	19			
国有与集体联营企业	1058	5	5	
其他联营企业	548	5	0.3	
有限责任公司	5294	74	301	60
国有独资公司	61	1		
其他有限责任公司	5233	73	301	60
股份有限公司	1227	5		
私营企业	69993	571	2835	4645
私营独资企业	45334	303	131	
私营合伙企业	13338	135	12	
私营有限责任公司	10854	121	2692	4645
私营股份有限公司	467	12		
其他企业	240853	2616	18176	420
港、澳、台商投资企业	**1295**	**10**		
合资经营企业(港或澳、台资)	121	4		
合作经营企业(港或澳、台资)	83	1		
港、澳、台商独资经营企业	1086	5		
港、澳、台商投资股份有限公司	5			
外商投资企业	**1482**	**3**		
中外合资经营企业	27			
中外合作经营企业	289			
外资企业	1150	2		
外商投资股份有限公司	16	1		

附录

附表1　广东省按地区分组的法人单位与第一次经济普查对比表

市　别	2008年			2004年			2008年比2004年增长(%)		
	法　人单位数（万个）	产业活动单位数（万个）	年末就业人　数（万人）	法　人单位数（万个）	产业活动单位数（万个）	年末就业人　数（万人）	法　人单位数	产业活动单位数	年末就业人　数
总　计	**61.77**	**76.34**	**3099.60**	**43.50**	**55.15**	**2318.6**	**42.0**	**38.4**	**33.7**
广州市	14.99	17.50	539.57	9.67	11.59	383.23	55.0	50.9	40.8
深圳市	10.37	12.88	667.26	6.19	7.74	465.14	67.6	66.6	43.5
珠海市	2.25	2.65	86.78	1.69	2.02	65.77	32.7	31.4	31.9
汕头市	2.27	2.65	96.16	1.92	2.22	83.26	18.1	19.5	15.5
佛山市	6.16	7.01	286.12	4.79	5.45	217.03	28.4	28.6	31.8
韶关市	1.15	1.78	46.38	0.91	1.40	36.91	26.4	27.5	25.7
河源市	0.77	1.20	31.31	0.66	1.11	24.56	16.7	8.8	27.5
梅州市	1.32	2.19	48.35	1.13	1.97	42.86	16.6	11.4	12.8
惠州市	2.36	2.94	120.46	1.64	2.12	103.64	43.9	38.5	16.2
汕尾市	0.55	0.70	27.60	0.47	0.70	22.2	15.4		24.3
东莞市	5.28	6.12	451.75	3.65	4.09	350.23	44.7	49.7	29.0
中山市	2.66	3.11	171.77	1.71	2.03	127.93	55.9	53.2	34.3
江门市	2.18	2.61	114.51	1.74	2.20	91.07	25.0	19.0	25.7
阳江市	0.92	1.17	40.02	0.74	0.98	31.36	23.9	19.9	27.6
湛江市	1.57	2.38	71.02	1.14	1.79	55.75	37.6	32.7	27.4
茂名市	1.54	2.03	63.67	1.02	1.53	48.34	51.9	32.4	31.7
肇庆市	1.37	1.93	57.25	0.94	1.44	40.31	45.0	34.0	42.0
清远市	1.00	1.47	48.42	0.79	1.31	32.06	27.3	12.5	51.0
潮州市	1.10	1.28	41.93	1.03	1.23	34.19	6.9	3.9	22.6
揭阳市	1.41	1.74	64.14	1.24	1.52	41.6	13.5	14.1	54.2
云浮市	0.56	0.99	25.13	0.42	0.72	21.16	33.2	36.4	18.8

附表2　按行业(门类)分组的广东省

行　业	代码	全国			
		法人单位（万个）	企业	就业人数（万人）	企业
总　计		**709.88**	**495.97**	**27153.72**	**21889.36**
农、林、牧、渔业	A	0.20	0.14	195.27	148.73
采矿业	B	9.73	9.73	990.75	990.74
制造业	C	181.84	181.83	10433.06	10432.35
电力、燃气及水的生产和供应业	D	5.79	5.70	404.59	400.99
建筑业	E	22.68	22.67	3907.03	3906.82
交通运输、仓储和邮政业	F	15.76	14.85	897.63	846.17
信息传输、计算机服务和软件业	G	15.33	14.49	320.70	308.17
批发和零售业	H	140.31	140.27	1891.98	1890.76
住宿和餐饮业	I	14.53	14.02	585.75	568.71
金融业	J	2.87	2.69	509.51	493.74
房地产业	K	21.44	20.99	552.19	542.88
租赁和商务服务业	L	42.70	35.93	770.69	683.15
科学研究、技术服务和地质勘查业	M	20.17	12.54	447.59	268.35
水利、环境和公共设施管理业	N	5.76	2.21	221.41	64.98
居民服务和其他服务业	O	12.05	10.65	199.04	176.28
教育	P	33.51	2.14	1723.63	40.27
卫生、社会保障和社会福利业	Q	20.65	1.59	680.36	43.81
文化、体育和娱乐业	R	8.19	3.52	194.07	82.46
公共管理和社会组织	S	136.39		2228.47	

法人单位数及就业人数与全国比较

广东				广东占全国比重(%)			
法人单位(万个)	企业	就业人数(万人)	企业	法人单位	企业	就业人数	企业
61.77	**50.92**	**3099.60**	**2730.84**	**8.7**	**10.3**	**11.4**	**12.5**
0.01	0.00	1.82	1.58	2.6	2.7	0.9	1.1
0.23	0.23	9.64	9.62	2.4	2.4	1.0	1.0
19.18	19.18	1771.11	1771.08	10.5	10.5	17.0	17.0
0.72	0.71	31.49	31.12	12.4	12.4	7.8	7.8
1.45	1.45	192.02	192.02	6.4	6.4	4.9	4.9
1.48	1.42	93.08	90.60	9.4	9.6	10.4	10.7
1.45	1.40	38.14	37.14	9.4	9.6	11.9	12.1
14.14	14.13	194.79	194.49	10.1	10.1	10.3	10.3
1.33	1.30	80.83	79.59	9.2	9.3	13.8	14.0
0.20	0.19	50.14	49.01	6.9	7.0	9.8	9.9
2.85	2.80	78.21	77.18	13.3	13.3	14.2	14.2
5.60	4.65	123.86	112.19	13.1	13.0	16.1	16.4
1.67	1.37	37.06	29.35	8.3	10.9	8.3	10.9
0.40	0.18	17.84	6.99	6.9	8.2	8.1	10.8
1.21	1.10	27.08	24.52	10.1	10.3	13.6	13.9
2.92	0.30	136.24	7.33	8.7	13.9	7.9	18.2
0.83	0.17	51.40	4.93	4.0	10.8	7.6	11.2
0.58	0.34	19.99	12.08	7.0	9.6	10.3	14.7
5.53		144.85		4.1		6.5	

附表3 按单位类别分组的全国各省(市、区)法人单位数

地区	法人单位数(万个)	企业法人	事业法人	机关法人	社会团体	民办非企业单位	其他组织结构
全国	**709.88**	**495.97**	**70.87**	**24.97**	**18.63**	**15.25**	**84.19**
北京	26.79	24.99	0.76	0.13	0.20	0.20	0.51
天津	14.54	12.56	0.63	0.18	0.18	0.15	0.85
河北	27.86	17.10	3.27	1.21	0.51	0.36	5.42
山西	16.07	8.74	2.35	0.90	0.50	0.29	3.29
内蒙古	11.36	6.75	1.63	0.76	0.52	0.19	1.50
辽宁	31.54	24.38	2.70	0.95	0.78	0.78	1.97
吉林	12.44	8.29	1.72	0.58	0.38	0.20	1.28
黑龙江	15.03	9.92	1.92	1.00	0.46	0.33	1.40
上海	36.05	33.78	0.81	0.18	0.28	0.34	0.66
江苏	63.08	53.23	3.69	1.02	1.31	0.81	3.02
浙江	56.02	45.10	2.77	0.84	1.40	0.83	5.08
安徽	20.53	13.44	2.32	0.99	0.81	0.50	2.48
福建	23.26	15.97	2.48	0.80	1.03	0.43	2.56
江西	14.78	7.86	2.37	0.93	0.57	0.55	2.51
山东	60.38	43.14	3.66	1.21	1.24	1.69	9.44
河南	35.11	21.28	3.99	1.18	0.55	1.86	6.25
湖北	29.34	18.47	3.86	1.04	0.91	1.03	4.02
湖南	25.84	14.05	3.98	1.29	0.71	0.55	5.26
广东	61.77	50.92	3.93	1.15	0.93	0.93	3.90
广西	15.47	7.41	3.76	0.98	0.74	0.39	2.20
海南	2.94	1.94	0.34	0.14	0.08	0.10	0.34
重庆	13.91	9.74	1.63	0.45	0.36	0.37	1.34
四川	31.03	15.74	5.10	1.96	1.48	0.92	5.83
贵州	9.43	4.06	2.14	0.74	0.32	0.16	2.02
云南	12.27	6.59	1.97	1.09	0.65	0.27	1.70
西藏	1.53	0.24	0.21	0.39	0.05	0.00	0.63
陕西	17.90	9.17	3.16	1.00	0.46	0.63	3.49
甘肃	9.44	4.01	1.79	0.71	0.50	0.17	2.26
青海	2.44	0.99	0.37	0.27	0.14	0.04	0.64
宁夏	2.93	1.55	0.28	0.15	0.21	0.05	0.70
新疆	8.81	4.57	1.29	0.77	0.38	0.13	1.67

附表4　按单位类别分组的各省(市、区)法人单位占全国比重

单位：%

地　区	法　人单位数	企业法人	事业法人	机关法人	社会团体	民办非企业单位	其他组织结构
全　国	**100**	**100**	**100**	**100**	**100**	**100**	**100**
北　京	3.8	5.0	1.1	0.5	1.1	1.3	0.6
天　津	2.0	2.5	0.9	0.7	1.0	1.0	1.0
河　北	3.9	3.4	4.6	4.8	2.7	2.3	6.4
山　西	2.3	1.8	3.3	3.6	2.7	1.9	3.9
内蒙古	1.6	1.4	2.3	3.1	2.8	1.3	1.8
辽　宁	4.4	4.9	3.8	3.8	4.2	5.1	2.3
吉　林	1.8	1.7	2.4	2.3	2.0	1.3	1.5
黑龙江	2.1	2.0	2.7	4.0	2.5	2.2	1.7
上　海	5.1	6.8	1.1	0.7	1.5	2.2	0.8
江　苏	8.9	10.7	5.2	4.1	7.1	5.3	3.6
浙　江	7.9	9.1	3.9	3.4	7.5	5.5	6.0
安　徽	2.9	2.7	3.3	4.0	4.3	3.3	2.9
福　建	3.3	3.2	3.5	3.2	5.5	2.8	3.0
江　西	2.1	1.6	3.3	3.7	3.1	3.6	3.0
山　东	8.5	8.7	5.2	4.9	6.6	11.1	11.2
河　南	4.9	4.3	5.6	4.7	2.9	12.2	7.4
湖　北	4.1	3.7	5.4	4.1	4.9	6.8	4.8
湖　南	3.6	2.8	5.6	5.2	3.8	3.6	6.2
广　东	8.7	10.3	5.6	4.6	5.0	6.1	4.6
广　西	2.2	1.5	5.3	3.9	4.0	2.5	2.6
海　南	0.4	0.4	0.5	0.5	0.4	0.7	0.4
重　庆	2.0	2.0	2.3	1.8	1.9	2.5	1.6
四　川	4.4	3.2	7.2	7.8	7.9	6.0	6.9
贵　州	1.3	0.8	3.0	2.9	1.7	1.1	2.4
云　南	1.7	1.3	2.8	4.4	3.5	1.7	2.0
西　藏	0.2	0.0	0.3	1.6	0.3	0.0	0.8
陕　西	2.5	1.8	4.5	4.0	2.4	4.1	4.1
甘　肃	1.3	0.8	2.5	2.8	2.7	1.1	2.7
青　海	0.3	0.2	0.5	1.1	0.7	0.2	0.8
宁　夏	0.4	0.3	0.4	0.6	1.1	0.3	0.8
新　疆	1.2	0.9	1.8	3.1	2.1	0.8	2.0

附表5 按机构类型分组的全国各省(市、区)法人单位就业人数

地区	就业人数(万人)	企业法人	事业法人	机关法人	社会团体	民办非企业单位	其他组织结构
全国	**27153.72**	**21889.36**	**3051.05**	**1131.74**	**214.08**	**235.75**	**631.75**
北京	793.87	659.69	89.74	26.11	2.51	6.62	9.20
天津	441.04	377.38	37.94	11.28	2.21	2.95	9.28
河北	1104.99	845.94	151.09	63.05	6.12	7.95	30.85
山西	664.72	486.24	101.57	39.15	6.47	8.23	23.07
内蒙古	433.54	309.71	74.24	31.80	5.82	2.64	9.33
辽宁	1030.78	842.23	115.55	42.24	8.90	7.83	14.03
吉林	471.43	348.88	78.60	26.62	4.39	3.17	9.78
黑龙江	644.14	491.57	94.62	36.05	7.11	3.95	10.84
上海	1041.22	952.99	54.68	13.66	2.26	9.52	8.11
江苏	2708.72	2416.29	175.23	57.46	10.98	17.40	31.37
浙江	2079.05	1864.35	114.18	45.55	8.05	13.72	33.20
安徽	833.20	645.98	105.66	40.52	12.19	9.21	19.63
福建	953.93	804.12	79.22	28.31	8.85	7.93	25.51
江西	615.52	455.22	93.66	36.26	5.44	8.40	16.53
山东	2390.27	1980.75	219.55	83.60	21.73	19.02	65.62
河南	1490.42	1142.65	206.40	72.60	9.01	17.72	42.04
湖北	963.70	724.01	145.73	44.21	9.95	12.05	27.75
湖南	929.48	691.10	144.53	52.66	8.24	8.51	24.44
广东	3099.39	2730.63	204.19	87.49	10.18	25.07	41.83
广西	488.57	328.95	106.59	27.68	6.03	5.38	13.94
海南	116.21	83.55	20.25	6.82	0.70	2.07	2.83
重庆	564.05	464.92	59.96	19.82	5.67	4.58	9.11
四川	1107.70	826.62	156.56	57.79	18.05	11.26	37.43
贵州	302.52	191.23	65.40	28.63	3.90	2.92	10.43
云南	450.61	302.40	84.97	38.56	8.16	4.38	12.13
西藏	32.26	13.14	6.57	7.15	0.83	0.05	4.52
陕西	599.12	429.17	103.61	36.14	4.95	8.02	17.23
甘肃	322.23	207.17	66.04	25.89	9.03	2.17	11.93
青海	77.99	47.63	14.88	8.05	1.62	0.55	5.27
宁夏	88.73	61.02	16.26	6.14	1.82	0.69	2.81
新疆	314.30	163.81	63.59	30.48	2.92	1.79	51.71

附表6　按机构类型分组的各省(市、区)法人单位就业人数占全国的比重

地　区	就业人数(%)	企业法人	事业法人	机关法人	社会团体	民办非企业单位	其他组织结构
全　国	**100**	**100**	**100**	**100**	**100**	**100**	**100**
北　京	2.9	3.0	2.9	2.3	1.2	2.8	1.5
天　津	1.6	1.7	1.2	1.0	1.0	1.2	1.5
河　北	4.1	3.9	5.0	5.6	2.9	3.4	4.9
山　西	2.4	2.2	3.3	3.5	3.0	3.5	3.7
内蒙古	1.6	1.4	2.4	2.8	2.7	1.1	1.5
辽　宁	3.8	3.8	3.8	3.7	4.2	3.3	2.2
吉　林	1.7	1.6	2.6	2.4	2.0	1.3	1.5
黑龙江	2.4	2.2	3.1	3.2	3.3	1.7	1.7
上　海	3.8	4.4	1.8	1.2	1.1	4.0	1.3
江　苏	10.0	11.0	5.7	5.1	5.1	7.4	5.0
浙　江	7.7	8.5	3.7	4.0	3.8	5.8	5.3
安　徽	3.1	3.0	3.5	3.6	5.7	3.9	3.1
福　建	3.5	3.7	2.6	2.5	4.1	3.4	4.0
江　西	2.3	2.1	3.1	3.2	2.5	3.6	2.6
山　东	8.8	9.0	7.2	7.4	10.2	8.1	10.4
河　南	5.5	5.2	6.8	6.4	4.2	7.5	6.7
湖　北	3.5	3.3	4.8	3.9	4.6	5.1	4.4
湖　南	3.4	3.2	4.7	4.7	3.8	3.6	3.9
广　东	11.4	12.5	6.7	7.7	4.8	10.6	6.6
广　西	1.8	1.5	3.5	2.4	2.8	2.3	2.2
海　南	0.4	0.4	0.7	0.6	0.3	0.9	0.4
重　庆	2.1	2.1	2.0	1.8	2.6	1.9	1.4
四　川	4.1	3.8	5.1	5.1	8.4	4.8	5.9
贵　州	1.1	0.9	2.1	2.5	1.8	1.2	1.7
云　南	1.7	1.4	2.8	3.4	3.8	1.9	1.9
西　藏	0.1	0.1	0.2	0.6	0.4	0.0	0.7
陕　西	2.2	2.0	3.4	3.2	2.3	3.4	2.7
甘　肃	1.2	0.9	2.2	2.3	4.2	0.9	1.9
青　海	0.3	0.2	0.5	0.7	0.8	0.2	0.8
宁　夏	0.3	0.3	0.5	0.5	0.9	0.3	0.4
新　疆	1.2	0.7	2.1	2.7	1.4	0.8	8.2

附表7 全国各省(市、区)按有证照分组的个体经营户数和人数

地 区	有证照户数 (万户)	有证照人数 (万人)
全 国	**2873.69**	**8195.36**
北 京	44.33	97.49
天 津	24.43	55.67
河 北	124.46	420.89
山 西	63.20	173.07
内蒙古	73.32	206.36
辽 宁	128.68	369.29
吉 林	67.50	217.21
黑龙江	89.37	191.25
上 海	29.84	42.44
江 苏	176.76	547.24
浙 江	169.44	505.44
安 徽	109.85	263.13
福 建	98.60	365.43
江 西	69.58	179.84
山 东	217.73	664.18
河 南	218.13	584.38
湖 北	114.98	302.70
湖 南	131.77	419.20
广 东	230.17	895.84
广 西	118.34	310.37
海 南	18.39	52.39
重 庆	58.74	165.31
四 川	169.92	459.52
贵 州	53.87	102.82
云 南	81.74	192.08
西 藏	5.98	12.09
陕 西	65.41	173.70
甘 肃	40.75	80.04
青 海	11.21	21.80
宁 夏	15.38	29.48
新 疆	51.84	94.70

附表8　2008年各市生产总值

单位：万元

市别	生产总值	第一产业	第二产业	工业	建筑业	第三产业	交通运输、仓储和邮政业	批发和零售业	住宿和餐饮业	金融业	房地产业	其他服务业
广州	82873816	1691849	32278717	29724781	2553936	48903250	6323564	9328615	2498748	4462710	6016227	20273386
深圳	77867920	82896	38604708	36630065	1974643	39180316	2984966	7729584	1655958	9693615	4900481	12215712
珠海	9971603	286192	5448596	5117499	331097	4236815	261885	983769	297882	476876	527709	1688694
汕头	9518055	541813	5245558	4865103	380455	3730684	225249	1150546	295107	185559	366253	1507970
佛山	43782968	970228	27983014	26985527	997487	14829726	1422461	2806734	880619	1522240	2290820	5906852
韶关	5538537	793466	2471679	2201600	270079	2273392	392452	364331	157666	121906	181723	1055314
河源	3958753	520162	2142566	1960707	181859	1296025	94539	260874	112613	119084	211428	497487
梅州	4796120	1039079	1958688	1630615	328073	1798353	166369	313901	129481	121753	236928	829921
惠州	13040471	906113	7412972	6968640	444331	4721386	582988	932806	499068	363460	650168	1692896
汕尾	3465793	630816	1566176	1360336	205840	1268801	80606	421591	120187	48346	165481	432590
东莞	37036004	148251	19016068	18192243	823825	17871685	835458	3282660	1397970	1373116	2951564	8030917
中山	14570052	437456	8508714	8121314	387400	5623882	328162	1112525	318039	547693	673341	2644122
江门	12708751	1067516	7387737	7101057	286680	4253498	530102	1002145	328688	340228	351761	1700574
阳江	4805000	1167800	1999800	1753700	246100	1637400	110100	595700	152100	76400	226300	476800
湛江	10994066	2339254	4969895	4568353	401542	3684917	772038	724182	215203	167327	281456	1524711
茂名	11778353	2303400	4779512	4423700	355812	4695441	419900	1495830	457000	132900	357900	1831911
肇庆	7605031	1638100	2686582	2396100	290482	3280349	295200	769200	301029	204661	346495	1363764
清远	7688000	980923	4332283	3990783	341500	2374794	354824	440267	230905	129957	252961	965880
潮州	4380779	342743	2468109	2346179	121930	1569927	126019	442573	52498	139387	209454	599997
揭阳	7242330	932500	3948330	3677100	271230	2361500	106200	1068700	129000	77300	264300	716000
云浮	3245535	862265	1363810	1235309	128502	1019460	83107	203951	73507	50944	151751	456198

附表9 2008年广东省生产总值

单位：亿元

行　业	总产出	中间投入	增加值
总　计	**113163.25**	**76366.54**	**36796.71**
第一产业	**3298.01**	**1324.96**	**1973.05**
农林牧渔业	3298.01	1324.96	1973.05
农业	1481.69	445.12	1036.57
林业	79.41	20.27	59.14
畜牧业	967.91	529.68	438.23
渔业	652.59	261.52	391.07
农林牧渔服务业	116.41	68.37	48.04
第二产业	**81829.61**	**63327.41**	**18502.20**
工业	76748.63	59443.84	17304.79
采矿业	1428.45	455.92	972.53
制造业	70728.83	55592.83	15136.00
电力、燃气及水的生产和供应业	4591.35	3395.09	1196.26
建筑业	5080.98	3883.57	1197.41
房屋和土木工程建筑业	4002.09	3152.74	849.35
建筑安装业	518.78	386.08	132.70
建筑装饰业	473.05	285.40	187.65
其他建筑业	87.06	59.36	27.70
第三产业	**28035.63**	**11714.17**	**16321.46**
交通运输、仓储和邮政业	4033.76	2399.31	1634.45
铁路运输业	241.90	111.69	130.21
道路运输业	1226.36	576.96	649.40
城市公共交通业	261.98	126.22	135.76
水上运输业	646.22	290.80	355.42
航空运输业	660.42	567.35	93.07
管道运输业	6.83	1.38	5.45
装卸搬运和其他运输服务业	648.82	490.84	157.98
仓储业	226.88	164.87	62.01
邮政业	114.35	69.20	45.15
信息传输、计算机服务和软件业	2054.12	816.89	1237.23
电信和其他信息传输服务业	1378.06	440.43	937.63
计算机服务业	253.69	162.08	91.61
软件业	422.37	214.38	207.99
批发和零售业	5047.98	1571.54	3476.44
批发业	2874.89	718.45	2156.44
零售业	2173.09	853.09	1320.00
住宿和餐饮业	1993.92	1145.52	848.40
住宿业	451.50	237.08	214.42
餐饮业	1542.42	908.44	633.98

附表9 续表

单位：亿元

行 业	总产出	中间投入	增加值
金融业	2913.10	940.70	1972.40
银行业	1849.99	551.53	1298.46
证券业	591.25	98.68	492.57
保险业	434.10	279.23	154.87
其他金融活动	37.76	11.26	26.50
房地产业	2789.84	732.39	2057.45
房地产开发经营业	1008.09	153.78	854.31
物业管理业	442.55	208.39	234.16
房地产中介服务业	85.47	48.09	37.38
其他房地产活动	321.74	171.97	149.77
居民自有住房服务业	931.99	150.16	781.83
租赁和商务服务业	2503.22	1297.72	1205.50
租赁业	41.64	21.69	19.95
商务服务业	2461.58	1276.03	1185.55
科学研究、技术服务和地质勘查业	858.31	479.94	378.37
研究与试验发展	210.12	139.16	70.96
专业技术服务业	553.27	287.71	265.56
科技交流和推广服务业	82.12	48.69	33.43
地质勘查业	12.80	4.38	8.42
水利、环境和公共设施管理业	254.64	104.55	150.09
水利管理业	44.08	14.79	29.29
环境管理业	65.55	24.69	40.86
公共设施管理业	145.01	65.07	79.94
居民服务和其他服务业	1177.33	524.22	653.11
居民服务业	783.61	312.09	471.52
其他服务业	393.72	212.13	181.59
教育	1155.40	328.13	827.27
卫生、社会保障和社会福利业	1022.04	495.26	526.78
卫生	995.13	485.19	509.94
社会保障业	7.28	2.52	4.76
社会福利业	19.63	7.55	12.08
文化、体育和娱乐业	413.45	193.45	220.00
新闻出版业	124.09	74.42	49.67
广播、电视、电影和音像业	101.86	46.44	55.42
文化艺术业	35.56	12.00	23.56
体育	27.15	11.53	15.62
娱乐业	124.79	49.06	75.73
公共管理和社会组织	1818.52	684.55	1133.97

附表10　2008年广东省生产总值项目构成

单位:亿元

项　　目	增加值	劳动者报酬	生产税净额	固定资产折旧	营业盈余
总　　计	**36796.71**	**16658.38**	**5796.13**	**5231.17**	**9111.03**
第一产业	**1973.05**	**1959.86**		**13.19**	
农林牧渔业	1973.05	1959.86		13.19	
农业	1036.57	1029.64		6.93	
林业	59.14	58.74		0.40	
畜牧业	438.23	435.30		2.93	
渔业	391.07	388.45		2.62	
农林牧渔服务业	48.04	47.73		0.31	
第二产业	**18502.20**	**7835.91**	**3298.43**	**2442.75**	**4925.11**
工业	17304.79	7230.56	3072.76	2354.53	4646.94
采矿业	972.53	153.70	141.76	70.17	606.90
制造业	15136.00	6820.02	2668.85	1929.49	3717.64
电力、燃气及水的生产和供应业	1196.26	256.84	262.15	354.87	322.40
建筑业	1197.41	605.35	225.67	88.22	278.17
房屋和土木工程建筑业	849.35	434.80	152.70	64.85	197.00
建筑安装业	132.70	64.57	23.75	9.34	35.04
建筑装饰业	187.65	92.69	44.40	11.45	39.11
其他建筑业	27.70	13.29	4.82	2.58	7.01
第三产业	**16321.46**	**6862.61**	**2497.70**	**2775.23**	**4185.92**
交通运输、仓储和邮政业	1634.45	713.19	150.16	396.67	374.43
铁路运输业	130.21	51.74	42.33	23.52	12.62
道路运输业	649.40	291.39	32.11	159.95	165.95
城市公共交通业	135.76	86.18	10.55	38.68	0.35
水上运输业	355.42	73.66	21.96	68.07	191.73
航空运输业	93.07	72.54	17.68	57.75	-54.90
管道运输业	5.45	0.15	0.28	2.01	3.01
装卸搬运和其他运输服务业	157.98	85.68	16.06	19.24	37.00
仓储业	62.01	19.14	5.74	15.82	21.31
邮政业	45.15	32.71	3.45	11.63	-2.64
信息传输、计算机服务和软件业	1237.23	239.75	72.41	393.63	531.44
电信和其他信息传输服务业	937.63	118.86	48.38	375.55	394.84
计算机服务业	91.61	39.21	10.61	8.56	33.23
软件业	207.99	81.68	13.42	9.52	103.37
批发和零售业	3476.44	1198.65	1325.50	148.91	803.38
批发业	2156.44	341.47	1156.52	75.83	582.62
零售业	1320.00	857.18	168.98	73.08	220.76
住宿和餐饮业	848.40	643.65	69.53	96.82	38.40
住宿业	214.42	123.40	27.83	54.36	8.83
餐饮业	633.98	520.25	41.70	42.46	29.57

附表10　续表　　　　单位:亿元

项　　目	增加值	劳动者报酬	生产税净额	固定资产折旧	营业盈余
金融业	1972.40	521.44	374.33	40.63	1036.00
银行业	1298.46	369.27	134.08	31.67	763.44
证券业	492.57	95.01	219.02	5.46	173.08
保险业	154.87	52.85	17.44	3.14	81.44
其他金融活动	26.50	4.31	3.79	0.36	18.04
房地产业	2057.45	269.29	300.96	951.99	535.21
房地产开发经营业	854.31	109.89	246.57	55.23	442.62
物业管理业	234.16	104.16	26.66	49.02	54.32
房地产中介服务业	37.38	18.24	4.94	5.06	9.14
其他房地产活动	149.77	37.00	22.79	60.85	29.13
居民自有住房服务业	781.83			781.83	
租赁和商务服务业	1205.50	364.90	96.68	207.99	535.93
租赁业	19.95	8.55	1.69	6.37	3.34
商务服务业	1185.55	356.35	94.99	201.62	532.59
科学研究、技术服务和地质勘查业	378.37	210.86	35.59	37.76	94.16
研究与试验发展	70.96	45.32	6.03	7.27	12.34
专业技术服务业	265.56	142.72	26.00	25.97	70.87
科技交流和推广服务业	33.43	17.37	2.92	3.99	9.15
地质勘查业	8.42	5.45	0.64	0.53	1.80
水利、环境和公共设施管理业	150.09	75.81	5.98	38.13	30.17
水利管理业	29.29	15.33	0.26	10.58	3.12
环境管理业	40.86	26.79	1.31	6.37	6.39
公共设施管理业	79.94	33.69	4.41	21.18	20.66
居民服务和其他服务业	653.11	536.90	25.20	40.75	50.26
居民服务业	471.52	400.57	13.09	27.07	30.79
其他服务业	181.59	136.33	12.11	13.68	19.47
教育	827.27	674.87	6.48	123.31	22.61
卫生、社会保障和社会福利业	526.78	378.27	6.24	57.25	85.02
卫生	509.94	364.26	6.11	55.38	84.19
社会保障业	4.76	3.73	0.04	0.47	0.52
社会福利业	12.08	10.28	0.09	1.40	0.31
文化、体育和娱乐业	220.00	108.52	23.14	39.43	48.91
新闻出版业	49.67	20.35	5.83	4.80	18.69
广播、电视、电影和音像业	55.42	24.57	5.79	8.67	16.39
文化艺术业	23.56	17.14	0.71	3.64	2.07
体育	15.62	10.02	1.18	3.69	0.73
娱乐业	75.73	36.44	9.63	18.63	11.03
公共管理和社会组织	1133.97	926.51	5.50	201.96	

主要指标解释

一、三次产业的划分

第一产业是指农、林、牧、渔业和农林牧渔业(本次经济普查第一产业的普查对象是指第二、三法人单位兼营的第一产业的产业活动单位)。

第二产业是指采矿业，制造业，电力、燃气及水的生产和供应业，建筑业。

第三产业是指除第一、二产业以外的其他行业，具体包括：交通运输、仓储和邮政业，信息传输、计算机服务和软件业，批发和零售业，住宿和餐饮业，金融业，房地产业，租赁和商务服务业，科学研究、技术服务和地质勘查业，水利、环境和公共设施管理业，居民服务和其他服务业，教育，卫生、社会保障和社会福利业，文化、体育和娱乐业，公共管理和社会组织，国际组织。本次普查未包括国际组织。

二、单位的划分

法人单位是指具备以下条件的单位：⑴依法成立，有自己的名称、组织机构和场所，能够独立承担民事责任；⑵独立拥有和使用(或授权使用)资产，承担负债，有权与其他单位签订合同；⑶会计上独立核算，能够编制资产负债表。在有关部门登记为法人，但不符合上述条件的单位，根据实际情况或作为产业活动单位普查，或并入上一级法人。

产业活动单位是指法人单位的附属单位（即法人单位本部及分支机构），且具备以下条件：⑴在一个场所从事一种或主要从事一种社会经济活动；⑵相对独立组织生产经营或业务活动；⑶能够掌握收入和支出等业务核算资料。

个体经营户是指除农户外，生产资料归劳动者个人所有，以个体劳动为基础，劳动成果归劳动者个人占有和支配的一种经营单位。包括：(1)经各级工商行政管理机关登记注册并领取《营业执照》的个体工商户。(2)经民政部门核准登记并领取证书的民办非企业单位。(3)没有领取执照或证书，或按照有关规定免于登记，但有相对固定场所、年内实际从事个体经营活动三个月以上的城镇、农村个体户。但不包括农民家庭以辅助劳力或利用农闲时间进行的一些兼营性活动。

有证照的个体经营户是指除农户外，生产资料归劳动者个人所有，以个体劳动为基础，劳动成果归劳动者个人占有和支配的一种经营单位。即按照《民法通则》和《城乡个体工商户管理暂行条例》规定经各级工商行政管理机关登记注册、领取《营业执照》的个体工商户。具体是指公民在法律允许范围内，依法经核准登记，从事工业、商业、建筑业、运输业、餐饮业、服务业等活动的个体劳动者。

三、登记注册类型

企业法人或企业产业活动单位的登记注册类型，按其在工商行政管理机关登记注册的类型填写；如单位登记注册类型改变，但未重新办理变更登记，应按原登记注册类型填写。其他法人和产业活动单位的登记注册类型，比照《企业登记注册类型与代码》确定。

1. 工商行政管理部门对企业（单位）登记注册的类型分为以下几种：

（1）国有企业：指企业全部资产归国家所有，并按《中华人民共和国企业法人登记管理条例》规定登记注册的非公司制的经济组织。不包括有限责任公司中的国有独资公司。

（2）集体企业：指企业资产归集体所有，并按《中华人民共和国企业法人登记管理条例》规定登记注册的经济组织。

（3）股份合作企业：指以合作制为基础，由企业职工共同出资入股，吸收一定比例的社会资产投资组建，实行自主经营，自负盈亏，共同劳动，民主管理，按劳分配与按股分红相结合的一种集体经济组织。

（4）联营企业：两个及两个以上相同或不同所有制性质的企业法人或事业单位法人，按自愿、平等、互利的原则，共同投资组成的经济组织称为联营企业。联营企业包括国有联营企业、集体联营企业、国有与集体联营企业和其他联营企业。

国有联营企业：指所有联营单位均为国有。

集体联营企业：指所有联营单位均为集体。

国有与集体联营企业：指联营单位既有国有也有集体。

其他联营企业：指上述三种联营企业之外的其他联营形式的企业。

（5）有限责任公司：根据《中华人民共和国公司登记管理条例》规定登记注册，由两个以上，五十个以下的股东共同出资，每个股东以其所认缴的出资额对公司承担有限责任，公司以其全部资产对其债务承担责任的经济组织称为有限责任公司。有限责任公司分为国有独资公司以及其他有限责任公司。

国有独资公司：指国家授权的投资机构或者国家授权的部门单独投资设立的有限责任公司。

其他有限责任公司：是国有独资公司以外的其他有限责任公司。

（6）股份有限公司：指根据《中华人民共和国公司登记管理条例》规定登记注册，其全部注册资本由等额股份构成并通过发行股票筹集资本，股东以其认购的股份对公司承担有限责任，公司以其全部资产对其债务承担责任的经济组织。

（7）私营企业由自然人投资设立或由自然人控股，以雇佣劳动为基础的营利性经济组织称为私营企业。包括按照《公司法》、《合伙企业法》、《私营企业暂行条例》以及《个人独资企业法》规定登记注册的私营独资企业、私营有限责任公司、私营股份有限公司、私营合伙企业和个人独资企业。

私营独资企业：指按《私营企业暂行条例》的规定，由一名自然人投资经营，以雇佣劳动为基础，投资者对企业债务承担无限责任的企业。

个人独资企业：指按《个人独资企业法》、《个人独资企业登记管理办法》的规定，由一个自然人投资，财产为投资人个人所有，投资人以其个人财产对企业债务承担无限责任的经营实体。个人独资企业填表时归入私营独资企业。

私营合伙企业：指按《合伙企业法》或《私营企业暂行条例》的规定，由两个以上自然人按照协议共同投资、共同经营、共负盈亏，以雇佣劳动为基础，对债务承担无限责任的企业。

私营有限责任公司：指按《公司法》、《私营企业暂行条例》的规定，由两个以上自然人投资或由单个自然人控股的有限责任公司。

私营股份有限公司：指按《公司法》的规定，由五个以上自然人投资，或由单个自然人控股的股份有限公司。

（8）其他内资企业：指上述第（1）条至第（7）条之外的其他内资经济组织。

（9）与港澳台商合资经营企业：指港澳台地区投资者与内地的企业依照《中华人民共和国中外合资经营企业法》及有关法律的规定，按合同规定的比例投资设立，分享利润和分担风险的企业。

（10）与港澳台商合作经营企业：指港澳台地区投资者与内地企业依照《中华人民共和国中外合作经营企业法》及有关法律的规定，依照合作合同的约定进行投资或提供条件设立，分配利润、分担风险和亏损的企业。

（11）港澳台商独资经营企业：指依照《中华人民共和国外资企业法》及有关法律的规定，在内地设立的由港澳台地区投资者在内地全额投资设立的企业。

（12）港澳台商投资股份有限公司：指根据国家有关规定，经商务部（原外经贸部）批准设立，并且其中港、澳、台商的股本占公司注册资本的比例达25%以上的股份有限公司。凡其中港、澳、台商的股本占公司注册资本的比例小于25%的，属于内资中的股份有限公司。

（13）中外合资经营企业：指外国企业或外国人与中国内地企业依照《中华人民共和国中外合资经营企业法》及有关法律的规定，按合同规定的比例投资设立，分享利润和分担风险的企业。

（14）中外合作经营企业：指外国企业或外国人与中国内地企业依照《中华人民共和国中外合作经营企业法》及有关法律的规定，依照合作合同的约定进行投资或提供条件设立，分配利润、分担风险和亏损的企业。

（15）外资企业：指依照《中华人民共和国外资企业法》及有关法律的规定，在中国内地设立的由外国投资者全额投资设立的企业。

（16）外商投资股份有限公司：指根据国家有关规定，经商务部（原外经贸部）批准设立，并且其中外资的股本占公司注册资本的比例达25%以上的股份有限公司。凡其中外资股本占公司注册资本的比例小于25%的，属于内资中的股份有限公司。

2.机关、事业单位和社会团体及其他组织的登记注册类型，按其主要经费来源和管理方式，根据实际情况，比照《企业登记注册类型与代码》确定分为以下几种具体情况：

（1）各级机关[国家权力机关、国家行政机关、国家司法机关、政党机关（中国共产党、各民主党派）、军队武警、政协组织]一律填“110 国有”；

（2）各级直属事业单位、各级机关所属事业单位，按其管理方式一律填“110 国有”；

（3）机构编制部门管理的群众团体，按其管理方式一律填“110 国有”；

（4）各种社团组织、民办非企业单位和基金会，若经费来源清楚，则比照《企业登记注册类型与代码》确定；若经费来源不清楚的，一律填写“190 其他”；

（5）社区（居委会）、村委会的登记注册类型应选填“190 其他”。

四、企业控股情况

根据企业实收资本中某种经济成分的出资人的实际投资情况，或出资人对企业资产的实际控制、支配程度进行分类。具体分为国有控股、集体控股、私人控股、港澳台商控股、外商控股和其他六类。

1.国有控股：包括（1）在企业的全部实收资本中，国有经济成分的出资人拥有的实收资本（股本）所占企业全部实收资本（股本）的比例大于 50%的国有绝对控股；（2）国有经济成分的出资人拥有的实收资本（股本）所占比例虽未大于 50%，但相对大于其他任何一方经济成分的出资人所占比例的国有相对控股；或者虽不大于其他经济成分，但根据协议规定拥有企业实际控制权的国有协议控股。

投资双方各占 50%，且未明确由谁绝对控股的企业，若其中一方为国有经济成分的，一律按国有控股处理。

2.集体控股：包括（1）在企业的全部实收资本中，集体经济成分的出资人拥有的实收资本（股本）所占企业全部实收资本（股本）的比例大于 50%的集体绝对控股；（2）集体经济成分的出资人拥有的实收资本（股本）所占比例虽未大于 50%，但相对大于其他任何一方经济成分的出资人所占比例的集体相对控股；或者虽不大于其他经济成分，但根据协议规定拥有企业实际控制权的集体协议控股。

3.私人控股：包括（1）在企业的全部实收资本中，私人经济成分的出资人拥有的实收资本（股本）所占企业全部实收资本（股本）的比例大于 50%的私人绝对控股；（2）私人经济成分的出资人拥有的实收资本（股本）所占比例虽未大于 50%，但相对大于其他任何一方经济成分的出资人所占比例的私人相对控股；或者虽不大于其他经济成分，但根据协议规定拥有企业实际控制权的私人协议控股。

4.港澳台商控股：包括（1）在企业的全部实收资本中，港澳台商经济成分的出资人拥有的实收资本（股本）所占企业全部实收资本（股本）的比例大于 50%的港澳台商绝对控股。（2）港澳台商经济成分的出资人拥有的实收资本（股本）所占比例虽未大于 50%，但相对大于其他任何一方经济成分的出资人所占比例的港澳台商相对控股；或者虽不大于其他经济成分，但根据协议规定拥有企业实际控制权的港澳台商协议控股。

5.外商控股：包括（1）在企业的全部实收资本中，外商经济成分的出资人拥有的实收资本（股本）所占企业全部实收资本（股本）的比例大于 50%的外商绝对控股；（2）外商经济成分的出资人拥有的实收资本（股本）所占比例虽未大于 50%，但相对大于其他任何一方经济成分的出资人所占比例的外商相对控股；或者虽不大于其他经济成分，但根据协议规定拥有企业实际控制权的外商协议控股。

9.其他：除上述五类以外的企业控股情况。

五、开业（成立）时间

1.解放前成立的单位填写最早开工或成立的年月；

2.解放后成立的单位填写领取营业执照或批准成立的时间（如开业年月早于领取营业执照的时间，填写最早开业年月）；

3.机关、事业单位的成立时间分三种情况：①新设立的单位成立时间填新设立时间；②恢复设立的单位（指中间因某种原因停顿，后又恢复的单位）成立时间填以前设立的时间。如国家统计局成立于 1952 年 8 月，文化大革命中撤消，后又恢复，则成立时间为 1952 年 08 月。③机构改革中，有些单位虽然名称有变化，但其基本职能未变，成立时间要填写最早成立时间；

4.乡镇、街道、社区（居委会）、村委会，如管辖区域基本未改变，其成立时间按原成立时间填写；否则，按新成立时间填写；

5.改制企业按原成立时间填写；

6.企业分立、合并分二种情况:一种是因合并或分立而新设的企业，其开业时间按工商部门重新登记的开业时间填写；另一种是合并或分立后继续存在的企业，填写原企业开业时间；

7.与外方或港、澳、台合资的企业，按领取合资企业营业执照的时间填写。

六、企业营业状态

企业营业状态是指企业（单位）的生产经营状态。

营业：指全年正常开业的企业和季节性生产开工三个月以上的企业，包括部分投产的新建企业。临时性停产和季节性停产的企业视为营业。

停业（歇业）：指由于某种原因已处于停产状态，待条件改变后将恢复生产经营的企业。

筹建：一般指企业未经工商部门登记开业，正在进行生产经营前的筹建工作。如研究和论证建设、投产或经营方案，办理征地拆迁，订购设备材料，进行基建等。有些三资企业虽经工商部门登记，但未正常投产开业，仍属于筹建。有些行业的企业，由于行业管理或其他政策性管理的需要必须经过一定时间的试营业才能正式开业，这些处于试营业状态的单位也属于筹建。

当年关闭：指当年因某种原因终止经营的企业，包括关闭、注销、吊销的企业，但不包括破产企业。

当年破产：指当年依照《破产法》或相关法律、法规宣布破产的企业。

其他：指上述以外的其他企业。

七、执行会计制度类别

执行会计制度类别分为执行企业会计制度、事业会计制度、行政会计制度、民间非营利组织会计制度和其他五种情况。

1.企业会计制度：执行工业企业会计制度、施工企业会计制度、运输（交通）企业会计制度、运输（铁路）企业会计制度、运输（民用航空）企业会计制度、公路经营企业会计制度、邮电通信企业会计制度、农业企业会计制度、国有林场和苗圃会计制度、国有农牧渔良种场会计制度、水利工程管理单位会计制度、商品流通企业会计制度、旅游、饮食服务企业会计制度、金融企业会计制度、城市合作银行会计制度、保险公司会计制度、股份有限公司会计制度、对外经济合作企业会计制度等的企业（单位）选填此项。包括实行企业化管理、执行企业会计制度的事业单位。

2.事业单位会计制度：执行事业会计制度的各类事业单位选填此项。包括执行特殊行业会计制度的事业单位（如执行科学事业单位会计制度、中小学校会计制度、高等学校会计制度、医院会计制度、测绘事业单位会计制度、国家物资储备资金会计制度等）以及执行事业会计制度的社会团体。

3.行政单位会计制度：执行行政会计制度的单位选填此项。包括各类行政机关、政党机关及执行行政会计制度的社会团体。

4.民间非营利组织会计制度：执行民间非营利组织会计制度的单位选填此项。包括执行民间非营利组织会计制度的社会团体、基金会、民办非企业单位和寺院、宫、观、清真寺、教堂等。

5.其他：不执行以上四类会计制度的单位选填此项。社区（居委会）、村委会选填此项

八、机构类型

机构类型划分为企业、事业单位、机关、社会团体、民办非企业单位、基金会、居委会、村委会和其他组织机构。

1.企业：包括①领取《企业法人营业执照》的各类企业；②个人独资企业、合伙企业；③由其他行政主管部门依据有关法律法规审批成立，且具备法人条件的企业；④未经有关

部门批准、但实际从事生产经营活动的企业；⑤经各级工商行政管理部门核准登记，领取《营业执照》的各类企业产业活动单位或经营单位；⑥符合产业活动单位条件的企业法人的本部及分支机构。

2.事业单位：包括①经机构编制部门批准成立和登记或备案，领取《事业单位法人证书》，取得法人资格的单位；②由其他行政主管部门依据有关法律法规审批成立，且具备法人条件的事业单位；③事业法人单位的本部及分支机构或派出机构。

3.机关：包括国家权力机关、国家行政机关、国家司法机关、政党机关、政协组织、人民解放军、武警部队和其他机关；还包括机关法人单位的本部，以及国家权力机关分支机构、国家行政机关分支或派出机构、人民法院分支机构、人民检察院分支机构等。

（1）国家权力机关：指全国人民代表大会及其常务委员会、地方各级人民代表大会及其常务委员会和办事机构。

（2）国家行政机关：指国务院和地方各级人民政府及其工作部门，以及地区行政行署。

（3）国家司法机关：指国家审判机关和检察机关。

（4）政党机关：指中国共产党各级机关和所属办事机构、各民主党派各级机关和办事机构。

（5）政协组织：指中国人民政治协商会议全国委员会和地方各级别委员会及其办事机构。

4.社会团体：指中国公民自愿组成，为实现会员共同意愿，按照其章程开展活动的非营利性社会组织。包括①经各级民政部门核准登记，领取《社会团体法人证书》的各类社会团体；②由各级机构编制管理部门直接管理其机关机构编制的群众团体；③经国务院批准可以免于登记的社会团体；④由其他行政主管部门依据有关法律法规审批成立，不需要进行登记的具备法人条件的社会团体；⑤社团法人单位的本部，以及经各级民政部门核准登记，领取《社会团体分支机构登记证书》或《社会团体代表机构登记证书》的社会团体分支机构或代表机构。

5.民办非企业单位：指企业单位、事业单位、社会团体和其他社会力量以及公民个人利用非国有资产举办的，从事非营利性社会服务的社会组织。包括①经各级民政部门核准登记，领取《民办非企业单位（法人）登记证书》的民办非企业单位；②由其他行政主管部门依据有关法律法规审批成立，不需要进行登记的具备法人条件的民办非企业单位。

民办非企业法人不得设立分支机构。

6.基金会：包括①民政部和省级民政部门核准登记的，颁发《基金会法人登记证书》的基金会；②基金会的本部及分支机构和境外基金会代表机构。

7.居民委员会：由不设区的市、市辖区的人民政府决定设立的社区（居委会）。

8.村民委员会：由乡、民族乡、镇的人民政府提出，经村民会议讨论同意后，报县级人民政府批准，设立的村民委员会。

9.其他组织机构：指除企业、事业单位、机关、社会团体、民办非企业单位、基金会、居委会和村民委员会以外的其他符合法人和产业活动单位条件的机构。

九、年末从业人员数

年末从业人员数指在本单位工作并取得劳动报酬或收入的年末实有人员数。期末从业人员包括在各单位工作的外方人员和港澳台方人员、兼职人员、再就业的离退休人员、借用的外单位人员和第二职业者。但不包括离开本单位仍保留劳动关系的职工。

限法人单位填写年末从业人员按学历、按专业技术职称、按技术等级分组指标：

1.具有研究生及以上学历人员：指接受的最高一级教育为硕士研究生、博士研究生并取得毕业证书的人员，不包括肄业、在读或辍学人员。

2.具有大学本科学历人员：指接受的最高一级教育为大学本科并取得毕业证书的人员，不包括肄业、在读或辍学人员。

3.具有大专学历人员：指接受的最高一级教育为大学专科并取得毕业证书的人员，不包括肄业、在读或辍学人员。

4.具有高中学历人员：指接受的最高一级教育为普通高中、职业高中、技工学校、成人高中，并取得毕业证书的人员。包括等同于高中学历的中等专业学校、成人中专的人员。不包括肄业、在读或辍学的人员。

5.具有初中及以下学历人员：指接受的最高一级教育为初中、相当于初中及以下的人员。

6.具有高级技术职称人员：指具有国家规定的高级专业技术职称资格或受聘高级技术职务的人员。包括高级工程师（含一级飞行员、高级船长），农业推广研究员、高级农艺师，正副研究员，正副主任医师，正副教授、高级讲师、中学高级教师，高级经济师，高级会计师，高级统计师，正副译审，正副研究馆员，正副编审、高级记者、主任记者、高级编辑、主任编辑，一、二级律师、公证员，播音指导、主任播音员，高级工艺美术师，国家级教练、高级教练，一、二级艺术人员，高级政工师。

7.具有中级技术职称人员：指具有国家规定的中级专业技术职称资格或受聘中级技术职务的人员。包括工程师（含二级飞行员、船长、大副），农艺师，助理研究员，主治医师，讲师、中学一级教师、小学高级教师，经济师，会计师，统计师，翻译，馆员，编辑、记者、一级校对，三级律师、公证员，一级播音员，工艺美术师，一级教练，三级艺术人员，政工师。

8.具有初级技术职称人员：指具有国家规定的初级专业技术职称资格或受聘初级技术职务的人员。包括助理工程师、技术员（含三、四级飞行员、二、三副），助理农艺师、农业技术员，研究实习员、实验员，医（护）师（士），助教、中学二、三级教师、小学一、二、三级教师，助理经济师、经济员、助理会计师、会计员，助理统计师、统计员，助理翻译，助理馆员、管理员，助理编辑记者、二、三级校对，四级律师、公证员助理，二、三级播音员，助理工艺美术师、美术员，二、三级教练，四级艺术人员，助理政工师、政工员。

9.高级技师：指持有国家劳动保障部门颁发的《职业资格证书》（包括《技术等级证书》、《技师合格证书》、《高级技师合格证书》）职业资格一级（高级技师）证书的人员。

10.技师：指持有国家劳动保障部门颁发的《职业资格证书》（包括《技术等级证书》、《技师合格证书》、《高级技师合格证书》）职业资格二级（技师）证书的人员。

11.高级工：指持有国家劳动保障部门颁发的《职业资格证书》（包括《技术等级证书》、《技师合格证书》、《高级技师合格证书》）职业资格三级（高级工）证书的人员。

12.中级工：指持有国家劳动保障部门颁发的《职业资格证书》（包括《技术等级证书》、《技师合格证书》、《高级技师合格证书》）职业资格四级（中级工）证书的人员。

十、全年营业收入合计

指企业（单位）全年生产经营活动中通过销售商品或提供劳务以及让渡资产取得的收入。营业收入合计分为主营业务收入和其他业务收入。

企业（单位）填写营业收入合计指标时，一般根据企业会计“利润表”中各自的“主营业务收入”的本年累计数与“其他业务收入”的本年累计数之和填写。

十一、主营业务收入

指企业在销售商品、提供劳务等日常活动中所产生的收入总额。此项目应根据相关行业的“产品销售收入”、“商品销售收入”、“主营业务收入”、“营业收入”、“经营收入”、“工程结算收入”等科目发生额填列。

十二、资产总计

指企业拥有或控制的能以货币计量的经济资源，包括各种财产、债权和其他权利。资产按其流动性（即资产的变现能力和支付能力）划分为：流动资产、长期投资、固定资产、无形资产、递延资产和其他资产。根据企业会计“资产负债表”中“资产总计”项目的期末数填写。

十三、实收资本

指投资者按照企业章程，或合同、协议的约定，实际投入企业的资本。企业实收资本按照投资主体划分为国家资本、集体资本、法人资本、个人资本、港澳台资本和外商资本六种。根据“资产负债表”中的“实收资本”项填列。实收资本中如有以外币形式投入的资本，需折合成人民币形式填写。

国家资本：指有权代表国家投资的政府部门或机构以国有资产投入企业形成的资本。不论企业的资本是哪个政府部门或机构投入的，只要是以国家资金进行投资的，均作为国家资本。根据会计“实收资本”科目期末余额分析填列。

集体资本：指劳动群众集体所有的资产实际投人企业形成的资本。根据会计“实收资本”科目期末余额分析填列。

法人资本：指我国具有法人资格的单位以其依法可以支配的资产投入企业形成的资本。可根据会计“实收资本”科目期末余额分析填列。

个人资本：指我国公民以其合法财产投入企业形成的资本。根据会计“实收资本”科目期末余额分析填列。

港澳台资本：指我国香港、澳门和台湾地区投资者将所有的资产实际投入企业形成的资本。根据会计“实收资本”科目期末余额分析填列。

外商资本：指外国投资者（不包括我国香港、澳门和台湾地区投资者）将所有的资产实际投入企业形成的资本。根据会计“实收资本”科目期末余额分析填列。

十四、信息化情况

1. 年末在用计算机数：包括年末在用的台式计算机和笔记本电脑的数量。

在范围上，不包括本单位生产、购买用于转卖的计算机、长期弃置不用待处理的计算机。在类型上，不包括大、中、小型计算机、服务器、工业用计算机、单板机，以及各类信息终端机、银行用自动存取款机、计算器、掌上电脑（PDA）、电子快译通、电子记事本、电子词典等。

2. 年末拥有网站数：指企业拥有和维护的、有唯一网址、在互联网上可浏览的网站数，不包括企业内网数量。

3. 全年电子商务采购金额：指报告期借助网络订单而采购的商品和服务总额。借助网络订单指通过网络发送订单。付款可以是网上，也可以是网下进行。

4. 全年电子商务销售金额：指报告期借助网络订单而销售的商品和服务总额。借助网络订单指通过网络接受订单。付款可以是网上，也可以是网下进行。

十五、个体经营户

指除农户外，生产资料归劳动者个人所有，以个体劳动为基础，劳动成果归劳动者个人占有和支配的一种经营单位。其中包括：

1.按照《民法通则》和《城乡个体工商户管理暂行条例》规定经各级工商行政管理机关登记注册、领取《营业执照》的个体工商户。具体是指公民在法律允许范围内，依法经核准登记，从事工业、商业、建筑业、运输业、餐饮业、服务业等活动的个体劳动者。

2. 依据《民办非企业单位登记管理暂行条例》，经国务院民政部门和县级以上地方各级人民政府民政部门核准登记、领取《民办非企业单位(合伙)登记证书》或《民办非企业单位(个人)登记证书》的民办非企业单位。

3.没有领取《营业执照》但有相对固定场所、实际从事个体经营活动三个月以上的城镇、农村个体经营户。但不包括农民家庭以辅助劳力或利用农闲时间进行的一些兼营性的工业、商业及其他活动。

十六、珠江三角洲、东西两翼和粤北山区的划分

珠江三角洲：广州市、深圳市、珠海市、佛山市、江门

市、东莞市、中山市、惠州市、肇庆市。

东翼：汕头市、汕尾市、潮州市、揭阳市。

西翼：阳江市、湛江市、茂名市。

山区五市：韶关市、河源市、梅州市、清远市、云浮市。

50个山区县(市、区)包括:从化市、南澳县、仁化县、南雄市、始兴县、翁源县、新丰县、乳源县、乐昌市、东源县、和平县、龙川县、紫金县、连平县、梅江区、梅县、蕉岭县、大埔县、丰顺县、五华县、兴宁市、平远县、惠东县、龙门县、海丰县、陆河县、阳春市、高州市、信宜市、高要市、广宁县、德庆县、封开县、怀集县、清新县、英德市、佛冈县、连山县、连南县、连州市、阳山县、饶平县、潮安县、普宁市、揭西县、新兴县、罗定市、云城区、郁南县、云安县。